東洋古典譯註叢書 101

譯註 列子鬳齋口義

附 索引

口義 林希逸
譯註 崔秉準 孔勤植 權憲俊

전통문화연구회

飜譯委員

譯　　註　　崔秉準 孔勤植 權憲俊
企劃編輯　　東洋古典飜譯編輯委員會
常任原文校閱　吳圭根
飜譯研究管理　南賢熙
潤　　文　　朴相水 南賢熙
校　　訂　　李承俊 李孝宰
出　　版　　白俊哲 趙顯碩
裝　　幀　　김진디자인

圖書管理

弘報管理　　李和春
普　　及　　徐源英
古典情報化　東洋古典情報化研究室

東洋古典飜譯編輯委員會

委員長　　宋載邵
委　　員　　金慶浩 柳浚弼 李東哲 張元泰 田好根 河元洙

任　員

常任顧問　　李漢東
顧　　問　　琴章泰 宋載邵 沈在箕 安炳周 李龍兌 李澤徽
　　　　　　李廷燮 鄭愚相 鄭太鉉 趙富英 崔大權
理事長　　李啓晃
會　　長　　朴洪植
副會長　　金千式 宋丙大 李戊澈 金 炫
理　　事　　金東柱 金炳愛 金昌辰 朴錫興 朴勝珠 徐形來
　　　　　　宋基采 沈慶昊 安秉杰 吳圭根 李建一 李光虎
　　　　　　李英姬 李仁皓 李忠九 張元泰 全廣鎭 田好根
　　　　　　趙源喆 河元洙 韓熙喆 咸明淑 許敬震 許鎬九
監　　事　　崔鐘文 元周用

東洋古典譯註叢書를 발간하면서

우리의 古典國譯事業은 민족문화 진흥의 기초사업으로 1960년대부터 政府 支援으로 古文獻 現代化 작업을 추진하여 많은 成果를 거두었다. 당시 이 사업 추진의 先行課題로 東洋古典이라 일컬어지는 중국의 基本古典을 먼저 飜譯하여야 한다는 學界의 주장이 있었음에도 불구하고 우리 고전이 아니라는 일부의 偏狹한 視角과 財政 事情 등으로 인하여 배제되어 왔다.

전통적으로 중국의 기본고전은 우리 歷史와 함께 숨쉬며 각종 교육기관의 敎科書로 활용됨은 물론이고 지식인들의 必讀書가 되어 왔으며, 우리 文化의 基底에 자리잡고 거의 모든 방면의 體系와 根幹을 형성하여 왔다. 그래서 학문연구의 기본서 역할을 해 왔을 뿐만 아니라 오늘날에도 우리의 國學徒 및 東洋學 硏究者들에게 같은 역할을 하고 있음은 주지의 사실이다. 그럼에도 불구하고 中國古典은 우리 것이 아니라 하여 專門機關의 飜譯對象에 포함하지 않음으로써, 대부분 原典에서의 직접 번역이 아닌 重譯이나 拔萃譯의 방식이 주를 이루면서 敎養水準으로 出版되어 왔다.

오늘날 東洋 三國 중에서 우리의 東洋學 연구가 가장 부진한 이유는, 東洋基本古典에 대한 폭넓은 이해의 부족과 漢文古典 讀解力의 저하에 기인함을 우리는 솔직히 인정하여야 한다. 따라서 이들 중국고전에 대한 신뢰할 만한 國譯이 이루어지는 것이 한국학 연구를 촉진시키는 시급한 先行課題라 할 수 있다.

이에 韓國學 및 東洋學의 연구와 古典現代化의 基盤構築을 위해서는, 전문기관으로 하여금 동양고전을 단기간에 각 분야의 專門 硏究者와 漢學者가 상호 협동하여 연구번역하여 飜譯의 傳統性과 效率性, 硏究의 專門性을 높일 수 있도록 政策的 配慮가 있어야 한다.

이에 本會에서는 元老 및 中堅 漢學者와 斯界의 專攻者로 하여금 協同硏究飜譯하여

공부하는 사람들이 믿고 引用하거나 깊이 있는 註釋 등을 활용할 수 있게 하고, 知識人들의 教養을 증진시켜 줄 수 있는 東洋古典의 國譯書 간행을 지속적으로 추진해 왔다. 근래에 다행히 이 사업에 대하여 각계 지도층의 폭넓은 이해와 지원에 힘입어 2001년도부터 國庫補助를 받아 東洋古典譯註叢書를 간행하게 되었다. 이를 계기로 우리 先學의 註釋과 見解를 반영하는 등 국역사업의 內實을 기하게 되었음을 이 자리를 빌어 衷心으로 감사드리며, 아울러 國譯에 參與하신 관계자 여러분의 勞苦에 깊은 謝意를 표한다.

끝으로 우리의 이러한 작업은 오랜 역사 위에 축적된 先賢들의 業績과 現代學問을 이어주는 튼튼한 架橋와 礎石이 되어 진정한 韓國學과 東洋學 발전에 기여할 것을 굳게 믿으며, 21세기를 우리 文化의 世紀로 열어 가는 밑거름이 되도록 우리의 力量을 本 事業에 경주하고자 한다. 江湖諸賢의 부단한 관심과 지원을 기대해 마지않는다.

社團法人 傳統文化研究會 理事長 李啓晃

凡 例

1. 본서는 宋나라 林希逸의 ≪列子鬳齋口義≫를 번역한 ≪譯註 列子鬳齋口義≫이다.
2. 본서의 底本은 연세대학교 도서관 소장본(고서(귀)410)≪列子鬳齋口義≫로 하되, 서울대학교 규장각 소장본 ≪列子鬳齋口義≫, 續修四庫全書 수록본 ≪列子鬳齋口義≫, 일본국회도서관 소장본 ≪列子鬳齋口義≫ 등을 참고하여 교감하였다.
3. 본서는 원전의 傳統性을 유지하면서 번역의 現代性을 구현하기 위해 노력하였다.
4. 原文과 註釋에는 우리나라 전통방식의 懸吐를 하였다.
5. 각 章의 小節은 저본의 體制에 따라 단락을 구분하였다. 다만 독자의 편의를 위해 譯者가 각 단락마다 일련번호를 부여하고 내용에 따른 소제목을 달았다.
6. 飜譯은 原義에 충실하게 하되, 이해가 어려운 부분은 意譯 또는 補充譯을 하였다.
7. 飜譯文은 한글과 漢字를 混用하였으며, 맞춤법과 띄어쓰기는 한글 맞춤법과 표준어 규정을 따르는 것을 원칙으로 하였다.
8. 原文이나 飜譯文의 漢字 중에 僻字나 讀音이 특이한 글자는 한글로 音을 달아주었다.
9. 譯註는 校勘, 異說, 인용문의 出典, 故事, 역사적 사건, 전문용어, 難解語, 人物, 制度, 官職 등에 관한 사항을 밝혔다.
10. 校勘은 원문의 誤字, 脫字, 衍字, 倒文 등을 대상으로 하였다.
11. 각 篇마다 간략한 해설을 달아 독자의 이해를 돕고자 하였다.
13. 본서에 사용된 주요 符號는 다음과 같다.

“ ” : 對話, 각종 引用

‘ ’ : “ ” 안에서 再引用, 强調

「 」 : ‘ ’ 안에서 再引用, 强調

( ) : 원문에서는 讀音이 특수한 글자나 僻字의 音, 번역문에서는 간단한 譯註

〔 〕 : 번역문과 뜻은 같으나 音이 다른 漢字나 句節, 譯註에서 인용한 原文

≪ ≫ : 書名이나 典據

〈 〉 : 篇章名, 作品名, 補充譯

14. 본서의 校勘에 사용된 符號는 다음과 같다.

( )〔 〕: (저본의 誤字)〔교감한 正字〕

〔 〕: 저본의 脫字 補充

( ) : 저본의 衍字

15. 본서에 사용된 標點은 다음과 같다.

, : 한 문장 안에서 句나 節의 구분이 필요한 곳

. : 문장의 종결

· : 대등한 명사나 구절의 병렬

“ ” : 1차 인용, 대화

‘ ’ : 2차 인용, 대화, 강조

「 」: 3차 인용, 대화, 강조

目 次

列子鬳齋口義 三卷

제3편 주 목왕 周穆王 第三

列子鬳齋口義 四卷

제4편 중니　　仲尼 第四

列子鬳齋口義 五卷

제5편 탕문　　湯問 第五

列子鬳齋口義 六卷

제6편 역명　力命 第六

列子鬳齋口義 七卷

제7편 양주　楊朱 第七

解 題

李承炫*)

1. 列子는 누구인가

列子는 그 생애와 爲人에 있어 분명한 것이 없다. ≪列子≫ 〈天瑞〉에 다음과 같이 말하였다.

> 列子가 鄭나라의 原圃 곁에 40년 동안 살았는데 알아보는 사람이 아무도 없었다. 임금과 卿大夫들이 그를 보고 일반 백성들과 같게 여겼다.

漢나라 때 劉向은 〈列子目錄原序〉에서 다음과 같이 말하였다.

> 列子는 鄭나라 사람으로 鄭 繆公과 동시대에 살았으니 사물의 이치를 아는 사람이었습니다. 그의 학문은 黃帝와 老子에 근본을 두었으므로 道家라고 불렀습니다.

또 ≪戰國策≫ 〈韓策〉에는 다음과 같은 기록도 보인다.

> 史疾이 韓나라를 위해 楚나라에 사신으로 갔다. 楚王이 "사신은 어떤 방면의 학술을 따르오?"라고 묻자 답하기를 "저는 列子 圄寇의 말을 공부합니다."라고 하였다. 왕이 "무엇을 귀하게 치오?"라고 묻자 답하기를 "正을 귀하게 여깁니다."라고 하였다.[1)]

한편 唐나라 때 柳宗元은 〈辯列子〉에서 다음과 같이 말하였다.

---

*) 成均館大學校 大同文化硏究院 責任硏究員

1) "史疾爲韓使楚 楚王問曰客何方所循 曰治列子圄寇之言 曰何貴 曰貴正"(≪戰國策≫ 〈韓策〉)

> 유향은 유독 열자가 鄭 穆公[2] 때 사람이라고 하였다. 정 목공은 공자보다 거의 백 년 전 사람이다. 그런데 ≪열자≫에서는 鄭나라의 일을 언급하면서 모두 子產과 鄧析[3]을 말하였다.……혹시 유향은 魯 穆公 때라고 말했는데 잘못하여 鄭이 된 것은 아닌지 모르겠다.[4]

열자라는 인물은 ≪莊子≫에 여러 차례 등장한다. ≪장자≫에는 〈列禦寇〉 편도 독립된 한 편으로 존재한다. ≪장자≫ 뿐 아니라 ≪전국책≫ 등을 비롯한 다른 서적들에도 등장하는데 그 이름은 禦寇, 御寇, 圄寇 등으로 표기되어 있다.

한편 ≪장자≫ 〈讓王〉에는 "子列子가 곤궁하여 얼굴에 굶주린 기색이 있었다.〔子列子窮容貌有飢色〕"라고 하여 평범한 보통 사람처럼 묘사하였다. 반면 〈逍遙遊〉에서는 "열자가 바람을 타고 하늘을 날아서 사뿐사뿐 경쾌히 잘 날아 열다섯 날이 지난 뒤 땅 위로 내려왔다.〔夫列子 御風而行 泠然善也 旬有五日而後反〕"라고 하여 신선으로 묘사했다. 이는 한 인물에 대한 상반된 묘사이다. 또 ≪장자≫ 〈天下〉에서 당시의 術家들을 나열하며 墨翟, 禽滑釐, 宋鈃, 尹文, 彭蒙, 田駢, 愼到, 關尹, 老聃 등은 물론 莊周 자신의 이름도 언급하였지만 열자에 대해서는 아무런 언급이 없다. 마찬가지로 先秦 시대 대표적 학파를 기술한 ≪荀子≫ 〈非十二子〉篇에서도 它囂, 魏牟, 陳仲, 史鰌, 墨翟, 宋鈃, 愼到, 田駢, 惠施, 鄧析, 子思, 孟軻 등을 말하였지만 열자에 대해서는 아무런 언급이 없다. 또한 司馬遷은 ≪史記≫에서 열자를 立傳하지 않았다. ≪열자≫가 ≪老子≫, ≪장자≫와 함께 道家의 3대 서적으로 불리는 위상을 감안하면 이는 의아한 일이다.

이러한 등의 이유로 열자가 실제 인물이 아닌 가상의 인물이었으리라 추측하는 사람이 많다. 그러나 ≪장자≫는 실존 인물을 寓言으로 등장시키는 방식을 채택하고 있기 때문에 모순되는 묘사라 하여 혐의될 것이 없다. ≪전국책≫의 기록은 당대에 열자라는 사람을 실존 인물로 받아들이고 있었음을 드러낸다. 또 앞서 언급한 ≪열자≫ 〈천서〉의 언급이나 유향의 언급처럼 열자가 실제 정나라 사람이었다면, 당시 약소국이었던 정나라 출신으로 변변한 벼슬조차 하지 않은 사람의 생평이 무슨 글로 정리되지 않은 것이 이상한

2) 繆公을 穆公이라 표기하기도 한다. 繆과 穆은 모두 음이 '목'이다.

3) 子產과 鄧析은 〈力命〉편에 나온다. 이들은 모두 孔子 당시의 인물들로 劉向의 언급대로 열자가 鄭 穆公 때의 인물이라면 이들은 등장할 수 없다.

4) "獨曰鄭穆公時人 穆公在孔子前幾百歲 列子書言鄭國 皆云子產鄧析……不知向言魯穆公時 遂誤爲鄭耶"(柳宗元, 〈辯列子〉)

일은 아니다. 유향은 위의 글에서 "孝景皇帝 때에 黃老의 술법을 귀하게 여기자 이 책이 세상에 자못 유행하였는데, 후일에 이르러 유실되어 민간에 흩어져 전하는 것이 있지 않았습니다. 또 寓言이 많은 것이 莊周와 서로 유사하였기 때문에 太史公 司馬遷이 列傳을 만들지 않았습니다."라고 언급하였다. ≪열자≫는 이른 시기에 散佚의 과정을 거쳤고, 전국 시대 당대에도 다른 여타의 학파처럼 큰 영향력이 없었으므로, 그 작자에 대한 사항이 불분명하게 되었던 것이다.

열자가 실제 인물인지 아닌지 古來로 학자들의 견해가 달랐다. 그러나 어느 것도 확증이라 할 것이 없다. 따라서 열자가 과연 실존했는지 아니면 가상의 인물인지 단언할 수 없다. 우선은 그 인물의 실존 여부를 전면적으로 부정할 만한 어떤 근거가 없는 한 先秦 시대 도가 계통의 한 사상가 내지 그 사상을 공유하는 일련의 집단으로 비정해 두는 것이 타당할 듯하다.

2. ≪列子≫의 성립과 注解

≪漢書≫ 〈藝文志〉에 실린 ≪열자≫ 8편은 유향 父子가 정리한 것이다. 유향은 〈열자목록원서〉에서 본래 內外書 20편이던 것을 교정해서 중복되는 12편을 삭제하고 8편으로 정리했다고 하였다. 그러나 이 8편이 오늘날 전하는 ≪열자≫의 판본은 아닌 듯하다. ≪열자≫의 가장 오래된 주석을 낸 東晉 사람 張湛은 ≪열자≫ 서문에서 다음과 같이 말하고 있다.

> 내가 듣건대 나의 부친께서 다음과 같이 말하셨다. "나의 선친과 劉正輿(劉度), 傅穎根(傅敷)은 모두 王氏의 외손들로 어렸을 때 함께 외갓집에서 놀았다. 선친의 외삼촌은 始周인데 시주의 從兄 正宗(王宏)과 輔嗣(王弼)는 모두 文籍 수집을 좋아하였다. 당초 왕씨 집안은 仲宣(王粲)의 집에 소장했던 서적[5]을 얻었는데 거의

5) ≪博物志≫ 권6 〈人名攷〉에 다음과 같은 내용이 보인다. "蔡邕은 서적 만 권을 보유하고 있었는데 漢나라 말년에 수레 여러 대에 실어 王粲에게 주었다. 왕찬이 죽은 후 相國掾 魏諷이 모반하였는데 왕찬의 아들이 모반에 참여하였다. 이들이 주벌된 후 채옹이 왕찬에게 주었던 서적들은 모두 왕찬의 일족 자제인 字가 長緖인 王業에게로 들어갔으니, 바로 正宗(王宏)의 부친이다. 정종은 바로 輔嗣(王弼)의 형이다.〔蔡邕有書萬卷 漢末年 載數車 與王粲 粲亡後 相國掾魏諷謀反 粲子與焉 旣被誅 邕所與粲書 悉入粲族子業字長緖 卽正宗父 正宗卽輔嗣兄也〕"

만 권에 달하였다. 傅氏 또한 대대로 학문을 하던 집안이다. 선친과 유정여와 부영근 세 분은 總角 시절에 奇書들을 다투어 필사하였다. 장성해서 永嘉의 난리를 만나 선친이 부영근과 함께 피난하여 남쪽으로 가면서 輜重에다 각각 실을 수 있을 만큼의 서적들을 실었다. 그런데 도적들이 창궐하고 가야할 길은 아직도 먼 상태였다. 선친이 부영근에게 말하기를 '지금 수레에 실은 서적들을 다 보전할 수는 없겠네. 일단 우리가 세상에 드문 서적이 무엇인지 헤아려 각각 보존하고 필사하여 없어지지 않도록 하세.'라고 하였다. 부영근은 이에 자신의 조부 傅玄과 부친 傅咸의 문집만 가져갔다. 선친이 필사한 책들 가운데 ≪열자≫ 8편이 있었는데, 江南에 당도했을 때 겨우 남은 것은 ≪열자≫ 가운데는 〈楊朱〉와 〈說符〉와 目錄 이 세 권뿐이었다. 난리가 일어났을 때 유정여는 揚州刺史가 되어 먼저 강을 건너왔었다. 이에 다시 유정여의 집에서 네 권을 얻었다. 얼마 뒤 보사의 사위 趙季子의 집에서 여섯 권을 얻었다. 이들 판본의 출입을 참조하고 교정하여 비로소 완전한 ≪열자≫를 구성하였다."[6]

이를 보면 지금 전하는 ≪열자≫는 유향 때의 것이 아니라 장담의 집안에서 나온 것이다. 역대의 학자들은 魏晉 때 好事家들이 수많은 僞書를 옛사람의 이름에 가탁하여 만들어 냈음을 들어 ≪열자≫ 역시 장담의 僞書로 보는 견해가 있다. 대표적으로 梁啓超는 〈古書眞僞及其年代〉에서 장자의 전 시대 사람인 열자가 지은 책에 후대의 사상이 들어있지 않아야 되는데 ≪열자≫에는 兩晉 시대 佛敎적 색채가 농후하며, 장담의 말대로 이전 판본들을 취합하여 ≪열자≫를 구성한 것이라면 西晉 시대에 ≪열자≫에 대한 언급이 있어야 하는데 별다른 언급을 찾을 수 없으니, 이것은 동진 시대에 갑자기 ≪열자≫가 뚝 떨어진 것이나 다름없다며 장담의 위작을 의심하였다.

그러나 楊伯峻은 ≪列子集釋≫ 〈前言〉에서 장담이 ≪열자≫에 주석을 달면서 원래 ≪열자≫의 잘못된 부분을 교정하는 주석을 달았고, ≪열자≫의 주장을 비판하고 있다

이 기록이 사실이라면 왕씨 집안의 奇書들은 채옹에게로 그 유래가 거슬러 올라간다.

6) "湛聞之 先父曰 吾先君與劉正輿傅穎根 皆王氏之甥也 並少遊外家 舅始周 始周從兄正宗輔嗣 皆好集文籍 先幷得仲宣家書 幾將萬卷 傅氏亦世爲學門 三君總角 競錄奇書 及長 遭永嘉之亂 與穎根同避難南行 車重各稱力 並有所載 而寇虜彌盛 前途尙遠 張謂傅曰 今將不能盡全所載 且共料簡世所希有者 各各保錄 令無遺棄 穎根於是唯賫其祖玄父咸子集 先君所錄書中有列子八篇 及至江南 僅有存者 列子唯餘楊朱說符目錄三卷 比亂 正輿爲揚州刺史 先來過江 復在其家得四卷 尋從輔嗣女壻趙季子家得六卷 參校有無 始得全備"(張湛, ≪列子≫ 序文)

는 점에서 완전히 그렇게 보기는 힘들다고 하였다. 가령 〈力命〉에서 子產이 鄧析을 살해한 부분에 대해 장담은 ≪左傳≫의 기록을 들어 이것이 잘못된 것임을 변증하고 있으며, 또 〈楊朱〉에서 伯夷와 展禽을 비판한 부분에 대해 "이는 賢人을 誣陷하고 실제에 위배되는 말이다.〔此誣賢負實之言〕"라고 이야기하였으니, 이는 장담이 前人의 訛誤를 수정한 것이며 그 견해가 ≪열자≫와는 다르다는 것이다. 즉 ≪열자≫ 자체가 여러 사람의 손에서 나온 것이고 또 위작의 개연성이 있다 하더라도 이는 장담 이전에 위작된 것으로 봐야 한다는 것이다.

유향은 〈열자목록원서〉에서 다음과 같이 말하였다.

> 道家者流는 요점을 찾고 근본을 지키며 清虛하고 無爲하다가 자신을 다스리고 남을 대하기에 이르러서는 다투지 않음을 힘쓰고 숭상함이 六經에 부합합니다. 그러나 〈穆王〉과 〈湯問〉 2편은 황당하고 허황하니 군자의 말이 아닙니다. 〈力命〉편에 이르러서는 한결같이 타고난 운명을 강조하고 〈楊朱〉편은 오직 放逸을 귀하게 여기니, 두 편의 의미가 서로 어긋나 一家의 책이 아닌 듯합니다. 그러나 각기 밝힌 바가 있고 또한 볼 만한 것이 있습니다.

이를 보면 장담의 집안에서 나온 ≪열자≫를 굳이 따지지 않더라도 유향 당시에 이미 ≪열자≫는 한 사람의 손에서 나온 것이 아닌 듯하다는 의심을 받은 것이다.

唐나라 때 유종원은 〈辯列子〉에서 "≪열자≫는 후세 사람이 추가하고 고친 부분이 많아 이미 본래의 모습이 아니다.……〈양주〉 와 〈역명〉 두 편은 양주의 글로 의심되고, 그 안에 언급한 魏公子牟와 孔穿은 모두 열자 이후 인물이니, 믿을 수 없다.〔其書亦多增竄 非其實 …… 其楊朱力命 疑其楊子書 其言魏牟孔穿 皆出列子後 不可信〕"라고 하였고, 宋나라 때 高似孫은 ≪子略≫에서 "그 가운데 더욱 淺近하고 迂僻한 것은 단지 후세 사람들이 그러모아 완성한 것이다.〔其間尤有淺近迂僻者 特出於後人會萃而成耳〕"라고 하여 역시 ≪열자≫가 순일한 저작이 아니라 여러 사람의 손을 거쳤음을 지적하였다. 대체적으로 역대의 학자들은 ≪열자≫가 순일한 저작이 아니라는 것에 모두 동의하면서 어떤 이는 전체가 다 위작인 것으로, 어떤 이는 기본적으로는 위작이나 일부 선진 시대의 내용이 남아 있는 것으로, 어떤 이는 기본적으로는 선진 시대의 저작이나 부분적으로 후대의 기록이 편입된 것으로 보는 등 견해를 달리하였다. 그러나 후대 사람들의 作爲가 있음은 모두가 인정하는 부분이다. 그렇다면 ≪열자≫는 한결같이 후세 사람의 손을 탄 책이므로 그

가치가 下劣한 것인가?

유향은 이미 ≪열자≫에 볼 만한 것이 있다고 하였거니와, 유종원 역시 〈변열자〉에서 다음과 같이 말하였다.

> ≪열자≫의 내용이 비록 공자의 도와 맞을 수는 없지만 담박하고 원대하여 난세에 처하여 이익을 멀리하여 재앙이 자신에게 미치지 않고 그 마음이 궁박해지지 않았다. ≪주역≫에서 "세상을 피해 숨어 살아도 근심함이 없다."라고 한 말이 여기에 가까울 것이다. 내가 이 때문에 여기에서 취할 점이 있는 것이다. 그 文辭는 ≪장자≫의 비슷한데 그보다 더 질박하고 순후하여 인위적으로 꾸며낸 것이 적으니 문장을 좋아하는 사람이 이것을 버릴 수 있겠는가.[7)]

또한 그 道家思想上의 중요성뿐만 아니라 ≪열자≫ 안의 수많은 神話, 傳說 등은 上古文化 연구에 있어서도 볼 만한 자료들이 많다. 따라서 ≪열자≫가 비록 여러 사람의 손을 탄 것이라고는 하나 그 안에 들어 있는 道家思想과 수많은 자료적 가치를 생각할 때 ≪열자≫는 ≪열자≫ 고유의 가치를 지닌다.

≪열자≫는 당나라가 개창한 이후 더욱 존중받았다. 李唐의 皇室은 자신들이 老子 李聃의 후손이라고 생각하여 노자를 玄元皇帝로 추존하고 도교를 중시했다. 이에 따라 여러 가지 조치를 취하였는데, 玄宗 開元 연간에는 道擧를 설치하여 ≪노자≫, ≪장자≫, ≪열자≫ 등의 도가 서적으로 과거를 보았으며 天寶 원년에는 장자를 南華眞人으로 봉하고 ≪장자≫는 ≪南華眞經≫으로 개칭하였고 열자는 沖虛眞人으로 봉하고 ≪열자≫는 ≪沖虛眞經≫으로 개칭하였다. ≪열자≫는 마침내 높은 반열에 올라 널리 읽히게 되었다. 송나라에 와서도 ≪열자≫는 徽宗과 같은 道君黃帝에 의해 중시되었다.

≪열자≫는 앞서 언급한 바와 같이 동진의 장담이 낸 注가 가장 오래되었다. 이후 당나라 때에 와서 ≪열자≫가 도교의 주요 경전으로 존숭 받으면서 殷敬順의 釋文과 盧重玄의 解가 나왔다. 송나라 때에는 鬳齋 林希逸의 口義가 나왔다. 구의라는 말은 문어체를 위주로 하지 않고 구어체로 풀이했다는 뜻이다. 이는 어록체가 풍미했던 당대 학술 경향에서 이해할 수 있다. 이외에도 송나라 때 江遹, 范致虛, 高守元, 陳景元 등이 각각 해설

---

7) "雖不概於孔子道 然其虛泊寥闊 居亂世 遠於利 禍不得逮於身 而其心不窮 易之遁世無悶者 其近是歟 余故取焉 其文辭類莊子 而尤質厚 少爲作 好文者可廢耶"(柳宗元, 〈辯列子〉)

을 내었지만 대체적으로 장담, 은경순, 노중현, 임희일의 주해가 가장 중시되며 장담의 ≪列子注≫에 자신의 견해를 더한 임희일의 ≪列子鬳齋口義≫가 널리 읽혔다. 임희일은 학문 계통상 伊川 程頤의 계보에 속하는 儒者이다. 그러나 도가 사상에도 一家를 이루어 ≪열자≫ 뿐만 아니라 ≪노자≫와 ≪장자≫에도 각각 口義를 달았다. 임희일은 송대 新儒學的 사고를 기반으로 도가 서적의 독해를 시도하여 신유학자의 시각에서 불교와 도가까지 통섭해가면서 창조적인 해석을 냈다. 이후 성리학이 주된 사상적 조류가 되는 동아시아 사회에서 韓中日 삼국 모두 임희일의 구의본이 유행하였다. 본 역서 역시 임희일의 구의를 저본으로 한다.

3. ≪列子≫의 체제와 내용

≪열자≫가 도가 계통의 서적이라고는 하지만 그 안에는 도가 사상뿐만 아니라 실로 다양한 哲理, 神話, 傳說 등이 수록되어 있으며 불교적인 색채도 보여 하나의 일관된 체제로 점철된 서적이라 하기 어렵다. 앞서 언급에서 보듯 ≪열자≫는 한 사람의 저작으로 보기 어렵고 후대의 손을 많이 탄 탓이다. 그러나 ≪열자≫를 관통하는 도가적 사상이 핵심인 것만은 틀림없는 사실이다.

유향이 〈열자목록원서〉에서 언급한 ≪열자≫ 8편은 곧 〈天瑞〉, 〈黃帝〉, 〈周穆王〉, 〈仲尼〉, 〈湯問〉, 〈力命〉, 〈楊朱〉, 〈說符〉이다. 이는 오늘날 전하는 ≪열자≫ 편명과 같다. 그런데 앞에서 동진 사람 장담의 언급을 고려할 때 지금 전하는 ≪열자≫가 유향이 정리한 8편과 같은 체재인 것은 맞지만 유향 때의 ≪열자≫와는 그 원문이 꼭 같지 않으리라는 것을 알 수 있다.

현전하는 ≪열자≫ 8편의 대략적인 내용은 다음과 같다.

〈천서〉는 하늘에서 보여주는 상서로운 징조라는 뜻이다. 이 편은 천지 사이에 生滅變化하는 모든 만물과 현상은 다 道의 본질과 작용을 보여주는 상서로운 징조임을 말하였다.

〈황제〉는 편의 맨 처음 두 글자를 제목으로 딴 것이다. 유가에서 최고 聖人으로 堯와 舜을 칭송한다면, 도가는 無爲의 다스림을 최초로 펼친 것으로 전해지는 黃帝를 최고 성인으로 들면서 黃老之學이라 일컬어진다. 도가에서 추구하는 이상적인 정치와 인간상이 이 편에서 그려진다. 즉 어떠한 인위적인 감정이나 의식을 배제하고 자연 그대로의 우주와 조화하는 것이다. 이 편의 이야기들은 ≪장자≫에도 동시에 수록된 것이 많아 그 親緣

性을 엿볼 수 있다.

〈주목왕〉은 주로 참된 진실이 무엇인지 이야기하고 있다. 사람들이 지금 살고 있는 이 세계, 이 인식, 이 감각이 과연 진실한 것인지 되물으며 꿈과 환상이라는 장치를 통해 이러한 것들이 헛되고 미혹된 것임을 설파하여 도의 참된 모습을 제대로 파악하라고 역설하고 있다.

〈중니〉는 공자의 字로 이 편의 가장 첫 두 글자에서 제목을 딴 것이다. 이 편에서는 사람들이 수양을 통해 궁극적으로 어떠한 상태에 도달해야 하는지 말하고 있다. 열자가 추구하는 도가적 관점에서의 지극한 경지란, 곧 無의 경지이다. 마음을 텅 비우고 언어와 지식의 경계를 벗어나 아무런 인위 없이 도와 일치되어 상황에 따라 변화하고 흔적을 남기지 않는 것이다.

〈탕문〉은 殷나라 湯王과 大夫 夏革의 문답으로 시작한다. 탕왕과 하극은 문답을 통해 만물과 세상과 우주의 실체를 論難한다. 또 사람들이 정한 기준이라는 것은 우주의 관점에서 보면 아무런 의미가 없음을 설파한다. 이 편에는 愚公移山, 해를 좇는 夸父 등 우리에게 익숙한 중국 고대 전설과 신화가 배치되어 있다. ≪열자≫는 이처럼 다양한 전설과 신화들을 수록하여 話題의 다양성과 풍부함이라는 측면에서도 강점을 보인다. 이 편은 주로 인식과 기준이란 것은 상대적이며, 절대적인 고정불변의 것은 없음을 말하면서 진정한 원리와 균형이 무엇인지를 드러낸다.

〈역명〉은 수명, 빈부, 귀천은 이미 그렇게 될 수밖에 없는 필연적인 원리에 의해 결정된 것이므로 이것을 바꾸려는 어떤 인위적인 노력도 무위에 그칠 수밖에 없다는 숙명론을 설파한다. 무엇인가가 고정되어 있다는 인식은 도가적인 사상과 거리가 있어 보인다. 그러나 이러한 숙명론은 결국 모든 것을 정해진 숙명에 맡긴 채 마음을 비우고 지혜와 계교를 부리지 말고 자연의 흐름을 따라 그대로 살아가야 한다는 도가적 관점으로 귀결된다.

〈양주〉는 유가, 墨家와 더불어 戰國시대를 풍미했던 사상가인 양주의 사상을 빌어 열자 자신의 도가적 사상을 설명한 편이다. 양주는 극단적인 利己와 爲我를 주창하면서 자신의 이익을 해치는 그 어떠한 일, 그것이 심지어 천하를 구할 수 있는 일이라고 해도 하지 말아야 한다고 부르짖었던 사람이다. 열자는 양주의 견해에 동조하고 그의 사상을 소개하기 위해 이 편을 지었다기보다 세상의 모든 구속을 거부하는 양주의 견해를 통해 자유롭게 자신의 본성을 따라 몸을 편안하고 느긋하게 하여 세상의 굴레를 벗어나야 한다는 자신의 사상을 투영했다.

〈설부〉는 하늘과 자연에 부합하는 말, 즉 도가의 학설을 늘어놓으면서 ≪열자≫ 전편에 대한 결론의 성격을 지닌다. 이 편에서는 사람들의 다양한 행위, 개인의 수양과 처신에서부터 천하를 다스리는 문제에 이르기까지 어떤 것이 도에 합치하는 것인가에 대해 도가적 관점에서 해설하였다. 곧 자신을 비워 타인에게 양보하고 천지자연의 도에 의거해 개인의 지혜를 버리고 자연의 조화와 어울려 살아가야 한다는 것이다.

≪呂氏春秋≫ 〈不二篇〉에 "老耽은 柔를 귀하게 여기고 孔子는 仁을 귀하게 여기고 墨翟은 廉을 귀하게 여기고 關尹은 淸을 귀하게 여기고 子列子는 虛를 귀하게 여긴다.〔老耽貴柔 孔子貴仁 墨翟貴廉 關尹貴淸 子列子貴虛〕"라고 하였다. 또 ≪尸子≫ 〈廣澤〉에서도 열자에 대해 똑같이 虛를 귀하게 여긴다고 말했다. 이러한 공통된 진술은 열자 사상의 핵심이 虛에 있음을 말해준다. 이는 후대 사람도 견해가 같아서 ≪열자≫에 注를 낸 장담 역시 "지극한 虛로 宗旨를 삼았다.〔以至虛爲宗〕"라고 기술하였다. 虛는 곧 作爲나 實과 대비되는 개념이면서 ≪열자≫ 안에서는 마음이 지극한 도의 경지에 도달한 상태를 형용한다. 예컨대 〈黃帝〉편에서 "마음은 전일해지고 몸은 잊어버려서 골육의 몸이 대자연과 융합하여 몸이 의지하고 있는 바와 발이 밟고 있는 바를 깨닫지 못한 채 나뭇잎이나 매미 껍질처럼 바람을 따라 동서로 왔다 갔다 하여 마침내 바람이 나를 타는 건지 내가 바람을 타는 건지도 알지 못하게 되었네."라고 한 것이 바로 이 虛의 경계인 것이다.

이는 곧 인간세상의 是非와 善惡과 利害와 對待 등 인위적인 가치판단으로 대립과 장애를 초래하는 모든 경계를 벗어난 단계라 할 수 있다. 〈天瑞〉 편에서 열자는 어찌하여 虛를 귀하게 여기느냐는 혹자의 질문에 다음과 같이 대답한다. "텅 비었다는 것은 일개 개념으로 이름을 정한 것이 아니니, 고요한 것 만한 것이 없고 텅 빈 것 만한 것이 없습니다. 고요하고 텅 비게 살아간다면 알맞은 처소를 얻은 것이고, 취하고 줌을 분별하기만 한다면 알맞은 처소를 잃은 것입니다." 이러한 虛靜의 경계는 ≪노자≫, ≪장자≫가 함께 공유하는 도가의 핵심 개념이다.

한편 앞에서 언급한 것처럼 ≪戰國策≫ 〈韓策〉에서 史疾은 열자 사상의 핵심으로 正을 말하였다. 사질과 楚王의 대화를 계속 살펴보면 다음과 같다. 초왕은 사질에게 正으로 나라를 다스릴 수 있다면 초나라에는 도적이 많은데 正으로 어떻게 도적을 막을 수 있는지를 묻는다.

> 이때 잠깐 사이에 까치가 지붕 위에 내려앉았다. 사질이 말했다. "왕께 묻겠습니다. 초나라 사람은 이 새를 무엇이라 부릅니까?" 초왕이 답하였다. "까치라고

> 하오." "까마귀라고 해도 됩니까?" "아니 되오." "지금 왕의 나라에는 柱國과 令尹과 司馬와 典令이 있습니다. 그들에게 임무를 맡기고 관직을 둘 때에 반드시 청렴결백하고 충분히 그 일을 감당할 수 있다고 말씀하시겠지요. 그런데 지금 도적들이 대놓고 나다니는데도 이를 막지 못합니다. 이는 까마귀가 까마귀가 아니고 까치가 까치가 아닌 것입니다."[8)]

名과 實이 相符하지 않음을 지적하고 있는 사질의 말은 마치 실제에 맞게 명분을 바로 잡겠다는 공자의 正名과도 비슷해 보여서 이것만 가지고는 열자가 말한 正이 儒家의 正名과 어떤 차이가 있는지 정확히 파악하기 어렵다. 그렇다면 ≪열자≫에서는 正에 대해서 무어라고 말했는가. 〈說符〉편에서 열자는 이렇게 말한다. "列子가 고개를 돌려 그림자를 보니 형체가 굽으면 그림자도 굽고 형체가 곧으면 그림자도 반듯하였다. 그렇다면 굽음과 곧음은 형체를 따르는 것이고 그림자에 달려 있지 않고, 굽고 펴지는 것은 사물에 맡겨두는 것이고 나에게 있지 않다." 열자는 앞서 "텅 비었다는 것은 일개 개념으로 이름을 정한 것이 아니니"라고 말하였다. 열자가 말하는 正이란 곧 虛가 實해지는 것, 즉 진정한 虛의 제대로 된 구현이지 虛라는 名에 구애되고 집착하는 것이 아니다. 名이란 실체를 따르는 그림자와 같기 때문에 진정한 본체에 虛가 제대로 구현된다면, 즉 正虛가 된다면 名은 자연스럽게 正해질 것이기 때문이다.

또 열자는 같은 편에서 楊朱의 말을 통해 "선을 행함은 명예를 위하는 것이 아니지만 명예가 따라오고, 명예는 이익을 기약하지 않아도 이익이 돌아온다."라고 하였고, 〈楊朱〉편에서는 "實에는 名이 없고 名에는 實이 없으니 名이라는 것은 거짓일 뿐이다."라고 하였다. 열자는 거짓된 이름과 像이 결국은 자신과 남을 속임이 될 뿐임을 말하고 있다. 여기에서도 결국 중요한 것은 虛의 구현을 통한 자기 자신의 올바른 확립인 것이다.

이상과 같이 ≪열자≫는 자연 그대로의 道를 최고의 가치와 개념으로 설정하고 虛와 正을 그 구체적 방법으로 제시하였으며 도가적 관점에서 세계의 존재방식과 행동양식을 해설하였다. 또 고원하고 복잡한 이론적 설명보다 淺近한 언어와 寓言, 신화와 전설을 引喩한 말하기 방법으로 심오한 도가의 哲理를 설파하였다. 이는 유향이 언급한 대로 ≪장자≫와 비슷한 지점이다.

---

8) "頃間有鵲止於屋上者 曰請問楚人謂此鳥何 王曰謂之鵲 曰謂之烏可乎 曰不可 曰今王之國有柱國令尹司馬典令 其任官置吏 必曰廉潔勝任 今盜賊公行而弗能禁也 此烏不爲烏 鵲不爲鵲也"(≪戰國策≫〈韓策〉)

4. 우리나라에서의 ≪열자≫ 유통

현재 국내에 남아있는 ≪열자≫의 주요 판본은 다음과 같다.

刊本	卷·冊數	刊行年	刊行處(간행형태)	序/跋/附錄	半郭	소장처(청구기호)	비고
列子張注(10行 20字)	8卷 2冊	1819	中國(木版本)	• 陳春(淸)의 ≪湖海樓叢書≫ 內 ≪列子張注≫ (附≪釋文≫) • ≪釋文≫은 殷敬順(唐)이 撰하고, 陳景元(宋)이 補遺한 것임.	23.4×15.4cm	규장각 奎中 5061	張湛 注解本 중 善本
列子鬳齋口義(11行 21字)	2卷 2冊	1474	朝鮮 原州(木版本)	• 印記:〈趙氏穆士敬章〉, 〈月川書堂〉 • 註:月川 趙穆(1524~1606) 所藏本 • 卷末:戊午仲夏李仁仲所贈庚午改尤釐爲上下芙蓉山人 • 板種:庚子字의 覆刻本	21.8×15.1cm	계명대학교 (李貴) 181.2224	
列子鬳齋口義(11行 21字)	2卷 1冊	未詳	朝鮮(木版本)	• 板種:庚子字의 覆刻本	22.1×14.7cm	연세대학교 고서(귀) 41 0	
列子鬳齋口義(9行 19字)	4卷 4冊	1659	日本(木版本)	• 卷末:萬治貳年己亥五月吉日	25.0x18.0cm	국립중앙도서관 古古1-44-2	
列子(9行 21字)	8卷 2冊	1876	中國(木版本)	• 序:張湛(晉) • 據明世德堂本刻刊	25.0×15.5cm	국립중앙도서관 古1263-1 古1263-2-54	1~3권, 4~8권으로 분권
列子箋釋(行字數不明)	8卷 2冊	1804	中國 姑蘇(木版本)	• 卷頭書名:沖虛至德眞經 • 序:張湛 • 所藏:姑蘇聚文堂藏板 • 印記:集玉齋, 帝室圖書之章	29×16.2cm	규장각 奎中 3431	張湛의 ≪列子注≫와 동일본

도교가 우리나라에 전해진 것은 高句麗 榮留王 7년(624) 무렵이다. 이때 당나라 高祖가 고구려에 도교의 天神像과 道士를 보내어 ≪道德經≫을 강론하게 했다는 기록이 보인다.[9] 또 ≪高麗史≫에는 임금과 왕족을 비롯한 주요 인물들이 도성에 설치된 道觀에서 醮祭를 지내는 등 종교 의식을 행한 기록이 다수 남아 있다. 우리나라로 도교가 전해진 年數와 고려의 상황, 그리고 宋나라와 교류가 많았던 고려의 실정을 생각하면 삼국시대 이래 고려에 이르기까지 ≪열자≫를 비롯한 도가 서적이 국내에 유통되었을 가능성은 충분하다.

---

9) ≪三國史記≫ 卷20 〈高句麗本紀〉 榮留王 7년 2월.

조선이 들어서면서 유학을 존숭하는 분위기에 따라 도교는 점차 배척되어 갔다. 조선 초기 도교 제례 의식을 담당하는 昭格署와 왕실 佛堂의 폐지를 두고 임금과 신하 간에 격론이 벌어졌음은 주지하는 사실이다. 그러나 이러한 분위기에도 불구하고 예전부터 이어져온 도가 사상에 대한 애호와 관심은 이어졌다. ≪열자≫에 국한해서 보면 世祖 13년에 임금이 직접 文臣들에게 ≪노자≫, ≪장자≫, ≪열자≫ 등을 頒賜하고 이를 익히도록 하였다.[10] 또 成宗 14년에는 유가 경전에만 치우쳐서 諸家書를 읽지 않는 병폐를 지적하면서 임금이 신하들의 반대에도 불구하고 ≪노자≫, ≪장자≫, ≪열자≫를 進講하도록 명하였다.[11]

조선에서 도가 서적이 유통됨에 있어 앞서 언급한 임희일의 ≪鬳齋口義≫본이 중시되었다. 앞서 세조와 성종 때의 기록을 보더라도 이미 그 당시에 도가 서적이 유통되고 있었음을 알 수 있다. 世宗 7년(1425)에는 鑄字所에서 ≪장자≫를 印出하여 頒賜하였다는 기록이 보인다.[12] ≪열자≫의 ≪권재구의≫는 성종 5년(1474) 原州에서 庚子字로 飜刻되었다는 기록이 보인다.[13] 이 번각본은 현재 계명대학교에 소장되어 있다. 번각본임을 감안하면 앞서 세종 7년의 ≪장자≫ 인출 당시 ≪열자≫도 인출되었을 가능성이 높다.

이 당시 번각은 강원도 관찰사인 李封이 주도하였고 당대 문단의 거벽인 徐居正이 발문을 썼다. 서거정은 발문에서 "지금 江原 監司 李侯 封은 대대로 문장이 뛰어난 집안의 사람으로 그 학문은 공자와 맹자와 程子와 朱子의 도에 근본하면서 또한 諸子의 학술을 섭렵하여 그 사이를 마음껏 내달리면서 性命과 義理의 바른 학문으로 절충하였다. 이것이 ≪노자≫와 ≪열자≫ 두 책을 重刊하는 까닭이니 후세에 옛 것을 좋아하고 박식하고 고아한 군자가 반드시 취함이 있을 것이다.〔今江原監司李侯封 文章世家 其學本於孔孟程朱之道 而亦能出入諸子 馳騁縱橫 折衷以性命義理之正 此老列二書 所以重繡于梓也 後之好古博雅君子其必有取之者矣〕"하고 하였다.[14] 이것이 당대 모든 지식인의 전체적인 경향이라고 말할 수는 없지만 서거정이나 이봉 같은 저명한 인사들이 도가 서적에 깊은 관심을 기울이고 있음을 확인할 수 있다.

≪열자≫로 국한하지 않고 ≪노자≫와 ≪장자≫로 범위를 넓힌다면 조선 시대를 통틀

---

10) ≪世祖實錄≫ 13년 6월 22일

11) ≪成宗實錄≫ 14년 1월 18일・19일

12) ≪世宗實錄≫ 7년 1월 17일

13) ≪攷事撮要≫ 宣祖 1년 子部 道家類.

14) ≪淸芬室書目≫ 〈新刊老列二書跋〉

어 李珥의 ≪醇言≫이나 朴世堂의 ≪南華眞經注解刪補≫, 韓元震의 ≪莊子辨解≫ 등 다수는 아니더라도 도가와 관련된 의미 있는 저술이 꾸준히 제출되었다. 특히 조선 중기 이후로 일부 지식인들은 제자백가의 서적을 열람하면서 성리학적 세계관에만 국한되지 않고 사유의 세계를 넓혀나가기도 하였다. 明나라 때 沈津이 撰한 ≪百家類纂≫은 제자백가의 글을 모은 것인데 이 가운데 권14에 ≪열자≫가 수록되어 있다. ≪백가유찬≫은 肅宗 18년(1692) 閔昌道의 서문을 얻어 경상도에서 復刊되어 많은 지식인들이 제자백가의 글을 열람하는 용도로 읽혔는데, 여러 문인 학자들의 문집에 그 독서 기록이 남아 있다. 正祖는 제자백가의 단편적인 글을 모아 ≪千古百選≫을 編定하기도 했는데 이 가운데 ≪열자≫도 포함되어 있었다.

조선 시대에 性理學이 表面의 생각과 행동양식을 떠받치고 규정하는 주류 학술이었다면 그 이면에서는 도가가 유가의 학술만으로는 채워지지 않는 형이상학적 논리와 초월 지향 그리고 내면 수양의 한 축을 담당하고 있었다. 그리고 ≪열자≫도 그러한 맥락 속에서 중요한 역할을 하였다. 더불어 ≪열자≫가 가지고 있는 虛靜의 가치관과 神話, 傳說 등의 풍부한 요소들은 철학과 문학의 다양한 재료로 활용되며 독서의 전통은 계속 이어졌다.

5. 結言

≪열자≫는 작위적인 주관에 의해 생성된 분별, 왜곡된 가치판단 기준, 그리고 지금 내 앞의 當處에 실재하지 않는 허황된 환상을 타파하고 지금 있는 그 자리에서 虛正을 실현하여 自然 그대로 완전한 우주의 道와 일체가 될 것을 권유한다. 淺近한 비유와 즐거운 寓言이 펼쳐지고 그 속에는 간단하면서도 심오한 哲理가 담겨 있다. 행복해질 거라는 혹은 행복하게 만들어줄 것이라는 가상의 이미지, 그 顚倒된 환상이 난무하고 이 환상을 따라 현재의 가치를 저당 잡힌 채 浮游와 消盡을 마다하지 않는 것이 오늘날 人間世의 실정이다. ≪열자≫의 고전으로서의 가치는 여기에서 분명해진다. ≪열자≫가 안내하는 세계를 따라 한 걸음씩 발을 내딛다보면 혹 우리는 어느새 불안과 공포와 압박을 넘어 좀 더 자유로워진 내면을 발견하게 될지도 모른다. 물론 지나친 爲己나 운명론으로 빠지게 될 함정도 없지 않으나 잘 분별하고 고려하여 읽으면 유익이 더할 것이다. 愚公移山이나 杞憂, 朝三暮四 같은 고사와 중국 고대의 신화, 전설, 꿈의 세계를 향유하는 것은 부수

적인 이익이다.

본 역서는 국내 최초로 林希逸의 ≪鬳齋口義≫본을 원문에 충실하게 자세하고 꼼꼼하게 번역하였다. 口語가 많은 임희일의 주석은 그 문체도 문체려니와 내용도 난해하여 이해하기에 많은 어려움이 있었다. 이 역서의 출현을 말미암아 하나의 관문이 해결된 셈이다. 개인의 인문학적 소양 함양은 물론 ≪열자≫ 연구에 一翼이 되리라 의심치 않는다.

참고문헌

- ≪高麗史≫, 鄭麟趾 等撰, 규장각소장본.
- ≪攷事撮要≫, 魚叔權 著, 규장각소장본.
- ≪老子≫, 老聃 著, 上海古籍出版社, 2015.
- ≪呂氏春秋≫, 呂不韋 撰, 中華書局, 2011.
- ≪柳河東集≫, 柳宗元 著, 上海古籍出版社, 2008.
- ≪博物志≫, 張華 撰, 中華書局, 2019.
- ≪三國史記≫, 金富軾 撰, 규장각소장본.
- ≪尸子≫, 尸佼 著, 中華書局, 2020.
- ≪子略≫, 高似孫 撰, 山東人民出版社, 2018.
- ≪莊子≫, 莊周 著, 中華書局, 2015.
- ≪戰國策≫, 劉向 集錄, 中華書局, 2012.
- ≪朝鮮王朝實錄≫, 春秋官 編, 규장각소장본.
- ≪淸芬室書目≫, 李仁榮 著, 寶蓮閣, 1968.
- ≪韓非子≫, 韓非 著, 上海古籍出版社, 2012.
- ≪漢書≫, 班固 撰, 中華書局, 2012.

- ≪列子≫, 국립중앙도서관 소장.
- ≪列子張注≫, 규장각 소장.
- ≪列子鬳齋口義≫, 계명대학교 소장.
- ≪列子鬳齋口義≫, 국립중앙도서관 소장.
- ≪列子鬳齋口義≫, 연세대학교 소장.

- 김영식 옮김, ≪열자≫, 지식을만드는지식, 2010.
- 김학주 옮김, ≪열자≫, 연암서가, 2011.
- 山口義男, ≪列子研究≫, 風間書房, 1976.
- 小林勝人, ≪列子の研究≫, 明治書院, 1981.
- 신동준, ≪열자론≫, 인간사랑, 2009.
- 楊伯峻 撰, ≪列子集釋≫, 中華書局, 1979.
- 嚴北溟・嚴捷 譯註, ≪列子譯注≫, 上海古籍出版社, 1986.
- 유덕선 역해, ≪열자≫, 홍문관, 2014.
- 유평수 옮김, ≪열자≫, 자유문고, 1995.
- 임동석 역주, ≪열자≫, 동서문화사, 2009.
- 莊萬壽 注譯, ≪新譯 列子讀本≫, 三民書局, 1979.
- 張松輝 注譯, ≪新譯 冲虛至德眞經≫, 三民書局, 1997.
- 정유선 옮김, ≪열자≫, 동아일보사, 2016.
- 정창영 옮김, ≪열자≫, 물병자리, 2015.
- 조관희 옮김, ≪열자≫, 청아출판사, 2014.
- 홍숙연 풀어읽음, ≪낭송열자≫, 북드라망, 2014.

- 강여울, 〈列子에 나타난 '우주생성론'과 '수양론'의 관계에 대한 고찰〉, ≪동서철학연구≫ 92, 한국동서철학회, 2019.
- 고은강, 〈列子에서 꿈과 환상에 대한 소고〉, ≪동방학≫ 36, 한서대학교 동양고전연구소, 2017.
- 권광호, 〈列子研究〉, 北京大學 박사학위논문, 2002.
- 김윤경, 〈조선 전기 도가사상 연구 : ≪心氣理篇≫과 ≪조선왕조실록≫에 나타난 '도가'를 중심으로〉, ≪한국철학논집≫ 43, 한국철학사연구회, 2014.
- 김형석, 〈南宋 林希逸의 新儒學的 老莊解釋에 關한 研究〉, 성균관대학교 박사학위논문, 2005.
- ______, 〈林希逸의 老莊注를 중심으로 본 三教觀〉, ≪유교사상문화연구≫ 25, 한국유교학회, 2006.
- ______, 〈韓·中·日 莊子學의 비교 검토를 통한 朴世堂·韓元震의 莊子注 연구-南宋 林希逸, 에도 하야시라잔과의 비교 검토를 중심으로〉, ≪양명학≫ 25, 한국양

명학회, 2010.
• 박종철, 〈양주철학의 특징 연구 : 열자 양주편을 중심으로〉, 고려대학교 석사학위논문, 2014.
• 서준원, 〈列子에 나타난 꿈과 환상에 대한 존재론적 해석〉, ≪東洋哲學硏究≫ 40, 동양철학연구회, 2004.
• 송항룡 · 조민환, 〈조선조 노장주석사 연구(1)〉, ≪東洋哲學硏究≫ 26, 동양철학연구회, 2001.
• 심경호, 〈조선후기 지성사와 제자백가-특히 관자(管子)와 노자(老子)의 독법과 관련하여-〉, ≪한국실학연구≫ 13, 한국실학학회, 2007.
• 이운구, 〈列子說話에 나타난 人間理解〉, ≪중국학보≫ 28, 한국중국학회, 1988.
• 정용진, 〈16세기 전반 老莊 사유의 문학적 수용과 그 의미〉, ≪韓國漢文學硏究≫ 47, 한국한문학회, 2019.
• 정운길, 〈列子의 人間觀에 관한 硏究〉, 대전대학교 박사학위논문, 1999.
• 최정이, 〈朝鮮時代 道家書 간행 및 판본 분석〉, 경북대학교 석사학위논문, 2012.

譯註 列子鬳齋口義

附 索引

≪列子≫ 서문 列子序

劉向

天瑞 第一, 皇帝 第二, 周穆王 第三, 仲尼 第四,-혹 極智라고도 한다.- 湯問 第五, 力命 第六, 楊朱 第七,-혹 達生이라고도 한다.- 說符 第八입니다.

〔天瑞第一이요 皇帝第二요 周穆王第三이요 仲尼第四-一曰極智-요 湯問第五요 力命第六이요 楊朱第七-一曰達生-이요 說符第八이라〕[1]

이상 新書는 8章으로 정정한 것입니다. 護左都水使者 光祿大夫 臣 向[2]은 다음과 같이 아룁니다. 교감한 中書[3]의 ≪列子≫ 5편과 신 향이 삼가 長社尉 臣 杜參과 함께 교감한 太常의 書 3편과 太史의 書 4篇과 신 향의 書 6편과 신 두참의 書 2편 등 內書[4]와 外書 총 20편에서 다시 중복된 12편을 교정 삭제하여 8편으로 정정하였습니다. 中書는 많고 外書는 적습니다. 章節이 여러 편에 어지러이 흩어져 있고, 혹 글자가 잘못되어 '盡'은 '進'으로 '賢'은 '形'으로 되었으니, 이와 같은 것이 많았습니다. 신서에 잘려나간 부분에 이르러서는 교감하여 中書를 기준으로 이미 확정하였으니 정서해서 간행해도 될 만합니다.

列子는 鄭나라 사람으로 鄭 繆公과 동시대에 살았으니 사물의 이치를 아는 사람이었습니다. 그의 학문은 黃帝와 老子에 근본하였으므로 道家라고 불렀습니다. 道家는 요점을 찾고 근본을 지키며 淸虛하고 無爲하다가 자신을 다스리고 남을 대하

---

1) 〔天瑞第一……說符第八〕: 저본에는 없으나, 劉向의 〈列子新書敍錄〉에 의거하여 보충하였다.

2) 向 : 劉向(B.C. 77~B.C. 6)으로, 前漢 말기 沛縣 사람이다. 初名은 更生, 자는 子政이다. 궁중도서를 교감하여 해제한 ≪別錄≫을 만들어 중국 목록학의 비조로 일컬어진다. 춘추전국시대로부터 한나라에 이르기까지 사람들의 언행을 분류하여 ≪新序≫와 ≪說苑≫을 편찬하고, ≪詩經≫과 ≪書經≫에 나타난 여인들 중 모범과 경계로 삼을 만한 사례를 모아 ≪列女傳≫을 저술하였다.

3) 中書 : 천자가 소장한 서적을 말한다.

4) 內書 : 中書를 말한다.

기에 이르러서는 다투지 않음을 힘쓰고 숭상함이 六經에 부합합니다. 그러나 〈穆王〉과 〈湯問〉 2편은 황당하고 허황하니 군자의 말이 아닙니다. 〈力命〉편에 이르러서는 한결같이 타고난 운명을 강조하고 〈楊朱〉편은 오직 放逸을 귀하게 여기니, 두 편의 의미가 서로 어긋나 一家의 책이 아닌 듯합니다. 그러나 각기 밝힌 바가 있고 또한 볼 만한 것이 있습니다.

孝景皇帝 때에 黃老의 술법을 귀하게 여기자 이 책이 세상에 자못 유행하였는데, 후일에 이르러 유실되어 민간에 흩어져 전하는 것이 있지 않았습니다. 또 寓言이 많아서 莊周와 서로 유사하였기 때문에 太史公 司馬遷이 列傳을 만들지 않았습니다. 삼가 이상과 같이 기록합니다. 신 향이 죽음을 무릅쓰고 護左都水使者 光祿大夫 신 향이 교정한 ≪열자≫의 〈書錄〉을 올립니다. 永始 3년(B.C.14) 8월 壬寅에 올립니다.

右新書定著八章이라 護左都水使者光祿大夫臣向言하노이다 (新)〔所〕[5]校中書列子五篇과 臣向謹與長社尉臣參校讎太常書三篇, 太史書四篇, 臣向書六篇과 臣參書二篇의 內外書凡二十篇을 以校除(複)〔復〕[6]重十二篇하여 定著八篇하니 中書多하고 外書少라 章亂布在諸篇中하고 或字誤하여 以盡爲進하고 以賢爲形하니 如此者衆이라 及在新書有棧하여 校讎從中書(以)〔已〕定하니 皆以殺靑하여 書可繕寫라 列子者는 鄭人也니 與鄭繆公同時니 蓋有道者也라 其學本於黃帝老子하니 號曰道家라 道家者는 秉要執本하며 淸虛無爲라가 及其治身接物하얀 務崇不競이 合於六經이나 而穆王湯問二篇은 迂誕恢詭하니 非君子之言也라 至於力命篇하얀 一推分命하고 楊朱之篇은 唯貴放逸하니 二義乖背하여 不似一家之書라 然各有所明하고 亦有可觀者라 孝景皇帝時에 貴黃老術하여 此書頗行於世러니 及後遺落하여 散在民間하여 未有傳者라 且多寓言이 與莊周相類라 故太史公司馬遷不爲列傳이라 謹第錄이라 臣向昧死하여 上護左都水使者光祿大夫臣向所校列子書錄이라 永始三年八月壬寅上이라

列子는 鄭나라 사람이니, 列은 姓이고 禦寇는 이름이다. 莊子가 그 사람을 많이 칭찬하였으니 반드시 道를 지닌 자일 것이다. 鄭 繻公과 동시대 사람이니 수공이 그 재

---

5) (新)〔所〕: 저본에는 '新'으로 되어 있으나, 劉向의 〈列子新書敘錄〉에 의거하여 '所'로 바로잡았다.

6) (複)〔復〕: 저본에는 '複'으로 되어 있으나, 劉向의 〈列子新書敘錄〉에 의거하여 '復'으로 바로잡았다.

상 子陽을 죽인 것이 ≪春秋≫에 기린을 잡은[7] 해인 庚申年과 50년 차이가 난다. 그 책에 말하기를 "자양이 열자에게 곡식을 보내자 열자가 받지 않았는데, 얼마 지나지 않아 자양이 살해를 당하였다."라고 하였으니, 시기로써 헤아려보면 열자는 반드시 孔子보다는 뒤지고 孟子보다는 앞선 시기에 살았을 것이다. 그러므로 그 책에 많이 '우리 성인'이라 추존하여 스스로 그 설을 신비화하였다. 그러나 太史公이 老子와 莊子의 傳을 지을 적에 오히려 老萊와 關尹과 庚桑楚 등의 사람을 언급하였으나 열자만 언급하지 않았고, 또 이 책이 있다는 사실도 말하지 않았다. 班固가 기록한 〈藝文志〉 諸略에 비록 8篇의 제목은 있으나 張湛 處度가 奇書라 여겨 이르기를 "나의 조부께서 仲宣(王粲)과 輔嗣(王弼)의 집에서 ≪열자≫를 얻었는데 永嘉의 난리[8]에 이미 잃었다가 다행히 온전하게 되었다."라고 하였으니, 그 책이 또한 散軼된 지 오래된 것이다.

卷首에 교감한 몇 글자는 과연 劉向에게서 나왔겠는가? 유향이 말하기를 "열자는 鄭 繆公과 동시대에 살았다."라고 하였으니, 필시 '繻'자를 傳寫하는 과정에서 생긴 오자일 것이다. 그런데 鄭溪西의 ≪群書會紀≫와 晁氏(晁公武)의 ≪讀書記≫에 모두 이를 따랐고, 또 '繆'을 '穆'이라 하였으니, 이는 모두 깊이 상고하지 않은 것이다. 또 유향이 말하기를 "孝景帝 때에 이 책이 세상에 자못 유행하였다."라고 하였으니, 만약 그 책이 과연 경제 때에 나왔다면 太史公이 무엇 때문에 보지 못하였으리오? 과연 보았다면 응당 열자를 빼두고 傳에 넣지 않지는 않았을 것이다. 지금 보건대, ≪열자≫의 首尾 2편은 〈天瑞〉와 〈說符〉로 명명하고, 그 나머지 6편의 제목은 首章의 2자를 취하였을 뿐이다. 또 편 중에 문자가 혹 정밀하기도 하고 혹 거칠기도 하여 전혀 한 사람의 솜씨 같지 않다.

序에서 "〈穆王〉과 〈湯問〉은 황당하다는 점에서 잘못되었고 〈力命〉과 〈楊子〉는 의미가 서로 어긋나니, 반드시 一家의 말이 아닐 것이다."라고 한 것은 비록 그 말이 유향에게서 나왔다고 기필할 수 없다 하더라도 실로 이 책의 병통이 될 것이다. 洪景盧가 열자가 장자보다 낫다고 하였으니, 잘못된 것이다. 그러나 그 중에 또 뛰어난 말이 있으니, 결코 秦漢 이후의 작자가 미칠 수 있는 바가 아니다. 내가 생각건대, 이 책은 필시 늦게 세상에 나왔을 것이니, 혹자가 이 책이 산질되어 완전하지 않음을 인하여

---

7) 春秋에……잡은 : 魯 哀公 14년 봄에 애공이 서쪽 들판으로 사냥을 나가 기린을 잡자, 孔子가 聖王의 祥瑞인 기린이 난세에 잘못 나와서 잡혀 죽은 것을 몹시 상심한 나머지 흐르는 눈물을 옷소매로 닦으면서 "나의 도가 다하였도다.〔吾道窮矣〕"라고 하였다. 그리고는 마침내 ≪春秋≫를 지으면서 "14년 봄에 서쪽으로 사냥을 나가 기린을 잡았다.〔十有四年春西狩獲麟〕"라는 구절로 絶筆하였다.(≪春秋公羊傳≫ 哀公 14년)

8) 永嘉의 난리 : 영가는 晉 懷帝의 연호이다. 劉聰이 洛陽을 함락시키고 회제를 시해한 난리를 말한다.

자신의 뜻을 뒤섞어 내고 또 장자를 모방하여 덧붙였을 것이다. 그러나 그 眞僞의 구분은 玉石처럼 뚜렷하니, 또한 어지럽힐 수 있는 바가 아니다.

列子는 鄭人이니 列은 姓也오 禦寇는 名也라 莊子多稱其人하니 必有道者也라하다 與鄭繻公同時니 繻公殺其相子陽이 去春秋獲麟之歲庚申五十年矣라 其書曰 子陽饋列子粟이어늘 列子不受러니 俄而子陽見殺이라하니 則以時計之면 列子必後於孔子하고 而居孟子之先이라 故其書多推尊吾聖人하여 以自神其說이라 然太史公爲老莊立傳에 猶及老萊關尹庚桑楚諸人이로되 而獨不及列子하고 亦不言其有此書요 班固所志藝文諸略에 雖有八篇之目이나 而張湛處度以爲奇書云其祖得於仲宣輔嗣之家러니 永嘉之亂에 旣失而幸全이라하니 則其書亦散軼久矣라 卷首校讎數語는 其果出於劉向否也아 其曰與鄭繆公同時라하니 必繻字는 傳寫之誤어늘 而鄭溪西群書會紀와 晁氏讀書記에 竝因之하고 又以繆爲穆하니 此皆未深考者라 又曰 孝景帝時에 頗行於世라하니 若其書果出景帝時면 太史公因何未見이리오 果見之면 不應遺列子而不入傳也라 今觀其書首尾二篇은 以天瑞說符名之하고 其他六篇은 則掇首章二字而已요 又篇中文字或精或粗하여 殊不類一手라 其曰穆王湯問은 失之迂誕하고 力命楊子는 義亦乖背하니 必非一家之言은 縱其語未必出於劉向이나 實當此書之病이라 洪景盧謂列子勝莊子라하니 則失之矣라 然其間에 又有絶到之語하니 決非秦漢而下作者所可及이라 愚意此書必爲晩出이니 或者因其散軼不完이라 故雜出其意하고 且模倣莊子하여 以附益之라 然其眞僞之分은 瞭如玉石하니 亦所不可亂也라

列子鬳齋口義 一卷

제1편 천서 天瑞 第一

*천서는 하늘이 내리는 祥瑞라는 뜻으로, 道의 표현이며 大自然의 표현이다. 이 편은 천지 만물이 생겨난 원리와 사물 사이의 상호 변화하는 과정에 대해 논술하였다. 동시에 자연에 순응하며 천리를 즐기고 천명을 아는 사람의 태도에 대해 제기하였다. 특별히 생사에 대한 문제에 대해 비교적 많은 토론을 하였는데 죽음은 바로 집으로 돌아가는 것이며 휴식하는 것이라 인식하였다. 이 편에서는 열자 사상의 핵심인 자연관, 우주관, 인생관 등을 엿볼 수 있다.

이 편은 오로지 天理만을 말하여 귀하게 여길 만하기 때문에 '瑞'라고 하였다.

此篇은 專言天理하여 以其可貴라 故曰瑞라

1-1 萬物을 생성하는 근원인 道의 오묘한 이치*

列子가 鄭나라의 原圃 곁에 40년 동안 살았는데 알아보는 사람이 아무도 없었다. 임금과 卿大夫들이 그를 보고 일반 백성들과 같게 여겼다. 鄭나라에 饑饉이 들자 열자는 가솔들을 이끌고 衛나라로 가려 하였다. 그때 弟子들이 말하였다.

"선생님께서 위나라로 가신다면 돌아올 기약이 없습니다. 제자가 감히 청하고자 하니 선생님께서 무엇을 저희에게 가르치시겠습니까. 선생님께서는 壺丘子林[1]의 말씀을 듣지 않았습니까?"

子[2]列子居鄭圃四十年에 **人無識者**라 **國君卿大夫視之**하고 **猶衆庶也**라 **國不足**일새 **將嫁于衛**한대 **弟子曰 先生往無反期**라 **弟子敢有所謁[3]**하니 **先生將何以教**아 **先生不聞壺丘子**

---

* 저본에는 단락만 구분되어 있으나, 독자의 편의를 위해 譯者가 각 단락마다 일련번호를 부여하고 내용에 따른 소제목을 달았다. 아래도 모두 같다.

1) 壺丘子林 : 列子의 스승으로, 壺丘子 또는 壺子라고도 한다. 이름은 林이고, 鄭나라 사람이다.

2) 子 : 姓 위의 '子'자는 제자가 스승을 높이기 위해 붙인 존칭이다.

林之言乎잇가

鄭나라에 原圃가 있는 것이 秦나라에 具囿가 있는 것과 같으니, ≪春秋左氏傳≫에 보인다.[4] 列子는 정나라 원포 곁에 살았다. '嫁'는 감이다. 무리지어 가는 것을 '嫁'라 하고, '喪'이라 하니, 모두 方言이다. 壺丘子林을 열자가 스승으로 섬겼다. 그러므로 제자들이 그 스승이 무어라고 말하였는지 물은 것이다.

鄭之有原圃가 猶秦之有具囿也니 見左氏라 列子居鄭圃之側이라 嫁는 往也라 旅行曰嫁曰喪이라하니 皆方言也라 壺丘子林을 列子事之라 故弟子問以其師之言云何라

列子가 웃으며 다음과 같이 말하였다.

"壺子께서 무엇을 말씀하셨겠는가. 비록 그러나 夫子께서 일찍이 伯昏瞀人에게 말씀하시는 것을 내가 곁에 서서 들은 적이 있으니, 한번 그것을 그대들에게 말해 보겠네.

子列子笑曰 壺子何言哉아 **雖然**이나 **夫子嘗語伯昏瞀**(무)**人**을 **吾側聞之**호니 **試以告女**호리라

'何言'이라는 것은 그것이 말로 전할 만한 것이 아님을 말한 것이다. 夫子는 壺丘이다. 瞀人은 壺丘의 벗이다. '側聞'이라는 것은 스승 곁에 서서 들은 것이다. 먼저 '무엇을 말씀하셨겠는가'라고 하고서 비로소 고하였으니, 말씀하지 않은 말씀이 말씀한 것보다 신묘함을 알게 하고자 한 것이다.

何言者는 謂此非言可傳也라 夫子는 壺丘也라 瞀人은 壺丘之友也라 側聞者는 立於師之側而

---

3) 謁 : ≪春秋左氏傳≫ 昭公 16년 조에 "宣子에게 玉環이 있었는데, 그 한 짝은 鄭나라 商人에게 있었다. 宣子가 鄭伯에게 그 한 짝을 구해 주기를 요청하자, 子産이 구해 주려 하지 않으며 말하기를 '이는 公家의 府庫에 收藏된 器物이 아니니 寡君께서는 알지 못하십니다.'라고 하였다.〔宣子有環 其一在鄭商 宣子謁諸鄭伯 子産弗與曰 非官府之守器也 寡君不知〕" 하였는데, 이에 대한 杜預의 注에 "'謁'은 청함이다.〔謁 請也〕"라고 하였다.

4) 鄭나라에……보인다 : ≪春秋左氏傳≫ 僖公 33년 조에 "鄭 穆公이 사람을 보내어 杞子 등이 머무는 客館을 살피게 하였더니, 杞子 등은 짐을 꾸려 수레에 싣고 무기를 갈고 말에 먹이를 먹이고 있었다. 정 목공은 皇武子를 보내어 기자 등에게 말하였다. '그대들이 우리나라에 오래 머물러 있었던 탓에 우리나라에는 脯·資·餼·牽이 모두 枯渴되었다. 그대들이 떠나려 한다 하니, 鄭나라에도 秦나라의 具囿와 같은 原圃가 있으니 그대들이 그 곳의 麋鹿을 직접 잡아 行資로 쓰고 우리나라 사람을 한가롭게 하는 것이 어떻겠는가?' 기자는 齊나라로 도망가고, 逢孫과 楊孫은 宋나라로 도망갔다.〔鄭穆公使視客館 則束載厲兵秣馬矣 使皇武子辭焉曰 吾子淹久於敝邑 唯是脯資餼牽竭矣 爲吾子之將行也 鄭之有原圃 猶秦之有具囿也 吾子取其麋鹿 以閒敝邑 若何 杞子奔齊 逢孫楊孫奔宋〕" 하였다. 原圃와 具囿는 모두 囿의 이름이다. 囿는 禽獸를 기르는 곳이다.

聞之也라 先曰何言가하고 而方告之하니 蓋欲知其不言之言이 妙於有言也라

부자께서 말씀하시기를 '생장하는 것과 생장하지 않는 것이 있으며, 변화하는 것과 변화하지 않는 것이 있으니, 생장하지 않는 것은 생장하는 것을 잘 생장하게 해 주며, 변화하지 않는 것은 변화하는 것을 잘 변화하게 해 준다. 생장하는 것은 생장하지 않을 수가 없으며, 변화하는 것은 변화하지 않을 수가 없다. 그러므로 항상 생장하고 항상 변화하는 것이다. 항상 생장하고 항상 변화하는 것은 생장하지 않는 때가 없고 변화하지 않는 때가 없으니, 陰陽이 그러하며 四時가 그러하다. 생장하지 않는 것은 疑獨하며 변화하지 않는 것은 往復하니, 왕복하는 것은 그 때가 끝날 수 없으며 의독하는 것은 그 도가 다할 수 없다.'

其言曰 有生不生하며 有化不化하니 不生者는 能生生하며 不化者는 能化化라 生者는 不能不生하며 化者는 不能不化라 故常生常化라 常生常化者는 無時不生하며 無時不化니 陰陽爾하며 四時爾라 不生者疑獨하며 不化者往復하니 往復은 其際不可終이며 疑獨은 其道不可窮이라하니라

생장하는 것은 생장하지 않는 것을 생장시키며 변화하는 것은 변화하지 않는 것에 근원한다. 생장하지 않으며 변화하지 않는 것은 곧 그 생장하는 것을 생장시키고 그 변화하는 것을 변화시키니, 이는 곧 造化가 바로 이것이다. 생장하지 않을 수가 없으며 변화하지 않을 수가 없는 것은 萬物이 바로 이것이다. 조화는 생장하는 것도 없으며 변화하는 것도 없다. 그러므로 항상 생장하며 항상 변화하는 것이다. '無時'라는 것은 곧 '常'자인데, 다만 그 문장이 이렇게 표현된 것일 뿐이다. '陰陽'과 '四時'는 조화를 가리켜서 말한 것이고, 그 아래의 두 '爾'자는 바로 앞 부분의 '생장하지 않으며 변화하지 않는다.'는 說을 실증하는 것이다. '疑獨'이라는 것은 老子가 이른 바 '마치 만물의 으뜸 같도다.'[5]라는 것과 '天帝보다 앞서 존재한 것인 듯하다.'[6]라는 것과 같다. '獨'이라

老子

5) 마치……같도다 : 노자의 ≪道德經≫ 4章에 "도는 비어 있는데 아무리 써도 다시 차오르지 않는다. 그윽함이 마치 만물의 으뜸 같도다.〔道沖而用之或不盈 淵兮似萬物之宗〕" 하였다.

는 것은 매우 高妙하여 비길 데가 없다는 뜻이요, '疑'라는 것은 옳은 듯 그른 듯하여 형용할 수 없다는 뜻이다. '往復'은 곧 陰陽과 四時가 번갈아 바뀌는 것이니, 다하는 때가 없는 것이다. 그러므로 '그 때가 끝날 수 없다.'라고 한 것이다. '의독'이라는 것은 조화이니, 황홀하여 사물이 있는 듯 없는 듯한 것이다. 그러므로 '그 道가 다할 수 없다.'라고 한 것이다.

有生者는 生於不生하며 有化者는 原於不化라 不生不化는 乃能生其生化其化하니 此卽造化是也라 不能不生하며 不能不化者는 萬物是也라 造化는 無生無化라 故常生常化라 無時者는 卽常字也로되 但其文如此發揮爾라 陰陽四時는 指造化而言也요 下兩爾字는 乃是實前面不生不化之說이라 疑獨者는 如老子所謂似萬物之宗과 象帝之先이라 獨者는 極高極妙而無隣之意요 疑者는 似是似非而不可形容之意라 往復은 卽陰陽四時之代謝也니 無有盡時라 故曰其際不可終이라 疑獨者는 造化也니 恍兮惚兮하여 似有物而無物이라 故曰其道不可窮이라

≪黃帝書≫[7]에 말하기를 「谷神은 죽지 않으니, 이것을 玄牝이라 이른다. 이 현빈의 문을 천지의 근원이라 일컬으니, 그치지 않고 끊어지지 않아 마치 있는 듯 없는 듯하여 아무리 써도 수고롭지 않다.」[8]라고 하였다.

黃帝書曰 谷神不死하니 是謂玄牝이요 玄牝之門을 是謂天地之根이니 綿綿若存하여 用之不勤이라하니라

이것은 ≪老子≫ 6章 전체의 글인데 ≪黃帝書≫라고 하였으니, 노자의 학문도 또

---

6) 天帝보다……듯하다 : 노자의 ≪도덕경≫ 4장에 "나는 도가 누구의 자식인지 모르겠다. 그러나 天帝보다 앞서 존재한 것인 듯하다.〔吾不知誰之子 象帝之先〕" 하였다.

7) 黃帝書 : 淸나라의 惠棟이 말하기를 "≪황제서≫는 老子가 서술한 것이다. 노자의 학문이 黃帝에 근본하였기 때문에 漢代에 黃老라 일컬었다."라고 하였고, ≪釋文≫에 "황제는 성은 公孫, 이름은 軒轅이니, 長生不死의 방도를 터득하여 100년 동안 재위에 있었다. 살펴보건대, ≪漢書≫ 〈藝文志〉에 ≪황제서≫ 4편, ≪黃帝君臣≫ 1편, ≪黃帝銘≫ 6편이 있는데 道家와 서로 비슷하다." 하였다.

8) 谷神은……않다 : 만물을 생성하는 근원인 도의 작용이 영원함을 말한다. 谷은 골짜기로 도의 텅 비어 있는 모습을 상징하고, 神은 변화무쌍하고 반응이 무궁한 것을 상징한다. 玄牝은 만물이 生生하는 玄妙한 道를 이르는데, 牝은 암컷으로 만물의 생생을 뜻하고 玄은 神化의 自然을 뜻한다. 노자의 ≪도덕경≫ 6장에 나오는 말이다. 또 '勤'자는 '盡'자의 의미로 보기도 한다. 이는 ≪淮南子≫ 〈原道〉에 "도는 매우 작고 미약하지만 다 궁구할 수 없고, 매우 가늘고 미약하지만 다 없앨 수 없다.〔旋縣而不可究 纖微而不可勤〕"라고 하였는데, 高誘의 注에 "勤은 '다함'과 같다.〔勤 猶盡也〕"라고 한 것에 근거한 것이다.

한 전수받은 바가 있음을 알 수 있으나 그 책을 다 볼 수는 없다. ≪老子≫ 6章의 注에서 다음과 같이 말하였다.[9] "정미로우면 꽉 차고 신묘하면 텅 빈다. '谷'이라는 것은 텅 비는 것이니, '谷神'이라는 것은 중심이 텅 비어 있는 신묘한 것이다. 사람의 신묘함은 중심이 텅 비어 있음으로부터 나오기 때문에 항상 보존되어 죽지 않음을 말한 것이다. '玄'은 고원하여 다함이 없는 것이고, '牝'은 텅 비어 꽉 채워지지 않은 것이니, '玄牝'이라는 두 글자는 일개 '虛'자를 형용한 것일 뿐이다. 천지 또한 이로부터 나오기 때문에 '근원〔根〕'이라고 한 것이다. '綿綿'은 그치지 않고 끊어지지 않는다는 뜻이고, '若存'이라는 것은 있는 듯하고 없는 듯한 것이다.

虛無한 중에 쓰이기 때문에 수고롭지 않고도 항상 보존되는 것이니, 곧 노자가 이른바 '비어 있으면서도 쪼그라들지 않고 움직일수록 더욱 나온다.'[10]는 것이 바로 이것이다. 晦翁(朱子)이 말하기를 '지극히 신묘한 이치에 낳고 낳는 뜻이 여기에 있다.'[11] 하였으니, 이 말이 또한 좋다. 그러나 그 뜻은 또한 養生의 의론에 가깝다. 이 장은 비록 養生의 운용이라고 할 수 있으나 노자의 처음 뜻은 실로 오로지 이것을 주장하지 않았다." 그러므로 列子가 이를 거론하여 생장하지 않으며 변화하지 않는다는 설을 증명한 것이다.

此는 老子全章之文이어늘 而曰黃帝書라하니 則知老子之學도 亦有所傳이로되 但其書不得盡見이라 老子第六章中에 精則實하고 神則虛라 谷者는 虛也니 谷神者는 虛中之神者也라 言人之神이 自虛中而出이라 故常存而不死라 玄은 遠而無極者也오 牝은 虛而不實者也니 此二字는 只形容一箇虛字라 天地亦自此而出이라 故曰根이라 綿綿은 不已不絶之意요 若存者는 若有若無也라 用於虛無之中이라 故不勞而常存이니 卽老子所謂虛而不屈하고 動而愈出이 是也라 晦翁曰至妙之理에 有生生之意存焉이라하니 此語亦好로되 但其意亦近於養生之論이라 此章雖可以爲養生之用이나 而老子初意는 實不專主是也라 故列子擧此하여 以證其不生不化之說이라

---

9) 老子……말하였다 : 이하 인용문의 말은 林希逸의 ≪老子鬳齋口義≫에 나온다.

10) 비어……나온다 : 老子의 ≪道德經≫ 5장에 "하늘과 땅 사이는 아마 풀무나 피리와 같은 것이 아니겠는가. 비어 있으면서도 쪼그라들지 않고 움직일수록 더욱 나온다.〔天地之間 其猶橐籥乎 虛而不屈 動而愈出〕" 하였다.

11) 晦翁이……있다 : ≪朱子語類≫ 권125 〈老氏老子〉에 "골짜기의 신이 죽지 않는 것에 대해 물었는데, 대답하기를 '골짜기가 비었을 때 소리가 이르면 울림이 응하니, 바로 신묘한 변화의 저절로 그러함이니, 이를 일러 玄牝이라 한다. 玄은 묘함이고 牝은 받아서 사물을 낳는 것이다. 지극히 신묘한 이치에 낳고 낳는 뜻이 여기에 있으니, 程子가 老氏의 說을 취한 것이다.〔問谷神不死 曰谷之虛也 聲達焉 則響應之 乃神化之自然也 是謂玄牝 玄 妙也 牝 是有所受而能生物者也 至妙之理 有生生之意焉 程子所取老氏之說也〕" 하였다. 晦翁은 朱熹의 호이다.

그러므로 만물을 생장하게 하는 것은 생장하지 않으며 만물을 변화하게 하는 것은 변화하지 않는 것이다. 스스로 생장하고 스스로 변화하며, 스스로 형체를 이루고 스스로 빛깔을 띠며, 스스로 지혜를 가지고 스스로 역량을 가지며, 스스로 사라지고 스스로 자라난다. 이것을 일러 생장하게 하고 변화하게 하며, 형체를 이루게 하고 빛깔을 띠게 하며, 지혜를 가지게 하고 역량을 가지게 하며, 사라지게 하고 자라나게 한다고 하는 것은 잘못이네.'라고 하였다."

故生物者不生하며 **化物者不化**라 **自生自化**하며 **自形自色**하며 **自智自力**하며 **自消自息**이라 **謂之生化形色智力消息者**는 **非也**라

'生物者不生'은 생장에 마음을 쓰지 않음을 말하며, '化物者不化'는 변화에 힘을 쓰지 않음을 말하니, 천지 사이에 가득한 것이 저절로 그렇게 되지 않는 것이 없는 것이다. '形'이라는 것과 '色'이라는 것은 사람과 만물이고, '智'라는 것과 '力'이라는 것은 사람 중에 나아가 분별한 것이고, '消'라는 것과 '息'이라는 것은 곤궁함과 영달함, 죽음과 삶, 얻음과 잃음이다. 저절로 그렇게 된다는 것은 생장하면서도 생장하지 않고 변화하면서도 변화하지 않으며 형체를 이루면서도 형체를 이루지 않고 빛깔을 띠면서도 빛깔을 띠지 않으며 사라지면서도 사라지지 않고 자라면서도 자라지 않는 것이니, 애초에 정한 명칭이 없고 애초에 실제 자취가 없다. 만약 정한 명칭과 실제 자취로 구한다면 잘못인 것이다. 정한 명칭이 없고 실제 자취가 없다고 말하지 않고 다만 '謂' 한 자를 썼으니, 진실로 특출하다.

生物者不生은 言其不容心於生也요 化物者不化는 言其不容力於化也니 盈天地之間이 無非自然而然이라 形者色者는 人與物也요 智者力者는 就人中分別也요 消者息者는 窮達死生得喪也라 自然而然者는 生而非生하고 化而非化하며 形而非形하고 色而非色하며 消而非消하고 息而非息하니 初無定名하고 初無實迹이라 若以定名實迹求之면 則非矣라 不曰無定名無實迹이라하고 只下一謂字하니 自是奇特이라

1-2 天地가 이루어진 원리

列子가 다음과 같이 말하였다.

"옛날 聖人들은 陰과 陽을 근거로 天地를 다스렸다. 형체가 있는 사물은 형체가 없는 사물에서 생겨났으니, 그렇다면 천지는 어디로부터 생겨난 것일까?

子列子曰 昔者에 聖人因陰陽以統天地라 夫有形者는 生於無形하니 則天地安從生이리오

〈天瑞〉 한 편은 먼저 하나의 '壺子何言哉(壺子께서 무엇을 말씀하셨겠는가?)'를 두어 앞에서 이미 한 단락을 설파하고, 여기에서 또 한 단락을 설파하였으니, '何言哉' 3자는 절로 깊은 뜻이 있다. 莊子가 말하기를 "하루 종일 말을 해도 일찍이 말하지 않은 것이다."[12]라고 하였으니, 이와 뜻이 같다.

此一篇은 先頓一箇壺子何言哉하여 在前에 既說一段了하고 於此에 又再說一段하니 何言哉三字는 自有深意라 莊子曰 終日言而未嘗言이라하니 與此意同이라

그러므로 太易이 있고, 太初가 있고, 太始가 있고, 太素가 있다고 하는 것이다. 태역이라는 것은 아직 氣가 나타나지 않은 상태이고, 태초라는 것은 기가 나타나기 시작한 상태이고, 태시라는 것은 形이 이루어지기 시작한 상태이고, 태소라는 것은 質이 갖추어지기 시작한 상태이다.

故曰 有太易하고 有太初하고 有太始하고 有太素라하니라 太易者는 未見氣也요 太初者는 氣之始也요 太始者는 形之始也요 太素者는 質之始也라

莊子가 말하기를 "'처음'이라는 것이 있으며, '처음이라는 것'이 아직 있지 않았던 적이 있으며, '처음이라는 것이 아직 있지 않았다'는 것도 아직 있지 않았던 적이 있다."[13]라고 하였으니, 그 말이 절로 高妙하다. 이 글은 또 4개의 명칭(太易·太初·太始·太素)으로 나누었으니, 또한 장자의 뜻일 뿐이다. '形'은 총괄적으로 말한 것이고, '質'은 사물을 따르는 바탕이고, '氣'는 형체를 생성하는 것이다. '未見氣(아직 氣가 나타나지 않은 상태)'라는 것은 無極이면서 有極인 것이다. 장자가 말하기를 "氣가 황홀

12) 하루……것이다 : ≪莊子≫ 〈則陽〉에 太公調가 말하기를 "만일 말로 충분하다면 하루 종일 말을 해서 道를 다 究明할 수도 있겠지만 만일 말로 부족하다면 하루 종일 말을 해도 겨우 物이나 다 구명하는 데 그칠 것이다. 그러니 道는 만물의 근원이요 궁극적인 것인지라 언어나 침묵이 그것을 싣기에는 부족한 것이다. 언어에 의한 표현도 아니고 그렇다고 그것을 부정한 침묵도 아닌 경지에 도달해야만 비로소 궁극의 경지에까지 논의할 수 있게 될 것이다.〔言而足 則終日言而盡道 言而不足 則終日言而盡物 道 物之極 言默 不足以載 非言非默 議其有極〕"라고 하였다.

13) 처음이라는……있다 : ≪莊子≫ 〈齊物論〉에 나오는 말이다. 아무리 최초의 상태를 가정한다 하더라도 논리적으로 그 이전의 시기를 인정할 수밖에 없기 때문에 다시 논리적 부정이 가능하다는 뜻이다.

한 가운데에 섞여서 형체가 이루어진다."[14]라고 하였는데, 여기서는 또 그 위에 나아가 한 층을 더한 것이다. 여기의 '易'자는 儒家書의 '易'자로 보지 말 것이니, 역은 바로 '變'이요, 變은 바로 '化'이다. 太易은 바로 큰 조화이다. 形은 시작이 되고 質은 바탕이 되니, 지금 工匠들이 말하는 '胎素'라는 것이 바로 이 '素'자이다.

莊子曰 有始也者하며 有未始有始也者하며 有未始有夫未始有始也者라하니 其言自妙라 此書又分作四箇名字하니 亦只是莊子之意라 形은 總言也오 質은 隨物之質也오 氣는 生形者라 未見氣者는 無極而有極也라 莊子曰 氣雜於芒忽之間而有形이라하니 此又就其上添一層이라 此易字는 莫作儒書易字看이니 易은 卽變也요 變은 卽化也라 太易은 卽大造化也라 形爲始요 質爲素니 今之工匠家所謂胎素가 卽此素字라

氣와 形과 質이 갖추어졌으나 아직 서로 분리되지 않았다. 그러므로 渾淪이라고 하는 것이다. 혼륜이라는 것은 만물이 서로 혼돈을 이루어 서로 분리되지 않은 상태이다. 그것은 보려 해도 보이지 않으며 들으려 해도 들리지 않으며 구하려 해도 얻어지지 않는다. 그러므로 '易'이라 하는 것이다. 易에는 형체와 한계가 없으니, 易이 변하여 '一'이 되고 일이 변하여 '七'이 되고, 칠이 변하여 '九'가 된다. 구로 변화한 것은 極에 이른 것이니, 곧 다시 변하여 '일'이 된다. '일'이라는 것은 형체 변화의 시작이다.

氣形質具而未相離라 故曰渾淪이라 渾淪者는 言萬物相渾淪而未相離也라 視之不見하며 聽之不聞하며 循之不得이라 故曰易也라 易無形埒(날)이니 易變而爲一하고 一變而爲七하고 七變而爲九라 九變者는 究也니 乃復變而爲一이라 一者는 形變之始也라

위에서 이미 4개의 '太'자를 말하였고, 여기에서 또 形·氣·質로 총괄하였다. 이는 이치의 묘함을 말한 것일 뿐만 아니라 또한 作文의 機軸이니, 文章에 이러한 기축이 없으면 변화와 함축의 묘함을 볼 수 없다. 기·형·질이 갖추어졌으나 아직 서로 분

14) 氣가……이루어진다 : 莊子가 말하기를 "그 삶의 처음을 살펴보았더니 본래 삶이 없었고, 삶이 없었을 뿐만 아니라 본래 形體도 없었고, 형체가 없었을 뿐만 아니라 본래 氣조차 없었다. 황홀한 가운데에 섞여서 變化하여 기가 나타나고 기가 변화하여 형체가 이루어지고 형체가 변하여 삶이 이루어졌다가 지금 또 변화해서 죽음으로 갔으니 이것은 서로 봄·여름·가을·겨울이 되어서 사계절이 運行되는 것과 같다.〔察其始而本無生 非徒無生也 而本無形 非徒無形也 而本無氣 雜乎芒芴之間 變而有氣 氣變而有形 形變而有生 今又變而之死 是相與爲春秋冬夏 四時行也〕"라고 하였다.(≪莊子≫ 〈至樂〉)

리되지 않은 상태는 다만 아직 기가 나타나지 않은 처음일 뿐이다. 아직 기가 나타나지 않은 처음에는 다만 혼돈하여 만물이 서로 혼돈을 이룬 상태를 볼 수 있을 뿐이다. 三才를 총괄하여 말하였으니, 다른 곳에서 '만물'이라고 말한 것에 비길 수 없다. '循'이라는 것은 구함이니, 氣가 아직 나타나지 않았다면 어디에서 볼 것이며, 어디에서 들을 것이며, 어디에서 구하리오? '그러므로 易'이라는 것은 바로 太易이다. 이 한 句에 나아가서 본다면 '形氣質具' 아래는 다만 太易 두 자를 드러내어 밝힌 것일 뿐이다. '無形埒'이라는 것은 형상과 자취가 없는 것을 말한다. '變而爲一'이라는 것은 기가 변화한 뒤에 太極이 있는 것이고, 태극이 있은 뒤에 陰陽과 五行이 있는 것이므로 "一이 변화하여 七이 된다."라고 한 것이니, 음양 둘과 오행이 합쳐서 칠이 되는 것이다. 少陰과 老陰의 수가 八과 六이고, 少陽과 老陽의 수가 七과 九이다.[15] 여기서 말한 九라는 것은 곧 乾數의 極이다. 혹 칠로써 소양을 말하고 구로써 노양을 말하니 이 글의 뜻이 아니다. 구라는 것이 다시 변화하여 일이 되는 것은 사물이 극에 달하면 변함을 말한 것이니, 有는 반드시 無로 돌아가고 무는 유를 낳는다. 그러므로 '일이라는 것은 형체 변화의 시작이다.'라고 한 것이다. '究'는 극에 달한 것이다.

上面既說四箇太字하고 就此又把形氣質總之라 此不特言理之妙라 亦是作文機軸이니 文章無此機軸이면 則不見斡旋之妙라 氣形質具而未相離는 只是未見氣之始라 於未見氣之始에 則但見其渾渾淪淪然萬物相渾淪이라 總三才而言之니 不比他處說萬物字也라 循者는 求也니 氣既未見이면 則何所視며 何所聽이며 何所求리오 故易者는 卽太易也라 卽此一句而觀이면 則知形氣質具而下는 只是發明太易兩字라 無形埒者는 言無形迹也라 變而爲一者는 氣變而後에 有太極也요 有太極而後에 有陰陽五行이라 故曰一變而爲七하니 陰陽二與五行이 共爲七也라 少陰老陰之數八與六이요 少陽老陽之數七與九라 此所謂九者는 卽乾數之極也라 或以七言少陽하고 九言老陽하니 則非此書之意라 九者復變而爲一은 蓋言物極則變也니 有必歸於無也하고 無能生有라 故曰一者는 形變之始라 究는 極也라

맑고 가벼운 陽氣는 올라가 하늘이 되고, 탁하고 무거운 陰氣는 내려와 땅이 되고, 조화를 이룬 음양의 氣는 사람이 된다. 그러므로 하늘과 땅이 정기를 품어 만물이 변화하고 생겨나는 것이다.

清輕者上爲天하고 濁重者下爲地하고 沖和氣者爲人이라 故天地含精하여 萬物化生이라

---

15) 少陰과……九이다 : 少陰, 老陰, 少陽, 老陽은 ≪周易≫의 四象으로, ≪주역≫에서는 陽數인 奇數를 陽으로, 陰數인 偶數를 陰으로 표기한다.

陽氣는 가볍고 맑아 올라가 하늘이 되고 陰氣는 탁하고 무거워 내려와 땅이 되고, 음양의 기가 和合하여 사람이 된다. 冲은 또한 조화이다. 하늘과 땅이 만물을 생성하는 것도 음양의 정기를 화합한 뒤에 변화하고 생성하는 것이다. 그러므로 '음만으로는 생겨나게 하지 못하고 양만으로는 이루게 하지 못한다.'라고 하는 것이다.

陽氣輕淸而上爲天하고 陰氣濁重而下爲地하고 陰陽之氣和合而爲人이라 冲은 亦和也라 天地之生物도 亦是合陰陽之精而後에 化化生生也라 故曰獨陰不生하고 獨陽不成이라

1-3 天地와 聖人과 萬物도 완전하지 않다

열자가 다음과 같이 말하였다.

하늘과 땅은 완전한 功能이 없으며 聖人은 완전한 능력이 없으며 만물은 완전한 용도가 없다. 그러므로 하늘의 職能은 만물을 생겨나게 하고 덮어 보호해주는 것이며, 땅의 직능은 형체를 이루고 만물을 실어주는 것이며, 성인의 직능은 만물을 교화하는 것이며, 만물의 직능은 적성에 따라 알맞게 쓰이는 것이다. 그렇다면 하늘도 부족한 것이 있으며 땅도 뛰어난 것이 있으며 성인도 막히는 것이 있으며 만물도 통하는 것이 있다. 왜 그러한가?

만물을 생겨나게 하고 덮어 보호해주는 하늘은 형체를 이루고 만물을 실어주지 못하며, 형체를 이루고 만물을 실어주는 땅은 만물을 교화시키지 못하며, 만물을 교화하는 성인은 적성에 따라 알맞게 쓰임을 벗어나지 못하며, 적성에 따라 알맞게 쓰이도록 정해진 만물은 각각의 정해진 범위를 벗어나지 못한다. 그러므로 하늘과 땅의 道는 陰이 아니면 陽이며 聖人의 가르침은 仁이 아니면 義이며 만물의 적성은 柔가 아니면 剛이니, 이는 모두 그 성질의 적성을 따라서 각각의 정해진 범위를 벗어나지 못하는 것이다.

子列子曰 天地는 無全功하며 聖人은 無全能하며 萬物은 無全用이라 故天職生覆(부)하며 地職形載하며 聖職敎化하며 物職所宜라 然則天有所短하며 地有所長하며 聖有所否(비)하며 物有所通이라 何則고 生覆者는 不能形載하며 形載者는 不能敎化하며 敎化者는 不能違[16]所宜하며 宜定[17]者는 不〔能〕[18]出所位라 故天地之道는 非陰則陽이며 聖人之敎는 非仁則義며

16) 違 : 앞의 '不能形載' '不能敎化'의 예에 의거하여 衍文으로 보는 견해도 있다.

萬物之宜는 非柔則剛이니 此皆隨所宜而不能出所位者也라

이 한 단락은 매우 정당한 의론이다. 그 大意는 '비록 하늘과 땅이라도 또한 造化의 운용을 다할 수 없는데, 더구나 사람과 만물에 있어서이겠는가.'라고 말한 것일 뿐이다. 하늘은 만물을 생겨나게 하고 만물을 덮어 보호해 주며, 땅은 형체를 이루고 만물을 실어주어 각각 능한 바가 있으니, 이것이 바로 완전한 공능이 없는 것이다. 성인은 천지 사이에 거처하면서 만물을 교화하는 일을 주관하며 만물의 적성에 따라 알맞게 쓰이도록 각각 그 직능을 주관하게 한다. '聖有所否 物有所通'은 성인도 혹 능하지 못하지만 만물이 능한 것이 있음을 말한 것이다. '敎化者 不能違所宜'는 忠·質·文이 시대를 따르고[19] 九德이[20] 그 본성을 따름과 같은 것이 모두 바로 적성에 따라 알맞게 쓰임을 벗어나지 못하는 것이다. 만물이 적성에 따라 알맞게 쓰이는 것은 각각 일정함이 있으니, 굽은 것은 곧게 해서는 안 되며, 작은 것은 크게 해서는 안 되며, 짠 것은 시게해서는 안 되며, 서늘한 것은 뜨겁게 해서는 안 되는 것과 같은 것이다. 이것이 바로 각각의 정해진 범위를 벗어나지 못하는 것이다. 陰陽과 剛柔와 仁義를 ≪周易大傳≫에 天·地·人으로 나누어 말하였고,[21] 여기에서는 또 천지와 성인

---

17) 宜定 : 앞의 '物職所宜'에 의거하면 '所宜'가 되어야 할 듯하다.

18) 〔能〕 : 저본에는 '能'이 없으나, 楊伯峻의 ≪列子集釋≫에 "'不能形載', '不能敎化', '不能違所宜'와 句法이 같고, 아래 구절의 '而不能出所位者也'에 근거해 볼 때 '能'자가 빠졌다."라고 한 설이 타당하다고 판단되어 보충하였다.

19) 忠·質·文이……따르고 : 夏·商·周 三代에 각각 忠·質·文을 숭상했다는 말이다. 宋儒 程頤의≪春秋傳≫서문에 "세 분의 왕이 번갈아 일어나면서 三代의 왕의 예법이 갖추어졌나니, 각각 子·丑·寅의 달을 정월로 삼고 충·질·문을 번갈아 숭상함에, 인도가 갖추어지고 천운이 골고루 미치게 되었다.〔暨乎三王迭興 三重旣備 子丑寅之建正 忠質文之更尙 人道備矣 天運周矣〕"라고 하였다.(≪近思錄≫ 권3 〈致知類〉)

20) 九德 : 皐陶가 禹에게 사람의 덕을 총괄하여 한 말로, '너그러우면서도 장엄하며, 유순하면서도 꼿꼿하며, 삼가면서도 공손하며, 다스리면서도 공경하며, 익숙하면서도 굳세며, 곧으면서도 온화하며, 간략하면서도 모나며, 굳세면서도 독실하며, 강하면서도 의를 좋아하는 것〔寬而栗 柔而立 愿而恭 亂而敬 擾而毅 直而溫 簡而廉 剛而塞 彊而義〕'을 가리킨다.(≪書經≫ 〈皐陶謨〉)

21) 陰陽과……말하였고 : ≪周易≫ 〈說卦傳〉에 "옛날에 성인이 역을 지음은 장차 성명의 이치를 순히 하려고 해서였다. 이 때문에 하늘의 도를 세움은 음과 양이요, 땅의 도를 세움은 유와 강이요, 사람의 도를 세움은 인과 의이니, 삼재를 겸하여 두 번 하였기 때문에 역이 여섯 번 그음에 괘가 이루어졌고, 음으로 나뉘고 양으로 나뉘며 유와 강을 차례로 쓰기 때문에 역이 여섯 자리에 문장을 이룬 것이다.〔昔者聖人之作易也 將以順性命之理 是以立天之道曰陰與陽 立地之道曰柔與剛 立人之道曰仁與義 兼三才而兩之 故易六畫而成卦 分陰分陽 迭用柔剛 故易六位而成章〕"라고 하였다.

과 만물로 나누어 말하였으니, 또한 진실로 이치가 있다.

此一段은 十分正當之論이라 其大意는 只謂雖天地라도 亦不能盡造化之用이어든 而況人物乎아 天能生物能覆物하며 地能成形能載物하여 各有所能하니 是無全功矣라 聖居天地之間하여 而職教化之事하며 隨萬物之所宜하여 而各職其職이라 聖有所否하며 物有所通은 言聖人或有所不能이로되 而物能之者라 教化〔者〕[22]는 不能違所宜는 如忠質文之隨時하고 九德之隨其性이 皆是不能違所宜也라 物之所宜는 各有一定하니 如曲者는 不可以爲直하며 小者는 不可以爲大하며 鹹者는 不可以爲酸하며 凉者는 不可以爲熱하니 是不出其所位也라 陰陽剛柔仁義를 易大傳에 分作天地人說하고 此又分作天地聖人萬物說하니 亦自有理라

그러므로 생명이 있고 생명을 생기게 하는 것이 있으며, 형체가 있고 형체를 형성시키는 것이 있으며, 소리가 있고 소리를 소리가 있게 하는 것이 있으며, 색깔이 있고 색깔을 색깔이 있게 하는 것이 있으며, 맛이 있고 맛을 맛이 있게 하는 것이 있다. 생명이 생명을 가지게 된 것은 죽지만 생명을 생기게 하는 것은 일찍이 끝난 적이 없으며, 형체가 형체를 가지게 된 것은 실재하지만 형체를 형성시키는 것은 일찍이 존재한 적이 없으며, 소리가 소리를 가지게 된 것은 들리지만 소리를 소리가 있게 한 것은 일찍이 소리를 낸 적이 없으며, 색깔이 색깔을 가지게 된 것은 드러나지만 색깔을 색깔이 있게 한 것은 일찍이 나타난 적이 없으며, 맛이 맛을 가지게 된 것을 맛을 보지만 맛을 맛이 있게 한 것은 일찍이 드러난 적이 없으니, 모두 造化가 주관한 것이다.

故有生者하고 有生生者하며 有形者하고 有形形者하며 有聲者하고 有聲聲者하며 有色者하고 有色色者하며 有味者하고 有味味者라 生之所生者는 死矣로되 而生生者는 皆未嘗終하며 形之所形者는 實矣로되 而形形者는 未嘗有하며 聲之所聲者는 聞矣로되 而聲聲者는 未嘗發하며 色之所色者는 彰矣로되 而色色者는 未嘗顯하며 味之所味者는 嘗矣로되 而味味者는 未嘗呈하니 皆無爲之職也라

생명이 있고, 형체가 있고, 소리가 있고, 색깔이 있고, 맛이 있다는 것은 하늘과 땅 사이의 만물을 가리켜서 말한 것이다. 생명을 생기게 하고, 형체를 형성시키고, 소리를 소리가 있게 하고, 색깔을 색깔이 있게 하고, 맛을 맛이 있게 하는 것은 造化이다.

---

22) 〔者〕: 저본에는 '者'가 없으나, ≪列子≫ 본문에 의거하여 보충하였다.

'職'은 주관함이다. '無爲'는 조화이다. 생겨나지 않는 것이 그 생겨나는 것을 생기게 하며, 형체가 없는 것이 그 형체가 있는 것을 형체가 생기게 하는 것으로부터 그 색깔이 있는 것을 색깔이 있게 하며, 그 소리가 있는 것을 소리가 있게 하며, 그 맛이 있는 것을 맛이 있게 하는 것에 이르기까지 모두 조화가 주관하는 것이다. 이렇게 문장을 서술하였으니 또 진실로 특출하다.

有生有形有聲有色有味는 指天地間萬物而言也라 生生形形聲聲色色味味는 造化也라 職은 主也라 無爲는 造化也라 不生者生其所生하며 無形者形其所形으로 以至色其所色하며 聲其所聲하며 味其所味히 皆造化之所職이라 如此下得來하니 又自奇特이라

陰이 되게 할 수도 있고 陽이 되게 할 수도 있으며, 부드럽게 할 수도 있고 단단하게 할 수도 있으며, 짧게 할 수도 있고 길게 할 수도 있으며, 둥글게 할 수도 있고 모나게 할 수도 있으며, 살게 할 수도 있고 죽게 할 수도 있으며, 덥게 할 수도 있고 서늘하게 할 수도 있으며, 떠오르게 할 수도 있고 가라앉게 할 수도 있으며, 宮音이 나게 할 수도 있고 商音[23]이 나게 할 수도 있으며, 나타나게 할 수도 있고 없어지게 할 수도 있으며, 검게 할 수도 있고 누렇게 할 수도 있으며, 달게 할 수도 있고 쓰게 할 수도 있으며, 누린내가 나게 할 수도 있고 향기가 나게 할 수도 있다. 아는 것도 없으며 능한 것도 없는 것 같으나 알지 못하는 것도 없으며 능하지 못한 것도 없다.

能陰能陽하며 能柔能剛하며 能短能長하며 能員能方하며 能生能死하며 能暑能涼하며 能浮能沈하며 能宮能商하며 能出能沒하며 能玄能黃하며 能甘能苦하며 能羶(전)能香이라 無知也하며 無能也나 而無不知也하며 而無不能也라

24개 '能'자는 다만 '造物' 두 자일 뿐이다. 조물의 신묘함이 비록 아는 것도 없으며 능한 것도 없는 것 같으나 알지 못하는 것도 없으며 능하지 못한 것도 없다. 이 단락의 글이 또 훌륭하다.

二十四箇能字는 只是造物兩字라 造物之妙가 雖若無知無能이나 而無所不知하며 無所不能이라 此段又好라

---

23) 宮音이……商音이 : 궁음과 상음은 古樂의 오음계인 宮·商·角·徵·羽의 두 음이다. 이 오음을 五方, 五行, 四季와 대응시켜서, 궁은 中央과 土, 상은 西와 金과 가을, 각은 東과 木과 봄, 치는 南과 火와 여름, 우는 北과 水와 겨울에 해당하는 것으로 본다.

1-4 萬物은 機에서 나와 機로 들어간다

列子가 衛나라에 갈 적에 길가에서 밥을 먹다가 백년 묵은 해골을 보고 쑥대를 뽑아 해골을 가리키면서 제자인 百豐을 돌아보며 다음과 같이 말하였다.

"오직 나와 저 해골만이 그대가 일찍이 살아 있던 적도 없고 일찍이 죽었던 적도 없다는 것을 알고 있으니, 이는 과연 슬퍼할 일인가? 과연 기뻐할 일인가? 〈천지 사이에 만물이 생겨나 변화하는〉 종류가 몇 가지나 있는가? 개구리가 메추리가 되는 것과 같다. 물속에서는 𢇁라는 水草가 되고, 물가의 습지에서는 青苔라는 물이끼가 되고, 언덕 위에 나면 陵舄(질경이)이라는 풀이 된다. 능석이 거름더미 속에서 자라면 烏足이라는 毒草가 되고, 오족의 뿌리는 蠐螬(굼벵이)가 되고, 그 잎은 胡蝶(나비)이 된다. 호접은 별칭이 胥이니 변화해서 벌레가 되어 부뚜막 밑에서 생겨난다. 이 벌레는 그 모양이 껍질을 벗어놓은 것 같은데, 그 이름을 鴝掇이라고 한다. 구철은 천 일이 지나면 변화해서 새가 되는데, 그 이름을 乾餘骨이라고 한다. 건여골의 침은 斯彌라는 쌀벌레가 되고, 사미는 食醯頤輅가 된다. 식혜이로는 食醯黃軦에서 생겨나고, 식혜황황은 九猷에서 생겨나고, 규유는 瞀芮에서 생겨나고, 무예는 腐蠸에서 생겨난다.

子列子適衛할새 食於道(從)〔徒〕[24)]라가 (者)[25)]見百歲髑髏(촉루)하고 攓(건)蓬而指하여 顧謂弟子百豐曰 唯予與彼로 知而未嘗生하며 未嘗死也하노니 此(過)〔果〕[26)]養乎아 (過)〔果〕歡乎아 種有幾오 若鼃(와)爲鶉(순)하니 得水爲𢇁요 得水土之際면 則爲鼃蠙之衣요 生於陵屯이면 則爲陵舄(석)이요 陵舄得鬱栖면 則爲烏足하고 烏足之根은 爲蠐螬요 其葉은 爲胡蝶이라 胡蝶은 胥也니 化而爲蟲하여 生竈下라 其狀若脫하니 其名曰鴝掇(구철)이라 鴝掇이 千日에 化而爲鳥하니 其名曰乾余骨이라 乾余骨之沫이 爲斯彌하고 斯彌爲食醯(혜)頤輅라 食醯頤輅는 生

24) (從)〔徒〕: 저본에는 '從'으로 되어 있으나, 楊伯峻이 殷敬順의 ≪列子釋文≫에 '食於道徒'로 되어 있는 것에 의거하여 誤字라고 하였으며, '徒'는 '塗'와 통한다고 한 설과 林希逸의 注에 '道傍'이라고 한 것에 의거하여 '徒'로 바로잡았다.

25) (者) : 楊伯峻이, 陶弘景의 '열자가 해골을 봄으로 인하여 쑥대를 뽑아 가리키면서 제자 百豐에게 보내줄 때에 응당 從者를 말하지 않았을 것이다.'라는 설을 옳게 여겨서 '者'는 후인들이 더하였을 것이라고 하였다. 이에 의거하여 衍文으로 처리하였다.

26) (過)〔果〕: 저본에는 '過'로 되어 있으나, 林希逸의 注에 의거하여 '果'로 바로잡았다. 아래도 같다.

乎食醯黃軦하고 **食醯黃**軦은 **生乎九猷**하고 **九猷**는 **生乎**瞀芮(무예)하고 瞀**芮**는 **生乎腐**蠸이니라

이 단락은 ≪莊子≫와 같되 중간에 또 몇 마디 말을 더하였다. 길가에서 밥을 먹다가 쑥 가운데에 이 말라빠진 해골이 있는 것을 보고 가리키면서 제자에게 말하였으니, 百豐은 제자의 이름이다. '未嘗生 未嘗死'는 삶도 없고 죽음도 없는 것이다. '彼'는 해골을 가리키고, '予'는 열자가 스스로를 이른 것이다. 여기의 '過養'과 '過歡' 두 句는, ≪장자≫에서는 "그대는 과연 슬퍼하고, 나는 과연 기뻐하고 있는가.〔若果養乎 予果歡乎〕"라고 하였으니, 그 말의 의미가 매우 깊다. 이 글에서는 '若', '予' 2자를 삭제하였고 '果'를 '過'라고 하였으니, 독음이 비슷해서 생긴 오자인 듯하다. 만약 여기서와 같이 말한다면 '이는 그 죽은 자가 생전에 스스로 슬퍼한 것이 지나친 것인가. 즐거워한 것이 지나친 것인가.'라고 별도로 말하는 것이니, 이치가 비록 통한다 하더라도 의미가 전혀 없다.

≪장자≫의 뜻과 같다면 '그대는 과연 생전에 스스로 슬퍼할 이유를 아는 것인가. 나는 과연 사후에 寂滅한 즐거움을 아는 것인가.'라고 한 것이다. '若'은 해골을 가리키고 '予'는 곧 열자가 스스로를 이르는 것이다. 살아서 먹고 마시는 것을 '養'이라 하고 죽어서 적멸한 것을 '樂'이라 하니, 도리어 이렇게 도치해서 말해야 바로 기이한 필치를 놀린 곳이 되는 것이다. '種有幾'라는 것은 천지 사이에 만물이 생겨나고 생겨나는 것이 종류가 각각 같지 않음을 말한 것이다. 그런데 모두 지극히 미미한 것에 나아가 말하고 작은 것으로써 큰 것에 비유하지 않았으니, 비록 크더라도 작은 것과 다름이 없음을 말한 것이다. 곧 작음도 없고 큼도 없으며 귀함도 없고 천함도 없다는 뜻이니, 그 의미는 진실로 이와 같을 뿐이지만 문자의 신묘함은 천고에 특출하다. 整齊된 중에 정제되지 않았고 정제되지 않은 중에 정제되어, 떠가는 구름 위의 외로운 기러기를 보는 듯하고 우뚝한 봉우리 가의 가파른 비탈을 보는 듯하니, 읽을수록 더욱 좋다.

이 글 중간에 또 몇 구를 덧붙였으니, 문득 ≪장자≫에 미치지 못함을 느끼겠다. '若䵷爲鶉'은 개구리가 변화해서 메추라기가 되는 것이니, '䵷'는 바로 '개구리〔蛙〕'이다. 이 4자는 ≪장자≫에 없는 것이고, 또 아래 구와 서로 맞지 않는다. '㡭'라는 것은 물 위의 티끌이니 처음 이끼가 생겨나 아직 이루어지지 않은 것이고, 또한 실로 서로 얽는다는 뜻이 있으니, 그 물건 됨이 매우 미미할 뿐이다. '䵷蠙之衣'는 바로 靑苔이다. '水土之際'는 물속에 언덕이 붙어 있는 곳이니, 언덕이 붙어 있는 곳은 대부분 많고 두텁기 때문에 '衣'라고 한 것이다. 이 두 구는 청태를 말하였는데, 도리어 또 '陵屯'에 나아가서 말한 것이다. '능둔'은 田野 중의 높은 곳이다. '陵舃'은 車錢草이다. '鬱栖'는 거름더미이다. 차전초가 거름더미 속에 나면 변하여 '烏足草'가 되고, 오족초의 뿌리가

또 변하여 '蠐螬'가 되고, 오족초의 잎이 또 변하여 '胡蝶'이 된다. '제조'는 蝎虫이고, '胥'는 호접의 별칭이다. 호접 아래에 나아가 이 1구를 더한 것은 더욱 특출하다.

이 아래에 또 변화하여 생기는 것을 말하였으니, 부뚜막 밑의 벌레가 변화하여 생기는 것을 '鴝掇'이라 이름한다. 부드러워 가죽이 없고 껍질이 없기 때문에 '若脫'이라 하니, 지금의 柑虫과 같다. 구철의 벌레가 또 변화해서 새가 된다. 乾餘骨은 새 이름이다. 건여골의 입에서 흐르는 침이 또 변화하여 斯彌가 된다. 사미는 벌레이다. 食醯는 蠛蠓(잔디등에)이다. 頤輅와 黃軦은 모두 벌레 이름이다. 이 부분을 ≪장자≫와 비교하면 '食醯'라는 글자가 2번 더 나오니, 또한 傳寫 과정에서 생긴 오자인 듯하다. 九猷와 瞀芮와 腐蠸도 벌레 이름이다. ≪장자≫에서는 여기에 도리어 몇 자를 생략하였으니, 그 뜻은 아마도 만물이 변화하여 생겨나고 생겨나서 무궁하여 다하는 때가 없음을 말한 것일 듯하다.

此段은 與莊子同이로되 但中間에 又添數語라 食於道傍이라가 見蓬草之中에 有此枯髑髏하고 而指之하여 以語弟子하니 百豐은 其名也라 未嘗生하며 未嘗死는 無生無死也라 彼는 指髑髏也요 予則列子自謂也라 過養過歡二句는 莊子曰 若果養乎아 予果歡乎아하니 其語意甚深이라 此書去若予二字하고 以果爲過하니 恐聲之訛也라 若如此說이면 別謂此其死者가 生前自養過當乎아 歡樂過當乎아하니 理雖亦通이라도 殊無意味라 若如莊子之意則曰 若果知人生之所以自養者乎아 我果知死後寂滅之樂者乎아하니라 若은 指髑髏하고 予는 乃自謂也라 生而飮食曰養이요 死以寂滅爲樂이니 却如此倒說이라야 乃是弄奇筆處라 種有幾者는 言天地之間에 物之生生이 種各不同이어늘 却皆就至微底說이요 不是以小喩大하니 蓋言雖大無異於小也라 便是無細無大하며 無貴無賤之意니 其意固止如此나 而文字之妙는 絶出千古라 整齊中不整齊하고 不整齊中整齊하여 如看飛雲斷鴈하며 如看孤峯斷坂하니 愈讀愈好라 此書中間에 又添數句하니 便覺不及莊子라 若䵷爲鶉은 䵷化爲鶉也니 䵷는 乃蛙也라 此四字는 莊子所無요 亦與下句不相入이라 㡭者는 水上塵垢니 初生苔而未成也요 亦有絲縷相縈之意니 但其爲物甚微耳라 䵷蠙之衣는 卽靑苔也라 水土之際는 水中附岸處也니 附岸處는 例多而厚라 故曰衣라 此兩句는 說了箇靑苔로되 却又就陵屯上說來라 陵屯은 田野中高處也라 陵舃은 車錢草也라 鬱栖는 糞壤也라 車前草가 生糞壤之中이면 則變而爲烏足草하고 烏足之根이 又化而爲蠐螬하고 烏足之葉이 又化爲胡蝶이라 蠐螬는 蝎虫也요 胥는 胡蝶之別名也라 就胡蝶下添此一句尤奇라 此下又說化生者니 竈下之虫이 化而生者를 名爲鴝掇이라 軟而無皮無殼이라 故曰若脫이니 如今柑虫然이라 鴝掇之虫이 又化而爲鳥라 乾餘骨은 鳥名也라 其口之流沫이 又化爲斯彌라 斯彌는 虫也라 食醯는 蠛蠓也라 頤輅黃軦는 皆虫名也라 此處比莊子면 多(三)〔二〕[27)]个食醯字하니 恐亦傳寫之誤라 九猷瞀芮腐蠸도

27) (三)〔二〕: 저본에는 '三'으로 되어 있으나, ≪열자≫의 이 글에는 '食醯'가 4번 나오고,

亦虫名也라 莊子於此에 却省數字하니 其意盖謂萬物變化하여 生生不窮하여 無有盡時也라

양의 간은 변화하여 地皐가 되고, 말의 피는 轉燐이 되며, 사람의 피는 野火가 된다. 매는 새매가 되고, 새매는 뻐꾸기가 되고, 뻐꾸기는 오랜 뒤에 다시 매가 된다. 제비는 조개가 되고, 들쥐는 메추라기가 되고, 썩은 외는 물고기가 되고, 오래 묵은 부추는 비름이 되고, 늙은 암양은 원숭이가 되고, 물고기 알은 蟲라는 벌레가 된다. 亶爰山의 짐승은 혼자서 새끼를 배고 낳는데 그 이름을 類라 하고, 河澤의 새는 서로 보기만 해도 새끼를 낳는데 그 이름을 鶂이라 한다. 순수한 암놈은 그 이름을 大腰라 하고 순수한 수놈은 그 이름을 稚蜂이라 한다.

莧

羊肝化爲地皐하고 馬血之爲轉燐也하며 人血之爲野火也라 鷂(요)之爲鸇(전)하고 鸇之爲布穀하고 布穀久復爲鷂也라 燕之爲蛤也하고 田鼠之爲鶉也하고 朽瓜之爲魚也하고 老韮之爲莧(현)也하고 老羭(유)之爲猨也하고 魚卵之爲蟲라 亶爰之獸는 自孕而生하니 曰類요 河澤之鳥는 視而生하니 曰鶂(역)이라 純雌는 其名大腰요 純雄은 其名稚蜂이라

이 몇 줄은 곧 ≪莊子≫에 없는 내용이고, 중간에 또 몇 개의 '也'자가 있으니, 文勢가 또한 ≪장자≫와 같지 않다. 그러나 또한 물질이 변화하는 일이니, ≪禮記≫ 〈月令〉에 '참새가 변하여 조개가 되고 매가 변하여 비둘기가 된다.'[28]는 것과 같다. 이는 천지 사이의 자연한 이치이고 반드시 존재하는 일이다. '늙은 암양이 원숭이가 되는 것'은 늙은 쥐가 박쥐가 되는 것과 같다. '亶爰'은 산 이름이니, ≪山海經≫에 나온다.

≪莊子≫ 〈至樂〉에는 '食醯'가 2번 나온다. 이에 의거하여 '二'로 바로잡았다.

28) 참새가……된다 : ≪禮記≫ 〈月令〉에 "중추의 달에는 기러기가 찾아와 손님이 되며, 참새는 바다로 들어가서 조개가 되며, 국화는 노란색 꽃을 피우며, 승냥이는 곧 날짐승을 잡아 하늘에 제사를 지내고 짐승을 잡아먹는다.〔鴻鴈來賓 爵入大水爲蛤 鞠有黃華 豺乃祭獸戮禽〕"라고 하였고, 또 "중춘의 달에는 비로소 비가 내리기 시작하며, 복숭아나무가 비로소 꽃을 피우며, 꾀꼬리가 노래하며, 매가 변화하여 비둘기가 된다.〔始雨水 桃始華 倉庚鳴 鷹化爲鳩〕"라고 하였다.

〈선원산의 짐승은〉 그 모양이 살쾡이와 같은데 머리털이 있다. '自孕'이라는 것은 수컷은 없고 모두 암컷인 것이니 지금 사람들이 바다 가운데 女人國이 또한 그렇다고 한다. '類'라는 것은 그 이름이다. '鶂'은 곧 ≪장자≫에 이른바 '수컷이 위쪽에서 울면 암컷이 아래쪽에서 호응하여 서로 마주 보면서 마음이 통하여 새끼를 낳는다.'[29]라는 것이다. 大腰는 거북과 자라의 등속이니 순수한 암컷이어서 수컷이 없고, 벌은 순수한 수컷이어서 암컷이 없다. '穉'는 작은 벌레이니 벌이 벌집에 있으면서 다만 빌기만 하여 자신의 자식으로 변화시키는 것이다.[30] 그 꼬리에는 침이 있으나 유독 여왕벌만은 없다. 혹자가 이르기를 "이 벌레는 수많은 陽으로 陰을 우두머리로 섬기니 음이 군주가 된 것이다."라고 하였다.

此數行은 乃莊子所無요 中間에 又有數也字하니 文勢亦不類라 然亦皆爲物化之事니 如月令에 雀化爲蛤하고 鷹化爲鳩라 此天地間自然之理요 必有之事라 老羭爲猨은 如老鼠之爲蝙蝠也라 亶爰은 山名也니 出山海經이라 其狀若狸而有髮이라 自孕者는 無牡而皆牝也니 今人說海中女人國亦然이라 類者는 其名也라 鶂은 卽莊子所謂雄鳴上風이면 雌鳴下風하여 相視而風化者也라 大腰는 龜鼈之屬이니 純雌而無雄하고 蜂則純雄而無雌也라 穉는 小也니 蜂之在房하여 只呪而化라 其尾有刺나 獨爲王者無之라 或云此虫以衆陽而宗陰하니 陰爲君也라

思나라의 남자는 아내 없이도 감통하고 사나라의 여자는 남편 없이도 아이를 밴다. 后稷은 큰 발자국에서 태어났고,[31] 伊尹은 속이 빈 뽕나무에서 태어났다.[32]

---

29) 수컷이……낳는다 : ≪莊子≫ 〈天運〉에 "흰 물새가 서로 마주 보면서 눈동자를 움직이지 않고 마음이 통하여 새끼를 낳으며, 벌레가 수컷이 위쪽에서 울면 암컷이 아래쪽에서 호응하여 서로 마음이 통하여 새끼를 낳아서, 같은 부류들은 저절로 상대를 암컷이나 수컷으로 삼기 때문에 서로 마음이 통하여 새끼를 낳는다.〔夫白鶂之相視 眸子不運而風化 蟲雄鳴於上風 雌應於下風而風化 類自爲雌雄 故風化〕"라고 하였다.

30) 벌이……것이다 : ≪搜神記≫에 이르기를 "땅벌은 순수한 수컷이고 암컷은 없으니 암컷과 교접하지도 않고 새끼를 낳지도 않고 항상 뽕나무벌레의 새끼를 취하여 길러서 자신의 자식으로 만든다.〔土蜂純雄而無雌 不交不產 常取桑蟲之子育之 以成己子〕"라고 하였다.

31) 后稷은……태어났고 : 炎帝의 후손인 姜嫄이 아들을 기원하는 禖 제사를 지내러 郊外로 나갔다가 大人의 발자국을 보고 그 엄지발가락을 밟고는 胎氣가 있어 周나라의 시조 후직을 낳았다 한다.(≪詩經集傳≫ 〈生民〉)

32) 伊尹은……태어났다 : 이윤의 어머니가 임신하였는데, 꿈속에서 신이 "절구에서 물이 나올 것이니, 동쪽으로 달아나라."라고 하므로, 다음 날 절구에서 물이 나오는 것을 보고 동쪽으로 달아나, 10리쯤에서 동네가 물에 모두 잠긴 것을 보고 그대로 속이 빈 뽕나무가 되어버렸다. 얼마 후에 어떤 여인이 뽕잎을 따다 우연히 그 나무 안에서 갓난아이인 이윤을 발견하고 그 임금에게 헌상하였다고 한다.(≪通鑑節要≫ 권10 〈唐紀 高祖〉, ≪呂氏

思士不妻而感하고 思女不夫而孕이라 后稷生乎巨迹하고 伊尹生乎空桑이라

이 4구는 또 사람 중에 변화한 것에 나아가서 말한 것이다.

此四句는 又就人中變化者言之라

물잠자리는 습한 데서 생기고 술파리는 술에서 생긴다.

厥昭는 生乎濕하고 醯(혜)雞는 生乎酒라

이 2구는 또 食物 중에 쉽게 볼 수 있는 것에 나아가 말한 것이다.

此兩句는 又就食物中易見者言之라

羊奚라는 풀은 더 이상 죽순이 생기지 않는 늙은 대나무와 교합하여 青寧이라는 대나무뿌리에 사는 벌레를 낳고, 청령은 程이라는 벌레는 낳고, 정은 馬라는 풀을 낳고, 마는 人이라는 풀을 낳고, 인은 오랜 뒤에 機로 들어간다. 만물은 모두 機에서 나와 모두 機로 들어간다."

羊奚는 比乎不筍久竹하여 生青寧하고 青寧이 生程하고 程이 生馬하고 馬가 生人하고 人이 久入於機하니니 萬物이 皆出於機하며 皆入於機하나니라

이로부터 이하는 도리어 ≪莊子≫와 같다. 만약 ≪장자≫에 나아가서 본다면 상면 한 단락을 말한 것인데 도리어 지극히 괴이한 것으로 결말지었으니, 이것은 바로 구상하여 세상을 놀라게 한 부분이지 실제 이야기가 아니다. 지금 '思士'와 '思女' 등의 말을 덧붙였으니 도리어 혼잡하다. '羊奚'는 풀이름이다. 풀이 대나무와 비슷한데 죽순이 생기지 않는 것을 '不筍'이라고 한다. 오래된 대나무의 죽순은 먹을 수 있지만 이것은 먹을 수 없다. '青寧'은 벌레이고, '程'도 벌레이다. '馬' 또한 풀이름이니, 지금 이른바 '馬齒莧', '馬藍草'라는 것과 같다. '人' 또한 풀이름이니, 지금 이른바 '人蔘', '人面子'[33]라는 것과 같다. 분명 허다한 풀이름을 썼는데 도리어 '馬'와 '人'자를 말하

春秋≫ 〈本味〉)

33) 人面子 : 과일 이름이다. 宋나라 范成大가 찬한 ≪桂海虞衡志≫에 "인면자는 큰 매실이나 오얏 같고 씨가 사람의 낯과 같아 눈·코·입이 다 갖추어져 있으며, 살이 달고 시므로 蜜煎을 만들기에 마땅하다."라고 하였다.

였기 때문에 기괴한 名字라 여긴 것이다. 전후에 해석하는 자가 모두 모른다고 하였으니, 이는 천만세의 사람들이 〈열자가〉 우롱한 것이라 여겼지만 제대로 파악하지는 못하였다. 만물의 변화가 끊임없이 변화하고 생성하니, 무엇인들 있지 않으리오? '入於機'라는 것은 다함으로 돌아감을 말한 것이다. '出機入機'는 바로 生死를 드나드는 것이니, 바로 〈땔나무가 다 타버려도〉 불은 다른 나무로 옮겨가기 때문에 결코 꺼질 줄을 모른다는 것이다.[34]-〈至樂〉편-[35]

自此以下는 却與莊子同이니 若就莊子觀之면 上面一截說了어늘 却把箇至怪底結殺이니 此是其立意驚駭世俗處요 非實話也라 今添入思士思女等語하니 却渾雜了라 羊奚는 草名也라 草之似竹而不生筍者를 曰不筍이라 久竹筍則可食이어늘 此不可食也라 靑寧은 蟲也요 程도 亦蟲也라 馬는 亦草名也니 如今所謂馬齒菜馬藍草也라 人도 亦草名也니 如今所謂人參人面子也라 分明是用許多草名이어늘 却把馬與人字說이라 故意爲詭怪名字라 前後解者가 皆以爲未詳이라하니 是千萬世之人이 爲其愚弄이나 看不破也라 萬物之變이 化化生生하니 何所不有리오 入於機者는 言歸於盡也라 出機入機는 卽是出入死生也니 便是火傳也라 不知其盡也라-至樂篇-

일찍이 ≪열자≫가 완전한 책이 아니라는 의문을 품었는데 이 단락에서 보니 더욱 분명하다. 秦나라로부터 이후로 책들이 대부분 산실되어서 찾은 뒤에야 나왔으니 얻은 시기의 先後가 있고 보존된 분량의 多寡가 있으며, 교감하고 나서야 정해졌으니 교감할 당시에 이미 본래 뒤섞여 있었다. 典午가 中原의 화란을 겪게 되어서 책이 또 산실되었다가 江南에 이른 뒤에[36] 다시 나왔으니, 僞書가 그 속에 많이 뒤섞이게 된 까닭이다. ≪關尹子≫[37]와 같은 것도 그러하니, 좋은 곳은 참으로 좋고 뒤섞인 곳은

34) 땔나무가……것이다 : 老聃이 죽었는데 벗인 秦失이 조문하러 가서 세 번 곡하고 나와 버렸다. 이에 노담의 제자가 조문을 이렇게 해도 되는지 묻자, 진일이 대답하기를 "老聃이 때마침 이 세상에 태어난 것은 태어날 때였기 때문이고, 때마침 세상을 떠난 것은 갈 때였기 때문이니, 태어나는 때를 편안히 맞이하고 죽는 때를 편안히 따르면 슬픔이나 즐거움 따위의 감정이 그 사람의 마음에 들어갈 수 없다. 옛날에는 이것을 일러 '꼭지에 거꾸로 매달렸다가 풀려난 것'이라고 했다. 이 말이 가리키는 뜻은 땔나무가 다 타버려도 불은 다른 나무로 옮겨가기 때문에 결코 꺼질 줄을 모른다는 것이다.〔適來 夫子時也 適去 夫子順也 安時而處順 哀樂不能入也 古者謂是帝之縣解 指窮於爲薪 火傳也 不知其盡也〕"라고 하였다.(≪莊子≫ 〈養生主〉)

35) 至樂篇 : 이 말은 ≪莊子≫ 〈養生主〉에 나오는 말이다. 〈지락〉편이라고 한 것은 林希逸의 착오인 듯하다.

36) 典午가……뒤에 : 전오는 司馬의 隱語로, 즉 姓이 司馬氏인 西晉과 東晉을 통틀어 일컫는다. 서진은 司馬炎이 建國한 지 겨우 50여 년 만에 五胡十六國의 하나인 前趙에게 멸망당했고, 동진은 司馬睿가 江南으로 도망하여 서진을 이어 건국한 지 100여 년 만에 南朝 宋나라에게 멸망당하였다.

참으로 뒤섞였다. 이 책 제1편의 앞부분 몇 단락은 지극히 묘하니 의심할 만한 것이 없고, 중간 부분은 사람들에 의해 뒤섞임을 면치 못하였다. 그러나 그 문자의 정밀하고 조잡함은 또한 알기 쉽다.

嘗疑列子非全書러니 就此段看得愈分曉라 蓋自秦而下로 書多散亡하여 求而後出하니 得之有先後하고 存者有多寡하며 至校讎而後定하니 校讎之時에 已自錯雜이라 及典午中原之禍하여 書又散亡이라가 至江南而復出하니 所以多有僞書雜乎其間이라 如關尹子亦然이라 好處儘好하고 雜處儘雜이라 此書第一篇前頭數段極妙하니 無可疑者요 中間未免爲人所雜이나 然其文字精粗는 亦易見也라

1-5 정신과 육체는 어디로 돌아가는가?

≪黃帝書≫에 다음과 같이 말하였다. "형체는 움직여 형체를 낳지 못하고 그림자를 낳으며, 소리는 움직여 소리를 낳지 못하고 메아리를 낳으며, 無[38]는 움직여 무를 낳지 못하고 有[39]를 낳는다."

형체가 있는 것은 반드시 끝이 있는 법이니, 하늘과 땅도 끝이 있는가. 나와 함께 끝이 있다. 끝은 다함이 있는가. 알 수가 없다. 道는 끝이 있는가. 본래 시작도 없었다. 다함이 있는가. 본래 오래가지 않는다. 삶이 있는 것은 삶이 없는 상태로 돌아가고, 형체가 있는 것은 형체가 없는 상태로 돌아간다. 삶이 없는 것은 본래 삶이 없던 것은 아니고, 형체가 없는 것은 본래 형체가 없던 것은 아니다.

黃帝書曰 形動不生形而生影하며 聲動不生聲而生響하며 無動不生無而生有라 形은 必終者也니 天地終乎아 與我偕終이라 終進乎아 不知也라 道終乎아 本無始라 進乎아 本不久라 有生則復於不生하고 有形則復於無形이라 不生者는 非本不生者也오 無形者는 非本無形者也라

---

37) 關尹子 : 道家의 서적으로, 春秋時代 周나라 尹喜가 函谷關을 지키다가 老子를 만나 그의 학설을 듣고 지었다고 한다. ≪관윤자≫는 ≪漢書≫ 〈藝文志〉에는 9편, ≪宋史≫ 〈예문지〉에는 9권으로 되어 있는데 神仙의 方術과 불교 교리가 혼합되어 있어 五代時代의 道士인 杜光庭의 위작이라는 주장이 많다. 윤희의 자는 公度, 호는 文始先生이다. 함곡관의 관리였으므로 關尹子라고 일컬어진다.

38) 無 : 형체도 형상도 없으며 소리도 맛도 없는 道를 가리킨다.

39) 有 : 형체가 있는 만물을 가리킨다.

'形動生影'과 '聲動生響' 이 두 구는 자연히 좋으니, 그 뜻은 無가 有를 낳음을 비유한 것이다. 유를 낳는 것은 모두 무로부터 시작되니, 모든 유는 반드시 무로 돌아간다. 형체가 있는 것은 반드시 끝이 있는 법이다. 하늘과 땅도 형체가 있으니, 어찌 나와 함께 끝나지 않을 수 있겠는가. 만약 하늘과 땅이 다함이 있는 데서 끝난다고 한다면 또 내가 알 수 있는 바가 아니다. 그러므로 '끝은 다함이 있는가. 알 수가 없다.'라고 한 것이다. '進'은 다함이니, '盡'을 '進'이라 한 것은 독음이 비슷해서 생긴 오자이다. 본래 시작도 없었다면 끝이 없는 것이고, 본래 오래가지 않았다면 다함이 없는 것이다. 오래가지 않는다는 것은 변화해서 잠시도 멈추지 않는 것이다.

삶이 있는 것은 반드시 삶이 없는 상태로 돌아가는 것이니 이는 삶이 없는 것이 삶을 가지는 것이고, 형체가 있는 것은 반드시 형체가 없는 상태로 돌아가니 이는 형체가 없는 것이 형체를 가지는 것이다. 본래 삶이 없는 것은 삶이 없다는 명칭이 없고, 본래 형체가 없는 것은 형체가 없다는 명칭이 없으니, 삶이 없다고 이르고 형체가 없다고 이르는 것은 이미 그 眞理를 離叛한 것이다. 그러므로 '삶이 없는 것은 본래 삶이 없는 것이 아니고, 형체가 없는 것은 본래 형체가 없는 것이 아니다.'라고 한 것이다.

形動生影聲動生響此兩句는 自好하니 其意는 蓋以喩無之生有也라 生之有者는 皆自無而始하니 則凡有必歸於無라 有形者는 必有終이라 天地亦形也니 安得而不與我偕終乎아 若以爲天地終於有盡이면 則又非我之所能知라 故曰終進乎아 不知也라 進은 盡也니 以盡爲進은 聲之訛也라 本無始면 則無終矣요 本不久면 則無盡矣라 不久者는 變化而不暫停也라 有生者는 必歸於不生하니 蓋不生者生之也요 有形者는 必歸於無形하니 蓋無形者形之也라 本不生者는 則無不生之名하고 本無形者는 則無無形之名이니 謂之不生하고 謂之無形은 已離其眞矣라 故曰不生者는 非本不生者也요 無形者는 非本無形者也라

삶이 있는 것은 이치로 볼 때 반드시 끝이 있는 것이다. 끝이 있는 것이 끝이 없을 수 없는 것은 또한 삶이 있는 것이 삶이 없을 수 없는 것과 같은 것이다. 그런데 그 삶을 영원히 하려 하고 끝남을 그치게 하려는 것은 短命과 長壽의 운수에 미혹된 것이다.

精神은 하늘이 나누어 준 것이고 육체는 땅이 나누어 준 것이니, 하늘에 속한 것은 맑아서 흩어지며 땅에 속한 것은 탁해서 모이게 된다. 정신은 형체를 떠나 각각 眞[40]으로 돌아가기 때문에 鬼라고 이른다. 鬼는 돌아간다는 뜻이니, 그 眞宅[41]

40) 眞 : 本原의 상태를 말한다.

으로 돌아가는 것이다.

黃帝가 말하기를 "精神은 그 문으로 들어가고 육체는 그 근본으로 돌아가니, 나는 오히려 무엇이 존재하겠는가."라고 하였다.

生者는 **理之必終者也**라 **終者不得不終**은 **亦如生者之不得不生**이어늘 **而欲恒其生**하고 **畫**(획)**其終**은 **惑於數也**라 **精神者**는 **天之分**이요 **骨骸者**는 **地之分**이니 **屬天淸而散**하고 **屬地濁而聚**이라 **精神離形**하여 **各歸其眞**이라 **故謂之鬼**라 **鬼**는 **歸也**니 **歸其眞宅**이라 **黃帝曰 精神入其門**하고 **骨骸反其根**하니 **我尙何存**이리오

朱文公

이 단락은 바로 生死의 이치를 말한 것이니 설명이 본래 분명하다. 죽고 사는 것은 당연한 이치인데 삶을 탐하는 자는 항상 삶을 구하고자 한다. '畫'은 그침이니 '畫其終'은 그쳐서 끝나지 않게 하려는 것이다. '惑於數'는 단명과 장수의 운수에 미혹됨을 말한 것이다. 精神은 하늘에 속하고 육체는 땅에 속한다는 것은, ≪圓覺經≫의 四大의 설[42]이다. '分'이라는 것은 나누어 줌이다. '入其門'은 나온 곳으로 돌아감을 말하고, '反其根'은 그 시작한 곳으로 돌아감을 말한다. 정신과 육체가 이미 각각 그 처음으로 돌아갔으니 지금의 나는 오히려 무엇이 존재하겠는가. 이는 ≪원각경≫에 이른바 '지금 나의 法身이 마땅히 어디에 있겠는가.'라고 한 것이다. 朱文公이 이에 대해 "釋氏가 그 설을 표절했다."라고 하였으니,[43] 또한 그렇

41) 眞宅 : 도가에서 말하는 死後의 세계로, 太虛의 지경을 말한다.

42) 圓覺經의……설 : 地, 水, 風, 火의 네 요소〔四大〕가 모여 육신을 형성함을 말한다. ≪圓覺經≫ 〈普眼菩薩章〉에 "나의 지금 이 몸은 四大가 모여서 이루어진 것이다. 이른바 머리카락, 털, 손발톱, 치아, 피부, 살, 힘줄, 뼈, 골수, 골 등의 더러운 몸뚱이는 모두 흙〔地〕으로 돌아가고, 침, 콧물, 고름, 피, 잔액, 점액, 가래, 눈물, 정기, 대소변은 다 물〔水〕로 돌아가고, 따뜻한 기운은 불〔火〕로 돌아가고, 움직이는 작용은 바람〔風〕으로 돌아간다. 사대가 각각 분리되면 지금 이 허망한 몸은 어디에 있겠는가. 곧 이 몸은 필경 실체가 없으니, 모여서 형체를 이룬 것이 실상은 허깨비와 같음을 알아야 하느니라.〔我今此身 四大和合 所謂髮毛爪齒 皮肉筋骨 髓腦垢色 皆歸於地 唾涕膿血 津液涎沫 淡淚精氣 大小便利 皆歸於水 煖氣歸火 動轉歸風 四大各離 今者妄身 當在何處 卽知此身 畢竟無體 和合爲相 實同幻化〕"라고 하였다.

43) 朱文公이……하였으니 : ≪朱子語類≫ 권126 〈釋氏〉에 "晉나라·宋나라 이전의 慧遠法師의 부류는 담론하는 내용이 莊子와 列子 뿐이었으니, 지금 그 문집에서 볼 수 있다. 그 후에 스스로 門戶를 세우고서야 비로소 장자와 열자의 담론을 벗어났으나 실제로는 그 설을 표절하였다.〔晉宋以前遠法師之類 所談只是莊列 今其集中可見 其後要自立門戶 方脫去莊列

지 않은 듯하다. 예로부터 천지 사이에 본디 이와 같은 일종의 의론이 있었으니, 原壤[44]이 바로 이러한 부류의 인물이다. 佛家는 西方에서 나왔으니 어찌 응당 여기에서 표절하였으리오. 꾸짖음이 너무 지나치니 공정하지 못한 것이다.

此段正言生死之理하니 說得自是分曉라 死生은 常理也어늘 而貪生者는 常欲求生이라 晝은 止也니 晝其終은 欲止而不終也라 惑於數는 言爲短長之數所惑也라 精神은 屬於天하고 骨骸는 屬於地는 圓覺四大之說也라 分者는 分與之也라 入其門은 言歸其所自出之地也요 反其根은 言反其所始之地也라 精神骨骸가 旣各復其初하니 則今者之我는 尙何存乎아 此則圓覺所謂今我法身이 當在何處也라 朱文公於此에 謂釋氏剽竊其說이라하니 恐亦不然이라 從古以來로 天地間에 自有一種議論如此하니 原壤卽此類人物이라 佛出於西方하니 豈應於此剽竊이리오 詆之太過하니 則不公矣라

1-6 一生의 네 단계 변화

사람은 태어나면서부터 죽을 때까지 큰 변화의 네 시기가 있으니, 유아기와 청년기와 노년기와 사망기이다.

유아기엔 기운이 전일하고 뜻이 한결같아서 조화가 지극한지라 외물이 손상하지 못하고 덕도 여기에 더 보탤 것이 없다. 청년기엔 血氣가 왕성하고 욕망과 사려가 가득히 일어나는지라 외물의 공격을 받고 덕은 그 때문에 쇠퇴한다. 노년기엔 욕망과 사려가 약해지고 몸이 장차 쉬려하는지라 외물과 앞다툴 수 없게 되니, 비록 유아기의 완전함에 미치지 못하지만 청년기에 견주어 본다면 차이가 있는 것이다. 죽을 때에는 쉬는 곳으로 나아가서 지극한 곳으로 되돌아가는 것이다.

之談 然實剽竊其說〕"라고 하였다. 文公은 南宋의 유학자 朱熹의 시호이다.

44) 原壤 : 춘추시대 말기 魯나라 사람으로, 공자의 친구였지만 예법을 도외시한 사람이었다. ≪禮記≫ 〈檀弓 下〉에 "원양이 모친상을 당하자 공자가 그를 도와 椁을 다스렸다. 원양이 관 위에 올라가 노래를 부르자 공자가 못 들은 척하고 지나쳤다. 이에 제자들이 왜 원양의 무례함을 말리지 않느냐고 묻자, 공자는 '親이란 그 親됨을 잃지 말아야 하고, 벗이란 그 벗됨을 잃지 말아야 한다.〔親者毋失其爲親也 故者無失其爲故也〕'라고 하였다." 하였다. 또 ≪論語≫ 〈憲問〉에는 "원양이 걸터앉아 공자를 기다리니, 공자께서 '어려서는 공손하지 못하고, 장성해서는 칭찬할 만한 일이 없고, 늙어서는 죽지 않는 것이 바로 賊이다.' 라고 하면서 지팡이로 그의 정강이를 가볍게 치셨다.〔原壤夷俟 子曰幼而不孫弟 長而無述焉 老而不死 是爲賊 以杖叩其脛〕"라고 하였다. 朱熹의 집주에 "賊은 사람을 해치는 자의 명칭이다."라고 하였다.

人自生至終히 **大化有四**하니 **嬰孩也**와 **少壯也**와 **老耄**(모)**也**와 **死亡也**라 **其在嬰孩**엔 **氣專志一**하여 **和之至也**라 **物不傷焉**하고 **德莫加焉**이라 **其在少壯**엔 **則血氣飄溢**하고 **欲慮充起**라 **物所攻焉**하고 **德故衰焉**이라 **其在老耄**엔 **則欲慮柔焉**하고 **體將休焉**이라 **物莫先焉**이니 **雖未及嬰孩之全**이라도 **方於少壯**이면 **間**[45]**矣**라 **其在死亡也**하얀 **則之於息焉**하여 **反其極矣**라

血氣가 정해지지 않음과 혈기가 한창 강함과 혈기가 쇠함은 성인이 세 가지로 구분한 것인데,[46] 지금 여기서는 네 단계로 나누었다. ≪莊子≫에 말하기를 "大自然은 육체를 주어 나를 이 세상에 살게 하고, 삶을 주어 나를 수고롭게 하고, 늙음으로 나를 편안하게 해 주고, 죽음으로 나를 쉬게 한다."[47]라고 하였으니, 또한 네 가지로 구분한 것이다. 유아기의 조화로움에 대해서는 老子가 형용하였고,[48] 〈청년기의〉 '血氣飄溢'은 바로 성인이 이른바 '혈기가 한창 강하다.'는 것이고, '欲慮充起'는 바로 '삶을 주어 나를 수고롭게 한다.'는 일이다. 부유하게 되려하고 귀하게 되려 하는 것이 欲이고, 앞을 생각하고 뒤를 계산하는 것이 慮이다. '充'은 가득함이고, '起'는 막을 수 없는 것이다.

外物이 그 마음을 공격하면 유아 때엔 이른바 和德이라는 것이 쇠하지만 이미 노쇠하면 욕망과 사려가 비록 있더라도 스스로 힘쓸 수 없다. 장자가 '늙음으로 나를 편안하게 해 주었다.'고 한 것은 이는 육체가 장차 쉬게 됨을 말한 것이니, 뜻은 같지만 말이 다를 뿐이다. '物莫先'이라는 것은 외물과 앞다툴 수 없어서 자연히 물러남을 말한 것이니, 비록 외물이 손상하지 못하는 유아기의 때에 미치지는 못하나 외물의 공격을 받던 청년기의 날과 비교하면 차이가 있는 것이다. 形氣가 이미 다하기에 이르러서는

---

45) 間 : 楊伯峻은 "間은 쉬는 것이며 편안한 것이다.〔間 息也 安也〕"라고 하여, 間을 '閒'의 의미로 보았다.

46) 血氣가……것인데 : ≪論語≫ 〈季氏〉에 孔子가 "군자에게 세 가지 경계함이 있으니, 젊을 때엔 혈기가 정해지지 않았으므로 경계함이 여색에 있고, 장성해서는 혈기가 한창 강하므로 경계함이 싸움에 있고, 늙어서는 혈기가 쇠하므로 경계함이 얻음에 있다.〔君子有三戒 少之時 血氣未定 戒之在色 及其壯也 血氣方剛 戒之在鬪 及其老也 血氣旣衰 戒之在得〕"라고 한 것을 이른 말이다.

47) 大自然은……한다 : ≪莊子≫ 〈大宗師〉에 나오는 말이다.

48) 유아기의……형용하였고 : 老子의 ≪道德經≫ 55장에 "도타운 덕을 품은 사람은 갓난아기에 견줄 수 있다. 벌과 전갈, 도마뱀과 뱀도 쏘지 않고, 猛獸도 덤비지 않고, 날짐승도 낚아채지 않는다. 뼈가 여리고 근육이 부드러운데도 꽉 움켜쥐면 빼기 어렵고 암수의 交合을 알지 못하는데도 온전하게 자라나는 것은 정기의 지극함 때문이며, 하루가 다하도록 울어 젖히는데도 그 목이 쉬질 않는 것은 조화의 지극함 때문이다.〔含德之厚 比于赤子 毒蟲不螫 猛獸不據 攫鳥不搏 骨弱筋柔而握固 未知牝牡之合而朘作 精之至也 終日號而不嗄 和之至也〕"라고 하였다.

돌이켜 제자리로 돌아가니 바로 장자가 이른바 '죽음으로 나를 쉬게 한다.'는 것이다. '極'이라는 것은 太極의 極이니 앞에 이른바 '형체가 변하는 때'라는 것이다.

血氣未定方剛既衰는 聖人分作三截이어늘 今此分作四段이라 莊子曰 大塊載我以形하고 勞我以生하고 逸我以老하고 息我以死라하니 亦分作四截이라 嬰孩之和는 老子形容之矣요 血氣飄溢은 卽聖人所謂方剛也요 欲慮充起는 卽勞生之事也라 欲富欲貴는 欲也오 思前算後는 慮也라 充은 盛也요 起는 不可遏也라 外物攻其心이면 則嬰孩之時에 所謂和德者가 衰矣로되 既老면 則欲慮雖有나 而不能自强이라 莊子謂之逸以老는 此謂體將休이니 意同而辭異爾라 物莫先者는 言不能與物爭先하여 自然放退니 雖未及嬰孩與物無傷之時나 而比之少壯爲物所攻之日이면 則有間矣라 至於形氣既盡하얀 反而歸其所하니 卽莊所謂息我以死也라 極者는 太極之極也니 前所謂形變之時也라

1-7 人生의 세 가지 즐거움

孔子가 太山[49]을 유람하다가 榮啓期[50]가 郕[51]땅의 들판을 지나가고 있는 것을 보았는데, 사슴 가죽으로 만든 갖옷을 입고 새끼로 띠를 두르고서 琴을 타면서 노래하고 있었다.

공자가 물었다. "선생께서 즐겁게 여기는 것은 무엇입니까?"

영계기가 다음과 같이 대답하였다. "나에게는 즐거운 일이 매우 많습니다. 하늘이 만물을 生育함에 오직 사람이 가장 존귀한데 나는 사람이 되었으니, 이것이 첫 번째 즐거움입니다. 남녀의 구별에 있어 남자는 존귀하고 여자는 비천하기 때문에 남자를 존귀하게 여기는데 나는 이미 남자가 되었으니, 이것이 두 번째 즐거움입니다. 사람은 태어나서 해와 달을 보지도 못하고 포대기를 면해보지도 못하고 요절하는 자가 있는데 나는 이미 90세가 되었으니, 이것이 세 번째 즐거움입니다. 가난이란 선비에게 항상 있는 일이고 죽음이란 사람이 생을 마치는 일인데 항상 있는 일에 처하여 생을 마치길 기다리니, 오히려 무엇을 근심하겠습니까?"

공자가 말하였다. "훌륭하십니다. 선생은 스스로 위로할 수 있는 분이십니다."라

49) 太山 : 泰山 또는 岱岳이라고도 한다. 五嶽 중의 東嶽으로 지금의 山東省에 있다.

50) 榮啓期 : 春秋末期의 隱士이다.

51) 郕 : 魯나라 孟氏의 도읍으로, 지금의 山東省 寧陽縣 동북쪽에 있었다.

고 하였다.

孔子遊於太山이라가 見榮啓期行乎郕之野한대 鹿裘帶索하고 鼓琴而歌라 孔子問曰 先生所以樂은 何也오 對曰 吾樂甚多하니 天生萬物에 唯人爲貴어늘 而吾得爲人하니 是一樂也요 男女之別에 男尊女卑라 故以男爲貴어늘 吾旣得爲男矣니 是二樂也요 人生有不見日月하고 不免襁褓者어늘 吾旣已行年九十矣니 是三樂也라 貧者는 士之常也요 死者는 人之終也어늘 處常(得)〔待〕[52]終하니 當[53]何憂哉리오 孔子曰 善乎라 能自寬者也로다

榮은 姓이고, 啓期는 이름이다. 사슴가죽으로 갖옷을 만들고 새끼로 띠를 만든 것이다. 天地의 性은 사람을 사물보다 귀하게 여기고, 人類 중에 남자를 여자보다 귀하게 여긴다. '三樂'의 설은 人情에 가까운 의론이다. 이 장은 貧富와 死生의 이치로 사람을 가르쳤기 때문에 이렇게 寓言한 것이다. '能自寬者'는 道를 보지는 못했지만 사물의 이치를 미루어서 스스로 위로할 수 있기 때문이다. 杜甫의 詩에 이른바 "강가 작은 집에 물총새가 둥지를 틀고, 정원가 높은 무덤에 기린상이 쓰러졌네. 사물 이치를 상세히 미뤄보매 즐거움 누려야 할지니, 어찌 덧없는 명예로 이 몸을 얽어매리오."[54]라고 한 것이 바로 이 장의 뜻이다.

榮은 姓也요 啓期는 名也라 以鹿皮爲裘하고 以索爲帶라 天地之性은 人爲貴於物也요 人類之中에 男貴於女라 三樂之說은 近人情之論也라 此章誨人以貧富死生之理라 故如此寓言이라 能自寬者는 以其非見道而能推物理以自寬也라 杜詩所謂江上小堂巢翡翠하고 (隴)〔苑〕[55]邊高塚臥麒麟이라 細推物理須行樂이니 何用浮名絆此身이 便是此章之意라

1-8 죽음과 삶은 한번 갔다가 한번 돌아오는 것

林類[56]는 나이가 거의 백 살에 가까운데 봄이 왔는데도 갖옷을 걸치고 이미 수

52) (得)〔待〕: 저본에는 '得'으로 되어 있으나, 盧文弨의 ≪張注補正≫에 의거하여 '待'로 바로잡았다.

53) 當 : 楊伯峻은 ≪列子集釋≫에서 "當은 독음이 尙이다." 하였다.

54) 杜甫의……얽어매리오 : 杜甫의 〈曲江〉 2수 중 첫 번째 시이다. '江上小堂巢翡翠 苑邊高塚臥麒麟'에 대한 虞集의 注에 "집에 사람이 없기 때문에 물새가 와서 둥지를 틀고, 무덤에 주인이 없기 때문에 石獸가 무너진 것이다.〔蓋堂無人 故水鳥來巢 塚無主 故石獸毁敗也〕"라고 하였다.(≪杜少陵詩集≫ 권6, ≪虞注杜律≫ 권1)

55) (隴)〔苑〕: 저본에는 '隴'으로 되어 있으나, ≪杜少陵詩集≫에 의거하여 '苑'으로 바로잡았다.

확이 끝난 밭이랑에서 떨어진 이삭을 주우면서 노래를 부르며 다니고 있었다.

孔子가 衛나라로 가다가 들에서 그를 바라보고 제자들을 돌아보며 말하였다. "저 노인은 더불어 이야기할 만한 분이니 한번 가서 말을 건네 보아라." 子貢[57]이 가기를 청하여 가서 밭두렁에서 그를 맞이하여 대면하여 탄식하며 말하였다. "선생께서는 일찍이 후회한 일이 없으십니까? 이렇게 다니며 노래하면서 이삭을 줍고 계시니 말입니다."

임류는 발길을 멈추지도 않고 노래를 그치지도 않았다. 자공이 계속해서 물으니, 임류가 그제서야 머리를 들고 응답하였다. "내가 무엇을 후회하겠는가."

자공이 말하였다. "선생께서는 젊어서는 힘써 學行을 닦지 않아 〈사람들에게 알려짐이 없었고,〉 장년이 되어서는 당세에 名利를 다투지 못하였으며, 늙어서는 처자도 없고, 죽을 때가 다가오고 있는데 또한 무슨 즐거움이 있길래 이삭을 주우면서 다니며 노래하십니까?"

임류가 웃으며 말하였다. "내가 즐거움으로 삼는 것은 사람들이 모두 지니고 있지만 도리어 근심거리로 삼고 있네. 젊어서는 힘써 학행을 닦지 않아 〈사람들에게 알려짐이 없었고,〉 장년이 되어서는 당세에 명리를 다투지 못하였기 때문에 이처럼 장수할 수 있었네. 늙어서는 처자도 없고 죽을 때가 다가오고 있기 때문에 이처럼 즐거워할 수 있는 거라네."

자공이 말하였다. "장수하는 것은 사람들이 원하는 것이고, 죽는 것은 사람들이 싫어하는 것인데, 선생께서는 죽음을 즐거움으로 삼으니, 어찌된 일입니까?"

임류가 말하였다. "죽음과 삶은 한 번 갔다가 한 번 돌아오는 것이오. 그러므로 여기에서 죽은 자가 저기에서 태어나지 않을 줄 어찌 알겠는가. 그러므로 내가 今生과 來生, 後身(내세에 다시 태어난 몸)과 前身(전생의 몸)이 서로 같지 않다는 것을 어찌 알겠는가. 내가 또 분주하게 삶을 추구하는 것이 미혹된 일이 아님을 어찌 알겠는가. 또한 나의 지금의 죽음이 옛날의 삶보다 낫지 않다는 것을 어찌 알겠는가."

자공이 이 말을 듣고 그 뜻을 깨닫지 못한 채 돌아와 공자에게 고하였다. 공자가

---

56) 林類 : 春秋末期의 隱士이다.

57) 子貢 : 공자의 제자로, 성은 端木, 이름은 賜이다. 자공은 자이며 衛나라 사람이다. 大資本家이며 外交家이다.

말하였다. “나는 그 분이 함께 이야기할 만한 사람이라 생각하였는데 과연 그렇도다. 그러나 그는 죽음과 삶의 이치를 터득하였지만 그 묘함을 극진히 하지는 못한 사람이다.”

林類年且百歲에 **底春被裘**하고 **拾遺穗於故畦**하여 **竝歌竝進**이어늘 **孔子適衛**라가 **望之於野**하고 **顧謂弟子曰 彼叟可與言者**니 **試往訊之**하라하니 **子貢請行**하여 **逆之壟端**하여 **面之而歎曰 先生曾不悔乎**아 **而行歌拾穗**오 **林類行不留**하고 **歌不輟**이어늘 **子貢叩之不已**하니 **乃仰而應曰 吾何悔邪**아 **子貢曰 先生少不勤行**하고 **長不競時**하며 **老無妻子**하고 **死期將至**하니 **亦有何樂而拾穗行歌乎**아 **林類笑曰 吾之所以爲樂**은 **人皆有之**나 **而反以爲憂**라 **少不勤行**하고 **長不競時**라 **故能壽若此**라**老無妻子**하고 **死期將至**라 **故能樂若此**로다 **子貢曰 壽者**는 **人之情**이요 **死者**는 **人之惡**어늘 **子以死爲樂**하니 **何也**오 **林類曰 死之與生**은 **一往一反**이라 **故死於是者 安知不生於彼**리오 **故吾**[58]**知其不相若矣**리오 **吾又安知營營而求生**이 **非惑乎**아 **亦又安知吾今之死**가 **不愈昔之生乎**아 **子貢聞之**하고 **不喩其意**하고 **還以告夫子**라 **夫子曰 吾知其可與言**이러니 **果然**이로다 **然彼得之而不盡者也**라하니라

‘底春’은 봄철이 된 것이다. ‘竝歌竝進’은 다니기도 하고 노래하기도 함을 말한다. ‘少不勤行’은 젊어서는 학행을 닦지 않아 사람들에게 알려짐이 없음을 말하고, ‘長不競時’는 당세에 名利를 다투지 못함을 말하니, 자공이 이것으로 임류를 기롱한 것이다. 그런데 임류는 “나는 오직 부지런히 배우지 않아 사람들에게 알려짐이 없고 오직 당세에 명리를 다투지 않았기 때문에 이처럼 장수를 누린 것이지, 만약 몸과 마음을 수고롭게 하여 분수 밖의 명리를 다투었다면 아마 중도에 요절했을 것이다.” 하였다. 자공과 임류는 寓言하여 지칭한 것이다. ‘死之與生 一往一反’은 삶으로부터 죽는 것이 갔다가 반드시 돌아오는 것과 같음을 말한다. ‘死於是者 安知不生於彼’는 곧 佛家의 今生・來生과 前身・後身의 說이다. ‘吾知其不相若’이라는 것은 금생이 내생보다 낫지 않음을 어찌 알겠으며, 후신이 전신보다 낫지 않음을 어찌 알겠는가라는 말이다. ‘今之死 不愈昔之生’은 곧 ≪莊子≫의 ‘어려서 고향을 잃고 고향으로 되돌아갈 줄을 모른다.’는 說이다.[59] ‘得之而不盡者’는 죽음과 삶의 이치를 터득하였지만 그 묘함을 극진

58) 故吾 : 兪越은 “‘吾’ 아래에 ‘安’자가 빠졌다.〔吾下脫安字〕”라고 하였다.

59) 莊子의……說이다 : ≪장자≫ 〈齊物論〉에 “내 어찌 삶을 좋아하는 것이 미혹된 것이 아님을 알 수 있으며, 내 어찌 죽음을 싫어하는 것이 마치 어려서 고향을 잃고 고향으로 되돌아갈 줄을 모르는 것이 아님을 어떻게 알겠는가.〔予惡乎知說生之非惑邪 予惡乎知惡死之非弱喪而不知歸者邪〕”라고 하였다.

히 하지는 못함을 말한 것이다. ≪열자≫에 실린 글은 모두 공자를 존경하였다. 그러므로 그 寓言 중에 많이 공자를 빌어 말하였는데, 과연 열자에게서 나왔는지의 여부는 알지 못하겠다.

底春은 當在春時也라 竝歌竝進은 言且行且歌也라 少不勤行은 言少不學而無聞於人也요 長不競時는 言其不能爭名爭利於世也니 子貢以此譏之어늘 林類以爲我惟不勤行하고 惟不競時라 故有如此之壽요 使其勞力勞心하여 以爭身外之名利면 則將中道夭矣라하니라 子貢林類는 寓言而名之也라 死之與生 一往一返은 言自生而死가 猶往之必返이라 死於是者 安知不生於彼는 此便是佛家今生來生前身後身之說也라 吾知其不相若者는 言今生安知不勝於來生하며 後身安知不勝於前身也라 今之死不愈昔之生은 卽莊子弱喪不知歸之說이라 得之而不盡者는 言其得死生之理而未盡其妙也라 列子之書는 皆尊敬孔子라 故其寓言之中에 多借孔子以爲說하니 不知果出於列子否耶아

1-9 죽음이 진정 쉴 곳이다

子貢이 배움에 싫증이 나서 仲尼[60]에게 고하였다. "쉴 곳이 있었으면 좋겠습니다." 중니가 말하였다. "살아서는 쉴 곳이 없다네."

자공이 말하였다. "그렇다면 賜[61]는 쉴 곳이 없는 것입니까?"

중니가 말하였다. "있다. 저 무덤을 보아라. 동그랗고 우뚝하고 높다랗고 불룩하니, 그곳이 내가 쉴 곳임을 알 것이다."

자공이 말하였다. "위대하다. 죽음이여! 군자는 쉬게 되고 소인은 굴복을 하는 것이군요."

중니가 말하였다. "賜야! 너도 이 이치를 이해하였구나. 사람들은 모두 삶의 즐거움만 알고 삶의 괴로움은 알지 못하며, 늙음의 고달픔만 알고 늙음의 편안함은 알지 못하며, 죽음을 싫어함만 알고 죽음이 쉬는 것임은 알지 못한다."

子貢倦於學하여 告仲尼曰 願有所息하노이다 仲尼曰 生無所息이니라 子貢曰 然則賜息無所乎잇가 仲尼曰 有焉耳라 望其壙하라 睪(고)如也하고 宰如也하고 墳如也하고 鬲如也則知所息矣라 子貢曰 大哉死乎여 君子息焉이요 小人伏焉이로다 仲尼曰 賜아 汝知之矣로다 人胥知

60) 仲尼 : 孔子의 자이다.

61) 賜 : 子貢의 이름이다.

生之樂하고 **未知生之苦**하며 **知老之憊**하고 **未知老之佚**하며 **知死之惡**하고 **未知死之息也**니라

'倦於學'이라는 것은 배웠지만 그 요령을 터득하지 못해서 애를 쓴 지 이미 오래이기 때문에 싫증나는 마음이 생긴 것이다. '息'은 중지함이니, "나는 그가 진전하는 것만을 보았고 중지하는 것을 보지 못하였다."[62]는 것이 바로 이것이다. 子貢이 배움에 싫증이 나서 쉴 곳을 찾았는데, 공자가 살아서는 쉴 곳이 없다고 고하였다. 이는 列子가 성현의 이름을 빌려 진전과 중지의 설을 의거하여 死生의 이치를 밝힌 것이다. '生無所息'이라는 것은 여기에 형체가 있으면 살아서는 반드시 수고로우니 어느 때고 쉴 수가 없고 반드시 죽은 이후에야 쉴 수 있음을 말한 것이다. 자공이 이 말을 이해하지 못하였기 때문에 거듭 쉴 곳이 없는지 물었는데 공자가 이에 무덤의 일로 답한 것이다. '睪·宰·墳·鬲'은 모두 무덤이 불룩하게 솟은 모양을 형용한 것이다. 군자는 이로써 스스로 쉬고, 소인의 마음은 비록 탐욕을 그치지 않으나 여기에 이르러서는 또한 굴복하지 않을 수 없는 것이다. 살펴보건대, 이 한 단락은 비록 삶을 탐하고 죽음을 싫어하는 자를 위해 말한 것이지만 지금 禪家에 死心의 의론[63]이 있고 크게 죽은 사람이라야 도리어 살아난다는 말[64]이 있으니, 이 가운데 또 깊은 의미가 있는 것이지 다만 生死를 말한 것일 뿐만은 아니다.

倦於學者는 **學而未得其要**하여 **勞心已久**라 **故有厭倦之意**라 **息**은 **止也**니 **吾見其進**이요 **未見其止**가 **是也**라 **子貢倦於學**하여 **而求所止之地**어늘 **夫子乃以生無所息告之**라 **此列子借聖賢之名**하여 **因進止之說**하여 **而明死生之理也**라 **生無所息者**는 **言有形於此**면 **其生必勞**니 **何時可息**이리오 **必死而後**에 **可息也**라 **子貢未曉**라 **故再有息無所之問**이어늘 **而夫子乃以壙墳之事答之**라 睪宰**墳**鬲은 **皆形容其突起之貌**라 **君子以此而自息**이요 **小人之心**은 **雖貪戀不已**나 **至此亦不容不伏也**라

---

62) 나는……못하였다 : 孔子가 수제자인 顔淵의 죽음을 애통해하면서 한 말로, ≪論語≫ 〈子罕〉에 보인다.

63) 死心의 의론 : 死心禪師가 여러 곳을 行脚하다가 黃龍山의 晦堂調心禪師를 찾아가, 자기가 아는 지식을 장황하게 늘어놓았다. 말이 많은 젊은이를 보고 스승은 다음과 같이 타일렀다. "아무리 음식에 대해서 이야기한들 어찌 배부를 수 있겠는가?" 그는 공부에 이렇다 할 진전이 없자 하루는 스승을 찾아가 가르침을 간절히 청하였다. "저는 이제 활도 부러지고 화살도 다했습니다. 스님께서는 자비를 베푸시어 안락처를 가르쳐주십시오." 스승은 말하였다. "먼지 하나가 하늘을 가리고 티끌 하나가 땅을 덮는다. 안락처는 그대의 허다한 그 분별심을 가장 꺼리는 것이니, 무량겁을 두고 내려온 그 마음을 당장 죽여 없애라." 하였다.(≪五燈會元≫ 권17)

64) 크게……말 : 趙州和尙이 投子先師에게 질문하였다. "크게 한번 죽은 사람이 되살아날 때는 어떻습니까?〔大死底人却活時如何〕" 투자선사가 대답하였다. "야간에 통행을 해서는 안 된다. 날이 밝으면 반드시 도착해야 한다.〔不許夜行投明須到〕"(≪碧巖錄≫ 第41則)

據[65]此一段은 雖爲貪生惡死者設이나 然今禪家有死心之論하고 有大死人却活之語하니 此中又有深意요 非徒曰生死而已라

晏子[66]가 말하였다. "훌륭하도다. 옛날부터 죽음이 있었음이여! 어진 사람은 쉬고 어질지 못한 사람은 굴복한다."

죽음이란 德이 정해지는 것이다.[67] 옛날에는 죽는 사람을 돌아가는 사람이라 하였다. 죽는 사람을 돌아가는 사람이라고 한다면 살아있는 사람은 길을 가는 사람이 된다. 길을 가면서 돌아갈 줄 모른다면 집을 잃은 것이다. 한 사람이 집을 잃으면 온 세상 사람들이 그를 그르게 여기지만 온 천하 사람들이 집을 잃으면 그르게 여길 줄 모른다.

고향을 떠나 六親[68]과 이별하고 가업을 전폐한 채 사방을 유랑하면서 돌아가지 않는 자가 있다면 어떤 사람이겠는가? 세상에서는 반드시 그를 방탕한 사람이라 할 것이다. 또 자신의 신체와 생명을 귀중하게 여기고 재능을 자랑하고 명예를 닦아 세상에 자랑하면서도 그칠 줄 모르는 자가 있다면 또한 어떤 사람이겠는가? 세상에서는 반드시 智謀가 뛰어난 선비라 할 것이다.

이 두 사람은 모두 그릇된 행동을 하는 자들이다. 그러나 세상에서는 후자는 인정하면서도 전자는 인정하지 않는다. 오직 성인만이 인정할 것을 알고 버릴 것을 안다.

晏子曰 善哉라 古之有死也여 仁者息焉하고 不仁者伏焉이라 死也者는 德之徼也라 古者에 謂死人爲歸人이라 夫言死人爲歸人이면 則生人爲行人矣라 行而不知歸면 失家者也라 一人失家면 一世非之언마는 天下失家면 莫知非焉이라 有人去鄕土하여 離六親하고 廢家業하고 遊於四方而不歸者면 何人哉아 世必謂之爲狂蕩之人矣라 又有人(鍾賢世)〔重形生〕 矜巧

65) 據 : 저본에 '據'로 되어 있으나, 문맥으로 볼 때 '按'이 되어야 할 듯하다.

66) 晏子 : 春秋時代 齊나라의 재상 晏嬰으로, 자는 平仲이다. 靈公, 莊公, 景公을 두루 섬겼는데, 景公 때에 相臣이 되었으면서도 布衣에 鹿裘를 착용하고 조회할 정도로 節儉과 力行으로 유명하였다. 저서에 ≪晏子春秋≫가 있다.

67) 죽음이란……것이다 : 張湛의 注에 "德이라는 것은 얻음이고, 徼라는 것은 돌아감이니, 각각 그 돌아갈 곳을 얻음을 말한다.〔德者 得也 徼者 歸也 言各得其所歸〕"라고 하였다.

68) 六親 : 여섯 가지 친족으로 부모와 형제, 처자식을 이른다.

能 修名譽하여 **誇張於世而不知已者**면 **亦何人哉**아 **世必以爲智謀之士**라 **此二者**는 **胥失者也**나 **而世與一不與一**이요 **唯聖人知所與 知所去**라

'仁者'와 '不仁者'는 바로 君子와 小人이라는 말이다. '徼'라는 것은 돌아감이니, 德은 반드시 죽음에 이른 뒤에 정해짐을 말한 것이다. 이는 곧 "眞性으로 돌아가고,[69] 근본으로 돌아간다."[70]는 뜻이다. 그러므로 死生의 중대함을 들어서 밝힌 것이다. '失家'는 곧 '弱喪'[71]의 의론이다. '鍾'은 '重'이고, '賢'은 '形'이고, '世'는 '生'이다. 3자는 모두 독음을 전하는 과정에서 생긴 오자이니, 다만 신체와 생명을 중하게 여기는 것일 뿐이다. 신체와 생명을 중하게 여긴다는 것은 자신의 신체를 귀하게 여기는 것이다. 세상 사람들이 모두 방탕함을 그르게 여기기 때문에 그를 인정하지 않고 도리어 智謀가 뛰어난 선비를 취하나, 지모가 뛰어난 것 또한 그른 것임을 전혀 알지 못하는 것이다. 聖人의 거취는 道를 위주로 삼기 때문에 '인정할 바를 알고 버릴 바를 안다.'고 하는 것이다.

仁者不仁者는 **卽君子小人之語**라 **徼者**는 **歸也**니 **言德必至於死而後定也**라 **此卽反眞歸根之意**라 **故擧死生之大以明之**라 **失家**는 **卽弱喪之論**이라 **鍾**은 **重也**요 **賢**은 **形也**요 **世**는 **生也**라 **三字**는 **皆傳聲之訛**니 **只是重形生**이라 **重形生者**는 **以身爲貴也**라 **世人皆以狂蕩爲非**라 **故不與之**하고 **而反取智謀之士**나 **殊不知智謀亦非也**라 **聖人之去就**는 **則以道爲主**라 **故曰知所與知所去**라

1-10 텅 비고 고요함을 귀하게 여기다

어떤 사람이 열자에게 말하였다. "선생님은 어찌하여 텅 빈 것을 귀하게 여기십니까?"

---

69) 眞性으로 돌아가고 : ≪莊子≫ 〈秋水〉에 "河伯이 물었다. '무엇을 天性이라 하고 무엇을 人爲라 합니까?' 北海若이 대답했다. '소와 말에 네 개의 발이 있는 것을 일러 천성이라 하고 말의 머리에 烙印을 찍고 소의 코뚜레를 뚫는 것을 人爲라 한다. 그 때문에 인위로 천성을 없애지 말며 인간의 의도로 천명을 없애지 말아야 하며 虛名을 얻기 위해 타고난 德을 잃어버리지 말아서 삼가 지켜서 잃어버리지 않는 것, 이것을 일러 天眞의 본성으로 돌아간다고 하는 것이다.〔牛馬四足 是謂天 落馬首 穿牛鼻 是謂人 故曰無以人滅天 無以故滅命 無以得殉名 謹守而勿失 是謂反其眞〕'"라고 하였다.

70) 근본으로 돌아간다 : 老子의 ≪道德經≫ 제16장에 "만물이 성대하게 자라나고 각기 근본으로 돌아가는데, 근본으로 돌아가는 것을 고요함이라고 한다.〔夫物芸芸 各復歸其根 歸根曰靜〕" 하였다.

71) 弱喪 : 본서 1-8의 주 59)참조.

열자가 말하였다. "텅 빈 것은 귀할 것이 없습니다."

或謂子列子曰 子奚貴虛잇고 列子曰 虛者無貴也라

'貴虛'라는 것은 텅 빈 것을 숭상하는 것이다. '無貴'라는 것은 '虛'라는 명칭은 또한 없다는 뜻이니, 또 어찌 귀하게 여기고 숭상할 것이 있으리오.

貴虛者는 以虛爲尙也라 無貴者는 虛之名亦無之니 又何貴尙之有리오

열자가 말하였다. "〈텅 비었다는 것은〉 개념으로 이름을 정한 것이 아니니, 고요한 것 만한 것이 없고 텅 빈 것 만한 것이 없습니다. 고요하고 텅 비게 살아간다면 알맞은 처소를 얻은 것이고, 취하고 줌을 분별하면 알맞은 처소를 잃은 것입니다. 大道가 파괴된 뒤에 仁義를 농락하는 자가 있으니 〈순수하고 질박한 기풍을〉 회복할 수 없습니다."

子列子曰 非其名也니 莫如靜하고 莫如虛라 靜也虛也면 得其居矣요 取也與也면 失其所矣라 事之破碼(훼)而後에 有舞仁義者하니 弗能復也라

'非其名'이라는 것은 이름이 있으면 곧 그르게 됨을 말한 것이니, 老子가 말하기를 "이름은 문자로 규정하면 영원한 이름이 아니다."[72]라고 한 것이 바로 이것이다. '虛'라 하고 '靜'이라 하였으면 자취도 없는 것이고 이름도 없는 것이니, 이름도 없고 자취도 없다면 알맞은 處所를 얻은 것이고, 취하고 줌을 분별하기만 하면 알맞은 처소를 잃은 것이다. 大道가 파괴된 뒤에 仁義의 명칭이 있는 것이다. '破碼'라는 것은 파괴함이니, 지금 세상의 선비가 대도를 파괴하여 인의를 가지고 농락하기에 이르렀다면 순수하고 질박한 기풍을 회복할 수 없을 것이다. '舞仁義'는 지금 사람들이 이른바 '舞文弄法'[73]이라는 것과 같다.

非其名者는 言有名卽非也니 老子曰 可名非常名이 是也라 曰虛曰靜이면 無迹矣요 亦無名矣니

72) 이름은……아니다 : 老子의 《道德經》 제1장에 "도는 문자로 표현하면 영원한 도가 아니고, 이름은 문자로 규정하면 영원한 이름이 아니다.〔道可道 非常道 名可名 非常名〕"라고 하였다.

73) 舞文弄法 : 붓을 함부로 놀려 법규를 농락하며 고의로 왜곡 적용하여 폐단을 끼치는 것을 말한다. 《史記》 권129 〈貨殖列傳〉에 "관리가 붓끝을 놀려 법을 우롱하고 문서와 도장을 위조하며 자신에게 내려질 형벌도 피하지 않는 것은 뇌물에 탐닉하였기 때문이다.〔吏士舞文弄法 刻章僞書 不避刀鋸之誅者 沒於賂遺也〕"라고 하였다.

無名無迹이면 則得其所居요 纔有取與分別이면 失其所居矣라 大道破碎而後에 有仁義之名이라 破碼者는 破碎也니 言今世之士가 至於破碎大道하여 而以仁義爲舞弄이면 則眞淳質樸之風을 不可得而復反矣라 舞仁義는 如今人所謂舞文弄法也라

1-11 萬物과 天地는 잠깐도 그치지 않고 변화한다

鬻熊[74]이 말하였다. "만물의 운동 변화는 그침이 없으며 하늘과 땅도 조용히 옮겨가고 있으니, 누가 그것을 깨닫겠는가. 그러므로 만물은, 저쪽에서 감소한 것은 이쪽에서 증가하며, 이쪽에서 이루어진 것은 저쪽에서 허물어지는 것이다. 감소하고 증가하며 이루어지고 허물어지며 태어나기도 하고 죽기도 하여 한번 가고 한번 오는 것이 서로 이어져 그 틈을 살필 수 없으니, 누가 그것을 깨닫겠는가?

무릇 한 가지 기운은 갑자기 나오지 않고 한 가지 형체는 갑자기 허물어지지 않으니, 또한 그것이 이루어지는 것도 깨닫지 못하고 그것이 허물어지는 것도 깨닫지 못한다. 또한 마치 사람이 태어나서 늙을 때까지 용모와 얼굴과 의견과 자태가 하루도 달라지지 않는 날이 없는 것과 같다. 피부와 손톱과 머리카락은 수시로 나고 수시로 빠지니 어린 아이 때에 멈추어 변화하지 않는 것이 아니지만, 변화하는 동안에는 깨달을 수가 없고, 〈변화가〉 이르기를 기다린 뒤에야 알게 되는 것이다."

鬻熊曰 運轉亡已하며 天地密移하니 疇覺之哉아 故物損於彼者는 盈於此하며 成於此者는 虧於彼라 損盈成虧하며 隨世隨死하여 往來相接하여 間不可省하니 疇覺之哉아 凡一氣不頓進하고 一形不頓虧니 亦不覺其成하고 不覺其虧라 亦如人自世至老히 貌色智態가 亡日不異라 皮膚爪髮은 隨世隨落하니 非嬰孩時有停而不易也어늘 間不可覺하고 俟至後知라

鬻熊은 옛날 賢人의 이름을 차용한 것이다. 하늘과 땅 사이에 운동 변화는 그침이 없으며, 하늘은 하루에 한 바퀴를 돌고 땅은 四游[75]가 오르내려서 잠깐의 멈춤도 없다. 그런데 사람이 그 사이에 살면서 스스로 깨닫지 못하는 것 같으니, 비유하자면 몸이 배 가운데 있으면 배는 가지만 사람이 알지 못하는 것과 같다. 하늘과 땅이 옮겨 가는 것을

74) 鬻熊 : 周 文王의 스승으로, 楚나라에 봉해졌다. 鬻熊이라고도 한다. 저서로 《鬻子》 22편이 있다.

75) 四游 : 立春, 立夏, 立春, 立冬 후로부터 大地와 星辰이 서, 북, 동, 남 4極으로 옮겨 다니는 것을 말한다.

누가 깨달을 수 있으리오? '密'이라는 것은 볼 수 없는 것을 말한다. 만물이 감소함이 있고 증가함이 있으며 이루어짐이 있고 허물어짐이 있는 것도 하늘과 땅 사이에서 조용히 행해져서 사람이 깨닫지 못한다. 죽음과 태어남의 왕래가 순환해서 서로 이어져 그치지 않아 살펴볼 만한 틈이 없는 것이다. '강물은 온갖 물줄기를 모아 큰 흐름을 이루는데, 그 물줄기는 날마다 도도하게 흘러가고, 세상은 온갖 사람들을 겪으면서 한 세대씩을 이루는데, 그 사람들은 하나둘씩 늙어서 사라진다. 사람은 어느 세대인들 새롭지 않았던가? 세상에 어떤 사람인들 죽지 않을 수 있었던가?'[76]라는 것이 바로 이 뜻이다.

'隨世'는 바로 '隨生'이다. 추위와 더위의 왕래는 점차적으로 진행되기 때문에 '一氣不頓進'이라 한 것이고, 높은 언덕이 골짜기가 되고 깊은 골짜기가 언덕이 되는 것으로부터 아래로 작은 한 器物에 이르기까지 또한 점차적으로 허물어지기 때문에 '一形不頓虧'이라고 한 것이다. 오직 갑작스럽지 않기 때문에 사람 또한 깨닫지 못하는 것이다. '不頓'이라는 것은 갑작스럽지 않은 것이다. 사람이 젊을 때부터 늙을 때에 이르기까지가 또한 그러한데 역시 살필 만한 틈이 없고 반드시 때가 된 뒤에 알기 때문에 '間不可覺 俟至後知'라고 한 것이다. '態'는 자태이고, '智'는 의견이다.

粥熊은 借古賢人之名也라 天地之間에 運轉無已하며 天一日行一周하고 地有四游乘降하여 無一息之停이어늘 似人居其間而不自覺하니 譬如身在舟中하면 舟行人不知也라 天地之轉移를 誰得而覺之리오 密者는 言其不可見이라 物之有損有盈有成有虧도 亦密行於天地之間而人不覺이라 死生之往來가 循環相接而不已하여 無間隙之可省見이라 川閱水以成川이어늘 水滔滔而日度하고 世閱人以成世어늘 人冉冉以行暮하니 人何世而不新이리오 世何人(而)〔之〕[77]能故가 正是此意라 隨世는 卽隨生也라 寒暑往來는 以漸而進이라 故日一氣不頓進이라하고 高岸爲谷하고 深谷爲陵으로 下至一物一器之微히 亦漸漸而虧損이라 故日一形不頓虧라하니라 惟其不頓이라 故人亦不覺이라 不頓者는 不驟也라 人之自少至老히 亦然이어늘 亦無間隙之可見하고 必時至而後知라 故日間不可覺이요 俟至後知라 態는 體態也요 智는 意見也라

1-12 杞나라 사람의 쓸데없는 걱정

杞나라[78]의 어떤 사람이 하늘과 땅이 무너지고 꺼져서 몸을 붙일 곳이 없게 되

76) 강물은……있었던가 : 晉나라 陸機가 나이 사십에 친구들 대부분이 세상을 떠난 허전함을 悲嘆調로 읊은 〈歎逝賦〉에 나오는 말이다.(≪文選≫ 권16)

77) (而)〔之〕 : 저본에는 '而'로 되어 있으나, ≪文選≫ 권16 〈歎逝賦〉에 의거하여 '之'로 바로잡았다.

면 어쩌나 걱정하여 寢食을 전폐하였다. 또 그의 걱정을 걱정하는 자가 있어서 이에 그를 찾아가 깨우쳐 주려고 말하였다. "하늘은 氣가 쌓인 것일 뿐이니, 어느 곳이든 기가 없는 곳은 없습니다. 그대가 몸을 움직이고 호흡하면서 하루 종일 하늘 속에서 활동하고 있는데 어찌 무너져 꺼질 것을 걱정합니까?"

그 사람이 대답하였다. "하늘이 과연 기가 쌓인 것이라면 해와 달과 별들은 떨어져야 하는 것이 아닙니까?"

그를 깨우치려는 자가 말하였다. "해와 달과 별들 또한 기가 쌓인 가운데 빛을 띠고 있는 것이니, 그것이 떨어진다 하더라도 또한 맞아서 상처를 입지는 않습니다."

그 사람이 말하였다. "땅이 꺼지면 어찌 합니까?"

깨우치려는 자가 말하였다. "땅이란 흙덩이가 쌓인 것일 뿐이니, 사방 太虛의 밖에 꽉 차 있어서 어느 곳이든 흙덩이가 없는 곳이 없습니다. 그대가 배회하고 밟으면서 하루 종일 땅 위에서 움직이고 있는데 어찌 그것이 무너질까 걱정합니까?"

그 사람은 釋然히 크게 기뻐하였고, 깨우치려는 자 또한 석연히 크게 기뻐하였다.

長盧子[79]가 그 이야기를 듣고 웃으며 말하였다. "수무지개, 암무지개, 구름, 안개, 바람, 비, 사계절은 기가 쌓여 하늘에 이루어진 것이고, 산, 높은 산, 강, 바다, 쇠, 돌, 불, 나무는 형체가 쌓여 땅에 이루어진 것이다. 기가 쌓인 것임을 알고 흙덩이가 쌓인 것임을 안다면 어찌 무너지지 않는다 말할 수 있으리오. 대저 하늘과 땅이란 太虛 가운데 있는 한 가지 미세한 물건이지만 그 속에 있는 사물 중에 가장 큰 것이다. 끝나기도 어렵고 다하기도 어려우니 이는 본래 이와 같은 것이고, 헤아리기도 어렵고 알기도 어려우니 이는 본래 이와 같은 것이다. 그것이 무너질까 걱정하는 자는 진실로 너무 현실과 동떨어진 생각을 하는 것이고, 그것이 무너지지 않는다고 말하는 자 또한 옳지 않다. 하늘과 땅은 무너지지 않을 수 없으니, 언젠가는 무너지게 될 것이다. 그것이 무너질 때가 되면 어찌 걱정하지 않을 수 있겠는가.

---

78) 杞나라 : 商나라 湯王이 夏나라를 멸한 다음 하나라의 후손을 기나라에 봉해주었고, 周나라 武王이 殷나라를 멸한 다음 하나라 후손인 東樓公을 기나라에 봉하여 禹임금의 제사를 받들게 하였다. 뒤에 楚나라에 멸망당하였다. 지금의 河南省 杞縣 일대에 있었다.

79) 長盧子 : 戰國時代 楚나라의 道家學者이다. ≪史記≫와 ≪漢書≫에 長盧子로 되어 있다. 저서로 ≪長盧子≫ 9편이 있었는데 일실되었다고 한다.

열자가 그 말을 듣고 웃으며 말하였다. “하늘과 땅이 무너질 것이라 말한 자도 잘못이고, 하늘과 땅이 무너지지 않을 것이라 말한 자도 잘못이다. 무너질지 무너지지 않을지는 나로서는 알 수가 없는 것이다. 비록 그러나 저쪽도 한 가지 의견이고 이쪽도 한 가지 의견이다. 그러므로 태어날 때 죽음을 알지 못하고 죽을 때 태어남을 알지 못하며, 올 때는 갈 것을 알지 못하고 갈 때는 올 것을 알지 못한다. 무너지고 무너지지 않는 일에 대해 내 어찌 마음을 두겠는가.”

杞國有人憂天地崩墜하여 **身亡所寄**하여 **廢寢食者**라 **又有憂彼之所憂者**하여 **因往曉之曰 天積氣耳**니 **亡處亡氣**라 **若屈伸呼吸**하여 **終日在天中行止**하니 **奈何憂崩墜乎**아 **其人曰 天果積氣**면 **日月星宿**(수)가 **不當墜耶**아 **曉之者曰 日月星宿**는 **亦積氣中之有光耀者**니 **只使墜**라도 **亦不能有所中傷**이라 **其人曰 奈地壞何**오 **曉者曰 地積塊耳**니 **充塞四虛**하여 **亡處亡塊**라 **若躇**(저)**步跐**(자)**蹈**하여 **終日在地上行止**하니 **奈何憂其壞**오 **其人舍然大喜**하고 **曉之者亦舍然大喜**라 **長廬子聞而笑之曰 虹蜺也**와 **雲霧也**와 **風雨也**와 **四時也**는 **此積氣之成乎天者也**요 **山岳也**와 **河海也**와 **金石也**와 **火木也**는 **此積形之成乎地者也**라 **知積氣也**하고 **知積塊也**면 **奚謂不壞**리오 **夫天地**는 **空中之一細物**이로되 **有中之最巨者**라 **難終難窮**하니 **此固然矣**요 **難測難識**하니 **此固然矣**라 **憂其壞者**는 **誠爲大遠**이요 **言其不壞者**도 **亦爲未是**라 **天地不得不壞**하니 **則會歸於壞**라 **遇其壞時**면 **奚爲不憂哉**아 **子列子聞而笑曰 言天地壞者**도 **亦謬**요 **言天地不壞者**도 **亦謬**라 **壞與不壞**는 **吾所不能知也**라 **雖然**이나 **彼一也**요 **此一也**라 **故生不知死**하고 **死不知生**하며 **來不知去**하고 **去不知來**라 **壞與不壞**에 **吾何容心哉**리오

몸을 움직이고 호흡하는 것이 하늘 속의 氣와 호응한다면 사람 또한 기가 쌓인 속의 자연한 존재이고, 해와 달과 별들의 빛도 이 기로부터 나온다. ‘只使’는 ‘但使’[80]라 하며 ‘政使’[81]라 하는 것과 같다. ‘四虛’는 사방 太虛의 밖이다. ‘躇步’는 서성이는 것이고, ‘跐蹈’는 밟는 것이다. 이는 태허의 밖을 제외하고 그 안은 흙덩이가 쌓인 것임을 말한다. ‘奚謂不壞’라는 것은 쌓이면 반드시 흩어지니 어찌 무너지지 않을 수 있겠는가라는 말이다. 이 단락의 뜻은 하늘은 본래 기가 쌓인 것이고 땅은 본래 흙덩이가 쌓인 것이니, 반드시 무너질 때가 있음을 말한 것이다. 그러므로 이 말을 가설하여 형용한 것이다. ≪周易≫에 말하기를 “乾坤이 무너지면 道를 볼 수 없다.”[82] 하였으

---

80) 但使 : ‘只須’와 같은 말로, ‘다만……하더라도’의 뜻이다.

81) 政使 : ‘정말로……하더라도’의 뜻이다.

니, 聖人 또한 이러한 뜻이 있었으되 말하지 않았을 뿐이다. 太虛의 가운데에는 형체도 없고 다함도 없으니, 하늘과 땅이 그 사이에 있는 것이 또한 미세한 사물일 뿐이다. 그러나 사람이 사물이 있는 것을 보는 관점으로 본다면 그 속에 있는 사물 중에 가장 크니, 이 두 구는 또한 좋다. '難終難窮'과 '難測難識'이라는 것은 사람이 알 수 없는 것을 말한다. 末後의 一轉語[83]에 도리어 말하기를 "올 때 갈 것을 알지 못하고, 갈 때 올 것을 알지 못한다."라 하였으니, 도를 배우는 사람은 있고 없고 가고 옴을 마음에 두어서는 안 되기 때문이다. 오늘날의 禪家가 도리어 이 뒷부분의 일전어에서 나왔다.[84]

屈伸呼吸이 與天中之氣相應이면 人亦積氣中之自然者也요 日月星宿之光도 亦自此氣而出이라 只使는 猶曰但使也며 政使也라 四虛는 四方太虛之外也라 躇步는 躊躕(주주)也요 跐蹈는 踐蹈也라 此言除太虛之外하고 其內는 皆爲積塊也라 奚謂不壞者는 言積則必散이니 安得不壞리오 此段之意는 蓋謂天本積氣하고 地本積塊니 必有壞時라 故設爲此語하여 以形容之라 易曰 乾坤毁면 則無以見道라하니 聖人亦有此意로되 但不言耳라 太虛之中에 無形無極하니 天地之在其間이 亦細物耳로되 但以人之所見有物者而觀之면 則爲有中之最巨니 此兩句亦好라 難終難窮과 難測難識者는 言人不可得而知也라 末後一轉却曰 來不知去하고 去不知來라하니 蓋以學道之人은 不當容心於有無去來也라 今之禪家가 却出於此後面一轉이라

1-13 내 몸은 누구의 소유인가?

舜임금이 丞[85]에게 물었다. "道를 소유할 수 있습니까?"

승이 말하였다. "당신의 몸도 당신의 소유가 아닌데 당신이 어떻게 도를 소유할

---

82) 乾坤이……없다 : ≪周易≫ 〈繫辭傳 上〉에 "乾坤이 무너지면 易을 볼 수 없고, 易을 볼 수 없으면 乾坤이 혹 거의 종식될 것이다.〔乾坤毁 則无以見易 易不可見 則乾坤或幾乎息矣〕"라고 한 구절을 원용한 것이다.

83) 末後의 一轉語 : 禪家에서 쓰는 말로, 말후는 究竟, 畢竟, 究極, 至極의 뜻이고, 일전어는 禪機를 드러낸 한마디 말로 사람을 깨우치는 것이다. 大悟徹底한 極致에 이르러 지극한 말을 토하는 것을 말한다. 末後句라고도 한다.

84) 오늘날의……나왔다 : ≪열자≫의 '태어날 때 죽음을 알지 못하고 죽을 때 태어남을 알지 못하며, 올 때는 갈 것을 알지 못하고 갈 때는 올 것을 알지 못한다.'라는 구절이 사물과 경계를 둘로 나누어 彼我와 去來를 일으키는 분별망상을 끊고 양 극단을 타파하여 中觀으로 귀결되는 禪家의 종지와 거의 상통한다는 뜻으로 이른 말인 듯하다.

85) 丞 : 李頤는 "순의 스승이다.〔舜師也〕"라고 하였고, 일설에는 "옛날에는 네 명의 보좌관이 있었으니, 前·疑·後·丞은 관명인 듯하다.〔古有四輔 前疑後丞 蓋官名〕"라고 하였다.

수 있겠습니까."

순임금이 말하였다. "내 몸을 내가 소유한 것이 아니라면 누가 소유하고 있단 말입니까?"

승이 말하였다. "그것은 하늘과 땅이 맡겨 놓은 형체입니다. 생명도 당신의 소유가 아니니, 그것은 하늘과 땅이 맡겨 놓은 陰陽의 조화입니다. 性命도 당신의 소유가 아니니, 그것은 하늘과 땅이 맡겨 놓은 조화의 이치입니다. 자손들도 당신의 소유가 아니니, 그것은 하늘과 땅이 맡겨 놓은 허물의 변화입니다. 그러므로 길을 갈 때도 갈 곳을 알지 못하고, 머물 때도 지킬 바를 알지 못하고, 먹을 때도 무엇을 먹어야 할지 알지 못하는 것입니다. 하늘과 땅은 강한 陽의 氣이니, 또 어찌 소유할 수 있겠습니까.

舜問乎(烝)〔丞〕[86]曰 道는 可得而有乎아 曰 汝身이 非汝有也어늘 汝何得有夫道리오 舜曰 吾身이 非吾有면 孰有之哉오 曰 是天地之委形也니라 生非汝有라 是天地之委和也며 性命이 非汝有라 是天地之委順也며 孫子非汝有라 是天地之委蛻(태)也라 故行不知所往하며 處不知所持하며 食不知所以[87]라 天地強陽氣也니 又胡可得而有邪리오

'委'는 모임이니, 四大가 잠깐 합해서 이 몸이 된다.[88] 그러므로 '맡겨 놓은 형체'라 한 것이다. 陰陽이 조화를 이루어 만물이 생장한다. 그러므로 '생명은 맡겨 놓은 음양의 조화'라 한 것이다. '順'은 이치이니, 性命이 나에게 있는 것이 바로 造化의 이치이다. 그러므로 '맡겨 놓은 조화의 이치'라 한 것이다. 사람이 대대로 서로 대신하는 것이 매미가 허물을 벗는 것과 같다. 그러므로 '자손은 하늘과 땅이 맡겨 놓은 허물의 변화이다.'라 한 것이다. '不知所持'는 집착하는 곳이 없는 것이다. '強陽氣'는 곧 生氣이다. 움직이는 것이 '陽'이 되니, 사람이 가고 머물며 마시고 먹는 것이 모두 이 기의 움직임이 그렇게 하는 것이고, 모두 나의 소유가 아니다. ≪圓覺經≫에 이른바 '지금 이 허망한 몸이 어디에 있겠는가.'[89]라 한 것이 바로 이 뜻이다. 이 단락은 ≪莊子≫의 〈知北遊〉 편과 같되, 다만 '烝'자는 ≪장자≫에 '丞'으로 되어 있으니, 옳다. 이는

---

86) (烝)〔丞〕: 저본에는 '蒸'으로 되어 있으나, ≪莊子≫ 〈知北遊〉와 林希逸의 注에 의거하여 '丞'으로 바로잡았다.

87) 以 : ≪莊子≫ 〈知北遊〉에는 '味'로 되어 있다.

88) 四大가……된다 : 본서 1-5의 주 42) 참조.

89) 지금……있겠는가 : 본서 1-5의 주 42) 참조.

필시 傳寫하는 과정에서 생긴 오자일 것이다. 그러나 '丞'이라고 이른 것은 또한 寓言의 명칭이다.

委는 聚也니 四大假合而爲此身이라 故曰委形이라 陰陽成和而萬物生이라 故曰生者委和也라 順은 理也니 性命在我가 卽造化之理라 故曰委順이라 人世相代가 如蟬蛻然이라 故曰子孫委蛻也라 不知所持는 無執着處也라 强陽氣는 卽生氣也라 動者爲陽이니 人之行處飮食이 皆此氣之動爲之요 皆非我有也라 圓覺所謂今者妄身이 當在何處오하니 便是此意라 此段與莊子知北遊篇同이로되 但烝字는 莊子作丞하니 是也라 此必傳寫之誤라 然謂之丞者는 亦寓言之名이라

1-14 공정한 도둑질의 방도

齊나라의 國氏[90]는 큰 부자였고 宋나라의 向氏[91]는 아주 가난하였다. 상씨가 송나라로부터 제나라로 가서 부자가 되는 방법을 물었다. 국씨가 그에게 대답하였다. "나는 도둑질을 잘합니다. 내가 도둑질을 시작한 이후에 1년 만에 의식을 자급하게 되었고 2년 만에 재산이 풍족해졌고, 3년 만에 크게 부자가 되었습니다. 이로부터 이후로는 고을 사람들에게 재물을 베풀어 주게 되었습니다."

상씨는 크게 기뻐하였으나 그가 도둑질 했다는 말만 알아듣고 그가 도둑질한 방도는 깨닫지 못하였다. 드디어 남의 집 담을 뛰어넘고 남의 벽에 구멍을 뚫고서 손과 눈이 닿는 대로 모두 집어 왔다. 결국 얼마 되지 않아 도둑질로 죄에 걸려서 조상들이 축적한 재물까지 몰수당하고 말았다.

상씨는 국씨가 자신을 그르쳤다고 여겨 그를 찾아가 원망하였다. 국씨가 말하였다. "당신은 도둑질을 어떻게 하였습니까?" 상씨는 자신이 도둑질한 상황을 그대로 말하였다. 국씨가 말하였다.

"아! 당신이 도둑질한 방도가 이렇게까지 잘못되었단 말입니까. 지금 내가 당신에게 말해주겠습니다. 내가 듣건대, 하늘에는 때가 있고 땅에는 이로움이 있다고 하였습니다. 나는 하늘과 땅의 때와 이로움을 훔친 것입니다. 구름과 비가 적셔주

---

90) 國氏 : 姜姓에서 갈라져 나온 春秋時代 齊나라의 公族으로, 200여 년간 제나라의 정권을 잡았다.

91) 向氏 : 춘추시대 宋 桓公의 후손 公子肹의 자가 向父였는데, 그 후손이 그의 자를 氏로 삼았다.

고 산과 못이 生育하는 것으로 나의 벼를 기르고 나의 곡식을 생장시켰으며 나의 담을 쌓고 나의 집을 지었습니다. 땅에서는 새와 짐승을 훔쳤고 물에서는 물고기와 자라를 훔쳤으니, 도둑질이 아닌 것이 없었습니다. 대저 벼와 곡식, 흙과 나무, 새와 짐승, 물고기와 자라는 모두 하늘이 생육하는 것이니, 어찌 나의 소유이겠습니까? 그러나 나는 하늘의 것을 훔쳤기 때문에 재앙이 없었습니다. 대저 금과 옥, 진주와 보배, 곡식과 비단, 재물들은 사람들이 모은 것이니, 어찌 하늘이 준 것이겠습니까. 당신이 그것을 도둑질하여 죄를 얻었으니, 누구를 원망하겠습니까?"

상씨가 그 말을 듣고 더욱 의혹하여 국씨가 거듭 자기를 속이는 것이라 생각하여 東郭先生[92)]을 찾아가 이에 대해 물었다. 동곽선생이 대답하였다.

"그대의 한 몸도 어찌 도둑질한 것이 아니겠소. 陰과 陽의 조화로운 기운을 도둑질해서 그대의 생명을 이루고 그대의 형체를 이루었는데, 하물며 외물이야 모두 도둑질한 것이 아니겠습니까. 진실로 그렇다면 천지만물은 서로 분리될 수 없는 것이니, 자기 것이라 인식하여 그것을 소유하는 것은 모두 미혹된 짓입니다. 국씨의 도둑질은 公道였기 때문에 재앙이 없었거니와 그대의 도둑질은 私道였기 때문에 죄를 얻은 것입니다. 공도와 사도를 구별하는 것도 도둑질이고 공도와 사도를 구별하지 않는 것도 도둑질입니다. 공도를 공도로 여기고 사도를 사도로 여기는 것이 천지의 덕입니다. 천지의 덕을 아는 자라면 누구를 도둑이라 하겠으며, 누구를 도둑이 아니라고 하겠습니까."

齊之國氏는 大富요 宋之向氏는 大貧이라 自宋之齊하여 請其術하니 國氏告之曰 吾善爲盜로라 始吾爲盜也에 一年而給하고 二年而足하고 三年大穰이라 自此以往으로 施及州閭라 向氏大喜로되 喩其爲盜之言하고 而不喩其爲盜之道하여 遂踰垣鑿室하여 手目所及에 亡不探也라 未及時에 以贓獲罪하여 沒其先居之財라 向氏以國氏之謬己也라하여 往而怨之라 國氏曰 若爲盜若何오 向氏言其狀이라 國氏曰 嘻라 若失爲盜之道至此乎아 今將告若矣호리라 吾聞天有時하고 地有利라하니 吾盜天地之時利라 雲雨之滂潤과 山澤之産育으로 以生吾禾하고 殖吾稼하며 築吾垣하고 建吾舍라 陸盜禽獸하고 水盜魚鱉하니 亡非盜也라 夫禾稼土木禽獸魚鱉은 皆天之所生이니 豈吾之所有리오 然吾盜天而亡殃이라 夫金玉珍寶穀帛財貨는 人之所聚니 豈天之所與리오 若盜之而獲罪어니 孰怨哉리오 向氏大惑하여 以爲國氏

---

92) 東郭先生 : 춘추시대 제나라 사람으로 당시의 이름난 隱士인 東郭重을 말한다.

之重罔己也라하여 **過東郭先生問焉**이라 **東郭先生曰 若一身庸非盜乎**아 **盜陰陽之和**하여 **以成若生載若形**이어든 **況外物而非盜哉**아 **誠然**이면 **天地萬物不相離也**니 **仞而有之**는 **皆惑也**라 **國氏之盜**는 **公道也**라 **故亡殃**이어니와 **若之盜**는 **私心也**라 **故得罪**라 **有公私者**도 **亦盜也**요 **亡公私者**도 **亦盜也**라 **公公私私**가 **天地之德**이라 **知天地之德者**면 **孰爲盜耶**며 **孰爲不盜耶**아

'未及時'라는 것은 얼마의 시간이 되지 않은 것이다. '先居'는 선대에 축적한 재물이다. '謬己'는 자신을 속이는 것이다. '往而怨之'는 가서 보고 원망하는 말을 하는 것이다. '時利'는 天時와 地利이다. '滂潤'은 적심이다. 벼와 곡식, 흙과 나무, 새와 짐승, 물고기와 자라는 모두 하늘이 생육하는 것으로 자신의 밖에 있는 것이고, 한 몸의 陰과 陽도 어찌 자신의 소유리오. 이 또한 천지가 하는 것이다. '誠'이라는 것은 진실로 그러한 것이다. '天地萬物不相離'라는 것은 물건마다 모두 천지에서 나와서 한 물건도 천지와 분리될 수 없다는 것이다. '仞'은 '認'과 같으니, 인식하여 자기의 소유라고 여기는 것은 미혹된 소견이다.

이 장의 뜻은 사람이 천지 사이에 살 때에 모두 천지의 소유물을 도둑질하여 살아가는 것을 말한 것이다. 그러므로 이와 같이 형용한 것이니, 異端의 학문이 되는 까닭이다. 天時와 地利로부터 새와 짐승, 물고기와 자라에 이르기까지 모두 천지의 소유를 사람이 도둑질하여 쓰는 것이다. 聖人은 말하기를 "하늘의 도를 이용하고 땅의 이익을 나눈다."[93]라고 하였는데, ≪열자≫에서는 도리어 이처럼 그 말을 고무시켰다. 柳子厚의 〈天說〉[94]의 비유도 또한 여기에 근원하였다. 최후의 一轉語도 앞 단락과 같다. 公道는 사람마다 함께 하는 것이고, 私道는 사람이 함께 하는 것이 아니다. 사람의 논리에 있어서는 공도와 사도가 있고, 천지의 덕에 있어서는 공도와 사도가

---

93) 하늘의……나눈다 : 孔子가 曾子에게 말하기를 "하늘의 도를 쓰고 땅의 이로움을 따라 몸을 삼가고 비용을 아껴서 부모를 봉양하여야 하니, 이는 서인의 효이다.〔用天之道 因地之利 謹身節用 以養父母 此庶人之孝也〕"라고 하였다.(≪孝經≫ 〈庶人章〉) '因'자가 ≪孝經注疏≫에는 '分'자로 되어 있다.

94) 柳子厚의 天說 : 子厚는 唐宋八大家의 한 사람인 柳宗元(773~819)의 자이다. 〈천설〉은 유종원이 永州司馬로 있을 당시 韓愈가 보내온 글을 반박한 것으로, 작자의 唯物主義 사상이 드러난 대표적인 작품이다. 하늘과 인간과의 관계에 대해, 韓愈는 董仲舒의 '하늘과 인간은 서로 통한다.〔天人相與〕'는 관점을 견지하고, 유종원은 '하늘과 인간은 서로 분리되어 있다.〔天人相分〕'는 관점을 견지하여 상반된 견해를 지녔다. 유종원은, 하늘은 의식이 없다는 전제하에 天地·元氣·陰陽은 모두 자연의 현상이며, 따라서 하늘이 공이 있는 자에게 상을 주거나 화를 입힌 자에게 벌을 주는 일은 있을 수 없다고 하였다.

없다. 공도라는 것이 저절로 공정하게 되는 것도 천지가 하는 것이고, 사도라는 것이 저절로 사사롭게 되는 것도 천지가 하는 것이다. 천지의 덕으로 보면 도둑질하는 것과 도둑질하지 않는 것은 모두 마음을 두었기 때문이다. 이 뜻은 善을 선하게 여기고 惡을 미워함이 만약 마음을 둔 데에서 나왔다면 선 또한 악이 됨을 말한 것이다. 老子가 말하기를 "天下가 모두 아름다운 것을 아름답게 여길 줄 아는데 이것은 추한 것이다."[95]라고 하였으니, 바로 이 뜻이다. 이러한 곳은 ≪열자≫의 본래 글이 아닌 듯하다.

未及時者는 未能數時也요 先居는 先世所居積者也라 謬已는 欺已也라 往而怨之는 往見之而出怨言也라 時利는 天時地利也라 滂潤은 浸潤也라 禾稼土木禽獸魚鼈은 皆天所生在外者也라 一身之陰陽도 亦豈我有리오 此亦天地爲之也라 誠者는 信然也라 天地萬物不相離者는 物物皆出於天地하여 無一物可離於天地也라 仞與認同하니 認以爲己有者는 愚惑之見也라 此章之意는 蓋言人在天地之間에 皆盜竊天地之所有하여 以爲其生이라 故如此形容이니 所以爲異端之學이라 天時地利로 以至禽獸魚鼈히 皆天地之所有를 人盜而用之라 聖人則曰 用天之道하고 分地之利어늘 列子却如此鼓舞其言이라 柳子厚天說之喻도 亦原於此라 末後一轉도 亦與前段同이라 公道는 人人所同者也요 私道는 非人所同也라 在人之論則有公私하고 在天地之德則無公私라 公者自公도 亦天地爲之也오 私者自私도 亦天地爲之也라 以天地之德觀之면 則盜與不盜는 皆爲有心者也라 此意蓋謂善善惡(오)惡이 若出於有心이면 則善亦爲惡矣라 老子曰 天下皆知美之爲美하니 斯惡已라하니 正是此意라 此等處는 似非列子本書라

95) 天下가……것이다 : 노자의 ≪道德經≫ 2장에 "천하가 모두 아름다운 것을 아름답다고 여길 줄 아는데 이것은 추한 것이다. 천하가 모두 선한 것을 선하다고 여길 줄 아는데 이것은 선하지 않은 것이다.〔天下皆知美之爲美 斯惡已 皆知善之爲善 斯不善已〕"라고 하였다.

列子鬳齋口義 二卷

제2편 황제　黃帝 第二

* 皇帝는 曆算, 文字, 律呂, 醫藥을 처음으로 백성에게 가르쳤던 전설 시대의 제왕으로 軒轅氏라고도 한다. 漢代에 이르러서 老子의 학문이 황제에 근본하였다고 하여 '黃老'라 일컬어질 정도로 道家에서 노자와 함께 존중을 받는 인물이 되었다. 이 편에서는 21개의 神話와 寓言을 통해 최고의 경지에 이른 至人의 淸虛, 至誠, 物我合一, 以柔克强 등의 마음가짐과 행동을 서술하였다. 이를 통해 도가에서 말하는 도를 터득한 이상적인 인간의 모습을 그려볼 수 있다.

2-1 黃帝가 천하를 다스리는 법

黃帝가 즉위한 지 15년 동안 천하 사람들이 자신을 떠받드는 것을 기뻐하면서 자신의 생명을 보양하고 〈아름다운 음악과 빛깔로〉 귀와 눈을 즐겁게 하고 코와 입이 좋아하는 음식을 먹었다. 그런데도 거뭇거뭇하게 살갗은 검게 변하여-皯은 居·按의 반절이다.- 수척해지고 흐리멍덩하게 五情은 혼란하고 미혹되었다.

또 그 뒤 15년 동안 천하가 제대로 다스려지지 않음을 걱정하여 자신의 총명을 다하고 지혜를 다하여 백성을 보살폈으나 거뭇거뭇하게 살갗은 검게 변하여 수척해지고-黣은 眉·回의 반절이다.- 흐리멍덩하게 오정은 혼란하고 미혹되었다.

黃帝

황제가 이에 길게 탄식하여 말하였다. "朕의 잘못이 매우 심하다. 내 한 몸 보양하는데도 그 고통이 이와 같고 만물을 다스리는데도 그 고통이 이와 같구나."

이에 여러 가지 政務를 내려놓고 황궁의 침소를 버리고 시종을 물리치고 악기를 치우고 음식을 줄인 다음, 물러나 황궁 밖의 객사에 한가로이 머물면서 마음을 齋

戒하고 몸을 수양하면서 석 달 동안 정사를 직접 돌보지 않았다. 낮잠을 자다가 꿈에 華胥氏[1]의 나라를 유람하였다. 화서씨의 나라는 弇州의 서쪽, 台州의 북쪽에 있는데, 中國에서 몇 천만 리나 떨어져 있는지 알지 못하였다. 배와 수레를 타거나 걸어서 갈 수 있는 곳이 아니고, 정신으로만 유람할 수 있는 곳이었다.

그 나라에는 君長이 없고 일체 자연에 맡길 뿐이었으며, 그 백성은 기호와 욕망이 없고 일체 자연에 맡길 뿐이었다. 삶을 즐거워할 줄도 모르고 죽음을 싫어할 줄도 모르기 때문에 요절이라는 개념도 없었으며, 자신을 친근히 대할 줄도 모르고 外物을 소홀히 대할 줄도 모르기 때문에 사랑과 미움의 감정도 없었으며, 배반하고 거역할 줄도 모르고 추앙하고 순종할 줄도 모르기 때문에 이익과 해로움의 구별이 없었으며, 어떠한 물건이라도 아까워하여 애석히 여기는 것이 없고 어떠한 물건이라도 두려워하여 꺼리는 것이 없었다. 물에 들어가도 빠져 죽지 않고 불에 들어가도 화상을 입지 않았으며, 칼로 쳐도 아픔을 느끼지 못하고 손가락으로 긁어도 가려움을-痟는 독음이 籥이다.- 느끼지 못하였다. 공중을 날아다니기를 땅을 밟듯이 하고 허공에 누워 잠자기를 침상에 누워 잠자는 듯이 하였다. 구름과 안개도 그들의 시선을 가리지-硋는 礙와 같다.- 못하고 천둥소리도 그들의 청각을 어지럽히지 못하였으며, 아름다움과 추함도 그들의 마음을 교란하지 못하고 산과 골짜기도 그들의 걸음을 멈추게 하지 못하였다. 왜냐하면 그들의 정신만 왕래할 뿐이기 때문이다.

황제는 잠에서 깨어난 뒤 매우 유쾌함을 느껴 天老와 力牧과 太山稽를 불러 다음과 같이 말하였다. "짐이 석 달 동안 한가롭게 지내면서 마음을 재계하고 몸을 수양하며, 몸을 보양하고 만물을 다스리는 방도를 생각하였으나 그 방도를 터득하지 못하였소. 피곤하여 잠이 들었다가 꿈을 꾼 것이 이와 같았소. 이제야 지극한 도는 사람의 뜻으로 구할 수 있는 것이 아님을 알았소. 짐은 그것을 알았소. 짐이 그것을 터득하였소만 그대들에게 설명해 줄 수는 없소.

또다시 28년이 흘러 천하가 크게 다스려져 거의 화서씨의 나라와 같이 되었다. 그리고 나서 황제가 昇遐하였다. 백성들이 2백여 년이 지나도록 그를 그리워하기

---

1) 華胥氏 : 庖犧氏의 母親이라 전해진다. ≪拾遺記≫에 의거하면 神母가 華胥의 물가에 노닐었는데 푸른 무지개가 몸을 감싸더니 임신하여 12년이 지난 뒤에 庖犧를 낳았다고 한다.

를 그치지 않았다.

黃帝卽位十有五年에 喜天下戴己하여 養正命하고 娛耳目하고 供鼻口나 焦然肌色皯(간)-居按反-黣하고 昏然五情爽惑이라 又十有五年에 憂天下之不治하여 竭聰明하고 進智力하여 營百姓이나 焦然肌色皯黣(매)-眉回反-하고 昏然五情爽惑이라 黃帝乃喟然(讚)〔嘆〕曰 朕之過淫矣라 養一己其患如此하고 治萬物其患如此라 於是放萬機하고 舍宮寢하고 去直侍하고 徹鍾懸하고 減廚膳하고 退而閒居大庭之館하여 齋心服形하여 三月不親政事라 晝寢而夢에 遊於華胥氏之國이라 華胥氏之國은 在弇(엄)州之西台州之北하니 不知斯齊國幾千萬里라 蓋非舟車足力之所及이요 神游而已라 其國無帥長하고 自然而已며 其民無嗜慾하고 自然而已라 不知樂生하고 不知惡(오)死라 故無夭殤하며 不知親己하고 不知疏物이라 故無愛憎하며 不知背逆하고 不知向順이라 故無利害하며 都無所愛惜하고 都無所畏忌라 入水不溺하고 入火不熱하며 斫撻無傷痛하고 指擿無痟(소)-音簫-癢이라 乘空如履實하고 寢虛若處床이라 雲霧不硋(애)-與礙同-其視하고 雷霆不亂其聽하며 美惡不滑其心하고 山谷不躓其步하니 神行而已일새라 黃帝旣寤에 怡然自得하여 召天老力牧太山稽하여 告之曰 朕閒居三月하여 齋心服形하며 思有以養身治物之道나 弗獲其術이라 疲而睡라가 所夢若此라 今知至道不可以情求矣라 朕知之矣로되 朕得之矣로다마는 而不能以告若矣로다 又二十有六[2]年에 天下大治하여 幾若華胥氏之國하고 而帝登假라 百姓號之하여 二百餘年不輟이라

여기에서 말한 華胥의 나라는 ≪莊子≫ 〈山木〉편의 建德의 나라[3]와 그 뜻이 같으니, 대개 黃帝가 천하를 다스린 것은 마음이 있는 데에서 시작하였다가 마침내 마음이 없는 데에 이르고 함이 있는 데에서 시작하였다가 마침내 함이 없는 데에 이르렀음을 말한 것이다. '正命'은 性命이니, '性'을 '正'이라 한 것은 독음이 잘못된 것이다. '肌色焦然'은 살갗이 트고 검게 변하여 수척함을 말한다. '昏然'은 五情이 혼란하고 미

---

2) 六 : 盧重元의 ≪列子解≫에는 '八'로 되어 있다.

3) 建德의 나라 : 無爲로 다스리는 이상 국가를 말한다. 市南子가 魯나라 임금에게 말하기를 "南越에 고을이 있으니 이름하여 건덕의 나라라 합니다. 그곳 백성은 어리석고 질박하며, 사심이 적고 욕심이 적으며, 농사지을 줄만 알고 저장할 줄은 모르며, 남에게 주는 것만 알고 보답을 바라지 않으며, 義가 무엇인지 모르고 禮가 무엇인지 모르며 마음 내키는 대로 마구 행동해도 大道를 벗어나지 아니하여 삶을 즐길 만하고 죽음을 거두어 간직할 만하니 저는 임금께서 나라를 떠나 세속을 버리시고 道와 더불어 서로 도우면서 이 나라로 떠나가시기를 바랍니다.〔南越有邑焉 名爲建德之國 其民愚而朴 少私而寡欲 知作而不知藏 與而不求其報 不知義之所適 不知禮之所將 猖狂妄行 乃蹈乎大方 其生可樂 其死可葬 吾願君去國捐俗 與道相輔而行〕" 하였다.(≪莊子≫ 〈山木〉)

혹되어 어두워짐을 말한 것이다. '오정'은 喜·怒·哀·樂·欲이다. '讚'은 응당 '嘆'이 되어야 한다. '淫矣'라는 것은 물이 스며들 듯이 너무 심함을 말하니, 주석가(張湛)가 '淫'은 응당 '深'이 되어야 한다고 하였다. '直侍'라는 것은 부리는 사람이다. '懸'은 종을 매다는 틀이다. 大庭은 大內(황궁)와 같다. '服形'은 지금 사람이 服氣[4]라고 말하는 것과 같다.

≪淮南子≫에 이르기를 "正西를 弇州라 하고 西北을 台州라 한다."[5]라고 하였다. 弇州의 서쪽, 台州의 북쪽은 九州의 밖을 말하니, 佛家에서 西渠泥, 南閻浮[6]라고 말하는 것과 같다. '斯'는 떨어짐이고, '齊國'은 中州이니, '斯齊國'은 중주와 천만 리나 떨어졌다는 말이다. '自然'은 마음이 없는 것이다. 좋음과 등짐, 거역과 순종이 없는 것은 마음에 취하고 버림이 없음을 말한다. '물에 들어가도 빠져 죽지 않고 불에 들어가도 화상을 입지 않았다.'는 것은 어디에 들어가더라도 스스로 얻지 못할 것이 없다는 뜻이다.[7] '칼로 쳐도 아픔을 느끼지 못하고 손가락으로 긁어도 가려움을 느끼지 못하였다.'는 것은 비록 형체가 있더라도 형체가 없는 것과 같다는 말이다. '硋'는 '礙(막히다)'와 같다. '神行'이라는 것은 다님에 자취가 없는 것이다. '天老'와 '力牧'과 '太山稽'는 黃帝의 세 신하의 이름이다. '登假'라는 것은 '登遐'라는 말과 같으니, '假'는 응당 '遐'가 되어야 한다. ≪莊子≫ 중에 이러한 뜻의 내용이 많이 있으니, 이로써 열자를 장자에 비교하여 사람들이 〈열자가 장자보다〉 낫다고 하나 또한 그렇지 않은 듯하다.

此言華胥之國은 **亦與莊子山木篇建德之國**으로 **其意一同**하니 **蓋言黃帝之治天下**가 **始於有心**이라가 **而終至於無心**하고 **始於有爲**라가 **而終至於無爲也**라 **正命**은 **性命也**니 **以性爲正**은 **音之訛也**라 **肌色焦然**은 **言其皺黑而瘦也**라 **昏然**은 **言其五情爽亂迷惑而昏也**라 **五情**은 **喜怒哀樂欲**

4) 服氣 : 道家에서는 氣를 形體의 근본으로 여기기 때문에 복기를 수양의 중요한 방법으로 여긴다. 복기는 곧 吐納으로, 입으로 더러운 기를 토하고 코로 신선한 기를 마시는 것이다.

5) 正西를……한다 : ≪淮南子≫ 〈墬形訓〉에 "무엇을 九州라 이르는가? 東南은 神州이니 農土라 하고, 正南은 次州니 沃土라 하고, 西南은 戎州니 滔土라 하고, 正西는 弇州니 并土라 하고, 正中은 冀州니 中土라 하고, 西北은 台州니 肥土라 하고, 正北은 濟州니 成土라 하고, 東北은 薄州니 隱土라 하고, 正東은 陽州니 申土라 한다."라고 하였다.

6) 西渠泥 南閻浮 : 佛教의 세계관에 따르면, 세계의 중심인 須彌山을 기준으로 서쪽이 瞿陀尼洲이고, 남쪽이 贍部洲이다. 瞿陀尼는 梵語 Godānīya, 贍部洲는 범어 jambu의 음사인데, 범어를 音譯하는 방식이 다양하여 여기서는 西渠泥, 南閻浮라고 쓴 것인 듯하다.

7) 어디에……뜻이다 : ≪中庸章句≫ 제14장에 군자는 "부귀에 처해서는 부귀에 맞게 행하고, 빈천에 처해서는 빈천에 맞게 행하고, 夷狄에 처해서는 이적에 맞게 행하고, 환난에 처해서는 환난에 맞게 행하나니, 군자는 어디에 들어가도 스스로 얻지 못할 것이 없다.〔素富貴 行乎富貴 素貧賤 行乎貧賤 素夷狄 行乎夷狄 素患難 行乎患難 君子 無入而不自得焉〕"라고 하였다.

也라 讚은 合作嘆이라 淫矣者는 言其已甚이 如水之浸淫然이니 注家以淫當作深이라 直侍者는 使令之人也라 懸은 鍾架也라 大庭은 猶大內也라 服形은 猶今人言服氣也라 淮南云 正西를 曰弇(엄)州요 西北을 曰台州라하니 此言九州之外니 猶佛言西渠泥南閻浮也라 斯는 離也요 齊國은 中州也니 斯齊國은 言去中州千萬里也라 自然은 無心也라 無向背逆順은 言其心無取舍也라 入水不溺하고 入火不熱은 無入而不自得也라 斫撻無傷痛하고 指擿無痟癢은 言其雖有形猶無形也라 硋는 與礙同이라 神行者는 其行無迹也라 天老力牧太山稽는 黃帝三臣名也라 登假者는 猶言登遐也니 假는 當作遐也라 莊子中에 多有此意하니 以此列子比莊子하여 人謂勝之어늘 恐亦未然이라

2-2 列姑射山의 神人

列姑射山[8]은 海河洲[9] 가운데 있다. 그 산 위에 神人이 거처하는데 바람을 들이키고 이슬을 마실 뿐 五穀을 먹지 않았으며, 마음은 깊은 샘물과 같고 모습은 우아한 처녀와 같았다. 그는 친근히 하고 사랑하지도 않는데 神仙과 聖人이 그의 신하가 되고, 그는 위엄을 부리지도 않고 노여워하지도 않는데 충후하고 성실한 사람이 그의 侍者가 되었다. 베풀어 주지도 않고 혜택을 주지도 않는데 만물이 저절로 풍족하고, 모으지도 않고 거두지도 않는데 자신에게 부족함이 없었다. 陰陽은 언제나 조화롭고 日月은 언제나 밝으며, 四時는 언제나 순조롭고 風雨는 언제나 고르며, 금수의 생육은 언제나 때에 맞고 해마다의 곡식은 언제나 풍년이 들었다. 토지는 전염병이 없고 사람은 夭折과 惡疾이 없었으며, 만물은 병듦이 없고, 귀신은 괴이함이 없었다.

列姑射山은 在海河洲中이라 山上에 有神人焉하니 吸風飮露하고 不食五穀하며 心如淵泉하고 形如處女하며 不偎不愛나 仙聖爲之臣하며 不畏不怒나 原愨爲之使하며 不施不惠나 而物自足하며 不聚不斂이나 而已無愆이라 陰陽常調하고 日月常明하며 四時常若하고 風雨常均하며 字育常時하고 年穀常豐하며 而土無札傷하고 人無夭惡하며 物無疵癘하고 鬼無靈響焉이라

이 단락의 말은 대부분 ≪莊子≫와 같으니, 그 뜻은 無爲의 다스림을 형용한 것일 뿐이다. '心如淵泉'이라는 것은 고요한 물과 같다는 말이다. '不偎'는 친근하고 곡진하

---

8) 列姑射山 : 고대 전설 중의 산 이름이다. ≪莊子≫에는 藐姑射山이라 하였다.

9) 海河洲 : 黃河가 바다로 들어가는 곳의 모래톱이다. 일설에는 전설 중의 바다 가운데의 섬이라고도 한다.

지 않음이니, 사랑하지 않는 것과 같다. '不隈不怒'는 온화함을 말한다. '不施不惠'는 주는 바가 없는 것이고, '不聚不斂'은 취하는 바가 없는 것이니, 만물은 이미 저절로 풍족하고 자신은 부족한 바가 없는 것이다. '愆'은 부족함이다. '字育'은 금수가 生育하는 것이다. '札傷'은 전염병이다. '物無疵癘'는 병듦이 없는 것이고, '鬼無靈響'은 괴이함이 없음을 말한다. 영묘한 감응은 모두 귀신의 괴이함이다. ≪莊子≫ 〈逍遙遊〉편과 같다.

此段之語는 多與莊子同이니 其意는 只形容無爲之治而已라 心如淵泉者는 言如止水也라 不隈는 不隈曲也니 與不愛同이라 不隈不怒는 言其和也라 不施不惠는 無所與也요 不聚不斂은 無所取也니 物旣自足하고 而我無所愆이라 愆은 欠闕也라 字育은 禽獸生育也라 札傷은 疾瘧也라 物無疵癘는 無疾痛也요 鬼無靈響은 言無妖異也라 靈怪影響은 皆鬼之妖也라 與莊子逍遙篇同이라

2-3 道를 배우는 공부의 차례

列子가 老商氏를 스승으로 삼고 伯高子를 벗으로 삼아 두 사람의 道를 모두 터득한 다음, 바람을 타고 돌아왔다.[10]

尹生이 이 소문을 듣고 열자를 따라 거처하면서 몇 달이 되도록 자신의 집에 돌아가지도 않았다. 틈을 보아 도술을 배우기를 청하기를 열 번을 반복하였으나 열 번 모두 말해 주지 않았다. 윤생이 원망하면서 떠나기를 청하였는데도 열자는 아무런 말이 없었다.

윤생이 물러나 몇 달이 지났지만 〈도술을 배우려는〉 마음이 사라지지 않아 다시 가서 열자를 따랐다.

열자가 말하였다. "그대는 어찌하여 가고 옴이 잦은가?"

윤생이 말하였다. "이전에 제가 선생님께 가르침을 청하였는데 선생님께서 저에게 일러주지 않아서 진실로 선생님께 유감을 품었습니다. 지금은 다시 원망하는 마음이 풀렸습니다. 그러므로 다시 온 것입니다."

열자가 말하였다.

"이전에 내가 그대를 사리에 통달한 사람으로 여겼는데 지금 그대의 비루함이

10) 列子가……돌아왔다 : ≪莊子≫ 〈逍遙遊〉에 "저 열자는 바람을 조종하여 하늘을 날아다녀 가뿐가뿐 즐겁게 잘 날아서 15일이 지난 뒤에 땅 위로 돌아온다.〔夫列子 御風而行 泠然善也 旬有五日而後反〕"라고 하였다. 老商氏는 열자의 스승으로, 일설에는 壺丘子林이라고도 한다. 伯高子는 의술에 뛰어난 黃帝의 신하로, 일설에는 伯昏瞀人이라고도 한다.

이처럼 심한 지경에 이르렀단 말인가. 앉게. 내가 스승에게 배운 것을 그대에게 말해 주겠네. 내가 노상씨를 스승으로 섬기고 백고자를 벗으로 삼고부터 3년이 지난 후에야 마음은 감히 是非를 생각하지 않고 입은 감히 利害를 말하지 않게 되었네. 그제야 스승님께서 나를 한 번 돌아보셨지.

5년이 지난 뒤에 마음은 다시 시비를 생각하고 입은 다시 이해를 말하였네. 스승님께서 그제야 한번 활짝 웃어주셨지.

7년이 지난 뒤에 마음이 생각하는 대로 따라도 다시는 시비의 관념이 없어졌고, 입이 말하는 대로 따라도 다시는 이해에 관한 언급이 없어졌네. 스승님께서 그제야 한번 나를 불러 자리를 같이 해주셨지.

9년이 지난 뒤에는 마음이 내키는대로 생각하고 입이 내키는대로 말해도 나의 시비와 이해를 알지 못하고 또한 상대의 시비와 이해를 알지 못하게 되었으며, 또한 노상씨가 나의 스승인지 백고자가 나의 벗인지 알지 못하게 되었으니, 안과 밖의 관념이 완전히 사라져 버린 거지.

그 뒤에는 눈이 귀와 같고 귀가 코와 같고 코는 입과 같아서 같지 않음이 없게 되었네. 마음은 전일해지고 몸은 잊어버려서 골육의 몸이 대자연과 융합하여, 몸이 의지하고 있는 바와 발이 밟고 있는 바를 깨닫지 못한 채 나뭇잎이나 매미 껍질처럼 바람을 따라 동서로 왔다 갔다 하여 마침내 바람이 나를 타는 건지 내가 바람을 타는 건지도 알지 못하게 되었네.

지금 그대가 나의 문하로 들어온 지 얼마 되지도 않았는데 나를 원망한 것이 여러 번이었네. 그대의 몸 한 조각도 기운이 받아들여 주지 않을 것이며 그대의 몸 한 마디조차도 대지가 실어주지 않을 것이니, 허공을 밟고 바람을 타는 일을 어찌 바랄 수 있겠는가."

윤생이 몹시 부끄러워 한동안 숨을 죽이고 감히 다시는 더 말하지 못하였다.

列子師老商氏하고 友伯高子하여 進二子之道하고 乘風而歸라 尹生聞之하고 從列子居하여 數月不省舍라 因間請蘄(기)其術者가 十反而十不告라 尹生懟而請辭한대 列子又不命이라 尹生退하여 數月에 意不已하여 又往從之라 列子曰 汝何去來之頻고 尹生曰 曩章戴有請於子이어늘 子不我告일새 固有憾於子러니 今復脫然이라 是以又來라 列子曰 曩吾以汝爲達이러니 今汝之鄙至此乎아 姬(거)하라 將告汝所學於夫子者矣로라 自吾之事夫子友若人也로 三年

之後에 心不敢念是非하고 口不敢言利害어늘 始得夫子一眄(면)而已라 五年之後에 心庚念是非하고 口庚言利害어늘 夫子始一解顔而笑라 七年之後에 從心之所念이라도 庚無是非하고 從口之所言이라도 庚無利害어늘 夫子始一引吾并席而坐라 九年之後에 橫心之所念하고 橫口之所言이라도 亦不知我之是非利害歟하고 亦不知彼之是非利害歟하며 亦不知夫子之爲我師하고 若人之爲我友하니 內外進矣라 而後眼如耳하고 耳如鼻하고 鼻如口하여 無不同也라 心凝形釋하여 骨肉都融하며 不覺形之所倚와 足之所履하여 隨風東西가 猶木葉幹殼하여 竟不知風乘我邪(야)아 我乘風乎아 今女居先生之門이 曾未浹時어늘 而懟憾者再三이라 女之片體將氣所不受하며 汝之一節將地所不載하니 履虛乘風을 其可幾乎아 尹生甚怍하여 屛息良久하고 不敢復言이라

'不省舍'는 집으로 돌아가서 묵지 않음을 말한다. '懟'는 원망함이다. 열 번 가르침을 청했는데도 말해주지 않은 것은 하직하고 돌아가기를 바란 것이고, 물러가라고 명하지 않은 것은 그 스스로 떠남을 허락한 것이다. '又往從之'는 갔다가 다시 온 것이다. '章戴'는 尹生의 이름이다. '姬'는 독음이 '居'이니, 독음이 비슷해서 생긴 오자이다. '夫子'는 老商氏를 가리키고, '若人'은 伯高子를 가리킨다. '3년이 지난 뒤에 마음에 是非에 관한 생각이 없고 입에 利害에 관한 말이 없게 되었다.'는 것은 고요함으로써 자신의 지조를 지켜 스스로 흔들릴까 두려워한 것이다. '庚'이라는 것은 '다시'이며 '향함'이다. 시비와 이해의 생각을 제거하고 시비와 이해의 말을 끊었는데 지금 다시 생겼으나 이 마음이 이미 정해져서 바름에서 나오지 않음이 없는 것이다. '從'은 따름이다. 생각하는 바와 말하는 바가 모두 그 스스로 그러함을 따르고 시비와 이해의 사이에 마음을 쓰지 않는 것이니, 이는 마음과 이치가 하나여서 다시 분별이 없는 것이다. '橫'은 멋대로 함이니, 마음이 생각하는 바를 멋대로 한다는 것은 思惟와 관계하지 않는 것이고, 입이 말하는 바를 멋대로 한다는 것은 이렇게 말하고 저렇게 말하는 것이 모두 가한 것이다. 생각과 말을 아무 거리낌 없이 멋대로 함에 다시 시비와 이해가 있음을 알지 못한다면 마음과 이치가 化하여 잊은 것이다.

이 네 절목은 바로 도를 배우는 공부의 차례이다. 안에 있는 것이 이미 이치와 더불어 화하였으면 일상 생활하는 사이에 또한 더불어 모두 화한다. 그러므로 '안과 밖의 관념이 완전히 사라져 버린 것이다.'라고 한 것이다. 눈과 귀와 코와 입이 같지 않음이 없는 데에 이르러서는 이는 화하여 잊는 때이다. 釋氏가 "六用이 한 근원이다."[11]라고

11) 六用이……근원이다 : 육용은 六根(眼根・耳根・鼻根・舌根・身根・意根)이 대상과 경계를 만나 일으키는 작용이다. 육용이 한 근원이라는 것은 육용이 일어나는 육근은 본시 진실

하였으니, 또한 이 뜻이다. '幹'은 몸이니, '幹殼'은 곧 매미 몸의 껍질이다. '木葉'과 '幹殼'은 그 몸이 있는 줄 알지 못함을 말하니, 그 몸을 잊은 뒤에 바람을 탈 수 있는 것이다. 그대의 원망이 이와 같으니, 이는 몸과 마음의 累가 잊혀지지 않은 것이다. 그렇다면 몸 한 조각과 몸 한 마디도 천지가 또 받아주고 실어주지 않을 터인데, 더구나 온 몸에 있어서이겠는가. 이 章은 바람을 타기를 배우는 것은 반드시 자신을 보기를 없는 듯이 함에 이른 뒤에 가함을 말한 것이다. 이는 빈말이 아니니 오직 도를 배우는 자라야 이 말이 실제임을 알 것이다.

不省舍는 言不歸宿也라 懟는 怨恨也라 以十請而不告는 欲辭歸也오 不命之退는 聽其自去也라 又往從之는 去而復來也라 章戴는 尹生之名也라 姬는 音居니 聲之訛也라 夫子는 指老商氏也오 若人은 指伯高子也라 三年에 而心無是非之念하고 口無(是非)〔利害〕[12]之言者는 以靜默自守하여 恐自動也라 庚者는 更也며 向也라 去是非利害之念하고 絶是非利害之言이러니 今復有之나 而此心已定하여 無不出於正也라 從은 聽從也니 所念所言이 皆聽其自然이요 而無容心於是非利害之間이니 是心與理一無復決擇也라 橫은 縱也니 縱心所念은 不涉思惟也요 縱口所言은 橫說竪說이 皆可也라 (族)〔放〕[13]縱自由에 不復知有是非利害면 心與理化而忘之矣라 此四節은 正學道工夫次第也라 在內旣與理化면 則動容周旋之間에 亦與俱化라 故曰內外俱進矣라 至如眼耳鼻口가 無不同者하얀 此化而忘之之時也라 釋氏謂之六用一源이라하니 亦是此意也라 幹은 身也니 幹殼은 卽蟬身之殼也라 木葉幹殼은 言不知有其身也니 忘其身而後에 可以乘風也라 汝之懟憾如此하니 是身心之累未忘이니 則片體一節도 天地且不能受載온 況渾身乎아 此章은 蓋言其禦風之學은 必至於視身如無而後可也라 此非虛言이니 唯學道者라야 方知此語之爲實也라

2-4 지극한 경지에 이른 사람

列子가 關尹[14]에게 물었다.

한 실체로 존재하는 것이 아니라 그 자체가 망념에 의해 만들어진 것으로, 본래는 眞如自性이라는 본체에 의지해 중생이 망념을 일으킴으로써 여섯이 감각기관으로 나뉘게 되었다는 말이다. 즉 허망한 육근은 그 진실한 본체가 진여자성에 있다는 뜻이다. ≪楞嚴經≫ 권6의 偈頌에 "……육근 또한 이와 같아서 본래는 정명한 진여자성에 의지하여 따로이 육근으로 나뉘어져 바깥 경계의 六塵과 어울리나니〔六根亦如是 元依一精明 分成六和合〕……"라고 하였다.

12) (是非)〔利害〕: 저본에는 '是非'로 되어 있으나, ≪열자≫ 원문과 문맥을 살펴 '利害'로 바로잡았다.

13) (族)〔放〕: 저본에는 '族'으로 되어 있으나, 문맥을 살펴 '放'으로 바로잡았다.

"'至人[15]은 물속을 潛行하더라도 숨이 막히지 않으며[16] 불을 밟아도 뜨거움을 느끼지 않으며 萬物 위의 높은 곳을 다녀도 두려움에 떨지 않습니다. 여쭙건대, 어떻게 그런 경지에 이를 수 있는 것입니까?"

관윤이 대답하였다.

"純一한 氣를 지키고 있기 때문입니다. 지혜와 기교, 과단성과 용감함 따위로 이를 수 있는 경지가 아닙니다. 앉으시지요. 내 그대에게 말해드리겠습니다.

무릇 모습과 형상과 소리와 빛깔을 가지고 있는 것은 모두 사물이니, 사물과 사물이 어찌 서로 크게 차이가 나겠습니까? 어떻게 사물이 있기 이전인 조화의 처음에 이를 수 있겠습니까? 이 사물들은 〈모습과 형상과 소리와〉 빛깔일 뿐이니, 사물은 아직 氣가 드러나기 전에 나와서 조화가 아직 싹트기 전에 머물러 있는 것입니다. 이것을 체득하여 궁구하는 것이 어찌 지극함이 될 수 있겠습니까?

그는 깊지 않은 법도에 머물러 처음이 없는 근원에 감추며, 만물이 끝나고 시작하는 조화에 노닐어서 자신의 본성을 한결같이 지키고 자신의 원기를 기르며 자신의 덕을 간직하여 만물의 조화에 통달하게 될 것입니다. 이와 같은 사람은 그 천성이 완전하게 지켜지며 그 정신은 안정될 것이니, 외물이 어디로부터 끼어들겠습니까?

列子問關尹曰 至人은 **潛行不空**하며 **蹈火不熱**하며 **行乎萬物之上而不慄**하나니 **請問何以至於此**오 **關尹曰 是純氣之守也**라 **非智巧果敢之列**이니라 **姬**(거)하라 **魚語女**호리라 **凡有貌像聲色者**는 **皆物也**니 **物與物**이 **何以相遠也**리오 **夫奚足以至乎先**이리오 **是色而已**니 **則物之造乎不形而止乎無所化**하나니라 **夫得是而窮之者**는 **焉得而正焉**[17]이리오 **彼將處乎不深**[18]**之**

---

14) 關尹 : 春秋時代와 戰國時代 교체기의 道家 인물로, 老子의 제자이다. 성은 尹氏, 이름은 喜, 자는 公度이다. 일찍이 函谷關令이 되었기 때문에 關令尹이라 일컫는다.

15) 至人 : 道家에서 凡俗을 초탈하여 無我의 경계에 도달한 사람을 가리킨다. ≪莊子≫ 〈齊物論〉에 "지인은 신령스러워서 큰 늪지대가 불타도 뜨겁게 느끼지 않고, 황하와 한수가 얼어붙어도 차갑게 여기지 않는다.〔至人神矣 大澤焚而不能熱 河漢冱而不能寒〕"라고 하였다.

16) 물속을……않으며 : 저본의 '空'자는 ≪莊子≫와 ≪열자≫의 다른 판본에 '窒'로 되어 있으며, 문맥으로 살펴보더라도 '窒'자의 오자로 보는 것이 타당하다. 이 부분의 번역은 "'潛行不空'은 공중을 다님이 평지를 걷는 것과 같음을 말한다.〔潛行不空 言行於空中如實地也〕"라는 林希逸의 注를 따르지 않았음을 밝혀 둔다.

17) 夫得是而窮之者 焉得而正焉 : ≪莊子≫ 〈達生〉에는 '者' 뒤에 '物'이 더 있고, '正'은 '止'로 되어 있다. 이 경우 '이것을 체득하여 궁구하는 경지를 사물이 어찌 거기에 그칠 수 있겠습니까?'로 번역할 수 있다.

度하여 **而藏乎無端之紀**하며 **游乎萬物之所終始**하여 **一其性**하며 **養其氣**하며 **含**[19]**其德**하여 **以通乎物之所造**하나니 **夫若是者**는 **其天守全**하며 **其神無郤**하니 **物奚自入焉**이리오

關尹은 이름은 喜이니, 老子를 만나 뵌 자이다. 이는 師友 간에 서로 전하는 말이 아니니, 그 이름을 빌려 말을 한 것이다. 關尹子는 별도의 책을 남겼으니,[20] 비록 그 책의 내용이 후인들에 의해 뒤섞였으나 중간에 뛰어난 경지에 이른 말은 諸子들이 미칠 수 있는 바가 아니니다. '潛行不空'은 공중을 다님이 평지를 걷는 것과 같음을 말한다. '萬物之上'은 그 높음을 말한다. '純氣之守'는 지금의 養生을 배우는 자도 또한 이와 같으니, 無心함으로 지키면 가능하다. 지혜와 기교로 미칠 수 있는 바도 아니고, 과감한 용기로 할 수 있는 바도 아니다. ≪莊子≫ 〈達生〉편에도 이 말이 있다. 이는 한 종파의 학문에서 서로 전하는 말이니, 바로 한 건의 큰 條理이다.

'姬'는 '居'이고, '魚'는 '吾'이니, 독음이 비슷해서 생긴 오자이다. '像貌聲色'은 형체가 있는 사물이니, 만약 모두 형체가 있는 가운데 얽매인다면 어찌 서로 크게 차이가 날 수 있으리오. 오직 無心하여야 만물의 위로 초월한다. '先'이라는 것은 造化의 처음이니, '奚足以至乎先'은 형체가 있는 데에 얽매이면 조화의 처음을 알 수 없음을 말한 것이다. 앞에서는 '貌', '像', '聲', '色'을 말하고 여기에서는 다만 '色'만을 말하였을 뿐이니, 4자 중에 다만 1자 만을 골라 쓴 것은 문장을 쓰는 법이다. '不形'이라는 것은 아직 氣가 드러나기 전이고, '無所化'라는 것은 조화가 아직 싹트기 전이며, '造'라는 것은 사물이 나오는 근본이고, '止'라는 것은 머물러 있는 것이니, 만약 아직 기가 드러나기 전과 조화가 아직 싹트기 전의 묘리를 알지 못하고 다만 사물에서 터득하는 것만 가지고 궁구한다면 어찌 지극한 견해가 될 수 있겠는가.

'正'이라는 것은 지극함을 이른다. '不深之度'는 다만 면전에 있어 지극히 천근할 뿐인데도 사람이 보지 못함을 이른다. '無端'은 처음이 없는 것이다. '度'는 법도이고, '紀'는 근원이니, 이는 곧 목전의 법도인데도 도리어 시작되는 바를 알지 못하고 감추고 숨어서 알지 못함을 말하니, 夫子가 '내가 숨긴다고 여기는가.'[21]라고 한 것과 같

18) 深 : ≪莊子≫ 〈達生〉에는 '淫'으로 되어 있다.

19) 含 : ≪莊子≫ 〈達生〉에는 '合'으로 되어 있다.

20) 關尹子는……남겼으니 : 관윤의 저서인 ≪關尹子≫는 ≪漢書≫ 〈藝文志〉에는 9편, ≪宋史≫ 〈예문지〉에는 9권으로 되어 있는데, 神仙의 方術과 불교 교리가 혼합되어 있어 五代時代의 道士인 杜光庭의 僞作이라는 주장이 많다.

21) 夫子가……여기는가 : 孔子가 제자들에게 "너희들은 내가 숨긴다고 여기는가. 나는 너희들에게 숨기는 것이 없노라. 나는 행하고서 너희들에게 보여주지 않음이 없으니, 이것이 바로 나이다.〔子曰 二三子 以我爲隱乎 吾無隱乎爾 吾無行而不與二三子者 是丘也〕"라고 말한 것

다. '萬物之終始'와 '物之所造'는 모두 조화이다. '一其性'과 '養其氣'와 '含其德'은 다만 純一하고 靜定함일 뿐이니, 이치로써 말하면 '性'이라 하고 생성으로써 말하면 '氣'라 하고 자신의 몸에 얻는 것으로써 하면 '德'이라 한다. '其天守全'은 그 순일한 것이 어지러워지지 않음을 말하고, '無退郤'은 안정된 것이니, 순일하면서 안정되면 外物이 모두 흔들 수 없는 것이다. 그러므로 '物奚自入焉'이라고 한 것이다.

關尹은 名喜니 見老子者라 此非師友相傳之言이니 則是借其名以爲說이라 關尹子自有書하니 雖其書爲後人所雜이나 而中間絶到之語는 非諸子所及也라 潛行不空은 言行於空中을 如實地也라 萬物之上은 言其高也라 純氣之守는 今養生之學者도 亦如之하니 守以無心則可라 非智巧所及이요 非果敢之勇所能也라 莊子達生篇에 亦有此語라 此是其一宗學問相傳之語니 却是一件大條貫이라 姬는 居也요 魚는 吾也니 音之訛也라 像貌聲色은 有形之物也니 若皆囿於有形之間이면 則何以相遠이리오 惟無心則超乎萬物之上也라 先者는 造化之始也니 奚足以至乎先은 言囿於有形이면 則不足以知造化之始也라 前言貌像聲色하고 此只言是色而已니 四字之中에 只掇一字는 文法也라 不形者는 未見氣之先也요 無所化者는 造化未萌之始也며 造者는 物之所自出也요 止者는 在也니 若未知不形無所化之妙요 但以得於物者而窮之면 焉得爲至到之見乎아 正者는 極至之謂也라 不深之度는 謂只在面前하여 至淺近而人不見也라 無端은 無始也라 度은 法也오 紀는 統也니 言此卽目前之法而却不知所始也오 藏隱而不知也니 如夫子以我爲隱也라 萬物之終始와 物之所造는 皆造化也라 一其性과 養其氣와 含其德은 只是純一靜定而已니 以理言則爲性이요 以生言則爲氣요 以得之於己者則爲德이라 其天守全은 言其純一者不汨(골)也오 無退郤者는 定也니 純一而定이면 則外物皆不得以動之라 故曰物奚自入焉이라

무릇 술 취한 사람이 수레에서 떨어졌을 경우에는 비록 빨리 달리고 있었다 하더라도 죽지 않습니다. 뼈와 관절은 보통 사람과 같지만 해를 입는 정도가 보통 사람과 다른 것은 술의 힘으로 그 정신이 온전히 보전되었기 때문입니다. 〈수레에〉 탄 것도 알지 못하며 〈수레에서〉 떨어진 것도 알지 못하여 죽음과 삶에 대한 놀라움과 두려움이 그의 마음에 들어오지 않습니다. 이런 까닭으로 의외의 일을 만나도 두려워하지 않은 것입니다. 저 〈술에 취한 자가〉 술로 인해 정신의 온전함을 얻고서도 오히려 이와 같은데, 하물며 하늘에서 온전함을 얻은 사람에 있어서이겠습니까. 성인은 하늘에 몸을 담아 두고 있기 때문에 만물이 성인을 해칠 수

을 가리킨다.(≪論語≫ 〈述而〉)

없는 것입니다."

夫醉者之墜於車也에는 雖疾이나 不死하나니 骨節이 與人同하나 而犯害與人異는 其神全也일새니라 乘亦弗知也하며 墜亦弗知也하여 死生驚懼를 不入乎其胸이라 是故로 遻(오)物而不慴하나니 彼得全於酒하야도 而猶若是온 而況得全於天乎여 聖人은 藏於天故로 物莫之能傷也하나니라

이 몇 마디 말은 ≪莊子≫와 같다. '犯害'는 바로 〈수레에서〉 떨어짐이다. 수레에 탔을 때와 수레에서 떨어졌을 때에 모두 술에 취하여 알지 못해서 두려워하는 마음이 없었다. 그러므로 그 정신이 온전하였다. 오직 정신이 온전하였으므로 비록 다쳐서 병이 들이 있더라도 또한 죽음에 이르지는 않은 것이다. '遻物'은 의외의 일을 만나는 것이고, '不慴'은 두려워하지 않는 것이다. '藏於天'은 무심하여 자신을 잊는 것이다. 그러므로 이로써 비유한 것이다. 이 몇 마디 말은 매우 精密하다.

此數語與莊子同이라 犯害는 卽墜也라 乘車之時와 與墜車之時에 皆醉而不知하여 無所恐懼라 故其神全이라 惟其神全일새 雖有所傷而病이라도 亦不至死라 遻物은 (不)[22]爲物所迕也요 不慴은 不懼也라 藏於天은 無心而忘己也라 故以此喩之라 此數語는 極爲精密이라

2-5 활쏘기를 초월한 활쏘기

列禦寇가 伯昏無人[23]을 위하여 활쏘기의 기술을 보였다. 활시위를 끝까지 팽팽하게 잡아당겼더니 물을 담은 잔을 팔꿈치 위에 올려놓을 수 있었다. 그런 자세로 화살을 쏘았는데 화살이 날아가자마자 또 다른 화살이 시위에 매겨져 있었고, 그 화살이 나가자마자 다시 또 다른 화살이 시위에 매겨져 있었다. 이때 그의 모습은 마치 나무로 만든 人形 같았다.

伯昏無人이 말하였다.

"이것은 활쏘기를 의식한 활쏘기이지 활쏘기를 초월한 활쏘기는 아니다. 만약 그대와 함께 높은 산에 올라가 위태롭게 솟은 바위를 밟고 서서 백 길의 깊은 못을 앞에 둔다면 그대는 그렇게 쏠 수 있겠는가?"

---

22) (不) : 저본에는 '不'이 있으나, 문맥을 살펴 衍字로 처리하였다.

23) 伯昏無人 : 바로 1장 〈天瑞〉에 나오는 伯昏瞀人이다.

이에 伯昏無人이 열어구를 데리고 마침내 높은 산에 올라 위태롭게 솟은 바위를 밟고 서서 백 길의 깊은 못을 내려다보았다. 그런 뒤에 못을 등지고 뒤로 물러나 발의 3분의 2를 허공으로 내밀고는 列禦寇에게 읍하고서 그를 앞으로 나오게 하였다. 列禦寇는 땅에 엎드려 발꿈치가 젖도록 땀을 흘렸다.

伯昏無人이 말했다.

"무릇 至人이란 위로는 푸른 하늘을 엿보며 아래로는 黃泉에 잠기며 팔방의 끝까지 멋대로 다녀도 정신과 기운이 조금도 변하지 않는 법이라네. 그런데 지금 그대는 두려워하며 눈을 깜박이는 정도의 심지를 가지고 있으니, 그대는 과녁을 맞히기 어려울 것이다."

列禦寇爲伯昏無人射하더니 **引之盈貫**하니 **措杯水其肘**(주)**上**이러라 **發之**에 **鏑矢復沓**이어늘 **方矢復寓**하니 **當是時**하야 **猶象人也**러라 **伯昏無人曰 是射之射**라 **非不射之射也**로다 **當**[24]**與汝**로 **登高山**하야 **履危石**하야 **臨百仞之淵**이면 **若**이 **能射乎**아 **於是**에 **無人遂登高山**하야 **履危石**하야 **臨百仞之淵**하고도 **背逡巡**이오 **足二分**[25]**垂在外**하더니 **揖禦寇而進之**한대 **禦寇伏地**하야 **汗流至踵**이어늘 **伯昏無人曰 夫至人者**는 **上闚青天**하며 **下潛黃泉**하며 **揮斥八極**하야도 **神氣不變**하나니 **今汝怵然有恂目之志**하니 **爾於中也**에 **殆矣夫**인저

이 단락은 ≪莊子≫ 〈田子方〉편과 완전히 같다. '引之盈貫'은 활시위를 잡아 당겨 팽팽하게 하는 것이다. 앞쪽 손이 반듯해서 수평을 유지하여 그 팔꿈치 위에 물 한 잔을 올려놓을 수 있으니, 안정됨을 말한 것이다. '發'은 화살을 쏘는 것이다. '適'은 날아가는 것이고, '沓'은 거듭하는 것이며 또 하는 것이니, 화살이 막 날아가자마자 화살이 또 시위에 매겨져 있는 것이다. 시위 위에 화살이 거듭 있는 것은 화살이 날아가자마자 막 와서 화살이 또 시위 위에 매겨지는 것이다. 이는 한 대의 화살이 한 대의 화살에 이어지는 것이 이처럼 신속함을 말한 것이다. '象人'은 나무로 만든 인형이다. '背逡巡'이라는 것은 높은 산을 바라보고 깊은 못을 등지고서 물러나 그치지 않는다는 뜻을 말한다. 그러므로 '逡巡'이라고 한 것이다. '三分其足'은 발의 3분의 1은

---

24) 當 : 楊伯峻의 ≪列子集釋≫에 "바로 儻이니, '만약'이며 '만일'이다.〔卽儻 若也 如也〕"라고 하였다.

25) 足二分 : 于鬯의 ≪列子校書≫에 "고인의 숫자는 대부분 '三'에 불과하였으니, 여기에 '二分'이라고 말한 것은 응당 발의 3분의 2를 허공으로 내민 것을 이른 것일 것이다.〔古人之數多略不過三 此言二分者 當謂三分之二垂在外也〕"라고 하였다.

벼랑에 있고 3분의 2는 허공에 내민 것이니 지극히 위태롭다고 할 수 있는데, 백혼무인이 그렇게 할 수 있는 것은 곧 이른바 '순일한 기운을 지키기 때문이다.〔純氣之守也〕'라는 것이다. 땅을 딛고 서서 활을 쏘는 것은 보통의 활쏘기이다. 그러므로 '非不射之射也'라고 한 것이다. 정신이 純一함을 지킬 수 있으면 비록 위로 푸른 하늘을 엿보며 아래로 黃泉에 이르며 팔방의 끝까지 멋대로 다니더라도 그 마음은 또한 흔들리는 바가 없는 것이다. 만약 위험한 경계에서 오히려 두려워하며 눈을 깜빡인다면 至人의 학문을 알지 못한 것이다. 이러한 상태로써 활을 쏘아 과녁을 맞히는 지극한 이치를 구하고자 한다면 또한 어려울 것이다. 그러므로 '爾於中也 殆矣哉'라고 한 것이다. '怵'은 두려워함이다. '恂'은 흔들림이니, '恂目'은 눈을 깜박임이다. '殆'는 어렵다는 뜻이다.

此段은 與莊子田子方篇全同이라 引之盈貫은 開弓而至滿也라 前手直而持平하여 可以致一盃水於其肘上하니 言定也라 發은 射也라 適은 去也요 沓은 重也며 又也니 矢方去而矢又在弦上이라 沓於弦上者는 (讒)〔纔〕[26]去而方來之하여 矢又寓於弦上矣라 此言一(節)〔箭〕[27]接一箭이 如此其神速也라 象人은 木偶人也라 背逡巡者는 言面向高山하고 背臨深淵하여 退而未已之意라 故曰逡巡이라 三[28]分其足은 一半在岸하고 二分垂於虛處니 可謂危之至어늘 而伯昏能之者는 卽所謂純氣之守也라 履地而射는 射之常也라 故曰非不射之射也라 神能守一이면 則雖上闚青天하며 下至黃泉하며 揮斥乎八極이라도 其心亦無所變動이라 若於險夷境界에 猶怵然而恂其目이면 則是未知至人之學也라 以此爲射하여 而欲求中的之精義면 亦難矣라 故曰爾於中也에 殆矣哉라 怵은 懼〔也〕[29]라 恂은 動也니 恂目은 動目也라 殆는 難之(矣)〔意也〕[30]라

2-6 지극한 믿음의 경지

范氏 집안에 子華라 불리는 아들이 있었다. 개인적으로 食客을 잘 길러 온 나라 사람들이 복종하였고, 晉나라 군주에게 총애를 받아서 벼슬하지 않고도 三卿보다 더 높은 지위에 있었다. 그가 눈으로 특별히 본 사람이면 진나라에서 그 사람에게 벼슬을 주었고, 그가 입으로 심하게 비방한 사람이면 진나라에서 쫓아냈다. 그의

---

26) (讒)〔纔〕: 저본에는 '讒'으로 되어 있으나, 續修四庫全書本에 의거하여 '纔'로 바로잡았다.
27) (節)〔箭〕: 저본에는 '節'로 되어 있으나, 續修四庫全書本에 의거하여 '箭'으로 바로잡았다.
28) 三 : ≪열자≫ 본문에는 '二'로 되어 있다.
29) 〔也〕: 저본에는 '也'가 없으나, 續修四庫全書本에 의거하여 보충하였다.
30) (矣)〔意也〕: 저본에는 '矣'로 되어 있으나, 續修四庫全書本에 의거하여 '意也'로 바로잡았다.

집에 드나드는 사람들이 조정에 비길 정도로 많았다.

자화가 그의 俠客으로 하여금 지혜로운 자와 어리석은 자가 서로 공격하고 강한 자와 약한 자가 서로 능멸하게 하였다. 비록 눈앞에서 상하거나 다치더라도 개의치 않았다. 밤낮이 다하도록 이로써 희롱하고 즐거움을 삼으니 온 나라 안에 거의 풍속을 이루었다.

禾生과 子伯은 범씨의 上客인데 길을 나서서 野外를 지나다가 농사짓는 늙은이 商丘開의 집에 묵게 되었다. 한밤중에 화생과 자백 두 사람이 서로 자화의 명성과 세력에 대해 담론하였는데, 산 사람을 죽게 할 수도 있고 죽은 사람을 살릴 수도 있으며, 부유한 사람을 가난하게 할 수도 있고 가난한 사람을 부유하게 할 수도 있다는 등의 이야기였다.

상구개는 전부터 굶주림과 추위에 시달렸는데 창 북쪽에서 가만히 그들의 이야기를 듣고서 양식을 빌려 삼태기를 짊어지고 자화의 집을 찾아갔다. 자화의 門徒는 모두 世族인지라 비단옷을 입고 화려한 수레를 타며 느리게 걸으며 먼 곳을 바라보았다. 그들은 상구개가 늙고 약하며 얼굴은 검고 의관은 해지고 찢어진 것을 돌아보고 업신여기지-眲는 仍·吏의 반절이다.- 않는 이가 없었다. 이윽고 마구 대하고 속이며 희롱하고-攩은 止·爾의 반절이다.- 업신여겨-㧙은 必·結의 반절이다.- 밀치고-挨는 倚·海의 반절이다.- 때리면서-扰는 勇·主의 반절이다.- 못하는 짓이 없었다. 그런데도 상구개는 항상 성내는 표정을 짓지 않으니, 문도들이 놀리는 재주가 다하여 희롱하고 비웃는 일에도 지치게 되었다.

마침내 문도들이 상구개와 함께 높은 누대에 올라갔는데, 그들 중 한 명이 사람들에게 아무렇게나 말하였다. "누구든 여기에서 뛰어내리는 사람이 있으면 百金을 상으로 주겠다." 사람들이 모두 앞다투어 나서자 상구개는 진실이라 믿게 되었다. 상구개가 드디어 먼저 뛰어내렸는데 그의 모습이 나는 새가 땅에 가볍게 내려 앉는 것 같아서 살갗과 뼈가 조금도 상함이 없었다. 범씨의 무리는 우연이라 생각하여 크게 괴이하게 여기지 않았다. 인하여 다시 강물 굽이의 소용돌이치는 곳을 가리키며 말하였다.

"저 속에 보배로운 구슬이 있는데 헤엄쳐 들어가면 건져낼 수 있다." 상구개가 다시 그 말대로 헤엄쳐 들어가더니 물에서 나올 때 과연 구슬을 가지고 나왔다.

사람들이 비로소 모두 의아해 하였고, 子華도 비로소 고기 먹고 비단옷 입는 상등의 항렬에 참여시켜 주었다.

얼마 후 범씨의 창고에 큰불이 났는데, 자화가 말하였다. “만약 불 속으로 들어가 비단을 꺼내 오는 자가 있다면 꺼내온 비단의 양에 따라 상을 주겠다.” 상구개가 조금도 어려워하는 기색 없이 불 속으로 뛰어들어 오가는데 연기와 재가 눈에 들어가 길을 헤매게 하지 못하였고, 몸도 그을리지 못하였다. 범씨의 무리가 그에게 도술이 있다 여겨 곧 모두 사과하며 말하였다. “우리는 그대가 도술을 터득한 줄 알지 못하고 그대를 속였고, 우리는 그대가 神人인 줄 알지 못하고 그대를 욕보였습니다. 그대는 우리를 어리석다 여기고, 그대는 우리를 귀머거리라 여기고, 그대는 우리를 장님이라 여겼을 것입니다. 감히 그 도술을 여쭙습니다.”

상구개가 다음과 같이 말하였다.

“저는 도술을 터득한 것이 없습니다. 비록 나의 마음이지만 또한 그 까닭을 알지 못하겠습니다. 비록 그렇지만 여기에 한 가지 사실이 있으니, 한번 그대들에게 말해 보겠습니다. 예전에 그대들 중 두 분이 저의 집에 묵을 적에 범씨의 세력을 칭송하는 얘기를 들었는데, 산 사람을 죽일 수도 있고 죽은 사람을 살릴 수도 있으며 부유한 자를 가난하게 할 수도 있고 가난한 사람을 부유하게 할 수도 있다고 하였습니다. 저는 그들의 말을 믿고 의심하는 마음이 없었습니다. 그러므로 먼 길을 마다 않고 찾아왔던 것입니다. 여기에 온 이후에도 그대들의 말을 모두 사실이라 여겼습니다. 오직 그것을 믿는데 지극하지 못하거나 그것을 행하는데 제때에 미치지 못할까 두려워하여 자신의 몸을 어디에 둘지, 이로움과 해로움이 어디에 있는지 알지 못하였습니다. 心志가 전일하자 外物이 나를 거스르지 않은 것이 이와 같았을 뿐입니다. 지금에야 비로소 그대들이 나를 속였음을 알게 되어 제가 속으로는 의심스런 생각을 품게 되었고 밖으로는 보고 듣는 것을 조심하게 되었습니다. 돌이켜 생각해보면 요행히도 지난날 불에 그을리지도 않고 물에 빠지지도 않은 것이니, 놀라서 몸 안이 뜨거워지고 두려워서 가슴이 떨립니다. 물과 불을 어찌 다시 가까이 할 수 있겠습니까.”

그 뒤로부터 범씨의 무리들은 길에서 거지나 馬醫 등 비천한 사람을 만나더라도 감히 욕보이지 않고 반드시 수레에서 내려 그들에게 읍하였다.

宰我가 이를 듣고 仲尼(孔子)에게 아뢰니, 중니가 말하였다. “너는 알지 못하느냐? 무릇 지극히 신실한 사람은 만물을 감화시킬 수 있다. 천지와 귀신을 감동시켜 상하 사방을 멋대로 다녀도 거슬리는 것이 없으니, 어찌 다만 위험한 곳을 밟고 물과 불에 들어갈 뿐이겠느냐. 상구개는 거짓을 믿었는데도 외물이 오히려 거스르지 않았거든, 더구나 상대와 내가 모두 진실한 경우에 있어서야 말할 나위 있겠느냐. 너희들은 이를 기억하거라.”

范氏有子曰子華하니 善養私名하여 擧國服之하고 有寵於晉君하여 不仕而居三卿之右라 目所偏視면 晉國爵之하고 口所偏肥면 晉國黜之라 遊其庭者侔於朝라 子華使其俠客으로 以智鄙相攻하고 强弱相凌하여 雖傷破於前이라도 不用介意라 終日夜以此爲戲樂하니 國殆成俗이라 禾生子伯은 范氏之上客이니 出行하여 經坰外라가 宿於田更商丘開之舍라 中夜에 禾生子伯二人이 相與言子華之名勢하니 能使存者亡하고 亡者存하며 富者貧하고 貧者富라 商丘開先窘於飢寒이러니 潛於牖北聽之하고 因假糧荷畚(분)하여 之子華之門이라 子華之門徒는 皆世族也라 縞衣乘軒하고 緩步闊視러니 顧見商丘開年老力弱하고 面目黧(려)黑하고 衣冠不檢하고 莫不眲(이)〔-仍吏反-〕之(-仍吏反-)[31]라 旣而오 狎侮欺詒하여 攩-止爾反-㧙-必結反-挨(애)-倚海-抌(유)-勇主-하여 亡所不爲어늘 商丘開常無慍容하니 而諸客之技單하여 憊於戲笑라 遂與商丘開로 俱乘高臺한대 於衆中漫言曰 有能自投下者면 賞百金이라 衆皆競應이어늘 商丘開以爲信然하여 遂先投下한대 形若飛鳥가 揚於地하여 骫骨無碼라 范氏之黨이 以爲偶然하여 未詎怪也라 因復指河曲之淫隈曰 彼中有寶珠하니 泳可得也라 商丘開復從而泳之러니 旣出에 果得珠焉이라 衆昉同疑하고 子華昉令豫肉食衣帛之次라 俄而范氏之藏大火어늘 子華曰 若能入火取錦者면 從所得多少賞若호리라 商丘開往無難色하여 入火往還호되 埃不漫하고 身不焦라 范氏之黨이 以爲有道라하여 乃共謝之曰 吾不知子之有道而誕子하고 吾不知子之神人而辱子라 子其愚我也하고 子其聾我也하고 子其盲我也라 敢問其道하노라 商丘開曰 吾亡道라 雖吾之心이나 亦不知所以라 雖然이나 有一於此하니 試與子言之호리라 曩子二客之宿吾舍也에 聞譽范氏之勢한대 能使存者亡하고 亡者存하며 富者貧하고 貧者富라하야늘 吾誠之無二心이라 故不遠而來라 及來에 以子黨之言皆實也니 唯恐誠之之不至하고 行之之不及하여 不知形體之所措와 利害之所存也라 心一而物亡迕者가 如斯而已라 今昉知子黨之

31) 〔-仍吏反-〕之(-仍吏反-) : 저본에는 ‘仍吏反’이 ‘之’ 뒤에 있으나, 문맥에 의거하여 ‘之’ 앞으로 옮겨 바로잡았다.

誕我하여 **我內藏猜慮**하고 **外矜觀聽**이라 **追幸昔日之不焦溺也**라 **怛然內熱**하고 **惕然震悸矣**니 **水火豈復可近哉**아 **自此之後**로 **范氏門徒路遇乞兒馬醫**라도 **弗敢辱也**요 **必下車而揖之**라 **宰我聞之**하고 **以告仲尼**하니 **仲尼曰 汝弗知乎**아 **夫至信之人**은 **可以感物也**니 **動天地**하고 **感鬼神**하여 **橫六合**이라도 **而無逆者**니 **豈但履危險**하고 **入水火而已哉**리오 **商丘開信僞**라도 **物猶不逆**이어든 **況彼我皆誠哉**아 **小子識之**어다

이 단락은 '誠'자를 형용한 것이 매우 적절하니 이 뜻을 잘 살핀다면 도를 배울 수 있다. '私名'은 私僕이니, 浙江 사람들이 私身[32]이라 이르는 것이 바로 이것이다. '口所偏肥'는 미워하여 비방함이니, 晉나라가 그의 好惡를 살펴서 그 사람의 벼슬을 올려주고 내리는 것을 말한다. '智鄙'는 지혜로움과 어리석음이다. '傷破'는 競爭하여 상처를 입는 것이다. 온 나라의 사람들이 당시에 이로써 풍속을 이룬 것이다. 禾生과 子伯은 두 객의 이름이다. '坰外'는 野外이다. '田更'은 시골에서 농사짓는 노인이다. '三老'와 '五更'은 모두 노인의 호칭이다. '衣冠不檢'은 의관이 해지고 찢어져 가지런하지 않은 것을 말한다. 眲는 경시한다는 뜻이다. '攩', '㧙', '挨', '抌' 4자는 모두 희롱하고 업신여겨 밀치고 때리는 것이다.

'單憊'는 희롱하고 업신여기는 힘이 다한 것을 말한다. '漫'은 되는대로 말하는 것을 말한다. '肌骨無礙'는 몸에 상처가 남이 없는 것이다. 涯隈는 물이 소용돌이 치는 곳이다. '昉'은 비로소이니, 비로소 식객과 함께 비단옷을 입고 고기를 먹게 한 것이다. '埃不漫'은 연기와 재가 눈에 들어가 길을 헤매게 하지 못한 것이다. '吾誠之無二心'은 믿어 의심하지 않음을 말한다. '不知形體之所措'는 그 몸을 잊은 것이고, '不知利害之所存'은 세상에 患害가 있음을 알지 못하는 것이다. 그 心志가 이미 전일하니 외물이 나를 거스르지 않았는데 지금 이미 그대들의 말이 속임수를 부렸다는 것을 알고 나니 안으로는 의심스런 생각이 이미 생기고 밖으로는 보고 들음이 이미 미혹되었다. 지난날 물속과 불속에 들어간 것을 돌이켜 생각건대 요행히 불에 타지 않고 물에 빠지지 않은 것이다.

이 글의 의미는 마음이 극진하기만 하면 利害와 禍福이 모두 마음을 흔들 수 없거니와 조금이라도 고려하는 생각이 있으면 어렵다는 것을 말한 것이다. 禪家의 '삼루가 있다〔有滲漏〕'[33]라는 세 자가 매우 좋다. '乞兒'와 '馬醫'는 그 마음이 참으로 진실한

---

32) 私身 : 일정하게 하는 일 없이 고용된 사람을 말하는데, 여기서는 재주와 능력이 있는 遊俠이나 食客을 말한다.

33) 삼루가 있다〔有滲漏〕 : 무언가 計巧하는 미세망상이 있다는 뜻이다. 曹洞宗에 三種滲漏가 있으니, 첫째는 사견〔見滲漏〕이니, 이는 機緣이 제자리를 떠나지 못하고 毒海에 떨어지는

지라 모두 도를 배울 만하니, 그러므로 이들을 보면 반드시 수레에서 내리는 것이다. 이는 또한 ≪圓覺經≫의 '처음 배우는 자를 경시하지 않는다.'[34]는 뜻이다. '至信'은 곧 지극히 진실함이다. '信僞'는 사람의 거짓말을 믿어서 진실로 여기는 것을 이르니, 이것도 오히려 이와 같거든 더구나 진실한 경우에 있어서야 말할 나위 있겠는가.

此段은 形容箇誠字極精切하니 看得此意盡이면 則可以學道라 私名은 私僕也니 浙江人謂之私身是也라 口所偏肥는 言惡(오)而咀嚼(교)之니 晉國視其好惡而升黜其人이라 智鄙는 智愚也라 傷破는 爭競有所傷損也라 一國之人이 當時以此成俗이라 禾生子伯은 二客名也라 垧外는 野外也라 田更은 野老也라 三老五更은 皆老者之稱이라 衣冠不檢은 言其破碎不整也라 眲는 輕視之意라 攩拯挨扰四字는 皆戲侮而推打之也라 單憊는 言戲侮之力罷盡也라 漫은 言等閑說也라 肌骨無碣는 無所毀傷也라 涯隈는 水盤渦處也라 昉은 始也니 始令其同客衣帛食肉也라 埃不漫은 煙埃不能眯迷之也라 吾誠之無二心은 言信而不疑也라 不知形體之所措는 忘其身也요 不知利害之所存은 不知世之有患害也라 其心旣一이니 則物無迕於己者러니 今旣知子黨之言爲欺誕하니 則內之疑慮已生하고 外之觀聽已惑이라 回思前日之蹈水火컨대 幸而不焦溺爾라 此意蓋言心纔盡이면 則利害禍福皆不足以動之어니와 有一毫計慮之思則難矣라 禪家有滲漏三字極佳라 乞兒馬醫는 其心苟誠이라 皆可學道니 所以見之必下車也라 此亦圓覺經不輕初學之意라 至信은 卽至誠也라 信僞는 謂信人之僞言以爲誠하니 猶且若此어든 而況眞誠者乎아

2-7 호랑이를 기르는 방법

周 宣王[35]의 牧正(목축을 관장하는 관원의 長)에게 梁鴦이라는 役人이 있었는데 야생의 금수를 잘 길렀다. 園囿 안에서 사육하면 비록 호랑이, 이리, 매, 독수리의 종류라 하더라도 유순하게 길들여지지 않는 것이 없었다. 암컷과 수컷이 눈앞에서 교미하고 새끼를 쳐서 무리를 이루었으며, 종류가 다른 짐승들이 섞여 있어도 서로 싸우거나 물어뜯지 않았다.

것이다. 둘째는 망정〔情滲漏〕이니, 지혜에 항상 向背가 있어 見處가 치우치고 메마르는 것이다. 셋째는 망어〔語滲漏〕이니, 妙理를 체득하였으나 종지를 잃어 마음이 본말에 어두워 혼탁한 지혜로 흘러가는 것이다.

34) 처음……않는다 : ≪圓覺經≫ 〈普眼菩薩章〉에 "계율을 지키는 자를 공경하지도 않고 계율을 범한 자를 미워하지도 않는다. 오래 수행한 자를 중시하지도 않고 처음 배우는 자를 경시하지도 않는다. 무슨 까닭인가? 일체가 각성이기 때문이다.〔不敬持戒 不憎毁禁 不重久習 不輕初學 何以故 一切覺故〕"라고 하였다.

35) 周 宣王 : 周나라 11대왕 姬靖이다. 姬靜이라고도 한다.

선왕이 그의 재주가 그의 일신에서 끝날 것을 염려하여 毛丘園으로 하여금 전수받게 하였다. 梁鴦이 이렇게 말하였다.

"저는 천한 일꾼입니다. 당신에게 일러줄 만한 무슨 재주가 있겠습니까? 왕께서 제가 당신에게 재주를 숨긴다고 하실까 두려우니, 우선 제가 호랑이를 기르는 방법을 한번 말씀드리겠습니다. 모든 짐승은 자기의 뜻을 따라주면 기뻐하고 자기의 뜻을 거스르면 성내니, 이는 혈기를 가진 동물의 본성입니다. 그러나 기쁨과 성냄이 어찌 아무런 이유 없이 발작하는 것이겠습니까. 모두 그들의 본성을 거슬러 범하기 때문입니다.

무릇 호랑이를 기르는 사람이 감히 살아있는 것을 먹이로 주지 않는 것은 호랑이가 그것을 죽이려는 성냄을 일으킬까 두려워하기 때문입니다. 또 감히 한 마리를 통째로 주지 않는 것은 호랑이가 그것을 갈가리 찢으려는 성냄을 일으킬까 두려워하기 때문입니다. 호랑이가 배고프고 배부른 때에 꼭 맞추어 먹이를 주어서 성내는 마음을 통하게 해야 합니다. 호랑이는 사람과 종류가 다르지만 호랑이가 자신을 사육하는 사람을 잘 따르는 것은 사육하는 사람이 호랑이의 자연스런 본성을 따르기 때문입니다. 그러므로 간혹 호랑이가 자신을 사육하는 사람을 죽이는 것은 사육하는 사람이 호랑이의 자연스런 본성을 거슬렀기 때문입니다. 그렇다면 제가 어찌 감히 뜻을 거슬러서 호랑이를 성내게 하겠습니까. 또한 뜻을 따라서 호랑이를 기쁘게 하지도 않습니다. 기쁜 마음이 극에 달하고 나면 반드시 성내게 되고 성난 마음이 극에 달하고 나면 언제나 기뻐하게 되니, 모두 이치에 맞지 않은 것입니다.

지금 내 마음에는 거스름도 따름도 없으니, 鳥獸가 나를 봄에 마치 동류처럼 여깁니다. 그러므로 저의 園囿에서 노는 것들은 큰 숲과 넓은 못을 생각하지 않으며, 저의 원유에서 잠자는 것들은 깊은 산과 그윽한 골짜기를 바라지 않으니, 이치가 그렇게 만든 것입니다."

周宣王之牧正에 有役人梁鴦者한대 能養野禽獸하니 委食於園庭之內면 雖虎狼鵰鶚(조악)之類라도 無不柔馴者라 雌雄在前하여 孳尾成群하며 異類雜居라도 不相搏噬(서)也라 王慮其術이 終於其身하여 令毛丘園傳之라 梁鴦曰 鴦은 賤役也니 何術以告爾아 懼王之謂隱於爾也니 且一言我養虎之法이라 凡順之則喜하고 逆之則怒하니 此有血氣者之性也라 然喜怒豈

妄發哉아 皆逆之所犯也라 夫食(사)虎者가 不敢以生物로 與之는 爲其殺之之怒也요 不敢以全物로 與之는 爲其碎之之怒也니라 時其饑飽하여 達其怒心이면 虎之與人이 異類로되 而媚養己者는 順也일새니 故其殺之는 逆也라 然則吾豈敢逆之使怒哉아 亦不順之使喜也라 夫喜之復也必怒하고 怒之復也常喜하니 皆不中也라 今吾心無逆順者也니 則鳥獸之視吾에 猶其儕也라 故遊吾園者는 不思高林曠澤하고 寢吾庭者는 不願深山幽谷하니 理使然也라

'牧正'은 짐승을 기르는 것을 관장하는 관리이고, '役人'은 심부름하는 자이다. 그 재주가 전해지지 않을까 염려하여 毛丘園에게 가르치게 한 것이다. 다른 짐승을 기르는 것을 말하지 않고 호랑이를 기르는 것을 말한 것은 그 큰 것을 든 것이다. '감히 살아 있는 것과 한 마리를 통째로 먹이로 주지 않는 것'은 그 성내는 마음이 싹틀까 두려워하는 것이고, '호랑이가 비록 사람과 종류가 다르지만 먹이를 주어 길러주는 자를 잘 따르지 않음이 없는 것'은 그 천성을 따르기 때문이다. 이 몇 마디 말은 ≪莊子≫ 〈人間世〉편과 같다. '제가 어찌 감히 뜻을 거슬러서 호랑이를 성내게 하겠습니까.'와 '또한 뜻을 따라서 호랑이를 기쁘게 하지도 않습니다.'와 '기쁜 마음이 극에 달하고 나면 반드시 성내게 된다.'와 '성난 마음이 극에 달하고 나면 언제나 기뻐하게 된다.'라는 이이 몇 마디 말은 사람의 마음과 사물의 이치를 지극히 정밀하게 형용한 것이다. '不中'이라는 것은 모두 이치에 맞지 않음을 말한다. '마음에 거스름과 따름이 없다.'는 것은 곧 無心함이니, 무심하면 사물과 더불어 서로 잊을 수 있다. 이 의미는 무심의 이치를 드러내어 밝히는데 불과하니, 한 단락의 지극히 좋은 이야기이다.

牧正은 掌牧之官也오 役人은 其使令者(九)〔也〕[36]라 慮其術不傳하여 使之敎毛丘園也라 不言養他獸而言養虎者는 擧其大者也라 不敢以生物全物與之는 恐其怒心之萌也라 虎雖與人異類로되 而食養之者를 莫不媚愛之는 以其能順其性也라 此數語는 與莊子人間世篇同이라 吾豈逆之使怒와 亦不順之使喜와 喜之復也必怒와 怒之復也常喜此數語는 形容得人情物理極精이라 不中者는 言皆不中理也라 心無逆順은 卽無心也니 無心則能與物相忘이라 此意蓋不過發明無心之理니 極是一段好說話라

2-8 배를 다루는 방법

顔淵[37]이 仲尼(孔子)에게 물었다.

---

36) (九)〔也〕: 저본에는 '九'로 되어 있으나, 續修四庫全書本에 의거하여 '也'로 바로잡았다.
37) 顔淵 : 공자의 수제자로, 덕행과 학문에 뛰어나 거의 성인의 경지에 올랐지만 30대 초반

顏淵

"제가 일찍이 觴深이라는 연못을 건넜는데, 뱃사공이 배를 다루는 솜씨가 귀신같았습니다. 제가 '배 다루는 일은 배울 수 있는 일는 것입니까?'라고 물었는데, 사공이 대답하기를 '배울 수 있습니다. 헤엄을 칠 수 있는 자에게는 〈배를 다루는 일을〉 가르칠 수 있고, 헤엄을 잘 치는 자는 자주 배우면 능하게 되고, 잠수를 할 수 있는 사람의 경우는 배를 본 적이 없더라도 바로 배를 다룰 수 있습니다.'라고 하였습니다. 제가 그 까닭을 물어보았지만 저에게 말해주지 않았습니다. 감히 여쭙겠습니다. 뱃사공의 말이 무슨 뜻입니까?"

중니가 말하였다.

"아! 나와 너는 외면을 익힌 지 오래되었지만 그 내면을 통달하지 못하였는데 너는 진실로 바야흐로 도라고 여기느냐? '헤엄칠 수 있는 자에게는 배를 다루는 일을 가르칠 수 있다.'고 한 것은 물을 가벼이 여기기 때문일 것이고, '헤엄을 잘 치는 자는 자주 배우면 능하게 된다.'고 한 것은 그가 물을 잊어버리기 때문일 것이다. '잠수를 할 수 있는 사람의 경우는 배를 본 적이 없더라도 바로 배를 다룰 수 있다.'고 한 것은 그가 마치 깊은 연못을 언덕처럼 여기고 배가 뒤집히는 것을 수레가 뒤로 구르는 정도로 여기기 때문일 것이다. 뒤집히고 뒤로 구르는 등 여러 가지 일이 눈앞에 펼쳐지더라도 그 마음을 움직이지 않는다면 어디에 간들 여유가 있지 않겠는가.

顏淵이 問仲尼曰 吾嘗濟乎觴深之淵이러니 津人이 操舟若神이어늘 吾問焉曰 操舟는 可學邪(야)아 曰 可라 能游者는 可敎也요 善游者는 數(삭)能이요 乃若夫沒人은 則未嘗見舟而謖(속)操之也하나니라 吾問焉而不吾告하니 敢問何謂也잇고 仲尼曰 譆라 吾與若은 玩其文久矣언마는 而未達其實이어늘 而固且道與아 能游者可敎也는 輕水也요 善游者數能은 忘水也요 乃若夫沒人之未嘗見舟也而謖操之也는 彼視淵호되 若陵하며 視舟之覆호되 猶其車却也라 覆却萬方이 陳乎前호대 而不得入其舍면 惡往而不暇리오

의 나이로 요절했다고 한다.

'觴深'은 연못 이름이다. '游'는 헤엄치는 것이다. '善游'는 헤엄에 익숙한 것이다. '沒人'은 물속에 들어갈 수 있는 사람이다. '謖'은 '바로'이다. '譩'는 噫와 같다. '玩其文'은 그 외면을 익힘이고 '實'은 내면이니, 道를 봄이 깊지 않음을 말한다. '而固且道與'의 '而'는 너이니, '너는 바야흐로 이를 도라고 여기느냐?'라는 것은 도의 내면을 보지 못하고 바야흐로 도의 외면을 보고서 문득 도라 여기느냐라고 이른 것이다. 물을 가벼이 여기는 자를 가르칠 수 있는 것은 물을 두려워하지 않기 때문이고, 물을 잊는 자는 자주 배우면 능하게 되니 물에 익숙하기 때문이고, 잠수를 할 수 있는 사람의 경우는 배우지 않고도 바로 배를 다룰 수 있는 것은 그가 물을 보기를 평지와 같이 여기기 때문이다. 만물이 혹 뒤집히고 뒤로 굴러서 비록 눈앞에 펼쳐지더라도 그 마음을 움직이지 않는다면 어디에 간들 自得하지 않으리오. 이는 또 이치를 총괄하여 말한 것이다. 마음이라는 것은 神明의 집이니, '그 집에 들어가지 못한다.'는 것은 곧 그 마음을 움직이지 않는 것이다.

觴深은 淵名也라 游는 拍浮者也라 善游는 熟於浮者也라 沒人은 能入水者也라 謖은 起也라 譩는 與噫同이라 玩其文은 玩其外也오 實은 內也니 言見道未深也라 而固且道與의 而는 汝也니 汝且以是爲道與는 謂未見道之內하고 方見道之外하고 便以爲道歟라 輕於水者可教는 以其不畏水也요 忘於水者는 數(삭)數學之則能矣니 以其熟於水也라 若沒人則不學而起操舟는 以其視水如平地也일새니라 萬物之或覆或卻하여 雖陳於前이라도 而不能動其心이면 則何所往而不自得이리오 此又總言理也라 心者는 神明之舍니 不得入其舍는 卽不動其心也라

〈물건을 던져서 승패를 겨루는 던지기 놀이를 하는 경우에〉 기왓장을 경품으로 걸고 던지는 경우에는 아주 잘 던지고 혁대 고리를 걸고 던지는 경우에는 겁을 내고 황금을 걸어놓고 던지는 경우에는 마음이 어두워져 잘 던지지 못한다. 던지는 기교는 같지만 아끼는 마음이 생기게 되면 외물을 중시하기 때문이다. 무릇 외물을 중시하는 자는 마음이 졸렬해지기 때문이다.

以瓦로 摳者는 巧하고 以鉤로 摳者는 憚하고 以黃金으로 摳者는 惛하나니 巧 一也로대 而有所矜이면 則重外也니라 凡重外者는 拙內하나니라

이 몇 마디 말은 ≪莊子≫ 〈達生〉편과 같되, ≪장자≫에서는 '注'라 하였고 여기에서는 '摳'라 하였으니 글자는 다르나 의미는 같다. '摳'는 던짐이다. ≪장자≫에서는 '輕內'라 하고 여기에서는 '拙內'라 하였으니, '拙'이라는 것은 졸렬함이다. '鉤'는 혁대

고리이다. 혁대 고리는 기와보다 중하고 황금은 혁대 고리보다 중하니, 던지는 자의 기교는 마음에 있어서 본디 같지만 아깝게 여기는 마음이 생기기만 하면 중하게 여기는 바가 밖에 있어서 內心은 막히는 바가 있게 되어 꺼리고 어두워지니, 비록 기교가 있더라도 또한 졸렬해지는 것이다.

此數語는 與莊子達生篇同이로되 但莊子以爲注하고 此以爲摳하니 字異而義同이라 摳는 投也라 莊子以爲輕內하고 此以爲拱內하니 拱者는 拱握之也라 鉤는 帶也라 鉤重於瓦하고 金重於鉤하니 謂射者之巧가 於心本一이로되 纔有所顧惜이면 則所重在外하여 而內心則有所扞格而憚而惛也니 雖巧亦拙矣라

2-9 소용돌이 속에서 헤엄치는 비결

孔子가 呂梁에 유람하였는데 폭포의 높이가 30길이고 물보라 치는 급류는 30리를 흘러가니, 큰 거북, 악어, 물고기, 자라도 헤엄칠 수 없는 곳이었다. 그런데 한 사나이가 그곳에서 헤엄치고 있는 것을 보고 괴로운 일이 있어 죽으려 뛰어든 것인 줄 알고 제자들로 하여금 물길과 나란히 따라가면서 그를 구해주게 하였다.

그는 수백 보 거리를 헤엄쳐 내려간 뒤 물에서 나와 머리를 풀어 헤친 채 노래하다 걷다 하면서 제방 아래를 거닐었다. 공자가 따라가서 물었다.

"여량은 폭포의 높이가 30길이고 물보라 치는 급류는 30리를 흐르니, 큰 거북, 악어, 물고기, 자라도 헤엄칠 수 없는 곳입니다. 그런데 조금 전에 나는 그대가 헤엄치고 있는 것을 보고 괴로운 일이 있어 죽으려 뛰어든 것인 줄 알고 제자들로 하여금 물길과 나란히 따라가면서 그대를 구해주게 하였습니다. 그런데 그대는 물에서 나와 머리를 풀어 헤친 채 노래하다 걷다 하면서 거닐고 있습니다. 나는 그대를 귀신이라 여겼는데 그대를 살펴보니 사람입니다. 묻노니 헤엄치는데 무슨 방도가 있습니까?"

그가 대답하였다.

"없습니다. 저에게는 방도가 따로 없습니다. 저는 본디 타고난 그대로에서 시작하고 습성 속에서 자라나고 자연의 이치를 따라 이루어서 소용돌이와 함께 물에 들어가며 용솟음치는 물과 함께 물 위로 떠올라서 물의 형세를 따르고 제멋대로 하지 않았습니다. 이것이 제가 헤엄치는 방법입니다."

공자가 물었다.

“무엇을 일러 본디 타고난 그대로에서 시작하고 습성 속에서 자라나고 자연의 이치를 따라 이룬다고 합니까?”

그가 대답하였다.

“저는 언덕에서 태어나서 언덕을 편안히 여겼으니 이것이 타고난 그대로의 것이고, 물가에서 자라면서 물을 편안히 여겼으니 이것이 습성이고, 제가 그러한 까닭을 알지 못하고 저절로 그러한 것이 자연의 이치입니다.”

孔子 觀於呂梁하더니 **縣水三十仞**이오 **流沫三十里**니 **黿鼉**(원타)**魚鼈之所不能游也**러라 **見一丈夫游之**하고 **以爲似有苦而欲死者也**로다하여 **使弟子**로 **竝流而承**한대 **數百步而出**하야 **被髮行歌而游於**(棠行)〔**塘下**〕어늘 **孔子從而問之曰 呂梁懸水三十仞**이요 **流沫三十里**니 **黿鼉魚鼈所不能游**라 **向吾見子道之**하고 **以爲有苦而欲死者**하여 **使弟子竝流將承子**어늘 **子出而被髮行歌**라 **吾以子**로 **爲鬼也**러니 **察子則人也**라 **請問蹈水有道乎**아 **曰 亡**(무)라 **吾無道**호라 **吾始乎故**하여 **長乎性**하고 **成乎命**하여 **與**(齎)〔**齊**〕**俱入**하며 **與汩偕出**하여 **從水之道而不爲私焉**하노니 **此吾所以蹈之也**라 **孔子曰 何謂始乎故**하여 **長乎性**하고 **成乎命也**오 **曰 吾生於陵而安於陵**이 **故也**요 **長於水而安於水**가 **性也**요 **不知吾所以然而然**이 **命也**라

‘呂梁’은 지명이다. ‘懸水’는 폭포이다. ‘물거품의 흐름이 그 너비가 30리’라는 것은 크다는 뜻이다. ‘竝流’는 물길을 따라가면서 구하는 것이다. ‘承’은 건짐이다. ‘棠行’에 대해서는 注에 이르기를 “응당 ‘塘下’라고 써야 한다.”라고 하였으니, 옳다. ‘齎’는 ≪장자≫ 〈達生〉편에 ‘齊’로 되어 있으니, 곧 물이 소용돌이치는 곳이다. ‘齎’자는 또한 오자이다. ‘汩’은 용솟음치는 곳이다. ‘出入’은 물을 따라 오르내리는 것이다. ‘從水之道而不容私’는 물의 형세를 따르고 제멋대로 하지 않은 것이다. ‘生於陵則安於陵’과 ‘長於水則安於水’는 모두 그 자연함을 따르면서도 그렇게 되는 바를 알지 못하는 것이다. ‘故’, ‘性’, ‘命’ 3자는 애초에 분별이 없는데 다만 이와 같이 글을 지었을 뿐이니, 만약 ‘生’, ‘長’자를 가지고 억지로 의의를 찾는다면 잘못일 것이다. 孟子가 말하기를 “性을 말함은 곧 故로 할 뿐이다.”[38]라고 하였으니, 바로 이 ‘故’자이다.

呂梁은 **地名也**라 **懸水**는 **瀑布也**라 **水沫之流**가 **其廣三十里**는 **大也**라 **竝流**는 **沿流而捄之也**라

---

38) 性은……뿐이다 : 맹자가 말하기를 “천하에 性을 말함은 곧 故로 할 뿐이니, 고라는 것은 순리를 근본으로 삼는다.〔天下之言性也 則故而已矣 故者以利爲本〕”라고 하였다. 고라는 것은 이미 그러한 자취로, 천하의 所以然을 말한다.

承은 接也라 棠行은 注云 合作塘下라하니 是也라 齎는 莊子達生篇에 作齊하니 乃水之旋磨處也라 齎字는 亦誤也라 汨은 湧處也라 出入은 隨水上下也라 從水之道而不容私는 是順水之勢而無容心也라 生於陵則安於陵과 長於水則安於水는 皆隨其自然而不知所以然이라 故性命三字는 初無分別이로되 但如此作文耳니 若以生長字强求意義則誤矣라 孟子曰 言性則故而已矣라하니 卽此故字라

2-10 매미를 잘 잡는 방법

仲尼가 楚나라에 갈 적에 어떤 숲 속으로 나가다가 곱사등이 노인이 막대기에 매미를 달라붙게 하여 마치 물건을 줍는 것처럼 쉽게 잡는 것을 보았다. 중니가 말하였다. “그대는 〈매미 잡는〉 재주가 좋군요. 어떤 비결이 있습니까?”

그가 대답하였다. “나에게는 비결이 있지요. 대여섯 달 동안 연습하여 막대기 끝에 진흙으로 만든 공 두 개를 포개 쌓아도 떨어뜨리지 않을 정도가 되면 매미를 놓치는 경우가 극히 적어지고, 세 개를 포개 쌓아도 떨어뜨리지 않을 정도가 되면 매미를 놓치는 경우가 열 번에 한 번 정도가 되고, 다섯 개를 포개놓아도 떨어뜨리지 않을 정도가 되어야 마치 물건을 줍는 것처럼 매미를 쉽게 잡게 됩니다. 그때 나의 몸가짐은 나무 그루터기처럼 움직이지 않고 나의 팔놀림은 마른 나무의 가치처럼 만듭니다. 비록 천지가 크고 만물이 많아도 오직 매미 날개만을 알 뿐입니다. 나는 몸을 젖히지도 않고 기울이지도 않아서 만물을 가지고 매미의 날개와 바꾸지 않으니, 어찌하여 매미를 잡지 못하겠습니까?”

孔子가 제자들을 돌아보며 말하였다. “그 뜻이 둘로 나뉘지 않으면 마음이 안정되어 신묘하게 되나니, 이는 곱사등이 노인을 두고 이른 말일 것이다.”

곱사등이 노인이 말하였다. “그대는 儒子의 옷을 입은 선비의 무리인데 어찌 이러한 일을 물을 줄 아십니까? 그대는 유가의 학문을 닦은 뒤에 그보다 한층 높은 道家의 道를 다시 말할 수 있을 것입니다.”

仲尼適楚할새 出於林中하다가 見痀瘻(구루)者承蜩호대 猶掇(철)之也하고 仲尼曰 子巧乎아 有道邪(야)아 曰 我 有道也호라 五六月을 累垸(환)-音丸-二而不墜면 則失者錙銖(치수)요 累三而不墜면 則失者十一이오 累五而不墜라야 猶掇之也호라 吾處〔身〕也가 若橛株駒하며 吾執臂也가 若槁木之枝하니 雖天地之大와 萬物之多라도 而唯蜩翼之知오 吾不反不側하야

不以萬物로 **易蜩之翼**하노니 **何爲而不得**이리오 **孔子顧謂弟子**하야 **曰用志不分**이면 **乃凝於神**하나니 **其痀僂丈人之謂乎**인저 **丈人曰 汝逢衣徒也**어늘 **亦何知問是乎**아 **修汝所以**하고 **而後載言其上**이라

이 단락은 ≪莊子≫ 〈達生〉편과 같다. '承蜩'는 막대기를 가지고 매미를 달라붙게 하여 잡는 것이다. 막대기 꼭대기에 진흙으로 만든 공을 쌓되 두 개부터 다섯 개에 이르기까지 떨어뜨리지 않는다면 마음이 안정되어 신묘한 경지에 들어가게 되는 것이다. 郭象의 ≪장자≫ 注에 두 번 '停審(멈추고 살림)'을 쓴 것[39]은 또한 절로 좋다. '橛株駒'는 지금 이른바 나무 그루터기이다. '橛'은 그루터기이고, '株'는 나무의 이름이고, '駒'는 움직이지 않음이니, 상상하건대 옛말에 이 3자가 있었을 것이다. '不反不側'은 단지 움직이지 않는 것이니, 매미를 달라붙게 하여 잡을 때에 그 몸은 나무 그루터기와 같아서 움직이지 않고 그 팔은 마른 나무와 같은 것이다.

그 마음이 매미에 전일하여 다른 사물이 있음을 알지 못하는 것은 純一함이 지극한 것이다. '用志不分'은 그 뜻이 둘로 나뉘지 않은 것이고, '凝於神'은 마음이 안정되어 신묘한 것이니, 이는 비록 가탁하여 비유해서 순일한 氣를 지키는 것을 논한 것이기는 하나, 세상에 실로 이러한 일이 있고 지금 세상에도 있다. 그러나 技藝로 여겨 道가 실로 거기에 깃들어 있음을 알지 못한다. '痀瘻'라는 것은 등이 굽은 것이다. '逢衣'[40]는 儒者의 옷이다. '그대가 오늘 말한 〈유가의 학문을〉 닦은 뒤에 그보다 한층 높은 〈道家의 道를〉 다시 말할 수 있을 것이다.'라고 하였으니, 이는 그 도의 오묘함이 여기에 그치지 않음을 말한 것이다. '載言'은 다시 말함이다. '上'은 높은 도 중의 높은 도를 말한다. 그 나머지는 ≪장자≫와 같다. '琓'은 ≪장자≫에는 '丸'으로 되어 있고, '疑'는 ≪장자≫에는 '凝'자로 되어 있으니, ≪장자≫를 따르는 것이 옳다.

39) 停審……것 : 郭象의 注에 "진흙으로 만든 공 두 개를 포개 쌓아도 떨어지지 않으니, 이는 손을 멈추고 살피기 때문이다. 그러므로 막대기에 매미를 달라붙게 하여 잡을 때에 놓치는 경우가 극히 적은 데 불과하고, 세 개를 포개 쌓아도 떨어지지 않으면 놓치는 경우가 더욱 적어지고, 다섯 개를 포개 쌓아도 떨어지지 않으면 멈추고 살핌이 지극한지라 다시 놓치는 경우가 없게 되는 것이다.〔累二丸而不墜 是用手之停審也 故承蜩所失者 不過錙銖之間耳 累三而不墜 所失愈少 累五而不墜 停審之至 乃無所復失〕"라고 하였다.

40) 逢衣 : 逢掖이라고도 한다. 魯 哀公이 孔子가 입은 복장이 儒子의 복장이냐고 묻자, 공자는 "저는 어려서 노나라에 살 때에는 소매가 너른 옷을 입었고, 장성하여 송나라에 살 때에는 章甫冠을 썼습니다. 저는 듣건대, 군자의 배움은 넓어야 하고 복장은 그 지방 복장을 입어야 한다고 하였습니다. 저는 유자의 복장이 어떠한 것인지 알지 못합니다.〔魯哀公問於孔子曰 夫子之服 其儒服與 孔子對曰 丘少居魯 衣逢掖之衣 長居宋 冠章甫之冠 丘聞之也 君子之學也博 其服也鄉 丘不知儒服〕"라고 하였다.(≪禮記≫ 〈儒行〉)

此段은 與莊子達生篇同이라 承蜩는 持竿而粘蟬者也라 累丸於竿首하되 自二至五而不墜면 則其凝定入神矣라 郭象注莊子에 下兩箇停審字는 亦自好라 橛株駒는 今所謂木椿也라 橛은 椿也요 株는 木之名也요 駒는 定也니 想古時有此三字라 不反不側은 止是凝定也니 當承蜩時하여 其身如木橛而不動하고 其臂如槁木然이라 其心一主於蜩而不知有他物은 純一之至也라 用志不分은 其志不貳也오 凝於神은 凝定而神妙也라 此雖借喻以論純氣之守나 而世間實有此事하고 今世亦有之로되 但以爲技而不知道實寓焉이라 痀瘻者는 背曲也라 逢衣는 儒者之服也라 能修汝今日之所以言하고 而後可以更言向上之事라하니 此言其道之妙不止於此也라 載言은 更言也라 上은 語上之上也라 其他는 與莊子同이라 垷은 莊子作丸이요 疑는 莊子作凝字니 從莊子爲是라

2-11 갈매기와 노니는 방법

바닷가에 사는 어떤 사람이 갈매기를 좋아하여 매일 아침 바닷가로 나가서 갈매기와 놀았는데, 날아와서 노는 갈매기가 백 마리도 넘었다.

그의 아버지가 말하였다. "내가 들으니 갈매기들이 모두 너와 어울려 논다고 하던데, 너는 그 갈매기를 잡아 오너라. 내가 갈매기를 완상하고 싶구나."

다음날 바닷가로 나갔더니 갈매기들이 날아와 빙빙 돌기만 하고 내려오지 않았다.

이런 까닭으로 "지극한 말이란 말을 벗어난 것이고 지극한 행위란 作爲하지 않는 것이니, 모든 지혜의 아는 바는 천박한 것이다."라고 하는 것이다.

海上之人有好漚鳥者하여 每旦之海上하여 從漚鳥游한대 漚鳥之至者가 百住而不止라 其父曰 吾聞漚鳥皆從汝游라하니 汝取來하라 吾玩之라 明日之海上하니 漚鳥舞而不下也라 故曰 至言은 去言하고 至爲는 無爲니 齊智之所知則淺矣니라

'漚'와 '鷗'는 통용한다. '百住而不止'는 왕래하는 갈매기의 숫자가 백 마리도 넘는다는 말이다. '舞而不下'는 의심하는 것이니, 이는 '〈갈매기를 잡으려는〉 마음이 조금 싹트면 그 機心이 이미 드러나니, 어찌 사물과 내가 서로 잊을 수 있으리오?'라는 말이다. 이를 가지고 말이 없는 말과 작위가 없는 행위와 알지 못하는 앎을 비유하였으니, 뜻이 매우 절실하다. 대개 作爲가 없고 말이 없고 앎이 없는 것은 모두 사심이 없을 뿐이다. 지극한 말은 말이 없는 것이다. 그러므로 '지극한 말은 말을 벗어난다.'라고 하였고, 지극한 행위는 작위가 없는 것이다. 그러므로 '지극한 행위는 작위가 없다.'라고 하였다. 사람이 그 알 수 없는 바를 알지 못하고 모두 그 알 수 있는 바를 가지고

안다고 하니, 그 소견이 얕은 것이다. 그러므로 '모든 지혜로움의 아는 바'라고 한 것이다. '齊'는 같음이니, '皆'자와 같다. 이 세 구절은 ≪莊子≫ 〈達生〉편과 같다.

漚與鷗는 通用이라 百住而不止는 言其往來之多가 不止於百數也라 舞而不下는 疑之也니 蓋謂此心稍萌이면 則其機已露니 豈能與物我相忘哉리오 以此喩無言之言과 無爲之爲와 不知之知니 意極親切이라 蓋無爲無言無知는 皆無容心而已라 至言則無言矣라 故曰 至言去言이라하고 至爲則無爲矣라 故曰 至爲無爲라하니라 人不知其所不可知하고 而皆以其所可知者爲知하니 其所見淺矣라 故曰 齊知之所知라하니라 齊는 同也니 猶皆字也라 此三句는 與莊子達生篇同이라

2-12 萬物과 조화를 이룬 사람

趙襄子[41]가 십만의 무리를 이끌고 中山[42]으로 사냥을 나가서 풀을 짓밟고 숲을 불태워 불길이 백리 밖까지 뻗쳤다. 그런데 어떤 사람이 石壁 가운데에서 나와 연기와 불꽃을 따라 오르내리니, 모두들 귀신이라 여겼다. 불길이 지나가자 그가 천천히 걸어 나왔는데 아무런 일도 겪지 않은 사람 같았다.

子夏

조양자가 괴이하게 여겨 붙잡아 놓고 천천히 살펴보니, 모습이나 혈색은 물론이고 귀와 눈과 코와 입이 사람이었고, 숨 쉬는 것과 음성도 사람이었다. 조양자가 물었다. "무슨 도가 있길래 石壁에 거처할 수 있으며, 무슨 도가 있길래 불 속에 들어갈 수 있습니까?"

그 사람이 대답하였다. "어떤 물건을 석벽이라 하며, 어떤 물건을 불이라 합니까?"

조양자가 말하였다. "그대가 조금 전에 나온 것이 석벽이며, 그대가 조금 전에 지나온 것이 불입니다."

그 사람이 말하였다 "저는 모르겠습니다."

魏 文侯[43]가 이 이야기를 듣고 子夏[44]에게 물었다. "그

41) 趙襄子 : 춘추시대 晉나라의 正卿으로, 이름은 無恤이다.

42) 中山 : 춘추시대 鮮虞의 屬國으로, 지금의 河北縣 平山에 있었다.

43) 魏 文侯 : 전국시대 초기 魏나라의 군주로, 이름은 斯이다. 원래 晉나라의 卿이었으나, 진나라가 韓나라와 趙나라로 나뉠 때 위나라를 세웠다.

사람은 어떤 사람입니까?"

자하가 대답하였다. "제가 들은 夫子[45]의 말씀에 의하면, 造化를 이룬 자는 만물과 合一하여 만물이 상해하거나 방해할 수 없으니, 쇠나 돌 속으로 들어가고 물이나 불 속을 걸어가는 것도 모두 가능하다고 하였습니다."

문후가 말하였다. "그대는 어찌 그렇게 하지 않으십니까?"

자하가 대답하였다. "사견을 배제하고 지혜를 제거하는 일은 저로서는 아직 할 수 없습니다. 비록 그러나 일찍이 이를 강론하여 밝힌 지는 오래되었습니다."

문후가 말하였다. "부자께서는 어찌 그렇게 하지 않으십니까?"

자하가 대답하였다. "부자께서는 그것을 할 수 있지만 그것을 하지 않을 줄도 아는 분입니다."

문후는 크게 기뻐하였다.

趙襄子率徒十萬하고 **狩於中山**하여 **藉**(적)**仍燔林**하여 **扇赫百里**라 **有一人從石壁中出**하여 **隨煙燼**(신)**上下**하니 **衆謂鬼物**이라 **火過**에 **徐行而出**한대 **若無所經涉者**라 **襄子怪而留之**하고 **徐而察之**하니 **形色七竅**가 **人也**요 **氣息音聲**이 **人也**라 **問奚道而處石**이며 **奚道而入火**오하니 **其人曰 奚物而謂石**이며 **奚物而謂火**오하니라 **襄子曰 而向之所出者**가 **石也**오 **而向之所涉者**가 **火也**라하니 **其人曰 不知也**로라 **魏文侯聞之**하고 **問子夏曰 彼何人哉**잇고 **子夏曰 以商所聞夫子之言**컨댄 **和者大同於物**하여 **物無得傷閡者**니 **游金石**하고 **踏水火**도 **皆可也**니이다 **文侯曰 吾子奚不爲之**잇고 **子夏曰 刳心去智**는 **商未之能**이로소이다 **雖然**이나 **試語之有暇矣**로이다 **文侯曰 夫子奚不爲之**잇고 **子夏曰 夫子能之**나 **而能不爲者也**니이다 **文侯大說**(열)이라

'藉仍'은 풀을 짓밟음이니, 그 풀을 짓밟고 그 숲을 불태워서 불을 질러 사냥하는 것이다. '어떤 물건을 石壁이라 하며 어떤 물건을 불이라 합니까?'라고 하였으니, 이는 또한 알지 못하는 앎을 비유한 것이다. '불 속을 걷는다.'는 설은 또한 商丘開 부분과 뜻이 같다. '和者大同於物'의 이 '和'자는 造化이다. 흉중이 조화와 합일된다면 만물이 같지 않음이 없으니, 애초에 상해하거나 방해함이 없는 것이다. '刳心去智'는 바로 알지 못하는 앎이다. '試語之有暇'의 '試'는 '일찍'이라는 뜻이니, 또한 오로지 강론하

---

44) 子夏 : 춘추시대 衛나라 사람으로, 성은 卜이고 이름은 商이다. 공자의 제자로 학문과 시에 뛰어났다. 공자가 죽은 뒤 魏나라로 가서 文侯의 스승이 되었다.

45) 夫子 : 공자를 가리킨다.

여 이를 밝힌 지 오래되었다는 말이다. '부자께서는 그것을 할 수 있지만 그것을 하지 않을 줄도 안다.'라는 것은, 바로 黃檗이 異僧과 물을 건넜는데 황벽이 '요망한 짓을 한다.'고 하니 그 승려가 고개를 돌리고 물러나며 말하기를 "大乘의 法器이니 내가 미칠 수 없는 바이다."[46]라고 하였으니, 바로 이 의론이다.

藉仍은 藉草也니 躙(난)藉其草하고 燔燒其林하여 以火獵也라 奚物謂石이며 奚物謂火오하니 此亦不知之知之喩라 涉火之說은 亦與商丘開處同意라 和者大同於物의 此和字는 造化也라 胸中與造化爲一이면 則物無不同이니 初無傷礙라 刳心去智는 即不知之知也라 試語之有暇의 試는 嘗也니 言亦專講明此之久矣라 夫子能之나 能不爲는 便是黃檗與異僧度水러니 黃檗以爲興妖捏(날)怪라하니 彼僧回首而謝曰 大乘法器는 我所不及이라하니 正此論也라

2-13 관상쟁이 季咸을 놀라게 한 列子의 스승 壺丘子

어떤 신통한 무당이 齊나라로부터 鄭나라로 와서 살았는데 이름을 季咸이라 하였다. 그는 사람들의 生死와 存亡, 禍福과 壽夭 등의 운세를 알아서 某年 某月 某旬 某日까지 미리 맞추는 것이 귀신같았다. 그래서 정나라 사람들이 그를 보면 모두 가지고 있던 물건을 버리고 피해 달아났다.

열자가 그를 만나보고 心服하여 돌아와 스승 壺丘子에게 고하여 말하였다. "처음에 저는 선생님의 도를 지극하다고 여겼는데, 이제 보니 또 선생님보다 더 뛰어난 사람이 있습니다."

호구자가 말하였다. "내가 너에게 도의 표면 지식은 가르쳐 주었고 도의 실질 내용은 가르쳐 주지 않았는데, 너는 진실로 도를 터득했다고 생각하느냐? 암컷이 많다 하더라도 수컷이 없으면 또 어찌 알을 낳을 수 있겠느냐? 너는 스스로 자신의 도가 세상에 높다고 여겨서 사람들에게 반드시 믿게 하고자 하였다. 그러므로 남으로 하여금 너의 관상을 볼 수 있게 하는 것이다. 시험삼아 그를 데려와서 나를

---

46) 黃檗이……바이다 : ≪五家正宗贊≫ 권1에 "황벽이 天台山을 유람할 때 어떤 승려를 만나 뜻이 맞아 담소하면서 마치 오랜 친구인양 유람했는데, 계곡물이 갑자기 불어나 건너기 어려웠다. 이때 함께 유람하던 승려가 옷을 걷고 넘실대는 강을 건너는데 마치 평지를 걷는 듯 편안하게 걷고는 황벽에게도 건너오라고 하였다. 그러자 황벽이 '저 도적놈을 내 진즉에 알아보았다. 마땅히 저놈의 허리를 꺾어버리겠다.〔者自了漢 吾早知 當斫汝脛〕'라고 소리를 지르자, 그 승려가 황벽에게 대승의 법기이니 자신이 미칠 수 없다고 하였다." 라고 하였다.

그에게 보여 보거라.”

有神巫自齊來處於鄭한대 命曰季咸이니 知人死生存亡과 禍福壽夭하여 期以歲月旬日如神할새 鄭人見之하고 皆避而走하더니 列子見之而心醉하여 而歸以告壺丘子曰 始吾以夫子之道로 爲至矣러니 則又有至焉者矣로소이다 壺子曰 吾與女로 旣其文하고 未旣其實이어늘 而는 固得道歟아 衆雌而無雄이면 而又奚卵焉이리오 而以道與世抗하여 必信矣라 夫故使人으로 得而相汝하도다 嘗試與來하여 以予로 示之하라

'歲月旬日'은 혹 시일이 가깝기도 하고 혹 멀기도 한 것이다. '神巫'는 관상을 보는 자이다. 그의 말이 모두 귀신처럼 증험되니, 가지고 있던 물건을 버리고 달아나는 것은 그 말의 증험을 두려워했기 때문이다. '心醉'라는 것은 心服함이다. '旣其文'은 그 표면을 다하는 것이요, '未旣其實'은 그 실질을 다하지 못한 것이다. '而'는 너이다. '너가 일찍이 그 실질을 다 본 적이 없는데 진실로 도를 터득했다고 생각하는냐?〔汝未嘗盡見其實 固以爲能得道乎〕'라고 할 때의 '固'자는 터득하지 못한 것을 터득했다고 하는 뜻이 있으니, 응당 語勢로 생각하여야 한다. 암컷과 수컷이 있은 뒤에 낳는 바가 있으니, 알이 나오는 것이다. 수컷이 없다면 어찌 알을 낳으리오? 이는 마음이 없으면 자취가 없음을 말한 것이다. 이 한 구절은 그 마음이 아직 변화하지 못하였기 때문에 외면에 나타날 수 있다는 뜻을 비유한 것이다. '抗'은 높음이니, 스스로 자신의 도가 세상에 높다고 생각해서 사람들에게 반드시 믿게 하고자 하는 것이다. 이것이 바로 자취가 있는 곳이고, 바로 변화하지 못한 곳이다. 그러므로 신통한 무당이 너의 관상을 볼 수 있는 것이다.

歲月旬日은 或遠或近也라 神巫는 相者也라 其言皆驗若神하니 棄之而走者는 畏其言之驗也라 心醉者는 心服也라 旣其文은 盡其外也요 未旣其實은 未盡其內也라 而는 汝也라 汝未嘗盡見其實이어늘 固以爲能得道乎의 固字는 有未得謂得之意니 當以語勢思之라 有雌雄而後에 有所生하니 卵生也라 無雄又奚卵이리오 言無心則無跡也라 此一句는 是喩其心未能化라 故可以形見之意라 抗은 高也니 自以其道爲高於世하여 而欲人必信之라 此便是有跡處요 便是未化處라 故神巫得以相汝라

다음 날 열자가 무당과 함께 호구자를 만나 뵈었다. 〈무당이 호구자를 만나고〉 나오면서 열자에게 말하였다. “아, 그대의 선생은 죽을 것이다. 살아날 가망이 없으니 열흘을 넘기지 못할 것이오. 나는 그대의 선생에게서 괴이한 조짐을 보았는

데, 물에 젖은 재의 모습을 보았소."

열자가 들어가서 옷섶이 젖도록 눈물을 흘리면서 그 말을 호구자에게 아뢰었다. 호구자가 말하였다. "조금 전에 내가 그에게 대지의 무늬를 보여 주었다. 생동하지도 -罪는 응당 '萌'자가 되어야 한다.- 않고 움직이지도 -誫은 응당 '震'자가 되어야 한다.- 않고 미리 기대하지도 않았으니, 그는 아마 나의 生機가 막혀버린 모습을 보았을 것이다. 시험삼아 다시 데려와 보거라."

明日에 列子與之見壺子한대 出而謂列子曰 譆라 子之先生死矣라 弗活矣로소니 不可以旬으로 數矣로다 吾見怪焉호니 見濕灰焉호라 列子入하여 涕泣沾衿하여 以告壺子한대 壺子曰 向吾示之以地文호니 罪-合作萌-乎不誫-合作震-不止하니 是殆見吾杜德幾也로다 嘗又與來하라

'濕灰'라는 것은 生氣가 장차 다하려는 것이 재가 이미 물에 젖어 꺼지려는 것과 같다. '地文'이라는 것은 禪家의 脩觀[47]의 명칭과 같다. '罪'는 응당 '萌'이 되어야 하니, '萌乎'는 생동할 듯하면서 생동하지 않는 뜻이다. '不誫'은 바로 '不震'이니, '不震'은 움직이지 않는 것이다. '不止'는 응당 '不正'이 되어야 하니, '不正'이라는 것은 지정하여 말할 수 없는 것이다. 여기의 '不正'자는 곧 ≪孟子≫의 '반드시 浩然之氣를 기름에 종사하되 효과를 미리 기대하지 말라.〔必有事焉而勿正〕'[48]라는 것과 같다. 오직 생동하려는 듯하다가 또 생동하지 않기 때문에 신통한 무당이 물에 젖은 재라고 여긴 것이다. 타오르는 재는 불이니, 물에 젖은 재는 타오르는 불이 꺼지려 한다는 뜻이다. '杜德幾'는 또한 脩觀의 명칭이다. '德幾'는 生氣이고, '杜'는 막힘이니, 그 生機를 막아서 움직이지 않는 것이다. 그러므로 생기가 있는데 꺼지려고 하는 형상인 것이다. 그래서 季鹹이 드디어 살지 못할 것이라 여긴 것이다.

濕灰者는 言其生氣將盡이 如灰已濕而欲滅也라 地文者는 此猶禪家脩觀之名이라 罪는 合作萌이니 萌乎는 若生而不生之意라 不誫은 卽不震也니 不震은 不動也라 不止는 合作不正이니 不正者는 不可指定言也라 此不正字는 便與孟子必有事焉而勿正同이라 惟有若萌動而又不動이라 故神巫以爲濕灰라 活灰는 火也니 濕灰則是活火欲滅之意라 杜德幾는 亦是脩觀之名이라 德幾는 生意也오 杜는 閉也니 閉其機而不動이라 故有生意어늘 欲滅之狀이라 季鹹遂以爲不活矣라

---

47) 脩觀 : 止觀 수행을 말한다. 지관은 불교의 수행법인 止와 觀을 통틀어 말하는 것으로, 止는 모든 妄念을 그치게 하여 마음을 하나의 대상에 기울이는 것이며, 觀은 止로써 얻은 明知에 의해 사물을 올바르게 보는 것을 말한다. 즉, 止觀은 禪定과 智慧에 해당되며, 止와 觀 이 두 가지는 마치 수레의 두 바퀴 같은 상호의존 관계에 있다.

48) 반드시……말라 : ≪孟子≫ 〈公孫丑 上〉에 나오는 말이다.

다음날 또 계함과 함께 호구자를 뵈었다. 계함이 밖으로 나오면서 열자에게 이렇게 말하였다. "다행이오. 그대의 선생은 나를 만난 덕에 병이 다 나았소. 완전히 生氣가 솟았소. 나는 막힌 가운데 生機가 움직이는 것을 보았소."

열자가 들어가서 호구자에게 아뢰자, 호구자가 말하였다. "방금 전에 내가 그에게 하늘의 田地를 보여 주었다. 명분과 실제가 끼어들지 않아서 生氣가 발뒤꿈치에서 생겨나는 것이니, 이것이 막힌 가운데 생기가 움직이는 것이다. 그는 아마 나의 性이 움직이는 곳을 보았을 것이다. 시험삼아 다시 데려와 보거라."

明日에 又與之見壺子한대 出而謂列子曰 幸矣라 子之先生의 遇我也여 有瘳(추)矣라 灰然有生矣로다 吾見其杜權矣와라 列子入하야 告壺子한대 壺子曰 向吾示之以天壤하니 名實不入하여 而幾發於踵이니 此爲杜權이라 是殆見吾善者幾也라 嘗又與來하라

'杜權'은 움직이지 않는 가운데 움직임이 있는 것이다. '權'은 '機'와 같다. 다만 '기'는 은미하지만 '권'은 드러나 있다. 닫히고 막힌 가운데 생기의 움직임이 이미 드러난 것이다. 그러므로 季鹹이 완전히 생기가 있다고 여긴 것이다. '灰'는 응당 '全'이 되어야 한다. '天壤'은 또한 脩觀의 명칭이니 하늘의 전지라고 말하는 것과 같다. 天上의 전지는 땅의 땅이 아니니, 바로 자연의 땅이다. 지금 脩養家들이 혀를 天津이라 하고 이마 위를 泥九라고 하는 따위와 같으니, 이는 바로 생기가 생동하여 올라가는 뜻이다. '名實不入'은 바로 있고 없음이 모두 배제된 것이다. '機發於踵'은 그 氣가 아래로부터 올라오는데 은미하여 볼 수 없음을 말한다. 그러므로 '機'라고 한 것이다. '善者機'는 性이 움직이는 곳이라고 말하는 것과 같다.

杜權은 不動之動也라 權與機同이로되 但機微而權則露矣라 於杜閉之中에 而動機已露라 故季鹹以爲全然有生意也라 灰는 合作全이라 天壤은 亦是觀名이니 猶言天田也라 天上之田은 非壤之壤이니 卽自然之壤也라 猶今脩養家以舌爲天津하고 以頂上爲泥九之類니 此是生意萌動而上之意라 名實不入은 卽是有無俱遣이라 機發於踵은 言其氣自下而上하니 微而不可見이라 故曰機라 善者機는 猶言性之動處也라

다음날에 또 계함과 함께 호구자를 뵈었다. 계함이 밖으로 나와 열자에게 이렇게 말하였다. "당신 선생의 앉은 모습이 일정하지 않아 내가 관상을 볼 수 없소. 한번 일정하게 해주면 그때 다시 관상을 보겠소."

열자가 들어가서 호구자에게 아뢰자, 호구자가 이렇게 말하였다. "방금 전에 내

가 계함에게 텅 비어 아무런 조짐도 없는 모습을 보여 주었다. 아마 그는 나의 반은 움직이고 반은 고요한 氣의 기미를 보았을 것이다.

明日에 **又與之見壺子**한대 **出而謂列子曰 子之先生**이 **坐不齋**라 **吾無得而相焉**이로다 **試齋**하야든 **且復相之**호리라 **列子入**하야 **以告壺子**한대 **壺子曰 向吾示之以太沖莫眹**호니 **是殆見吾衡氣幾也**라

'太沖莫眹'은 또한 脩觀의 명칭이다. '太沖'은 太虛이고, '莫眹'은 조짐이 보이지 않는 것이다. '衡'이라는 것은 평평함이며 중간이다. 氣의 기미의 움직임이 평평하고 중간인 지점에 이르러 그치면 이는 반은 움직임이고 반은 고요한 것이다. 신통한 무당이 일정하지 않다고 한 것은 반은 움직이고 반은 고요하여 정해지지 않은 것을 말한다.

太沖莫眹은 亦觀名也라 太沖은 太虛也요 莫眹은 不見端倪(예)也라 衡者는 平也며 半也라 氣機之動이 至於衡平一半之地而止면 則是半動半靜也라 神巫以爲不齋는 言其半動半靜而不定也라

큰 물고기가 빙빙 도는 물도 참으로 연못이 되며, 고요히 멈추어 있는 물도 참으로 연못이 되며, 흐르는 물도 참으로 연못이 되며, 아래에서 위로 솟아나오는 물도 참으로 연못이 되며, 위에서 아래로 떨어지는 물도 참으로 연못이 되며, 곁의 구멍에서 나오는 물도 참으로 연못이 되며, 막혀서 흐르지 않는 물도 참으로 연못이 되며, 흘러 나와 고인 물도 참으로 연못이 되며, 여러 갈래로 흘러가는 물도 참으로 연못이 되니, 이를 아홉 가지 연못이라 한다. 시험 삼아 다시 데려와 보거라."

鯢(예)**旋之**(潘)〔**審**〕**爲淵**이며 **止水之**(潘)〔**審**〕**爲淵**이며 **流水之**(潘)〔**審**〕**爲淵**이며 **濫水之**(潘)〔**審**〕**爲淵**이며 **沃水之**(潘)〔**審**〕**爲淵**이며 **沈水之**(潘)〔**審**〕**爲淵**이며 **雍水之**(潘)〔**審**〕**爲淵**이며 汧(견)**水之**(潘)〔**審**〕**爲淵**이며 **肥水之**(潘)〔**審**〕**爲淵**이니 **是爲九淵焉**이라 **嘗又與來**하라

이 한 단락에서 말한 九淵은 바로 脩觀의 명칭이다. 지금 佛家에서는 '觀'이라 하고 고인은 '淵'이라 하였다. 연못에 아홉 가지 명칭이 있는 것은 생각건대 지금의 十二觀[49]과 같은데, ≪莊子≫에서는 그 세 가지를 말하였을 뿐이다.[50] 여기에 아홉 가지

49) 十二觀 : 十二緣起를 觀하는 것을 말한다. 십이연기는 과거에 지은 業에 따라서 현재의 果報를 받으며, 현재의 업에 따라서 미래의 과보를 받는 열두 인연으로, 곧 無名, 行, 識, 名色, 六根, 觸, 受, 愛, 取, 有, 生, 老死를 이른다.(≪緣起經≫)

50) 세……뿐이다 : 壺子가 "큰 물고기가 빙빙 도는 물도 참으로 연못이 되며, 고요히 멈추어

를 둔 것은 ≪열자≫의 본래 글이 아닌 듯하니, 필시 후인이 덧붙인 내용일 것이다. '潘'은 응당 '審'이 되어야 하니, ≪장자≫를 따르는 것이 옳다. '審'은 '참으로'라는 뜻이다. 九淵의 명칭은 모두 가탁하여 비유한 것이다. 그러므로 '某는 비유하자면 참으로 某淵이 되고 某는 비유하자면 참으로 某淵이 된다.'라고 한 것이다. '鯢'는 큰 물고기이다. '旋'은 빙빙도는 것이니, ≪장자≫에 '桓'으로 되어 있는 것이 옳다. 물속에 큰 물고기가 있는 것은 반은 고요하고 반은 움직이는 형상이니, 곧 이른바 '衡氣機'라는 것이다. '止水'는 고요한 것이니, 곧 이른바 '杜德機'라는 것이다. '流水'는 움직이는 것이니, 곧 이른바 '善者機'라는 것이다. ≪장자≫에 말하기를 "연못에는 아홉 가지 명칭이 있는데, 이것은 세 가지에 해당한다."라고 하였으니, 바로 이 세 가지의 비유를 들어서 그 앞의 말을 증명한 것이다.[51] 이 책의 語脈을 보건대 본의를 잃은 듯하니, 이로써 본다면 ≪장자≫와 ≪열자≫ 두 책의 시비를 알 수 있다.

濫水는 아래에서 위로 솟아 나오는 것이다. 沃水는 위에서 아래로 떨어지는 것이다. '氿水'는 어떤 본에는 '氾'로 되어 있으나 응당 '氿'이 되어야 하니, 물이 곁의 구멍에서 나오는 것을 '氿'이라고 한다. '雍水'는 막혀서 흐르지 않는 것이니, 스스로 그친 물이 아니다. '汧水'는 샘이 흘러 나오는 것이니, 물이 고여 웅덩이를 이룬 것이다. '肥水'는 ≪毛詩傳≫에 이르기를 "나오는 곳은 같지만 돌아가는 곳은 다르다."라고 한 것이 바로 이것이다. 이상 물의 명칭은 ≪爾雅≫에 많이 보이니, 필시 後人이 ≪이아≫에 실린 명칭을 가지고 덧붙였을 것이다. 주석가가 말하기를 "물이 여울지고 부딪히고 흐르고 그치는 것이 지극한 사람의 마음이 외물의 어려움과 쉬움으로 인하여 움직이고 고요하고 나아가고 물러나는 모습이 있는 것과 같다."라고 하니, 이 설은 잘못이다. 郭象이 ≪장자≫의 이 부분에 주석을 낸 것도 이러한 부류일 뿐이다.

此一段所言九淵은 正脩觀之名也라 今佛家以爲觀이요 而古人以爲淵이라 淵有九名은 想猶今十二觀也이어늘 但莊子只言其三이라 此有其九는 似非列子本書하니 必後人所增也라 潘은 合作審이니 從莊爲是라 審은 信也라 九淵之名은 皆是借喩라 故曰 某喩信爲某淵하고 某喩信爲某淵也라 鯢는 大魚也라 旋은 盤旋也라 莊子作桓爲是라 水中有鯢는 半靜半動之象也니 卽所謂衡氣機也라 止水는 靜也니 卽所謂杜德機也라 流水는 動也니 卽所謂善者機也라 莊子曰 淵有九名하니 此處其三이라하니 正擧此三者之喩하여 以證其前言也라 看此書語脈컨대 似失本意하니 以此觀之면

있는 물도 참으로 연못이 되며, 흐르는 물도 참으로 연못이 되니, 연못에는 아홉 가지 유행이 있는데, 이번에 季成에게 보내준 것은 세 가지에 해당한다.〔鯢桓之審爲淵 止水之審爲淵 流水之審爲淵 淵有九名 此處三焉〕"라고 한 것을 가리킨다.(≪莊子≫ 〈應帝王〉)

51) 연못에는……것이다 : 季咸에게 보여준 것이 연못의 아홉 가지 중에서 세 가지에 해당한다는 말이다. 곧 鯢桓은 衡氣機이고, 止水는 杜德機이고, 流水는 善者機라는 것이다.

二書之是非可見이라 濫水는 自下而湧上出者也라 沃水는 從上溜下者也라 氿水는 一作氾나 合作汍하니 水從旁穴出을 曰汍也라 雍水는 壅遏而不流니 非自止之水也라 汧水는 泉之潛出이니 水停成汙池者也라 肥水는 毛詩傳云 所出同而所歸異是也라 以上水名은 多見爾雅하니 必後人以爾雅之名而增之라 注家曰 水之湍(단)激流止가 如至人之心因外物難易하여 有動寂進退之容라하니 此說誤矣라 郭象注莊子此處도 亦此類爾라

다음 날에 또 계함과 함께 호구자를 뵈었다. 계함이 서 있다가 자리에 앉기도 전에 얼이 빠져 달아났다. 호구자가 말하였다. "쫓아가 잡아라."

열자가 그를 뒤쫓았으나 잡지 못하고 돌아와 호구자에게 아뢰었다. "벌써 사라졌습니다. 이미 놓쳤습니다. 제가 따라잡을 수 없었습니다."

호구자가 말하였다. "방금 전에 나는 아직 나의 근본에서 떠나지 않은 자연 그대로의 모습을 보여 주었다. 내가 마음을 비우고 욕심이 없는 모습으로 그를 대했더니 그는 내가 누구인지 모르게 되었고, 따라서 무엇이 무너져 내린다고 생각하게 되었고, 따라서 무엇이 물결쳐 온다고 생각하게 되었기 때문에 도망친 것이다."

明日에 又與之見壺子한대 立未定하야 自失而走커늘 壺子曰 追之하라 列子追之而不及하야 反하야 以報壺子하야 曰 已滅矣며 已失矣라 吾不及已호이다 壺子曰 向吾示之以未始出吾宗호니 吾與之虛而猗(위)移라 不知其誰何하야 因以爲茅靡하며 因以爲波流라 故逃也라

'已滅已失'은 볼 수 없음을 말한다. '未始出吾宗'은 또한 脩觀의 명칭이다. '虛'는 아무 것도 없이 텅 빔이다. '猗移'는 응당 '委蛇'가 되어야 하니 순함이다. 어떤 물건이 있는 듯하기도 하고 어떤 물건이 없는 듯하기도 하니 어떠한지 알지 못하는 것이다. 그러므로 그 누구인지 알지 못한다고 한 것이다. '茅'는 독음이 '頹'이니, '茅靡'라는 것은 무너지고 쓰러짐이다. '波流'라는 것은 물결이 치는 것이다. 계함이 보니 내가 근본에서 떠나지 않되 다만 무너지고 쓰러지며 물결이 치는 것만 보였기 때문에 얼이 빠져 달아난 것이다.

已滅已失은 言不可見也라 未始出吾宗은 亦是觀名이라 虛는 虛無也라 猗移는 合作委蛇니 順也라 若無物하고 若有物하니 不知其如何라 故曰不知其誰何也라 茅는 音頹니 茅靡者는 拉扱也라 波流者는 莽蕩也라 言其看我不出이로되 但見拉扱莽蕩이라 故自失而走也라

그런 뒤에야 열자는 스스로 아직 배우지 못했다고 생각하여 집으로 돌아가 삼년 동안 집 밖에 나가지 않고 아내를 위해 밥을 지었으며 돼지를 먹이기를 사람 먹이듯 하였으며, 모든 일에 친히 하지 않은 듯이 하였고, 聰明을 쪼아 버리고 소박함으로 돌아가 아무런 감정 없이 외로이 홀로 섰으니, 번다히 경계를 두었으리오. 한결같이 이런 태도를 지키면서 일생을 마쳤다.

然後에야 列子自以爲未始學이라하야 而歸하야 三年을 不出하야 爲其妻爨(찬)하며 食豨(희)如食人하며 於事에 無親이오 雕琢復朴하야 塊然獨以其形立하니 忿然而封戎이리오 壹以是終하니라

'爲其妻爨'은 그 아내를 대신해서 솥과 부뚜막 사이에서 밥을 지으며 집 밖에 나가지 않은 것이다. '食豕如食人'은 내면에 정신을 집중해서 그 외면을 보지 않는 것을 말한다. '於事無親'이라는 것은 비록 일을 하더라도 스스로 알지 못하여 마치 친히 하지 않는 것과 같음을 말한다. 그 聰明을 쪼아 없애서 소박함으로 돌아가니, 四肢百體를 다 버리고 총명을 없애는 것을 이른다. '塊然獨以其形立'은 나무를 깎아 만든 사람의 형상과 같은 것이다. '封'은 廉隅(모서리)가 있는 것이다. '紛'은 많음이다. 그 형상이 이미 나무를 깎아 만든 인형과 같으니, 어찌 많은 경계와 염우가 있으리오. '一以是終'이라는 것은 종신토록 항상 이와 같음을 말하니, 늘상 이와 같다는 뜻이다. '忿'은 응당 '紛'이 되어야 하고, '戎'은 응당 '哉'가 되어야 한다. ≪莊子≫를 따르는 것이 옳으니, 이는 모두 전사하는 과정에서 생긴 오자이다. 장자와 열자는 모두 한 유파의 학문이니 이러한 의론은 반드시 평소에 강습한 바였을 것이다. 그러므로 두 책에 모두 있는 것이다.

爲其妻爨은 代其妻하여 執爨於鼎竈之間而不出也라 食豕如食人은 言集神於內而不見其外也라 於事無親者는 言其雖爲事而不自知하여 若不親爲之也라 雕琢其聰明하여 而歸復於朴하니 謂隳肢體黜聰明也라 塊然獨以其形立은 猶木偶人也라 封은 有廉隅也라 紛은 多也라 其形已如木偶하니 安有封畛廉隅之多乎아 一以是終者는 言其終身常如此也니 一常如此之意라 忿은 合作紛이요 戎은 合作哉라 從莊子爲是하니 此皆傳寫之誤也라 莊列皆一宗之學이니 此等議論은 必其平昔所講聞者라 故二書皆有之라

2-14 사람들이 따르게 하는 올바른 방도

열자가 齊나라로 가다가 중도에 돌아와서 伯昏瞀人을 만났다. 백혼무인이 말하였다. "어디 있다가 돌아왔는가?"

열자가 말하였다. "제가 놀랄 일을 겪었습니다." 백혼무인이 말하였다. "무슨 일로 놀랐는가?" 열자가 말하였다. "제가 열 번째 밥집에서 밥을 사먹으려는데 다섯 번째 밥집에서 먼저 음식을 갖다 주었습니다."

백혼무인이 물었다. "그와 같은 일에 그대는 어찌하여 놀랐는가?"

열자가 대답하였다. "내면에 쌓인 성실함이 化하지 않아 형체가 움직임에 광채를 이루어 밖으로 사람들의 마음을 심복시킨 것입니다. 사람들로 하여금 존귀한 사람과 연로한 사람을 가볍게 여기게 하여 그로 인한 우환을 쌓게 될 것입니다. 저 밥집 주인은 다만 밥과 국을 만들어 팔기 때문에 이익이 많이 남는 것도 없습니다. 거기서 얻어지는 이익도 적고 거기서 얻어지는 권세도 가벼운데 오히려 이와 같이 하는데, 더구나 萬乘의 군주에 있어서이겠습니까. 몸은 나라 일에 지치고 지혜는 일에 다 소진했기 때문에 그 군주는 나에게 일을 맡겨 나에게 성공을 바치게 할 것입니다. 저는 이 때문에 놀란 것입니다."

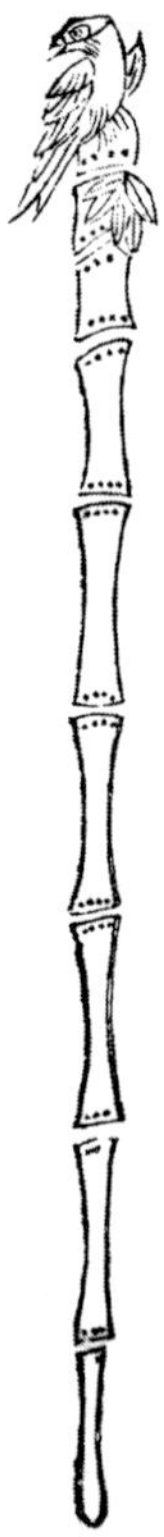
杖

백혼무인이 말하였다. "훌륭하도다. 그대의 관찰이여. 그대가 집에 머문다면 사람들이 장차 그대를 보호할 것이다." 얼마 지나지 않아 백혼무인이 열자의 집에 가보니 문 밖에 벗어놓은 신발이 가득하였다. 백혼무인이 북쪽을 향해 서서 지팡이를 세워 턱을 괴고서 한참을 서 있다가 아무런 말없이 나왔다. 빈객을 대접하는 자가 열자에게 알렸더니 열자가 신발을 들고 맨발로 달려가 문에까지 쫓아가서 여쭈었다. "선생께서 이미 오셨는데 어찌 藥石이 될 가르침을 베풀어 주지 않으십니까?"

백혼무인이 대답하였다. "그만두어라. 내가 본디 그대에게 고하여 말하기를 '사람들이 그대를 보호할 것이다.'라고 하였는데, 과연 그대를 보호하고 있구나. 그대가 사람들로 하여금 그대를 보호하도록 시킨 것은 아니지만 그대는 사람들로 하여금 그대를 보호함이 없도록 하지는 못했는데, 그대의 하는 바가 어떻게 이처럼 사람을 감동시켰는가? 사람들이 감동하여 기뻐하는 것은 그대가 괴이함을 드러내어서 그렇게 만든 것일 터이고, 또 필시 감촉해서 그대의 본성을 흔드는 바가 있었을 것이니 더욱 무익하다. 그대와 더불어 노니는 붕우들도 그대에게 충고해주지 않으니, 그들의 천근한 말은 모두 사람에게 해독이 된다. 스스로 깨닫지도 못하고 남을 깨닫게 하지도 못하니 어떻게 서로 묻겠는가.”

子列子之齊하다가 中道而反할새 遇伯昏瞀人하다 伯昏瞀人曰 奚方而反고 曰吾驚焉호라 曰惡乎驚고 曰吾食於十漿하더니 而五漿先饋하더라 伯昏瞀人曰 若是 則汝는 何爲驚已오 曰 夫內誠不解하여 形諜成光하야 以外鎭人心이라 使人輕乎貴老하야 而韲(제)其所患하나니라 夫漿人은 特爲食羹(갱)之貨로 無多餘之贏(영)이라 其爲利也薄하며 其爲權也輕호대 而猶若是온 而況於萬乘之主아 身勞於國하고 而知盡於事하야 彼將任我以事하야 而效我以功할새 吾是以驚호라 伯昏瞀人曰 善哉라 觀乎여 汝處已면 人將保汝矣리라 無幾何오 而往하니 則戶外之屨滿矣러라 伯昏瞀人이 北面而立하야 敦杖하야 蹙之乎頤(이)하야 立有間이라가 不言而出커늘 賓者以告列子한대 列子提屨하고 徒跣而走하야 暨乎門하야 問曰 先生旣來하시린대 曾不廢藥乎아 曰已矣라 吾固告汝曰 人將保汝라하야늘 果保汝矣로다 非汝 能使人保汝라 而汝는 不能使人으로 無保汝也로니 而 焉用之感也리오 感豫出異오 且必有感也 搖而本身이라 又無謂也로다 與汝遊者도 莫汝告也하나니 彼所小言이 盡人毒也라 莫覺莫悟에 何相孰也리오

‘奚方而反’은 ‘어디에 있다가 돌아오는 것인가’라는 말이다. ‘食於十漿而五漿先饋’는 그 사람이 자기를 공경하여 밥을 사기도 전에 음식을 갖다 준 것이다. 和順한 덕성이 안에 쌓여서 영화로운 광휘가 밖으로 드러난 것이니,[52] 이는 聖門의 말이다. ‘內誠不解’는 성실함이 쌓였으나 아직 化하지 않은 것이니, ‘解’는 화함이다. ‘諜’은 움직임이니, ‘形諜’은 형체가 움직이는 것이다. ‘成光’이라는 것은 광채 나는 모습이 있는 것이니, 바로 화순한 덕성이 안에 쌓여서 영화로운 광휘가 밖에 드러난다는 뜻이다. 그러나 여기서는 자취가 있는 학문이 밖으로 사람의 마음을 심복시킴을 말한다. ‘鎭’은 心服함이다. 내가 아직 자취를 없애지 못하였기 때문에 사람이 이를 볼 수 있으니, 그러므로 심복하여 나를 공경함을 말한 것이다. 趙州禪師가 이르기를 “老僧이 수행력이 부족하여 귀신에게 간파되었다.”[53]라고 하였으니, 바로 이 뜻이다.

존귀한 자와 연로한 자는 사람들의 존경을 받는데 지금 나는 연로한 사람도 아니

52) 和順한……것이니 : ≪禮記≫ 〈樂記〉에 나오는 말이다.

53) 老僧이……되었다 : 이 말은 趙州禪師의 말이 아니라 南泉禪師의 말이다. 남천선사가 莊園에 이르렀다. 장원의 주인이 미리 준비하여 놓고 스님을 영접하여 받들어 모셨다. 남천선사가 말하기를 “노승은 평소에 출입할 때 다른 사람이 알지 못하게 하는데, 어떻게 이렇게까지 미리 준비하였는가?” 하니, 장원의 주인이 말하기를 “지난밤에 土地神이 와서 알려주었습니다.” 하였다. 선사가 이르기를 “王老師가 수행력이 부족하여 귀신들이 엿보게 되었구나.”라고 하였다.(≪直指心經≫ 116 〈南泉普願禪師〉)

고 존귀한 사람도 아닌데 그 사람들이 도리어 저들을 가벼이 여기고 나를 존경하니, 자기를 공경함이 존귀한 사람이나 연로한 사람보다 위에 있음을 말한 것이다. '鳌'는 모으는 것이며 쌓는 것이다. 이러한 일이 쌓여 오랜 시일이 지나면 반드시 우환을 이룰 것이니, 명성과 행적이 더욱 드러나면 당세의 우환을 피할 수 없음을 말한 것이다. '無多餘之贏'은 이익이 남는 것이 많지 않음을 말한다. 이 구를 ≪장자≫와 비교하면 '無' 한 자를 더하였으니 뜻이 다른 것이다. '贏'은 이익이다.

세상의 역량이 있는 자는 사람을 업신여길 수도 존중할 수도 있거니와 밥을 파는 사람은 미천한 자이니 애초에 남을 업신여기거나 존중할 권력이 없다. 그런데도 나를 이렇게 공경하는데 더구나 군주가 된 자에 있어서이겠는가. 〈군주가〉 자신의 몸이 바야흐로 수고롭고 지혜가 이미 소진하면 반드시 장차 나를 찾아 나를 임용해서 나로 하여금 그 성공을 바치게 할 것이니, 이것이 이른바 '그로 인한 우환을 쌓게 된다.'라는 것이다. '效'는 바침이다. 백혼무인이 기뻐하였기 때문에 '善哉觀乎'라고 하였으니, 그대가 이에 대해 一隻眼[54]을 갖추었음을 말한다. 또 말하기를 "그대가 집에 머문다면"이라고 하였으니, 굳이 밖으로 나가 노닐지 않아도 사람들이 장차 귀의하여 그대를 보호하여 스승으로 삼을 것이라 이른 것이다.

'處'는 머묾이다. '已'는 助詞이다. '保'는 보호함이니, 귀의하는 자가 많아져서 그 문을 보호하는 것이다. 이 '保' 한 자는 곧 이미 부족하다는 뜻이 있는 것이니, 대개 백혼무인의 견해가 또 한층 높은 것이다. '戶外之屨滿'은 따라 배우는 자가 많은 것이다. '敦杖蹙之乎頤'는 그 지팡이를 세워 턱을 괴는 것이니, '蹙'은 굄이다. '賓者'는 賓客을 대접하는 자이다. '提屨而走'는 옛사람이 좌석에 앉을 적에 반드시 신발을 벗은 뒤에 들어가니, 백혼무인을 맞이하는데 급급하였기 때문에 미처 신을 신지 못한 것이다. '廢藥'이라는 것은 가르침이니 일깨워 藥石이 될 말을 해 주는 것이다. '廢'라는 것은 베푸는 것이다. '已矣'는 말을 그만둔다는 뜻이다. '내가 이전에 이미 사람들이 장차 그대를 보호할 것이라고 하였는데, 그대는 사람들로 하여금 그대를 보호함이 없도록 하지 못하였다.'는 것은 곧 ≪장자≫에 이른바 '나를 잊기는 쉽지만 사람으로 하여금 나를 잊게 하기는 어렵다.'[55]라는 것이다.

---

54) 一隻眼 : 禪林의 용어로, 범부의 肉眼이 아니라 진실한 正見을 갖춘 慧眼이라는 말인데, 頂門眼 혹은 活眼이라고도 한다.

55) 나를……어렵다 : ≪莊子≫ 〈天運〉에 "존경하는 마음으로 효를 실천하기는 쉬워도 사랑하는 마음으로 효를 실천하기는 어려우며 사랑하는 마음으로 효를 실천하기는 그래도 쉽지만 어버이를 잊기는 어려우며 어버이를 잊기는 그래도 쉽지만 어버이로 하여금 나를 잊게 하기는 어려우며 어버이로 하여금 나를 잊게 하기는 그래도 쉽지만 천하의 모든 사람을 잊기는 어려우며 천하의 모든 사람을 잊기는 쉽지만 천하의 모든 사람으로 하여금

'而焉用之'의 '而'는 그대이고, '用'은 함이니, 그대가 하는 바가 어떻게 이처럼 사람을 감동시켰는가라는 말이다. 사람들이 감동하여 그대를 기뻐하는 것은 필시 그대가 스스로 숨기지 못하여 괴이함을 외면에 드러내어 그렇게 만든 것일 터이다. 그러므로 '感豫出異'라고 한 것이다. 그대가 이미 이와 같으니 형체가 외면에 드러나는 것을 스스로 숨길 수 없었을 뿐만 아니라 필시 감촉해서 그대의 본성을 동요시키는 바가 있었을 것이니 더욱 무익하다. '無謂'는 곧 무익함이고, '又'는 '더욱'이라는 뜻이다. '與汝游者'는 그대의 붕우이니, 배운 바가 지극하지 못해서 그 말이 천근하다. 그러므로 '小言'이라고 한 것이니, 그 말이 모두 사람에게 해독이 됨을 말한 것이다. 또 그대와 더불어 서로 바로잡을 자가 없다면 그대는 끝내 깨닫는 바가 없을 것이니, 누가 다시 그대에게 그대가 어떠한지를 묻겠는가. '相孰'은 서로 누구인가 물어보는 것이니, 서로 묻는다는 뜻이다. 이 단락은 ≪장자≫ 〈列禦寇〉편과 같으나 한 두 글자가 같지 않을 뿐이다.

奚方而反은 言在何所而回也라 食於十漿이어늘 而五漿先饋는 其人敬己하여 不待買而饋之라 和順積中하여 英華發外니 此聖門之言이라 內誠不解는 誠積而未化也니 解는 化也라 諜은 動也니 形諜은 形容擧動也라 成光者는 有光儀也니 即積中發外之意나 而此以爲有迹之學이 外鎭人心者라 鎭은 服也라 言我未能無迹이라 故人得而見之하니 所以心服而敬我也라 趙州云 老僧修行無力이라 爲鬼神覷(처)破라하니 即此意也라 貴者老者는 則人所敬이니 我今非老非貴어늘 其人反輕彼而敬我하니 言敬己在於貴老之上也라 韲은 聚也며 積也라 此等事積而久之면 必成患害니 言名迹愈露則不能逃當世之患也라 無多餘之贏은 言其贏利所餘無多也라 此句比莊子면 添一無字하니 則意異矣라 贏은 利也라 世之有力量者는 則能輕重人이어니와 買漿은 微者也니 初無權力可以輕重人也어늘 而能敬我如此어든 況爲君者아 身方勞而智已竭이면 必將求我而任用我하여 使我效其成功하리니 此所謂韲其所患也라 效는 獻也라 督人喜之라 故曰善哉觀乎라하니 言汝於此에 具一隻眼也라 又曰 汝止矣라하니 謂其不必出游矣라도 人將歸向而守汝以爲師矣라 處는 止也라 已는 助字也라 保는 守也라 歸者衆而守其門也라 此一保字는 便已有不足之意니 蓋督人之見이 又高一層也라 戶外之屨滿은 從學者衆也라 敦杖蹙之乎頤는 竪立其杖하여 而拄之於頤也니 蹙은 拄也라 賓者는 主賓客者也라 提屨而走는 古人坐於席에 必脫屨而後入하니 急於迎督人이라 故不及穿屨也라 廢藥者는 教誨也니 開發而藥石之也라 廢者는 置也라 已矣는 休言之意라 我前此已言人將守汝矣니 汝不能使人無保汝者는 即莊子所謂忘我易요 使人忘我難也라 而焉用之者의 而는 汝也요 用은 爲也니 言汝之所爲가 何以如此感動人也라 人之感動而悅豫於汝者는 必

나를 잊게 하기란 어렵다.〔以敬孝易 以愛孝難 以愛孝易 以忘親難 忘親易 使親忘我難 使親忘我易 兼忘天下難 兼忘天下易 使天下兼忘我難〕"라고 하였다.

汝不能自晦하여 使乖異出見乎其外而致然也라 故曰 感豫出異也라 汝旣如此하니 非惟形見於外者不能自隱이요 必且有所感觸하여 而搖動汝之本身이니 尤無益也라 無謂는 卽無益也요 又는 尤之意也라 與汝游者는 汝之朋友也니 所學未至하여 其言淺近이라 故曰小言이니 其言皆爲人之毒害라 又無以與汝相規正者면 則汝終無所覺悟니 誰復問汝爲汝何也리오 相孰은 相誰何也니 相借問之意也라 此段은 與莊子列禦寇篇同이로되 但一二字不同耳라

2-15 사람들과 자연스럽게 어울리는 방도

楊朱[56]가 남쪽 沛[57] 땅으로 가려고 할 때 老聃[58]이 서쪽 秦나라로 놀러 왔다. 양주가 교외에서 노자를 마중하려 하였으나 결국은 梁[59] 땅에 가서야 노자를 만났다. 노자가 하늘을 우러러 탄식하며 말하였다. "처음에는 그대를 가르칠 수 있을 것이라 여겼는데 이제 보니 가르칠 수 없겠다." 양주가 객사에 이르러 노자를 위해 세숫대야와 양치할 물과 수건과 빗을 받들어 올리고 나서, 신발을 문 밖에 벗어 놓고 무릎으로 기어 앞으로 나아가 말하였다. "조금 전에 夫子께서 하늘을 우러러 탄식하며 말하기를 '처음에는 그대를 가르칠 수 있다고 여겼는데 이제 보니 가르칠 수 없겠다.'라고 하셨습니다. 제가 가르침을 청하려고 하였으나 부자께서 서둘러 가셨기에 그 때문에 감히 여쭙지 못하였습니다. 지금 부자께서 겨를이 있으시니 제 잘못에 대해 여쭙고자 합니다."

노자가 대답하였다. "그대는 우쭐하여 편안하게 굴지 않으니 그대는 항상 남과 함께 거처하는 듯하다. 매우 밝은 것은 어두운 듯이 보이고 성대한 덕은 부족한 듯이 보이는 법이다."

양주는 흠칫 놀라 안색을 바꾸며 말하였다. "삼가 가르침을 받들겠습니다." 양주가 처음 객사에 왔을 때에는 객사에 묵던 사람들이 맞이하고 전송하며, 객사 주인

---

56) 楊朱 : 전국시대 衛나라의 사상가로, 자는 子居이다. 극단의 이기주의를 제창하여 墨翟의 兼愛說과 대립하였다.

57) 沛 : 지금의 江蘇省 沛縣 동쪽이다.

58) 老聃 : 周代의 철학자로 성은 李, 이름은 耳, 자는 伯陽, 시호는 聃이다. 道家의 시조로서 자연법칙에 기초를 둔 도덕의 절대성을 역설하였다. 노담과 양주는 시대 차이가 많이 나서 실제로 두 사람이 만났을 가능성은 희박하다.

59) 梁 : 전국시대 魏나라의 수도 大梁으로, 지금의 河南城 開封市 서북쪽이다.

이 자리를 들고 오며, 객사 주인의 아내가 수건과 빗을 가지고 오며, 객사에 묵던 사람들이 자리를 피하며, 불 때던 자가 아궁이를 피해주었는데, 양주가 돌아갈 때에는 객사에 묵던 사람들이 그와 자리를 다투기까지 되었다.

楊朱南之沛할새 **老聃**이 **西遊於秦**이어늘 **邀於郊**하더니 **至於梁而遇老子**한대 **老子仰天而歎曰 始以汝**로 **爲可敎**러니 **今不可敎也**로다하여늘 **楊朱至舍**하야 **進涫漱**(수)**巾櫛**(즐)하며 **脫屨戶外**하고 **膝行而前曰 向者**에 **夫子仰天而歎曰 始以汝**로 **爲可敎**러니 **今不可敎**로다하여늘 **弟子欲請**이라가 **夫子 辭行不閒**할새 **是以不敢**이러니 **今夫子閒矣**니 **請問其過**하노이다 **老子曰 而**睢(휴)睢**而**盱(우)盱하니 **而誰與居**오 **大白**은 **若辱**하고 **盛德**은 **若不足**하니라 **楊朱蹴然變容曰 敬聞命矣**로리이다하니 **其往也**에는 **舍者迎將**하며 **家公執席**하며 **妻執巾櫛**하며 **舍者避席**하며 **煬者避竈**(조)하더니 **其反也**에는 **舍者與之爭席矣**러라

'請問其過'라는 것은 夫子가 나를 가르칠 수 없다고 이른 것을 말하니, '其'는 잘못이 어디에 있는가라는 뜻이다. '睢睢盱盱'는 우쭐하여 편안하게 굴지 않는 모양이다. '誰與居'라는 것은 物我를 잊지 못해서 항상 남과 함께 거처하는 것과 같음을 말한다. '大白若辱'이라는 것은 밝으면서도 스스로 어두운 듯이 한다는 뜻이고, '盛德若不足'이라는 것은 비록 〈성대한 덕이〉 있으나 자처하지 않음을 말한다. '迎將'은 맞이하고 보냄이다. '家公'은 객사의 주인이다. '執席執巾櫛'은 시봉하는 것이다. '煬者'는 불 때는 자이다. '避舍避竈'는 공경하는 것이다. '爭席'이라는 것은 공경할 만함을 알지 못하는 것이다. 老子의 말을 듣기 전에는 우쭐하여 자부하는 뜻이 있었기 때문에 사람들이 보고 공경한 것이다. 이미 감화를 받고 나서는 겸손하게 자신의 덕을 감추어서 사람들이 보고서 보통 사람으로 여긴 것이다. 이 단락은 ≪莊子≫ 〈寓言〉편과 완전히 같으나 '涫'자는 ≪장자≫에 '盥'으로 되어 있으니, 의미는 또한 통한다.

請問其過者는 言夫子謂我不可敎니 其는 過在何處也아 睢睢盱盱는 矜持而不自在之貌라 誰與居者는 言其物我未忘하여 常若與人同居也라 大白若辱者는 明而自晦之意요 盛德若不足者는 言其雖有而不自居也라 迎將은 迎送也라 家公은 旅邸之主也라 執席執巾櫛은 奉承之也라 煬者는 炊者也라 避舍避竈는 敬之也라 爭席者는 不知其可敬也라 未聞老子〔之言〕[60]之先에 有矜持自名之意라 故人見而敬之라 旣得點化하얀 則退然自晦하여 而人視之以爲常人矣라 此段은 與莊子寓言篇全同이로되 但涫字는莊子作盥하니 義亦通이라

60)〔之言〕: 저본에는 '之言' 두 자가 없으나, 續修四庫全書本에 의거하여 보충하였다.

2-16 뽐내지 않는 훌륭한 사람

楊朱가 宋나라 동쪽을 지나다가 여관에 묵게 되었다. 여관 주인에게 두 명의 첩이 있었는데, 그 중 한 사람은 미인이고 한 사람은 추녀였다. 그런데 추녀는 귀한 대접을 받고 미인은 천한 대접을 받고 있었다. 양자가 그 까닭을 물었더니, 나이 젊은 여관의 주인이 말하였다. "그중 미인은 스스로 아름답게 여기는지라 저는 그가 아름다운지 알지 못하겠고 추녀는 스스로 추하다고 여기는지라 저는 그가 추한지 알지 못하겠습니다."

양자가 말하였다. "제자들아 이것을 기억해 두어라. 어진 행동을 하면서도 스스로 어질다고 뽐내는 태도를 버린다면 어디에 간들 사랑받지 않겠느냐?"

楊朱過宋東之於逆旅러니 **逆旅人**이 **有妾二人**호대 **其一人**은 **美**하고 **其一人**은 **惡**한대 **惡者貴而美者賤**이어늘 **楊子問其故**한대 **逆旅小子對曰 其美者 自美**라 **吾不知其美也**며 **其惡者自惡**이라 **吾不知其惡也**하노라 **楊子曰 弟子**아 **記之**하라 **行賢而去自賢之行**이면 **安往而不愛哉**리오

이 단락은 ≪莊子≫ 〈山木〉편과 같다. '美者自美'는 스스로 뽐내며 거만하게 구는 것이고, '惡者自惡'은 겸연히 스스로 부족하다고 여기는 것이다. '行賢而去自賢之行'은 어진 자의 덕이 있으면서 스스로 자랑하는 태도가 없으면 어디에 간들 사람들이 모두 사랑하고 좋아함을 이른다. 이 한 절목은 인생에서 수용할 절실한 곳이다. 孟子가 양주를 爲我라고 하였는데,[61] 이 몇 곳에 의거하면 양주는 노자의 학문을 배운 듯하니, 어쩌면 양주가 처음에는 노자를 배웠다가 후에 스스로 한 宗派가 된 것인가.

此段은 與莊子山木篇同이라 美者自美는 自矜誇也요 惡者自惡은 慊然自以爲不足也라 行賢而去自賢之行은 謂有賢者之德而無自矜之行이면 則隨所往而人皆愛樂之라 此一節은 亦是人生受用親切處라 孟子以楊朱爲爲我라하니 據此數處이면 則楊朱似爲老子之學하니 豈楊朱初學老子라가 後自爲一宗乎아

---

61) 孟子가……하였는데 : 楊朱가 표방한 극단의 이기주의에 대한 표현이다. 맹자가 말하기를, "양자는 자신을 위함을 취하였으니, 하나의 털을 뽑아서 천하를 이롭게 하더라도 하지 않았다.〔楊子取爲我 拔一毛而利天下 不爲也〕"라고 하였다.(≪孟子≫ 〈盡心 上〉)

2-17 부드럽고 약한 것이 단단하고 강한 것을 이긴다.

천하에는 항상 이기는 道가 있고 항상 이기지 못하는 道가 있으니, 항상 이기는 도를 부드러움이라 하고 항상 이기지 못하는 도를 강함이라 한다. 이 두 가지는 또한 알기 쉬운데 사람들은 그것을 알지 못한다. 그러므로 상고시대의 말에 "강함은 자기보다 못한 사람에게 앞서거니와 부드러움은 자기보다 나은 사람에게 앞선다."라고 하였다. 자기보다 못한 사람에게 앞서는 사람은 자기와 대등한 사람을 만나면 위태로워지지만 자기보다 나은 사람보다 앞서는 사람은 위태로워지는 바가 없을 것이다. 이 道로써 한 몸을 이기는 자가 이러한 사람이고 이 도로써 천하를 맡은 자도 이러한 사람이니, 이기려 하지 않아도 저절로 이기게 되고 맡지 않으려 해도 저절로 맡게 됨을 이른 것이다.

天下에 **有常勝之道**하고 **有不常勝之道**하니 **常勝之道曰柔**요 **常不勝之道曰强**이라 **二者亦知**어늘 **而人未之知**라 **故上古之言**에 **强**은 **先不己若者**어니와 **柔**는 **先出於己者**라 **先不己若者**는 **至於若己**면 **則殆矣**어니와 **先出於己者**는 **無所殆矣**라 **以此勝一身若徒**하고 **以此任天下若徒**니 **謂不勝而自勝**하고 **不任而自任也**라

부드러움은 항상 이기고 강함은 이기지 못하니, 이는 老子의 의론이다. '二者亦知'는 두 가지의 득실을 매우 알기 쉬운데 사람들이 대부분 이를 알지 못함을 말한 것이다. 그러므로 예로부터 이후로 그 강함을 자랑하는 자는 저 자기만 같지 못한 사람을 보니 반드시 내가 앞서는 것으로 쾌함을 삼는다. 만약 이를 강함으로 삼는다면 또 나보다 강한 자가 반드시 나와 다툴 것이다. 내가 반드시 이기지 못할 것이니 그렇게 된다면 위태로워질 것이다. 그러므로 '先不己若者 至於若己則殆矣'라고 한 것이다. 부드러움을 숭상하는 자는 세상 사람들이 모두 자신보다 앞서서 뛰어남을 보니 나는 항상 그 뒤에 있는다. 나에게 있는 것은 항상 약하고 항상 비교할 데가 없으니, 어디인들 위태롭겠는가. 그러므로 '先出於己者 無所殆矣'라고 한 것이다. 이 道로써 그 몸을 지킨다면 나에게 있는 것이 항상 이긴다. 그러므로 '以此勝一身若徒'라고 한 것이다. '若徒'라는 것은 이러한 사람이라고 말하는 것과 같다. '徒'는 부류이니, 한 몸으로 항상 이기는 자가 곧 이러한 부류의 사람인 것이다. 이 道로써 천하의 일을 맡는다면 또한 항상 이긴다. 그러므로 '以此任天下若徒'라고 하였으니, 천하로써 자임한 자도 또한 이러한 부류의 사람임을 말한 것이다. 내 스스로 이기지 못한다고 한다면 어느 때고 이기지 못함이 없다. 그러므로 '不勝而自勝'이라고 한 것이다. 내 스스로 맡을 수 없다고 한다면 천

하를 스스로 맡을 수 있다. 그러므로 '不任而自任'이라고 한 것이다.

柔可常勝하고 强則不勝하니 此老子之論이라 二者亦知는 言二者之得失을 甚易知也어늘 而人多未知之라 故自古以來로 誇其强者는 視彼不己若之人하니 則必以我先之爲快라 若以此爲强이면 則又有强於我者가 必與我爭이라 我必不勝이니 則危殆矣라 故曰先不己若者는 至於若己면 則殆矣라 以柔爲尙者는 視世之人이 皆出於己之先하니 而我常居其後라 在我者는 常〔弱常〕[62]無較하니 則何所危殆乎아 故曰先出於己者는 無所殆矣라 以此道而守其身이면 則在我者常勝이라 故曰以此勝一身若徒라 若徒者는 猶曰若而人也라 徒는 等也니 能以一身常勝者는 卽此等人也라 以此道而任天下之事이면 則亦常勝이라 故曰以此任天下若徒니 言能以天下自任者도 亦此等人也라 蓋我自謂不勝이면 則無時而不勝이라 故曰不勝而自勝이요 我自謂不能任이면 則天下可以自任이라 故曰不任而自任이라

粥子[63]가 말하였다. "단단하려 한다면 반드시 부드러움으로 이를 지키고 강하려고 한다면 반드시 약함으로 이를 보전해야 한다. 부드러움을 쌓아 가면 반드시 단단해지고 약함을 쌓아 가면 반드시 강해진다. 그 쌓인 바를 관찰해보면 禍福의 향방을 알 수 있다. 강한 사람은 자기만 못한 사람을 이기지만 자기와 대등한 사람을 만나면 단단해서 〈이기지 못한다.〉 부드러운 사람은 자기보다 나은 사람을 이기는지라 그 힘을 헤아릴 수 없는 것이다."

老聃이 말하였다. "군대가 강하면 멸망하고 나무가 강하면 꺾이니, 부드럽고 연약한 것은 삶의 무리이고 딱딱하고 굳은 것은 죽음의 무리이다."[64]

粥子曰 欲剛이면 必以柔守之하고 欲强이면 必以弱保之라 積於柔必剛하고 積於弱必强이라 觀其所積이면 以知禍福之鄕이라 强勝不若已어니와 至於若已者剛하고 柔勝出於已者니 其力不可量이라 老聃曰 兵强則滅하고 木强則折하니 柔弱者는 生之徒요 堅强者는 死之徒라

---

62) 〔弱常〕: 저본에는 '弱常' 두 자가 缺字이나, 續修四庫全書本에 의거하여 보충하였다.

63) 粥子: 粥熊을 말한다. 본서 1-11의 주 74) 참조.

64) 군대가……무리이다: ≪노자≫ 76장에 "사람이 살아 있을 때에는 부드럽고 약하지만 죽게 되면 단단하고 굳어진다. 萬物과 草木도 살아 있을 때에는 부드럽고 여리지만 죽게 되면 마르고 딱딱해진다. 그러므로 단단하고 굳은 것은 죽음의 무리이고, 부드럽고 약한 것은 삶의 무리이다. 이 때문에 군대가 강하면 이기지 못하고, 나무가 강하면 베어지고 강하고 큰 것은 아래에 처하고, 부드럽고 약한 것은 위에 처한다.〔人之生也柔弱 其死也堅强 萬物草木之生也柔脆 其死也枯槁 故堅强者死之徒 柔弱者生之徒 是以兵强則不勝 木强則折 强大處下 柔弱處上〕"라고 하였다.

부드러움으로써 스스로 지키면 항상 단단하고 약함으로써 스스로 보전하면 항상 강하니, 항상 약하고 항상 부드러우면 福을 받고 부드럽지 못하고 약하지 못하면 禍를 받는다. 그러므로 그 쌓은 바를 보면 화와 복의 향방을 알 수 있다고 한 것이다. '積'은 '오램'이다. 강함으로 자기만 못한 사람을 이기는 사람은 갑자기 자기와 대등한 사람이 나와서 그 단단함으로써 나와 대적한다면 내가 이기지 못하는 것이다. 그러므로 '强勝不若已 至於若已者剛'이라고 한 것이다. 부드러움으로써 스스로 지켜 세상 사람들이 모두 자기보다 뛰어나서 내가 다툴 바가 없음을 본다면 나에게 있는 것이 항상 이긴다. 그러므로 '柔勝出於已者 其力不可量'이라고 한 것이다. 이는 粥子의 말을 거론한 것이고, 또 老子의 몇 마디 말로 증명한 것이다. 粥子는 별도로 한 책이 있으니, 또한 老子의 무리이다.

'兵强則滅'은 그 병력을 믿고서 전쟁하는 자는 반드시 망한다는 것이고, '木强則折'은 덩굴이나 버들가지 같은 것은 꺾이기 어렵고 나무는 쉽게 꺾이니, 부드럽고 약한 것은 항상 살고 단단하고 강한 것은 항상 죽는다는 말이다. '徒'는 부류이다. 이 말은 ≪老子≫ 76장에 보이니, 〈거기서는〉 바로 사람과 초목의 生死로 비유하였다. 그러므로 '之徒'라고 하였다. 여기는 윗글의 군대와 나무의 비유로 인한 것이다. 그러므로 또한 '之徒'라고 한 것이니, 그 의미는 부드러움은 이기고 강함은 반드시 패하는 것이 모두 이러한 부류임을 말한 것이다.

石南藤

以柔自守則常剛하고 以弱自保則常强이니 常弱常柔則爲福하고 不能柔不能弱則爲禍라 故曰觀其所積이면 知禍福之鄕이라 積은 常久也라 以强爲勝不若已者는 忽其若已者出하여 以其剛而與我敵이면 我則不勝矣라 故曰强勝不若已어니와 至於若已者剛也라 以柔自守하여 而視世之人이 皆出於已上하여 我無所爭이면 則在我者(當)〔常〕[65]勝이라 故曰柔勝出於已者는 其力不可量이라 此擧粥子之言也요 又以老子數語證之라 粥子自有一書하니 亦老子之徒라 兵强則滅者는 恃其兵力하여 以爭戰者는 必亡也요 木强則折者는 如藤如柳則難折하고 木則易折也니 柔弱者는 常生하고 堅强者는 常死라 徒는 類也라 此語見老子七十六章이라 乃人與草木生死爲喩也라 故曰之徒라 此因上文兵木之喩라 故亦曰之徒니 意謂柔能勝하고 强必敗가 皆此類也라

65) (當)〔常〕: 저본에는 '當'으로 되어 있으나, 續修四庫全書本에 의거하여 '常'으로 바로잡았다.

2-18 사람과 동물의 마음

형상은 반드시 같지 않더라도 지혜는 같을 수 있고 지혜는 반드시 같지 않더라도 형상은 같을 수 있다. 성인은 지혜가 같은 사람을 취하고 형상이 같은 사람을 버리며, 보통 사람들은 형상이 같은 사람을 가까이 하고 지혜가 같은 사람을 멀리 한다. 형상이 나와 같은 사람은 가까이 하여 사랑하고 형상이 나와 다른 사람은 멀리하여 두려워한다.

7尺의 몸을 지니고 있고 손과 발의 모양이 다르며 머리털이 위에 있고 이가 입 안에 있으며 의지하여 함께 나아가는[66] 이를 사람이라고 이르나 반드시 금수의 마음이 없는 것은 아니다. 비록 금수의 마음이 있더라도 형상 때문에 친한 대접을 받는 것이다. 날개를 지니고 있고 뿔을 머리에 달고 있으며 어금니가 갈라져 있고 발톱이 펴져 있으며 위로 날아오르고 엎드려 달리는 것을 禽獸라고 이르나 금수가 반드시 사람의 마음이 없는 것은 아니다. 비록 사람의 마음이 있더라도 형상 때문에 소원한 대접을 받는 것이다.

狀不必童而智童하고 **智不必童而狀童**하니 **聖人取童智而遺童狀**하며 **衆人近童狀而疏童智**라 **狀與我童**은 **近而愛之**하고 **狀與我異者**는 **疏而畏之**라 **有七尺之骸**하고 **手足之異**하며 **戴髮含齒**하며 **倚而趣者**를 **謂之人**이나 **而未必無獸心**이라 **雖有獸心**이라도 **以狀而見親矣**라 **傅翼戴角**하며 **分牙布爪**하며 **仰飛伏走**를 **謂之禽獸**나 **而禽獸未必無人心**이라 **雖有人心**이라도 **以狀而見疏矣**라

'童'은 '同'이니 독음이 비슷해서 생긴 오자이다. 이 글의 뜻은 사람의 형상이 비록 금수와 다르나 그 마음은 금수와 같음을 이른 것이다. 성인의 같음은 그 형상을 취하지 않고 그 마음을 취하니, 이는 세상에 대해 분개하는 의론이다. '倚而趣'라는 것은 의지하여 함께 나아가는 것이다. '仰'은 오름이고, '伏'은 낮춤이다.

童은 同也니 聲之訛也라 此意는 蓋謂人之狀貌가 雖異於禽獸나 而其心與禽獸同者라 聖人之同은 不取其貌而取其心이니 此憤世之論이라 倚而趣者는 相依倚而共趣向也라 仰은 上也요 伏은 下也라

---

66) 의지하여……나아가는 : 우선 林希逸의 주에 의거하여 이와 같이 번역하였다. 일반적으로는 '依'는 '直立'으로, '趣'는 '趨'와 통용하는 것으로 보아, '꼿꼿하게 서서 걸어간다.'로 번역한다.

庖羲氏[67]와 女蝸氏[68]와 神農氏[69]와 夏后氏[70]는 뱀의 몸에 사람의 얼굴이었고 소의 머리에 호랑이 코의 형상이었으니, 이들은 사람의 형상과 달랐지만 위대한 성인의 덕을 지니고 있었다. 夏나라 桀王[71]과 殷나라 紂王[72]과 魯나라 桓公[73]과 楚나라 穆公[74]은 그 모습이 눈, 코, 귀, 입을 모두 갖추고 있어서 모두 사람과 같았으나 금수의 마음을 지니고 있었다. 그런데 보통 사람들은 사람과 같은 한 가지 형상만을 고수하여 지극히 지혜로운 사람을 구하니 그렇게 될 수 없는 것이다.

伏羲

神農

67) 庖羲氏 : 伏羲, 宓犧, 伏戲 등으로도 쓴다. 중국 고대 전설상 三皇 중의 한 사람이다. 처음으로 백성에게 고기잡이, 사냥, 목축 등을 가르치고 八卦를 만들었다고 한다.

68) 女蝸氏 : 중국 고대 전설상 인류의 시조로, 복희씨의 누이이다. 共工氏가 祝融과 싸워서 지고 분한 마음에 머리로 不周山을 들이받아 天柱가 부러지자, 오색의 돌을 鍛鍊하여 하늘을 깁고 자라의 발을 잘라 땅의 四極을 지탱했으며, 홍수를 다스리고 맹수를 몰아내어 사람들이 편히 살게 하였고, 복희를 계승하여 황제가 되었다고 한다.

69) 神農氏 : 중국 고대 전설상 제왕으로, 火德으로 황제가 되었다고 하여 炎帝라 부르기도 한다. 백성들에게 농사짓는 법을 처음 가르쳤고, 製藥法과 六十四爻를 만들었다고 한다.

70) 夏后氏 : 禹가 舜의 禪讓으로 임금이 되어 國號를 夏라고 하였으므로, 우임금을 夏后라고 부른다.

71) 桀王 : 夏나라의 마지막 임금으로, 이름은 履癸이다. 포학한 정치를 하다가 殷나라 湯王에게 멸망당하였다.

72) 紂王 : 殷나라, 즉 商나라의 마지막 임금으로, 殷紂・商紂・帝臣이라고도 일컫는다. 湯임금의 31세 후손 帝乙의 아들이다. 포학한 정치를 하다가 周나라 武王에게 멸망당하였다.

73) 桓公 : 春秋時代 魯나라의 임금으로, 姬姓이다. 이름은 允이라 하기도 하고 軌라 하기도 한다. 자신의 형인 隱公을 시해하였다.

74) 穆公 : 춘추시대 楚나라의 임금으로, 이름은 商臣이다. 자신의 아버지 成王을 핍박하여 시해하였다.

黃帝[75]가 炎帝와 阪泉[76]의 들판에서 싸울 때에 곰과 큰곰과 이리와 표범과 살쾡이와 호랑이를 거느려 앞장서 달리게 하고 독수리와 갈새와 매와 솔개로 깃발을 삼았으니, 이는 힘으로 금수를 부린 것이다. 堯임금은 夔로 하여금 음악을 관장하게 하였는데 夔가 石磬을 치고 두드리자 온갖 짐승들이 모두 따라서 춤을 추었고,[77] 簫韶를 아홉 번 연주하자 봉황이 와서 춤을 추었으니,[78] 이는 음악으로 금수를 이르게 한 것이다.

그렇다면 금수의 마음이 어찌 사람과 다르겠는가. 형체와 소리가 사람과 달라서 그들과 접촉하는 방도를 알지 못한 것일 뿐이다. 성인은 알지 못하는 바가 없고 통달하지 못한 바가 없기 때문에 그들을 이끌어 부릴 수 있었던 것이다.

금수의 지혜가 자연 사람과 같은 점이 있다. 그들은 모두 낳은 새끼를 기르려고 하지만 또한 사람들에게 지혜를 빌리지 않는다. 암컷과 수컷이 서로 짝을 짓고 어미와 새끼는 서로 친하게 지내며, 평평한 곳을 피하여 험한 곳에 의탁하고 추위를 피해 따뜻한 곳으로 나아가며, 머물러 살 때는 무리를 짓고 다닐 때에는 줄을 지으며, 어린 것은 안에서 지내고 장성한 것은 밖에서 지내며, 마실 때에는 서로 이끌어 주고 먹을 때에는 울음으로 무리를 부른다.

上古 시대에는 사람들과 함께 살면서 사람과 함께 나란히 다녔다. 帝王의 시대에 와서야 비로소 놀라 흩어져 달아나게 되었다. 末世에 이르러서 숨고 달아남으로써 화난을 피하였다.

지금 동쪽 介氏의 나라[79]에는 그 나라 사람 중에 六畜[80]의 말을 이해하는 사람

---

75) 黃帝 : 중국 전설상의 帝王으로, 軒轅氏라고도 한다. 曆算, 文字, 律呂, 醫藥 등을 처음으로 백성에게 가르쳤다고 한다.

76) 阪泉 : 지명으로 지금 河北省 涿鹿縣 동서쪽이라고 한다. 일설에는 지금의 山西省 運城 경내라고도 한다.

77) 夔로……추었고 : 기는 舜임금 때 음악을 관장하던 신하 이름이다. 이 내용은 ≪書經≫ 〈益稷〉에 보인다.

78) 簫韶를……추었으니 : 소소는 순임금의 음악이다. 夔가 말하기를 "堂下에는 관악기와 鼗鼓를 진열하고, 음악을 합하고 멈추되 柷과 敔로 하며 笙과 鏞을 번갈아 울리니, 새와 짐승이 너울너울 춤을 추며 소소를 아홉 번 연주하자 봉황이 와서 춤을 춥니다.〔下管鼗鼓 合止柷敔 笙鏞以間 鳥獸蹌蹌 簫韶九成 鳳凰來儀〕"라고 하였다.(≪書經≫ 〈益稷〉)

79) 介氏의 나라 : 춘추시대 東夷의 나라로 그 임금은 葛盧이다. 그는 소의 말을 잘 이해하였다. 그가 魯나라를 예방했을 때, 소가 우는 소리를 듣고 말하기를 "이 소가 세 마리 새끼

이 자주 나타나니, 대개 홀로 깨달아 터득한 것이다. 太古 시대의 神聖한 사람은 만물의 실정과 상태를 모두 알았고 다른 종류의 동물들이 내는 소리도 모두 이해하여 그들을 불러 모아 가르쳐서 사람들과 같이 대우해 주었다. 그러므로 먼저 귀신과 도깨비를 불러 모았고, 다음으로 팔방의 사람들에게까지 이르렀고, 끝으로 금수와 벌레와 나방을 불러 모았다. 이는 혈기를 지닌 동물들은 마음과 지혜가 사람과 크게 다르지 않음을 말해 주는 것이다. 神聖한 사람은 이와 같음을 알았기 때문에 가르침을 베풂에 빠뜨린 바가 없었다.

庖羲氏女媧氏神農氏夏后氏는 蛇身人面하고 牛首虎鼻하니 此有非人之狀이나 而有大聖之德이요 夏桀殷紂魯桓楚穆은 狀貌七竅하여 皆同於人이나 而有禽獸之心이어늘 而衆人守一狀하여 以求至智하니 未可幾也라 黃帝與炎帝로 戰於阪泉之野에 帥熊羆(비)狼豹貙(추)虎爲前驅하고 鵰鶡(조갈)鷹鳶(연)爲旗幟하니 此以力使禽獸者也라 堯使夔典樂한대 擊石拊石에 百獸率舞하고 簫韶九成에 鳳凰來儀하니 此以聲致禽獸者也라 然則禽獸之心이 奚爲異人이리오 形音與人異하여 而不知接之之道焉이라 聖人은 無所不知하고 無所不通이라 故得引而使之焉이라 禽獸之智가 有自然與人童者라 其齊欲攝生이나 亦不假智於人也하니 牝牡(빈모)相偶하고 母子相親하며 避平依險하고 違寒就溫하며 居則有群하고 行則有列하며 小者居內하고 壯者居外하며 飮則相携하고 食則鳴群이라 上古之時에 則與人同處하여 與人竝行이라 帝王之時에 始驚駭散亂矣라 逮於末世하여 隱伏逃竄以避患害라 今東方介氏之國에 其國人數數解六畜之語者하니 蓋偏知之所得이라 太古神聖之人은 備知萬物情態하고 悉解異類音聲하여 會而聚之하여 訓而受之하여 同於人民이라 故先會鬼神魑魅(이매)하고 次達八方人民하고 末聚禽獸虫蛾라 言血氣之類는 心智不殊遠也라 神聖知其如此라 故其所敎訓者가 無所遺逸焉이라

三聖은 그 형상이 사람과 다르나 위대한 성인의 덕을 가졌으니, 이로써 걸왕과 주왕과 환공과 목공이 비록 사람의 형상을 가졌으나 실제로 금수의 마음을 가진 것을 형용한 것이다. 이를 인하여 또 힘으로 금수를 부린 것과 음악으로 금수를 이르게 한 것을 말하였으니, 이 볼만한 일을 인용하여 그 설을 실증한 것이다. '곰과 호랑이가

를 낳았는데 모두 제사에 희생으로 쓰일 수 있을 것입니다. 그 소리가 이렇게 말하고 있습니다."라고 하였다. 물어보니 그의 말이 사실이었다.(≪春秋左氏傳≫ 僖公 29년)

80) 六畜 : 대표적인 가축인 말, 소, 양, 닭, 개, 돼지를 이른다.

앞서서 달렸다.'는 것은 東漢 巨無霸의 일[81]에서 볼 수 있고, '독수리와 솔개로 깃발을 삼았다.'는 것은 그 가리키는 바를 따라 풀어놓고 사람은 따라서 갔기 때문에 '旗幟'라고 한 것이다. 금수의 지혜는 모두 원하는 바가 있고 또 낳은 새끼를 기르니, 어찌 사람이 가르칠 수 있으리오. 그러므로 '不假智於人'이라고 한 것이다. '齊'는 모두이고, '攝'은 기름이다. 上古 시대의 사람은 사슴과 돼지와 함께 거처하였으니, 또한 이러한 일이 있었기 때문에 그 설을 빌려서 사람과 금수의 의론을 형용한 것이다. '偏知'라는 것은 홀로 깨달아 터득한 것을 말한다. 그러므로 '偏知之所得'이라고 한 것이다. 오직 옛날의 성인만이 모두 알았으니, '備'는 모두이다. '無所遺逸'이라는 것은 사람과 다른 종류의 동물을 모두 가르친 것이다. 이 글의 뜻은 대개 上古 시대에는 비록 다른 종류의 동물이라도 가르쳐 사람과 같이 대우하였고, 말세의 사람들은 다른 종류의 동물과 같았는데 성인이 나타나지 않아서 또 교화하여 인도하지 못함을 말한 것이니, 이 또한 세상에 격분한 말이다.

三聖은 其狀異人이나 而有大聖之德하니 以此形容桀紂桓穆이 雖有人形이나 而實有獸心也라 因此又言以力使禽獸者와 以聲致禽獸者하니 引此可見之事하여 以實其說也라 熊虎前驅는 東漢巨無霸之事可見이요 鵰鳶爲旗는 隨其所指而縱之하고 人則從之而往이라 故曰旗幟라 禽獸之智는 皆有所欲하고 亦養所生하니 豈人敎之리오 故曰不假智於人이라 齊는 皆也오 攝은 養也라 上古之人이 與鹿豕居하니 亦有此事라 故借其說하여 以形容人獸之論이라 偏知者는 言其獨悟而得之也라 故曰偏知之所得이라 惟古聖人則備知之니 備는 皆也라 無所遺逸者는 人與異類를 皆敎之也라 此意는 蓋謂上古之世에 雖異類라도 可敎與人同하고 而末世之人이 皆如異類어늘 而聖人不作하여 又無以化導之하니 此亦憤激之言也라

2-19 朝三暮四의 농락

宋나라에 狙公[82]이란 사람이 있었는데 원숭이를 사랑하여 원숭이를 기르다 보니

---

81) 巨無霸의 일 : 後漢의 劉秀(光武帝)가 昆陽에서 王莽의 장수와 싸웠는데, 왕망이 王邑과 王尋을 파견하여 크게 군대를 동원하고, 거인 巨無霸를 壘尉로 삼고, 호랑이·표범·무소·코끼리 등의 짐승으로 군대의 세력을 돕게 하니, 100여만 명에 달하는 군사와 의장 깃발이 천 리로 이어졌다. 이에 유수 진영의 여러 장수들이 겁을 먹고 모두 곤양으로 쫓겨 들어가 흩어질 위기에 처하게 되었다. 유수가 郾의 定陵에 이르러 모든 병사를 출동시켜 스스로 선봉에 서서 왕심과 왕읍의 군대를 차례로 쳐부수자, 다른 장수들도 이때를 틈타 공격하여 왕망의 군대를 크게 무찔렀다.(≪史略≫ 권3 〈東漢〉)

82) 狙公 : 원숭이를 기르는 사람을 말한다.

무리를 이루었다. 저공은 원숭이의 뜻을 알았고, 원숭이도 또한 저공의 마음을 알았다. 저공은 집안 식구들의 먹는 것을 줄이면서 원숭이의 욕망을 채워주고 있었는데 얼마 안 되어 궁핍하게 되었다. 장차 원숭이들의 먹이를 제한하려 하였으나 원숭이들이 자신을 따르지 않을까 두려워서 먼저 속여 말하였다.

"너희들에게 먹이로 주는 도토리를 아침에 세 개, 저녁에 네 개를 주면 만족하겠느냐?" 원숭이들이 모두 일어나 성을 내었다. 조금 있다가 말하였다.

"너희들에게 먹이로 주는 도토리를 아침에 네 개, 저녁에 세 개를 주면 만족하겠느냐?" 원숭이들이 모두 엎드려 기뻐하였다.

만물이 지혜와 어리석음으로 서로 농락함이 모두 이와 같으니, 성인이 지혜로 어리석은 이들을 농락하는 것도 저공이 지혜로 원숭이들을 농락하는 것과 같다. 명분과 사실에 아무런 변화도 없이 그들을 기쁘게도 하고 성내게도 할 수 있는 것이다.

宋有狙公者한대 **愛狙**하여 **養之成群**하니 **能解狙之意**하고 **狙亦得公之心**이라 **損其家口**하여 **充狙之欲**이러니 **俄而匱焉**이라 **將限其食**이나 **恐衆狙之不馴於己也**하여 **先誑之曰 與若芧**를 **朝三而暮四**면 **足乎**아 **衆狙皆起而怒**라 **俄而曰 與若芧**를 **朝四而暮三**이면 **足乎**아 **衆狙皆伏而喜**라 **物之以能鄙相籠**이 **皆猶此也**니 **聖人以智籠群愚**도 **亦猶狙公之以智籠衆狙也**라 **名實不虧**(휴)하고 **使其喜怒哉**인져

이 단락은 ≪莊子≫ 〈齊物〉편과 같으나 문장이 조금 다르다. '朝三而暮四'는 먼저 적게 주고 뒤에 많이 주는 것이고 '朝四而暮三'은 먼저 많이 주고 뒤에 적게 주는 것이니, 그 실제는 모두 일곱 개다. '能鄙'는 바로 지혜와 어리석음이다. '物'은 만물이 모두 서로 농락하는 것이다. '聖人以智籠群愚'는 격려하고 교화하되 스스로 알지 못하게 하는 것이다. ≪장자≫에서는 이로써 옳음도 없고 그름도 없다는 비유를 삼았으니, 도리어 여기의 뜻과 다른 것이다.

此段은 與莊子齊物篇同이나 而文稍異라 朝三而暮四는 先少而後多하고 朝四而暮三는 先多而後少니 其實皆七也라 能鄙는 卽智愚也라 物은 凡物皆能相籠絡也라 聖人以智籠群愚는 謂其鼓舞化導하되 使之不自知也라 莊子則以此爲無是無非之喩하니 卻與此意異矣라

2-20 紀渻子의 싸움닭

紀渻子가 周나라 宣王[83]을 위해서 싸움닭을 길렀다. 10일이 지나서 왕이 물었

다. "싸움닭으로 완성되었는가?" 기성자가 대답하였다. "아직 아닙니다. 지금은 공연히 교만을 부리며 자기 기력만 믿고 있습니다."

10일이 지나서 왕이 또 묻자, 기성자가 대답하였다. "아직 아닙니다. 아직도 다른 닭의 소리를 듣고 그림자만 보아도 반응합니다."

10일이 지나서 왕이 또 묻자, 기성자가 대답하였다. "아직 아닙니다. 아직도 다른 닭을 노려보며 혈기가 왕성합니다."

10일이 지나서 왕이 또 묻자, 기성자가 대답하였다. "거의 완성되었습니다. 다른 닭이 우는 소리를 내도 이제는 변화를 보이지 않습니다. 바라보면 마치 나무로 조각하여 만든 닭 같으니, 그 본래의 덕이 온전히 갖추어지게 되었습니다. 다른 닭들이 감히 대들지 못하고, 도리어 달아나 버립니다."

紀渻子爲周宣王하야 養鬪鷄하더니 十日而問호대 鷄可鬪已乎아 曰未也라 方虛驕而恃氣하나이다 十日에 又問한대 曰未也라 猶應嚮景하나이다 十日에 又問한대 曰未也라 猶疾視而盛氣하나이다 十日에 又問한대 曰幾矣로소이다 鷄雖有鳴者하나 已無變矣라 望之한댄 似木鷄矣니 其德全矣라 異鷄無敢應者요 反走矣니이다

소리를 듣고 반응하고 그림자를 보고 움직인다면 이는 이 마음이 아직 외물에 의해 움직이는 것이다. '疾視而盛氣'는 神氣가 너무 왕성하여 똑바로 보면서 움직이지 않음을 말한다. 처음에 '虛恔而恃氣'라고 말한 것은 그 氣가 아직 밖에 있는 것이고, 여기에서 '疾視而盛氣'라고 말한 것은 氣가 안에 있는 것이다. '疾'자에는 '노하다'는 뜻이 있으니 곧 똑바로 보는 것이고, 도리어 匹夫가 칼을 어루만지며 노려보는 것과는 같지 않다. '望之似木雞'는 정신과 기운이 모두 온전한 것이다. 이는 氣를 지키는 학문을 말한 것이니, 닭을 빌려 비유를 한 것일 뿐이다.-≪장자≫ 〈達生〉-

聞響而應하고 見影而動이면 則是此心猶爲外物所動也오 疾視而盛氣는 言其神氣已旺하여 疾視而不動也라 初言虛恔[84]而恃氣하니 則其氣猶在外하고 此言疾視而盛氣하니 則氣在內矣라 疾字有怒之意하니 卽直視也요 却與匹夫按劍疾視不同이라 望之似木雞는 則神氣俱全矣라 此言守氣之學이니 借雞以爲喩耳라-達生-

83) 宣王 : 周나라 11대왕 姬靖이다. 姬靜이라고도 한다.

84) 恔 : ≪열자≫ 본문에는 '驕'로 되어 있고, 注에는 '恔'로 되어 있는데, '驕'와 '恔'는 통용한다.

2-21 강함보다는 부드러움

惠盎[85)]이 宋나라 康王[86)]을 뵈었는데 강왕이 발을 구르고 헛기침을 하면서 급하게 말하였다. "寡人이 좋아하는 것은 용감하고도 힘이 있는 것이오. 仁義를 행하는 것을 좋아하지 않소. 그대는 장차 무엇으로 과인을 가르치려 하오?"

혜앙이 대답하였다. "臣이 가지고 있는 道는 이러한 것입니다. 아무리 용감한 사람이 찌른다 해도 찔리지 않고 아무리 힘 있는 자가 때린다 해도 맞지 않는 방법입니다. 大王께서는 유독 여기에 흥미가 없겠습니까?"

송나라 왕이 말하였다. "좋소. 이는 과인이 듣고 싶어하던 말이오."

혜앙이 말하였다. "찔러도 찔리지 않고 때려도 맞지 않는다 하더라도 이는 그래도 치욕을 당한 것입니다. 신이 가지고 있는 도는 이러한 것입니다. 아무리 용기가 있는 사람이라도 감히 찌르지 못하고 아무리 힘이 있는 사람이라도 감히 때리지 못하게 하는 것입니다. 감히 하지 못한다는 것은 찌르거나 때릴 뜻조차 없는 것은 아닙니다. 신이 가지고 있는 도는 이러한 것입니다. 사람들에게 애초에 그렇게 하고자 하는 뜻조차 갖지 않도록 하는 것입니다. 그렇게 할 뜻이 없다 하더라도 아직 사랑하고 이롭게 하려는 마음이 있는 것은 아닙니다. 신이 가지고 있는 도는 이러한 것입니다. 천하의 장부와 여자로 하여금 모두들 기쁜 마음으로 나를 사랑하고 이롭게 하기를 원하게 하는 것입니다. 이것은 용감하고도 힘 있는 것에 비해 네 배 이상 더 훌륭한 것입니다. 대왕께서는 유독 여기에 흥미가 없겠습니까?"

송나라 왕이 말하였다. "이는 과인이 얻기를 바라는 것이오."

혜앙이 대답하였다. "孔丘와 墨翟[87)]이 바로 그런 사람입니다. 공구와 묵적은 영토가 없으면서도 임금 노릇을 하였고 벼슬이 없으면서도 우두머리 노릇을 하였습니다. 천하의 장부와 여자가 모두들 목을 빼고 발돋움 하면서 그들을 편안하고 이롭게 해주기를 원하였습니다. 지금 大王께서는 萬乘의 군주이시니 진실로 그렇게

85) 惠盎 : 전국시대 사람으로 '惠孟'이라고도 한다. 전국시대의 저명한 名家의 인물인 惠施와 同族이다.

86) 康王 : 전국시대 宋나라의 마지막 임금으로, 이름은 偃이고, 시호는 康이다.

87) 墨翟 : 전국시대 魯나라 사람이다. 兼愛說과 崇儉說을 주장하였다. 당시 儒家와 병칭하여 儒墨이라 일컬어졌다. 저서로는 ≪墨子≫가 있다.

할 뜻을 가진다면 사방 국경의 안이 모두 그 이로움을 얻게 될 것입니다. 그렇게 된다면 공구와 묵적보다 훨씬 훌륭한 분이 될 것입니다."

송나라 왕이 응답을 하지 않자 혜앙은 빠른 걸음으로 나가버렸다. 송나라 왕이 좌우의 신하들에게 말하였다. "뛰어난 말솜씨로다. 저 사람은 말로써 과인을 굴복시켰도다."

惠盎見宋康王한대 **康王蹀**(접)**足謦欬**(경해)하여 **疾言曰 寡人之所說**(열)**者**는 **勇有力也**요 **不說爲仁義者也**니 **客將何以教寡人**이리오 **惠盎對曰 臣有道於此**하니 **使人雖有勇**이라도 **刺之不入**하고 **雖有力**이라도 **擊之弗中**하니 **大王**은 **獨無意邪**잇가 **宋王曰 善**타 **此寡人之所欲聞也**로이다 **惠盎曰 夫刺之不入**하고 **擊之不中**이라도 **此猶辱也**니이다 **臣有道於此**하니 **使人雖有勇**이라도 **弗敢刺**하고 **雖有力**이라도 **弗敢擊**이라 **夫弗敢**은 **非無其志也**라 **臣有道於此**하니 **使人本無其志也**니이다 **夫無其志者**라도 **未有愛利之心也**니이다 **臣有道於此**하니 **使天下丈夫女子**로 **莫不驩然皆欲愛利之**니이다 **此其賢於勇有力也**가 **四累之上也**니이다 **大王**은 **獨無意邪**잇가 **宋王曰 此寡人之所欲得也**로이다 **惠盎對曰 孔墨是已**니이다 **孔丘墨翟**은 **無地而爲君**하고 **無官而爲長**하며 **天下丈夫女子**가 **莫不延頸擧踵而願安利之**니이다 **今大王**은 **萬乘之主也**니 **誠有其志**면 **則四境之內**가 **皆得其利矣**니 **其賢於孔墨也遠矣**니이다 **宋王無以應**이어늘 **惠盎趨而出**이라 **宋王謂左右曰 辯矣**로다 **客之以說服寡人也**로다

이 단락은 ≪莊子≫ 〈說劍〉편과 대략 서로 비슷하다.[88] 찔러도 찔리지 않고 때려도 맞지 않는 것은 이는 다투되 이기지 못하는 때가 있는 것이고, 감히 찌르지 못하고 감히 때리지 못하는 것은 여전히 나 자신과 다투는 데 마음이 있는 것이니, 이것이 두 등급이다. 본래 그러한 뜻이 없으면 나에게 애초에 다투려는 마음이 없는 것이니, 또 한 등급이다. 기쁜 마음으로 모두 나를 사랑하고 이롭게 하기를 원한다면 이는 선으로 사람을 기르는 자가 천하 사람을 심복시키는 것이니, 세 등급을 포개어 이 최상의 도에 이른 것이다. 그러므로 '四累之上'이라고 한 것이다. 이는 우리 聖人(孔子)의 일이거늘 孔子와 墨翟을 아울러 말하였으니, 이는 춘추시대 이후 학자들의 의론이다. '蹀足'은 발을 구름이고, '謦欬'는 소리를 높임이고, '疾言'은 말이 급함이니, 모두 성내는 모습을 형용한 것이다. '辯矣'라는 것은 그가 말을 잘함을 찬탄한 것이니, 이 사람이 크게 말재간이 있음을 이른다. 그러므로 '能以說服我'라고 한 것이다.

---

88) 이……비슷하다 : 이 단락은 ≪莊子≫ 〈說劍〉에 나오지 않고, ≪淮南子≫ 〈道應訓〉과 ≪呂氏春秋≫ 〈順說〉에 보인다.

此段은 與莊子說劍篇略相似라 刺之不入하고 擊之不中은 是爭而有時乎不勝也요 弗敢刺하고 弗敢擊은 猶有心於競我也니 此二等矣요 本無其志면 則於我初無爭心이니 又是一等이요 驩然皆欲愛利於我면 則是以善養人者服天下하니 累三等而至於此爲最上之道라 故曰 四累之上也라 此吾聖人之事어늘 而以孔與墨竝言하니 此春秋以後學者之論이라 蹀足는 頓足也요 謦欬는 高聲也요 疾言은 言之急也니 皆形容其怒之狀也라 辯矣者는 歎其能言也니 意謂此客有大辯才라 故能以說服我라

列子鬳齋口義 三卷

제3편 주 목왕　周穆王 第三

*이 편은 眞實과 幻化, 깨어있을 때와 꿈꿀 때의 경계를 중점적으로 서술하고 있다. 다만 작자는 眞과 幻, 깨어있을 때와 꿈꿀 때가 동일하다는 것을 강조하여 다른 학문과의 차별을 두었고 이로 인해 사회에 통용되는 是非, 美醜, 哀樂 등을 부정하였다. 이러한 사상은 ≪莊子≫ 〈齊物論〉에 드러난 사상을 계승한 것이지만 지극히 편파적이라는 한계를 지니고 있다. 그러나 당시 사람들의 통상적인 是非를 맹목적으로 따르지 않으면서 당시 사회의 모순 및 부조리를 분명하게 지적한 부분들은 당대 및 후대에 경종을 울리기에 충분하다. '周穆王'이라는 편명은 이 편의 첫 머리에 나오는 글자를 인용하여 편명으로 삼은 것이다.

3-1 穆天子가 보았던 천상

周나라 穆王 때에 西極의 나라로부터 환술사가 왔다. 물과 불에 들어가고 쇠와 돌을 관통하며 산과 강을 뒤바꾸고 城과 邑을 옮기고 허공을 타고 날아다녀도 떨어지지 않고 물건과 닿아도 방해받지 않았으니 千變萬化가 끝을 헤아릴 수 없었다. 이윽고 사물의 형태를 변화시키고 또 사람의 생각을 바꾸기까지 하였다. 穆王이 신처럼 공경하고 임금처럼 섬겨 正殿을 내주어 거처하게 하고 三牲을 끌어다 대접하고 女樂을 선발하여 즐겁게 해 주었다.

환술사가 말하기를 "왕의 궁실은 낮고 누추하여 거처할 수 없고 왕의 주방에서 만든 요리는 비린내와 노린내가 나 먹을 수 없고 왕의 시첩과 궁녀는 냄새나고 못생겨 가까이 할 수 없다."라고 하였다. 그러자 穆王이 이에 그를 위해 궁실을 改築하여 토목공사를 하고 단청의 색을 칠하는 데에 빠짐없이 솜씨를 다하니 五府가 텅 비고서야 비로소 臺가 완성되었다. 그 높이가 천 길이나 되어 終南山보다 높으니 中天臺라 불렀다. 鄭나라와 衛나라의 날씬하고 어여쁜 처녀들을 선발하여 향수와 기름을 바르고 눈썹을 정돈하며 비녀와 귀걸이를 달고 얇은 비단옷을 입히고 정제된 흰 비단신을 신게 하고 흰 분을 바르고 눈썹을 검게 칠하고 옥고리를 차게 하였다. 향초인 芷草와 杜若을 섞어 臺를 가득 채우고 承雲, 六瑩, 九韶, 晨露 등의 음악을 연주하여 그를 즐겁게 해 주었다. 그리고 달마다 좋은 옷을 바치고 아침마다 좋은 음식을 올렸지만 환술사는 오히려 석연찮게 여기며 마지못해 그곳에 머물렀다.

杜若

얼마 뒤에 환술사가 穆王에게 함께 유람할 것을 청하였는데, 穆王이 환술사의 옷소매를 잡자 中天까지 솟구쳐 오르고서야 이에 멈췄다. 환술사의 宮에 당도하였는데 환술사의 宮은 금과 은으로 지어졌고 구슬과 옥으로 둘렀으며 구름과 비보다 위로 솟아올라 아래에 건물의 기초가 보이지 않아 바라봄에 마치 구름이 쌓여 있는 것 같았다. 귀와 눈으로 보고 듣는 것과 코와 입으로 냄새 맡고 맛보는 것이 모두 인간 세상에 있는 것이 아니었으니, 왕은 실로 淸都와 紫微[1]와 같은 궁전이며 鈞天의 廣樂[2]과 같은 음악으로 天帝가 사는 곳이라 여겼다. 穆王이 아래를 굽어보니 자신의 궁실은 마치 흙을 쌓아 둔 듯 풀을 쌓아 놓은 듯하였다. 그러니 穆王은 스스로 여기서 수십 년을 살더라도 자신의 나라는 생각하지 않을 수 있겠다고 여겼다.

환술사가 다시 穆王에게 함께 유람할 것을 청하였는데, 도착한 곳은 우러러보면 해와 달이 보이지 않고 굽어보면 강과 바다가 보이지 않았다. 그리고 빛이 비치는 곳은 穆王의 눈이 부시어 볼 수가 없고 음악이 들려오는 곳에 穆王의 귀가 어지러워 들을 수 없고, 온 몸의 뼈와 내장이 떨려 안정되지 않아 생각은 미혹되고 정신은 사라져 갔다. 穆王이 환술사에게 돌아가기를 청하자 환술사가 옮겨주니 마치

1) 淸都와 紫微 : 淸都는 하늘 위에 있는 上帝의 궁궐이고 紫微는 北斗星의 북쪽에 있는 星座로 天帝가 거처하는 곳이라 전한다.

2) 鈞天의 廣樂 : 天上의 음악을 가리킨다. 균천은 上帝가 사는 곳이고 광악은 廣大한 음악이다. 趙簡子가 병이 들어 오랫동안 깨어나지 않다가 7일 만에 침상에서 일어나 대부들에게 말하기를 "내가 상제가 있는 곳에 갔는데, 매우 즐거웠다. 百神들과 균천에서 놀았는데, 광악을 아홉 번 연주하자 온갖 춤을 추었고 三代의 음악과 달리 그 소리가 마음을 동요하였다."라고 하였다.(≪史記≫ 권105 〈扁鵲列傳〉)

허공에 떨어지는 듯하였다.

이미 꿈에서 깨자 앉은 자리는 여전히 조금 전에 앉았던 자리이고 시중드는 사람들도 여전히 조금 전까지 모시던 사람이었으며 그 앞을 보니 술은 묽어지지-𩞬은 方·微의 반절이다.- 않았고 안주는 부패하지 않았다. 穆王이 자신이 어디서 왔는지를 물었는데 좌우의 신하가 "왕은 앉아서 생각하고 계셨습니다."라고 하니 이로부터 穆王은 망연자실하다 3개월 만에 회복되었다. 다시 환술사에게 질문하였는데 환술사가 말하기를 "저는 왕과 정신의 유람을 다녀왔으니 몸이 어찌 움직였겠습니까. 또 지난번에 거처하던 곳이 어찌 왕의 궁실과 다르며 지난번에 유람했던 곳이 어찌 왕의 동산과 다르겠습니까. 왕께서 늘 보던 것과 다르다고 여겨 잠깐 사이에 사라진 것을 의심하니, 변화의 지극함과 완급의 사이를 모두 묘사할 수 있겠습니까."라고 하였다.

周穆王[3]時에 西極之國으로 有化人來라 入水火貫金石하고 反山川移城邑하며 乘虛不墜하고 觸實不硋하여 千變萬化가 不可窮極이라 旣已變物之形하고 又且易人之慮하니 穆王敬之若神하고 事之若君하야 推路寢以居之하고 引三牲[4]以進之하고 選女樂以娛之라 化人以爲王之宮室은 卑陋而不可處요 王之廚饌은 腥螻而不可饗이오 王之嬪御는 羶(전)惡而不可親이라하니 穆王乃爲之改築하여 土木之功과 赭堊(자악)之色이 無遺巧焉이라 五府[5]爲虛而臺始成하니 其高千仞하야 臨終南之上하니 號曰中天之臺라 簡鄭衛之處子娥媌靡曼者하야 施芳澤 正娥眉하고 設笄珥 衣阿錫하고 曳齊紈 粉白黛(대)黑하고 珮玉環 雜芷若以滿之하고 奏承雲六瑩九韶晨露以樂之하고 月月獻玉衣하고 旦旦薦玉食이나 化人猶不舍然하고 不得已而臨之라 居亡(무)幾何에 謁王同遊어늘 王執化人之袪하고 騰而上者 中天迺止라 暨及化人之宮하니 化人之宮은 搆以金銀하고 絡以珠玉하고 出雲雨之上而不知下之據하여 望之若屯雲焉이라 耳目所觀聽과 鼻口所納嘗이 皆非人間之有하니 王實以爲淸都紫微鈞天廣樂帝之所居라 王俯而視之하니 其宮榭는 若累塊積蘇焉이라 王自以居數十

3) 周 穆王 : ?~?. 이름은 姬滿, 昭王의 아들이다. ≪史記≫에는, 50세 때 즉위하여 55년간 재위하였다고 되어 있다. 西方의 犬戎을 토벌하려다가 실패하여 諸侯의 離反을 초래하여 이 때부터 周나라가 쇠퇴하였다고 한다. 신비하고 기이한 것을 좋아하여 道家사상에 깊이 빠진 인물로 후대에 전해진다.

4) 三牲 : 소와 양과 돼지를 가리킨다.

5) 五府 : 임금의 다섯 가지 창고로 太府, 玉府, 內府, 外府, 膳府이다.

年에 不思其國也라 化人復謁王同游하니 所及之處는 仰不見日月하고 俯不見河海하고 光影所照에 王目眩不能得視하고 音響所來에 王耳亂不能得聽이요 百骸六藏이 悸而不凝하야 意迷精喪이라 請化人求還이어늘 化人移之하니 王若磒虛焉이라 旣寤에 所坐는 猶嚮者之處요 侍御는 猶嚮者之人이요 視其前則酒未淸肴未昲(비)-方微反이라-라 王問所從來한대 左右曰王默存耳라하니 由此穆王自失者三月而復이라 更問化人하니 化人曰吾與王神游也니 形奚動哉리오 且曩(낭)之所居는 奚異王之宮이며 曩之所游는 奚異王之圃리오 王閒恒하야 疑蹔亡하니 變化之極과 徐疾之間을 可盡模哉리오

化人은 환술을 부릴 수 있는 사람이다. '入水火' 이하는 사물의 형체를 변형시킨 것이고 穆王과 天帝의 궁을 유람한 것은 사람의 생각을 바꾼 것이다. '腥螻'는 모두 더러운 냄새이다. '娥媌'는 몸매가 날씬한 것이며 '曼靡'는 아름다운 모습이다. '阿錫'은 얇게 짠 비단이다. '齊紈'은 정제된 비단이다. '芷'는 향기나는 풀이고 '若'은 杜若이다. '承雲'은 黃帝의 음악 이름이고, '六瑩'은 帝嚳의 음악 이름이다. '晨露'는 湯임금의 음악 이름이다. '玉衣'와 '玉食'은 그 진귀하고 아름다움을 말한 것이다. '舍'은 음이 '석'이니 '不釋然'은 즐겁지 않은 것이다. '不知下之據'는 그 건물의 기초가 보이지 않음을 말한 것이다. '望之若屯雲'은 많음을 말한 것이다. '淸都'와 '紫微'는 하늘의 궁궐이고 '均天의 廣樂'은 하늘의 음악이다. '累塊'는 흙을 쌓아 놓은 것이고 '積蘇'는 풀을 쌓아 놓은 것이니, 위로부터 아래로 자신의 궁실을 보니 쇠미하고 또 작음을 말한 것이다. 빛이 그 눈을 현혹시키고 음악이 그 귀를 어지럽혀 두려워서 안정을 찾지 못해 정신이 마치 상실된 것과 같은 것이다.

'磒虛'는 허공의 사이에 추락하여 떨어지는 것이다. 술은 진한 것을 좋은 술이라 여기는데 가만히 오래두면 묽어져 맑아진다. '肴未昲'는 부패하지 않은 것이다. '默存'은 앉아서 생각하는 것이니 이는 잠깐 사이임을 말한 것일 뿐이다. 葉(섭)法善이 明皇과 함께 玉橋를 유람한 것이 또한 이와 같은 경우이다. 정신이 유람한 것이고 형체는 움직이지 않았다는 것은 환술사의 일이다. 항상 보던 것과 다르다고 여겨 잠깐 사이에 사라진 것을 의심한다는 것은 정신이 유람한 것은 잠깐인데 지금은 잊은 것이고 지금 보는 바는 늘 있는 것이다. '閒'은 다름이니 늘 보던 바와 달라 이를 의심한 것이다. 일상을 가지고 잠깐을 의심하는 것은 모두 진실이 아니고 변화는 완급이 있으니 어찌 모두 형상할 수 있겠는가. '徐疾'은 완급이다. '模'는 형용하여 묘사하는 것이다. '蹔亡'의 '亡'은 '忘'과 같다.

化人은 有幻術者也라 入水火以下는 是變物之形이요 與穆王游帝居는 是易人之慮라 腥螻는 皆臭氣也라 娥媌는 姿媚也요 曼靡는 窈窕也라 阿錫은 細織也요 齊紈은 齊整之絲紈也라 芷는 芳

草也요 若은 杜若也라 承雲은 黃帝樂名也요 六瑩은 帝嚳樂名이요 晨露는 湯樂名이라 玉衣玉食은 言其珍美也라 舍音釋이니 不釋然不樂也라 不知下之據는 言不見其基址也요 望之若屯雲은 言多也라 淸都 紫微는 天宮也요 均天廣樂은 天樂也라 累塊는 累土也요 積蘇는 積草也니 言自上而下하야 視其宮室하니 微且小也라 光影眩其目하고 音樂亂其耳하야 恐悸而不凝定하야 精神若喪失然이라 碵虛는 於虛無之間에 墜而下也라 酒以濃爲美니 停久則稀淸矣라 肴未胇은 未敗也라 默存者는 坐想也니 此言須臾之頃耳라 葉法善與明皇游玉橋는 亦是此類라 神游而形不動은 此幻術者之事也라 間於恒見者而疑其蹔亡者는 適之神游는 蹔也로대 今忘矣요 今之所見者는 常也라 間은 異也니 以其異於尋常所見而疑之也라 以其常疑其蹔하니 皆非眞也요 變化之有久近이니 豈可盡得而形狀哉리오 徐疾은 久近也라 模는 形模也라 蹔亡은 與忘同이라

穆王이 크게 기뻐하여 국사를 돌보지 않고 신하와 첩을 즐기지 않고서 뜻하는 대로 멀리 유람을 다녔다. 여덟 마리의 준마가 끄는 수레를 준비하도록 명하되 蕐-音은 華이다.- 騮로 오른쪽 服馬를 삼고 綠耳로 왼쪽 服馬를 삼았으며 赤驥로 오른쪽 驂馬를 삼고 白㵝-音은 義이다.-로 왼쪽 驂馬를 삼았다.[6] 왕이 탄 수레는 造父[7]가 몰았고 㡣-音은 齊이다.-𠾱-音은 台이다.-가 오른쪽에서 보좌하였다. 뒤따르는 수레는 渠黃으로 오른쪽 服馬를 삼고 踰輪으로 왼쪽 服馬를 삼았으며 盜驪로 오른쪽 驂馬를 삼고 山子로 왼쪽 驂馬를 삼았다. 柏夭가 수레를 주관하였고 參百이 몰았으며 奔戎이 오른쪽에서 보좌하였다.

천리길을 치달려 巨蒐氏의 나라에 이르렀는데, 巨蒐氏는 이에 흰 학의 피를 바쳐 왕에게 마시게 하고 소와 말의 젖을 준비하여 왕의 발을 씻게 하였으며, 두 수레에 탄 사람들에게도 똑같이 대접하였다. 마시고 나서 길을 떠나 마침내 崑崙山 언덕 赤水의 북쪽에서 유숙하고 다음날 崑崙山 언덕에 올라 黃帝의 궁을 구경하고 封禪[8]을 행하여 후세에 전하게 하였다.

---

6) 蕐騮로……삼았다 : 蕐騮, 綠耳, 赤驥, 白㵝 등은 모두 穆王이 키우던 駿馬이다. 服馬는 수레에 멍에를 메는 가운데의 두 마리 말을 가리키고 驂馬는 服馬 곁에 양쪽에 멍에를 메는 두 마리의 말을 가리킨다.

7) 造父 : 28수의 하나인 危宿에 딸린 별자리 이름으로 말을 모는 관리를 상징한다. 여기서는 周나라 穆王 때에 말을 잘 모는 사람의 이름으로 후대에는 말을 잘 모는 사람의 대명사로 쓰인다.

8) 封禪 : 封은 封土를 쌓아 하늘에 제사지내는 것이고, 禪은 땅을 깨끗이 하여 山川에 제사지내는 일을 가리킨다.

西王母

마침내 西王母[9]를 뵙고 瑤池 가에서 酒宴을 베풀었는데, 西王母가 왕을 위해 노래하고 穆王이 화답하니 그 가사가 슬펐다. 비로소 해가 지는 곳을 바라보니 하루 만에 만 리 길을 온 것이었다. 穆王이 이에 탄식하며 말하였다. "오호라. 나 한 사람은 덕이 충분하지 않는데 즐거움을 맘껏 누리고 있으니, 후세 사람들은 나의 과실을 추급하여 허물하지 않겠는가."

穆王은 거의 神人이었던가. 자신의 즐거움을 능히 누리고서 오히려 백년을 살다 죽었으니 세상에서는 신선이 되어 올라갔다고 여겼다.

王大悅하야 不恤國事하고 不樂臣妾하고 肆意遠游라 命駕八駿之乘호대 右服䮍(화)-音華-騮而左綠耳하고 右驂赤驥而左白䭵(의)-音羲-하며 主車則造父爲御하고 𩣡-音齊-𦤎-音台-爲右라 次車之乘은 右服渠黃而左踰輪하고 左驂盜驪而右山子하며 栢夭主車하고 參百爲御하고 奔戎爲右라 馳驅千里하여 至于巨蒐氏之國하니 巨蒐氏乃獻白鵠之血以飲王하고 具牛馬之湩(동)以洗王之足하고 及二乘之人이라 已飲而行하여 遂宿于崑崙之阿赤水之陽하고 別日升崑崙之丘하여 以觀黃帝之宮하고 封之하여 以詒後世라 遂賓于西王母하여 觴于瑤池之上하니 西王母爲王謠하고 王和之하니 其辭哀焉이라 迺(내)觀日之所入하니 一日行萬里라 王乃歎曰 於乎라 予一人이 不盈于德而諧於樂하니 後世其追數吾過乎아 穆王幾神人哉인져 能窮當身之樂하고 猶百年乃徂하니 世以爲登假(하)焉이라

이 일은 ≪穆天子傳≫[10]에 상세하게 보이고, 韓愈가 지은 〈徐偃王廟碑〉[11]에 또한 인용하고 있으며, ≪春秋左氏傳≫에 수록된 '或如金或如玉'이라는 詩[12]도 역시 이 일

9) 西王母 : 전설 속에 나오는 여자 神仙으로 崑崙山에 살고 있다고 한다. 不老長生하는데, 놀이를 할 적에는 아름다운 무늬의 암기린을 타고 꽃밭에서 노닌다고 한다.

10) 穆天子傳 : 紀元前 5~4世紀 中國 最古의 歷史 小說로 지은이는 자세하지 않다. 晉나라 太康 2년(281)에 지금의 河南省에 있는 魏 襄王의 고분에서 발굴된 竹簡에 씌어진 책이다. 내용은 周 穆王이 天帝의 딸 西王母를 만나고, 다시 남방을 여행하던 중에 盛姬와 결혼하였다는 이야기이다. 총 6권으로 구성되어 있다.

11) 徐偃王廟碑 : 徐偃王은 周 穆王 때 徐나라의 임금으로 이름은 誕이다. 이 글은 韓愈가 짓고 福州 刺史 元錫이 썼다. 唐나라 元和 10년(815) 12월 9일에 세웠다. ≪御定佩文齋書畫譜≫ 권28 書家傳7 〈唐 元錫〉 기록에 따르면 徐放이 쓴 것이라고도 한다.

을 읊은 것이다. 蕑騮는 곧 驊騮이다. 白𣝼, 𦩍䶀, 渠黃, 踰輪, 盜驪, 山子, 𤽍𥙗은 모두 말 이름이다. 柳子厚가 〈八駿圖〉에 대해 논평하면서 그 형체가 또 기이하다고 하였으니, 이는 또한 누가 옳고 누가 잘못되었고 누구의 설이 사실인지 알 수 없다. 巨蒐氏의 나라는 또한 崑崙山이나 赤水와 같은 부류이다. 학의 피를 마시고 소와 말의 젖으로 발을 씻은 것은 지금 北虜가 말의 젖으로 술을 만드는 것도 이와 같은 부류이다. '二乘'은 바로 穆王의 두 수레이다. '別日'은 또 하루이다. '封'은 封禪과 같다. '賓'은 본다는 의미이다. '觴'은 술로 연회를 베푸는 것이다. 西王母가 부른 노래는 〈白雲詩〉이다. '日之所入'은 해가 산에 가려지는 것이다. '不盈于德'은 자신의 행동에 혐의가 있음을 말한 것이다.

'諧'는 만족함이다. 德은 혐의가 있지만 그 즐거움은 스스로 만족하였으니, 후세의 사람들이 추급해 비난하여 나의 과실로 삼을까 두려워한 것이다. 이는 祈招[13]가 "왕께서 백성의 힘을 헤아려 취하게 마시고 배부르게 먹을 마음 없네."라고 말한 것이 또한 이 뜻이다. 이로써 終身토록 즐겨 100년을 산 뒤에 죽었으므로 세상 사람들은 신선이 되어 올라갔다고 여겼으니, 이는 세상 사람들이 죽었다고 여기는 것은 실제로는 죽지 않은 것임을 말한 것이다. 이 章의 뜻은 대개 世外는 텅 비고 더 넓어 오히려 무궁한 즐거움이 있으므로 비록 帝王의 거처라도 부러워할 것이 못됨을 말한 것이다. 사람들은 다만 귀와 눈으로 보는 바를 가지고 부귀를 부러워하는 마음을 가지니, 天人이 보기에는 그 부귀가 미미하게 느껴짐을 알지 못한 것일 뿐이다.

此事는 **詳見於穆天子傳**하고 **韓退之作徐偃王廟碑**에 **亦引用之**하고 **左氏有或如金或如玉之詩**도 **亦是此事**라 **蕑騮**는 **卽驊騮也**라 **白𣝼𦩍䶀渠黃踰輪盜驪山子𤽍𥙗**은 **皆馬名也**라 **柳子厚所辯八駿圖**에 **其形又怪異**라하니 **此亦未知其孰是孰非孰實也**라 **巨蒐氏之國**은 **亦崑崙赤水之類**라 **以鵠血爲飮**하고 **以牛馬之乳濯足**하니 **今北虜以馬乳爲酒**도 **亦是此類**라 **二乘**은 **乃王之二車也**라 **別日**은 **又一日也**라 **封**은 **猶封禪也**라 **賓**은 **見也**라 **觴**은 **宴之以酒也**라 **王母所謠**는 **白雲詩也**라 **日之所入**은 **弇山也**라 **不盈于德**은 **言其行有慊也**라 **諧者**는 **足也**라 **德有慊而其樂自足**하니 **恐後世追數以爲吾過**니 **祈招所謂形民之力而無醉飽之心**이 **亦此意也**라 **以此樂其終身**하야 **至百年而後殂**라 **世以爲**

---

12) 或如金或如玉이라는 詩 : 周 穆王이 천하를 周行하려 하자, 당시 卿士였던 祭公 謀父가 왕의 출행을 만류하고자 하여, 왕의 출행에 반드시 수행하게 되는 司馬官 招에게 의탁해서 詩를 지어 왕에게 諫하였는데, 그 시에 "기초는 온화하여 왕의 德音을 밝히니, 왕의 법도를 생각하여, 민력을 옥과 같이 여기고 금과 같이 여기니, 왕께서 백성의 힘을 헤아려 취하게 마시고 배부르게 먹을 마음 없네.〔祈招之愔愔 式昭德音 思我王度 式如玉 式如金 形民之力 而無醉飽之心〕"라고 하였다. 穆王은 이 시를 듣고서 출행을 중지하였다고 한다.(≪春秋左氏傳≫ 昭公 12년)

13) 祈招 : 祈招의 祈는 周나라 때의 司馬官을 말하고, 招는 그 당시 司馬官의 이름이다.

登假하니 言世人以爲死는 其實不死也라 此章之意는 蓋言世外空闊이나 猶有無窮之樂하야 雖帝王之居도 未足羨也라 人但以耳目所見而有歆羨富貴之心하니 不知天人視之면 其爲富貴者其微爾라

3-2 老成子의 幻術

老成子[14)]가 尹文선생[15)]에게 환술을 배웠는데, 3년이 지나도록 알려주지 않았다. 老成子가 자신의 잘못에 대해 묻고는 물러가기를 청하였는데, 尹文선생이 읍하고서 방으로 나아오게 하여 좌우를 물리고 老成子에게 말하기를 "옛날 老聃[16)]이 서쪽으로 가실 때에 돌아보고 나에게 말하기를 '삶을 지닌 氣와 형체를 지닌 모습이 모두 幻이다. 조화가 시작되는 바와 陰陽이 변화하는 바를 生이라고 하고 死라고 한다. 그리고 법칙을 궁구하여 변화에 통달함으로써 형체를 근거로 이동하고 바뀌는 것을 化라고 하고 幻이라고 한다. 조물주는 그 기교가 오묘하고 그 功效가 깊으니 실로 궁구하기 어렵고 끝을 알기도 어렵다. 형체를 근거로 하는 것은 기교가 드러나고 그 공효가 얕다. 그러므로 생겨나는 대로 소멸되니 幻과 化가 生死와 다르지 않다는 것을 알아야만 비로소 함께 幻을 배울 수가 있다.'라고 하였다. 나와 그대도 또한 幻이니 어찌 반드시 배우려 하는가."라고 하였다.

老成子學幻於尹文先生이러니 三年不告라 老成子請其過而求退어늘 尹文先生揖而進之於室하여 屛左右而與之言曰 昔老聃之徂西也에 顧而告予曰 有生之氣와 有形之狀이 盡幻也라 造化之所始와 陰陽之所變者를 謂之生 謂之死요 窮數達變하여 因形移易者를 謂之化 謂之幻이라 造物者는 其巧妙하고 其功深하니 固難窮難終이요 因形者는 其巧顯하고 其功淺이라 故隨起隨滅이니 知幻化之不異生死也라야 始可與學幻矣라하니라 吾與汝亦幻也니 奚須學哉리오

14) 老成子 : 老成은 성이고 이름은 方이다. 春秋時代 宋나라 대부였다.

15) 尹文선생 : 戰國시대의 사상가로 현재 《尹文子》 上下篇이 남아있는데, 후대의 위작이라 전해진다.

16) 老聃 : 老子를 가리킨다. 이름은 李耳, 聃은 그의 자이며 일명 太上老君이라고도 칭한다. 春秋시대 말기의 철학자이자 道家의 창시자이다. 삶에 대하여는 잘 알려져 있지 않으나 전하는 바에 의하면 老子는 春秋시대 말기의 周나라 때의 사람으로 孔子가 찾아와 禮에 대한 가르침을 받았다고 전한다.

이 章의 뜻은 대개 인간의 변환하는 술수와 조물주의 死生과 變化의 이치는 그 가지가 하나임을 말한 것일 뿐이다.

此章之意는 蓋謂人世變幻之術與造物死生變化之理는 其技一耳라

老成子가 돌아가 尹文선생의 말을 따라 3개월 동안 깊이 생각한 끝에 마침내 存亡을 자유자재로 하고 四時를 바꾸어 겨울에 우레를 일으키고 여름에 얼음을 얼게 하고 나는 것을 달리게 하고 달리는 것을 날게 할 수 있게 되었으나 종신토록 그 술수를 드러내지 않았다. 그러므로 세상에 전해지지 않게 되었다.

老成子하여 **歸用尹文先生之言**하야 **深思三月**에 **遂能存亡自在**하고 **幡校四時**하야 **冬起雷**하고 **夏造氷**하며 **飛者走**하고 **走者飛**로되 **終身不著其術**이라 **故世莫傳焉**이라

老成子는 비록 그 술수를 얻지 못하였지만 다만 깊이 생각하여 스스로 깨달았으니 또한 능히 有無의 사이에서 조용히 변화할 수 있었다. 그러므로 存亡을 자유자재로 한다고 말한 것이다. '幡校'는 바꾸고 조사한다는 말이니 變幻의 뜻이다. '幡校四時'는 陰陽의 절기를 바꾼다는 말이다. 겨울에 우레를 일으키는 것은 陰을 바꾸어 陽으로 만든 것이고 여름에 얼음을 만든 것은 陽을 바꾸어 陰을 만든 것이다. '飛'는 陽의 부류이고 '走'는 陰의 부류이다. 그러므로 나는 것은 가볍고 달리는 것은 무겁다. 지금 능히 그 陰陽을 바꿀 수 있으니 이 때문에 나는 것을 달리게 하고 달리는 것을 날게 하는 것이다. 그 술수가 드러난 바가 없다. 그러므로 세상에 전해지지 않는 것이다.

老成子雖不得其術이나 但深思而自悟하니 亦能從容變化於有無之間이라 故曰存亡自在라 幡校者는 翻覆檢校也니 變幻之意也라 幡校四時者는 變易陰陽之節也라 冬起雷는 變陰爲陽也요 夏造冰은 變陽爲陰也라 飛는 陽類요 走는 陰類라 故飛者輕하고 走者重이라 今能變易其陰陽하니 所以飛者走하고 走者飛也라 其術無所著見이라 故世莫得傳焉이라

子列子가 말하기를 "변화를 잘 하는 자는 그 道가 은밀히 사용되어 그 공효는 일반인들과 같다. 五帝의 德과 三王의 功[17]은 반드시 지혜와 용기의 힘을 다한 것은

---

17) 五帝의……功 : 五帝三王은 고대의 聖德이 있는 제왕을 두루 이르는 말이다. 여러 가지 說이 있으나, 일반적으로 五帝는 黃帝(軒轅)·顓頊(高陽)·帝嚳(高辛)·唐堯·虞舜을 말하고, 三王은 夏禹·商湯·周 武王(또는 文王)을 말한다.(≪大戴禮記≫ 〈五帝德〉, ≪春秋穀梁傳≫ 隱公 8년, ≪孟子≫ 〈告子 下〉)

아니니, 혹 변화로 말미암아 성취시켰음을 누가 헤아릴 수 있겠는가.

子列子曰 善爲化者는 **其道密庸**하고 **其功同人**이라 **五帝之德**과 **三王之功**은 **未必盡智勇之力**이니 **或由化而成**을 **孰測之哉**리오

'密庸'은 묵묵히 사용하여 사람들이 볼 수 없다. 그러니 그 도는 비록 보이지 않지만 그 功用은 실로 사람들과 같다. 五帝三王이 변화시킨 바는 또한 老成子와 尹文이 환술을 쓴 바와 같으니 알 수 없는 신묘함을 말한 것이다.

密庸者는 默而用之하여 人不得見也니 其道雖不可見이나 而其功用은 實與人同이라 五帝三王之所以化는 亦猶老成子尹文之所以幻也니 言其不可知之神也라

3-3 깨어있을 때와 꿈과의 경계

깨어 있음에는 여덟 가지 징험이 있고 꿈을 꾸는 것에는 여섯 가지 징후가 있으니, 무엇을 여덟 가지 징후라 하는가. 첫째는 일이고 둘째는 作爲이고 셋째는 얻음이고 넷째는 잃음이고 다섯째는 슬픔이고 여섯째는 즐거움이고 일곱째는 사는 것이고 여덟째는 죽는 것이다. 이 여덟 가지 징험은 형체가 응하는 것이다.

覺有八徵하고 **夢有六候**하니 **奚謂八徵**고 **一曰故**요 **二曰爲**요 **三曰得**이요 **四曰喪**이요 **五曰哀**요 **六曰樂**이요 **七曰生**이요 **八曰死**라 **此者八徵**은 **形所接也**라

≪周禮≫에 六夢[18]이 있는데 여기에서도 六夢을 말하였지만 도리어 깨어 있을 때의 여덟 가지 징험을 먼저 말하였다. '故'는 일이니 인간의 온갖 일을 말한 것이다. '爲'는 일상에서의 작용이다. 得·喪·哀·樂·生·死는 형체가 있는 것은 똑같이 있는 바이다. 그러므로 형체가 응하는 바라고 말한 것이다. '接'은 응함이니 '感應'의 應의 의미이다.

---

18) 六夢 : ≪周禮≫ 〈春官 占夢〉에 "꿈을 점치는 직함은 세시로 천지의 회합을 관찰하고 음양의 기운을 분별하는 일을 관장한다. 해와 달과 별로 육몽의 길흉을 점치는데, 正夢·噩夢·思夢·寤夢·喜夢·懼夢이라 한다.〔占夢 掌其歲時觀天地之會辨陰陽之氣 以日月星辰占六夢之吉凶 一曰正夢 二曰噩夢 三曰思夢 四曰寤夢 五曰喜夢 六曰懼夢〕"라고 한 데서 온 말인데, 鄭玄의 주에 "첫째는 정몽이니, 느낀 바가 없이 편안하게 저절로 꾸는 꿈을 말한다. 둘째는 악몽이니, 놀라 꾸는 꿈을 말한다. 셋째는 사몽이니, 생시에 생각함이 있어서 꾸는 꿈을 말한다. 넷째는 오몽이니, 생시에 조는 속에서 꾸는 꿈을 말한다. 다섯째는 희몽이니, 기뻐서 꾸는 꿈을 말한다. 여섯째는 구몽이니, 두려워서 꾸는 꿈을 말한다."라고 하였다.

周禮之有六夢하니 此亦言六夢호대 却先以覺之八徵言之라 故者는 事也니 言人間百事也라 爲者는 日間所作用也라 得喪哀樂生死는 有形者之所同이라 故曰形所接也라 接은 應也니 感應之應也라

무엇을 여섯 가지 징후라 하는가. 첫째는 징조를 꾸는 꿈이고 둘째는 놀라서 깨는 꿈이고 셋째는 생각하던 것을 꾸는 꿈이고 넷째는 깨어있을 때의 일을 꾸는 꿈이고 다섯째는 기뻤던 바를 꾸는 꿈이고 여섯째는 두려워하던 바를 꾸는 꿈이니, 이 여섯 가지는 정신이 밖의 경계와 교감하는 것이다.

奚謂六候오 一曰正夢이요 二曰蘁(악)夢이요 三曰思夢이요 四曰寤夢이요 五曰喜夢이요 六曰懼夢이니 此六者는 神所交也라

여섯 가지 징후의 꿈은 ≪周禮≫와 같다. 사람 마음속이 텅 비고 지각이 있어 일에 조짐이 있으면 꿈에 드러나는 것이 '正'이니, '正夢'은 조짐을 꾸는 꿈이다. '蘁'은 꿈속에서 놀라 깨는 것이다. '思'는 생각하던 것으로 인하여 꿈을 꾸는 것이다. '寤'는 꿈 꿀 때에 깨어 있을 때의 일을 보는 것이다. '喜'는 기뻤던 바가 있었던 것으로 인하여 꿈꾸는 것이다. '懼'는 근심하고 두려워하던 바가 있었던 것으로 인하여 꿈꾸는 것이니, '懼'와 '蘁'은 같지 않지만 ≪周禮≫의 注에는 도리어 분별하지 않았다. 이는 모두 나에게 있는 정신이 만드는 것이다. 그러므로 '神所交'라고 말한 것이니 '交'는 밖의 경계와 교감하는 것이다.

六候之夢은 與周禮同이라 人心之中이 虛靈知覺하여 事有兆眹이면 見於夢者正也니 正夢은 先兆之夢也라 蘁者는 夢中驚蘁而覺者也라 思者는 因所思而成夢也라 寤者는 夢時見覺時事也라 喜者는 因有所喜而夢也라 懼者는 因有所憂懼而夢也라 懼與蘁不同이나 周禮注中却無分別이라 此皆在我之神爲之라 故曰神所交也니 交者는 交於外境界也라

物我가 교감함에 變幻이 일어나는 바를 알지 못하는 자는 일이 이르면 그렇게 된 이유에 의혹을 가지고, 物我가 교감함에 변환이 일어나는 바를 아는 자는 일이 이르면 그렇게 된 이유를 아니, 그렇게 된 이유를 알면 놀라는 일이 없다. 하나의 體가 차고 비고 사라지고 생기는 것은 모두 천지와 서로 통하고 외물과 서로 감응한다.

不識感變之所起者는 事至則惑其所由然하고 識感變之所起者는 事至則知其所由然이니 知其所由然이면 則無所怛(달)이라 一體之盈虛消息이 皆通於天地하고 應於物類라

物我가 교감하는 바에 절로 변환이 있다. 그러므로 '感變'이라 말한 것이다. '事'는 '八徵'을 가리킨다. '所由然'은 모두 마음으로 말미암아 생겨남을 말한 것이다. 사람은 오직 교감함에 변환하는 이유가 모두 한 마음으로부터 시작됨을 알지 못한다. 그러므로 의혹하는 바가 있고 놀라는 바가 있으니 알면 의혹하지 않고 놀라는 일이 없다. '盈虛消息'은 모두 하나의 이치이다. 그러므로 '一體'라고 말한 것이다. 나의 盈虛消息은 천지 또한 그러하고 만물 또한 그러하다. 그러므로 천지와 서로 통하고 외물과 서로 감응한다고 말한 것이다. ≪論語≫에 "40세에 의혹하지 않았다."라고 말한 것[19]이 또한 이런 경계이다.

物我之所感에 自有變幻이라 故曰感變이라 事者는 八徵是也라 所由然者는 言皆由心而生也라 人惟不知感變之由는 皆自一心而始라 故有所疑惑하고 有所驚怛이니 知則不惑하고 則無怛矣라 盈虛消息은 皆是一理라 故曰一體요 我之盈虛消息은 天地亦然이요 萬物亦然이라 故曰通於天地하고 應於物類라 語曰四十而不惑은 亦此境界라

그러므로 陰氣가 강하면 큰물을 건너며 두려워하는 꿈을 꾸고 陽氣가 강하면 큰 불을 지나며 불에 타는 꿈을 꾸고 陰陽이 모두 강하면 살리거나 죽이는 꿈을 꾼다.

故陰氣壯이면 則夢涉大水而恐懼하고 陽氣壯이면 則夢涉大火而燔焫(번설)이요 陰陽俱壯이면 則夢生殺이라

이 세 구는 醫書에도 또한 이런 종류의 말이 있다. 이로써 말하면 꿈은 내 마음에서부터 나오는 것임을 알 수 있다. '焫'은 불이 성한 모양이다. '生'은 陽이고 '殺'은 陰이다.

此三句는 醫書中亦有此類之語라 以此而言이면 可見夢自吾心而出이라 焫은 火盛貌也라 生은 陽也요 殺은 陰也라

몹시 배부르면 주는 꿈을 꾸고 몹시 배고프면 빼앗는 꿈을 꾼다.

甚飽則夢與하고 甚飢則夢取라

'與'는 남에게 주는 것이고 '取'는 남에게 빼앗는 것이다. 이는 생각에 하고자 하는

19) 論語에……것 : ≪論語≫ 〈爲政〉에 나오는 말이다.

바가 있어서 꿈꾸는 것이니 목마르면 물을 마시는 꿈을 꾸는 경우와 같다.

與는 予人也요 取는 取諸人也라 此是意有所欲而夢也니 如渴之夢飮然이라

이 때문에, 경솔하고 허황된 탓에 병을 얻은 자는 날아오르는 꿈을 꾸고 침체되고 독실한 탓에 병을 얻은 자는 물에 빠지는 꿈을 꾼다.

是以以浮虛爲疾者則夢揚하고 以沈實爲疾者則夢溺이라

이는 마음의 병이다.

此는 心病也라

허리띠를 깔고 자면 뱀 꿈을 꾸고 나는 새가 머리를 물면 나는 꿈을 꾼다.

藉帶而寢則夢蛇하고 飛鳥銜髮則夢飛라

허리띠와 나는 새는 깨어 있을 때에 본 것인데 꿈속에서 또 변한 것이다.

帶與飛鳥는 覺時所見也니 夢中又變이라

어두워지려 하면 불이 나는 꿈을 꾸고 병이 들려하면 먹는 꿈을 꾼다.

將陰夢火하고 將疾夢食이라

어두운 곳에 처하면 밝아지기를 생각하므로 어두워지려 할 때에는 불이 나는 꿈을 꾸고, 胃氣가 부족하므로 병이 들려 하면 먹는 꿈을 꾸니 모두 이 마음으로부터 생겨난 것이다.

處暗則思明이라 故將陰而夢火也요 胃氣不足이라 故將疾而夢食하니 皆自此心生也라

술을 마시는 꿈을 꾼 자는 근심하게 되고 가무를 즐기는 꿈을 꾼 자는 통곡을 하게 된다.

飮酒者憂하고 歌儛者哭이라

술을 마시는 꿈을 꾼 자는 혹 근심스런 일이 생기고 가무를 즐기는 꿈을 꾼 자는

혹 통곡할 일이 생기니, 꿈과 깨어있는 것은 늘 정반대이다. ≪占夢書≫[20]에 이런 종류의 말들이 많이 있다.

夢飮酒者는 或有憂惱之事요 夢歌儛者는 或有哭泣之事니 夢覺常相反也라 占夢書中에 多有此類라

子列子가 말하였다. "정신이 만나면 꿈이 되고 형체가 접하면 일이 된다. 그러므로 낮에는 생각하고 밤에는 꿈을 꾼다. 정신과 형체가 만나는 바이다. 그러므로 정신이 안정된 자는 생각과 꿈이 절로 사라진다. 진실로 깨어있으면 말하지 않고 진실로 꿈꾸면 통달하지 못하는 것은 사물의 변화가 왕래하는 것이다. 옛날의 眞人은 깨어 있어도 스스로를 잊고 잠들어도 꿈꾸지 않는다 하니 어찌 허언이겠는가.

子列子曰 神遇爲夢하고 **形接爲事**라 **故晝想夜夢**이라 **神形所遇**라 **故神凝者**는 **想夢自消**라 **信覺不語**하고 **信夢不達**은 **物化之往來者也**라 **古之眞人**은 **其覺自忘**하고 **其寢不夢**이니 **幾虛語哉**리오

낮에 본 바가 있는 것은 형체가 만나는 것이고 밤에 꿈꾸는 바가 있는 것은 정신이 만나는 것이다. '凝'은 안정된다는 말이니 정신이 안정되면 생각이 없고 생각이 없으면 꿈꾸는 일도 없다. 高宗이 傳說을 꿈에서 본 것[21]과 孔子가 周公을 꿈꾼 것[22]은 생각으로 인한 꿈이 아니다. '信'은 '眞'의 뜻이니 진실로 깨어있는 자는 말하지 않으니 묵묵하고 고요하며, 진실로 꿈꾸는 자는 통달하지 못한 것이니 이치에 통달하지 못하면 꿈을 진실이라 여긴다. 사물의 변화가 왕래한다는 말은 바로 꿈과 깨어있는 것이다. 사람은 오직 이런 이치를 알지

傳說

20) 占夢書 : 前漢의 학자 京房(B.C. 77~B.C. 37)이 저술한 책으로 내용은 꿈의 길흉을 예측한 것으로 구성되어 있다.

21) 高宗이……것 : ≪書經≫ 〈說命〉에 商나라 高宗이 꿈속에서 본 傳說을 찾아서 그를 재상으로 삼고 그의 도움을 받아 나라를 발전시킨 고사에서 온 말이다.

22) 孔子가……것 : ≪論語≫ 〈述而〉에 "내가 너무도 쇠하였구나. 오래도록 꿈속에서 주공을 다시 뵙지 못하였으니.〔甚矣 吾衰也 久矣 吾不復夢見周公〕"라고 한 데서 온 말이다.

못한다. 그러므로 옛날의 眞人은 깨어 있어도 스스로를 잊고 잠들어도 꿈꾸지 않는다는 것을 허언이라 여기니 어찌 眞人의 일을 알겠는가. 眞人은 깨어있을 때에 스스로를 잊어 세상에 드러나는 바가 없는 것과 같다. 마음이 드러난 바가 없으면 텅 비고 한결같으니 잠잘 때에 어찌 꿈꿀 일이 있겠는가. 釋氏가 "꿈과 깨어있음은 똑같다."라고 하였으니 이 말은 참으로 좋다. 大慧의 答書 가운데 高宗이 傅說을 꿈에서 본 것과 孔子가 周公을 꿈꾼 것과 釋迦가 황금 북을 꿈꾼 것에 대해 설파한 한 편[23)]이 있으니, 꿈꿀 때와 깨어있을 때가 똑같다는 것을 講明한 부분이 매우 좋다.

晝有所見은 形遇也요 夜有所夢은 神遇也라 凝은 定也니 神定則無想하고 無想則無夢也라 若高宗夢說(열)과 孔子夢周公은 則非想夢也라 信은 眞也니 眞覺者不語하니 默而靜也요 眞夢者不達이니 不達於理則以夢爲眞也라 物化之往來는 卽夢覺是也라 人惟不知此理라 故以古之眞人覺自忘寢不夢을 爲虛語하니 豈知眞人之事哉리오 其覺也에 如忘無所著於世也니 心無所著면 則虛則一이니 則其寢安得有夢이리오 釋氏所謂夢覺一如는 此語極好라 大慧答書中에 有說高宗夢得說, 孔子夢周公, 佛夢金皷一篇하니 其講明夢覺一如處甚好라

3-4 꿈을 사실로 아는 나라와 잠을 자지 않는 마을

西極의 남쪽 모퉁이에 나라가 있으니, 경계가 인접하고 있는 곳은 알 수 없고 古莽의 나라라고 부른다. 陰陽의 氣가 교접하지 않으므로 추위와 더위가 구분되지 않고 해와 달의 빛이 비추지 않으므로 낮과 밤이 구분되지 않는다. 그러니 그 백성들은 먹지도 입지도 않고 대부분 잠을 자 50일 만에야 한 번 깨어나니 꿈속에서 한 일을 실제라 여기고 깨어있을 때 본 것을 허망된 것이라 여긴다.

西極之南隅에 有國焉하니 不知境界之所接이요 名古莽之國이라 陰陽之氣所不交라 故寒暑亡辨하고 日月之光所不照라 故晝夜亡辨하라 其民不食不衣而多眠하여 五旬一覺이니 以

23) 大慧의……편 : 大慧(?~1163)는 중국 宋나라의 승려로 속성은 奚氏이고 이름은 宗杲이다. 臨濟宗 승려로 東山 慧雲寺의 慧齊에게서 得道하여 구족계를 받고, 圓悟禪師의 법을 전해 받았으며 禪宗 불교의 발달에 큰 영향을 끼쳤다. '答書'라고 한 것은 大慧가 당시 사대부들과 주고받은 편지를 가리키는 말로 오늘날 조계종 강원에서 교재로 쓰이는 ≪書狀≫을 가리킨다. 그리고 이 내용은 ≪書狀≫ 내에 〈答向侍郞〉에 보이는 말로 편지의 핵심 내용은 깨달음과 깨닫지 못함, 꿈과 깨어있음이 서로 다른 것이라고 분별망상을 일으키지 말라는 내용이다. 釋迦가 황금 북을 꿈꾸었다는 것은 釋迦가 열반할 때에 황금 북이 매달린 꿈을 꾼 것을 두고 한 말이다.

夢中所爲者實하고 **覺之所見者妄**이라

古莽의 나라는 또한 寓言으로 명명한 것이다. 陰陽이 없고 해와 달이 없는지라 그 백성들은 먹지도 입지도 않고 대부분 잠을 자고 잠든 지 50일 만에야 한 번 깨어난다. 그러므로 꿈꾼 것을 실제라 여기고 깨어있는 것을 허망하다 여기니 이는 또한 일상과 다르다 여겨 잠깐 만에 사라지는 것을 의심한다는 뜻이다. 대개 사람이 만약 늘 꿈꾸면 깨어있는 잠깐 동안을 도리어 허망된 것이라 여긴다는 것을 말한 것이다.

古莽之國은 亦寓名爾라 無陰陽 無日月이라 其民不衣不食而多眠하야 其眠五旬而一覺이라 故以夢者爲實而覺者爲妄니 此亦間於常而疑蹔(잠)亡之意라 蓋言人若常夢이면 則覺之蹔者反爲妄矣라

四海의 가운데 지역을 中央의 나라라고 부르니 河水의 남북에 걸쳐있고 泰山의 동서에 걸쳐 있어 만여 리나 된다. 陰陽의 법도가 명확하므로 추위와 더위가 일정하게 교차되고, 어둡고 밝음의 구분이 뚜렷하므로 낮과 밤이 일정하게 교차된다. 그 백성들 중에는 지혜로운 자도 있고 어리석은 자도 있으며 만물이 잘 자라고 번식하며 다방면에 才藝가 있다. 군신이 함께 마주하여 정사를 다스림에 예법을 서로 지키고 그들의 말과 행동은 이루 다 헤아릴 수 없다. 한 번 깨고 한 번 잠듦에 깨어 있을 때에 한 행동을 실제라 여기고 꿈에서 본 바를 허망된 것이라 여긴다.

四海之齊를 **謂中央之國**이니 **跨河南北**하고 **越岱東西**하여 **萬有餘里**라 **其陰陽之審度**라 **故一寒一暑**요 **昏明之分察**이라 **故一晝一夜**라 **其民有智有愚**하고 **萬物滋殖**하고 **才藝多方**이라 **有君臣相臨**에 **禮法相持**하고 **其所云爲**는 **不可稱計**라 **一覺一寐**에 **以爲覺之所爲者實**하고 **夢之所見者妄**이라

'齊'는 가운데라는 뜻이니 中國을 또한 齊州라고도 한다. 이 단락은 중국인은 또한 깨어있는 것을 실제라 여기고 꿈을 허망한 것이라 여긴다고 말한 것이다. '審度'는 법도가 분명한 것을 말한다. '分察'은 명확하게 구분됨이 분명한 것이다.

齊는 中也니 中國亦曰齊州라 此段은 言中國人이 又以覺爲實하고 以夢爲妄이라 審度는 謂度數審的也라 分察은 謂察別分明也라

東極의 북쪽 모퉁이에 阜落이라는 나라가 있는데 땅의 기운이 늘 뜨겁고 해와 달

의 餘光이 번갈아 비침에 그 땅에는 좋은 곡식이 자라지 못한다. 그 백성들은 풀뿌리나 나무 열매를 먹을 뿐 불에 익혀 먹을 줄 몰랐다. 성품이 강하고 사나워 강한 자와 약한 자들이 서로 다투어 이기는 것을 귀하게 여기고 義理를 숭상하지 않는다. 달리고 걷는 일은 많고 휴식은 적게 하는 편이라 늘 깨어있고 잠들지 않는다.

東極之北隅에 **有國曰阜落之國**이니 **其土氣常燠**하고 **日月餘光之照**에 **其土不生嘉苗**라 **其民食草根木實**하고 **不知火食**이라 **性剛悍**하여 **强弱相藉**하여 **貴勝而不尙義**라 **多馳步 少休息**하야 **常覺而不眠**이라

阜落의 나라는 또한 寓言으로 명명한 것이다. 해와 달의 餘光이라는 것은 서로 번갈아 비추는 것이다. 그러므로 그 나라는 어두워지지 않는다. ≪唐志≫에 "양의 어깨뼈가 익을 때쯤에 해가 또 떴다."[24]라고 하였으니, 세간에 아마도 또한 이와 같은 국토가 있을 듯한데 알 수는 없다. 해와 달이 늘 비추므로 그 사람들은 늘 깨어 있고 잠들지 못한다. 대개 중국의 사람들은 다만 낮에 깨어있는 것을 진실이라 여기고 밤에 꿈을 꾸는 것을 허망하다 여겨 六合의 사이에 또 이와 같은 국토가 있음을 알지 못하니, 다만 귀와 눈으로 보고 듣는 바를 가지고 옳다고 여겨서는 안 된다. 무릇 이는 모두 세속의 협소한 견해를 넓혀주려고 한 것일 뿐이다.

阜落之國은 亦寓言也라 日月之餘光은 更互而照之라 故其國不暝이라 唐志所言熟羊胛而日又出者하니 世間恐亦有此等國土나 未可知也라 日月常照라 故其人常覺而不眠하니 蓋謂中國之人은 但以晝覺夜夢爲眞爲妄하고 而不知六合之間又有如此國土니 不可但以耳目之所接者爲是也라 凡此皆欲廣世俗狹小之見而已라

3-5 꿈과 현실로 보는 苦樂

周나라 尹氏는 재산을 크게 불리느라 그 아래에서 일하는 일꾼들은 아침저녁 없이 쉬지 못하였다. 그중에 늙은 일꾼이 있었는데 근력은 고갈되었으나 그에게는 더욱더 일을 부지런하게 하도록 시켜 낮에는 신음하며 일을 하고 밤에는 지쳐서 깊이

---

24) 양의……떴다 : ≪新唐書≫ 권270 〈回鶻傳〉에, "骨利幹이란 지역은 瀚海의 북쪽에 위치하여 京師와 가장 먼 곳인데, 밤이 길고 낮이 짧아 해가 막 넘어갈 때에 羊胛을 삶기 시작하여 양갑이 다 익을 때쯤이면 벌써 東方이 밝아온다고 한다."라고 한 데서 온 말이다. 전하여 세월이 몹시 빠름을 의미하기도 한다.

잠들곤 하였다. 정신이 황폐해지고 산란하여 밤마다 꿈에 나라의 임금이 되어 백성들의 위에 군림하여 한 나라의 일을 총괄하였다. 궁궐에서 놀며 잔치하고 하고 싶은 일을 맘껏 하여 그 즐거움을 비길 데가 없었지만 깨면 다시 일을 하였다. 그의 노고에 대해 위로하는 사람이 있었는데 일꾼이 말하기를 "인생은 백년에 낮과 밤으로 각각 구분됩니다. 나는 낮에는 하인이 되어 괴롭다면 괴롭지만 밤에 人君이 되어 그 즐거움이 비길 데가 없으니 어찌 원망할 것 있겠습니까."라고 하였다.

尹氏는 마음속으로는 세상의 일을 경영하고 생각은 家業에 집중하여 몸과 마음이 모두 피곤하여 밤이면 또한 지쳐서 잠들곤 하였다. 밤마다 꿈에 남의 종이 되어 분주하게 노역하느라 하지 않은 일이 없었고 자주 꾸지람을 듣고 매질을 당하여 온갖 수모를 다 겪느라 꿈속에서 잠꼬대하고 신음하다 아침이 되어서야 끝이 났다. 尹氏가 이를 괴로워하여 친구를 찾았는데, 친구가 말하기를 "그대의 지위는 몸을 영화롭게 하기에 충분하고 재산은 여유가 있어 남들보다 훨씬 행복한데, 밤에 꿈속에서는 남의 종이 되니 괴로움과 편안함이 반복되는 것은 운명에 있어 일상적인 것입니다. 만약 깨어있을 때와 꿈을 꿀 때에 똑같이 누리고자 한다면 어찌 그렇게 될 수 있겠습니까."라고 하였다. 尹氏가 그 친구의 말을 듣고 일꾼의 일을 느슨하게 해주고 자신이 생각하고 염려하는 일을 줄이니, 두 사람 모두 병이 조금 나아졌다.

周之尹氏大治産하여 其下趣役者 侵晨昏而弗息이라 有老役夫 筋力竭矣로되 而使之彌勤하여 晝則呻呼而卽事하고 夜則昏憊而熟寐라 精神荒散이라 昔昔夢에 爲國君 居人民之上하여 總一國之事라 游燕宮觀하고 恣意所欲하여 其樂無比나 覺則復役이라 人有慰喩其勤者하니 役夫曰 人生百年에 晝夜各分이라 吾晝爲僕虜하여 苦則苦矣나 夜爲人君하여 其樂無比니 何所怨哉리오 尹氏心營世事하고 慮鍾家業하여 心形俱疲하여 夜亦昏憊而寐라 昔昔夢爲人僕하여 趨走作役에 無不爲也라 數罵杖撻이 無不至也라 眠中啽囈(암예)呻呼라가 徹旦息焉이라 尹氏病之하여 以訪其友하니 友曰 若位足榮身하고 資財有餘하여 勝人遠矣어늘 夜夢爲僕하니 苦逸之復은 數之常也라 若欲覺夢兼之면 豈可得邪아 尹氏聞其友言하여 寬其役夫之程하고 減己思慮之事하니 疾竝少間이라

'昔昔'은 밤이니 밤이 되면 꿈에 임금이 됨을 말한 것이다. '鍾'은 모은다는 말이니 그 생각을 모아 집안의 일을 경영하는 것이다. '啽囈'은 잠꼬대이다. '竝'은 모두라는

말이고 '間'은 편안하다는 말이다. 그 일꾼의 일을 느슨하게 해주고 스스로 자신의 생각과 염려를 줄이니 두 사람의 병이 마침내 모두 조금 나았음을 말한 것이다. 이 단락은 깨어 있음과 꿈꾸는 것으로 苦樂의 일을 형용하였으니 그 말이 몹시 맛이 있다.

昔昔은 夕也니 言夜則夢爲國君也라 鍾은 聚也니 聚其思慮以營家業也라 啽囈는 寐語也라 竝者는 皆也요 間者는 安也라 言寬其役夫工程하고 自減其己思慮하니 二人之病이 遂皆少間이라 此段은 以夢覺形容苦樂之事니 其言甚有味라

3-6 꿈과 현실의 경계

들에서 나무를 하던 鄭나라 사람이 놀란 사슴을 만나자 맞이하여 때려 죽였다. 다른 사람이 볼까 두려워하여 급하게 구덩이 속에다 넣고는 풀로 덮어두었다. 기쁜 마음을 가누지 못하다가 조금 뒤에 감춰둔 장소를 잊어버리고 마침내 꿈이라 생각하고서 길을 따라 걸으며 그 일에 대해 중얼거렸다. 그런데 이를 들은 곁에 있던 사람이 그의 말대로 찾아가 사슴을 얻었다. 돌아오자마자 아내에게 말하기를 "좀 전에 나무꾼이 꿈에서 사슴을 얻었는데 숨겨둔 장소를 알지 못하였다. 그런데 내가 지금 이 사슴을 얻었으니 저 나무꾼은 바로 진실된 꿈을 꾼 사람일 것입니다."라고 하였다. 아내가 말하기를 "당신이 나무꾼이 사슴을 얻는 것을 꿈에서 본 것입니까. 어디에 나무꾼의 꿈이 있습니까. 지금 진실로 사슴을 얻었으니 이는 그대의 꿈이 진실된 것이겠지요."라고 하였다. 남편이 말하기를 "내가 그 사람의 말에 근거하여 사슴을 얻었으니 무엇을 가지고 저 사람의 꿈인지 나의 꿈인지 알겠는가."라고 하였다.

나무꾼이 집에 돌아가 사슴을 잃은 것을 기분 나빠하여, 그날 밤에 사슴을 숨겨놓았던 장소를 실제 꿈꾸고 또 사슴을 가져간 장본인을 꿈에서 보았다. 날이 밝자 꿈을 근거로 하여 그를 찾아내 마침내 소송을 걸어 다투게 되어 법관에게 넘겨졌다. 법관이 말하기를 "그대가 애초에 진실로 사슴을 얻었으나 함부로 꿈이라 말하고, 진실로 사슴을 얻은 것을 꿈꾸었으나 함부로 실제라고 말하였다. 저 사람은 진실로 그대의 사슴을 얻어 그대와 사슴의 소유를 다투고 있고, 집사람은 또 꿈에서 남의 사슴을 인지하여 사슴을 얻은 사람은 없다고 말하였다. 지금 여기에 사슴이 있으니 둘로 나누어 가져라."라고 하였다. 이 이야기를 鄭나라 임금에게 아뢰자

鄭나라 임금이 말하기를 "아, 법관이 다시 꿈에서 사슴을 사람에게 나누어주려는 것인가."라고 하고 재상에게 물었다. 재상이 말하기를 "꿈을 꾸었는지 꾸지 않았는지를 臣이 판별할 수 없습니다. 깨어있음과 꿈을 분별하려고 한다면 오직 黃帝[25]와 孔子가 있어야만 하는데 지금은 黃帝와 孔子가 없으니 누가 이를 분별하겠습니까. 법관의 말을 따르는 것이 좋겠습니다."라고 하였다.

鄭人有薪於野者 遇駭鹿하여 御(아)而擊之에 斃之라 恐人見之也하여 遽而藏諸隍中하고 覆之以蕉라 不勝其喜라가 俄而遺其所藏之處하고 遂以爲夢焉하야 順途而詠其事어늘 傍人有聞者 用其言而取之라 旣歸에 告其室人曰 向薪者夢得鹿而不知其處어늘 吾今得之하니 彼直眞夢者矣라하니 室人曰 若將是夢見薪者之得鹿邪아 詎有薪者邪아 今眞得鹿하니 是若之夢眞邪(야)인저 夫曰 吾據得鹿이 何用知彼夢我夢邪아 薪者之歸에 不厭失鹿하여 其夜眞夢藏之之處하고 又夢得之之主라 爽旦에 案所夢而尋得之이 遂訟而爭之하야 歸之士師라 士師曰 若初眞得鹿이나 妄謂之夢이요 眞夢得鹿이나 妄謂之實이라 彼眞取若鹿하야 而與若爭鹿하고 室人又謂夢仞人鹿이니 無人得鹿이라 今據有此鹿하니 請二分之하라하고 以聞鄭君한대 鄭君曰 嘻라 士師將復夢分人鹿乎아 訪之國相한대 國相曰 夢與不夢을 臣所不能辨也라 欲辯覺夢이면 唯黃帝孔丘나 今亡黃帝孔丘하니 孰辨之哉리오 且恂士師之言可也라하니라

'駭鹿'은 〈사슴이〉 놀라서 달려오는 것이다. '御'는 음이 '아'이니 맞이한다는 뜻이다. '遽而藏之隍中'은 급급하게 숨겨서 남이 볼까 두려워 한 것이다. '蕉'는 풀이다. '順塗'는 길을 따라 걷는 것이다. '詎有薪者'는 '어찌 나무꾼의 꿈이 있겠는가. 단지 그대가 스스로 꿈속에서 나무꾼이 말하는 것을 보았을 뿐이니, 그대가 지금 꿈꾼 것이 바로 진실한 꿈이다.'라고 말한 것이다. '不厭'은 달가워하지 않음이고 '爽旦'은 날이 밝은 것이다. '仞'은 '認' 자와 같으니 꿈에서 남의 사슴을 인지한 것이다. '無人得鹿'은 그대는 애초에 나무꾼이 없어서 사슴을 얻은 사람이 없으므로 다만 꿈일 뿐이라고 생각하였음을 말한 것이다. '士師復夢分人鹿'은 진실인지 망령된 것인지를 구별할 수 없어서 또한 꿈과 같을 뿐임을 말한 것이다. 재상이 이에 '惟黃帝孔子知辨之'라고 말한 것은 道를 아는 자가 아니면 진실과 망령을 정할 수 없음을 말한 것이다. '恂'은 '徇' 자와 같으니 또 법관의 말을 따라 반으로 가르는 것이다. 이 단락 또한 꿈과 깨어있음으로 진실과 망령됨을 정할 수 없음을 말한 것일 뿐이니 그 설이 절로 맛이 있다.

---

25) 黃帝 : 三皇의 한 사람으로 黃帝 軒轅氏이다. 炎帝와의 전쟁에서 이기고 천자가 되어 土德으로 천하를 다스렸기 때문에 황제라고 하였다.(≪十八史略≫ 〈三皇〉)

駭鹿은 驚而走者라 御音迓니 迎也라 遽而藏之隍中은 汲汲藏之하야 恐人見也라 蕉는 草也라 順塗는 沿塗也라 詎有薪者는 言豈有薪者之夢이리오 只是汝自夢見薪者言之爾라 汝今之夢이 乃爲眞夢矣라 不厭은 不甘也요 爽旦은 天明也라 仞은 與認同하니 夢認人鹿이라 無人得鹿은 言汝以爲初無薪者하야 無得鹿之人이라 但爲夢也라 士師復夢分人鹿者는 言未能別白其眞妄이 亦如夢而已라 國相乃曰 惟黃帝孔子知辨之는 謂非知道者면 不能定眞妄也라 恂은 與徇同하니 且從士師之言爲之中分也라 此段은 亦是以夢覺言眞妄之不可定爾니 其說自有味라

3-7 忘却症이 주는 득실

宋나라 陽里의 華子는 중년에 건망증을 앓아 아침에 받은 것을 저녁에 잊고 저녁에 준 것을 아침에 잊으며 길에 있으면 가는 것을 잊고 집에 있으면 앉는 것도 잊으며 지금은 먼저 일어났던 일을 기억하지 못하고 뒤에 가서는 지금을 기억하지 못하였다. 온 집안이 이를 괴로워하여 史官을 찾아가 점을 쳤으나[26] 점괘가 나오지 않았고 무당을 찾아가 빌어 보았으나 막지 못하였고 의원을 찾아가 치료하였으나 나아지지 않았다.

魯나라에 한 儒生이 능히 이 병을 치료할 수 있다고 자청하니, 華子의 妻子들이 집의 재산 절반을 가지고 그 처방을 요청하였다. 儒生이 말하기를 "이는 실로 卦兆[27]로 점칠 수 있는 바가 아니고 기도하는 것으로 빌 수 있는 바도 아니며 약과 침으로도 치료할 수 있는 바가 아닙니다. 제가 시험 삼아 그 마음을 변화시키고 그 생각을 바꾸어 볼 것이니 그렇게 하면 거의 치료할 수 있을 것입니다."라고 하였다. 이에 시험삼아 그를 벗겨놓으니 옷을 찾고 굶기니 음식을 찾고 어두운데 두니 밝은 곳을 찾았다. 그러자 儒生이 기쁜 기색으로 그 아들에게 말하기를 "병은 나을 수 있겠습니다. 그러나 나의 방술은 은밀하게 세상에 전하니 남에게 말해 주어서는 안 됩니다. 청컨대 좌우를 물리고 저 혼자만 방에서 칠일 동안 함께 지내도록 해 주십시오."라고 하였다. 이 말을 따라주니 그가 시행한 처방을 알 수는 없었지만 몇 년간 지속된 병이 하루아침에 말끔히 나았다.

---

26) 史官을……쳤으나 : 고대에는 史官이 역사를 기록하는 것과 신령을 제사지내는 것을 겸임하였기 때문에 史官을 찾아가 점을 친 것이다.

27) 卦兆 : 卦象과 龜兆를 가리키는 말로 점을 쳐 길흉의 은미한 모습을 미리 보는 것을 말한다.

華子가 깨어나자 이에 크게 노하여 아내를 내쫓고 자식들을 벌하고 창을 들고 儒生을 뒤쫓았다. 宋나라 사람이 華子를 붙잡고 그 이유를 물으니, 華子가 말하기를 "전에 내가 잊고 있을 때에는 멍하게 하늘과 땅이 있는지 없는지도 몰랐는데, 지금은 갑자기 이미 지나간 과거가 기억나 수십 년 동안의 存亡, 得失, 哀樂, 好惡 등 어지럽게 온갖 단서들이 일어나게 되었습니다. 저는 장래의 存亡, 得失, 哀樂, 好惡 등이 이와 같이 내 마음을 혼란하게 만들까 두려우니, 잠깐 사이에 잊는 것을 다시 얻을 수 있겠습니까."라고 하였다. 子貢[28]이 이 말을 듣고 괴이하게 여겨 孔子에게 아뢰니, 孔子가 말하기를 "이는 네가 미칠 수 있는 바가 아니다."라고 하고 顔回[29]를 돌아보고 기록해 두라고 말하였다.

宋陽里華子中年病忘하여 **朝取而夕忘**하고 **夕與而朝忘**하고 **在塗則忘行**하고 **在室則忘坐**하고 **今不識先**하고 **後不識今**이라 **闔室毒之**하여 **謁史而卜之**나 **弗占**하고 **謁巫而禱之**나 **弗禁**하고 **謁醫而攻之**나 **弗已**라 **魯有儒生自媒能治之**하니 **華子之妻子以居産之半請其方**이라 **儒生曰 此固非卦兆之所占**이요 **非祈請之所禱**요 **非藥石之所攻**이라 **吾試化其心變其慮**면 **庶幾有瘳(추)乎**인저 **於是試露之而求衣**하고 **饑之而求食**하고 **幽之而求明**하니 **儒生欣然告其子曰 疾可已也**라 **然吾之方**은 **密傳世**하니 **不以告人**이라 **試屛左右**하고 **獨與居室七日**이라 **從之**하니 **莫知其所施爲也**로되 **而積年之疾**이 **一朝都除**라 **華子旣悟**에 **迺大怒**하야 **黜妻罰子**하고 **操戈逐儒生**이라 **宋人執而問其以**하니 **華子曰 曩吾忘也**에 **蕩蕩然不知天地之有無**러니 **今頓識旣往**하야 **數十年來存亡得失哀樂好惡擾擾萬緖起矣**라 **吾恐將來之存亡得失哀樂好惡之亂吾心如此也**니 **須臾之忘**을 **可復得乎**아 **子貢聞而怪之**하여 **以告孔子**한대 **孔子曰此非汝所及乎**라하고 **顧謂顔回記之**하시다

'毒之'는 괴로워하는 것이다. 점치는 것, 무당에게 비는 것, 의원에게 치료받는 것, 이 세 가지 일은 지금 사람들에게도 있으니 옛 사람과 지금 사람들의 人情이 서로 크게 차이나지 않음을 볼 수 있다. '弗占'은 卦兆에 들지 않는 것이고, '弗禁'은 빌미라 여겼으나 금지할 수 없는 것이다. '攻之弗已'는 다스릴 수 없는 것이다. '自媒'는 스스로 추천하여 이 병을 치료할 수 있다고 한 것이다. '化其心變其慮者'는 이 마음의 병

---

28) 子貢 : 端木賜의 자이다. 중국 春秋시대 衛나라 사람으로 孔門十哲 중의 한 사람이다. 일찍이 魯나라의 재상을 지낸 적이 있다.

29) 顔回 : B.C. 521~B.C. 481. 魯나라 曲阜 사람으로 자는 子淵이다. 春秋 말기 孔子의 제자로 공자가 가장 총애했던 수제자였으나, 젊은 나이에 요절했다. 孔門十哲 중 한 사람이다.

은 다른 방법으로는 치료할 수 있는 바가 아님을 말한 것이다. '求衣求食求明'은 그 마음에서 구하는 것이니 지각이 있는 것과 같은 것이다. 홀로 그와 함께 거하면서 남들이 보지 못하게 하였기 때문에 그를 치료하는 방법을 어떻게 시행하였는지 알지 못하는 것이다. '旣悟而怒'는 세상일에 감응하고 접촉하는 것만으로 능히 그 마음에 누가 되니, 모르고 잊는 것만 못한 것이다. 대개 세상 사람들의 憂樂, 得失, 存亡, 好惡는 능히 그 마음을 어지럽히니, 道가 있는 사람이 즐기면서 잊는 것이 아니라면 건망증을 앓는 것이 더 나음만 못하다. 끝에 도리어 기꺼이 말을 다하려 하지 않고 다만 '네가 미칠 바가 아니다.'라고만 말하였으니, 이는 또 하나의 중요한 부분이다.

毒之는 苦之也라 卜巫醫三者之事는 今人亦有之하니 以見古今人情不相遠也라 弗占은 不入卦兆也요 弗禁은 以爲祟(수)而弗能禁止也요 攻之弗已는 不可治也라 自媒는 自薦以爲能治此疾也라 化其心變其慮者는 謂此心病은 非他方法所可療也라 求衣求食求明은 是求其心이니 猶有知覺也라 獨與之居而不令人見이라 故不知其所以治之者何施爲也라 旣悟而怒는 以世事感觸能累其心이 不若不知而忘之也라 蓋以世人憂樂得失存亡好惡能亂其心이니 非有道者樂而忘之면 則不如病忘之爲愈也라 末後却不肯說盡하고 但云非汝所及하니 此又是一機軸이라

3-8 迷惑된 자는 누구인가

秦나라 사람 逢氏에게 아들이 있으니, 어릴 때에는 지혜로웠는데 장성하자 미혹되는 병을 가지게 되었다. 노래를 듣고는 통곡소리라 여기고 흰색을 보고는 검은색이라 여기고 향기를 맡고는 썩었다 여기고 단 음식을 먹고는 쓰다고 여기고 그릇된 행동을 하고도 옳다고 여겼다. 그러니 생각이 미치는 범위에 天地, 四方, 水火, 寒暑에 대해서도 반대로 생각하지 않음이 없었다.

楊氏가 그의 아버지에게 말하기를 "魯나라의 군자는 가진 재능이 많으니 장차 병을 낫게 할 수 있을 것입니다. 그대는 어찌 찾아가지 않습니까."라고 하였다. 그 아버지가 魯나라로 가는 길에 陳나라를 지나다 老聃을 만나 인하여 자식의 병증에 대해 말하였다. 老聃이 말하기를 "그대는 어찌 그대의 아들이 미혹되었다는 것을 압니까. 지금 천하의 사람이 모두 시비를 혼동하고 이해에 어두워 같은 병을 앓는 자가 많지만 실로 이를 깨우친 자가 없습니다. 또 한 몸의 미혹함은 한 집안을 움직이기에 부족하고 한 집의 미혹함은 한 마을을 움직이기에 부족하고 한 마을의 미혹함은 한 나라를 움직이기에 부족하고 한 나라의 미혹함은 천하를 움직이기에

부족하지만 천하가 모두 미혹하다면 누가 이를 움직이겠습니까. 가령 천하의 사람이 그 마음이 모두 그대의 아들과 같다면 그대가 곧 도리어 미혹된 것이니, 哀樂, 聲色, 臭味, 是非를 누가 바로잡을 수 있겠습니까. 또 나의 말도 반드시 미혹되지 않은 것이 아닌데 하물며 미혹됨이 더욱 심한 魯나라의 군자가 어찌 능히 사람의 미혹을 해소해 줄 수 있겠습니까. 그대의 양식을 허비하기 보다는 속히 돌아가는 것만 못합니다."라고 하였다.

秦人逢氏有子하니 少而惠러니 及壯而有迷罔之疾이라 聞歌以爲哭하고 視白以爲黑하고 饗香以爲朽하고 嘗甘以爲苦하고 行非以爲是하니 意之所之에 天地 四方 水火 寒暑를 無不到錯者焉이라 楊氏告其父曰 魯之君子多術藝하니 將能已乎인저 汝奚不訪焉고 其父之魯하야 過陳이라가 遇老聃하여 因告其子之證이라 老聃曰 汝庸知汝子之迷乎아 今天下之人이 皆惑於是非하고 昏於利害하여 同疾者多로되 固莫有覺者라 且一身之迷는 不足傾一家하고 一家之迷는 不足傾一鄕하고 一鄕之迷는 不足傾一國하고 一國之迷는 不足傾天下나 天下盡迷면 孰傾之哉리오 向使天下之人이 其心盡如汝子면 汝則反迷矣니 哀樂 聲色 臭味 是非를 孰能正之리오 且吾之言이 未必非迷어든 況魯之君子는 迷之郵者니 焉能解人之迷哉리오 榮汝之糧으론 不若遄(천)歸也라

이 단락은 미혹되는 병에 대한 이야기로 또 앞 단락의 건망증에 대한 뜻을 뒤집어 말한 것이다. '傾'은 움직인다는 뜻이다. 한 집안의 사람은 한 사람의 미혹됨으로 인하여 그 집을 움직이지 않고 한 마을의 사람은 한 집안의 미혹됨으로 인하여 그 마을을 움직이지 않는다. 대개 미혹된 자가 적고 미혹되지 않은 자가 더욱 많다면 미혹되게 할 수 없음을 말한 것이다. 만약 천하가 모두 미혹되었다면 미혹되지 않은 자는 도리어 병자가 되니, 그 뜻은 대개 지금 세상의 사람들은 모두 利欲에 미혹되어 道를 알지 못하고 도리어 道를 지닌 사람들을 미혹되었다고 여긴다는 것이다. '郵'는 '尤' 자와 같으니 '迷之郵者'는 미혹됨이 심함을 말한 것이다. '榮'은 버린다 혹은 허비한다는 말이니, 너의 양식을 허비하지 말라고 말한 것이다.

此以迷疾之說로 又翻前段病忘之意라 傾은 動也라 一家之人이 不因一人之迷而傾其家하고 一鄕之人이 不以一家之迷而傾其鄕이니 蓋言迷者少而不迷者尤多면 則不得而惑之也라 若天下皆迷면 則不迷者反爲疾矣니 其意蓋謂今世之人이 皆迷於利欲而不知道하여 反以有道者爲迷也라 郵는 與尤同하니 迷之郵者는 言迷之甚也라 榮은 棄也며 費也니 言莫枉汝資糧也라

3-9 사람의 감정은 진실된 것인가

燕나라 사람이 燕나라에서 태어나 楚나라에서 자랐는데, 늘그막에 본국으로 돌아오게 되었다. 晉나라를 지날 때에 동행하던 사람이 그를 속여 城을 가리키며 "이는 燕나라의 城이다."라고 하니 그 사람이 슬퍼하며 얼굴빛이 변하였고, 社壇을 가리키며 "이곳은 너희 마을의 社壇이다."라고 하니 이에 한숨을 쉬며 탄식하였다. 그리고 집을 가리키며 "이곳은 너의 先人의 집이다."라고 하니 이에 눈물을 흘리며 울었고 무덤을 가리키며 "이곳은 너의 先人의 무덤이다."라고 하니 그 사람이 스스로 멈출 수 없을 정도로 통곡하였다. 동행하던 사람이 박장대소하며 "내가 방금 그대를 속였으니 이곳은 晉나라이다."라고 하니 그 사람이 크게 부끄러워하였다. 燕나라에 이르러 실제 燕나라의 城과 社壇을 보고 실제 先人의 집과 무덤을 보았지만 슬퍼하는 마음이 도리어 사라졌다.

民社圖

燕人生於燕하여 長於楚러니 及老而還本國이라 過晉國할새 同行者誑之하여 指城曰 此燕國之城이라하니 其人愀然變容하고 指社曰 此若里之社라하니 乃喟然而嘆하고 指舍曰 此若先人之廬라하니 乃涓然而泣하고 指壟曰 此若先人之冢이라하니 其人哭不自禁이라 同行者啞然大笑 曰 予昔紿(태)若이니 此晉國耳라하니 其人大慙이라 及至燕하야 眞見燕國之城社하고 眞見先人之廬冢에는 悲心更微러라

이 단락은 대개 사람의 마음은 진실로 봄이 없으면 혹 망령된 것을 옳다고 여기고 진실된 것을 그르다고 여기게 됨을 말한 것이다. '微'는 없다는 말이니, '悲心更微'는 도리어 슬퍼하지 않음을 말한 것이다. 이 한 편에 근거해 보면 말이 매우 수준이 높으니 반드시 列子가 쓴 본래의 글일 것이다.

此段은 蓋言人心無眞見이면 則或以妄者爲是而眞者爲非也라 微는 無也니 悲心更微는 言反不悲也라 據此一篇하면 語極到하니 必列子之本書라

列子鬳齋口義 四卷

제4편 중니　仲尼 第四

＊이 편에서는 어떻게 道를 인식하고 파악해야 하며 道를 얻은 뒤에 드러나는 효과는 무엇인지에 대하여 중점적으로 서술하고 있다. 그리고 전편에 걸쳐 시종일관 無爲에 대하여 강조하였는데, 無爲라는 것은 객관적 사실에 순응하여 행하되 자신의 의견을 섞어 넣지 않는 것을 말한다. 특히 작자는 私念을 배제하는 것을 강조하면서 개인의 수양과 시비의 표준 등에 대한 문제를 중점적으로 논하였다. 이를 통해 사람은 내적 수양을 통해 사물도 없고 자신도 없는 경지에 도달하는 것이 참된 道를 터득하는 길임을 밝혔다. 그러나 내용 중에는 孔子의 말을 빌려 佛教를 높이려는 듯한 의도가 보이는 부분이 있는데, 불교가 훨씬 후대에 중국에 유입되었음을 감안하면 ≪列子≫는 후대 사람들에 의해 내용이 가감되었음을 엿볼 수 있다. '仲尼'라는 편명은 이 편의 첫 머리에 나오는 글자를 인용하여 편명으로 삼은 것이다.

4-1 天理를 즐거워하고 天命을 안다

孔子가 한가로이 있을 때에 子貢이 들어와 곁에서 모시고 있는데, 공자가 근심스러운 낯빛을 띠고 있었다. 子貢이 감히 연유를 묻지 못하고 나와서 顔回에게 말해 주니, 顔回가 거문고를 끌어당겨 노래를 부르는 것이었다. 공자가 이 소리를 듣고는 과연 顔回를 불러 들어오게 하였다. 공자가 묻기를 "너는 어찌하여 홀로 즐기느냐?"라고 하니, 顔回가 답하기를 "선생님께서는 어찌하여 홀로 근심하십니까?"라고 하였다. 공자가 말하기를 "먼저 너의 뜻을 말해보라."라고 하자, 顔回가 답하기를 "저는 예전에 선생님께서 '天理를 즐거워하고 天命을 알기 때문에 근심하지 않는다.'라고 하신 말씀을 들었으니 제가 그래서 즐거워하고 있는 것입니다."라고 하였다.

공자가 근심스러운 얼굴빛으로 한참 있다가 말하기를 "그런 말을 하였던가? 너의 생각은 잘못되었다. 이것은 내가 예전에 했던 말일 뿐이니 지금 다른 말로 바로잡아 주겠다. 너는 다만 天理를 즐거워하고 天命을 아는 것이 근심이 없다는 것만 알 뿐이고, 天理를 즐거워하고 天命을 아는 것이 크게 근심이 된다는 것을 알지 못하고 있으니 지금 너에게 그 사실을 말해주겠다. 자신의 한 몸을 닦아 궁해지거나 출세하거나 그대로 맡겨두고 오고 가는 것이 내가 아님을 알아 마음과 생각에 변란이 없는 것이 네가 말한 '天理를 즐거워하고 天命을 아는 것이 근심 없음이다.' 라는 것이다. 예전에 내가 詩書를 공부하고 禮樂을 바로 잡은 것은 장차 이를 가지고 천하를 다스려 후세에 남기려고 한 것이었고, 다만 내 한 몸을 닦아 魯나라를 다스리려고 한 것일 뿐만이 아니었다. 그러나 魯나라의 君臣은 날로 질서를 잃어 仁義는 더욱 쇠하고 性情은 더욱 각박해졌다. 이 때문에 이 道가 한 나라와 한 세대에도 행해지지 않고 있으니, 天下나 다음 세대에 어찌 행해지겠는가.

仲尼閑居에 **子貢入侍**러니 **而有憂色**이라 **子貢不敢問**하고 **出告顔回**하니 **顔回援琴而歌**라 **孔子聞之**하고 **果召回入**이라 **問曰 若奚獨樂**고 **回曰 夫子奚獨憂**잇가 **孔子曰 先言爾志**하라 **曰 吾昔聞之**호니 **夫子曰 樂天知命**이라 **故不憂**[1]라하시니 **回所以樂也**이니이다 **孔子愀然有間曰 有是言哉**아 **汝之意失矣**라 **此吾昔日之言爾**니 **請以今言爲正也**호리라 **汝徒知樂天知命之無憂**요 **未知樂天知命有憂之大也**니 **今告若其實**호리라 **修一身**하여 **任窮達**하고 **知去來之非我**하여 **亡變亂於心慮**는 **爾之所謂樂天知命之無憂也**라 **曩吾脩詩書正禮樂**은 **將以治天下遺來世**오 **非但修一身治魯國而已**어늘 **而魯之君臣**이 **日失其序**하여 **仁義益衰**하고 **情性益薄**이라 **此道不行一國與當年**이니 **其如天下與來世矣**리오

이 道가 막상 한 나라에도 행해지지 않고 아울러 당시에도 행해지지 않았으니, 천하와 후세에 어찌 행해지겠는가.

此道가 且不得於一國하고 與不得行於當時하니 其如天下來世何오

나는 비로소 詩書와 禮樂이 治亂을 구제할 수 없다는 것을 알았으나 그것을 개혁할 방법을 알지 못하니, 이것이 天理를 즐거워하고 天命을 아는 자가 근심하는 바이다. 비록 그렇지만 나는 이를 터득하였으니, 대저 즐기고 아는 것은 옛 사람들이 말한 즐기고 아는 것이 아니고 즐기는 것도 없고 아는 것도 없는 것이 참된

1) 樂天知命 故不憂 : ≪周易≫ 〈繫辭傳 上〉에 "天理를 즐거워하고 天命을 알기 때문에 근심하지 않으며, 자리에 편안하여 仁을 돈독히 하기 때문에 사랑할 수 있는 것이다.〔樂天知命故不憂 安土敦乎仁故能愛〕"라고 한 데서 온 말이다.

즐거움이요 참된 앎이다. 그러므로 즐기지 않는 바도 없고 알지 못하는 바도 없으며 근심하지 않는 바도 없고 하지 않는 바도 없다. 詩書와 禮樂을 어찌 버리겠으며 개혁한들 무슨 소용이 있겠는가."라고 하였다.

吾始知詩書禮樂이 無救於治亂이나 而未知所以革之之方하니 此樂天知命者之所憂라 雖然이나 吾得之矣니 夫樂而知者는 非古人之所謂樂知也요 無樂無知 是眞樂眞知라 故無所不樂하고 無所不知하며 無所不憂하고 無所不爲라 詩書禮樂을 何棄之有며 革之何爲오

즐기면서 그 즐거움을 안다면 마음에 있는 것이고, 즐기면서 마음에 담아둠이 없는 것이 참된 즐거움이다.

樂而知其樂則有心矣요 樂而無容心者爲眞樂이라

顔回가 北面하고 두 손 모아 절하면서 말하기를 "저도 또한 이를 터득하였습니다." 라고 하고 나와서 子貢에게 말하자 子貢은 茫然自失하였다. 子貢이 집으로 돌아가 7일 동안 깊이 생각하느라 잠을 자지 않고 먹지도 않아서 뼈가 앙상하게 드러나기에 이르렀다. 顔回가 다시 찾아가 깨우쳐 주니 비로소 孔子의 문하로 돌아와 거문고를 타고 노래하며 글을 외우는 일을 평생토록 그치지 않았다.

顔回北面拜手曰 回亦得之矣라하고 出告子貢한대 子貢茫然自失이라 歸家淫思七日에 不寢不食하여 以至骨立이라 顔回重往喩之하니 乃反丘門하여 弦歌誦書를 終日不輟하니라

이 장의 뜻은 세 번 전환되니 처음에는 天理를 즐거워하고 天命을 알면 근심이 없음을 말하였고, 다음으로는 天理를 즐거워하고 天命을 아는 자도 또한 때로 근심이 있음을 말하였고, 마지막으로는 또 근심과 즐거움을 아는 것이 알지 못하는 것만 못하다는 것을 말하였다. 그 뜻은 대개 근심과 즐거움이 있는 것이 근심과 즐거움 모두 없는 것만 못하고, 근심과 즐거움이 근심과 즐거움이 됨을 아는 것이 근심과 즐거움 모두 알지 못하는 것만 못하다는 말이다. 그 큰 뜻은 불과 이와 같은데 도리어 寓言하여 抑揚을 두었으니 그 筆法이 ≪莊子≫보다 훨씬 뛰어나다. 아마도 列子의 본래 글은 아닌 듯하다. '淫'은 무젖어 들어간다는 뜻이니 心思를 다하여 생각하는 것이다.

此章之意三轉이니 首言樂天知命則無憂하고 次言樂天知命者亦有時而憂하고 末又言知憂樂者不如不知라 其意蓋以有憂有樂이 不如倂憂樂無之요 知憂樂之爲憂樂이 不若倂憂樂不知之라 其大旨不過如此어늘 却寓言以抑揚之하니 其筆法이 去莊子遠甚이라 恐非列子之本書라 淫也者는

浸淫也니 酷意以思之也라

4-2 孔子가 어찌 聖人인가

陳나라의 대부가 魯나라에 聘問하여 사적으로 叔孫氏[2]를 만났는데, 叔孫氏가 말하기를 "우리나라에는 성인이 한 분 계십니다."라고 하니, 陳나라의 대부가 말하기를 "孔丘라는 사람이 아닙니까?" 라고 하였다. 叔孫氏가 "맞습니다."라고 하니, 陳大夫가 "어떻게 그 사람이 聖人인지 아십니까?"라고 하였다. 叔孫氏가 말하기를 "제가 일찍이 顔回가 말하는 것을 들었는데, '孔丘는 마음을 버리고 육체를 움직인다.'라고 하였습니다."라고 하였다. 陳大夫가 말하기를 "우리나라에도 성인이 한 분 있는데, 그대는 알지 못하십니까?"라고 하니, 叔孫氏가 말하기를 "누구를 성인이라 하십니까?"라고 하였다. 陳大夫가 말하기를 "老聃의 제자 亢倉子[3]라는 사람이 있으니, 그는 老聃의 道를 체득하여 귀로 보고 눈으로 들을 수 있습니다."라고 하였다. 魯나라 임금이 이 말을 듣고 크게 놀라 上卿으로 하여금 예를 후하게 갖추고서 그를 불러오게 하니, 亢倉子가 초빙에 응하여 魯나라에 이르렀다.

陳大夫聘魯하여 **私見叔孫氏**한대 **叔孫氏曰 吾國有聖人**이라하니 **曰 非孔丘邪**아 **曰是也**라 **何以知其聖乎**아 **叔孫氏曰 吾嘗聞之顔回**호니 **曰 孔丘能廢心而用形**[4]이라하니라 **陳大夫曰 吾國亦有聖人**하니 **子弗知乎**아 **曰 聖人孰謂**오 **曰 老聃之弟子**에 **有亢倉子者**하니 **得聃之道**하여 **能以耳視而目聽**이라 **魯侯聞之大驚**하여 **使上卿厚禮而致之**하니 **亢倉子應聘而至**하니라

廢心用形은 마음에 두지 않고 그 형체를 잊는 것이니 비록 움직이고 사용하지만 움직이거나 사용함을 알지 못함을 말한 것이다. 귀로 보고 눈으로 듣는다는 것은 六用[5]

---

2) 叔孫氏 : 중국 春秋時代 魯나라의 公族인 孟孫氏 · 季孫氏와 함께 魯나라의 세 공족 중 하나이다. 桓公의 아들인 叔牙의 후손으로, 대대로 大夫의 벼슬을 계승하고 魯나라의 국정을 농단하였다.

3) 亢倉子 : 춘추시대 道家의 인물로, 庚桑子 또는 亢桑子라고도 한다. 이름이 楚로 老子의 제자라고 하는데 확실치는 않다. ≪莊子≫ 〈庚桑楚〉에 의하면 노나라 畏壘의 산속에서 살면서 사람들에게 성인으로 존경을 받았으며 노자에게 배운 無爲自然의 도를 실천했다고 한다. 지금 전해지고 있는 ≪항창자≫ 9편은 후대인의 위서로 알려져 있다.

4) 廢心而用形 : 道家에서 주장하는 설이다. 세상에 처하고 사물을 대할 때 몸짓과 행동만 사용하고 일체의 주관적인 생각과 감정을 배재하는 것을 말한다.

一源의 설이다. 불가에서는 '音'을 '觀音'[6]이라 하고 과연 佛日이 東坡의 〈維摩贊〉을 모방하여 〈觀音贊〉 한 수를 지었으니[7] 바로 이러한 뜻이다. 그 말에 "세간의 여러 가지 음성의 相은 대중은 귀로만 듣고 눈으로 보지 못하네. 오직 大士만이 눈으로 보되 눈으로 보는 경계에서 취함이 없으니 귀·코·혀·몸·뜻도 또한 그렇구나. 좋구나, 마음이 통달하여 十方세계가 空하니 六根의 경계가 번갈아 드러남이 이와 같은 뜻이다."라고 하였다. ≪大慧語錄≫ 普說 제 15단에 보이니 스스로 해설한 것이 매우 분명하다.

廢心用形은 言無心而忘其形이니 雖動用이나 不知其爲動用也라 能以耳視目聽은 六用一源之說也라 釋氏以音爲觀音이라하고 果佛日學東坡維摩贊하여 作觀音贊一首하니 正是此意라 其辭曰 世間種種音聲相은 衆以耳聽非目觀이라 唯此大士眼能觀하되 於眼境界無所取니 耳鼻舌身意亦然이라 善哉心洞十方空하니 六根互顯如是義라 見語錄普說第十五段하니 自解說得甚明이라

魯나라 임금이 겸손한 말로 그에게 묻자 亢倉子가 말하기를 "이 말을 전해준 자가 망발한 것입니다. 저는 다만 보고 듣는 데에 귀와 눈을 사용하지 않을 수는 있지만 귀와 눈의 쓰임을 바꾸지는 못합니다." 魯나라 임금이 말하기를 "이는 더욱더 기이하니 그 방법은 무엇입니까. 寡人는 끝내 이를 듣기를 원합니다."라고 하였다.

魯侯卑辭請問之하니 亢倉子曰 傳之者妄이로라 我能視聽不用耳目이나 不能易耳目之用이라 魯侯曰 此增異矣니 其道奈何오 寡人終願聞之하노라

귀와 눈을 사용하지 않고도 보고 듣는다는 것은 곧 ≪莊子≫에서 말한 "감각기관의 지각 능력이 멈추고 대신 신묘한 작용이 움직인다."[8]라는 뜻이니, 氣로 듣고 마음으로 듣는다는 말[9]이 또한 이 뜻이다. 비록 귀와 눈을 사용하지 않고서 보고 들을 수

---

5) 六用 : 마음을 움직이는 여섯 가지 작용을 이르는 바, 불교에서 말하는 六根인 眼根·耳根·鼻根·舌根·身根·意根의 작용을 가리킨다.

6) 觀音 : 불가에서는 音을 귀로 듣는다고 하지 않고 音을 마치 눈으로 보듯 본다라고 하는 것을 가리킨다.

7) 佛日이……지었으니 : 佛日은 大慧의 별칭이다. 〈觀音贊〉은 ≪大慧寶覺禪寺語錄≫에 수록되어 있다.

8) 감각기관의……움직인다 : ≪莊子≫ 〈養生主〉에 나오는 말로 원문에서 '官'은 사람의 感覺器官을 가리키고 '知'는 감각기관에 근거한 지각 능력을 가리킨다.

9) 氣로……말 : ≪莊子≫ 〈人間世〉에 나오는 말이다.

있지만 귀와 눈의 쓰임은 늘 남들과 똑같다. 그러므로 '귀와 눈의 쓰임을 바꾸지는 못한다.'라고 한 것이다. '增異'는 이와 같다면 또 더욱 기이함을 말한 것이다.

視聽不用耳目은 卽莊子所謂官知止而神欲行之意也니라 聽之以氣하고 聽之以心이 亦是此意라 雖不用耳目以視聽이나 而耳目之用은 常與人同이라 故曰不能易耳目之用이라 增異者는 言如此則又甚異也라

亢倉子가 말하기를 "저의 몸은 마음에 합치되고 저의 마음은 氣에 합치되고 저의 氣는 정신에 합치되고 저의 정신은 無에 합치됩니다. 매우 작은 존재나 매우 작은 소리가 있으면 비록 멀리 八荒[10]의 밖에 있거나 가까이 눈썹과 속눈썹 안에 있더라도 와서 나에게 관여되는 것들을 저는 반드시 압니다. 그러나 도리어 저의 耳目口鼻와 四肢가 느끼는 바인지 심장이나 내장이 아는 바인지는 알지 못하고 자연히 아는 것일 뿐입니다."라고 하였다.

亢倉子曰 我體合於心하고 **心合於氣**하고 **氣合於神**하고 **神合於無**라 **其有介然之有**와 **唯然之音**이면 **雖遠在八荒之外**하고 **近在眉睫(첩)之內**라도 **來干我者**를 **我必知之**로되 **乃不知是我七孔四支之所覺**과 **心腹六藏之所知**요 **其自知而已矣**라

體, 心, 氣, 神이라고 말한 것은 모두 無로 귀결되니 이것이 바로 無心의 작용이다. '介然之有'는 볼 수 있는 하나의 작은 것을 말한 것이고 '唯然之音'은 들을 수 있는 하나의 작은 것을 말한 것이니 이 여덟 글자를 쓴 것이 또한 훌륭하다. 사물이 와서 나에게 관여하면 나는 곧 그것을 아니 바로 적막하게 움직이지 않다가 감응하여 마침내 통한다[11]는 것이고, 바로 사물이 오면 명명할 수 있고 일이 이르면 응할 수 있다[12]는 것이다. 耳目口鼻와 四肢, 심장이나 내장이 느끼고 아는 바를 내가 모두 알지 못한다는 것은 바로 몸은 마음에 합치되고 마음은 氣에 합치되고 氣는 정신에 합치되고 정신은 無에 합치된다는 것이다. '其自知而已矣'는 나는 비록 자연히 알지만 말로는 형용하지 못하는 것이 있음을 말한 것이다.

---

10) 八荒 : 八方에서 아주 먼 곳을 가리킨다.

11) 적막하게……통한다 : ≪周易≫ 〈繫辭傳 上〉에 "역은 생각이 없고 하는 것도 없어 적막하게 움직이지 않다가, 감응하여 마침내 천하의 원인을 통한다.〔易无思也无爲也 寂然不動 感而遂通天下之故〕"라고 한 데서 온 말이다.

12) 사물이……있다 : ≪大學演義≫ 經一章에 나오는 臨川吳氏(吳浩)의 설이다.

曰體曰心曰氣曰神이 皆歸於無하니 此乃無心之用也라 介然之有는 言一介可見之微也요 唯然之音은 言一唯可聽之微也니 此八字下得亦好라 物來干我면 我則知之하니 卽是寂然不動하여 感而遂通也요 卽是物來能名하고 事至則應也라 七孔四支와 心腹六藏所覺所知를 我皆不知는 卽是體合於心하고 心合於氣하고 氣合於神하고 神合於無也라 其自知而已矣者는 言我雖自知나 而有不容言者也라

노나라 임금이 이 말을 듣고 매우 기뻐하였다. 뒷날 孔子에게 이 말을 전하니 孔子는 웃기만 할 뿐 답하지 않았다.

魯侯大悅이라 他日以告仲尼한대 仲尼笑而不答하니라

'笑而不答'은 곧 전편에서 이른바 '孔子는 할 수 있으면서도 능히 하지 않았다.'라고 한 것이다. 이 의미는 곧 孔子가 비록 이 道를 알고 있지만 남에게 말해주지 않았음을 이른 것이다. 그러므로 웃기만 할 뿐 답하지 않은 것이다.

笑而不答은 卽是前篇所謂夫子能之而能不爲者也라 此意則謂夫子雖知此道나 而不以語人이라 故笑而不答也라

4-3 聖人의 기준

宋나라의 太宰가 孔子를 뵙고 말하기를 "그대는 聖人입니까?"라고 하니 공자가 대답하기를 "제가 어찌 감히 聖人이겠습니까. 다만 저는 博學多識한 사람일 뿐입니다."라고 하였다. 宋나라의 太宰가 말하기를 "三王[13]은 성인입니까?"라고 하니 孔子가 대답하기를 "三王은 지혜롭고 용맹한 사람을 잘 임용한 분들이지만 聖人인지는 저도 모르겠습니다."라고 하였다. 太宰가 묻기를 "五帝[14]는 聖人입니까?"라고 하니 공자가 말하기를 "五帝는 어질고 의로운 사람을 잘 임용한 분들이지만 聖人인지는 저도 모르겠습니다."라고 하였다. 太宰가 묻기를 "三皇[15]은 聖人입니까?"라

13) 三王 : 夏・殷・周 세 나라의 첫 번째 임금인 禹, 湯, 文을 가리킨다.

14) 五帝 : 五帝에 대한 설은 사람마다 각각 다르지만 일반적으로 黃帝・顓頊・帝嚳・堯・舜을 말한다.

15) 三皇 : 三皇에 대한 설은 다양하지만 일반적으로 伏羲・神農・黃帝를 말한다.

고 하니 공자가 대답하기를 "三皇은 時宜에 순응하는 사람을 잘 임용한 분들이지만 성인인지는 저도 모르겠습니다."라고 하였다.

宋나라의 太宰가 크게 놀라면서 말하기를 "그렇다면 누가 성인이라 할 수 있습니까?" 孔子가 인상을 찌푸리고 있다가 잠시 후에 말하기를 "西方의 사람 중에 聖人이 있다고 하니 세상에 쓰여도 治亂의 자취가 없고 말하지 않아도 절로 믿으며 敎化하지 않아도 절로 교화가 행해져 넓고 넓어서 백성들이 형용하지 못한다[16]라고 합니다. 저는 그가 성인일 것으로 의심하니, 알지 못하겠습니다만 진실로 성인일까요? 진실로 성인이 아닐까요?"라고 하였다. 宋나라 太宰는 묵묵히 마음속으로 헤아리며 말하기를 "孔子가 나를 속이고 있구나."라고 하였다.

商太宰[17]見孔子曰 丘聖者歟아 孔子曰 聖則丘何敢이리오 然則丘博學多識者也로라 商太宰曰 三王聖者歟아 孔子曰 三王善任智勇者나 聖則丘弗知로라 曰五帝聖者歟아 孔子曰 五帝善任仁義者나 聖則丘弗知로라 曰三皇聖者歟아 孔子曰 三皇善任因時者나 聖則丘弗知로라 商太宰大駭曰 然則孰者爲聖고 孔子動容有間曰 西方之人에 有聖者焉하니 不治而不亂하고 不言而自信하며 不化而自行하여 蕩蕩乎民無能名焉이라 丘疑其爲聖이나 弗知眞爲聖歟아 眞不聖歟아 商太宰默然心計曰 孔丘欺我哉인저

이 장은 당시에 이미 佛學이 있어서 孔子의 이름에 의탁하여 부처를 높이려고 한 듯하다. 西方 사람이 三皇과 五帝보다 뛰어나다고 하니 부처가 아니면 누구이겠는가? 그렇다면 佛家의 서책이 중국에 유입된 것은 비록 漢나라 明帝때이지만 그 설이 이미 천하에 전해진 지 오래된 것이다. '不治而不亂'은 세상에 쓰여도 治亂의 자취가 없음을 말한 것이다. '不言而信'과 '不化而行'은 정성으로 사람을 감동시키는 것이다. '弗知眞爲聖眞不聖'은 推尊하는 뜻이 있는데 확정하지는 않은 말이니, 필시 당시 이러한 설이 있었으나 크게 유행하지는 않았다. 그러므로 확정하여 말하려고 하지 않은

---

16) 넓고……못한다 : ≪論語≫ 〈泰伯〉에 "위대하도다, 요임금이 임금노릇하심이여. 오직 하늘만이 비길 데 없이 크거늘, 오직 요임금만이 이 덕을 본받았으니 그 덕이 넓고 넓어서 백성들이 무어라 형용하지 못하는구나.〔大哉 堯之爲君也 巍巍乎唯天爲大 唯堯則之 蕩蕩乎民無能名焉〕"라고 한 데서 온 말이다.

17) 商太宰 : 商은 宋나라를 지칭하는데 宋나라는 商나라의 후손이며 商丘에 도읍하고 있어 商나라라고 부르기도 하였다. 또한 商나라 때에는 太宰라는 관명이 없었으므로 商은 宋으로 보아야 한다. 太宰는 春秋戰國 시대에 각국이 설치하고 있었던 官名으로 百官을 총괄하는 요직이다.

것이다. '默然心計曰欺我哉'는 놀라고 의아해하는 뜻을 형용한 것이다. '善任智勇'은 지혜롭고 용감한 사람을 등용하여 세상을 다스린 것이다. '善任因時者'는 時宜에 순응하는 道를 아는 사람을 등용한 것이다. '孰者爲聖'은 누가 성인인가라는 말이다.

此章은 似當時已有佛之學하여 托夫子之名而尊之也라 西方之人이 出於三皇五帝之上하니 非佛而何오 然則佛之書入於中國이 雖在漢明帝之時나 而其說已傳於天下久矣라 不治而不亂者는 言其用世無治亂之迹也라 不言而信 不化而行은 以誠感人也라 弗知眞爲聖眞不聖은 是有推尊之意로되 而爲此不定之辭니 必當時有此說而未甚行이라 故不肯指定言之也라 默然心計曰 欺我哉는 形容其驚疑怪訝之意也라 善任智勇은 能用智勇以治世也요 善任因時者는 能用順時之道也라 孰者爲聖은 何者爲聖人也라

4-4 제자들이 孔子를 섬기는 이유

子夏가 孔子에게 묻기를 "顔回의 사람됨은 어떠합니까?"라고 하니 공자가 답하기를 "顔回의 성실함은 나보다 뛰어나다."라고 하였다. 子夏가 묻기를 "子貢의 사람됨은 어떠합니까?"라고 하니 孔子가 답하기를 "子貢의 언변은 나보다 뛰어나다."라고 하였다. 子夏가 묻기를 "子路의 사람됨은 어떠합니까?"라고 하니 공자가 답하기를 "子路의 용감함은 나보다 뛰어나다."라고 하였다. 子夏가 묻기를 "子張의 사람됨은 어떠합니까?"라고 하니 孔子가 답하기를 "子張의 엄숙함은 나보다 뛰어나다."라고 하였다.

子夏가 자리를 피하여 묻기를 "그렇다면 네 명의 제자들이 무슨 이유로 선생님을 스승으로 섬기는 것입니까?"라고 하니 孔子가 답하기를 "앉거라. 내 너에게 말해 주겠다. 무릇 안회는 성실하지만 융통성이 없고 자공은 언변은 좋지만 말을 더디게 할 줄 모르며, 자로는 용감하지만 겁낼 줄을 모르고 자장은 엄숙하지만 남들과 어울릴 줄 모른다. 나는 네 명의 제자가 가지고 있는 장점을 겸하여 소유하여 나를 變易할 줄 아니 나는 저들을 아직 허여하지 않는다. 이것이 그들이 나를 스승으로 섬기면서도 의심하지 않는 이유이다."라고 하였다.

子夏問孔子曰 顔回之爲人奚若이니잇고 子曰 回之仁이 賢於丘也니라 曰 子貢之爲人奚若이니잇고 子曰 賜之辯이 賢於丘也니라 曰 子路之爲人奚若이니잇고 子曰 由之勇이 賢於丘也니라 曰 子張之爲人奚若이니잇고 子曰 師之莊이 賢於丘也니라 子夏避席而問曰 然則四子者何爲事夫子이니잇고 曰 居하라 吾語汝호리라 夫回能仁而不能反이요 賜能辯而不能訥이요

由能勇而不能怯이요 師能莊而不能同이라 兼四子之有以易吾하니 吾弗許也라 此其所以事吾而不貳也니라

'能仁而不能反'의 '反'은 變通하는 것이니 仁은 알지만 변통하는 權道를 알지 못함을 말한 것이다. 여기의 '仁'자는 '誠'자와 같으니, ≪莊子≫와 ≪列子≫의 字義는 우리 儒家의 글과는 비교해서는 안 된다. '莊'은 엄숙함이다. '同'은 빛을 부드럽게 하여 속세와 함께한다[18]는 말이다. 네 명의 제자가 소유한 것을 나는 겸하여 소유하였으니, 나에게 있는 것은 變易할 수 있지만 저들에게 있는 것은 變易할 수 없다. 그가 이와 같이 말하는 것을 보면 '易'자는 곧 '時'자와 서로 비슷하다. 그러니 대개 성인은 그 온전함을 얻어 때에 맞게 말을 잘하고 때에 맞게 엄숙하며 때에 맞게 성실하고 때에 맞게 용감한데 네 명의 제자는 각각 그 편중된 하나만 지녔을 뿐임을 말한 것이다. '吾弗許'는 저들이 이 變易과 時中의 道를 배웠지만 아직 터득하지는 못하였으니 내가 아직 허여하지 않음을 말한 것이다.

能仁而不能反의 反은 變也니 言其知仁이나 未知變通之權也라 此仁字與誠字一般이니 莊列之字義는 不可與吾書比라 莊은 矜也라 同은 和光同塵也라 以四子之有를 我兼有之하니 在我則能易이나 在彼則不能易이라 看他如此說하면 易字便與時字相似하니 蓋謂聖人得其全하여 時乎而辨하고 時乎而莊하고 時乎而仁하고 時乎而勇이어늘 四子者各有其偏爾라 吾弗許者는 言彼學此變易時中之道나 而未能得하니 吾未許可之也라

4-5 無言도 말하는 것이다

列子는 이미 壺丘子林을 스승으로 삼고 伯昏瞀人[19]을 벗으로 삼고서 南郭에 살고 있었다. 그를 따라 함께 머무는 사람의 수는 매일 헤아려보아도 다 헤아릴 수가 없을 정도였다. 비록 그렇지만 列子는 또한 부족하다 여겨 매일 아침 사람들과 서로 변론하니 사람들에게 알려지지 않음이 없었다.

子列子旣師壺丘子林하고 友伯昏瞀人하여 乃居南郭하니 從之處者 日數而不及이라 雖然이나 子列子亦微焉하여 朝朝相與辯하니 無不聞이라

18) 빛을……함께한다 : ≪老子≫ 제56장에 "그 빛을 부드럽게 하여 티끌과 뒤섞인다.〔和其光 同其塵〕"라고 한 데서 온 말인데 곧 자신의 재주와 현명함을 감추고 세속을 따른다는 의미이다.

19) 伯昏瞀人 : 초나라의 賢士이다. 본서 2-5, 2-14 참조

'日數而不及'은 날마다 헤아려보아도 다 헤아릴 수 없음을 말한 것이니, 와서 배우는 자들이 많음을 이른다. '亦微焉'은 응수하는 힘이 미약함을 말한 것이다. 무릇 아침마다 사람들과 서로 변론한 말이 천하에 전해져 사람들이 듣지 않음이 없는 것이다.

日數而不及者는 言日日數之而不盡也니 謂來學者之衆也라 亦微焉은 言其應酬之力微矣라 凡其朝朝相與辯之言이 傳說於天下하여 人無不聞之라

그러나 南郭子와 더불어 담을 이웃하여 20년이나 살았지만 서로 찾아가거나 초청하는 일이 없었고 길에서 서로 만나서도 눈으로 서로 보지 않는 듯하니, 문하의 문도들이 列子와 南郭子가 서로 원수사이라고 생각하고 의심하지 않았다. 楚나라로부터 온 사람이 있어 列子에게 묻기를 "선생님과 南郭子께서는 어찌하여 원수가 되었습니까?"라고 하니, 列子가 말하기를 "南郭子는 외모는 충실하고 마음은 텅 비어 있고 귀는 듣지 않고 눈은 보지 않으며 입은 말하지 않고 마음은 아는 것이 없으며 형체는 두려워함이 없으니 가서 장차 무엇을 하겠는가?

而與南郭子連牆二十年이나 不相謁請하고 相遇於道에 目若不相見者하니 門之徒役以爲子列子與南郭子有敵不疑라 有自楚來者問子列子曰 先生與南郭子奚敵고 子列子曰 南郭子貌充心虛하고 耳無聞 目無見하고 口無言 心無知하고 形無惕(척)하니 往將奚爲오

'不相謁請'은 명함을 주고받고서 서로 만나는 일을 하지 않는 것이다. '敵'은 다툰다는 말이고 '不疑'는 단정하는 것이니, 사람들이 모두 두 사람이 단연코 마음으로 다툼이 있었기 때문에 서로 만나지 않는다고 생각한 것이다. '貌充'은 얼굴에 드러나고 몸에 충만한 것이다. '無聞', '無見', '無言', '無知'는 그 비록 들었으나 들리지 않고 비록 보았으나 보이지 않고 비록 말하였으나 말하지 않고 비록 알지만 알지 않는 것을 말한다. '形無惕'는 德이 온전하여 외적인 이유로 두려워함이 없는 것을 말한 것이다. '往將奚爲'는 '가서 보고자 하나 무슨 말을 하겠는가?'라고 말한 것이다.

不相謁請은 不通刺而相見也라 敵은 爭也요 不疑는 斷然也니 人皆以爲二人斷然有爭於心하여 所以不相見也라 貌充者는 見面盎背也라 無聞, 無見, 無言, 無知는 言其雖聞而不聞하고 雖見而不見하고 雖言而不言하고 雖知而不知也라 形無惕者는 言德全而無所怵(출)惕於外也라 往將奚爲는 謂欲往見之而何所言乎아

비록 그렇지만 시험 삼아 그대들과 함께 가보겠다."라고 하고 제자 40명을 선별하여 함께 가서 南郭子를 만나 보니 과연 넋을 잃은 사람 같아서 더불어 상대할 수가 없었다. 列子를 되돌아보니 그는 육체와 정신이 서로 짝을 이루지 못하여 함께 어울릴 수가 없었다. 南郭子가 잠시 뒤 列子의 제자들 중에서 끝 서열의 사람을 가리키며 함께 이야기를 하였다. 그런데 매우 화락하였지만 줄곧 자기주장만 하면서 남을 이기려고만 하는 것 같았으니, 列子의 제자들은 그것을 보고 놀랐고 집으로 돌아와서 모두 의아한 낯빛을 띠었다.

雖然이나 **試與汝偕往**호리라하고 **閱弟子四十人同行**하여 **見南郭子**하니 **果若欺魄焉而不可與接**이라 **顧視子列子**하니 **形神不相偶而不可與群**이라 **南郭子俄而指子列子之弟子末行者與言**에 **衎(간)衎若專直而在雄者**하니 **子列子之徒駭之**하고 **反舍**에 **咸有疑色**이라

'閱弟子'는 제자를 선택해서 함께 가는 것이다. '欺魄'은 그 형체만 덩그러니 있어 넋이 있는 듯하지만 넋이 없는 것이다. '欺'는 의심스럽다는 말이다. 저 사람의 '欺魄'함으로 列子의 육체와 정신이 서로 짝을 이루지 못하는 것과 비교해 보면 南郭子는 비교 대상이 아니다. 그러므로 "더불어 어울릴 수가 없었다."라고 말한 것이다. '形神不相偶'는 육체와 정신이 서로 분리되어 하나가 되지 않음을 말한 것이다. '指末行者與言'은 그 중 수준이 가장 낮은 사람을 택하여 그와 더불어 말하였다고 한 것이니, 이는 列子를 더불어 말하기 부족한 사람이라고 여긴 것이다. '衎衎然'은 화락하다는 말이고 '專直'은 줄곧 자기주장만 한다는 말이고 '在雄'은 홀로 존귀하다 생각하는 것이니, 자신의 옆에 사람이 없는 듯이 행동한다는 뜻을 형용한 말이다. 집에 돌아가 의심함이 있었다는 것은 南郭子가 列子를 업신여겼다고 의심하는 것이다.

閱弟子者는 選擇而行也라 欺魄者는 塊然其形이 似魄而非魄也라 欺者는 疑也라 以彼之欺魄으로 視列子之形神不相偶하니 非南郭子之比라 故曰 不可與群이라 形神不相偶者는 言形神相離而未爲一也라 指末行者與言은 言擇其最下者而與之語니 是以列子爲不足與語也라 衎衎然은 和也요 專直은 一也요 在雄은 獨尊也니 狀其旁若無人之意也라 反舍而有疑者는 疑南郭子之薄列子也라

열자가 말하기를 "道에 나아가 터득한 사람은 말이 없고, 道에 나아가 식견이 있는 사람도 역시 말이 없다. 말이 없는 것으로 말을 하는 것도 또한 말하는 것이고 아는 것이 없음으로 아는 것도 또한 아는 것이다. 말이 없는 것과 말하지 않는 것, 아는

것이 없는 것과 알지 못하는 것도 또한 말하는 것이고 또한 아는 것이다. 또한 말하지 않는 것도 없고, 또한 알지 못하는 것도 없고, 또한 말하는 것도 없고, 또한 아는 것도 없으니 이와 같을 뿐인데 너희들은 어찌하여 망령되이 놀라는가."라고 하였다.

子列子曰 得意者無言하고 進知者亦無言이라 用無言爲言亦言이요 無知爲知亦知라 無言與不言과 無知與不知도 亦言亦知라 亦無所不言하고 亦無所不知하고 亦無所言하고 亦無所知니 如斯而已라 汝奚妄駭哉오

'得意'는 道에 나아가 터득함이 있는 것이고 '進知'는 道에 나아가 식견이 있는 것이다. 이 아래에는 도리어 세 번 전환된다. '無言'은 말을 잊는 것이다. 말이 없음으로 말을 하는 것과 아는 것이 없음으로 안다고 하는 것이 또한 말하는 것이고 또한 아는 것이라는 말은 그 비록 말을 잊었지만 '無' 자는 그대로 남아 있음을 말한 것이니 이것이 1절이다. 말이 없는 것과 말하지 않는 것, 아는 것이 없는 것과 알지 못하는 것도 또한 말하는 것이고 또한 아는 것이라는 말은 또 '無' 자와 '不' 자를 가지고 분별한 것이다. '不'자는 '知'와 '言'이 그대로 남아있고 '無'는 '無' 자가 그대로 남아 있는 것이고 '亦'은 미진하다는 뜻이니 이것이 1절이다. 말하지 않는 것도 없고 알지 못하는 것도 없고 또한 말하는 것도 없고 아는 것도 없는 데에 이르러야 바야흐로 道에 나아가는 오묘함이 되니 또 이것이 1절이다.

이는 바로 '從心不踰矩'[20]의 설인데 다만 말이 고무되었을 뿐이다. 지금 禪家에서는 정히 이 機關[21]을 쓸 때에 이 단락의 문자를 겸하여 사용하니 ≪傳燈錄≫[22]에서 뜻을 분별한 곳과 語句가 똑같다. '汝奚妄駭'는 "이는 바로 至人의 일이니 너희들이 어찌 함부로 놀랄 수 있겠는가?"라고 말한 것이다. 그 뜻은 대개 "너희들은 다만 至人의 일을 알지 못하니 이 때문에 이렇게 놀라는 것이다. 내가 至人에 대해 어떻게 미칠 수 있겠는가."라고 말한 것이다.

得意者는 造道而有得也요 進知者는 造道而有知見也니라 此下却分三轉이라 無言은 忘言也라 以無言爲言과 以無知爲知도 亦言亦知者는 謂其雖忘言이나 而無字猶在也니 此是一節이요 無言

20) 從心不踰矩 : ≪論語≫ 〈爲政〉에 孔子가 이르기를 "내 나이 70이 되자, 이제는 마음에 하고 싶은 대로 따라 해도 법도에 넘치는 법이 없게 되었다.〔七十而從心所欲 不踰矩〕"라고 한 데서 온 말이다.

21) 機關 : 보통 禪家에서 스승이 제자를 깨우치게 할 때 쓰는 機緣이나 어떤 단서를 가리키는 말로 많이 쓰인다.

22) 傳燈錄 : 宋나라 때 승려 道源의 저술로 석가 이래 法脈의 계통을 세우고 고승의 法語를 기록한 책이다. 傳燈은 道를 다음 사람에게 전하는 것을 비유한 말이다.

與不言과 無知與不知도 亦言亦知者는 又將無與不字作分別也니 不者는 是知與言猶在也요 無者는 是無字猶在也요 亦者는 未盡之意也니 此是一節이요 及至於無所不言하고 無所不知하고 而亦無所言하고 無所知라야 方爲造道之妙니 又是一節이라 此卽從心不踰矩之說이니 但說得鼓舞爾라 今禪家正用此機關에 兼此段文字하니 亦與傳燈錄辨義處語句同이라 汝奚妄駭者는 言此乃至人之事니 汝何妄以爲驚駭아 其意蓋謂汝惟未知至人之事하니 所以有此驚駭라 我於至人에何可及耶아

4-6 列子의 학문 과정

열자가 공부할 때에 3년이 지나자 마음은 감히 是非를 생각하지 않고 입은 감히 利害를 말하지 않게 되었으니, 그제서야 老商[23]이 한 번 보아줄 따름이었다. 5년이 지나자 마음은 다시 是非를 생각하고 입은 다시 利害를 말하니 老商이 비로소 한 번 얼굴을 펴고 웃었다. 7년이 지나자 마음이 생각하는 바를 따라도 다시 是非가 없고, 입이 말하는 대로 따라도 다시 利害가 없게 되었으니 老商은 그제야 나를 한 번 불러 자리를 나란히 하고 앉았다. 9년이 지나자 마음이 생각하는 바를 멋대로 내버려 두고 입으로 말하는 바를 멋대로 내버려 두어도 전혀 나의 是非와 利害를 알지 못하고, 전혀 남의 是非와 利害를 알지 못하게 되어 안과 밖의 구별이 없어져버렸다. 그 후에는 눈이 귀와 같고 귀가 코와 같고 코가 입과 같아 같지 않은 것이 없게 되었다. 그래서 마음은 안정되고 형체는 망각하여 뼈와 살이 모두 융화되어 몸이 의지하고 있는 곳과 발이 밟고 있는 곳과 마음이 생각하는 것과 말이 표현하는 것을 깨닫지 못하게 되었으니, 이렇게 되었을 뿐인데 이치는 숨겨져 있는 것이 없게 되었다.

子列子學也에 三年之後에 心不敢念是非하고 口不敢言利害하니 始得老商一眄(면)而已이라 五年之後에 心更念是非하고 口更言利害하니 老商始一解顏而笑라 七年之後에 從心之所念이라도 更無是非하고 從口之所言이라도 更無利害하니 夫子始一引吾竝席而坐라 九年之後에 橫心之所念하고 橫口之所言이라도 亦不知我之是非利害歟며 亦不知彼之是非利害歟하야 外內進矣 而後眼如耳하고 耳如鼻하고 鼻如口하야 (口)[24]無不同하야 心凝

23) 老商 : 老商氏로 열자의 스승이다. 열자는 關尹子, 壺丘子, 支伯高子 등을 스승으로 섬겼다고 한다.

形釋하고 **骨肉都融**하여 **不覺形之所倚**와 **足之所履**와 **心之所念**과 **言之所藏**이라 **如斯而已**니 **則理無所隱矣**라

이 장은 列子가 학문할 때의 처음을 차례로 서술한 것이니 이미 前篇[25]에 보인다. '心凝'은 안정되었다는 말이고 '形釋'은 그 형체를 망각한 것이다. 뼈와 살이 모두 융화되었다는 것은 그 몸이 있음을 알지 못하는 것이니, 형체가 기대어 서 있는 곳과 발이 밟고 걷는 곳과 마음이 생각하는 바와 입이 말하는 바를 모두 스스로 지각하지 못하는 것이다. '藏'은 축척됨이니, 말이 나오는 바는 이치가 모두 그 속에 축척되어 있는 것이다. '如斯而已'는 다만 이와 같이 지각하는 바가 없을 뿐이라는 것이다. '理無所隱'은 지극한 이치를 단지 여기에서 볼 수 있다는 것이다.

此章은 序列子爲學之始니 已見前篇이라 心凝은 定也요 形釋은 忘其形也라 骨肉皆融化는 不知有其身也라 形所倚而立과 足所履而行과 心所念 口所言을 皆不自覺知矣라 藏은 蓄也니 言之所出은 理皆藏蓄其中也라 如斯而已는 但如此無所覺知而止也요 理無所隱은 則至理卽此可見也라

4-7 外遊와 內遊

처음에 列子는 유람을 좋아하였는데 壺丘子가 말하기를 "그대는 유람을 좋아하는데 유람하는 게 무엇이 그리 좋은가?"라고 하였다. 列子가 답하기를 "유람하는 즐거움은 완상하는 것이 옛 것이 없다는 것입니다. 사람들의 유람은 보이는 것을 관찰하지만, 저의 유람은 변화하는 것을 관찰하니 유람이여, 유람이여! 능히 유람을 제대로 분별하는 사람이 없습니다."라고 하였다. 壺丘子가 말하기를 "그대의 유람은 본래 남과 같은데도 본래 남과 다르다고 말하는가. 모든 보이는 것들도 또한 언제나 그 변화를 볼 수 있네. 저 사물이 날마다 새로워짐을 완상하면서 자신도 또한 날마다 새로워짐을 알지 못하니, 밖을 유람하는 데에만 힘쓰고 안을 관찰하는 일에는 힘쓸 줄을 모르는 것이네. 밖을 유람하는 사람은 외물에 완비되기를 요구하지만 안을 관찰하는 사람은 자신에게서 모든 것을 취할 뿐이니, 자신에게서 모든 것을 취하는 것이 유람의 지극한 경지이며 외물에서 완비되기를 구하는 것은 유람의 지극한 경지가 못되는 것이네."라고 하였다.

---

24) (口) : 저본에는 '口'가 있으나, ≪列子集釋≫에 의거하여 衍文으로 처리하였다.

25) 前篇 : ≪列子≫ 〈黃帝〉篇을 가리킨다.

이에 列子는 평생을 나가지 않고 스스로 유람을 알지 못한다고 생각하였다. 壺丘子가 말하기를 "유람이 지극한 경지에 이르렀구나. 유람을 지극히 한 사람은 가는 곳을 알지 못하며 지극하게 관찰하는 사람은 보이는 것을 알지 못하니 사물마다 모두 유람하는 것이며 사물마다 모두 관찰하는 것이네. 이것이 내가 말하고자 하는 유람이라는 것이고, 이것이 내가 말하는 관찰이라는 것이네. 그래서 내가 유람이 지극한 경지에 이르렀구나, 유람이 지극한 경지에 이르렀구나라고 말한 것이네."라고 하였다.

初에 子列子好遊러니 壺丘子曰 禦寇好遊하니 遊何所好아 列子曰 遊之樂은 所玩無故니 人之遊也는 觀其所見이로되 我之遊也는 觀其所變이니 遊乎遊乎여 未有能辯其遊者로라 壺丘子曰 禦寇之遊는 固與人同歟아 而曰固與人異歟아 凡所見은 亦恒見其變이라 玩彼物之無故나 不知我亦無故하니 務外遊나 不知務內觀이라 外遊者는 求備於物하고 內觀者는 取足於身이니 取足於身은 遊之至也요 求備於物은 遊之不至也라 於是에 列子終身不出하고 自以爲不知遊라 壺丘子曰 遊其至乎져 至遊者는 不知所適하고 至觀者는 不知所眡(시)니 物物皆遊矣요 物物皆觀矣라 是我之所謂遊요 是我之所謂觀也라 故曰 遊其至矣乎인져 遊其至矣乎인져하니라

'遊'는 천지의 사이를 유람하며 보는 것이다. '無故'는 날마다 새로운 것이다. 사람은 다만 자신이 보는 바를 가지고 유람하며 보는 즐거움을 삼는데, 나는 조화가 일정하지 않고 변화하는 것을 가지고 유람하며 보는 즐거움을 삼는다. 그러므로 사람들 중에는 능히 이를 분별하여 아는 자가 없다. 그러므로 "자신의 유람을 제대로 분별하는 사람은 없습니다."라고 말한 것이다. 壺丘子가 이를 그릇되었다 생각하고 이에 "너의 유람은 남들과 같지만 실로 남들과 다르다고 말하는구나."라고 말하였으니, "너의 유람이 이와 같으니 또한 남들과 다르지 않다. 네가 본 바도 또한 일상적인 것일 뿐이니 어떻게 그 변화를 보았다고 생각하는가."라고 말한 것이다. 그러므로 "모든 보이는 것들도 또한 그 변화를 항상 볼 수 있다."라고 말하였으니, 함부로 그 변화를 보았다고 말한 것을 말한 것이다. 사물이 날마다 새롭다는 것은 낮과 밤이 앞에서 서로 교체되어 다만 그 새로워져 옛 것이 없음을 보는 것이다. 내가 내가 되는 것 또한 그러하니 저것이 날마다 새로워지는 것을 완상하지만 나 또한 변화를 따라서 가는 줄을 알지 못한다.

하루는 또 다른 하루와 다르니 일상을 관찰하고 변화를 관찰하는 것은 모두 외적

인 유람이다. 사물에서 완비되기를 구하는 것은 다만 외물을 가지고 끝까지 관찰한 것일 뿐이고, 내 몸에서 모든 것을 취하여 외물에게서 관찰하는 바가 없어야만 이에 지극한 유람이 된다. '終身不出'은 자신의 학문이 지극하지 못함을 안 것이다. '不知所適'은 가는 것이 없음을 말한 것이고 '不知所眡'는 보는 것이 없음을 말한 것이다. 가는 것도 없고 보는 것도 없으면 사물도 없고 나도 없으니 유람하는 것 아님이 없으며 관찰하는 것 아님이 없다. 내가 말한 유람과 관찰은 이와 같다. 그러므로 사물마다 모두 유람하는 것이며 사물마다 모두 관찰하는 것이라고 말한 것이다. 그러므로 이것이 내가 말하는 유람이며 이것이 내가 말하는 관찰이라는 것이라고 말한 것이다. '至矣乎'를 두 번 말한 것은 거듭 말하여 찬미한 것이다.

遊者는 遊觀天地之間也라 無故者는 日新也라 人但以其所見者爲遊觀之樂이로되 我以造化之變不常者爲遊觀之樂이라 故人未有能辯知之者也라 故曰 未有能辮其遊者라 壺丘子非之하고 乃曰 遊與人同이로되 而曰固與人異라하니 言汝之遊如此하니 亦未有異於人也라 汝之所見이 亦常爾니 何以謂見其變乎아 故曰 凡所見은 亦恒見其變이라 言其妄謂見其變也라 物之無故는 日夜相代於前하야 但見其新而無故也라 我之爲我者亦然하니 以彼之日新爲玩이나 而不知我亦隨化而往이라 日異一日이니 則觀常觀變은 皆外遊也라 求備於物者는 但以外物爲觀盡也요 取足於吾身而無所觀於外라야 乃爲至遊라 終身不出者는 知其學未至也라 不知所適者는 言其無適也요 不知所眡者는 言其無見也라 無適無見則無物無我니 無非遊矣요 無非觀矣라 我之所謂遊觀者如此라 故曰 物物皆遊物物皆觀이라 故曰 是我之所謂遊是我之所謂觀이라 再言至矣乎者는 申言以讚美之也라

4-8 聖智를 판별하는 기준

龍叔이 文摯[26]에게 말하기를 "그대의 의술이 정묘합니다. 나에게 병이 있으니 그대가 고칠 수 있겠습니까?"라고 하였다. 文摯가 말하기를 "명을 따르겠습니다. 그러나 그대가 앓고 있는 병증에 대해 먼저 말해 주십시오."라고 하였다. 龍叔이 말하기를 "저는 마을 사람들이 칭찬해 주어도 영화롭게 여기지 않고 온 나라 사람들이 비난해도 욕이라 여기지 않고 얻어도 기뻐하지 않고 잃어도 근심하지 않습니다. 그리고 삶을 보기를 죽음과 같이 하고 부유함을 보기를 가난함과 같이 하고

26) 文摯 : 戰國時代 사람으로 齊나라 威王의 병을 고쳐 이름이 났다. 혹은 春秋時代 宋나라 사람으로 齊나라 文王을 화를 내게 하여 병을 고쳤다고 전해진다.

사람 보기를 돼지와 같이 하고 나를 보기를 타인과 같이 합니다. 저의 집에 거처할 때에도 여관에 머무는 듯이 하고 나의 마을 보기를 오랑캐 나라처럼 여깁니다. 이런 여러 병은 관작과 상으로도 권면할 수 없고 형벌로도 위협할 수 없고 성쇠와 이해로도 바꿀 수 없고 슬픔과 즐거움으로도 변화시킬 수 없습니다. 그러니 실로 임금을 섬기고 친한 벗들과 교제하고 처자를 거느리고 하인들을 제어하는 일을 할 수 없습니다. 이것이 무슨 병입니까. 무슨 방법으로 병을 고칠 수 있겠습니까."라고 하였다.

文摯가 이에 龍叔에게 명하여 밝은 곳을 등지고 서게 하고는 文摯 자신은 뒤에서 밝은 곳을 향하여 바라보았다. 얼마 뒤에 말하기를 "아, 제가 그대의 심장을 보건대 사방 한 치 되는 심장이 텅 비어 있으니 거의 성인과 가깝습니다. 그대의 심장은 여섯 개의 구멍은 막힘없이 통하고 있지만 하나의 구멍이 잘 통하지 않고 있으니[27] 지금 聖智를 병이라 여기는 것은 혹 이 때문일 것입니다. 저의 미천한 의술로는 고칠 수 있는 바가 아닙니다."라고 하였다.

龍叔謂文摯曰 子之術微矣라 吾有疾하니 子能已乎아 文摯曰 唯命所聽이나 然先言子所病之證하라 龍叔曰 吾鄕譽不以爲榮하고 國毁不以爲辱하고 得而不喜하고 失而弗憂하고 視生如死하고 視富如貧하고 視人如豕하고 視吾如人이라 處吾之家라도 如逆旅之舍하고 觀吾之鄕이라도 如戎蠻之國이라 凡此衆疾은 爵賞不能勸하고 刑罰不能威하고 盛衰利害不能易하고 哀樂不能移하니 固不可事國君 交親友 禦妻子 制僕隸하니 此奚疾哉아 奚方能已之乎아 文摯乃命龍叔하여 背明而立하고 文摯自後向明而望之라 旣而曰 嘻라 吾見子之心矣컨대 方寸之地虛矣니 幾聖人也라 子心六孔流通이나 一孔不達하니 今以聖智爲疾者는 或由此乎인져 非吾淺術所能已也라

'榮辱', '得失', '死生', '貧富'를 똑같은 것으로 보는 것은 모두 세상의 일을 망각한 것이다. 사람 보기를 돼지와 같이 하는 것은 貴賤의 구분이 없는 것이고 나를 보기를 타인과 같이 하는 것은 彼我의 차이를 두지 않는 것이다. 그리고 자신의 집에 거처할 때에 여관에 머무는 듯이 하는 것은 親疏를 두지 않는 것이고 나의 마을 보기를 오랑

---

27) 심장은……있으니 : 옛 말에 聖人은 심장에 일곱 개의 구멍이 있다고 전해지는데, ≪史記≫ 〈殷本紀〉에 "비간이 강하게 간언하자 주임금이 노하여 '나는 성인은 심장에 일곱 개의 구멍이 있다고 들었다.'라고 하고 마침내 비간의 배를 갈라 그 심장을 보았다.〔比干强諫 紂怒曰 吾聞聖人 心有七竅 遂剖比干 觀其心〕"라고 한 고사가 있다.

캐 나라처럼 여기는 것은 遠近을 달리 보지 않는다는 말이니, 이는 모두 마음에 얽매임이 없는 것이다. 임금을 섬기고 친한 벗들과 교제하고 처자를 거느리고 하인들을 제어하는 일을 할 수 없다는 것은 세상에 순응할 마음이 없는 것이다. 이는 모두 至人의 일이지만 병으로 여기는 것은 지금 禪家의 罵說[28]과 같다. 밝은 곳을 등지고 서게 하고서 그의 심장을 볼 수 있었으니, 扁鵲이 벽을 사이에 두고 사람의 五臟을 본 사실이 또한 있다. 다만 이 장에서는 비유하는 말일 뿐이다. 끝부분에서 한 번 전환하여 도리어 이와 같이 끝을 맺은 것은, 聖智는 나에게 있지만 만일 스스로 망각하지 못한다면 또한 병이라 생각한다는 것을 말한 것이다. 그러므로 이와 같이 그 설을 뒤집은 것이다. 釋氏가 "약을 먹어 병을 치료하지만 약이 또한 병이 된다."라고 하였으니 이 뜻과 비슷하다.

榮辱得失死生貧富를 視之如一은 皆忘世之事라 人如豕者는 無貴賤之分也요 吾如人者는 無彼我之異也요 家如逆旅는 親猶疏也요 鄕如蠻戎은 遠猶近也니 此皆心無係累也라 不可以事君交友 禦妻子制奴僕者는 無心於應世也라 此皆至人之事나 而以爲病者는 如今禪家罵說也라 背明而立하야 可見其心이니 扁鵲隔墻見五臟이 亦有此事라 但此章은 乃喩言爾라 末後一轉하야 却如此結斷者는 言聖智在我나 苟未能自忘이면 亦謂之病이라 故如此翻騰其說이라 釋氏曰 執藥治病이나 藥亦爲病이 近於此意라

4-9 道와 常에 관한 설

말미암은 데가 없는데도 항상 생성하는 것이 道이고 생성으로 말미암아 생성된다. 그러므로 비록 끝이 나더라도 사라지지 않는 것[29]이 常이니 생성으로 말미암아 사라지는 것은 불행이다. 말미암은 바가 있더라도 항상 죽는 것은 또한 道이고, 죽음으로 말미암아 죽는다. 그러므로 비록 그렇게 되지 않더라도 스스로 사라지는 것이 역시 常이니 죽음으로 말미암아 생성되는 것은 행복이다. 그러므로 생성을 마음에 담아둠이 없는 것을 道라고 하고 道를 사용하여 끝을 얻는 것을 常이라고 한다. 그리고 죽음을 마음에 담아둠이 없는 것을 또한 道라고 하고 道를 사용하여 죽음을 얻는 것도 또한 常이라고 한다.

---

28) 禪家의 罵說 : 罵說은 呵佛罵祖를 가리키는 말로 불교의 禪宗에서 쓰는 용어이다. 이는 능히 속박에서 벗어나고 집착에서 벗어나 전 시대의 사람들이 다다른 경지를 초월해 더 높은 경지로 올라가는 것을 말한다.

29) 비록……것 : 비록 육체는 끝이 있지만 정신은 도리어 사라지지 않음을 이른다.

無所由而常生者는 **道也**요 **由生而生**이라 **故雖終而不亡**은 **常也**니 **由生而亡**은 **不幸也**라 **有所由而常死者**도 **亦道也**요 **由死而死**라 **故雖未然而自亡者**도 **亦常也**니 **由死而生**은 **幸也**라 **故無用而生**을 **謂之道**요 **用道得終**을 **謂之常**이요 **(有)〔無〕所用而死者**를 **亦謂之道**요 **用道而得死者**를 **亦謂之常**이라

'無所由而常生'은 말미암아 오는 바가 없어서 생성이 생겨나는 이유를 알지 못함을 이르니 전혀 알 수 없는 것이 道이다. 생성으로 말미암아 생성되니 생성되는 이유가 있어서 생성됨을 아는 것이다. 비록 이 몸은 끝이 있지만 끝나는 것은 늘 사라진 적이 없었으니 이것이 常人이 보는 것이다. 생성함이 있으면 사라짐도 있음을 아니, 이는 생성으로 인하여 생성이 없는 이치를 통달한 것이다. 그러므로 불행이라 말한 것이니, 이런 지각은 도리어 累가 됨을 말한 것이다. 생성이 없는 이치로 말미암아 생성되는 이유를 알면 비록 생성되지만 늘 생성됨이 없는 듯하니 이것이 또한 道이다. '亦' 자는 道에 가깝다는 뜻이다.

생성이 없는 것으로 말미암아 항상 죽는다는 것을 안다. 그 몸은 비록 끝나지 않지만 절로 생성함이 없는 듯하니, 이것도 또한 常人이 보는 것이다. 그러나 생성이 없는 이치로 인하여 생성되는 이유를 알면 행복이다. '無用而生'은 생성됨을 마음에 담아둠이 없는 것이니, 이것을 道라고 한다. 이 道로 인하여 끝이 나는 바의 이치를 아니 이것을 常이라고 한다. '有所用而死'에서 '有' 자는 誤字이니 응당 '無' 자가 되어야 한다. 작용하는 바가 없는데도 죽는다는 것은 죽음을 마음에 담아두지 않아서 그 자연을 따름을 말한 것이니, 또한 道라고 말한다. 道를 봄으로 인하여 죽음의 이치를 얻는다는 것은 이를 常이라고 하니, 이 의미는 道를 아는 자는 바로 常人이니 높은 지식을 가진 자가 되기에는 부족하며 알지 못하는 것을 오히려 道라고 이른다고 말한 것이다. 莊子와 列子의 논리는 대개 모두 이와 같이 그 설을 반대로 말하니, 釋氏의 斷常의 논리[30)]는 또한 필시 여기에서 원류한 것이다.

無所由而常生者는 謂無所從來而不知生之所以生이니 泯其知識者道也라 由生而生則知其所以生而生者라 雖此身有終이나 而終者未常亡이니 此常人之見也라 知有生則有亡이니 此因生而達無生之理者라 故曰不幸이라 言此知此覺이 反爲累也라 由無生之理而知其所以生이면 則雖生而常若無生者니 此亦道也라 亦者는 近道之意也라 由無生而知常死는 其身雖未終이나 而自若無生者니 此亦常人之見也라 然因無生之理而知其所以生則幸矣라 無用而生은 無容心於生

30) 斷常의 논리 : 불교 용어로, 斷見과 常見을 말하는데, 斷見은 생명은 영원하지 않고 죽으면 완전히 소멸한다는 견해이고, 常見은 죽어도 영원히 불멸불변의 영혼이 계속된다는 견해이다.

也이니 此謂之道라 因此道而知所以終之理니 此謂之常이라 有所用而死는 此有字誤也니 合是無字라 無所用而死는 言無容心於死而循其自然者니 亦謂之道라 因見道而得所以死之理者는 此謂之常이라 此意蓋謂知道者乃是常人이니 未足爲高知요 以不知者를 乃謂之道也라 莊列之論은 大抵皆如此翻騰其說이니 釋氏斷常之論이 亦必源流於此라

季梁[31]이 죽었을 때에 楊朱가 그 문을 바라보며 노래 불렀고 隨梧[32]가 죽었을 때에 楊朱가 그 시신을 어루만지며 통곡하였다. 일반인이 태어나고 일반인이 죽었을 때에 일반인들은 또 노래하고 일반인들은 또 곡한다. 눈이 멀려는 사람은 가느다란 터럭을 먼저 보고 귀가 먹으려는 사람은 모기 나는 소리를 먼저 듣고 입맛을 잃어가는 사람은 淄水와 澠水[33]의 물맛을 먼저 구별하고 코가 막히려는 사람은 탄내와 썩은 내를 먼저 맡는다. 그리고 몸이 넘어지려는 사람은 먼저 빨리 내달리고 마음이 미혹되려는 사람은 시비를 먼저 안다. 그러므로 사물이 極處에 이르지 않은 것은 되돌아가지 않는다.

季梁之死에 楊朱望其門而歌하고 隨梧之死에 楊朱撫其屍而哭이라 隸人之生 隸人之死에 衆人且歌하고 衆人且哭이라 目將眇(묘)者는 先睹秋毫하고 耳將聾者는 先聞蚋飛하고 口將爽者는 先辯淄澠하고 鼻將窒(질)者는 先覺焦朽하고 體將僵(강)者는 先亟奔佚하고 心將迷者는 先識是非라 故物不至者則不反이라

'隸人'은 일반인이다. 季梁과 隨梧는 모두 일반인이다. 楊朱가 한 번은 노래하고 한 번은 곡하였으니 楊朱 또한 일반인이다. 그 뜻은 대개 태어나고 죽는 것에 대해 마음을 쓰는 바가 없음을 이른 것이다. 그 이치는 본래 하나인데 노래하고 곡하기를 달리하였으니 이는 그 道를 알지 못한 것이다. '物不至'의 '至' 자는 지극하다는 말이니 사물이 극처에 이르면 돌아온다. '目眇'로부터 이하 몇 구는 등잔이 꺼지려 할 때에 반드시 크게 밝아진다는 말과 같으니 이는 모두 지극해지면 반드시 돌아오는 이치이다.

隸人은 衆人也라 季梁 隨梧는 皆衆人也라 楊朱一歌而一哭則楊朱亦衆人也라 其意蓋謂無所用於生而死라 其理本一而歌哭異焉이니 是未知其道也라 物不至의 至者는 極也니 物極則反이라 自目眇已上數句는 猶燈將滅者必大明이니 是皆極則必反之理也라

---

31) 季梁 : 春秋時代 말기 魏나라 사람으로 楊朱의 친구이다.
32) 隨梧 : 楊朱의 친구인 듯하나 자세한 생애는 알 수 없다.
33) 淄水와 澠水 : 지금의 山東省 경내에 있는 강 이름이다.

4-10 부리는 자와 부림을 당하는 자

鄭나라의 圃澤[34]에는 賢者가 많고 東里에는 才者가 많았다. 圃澤의 門徒 중에 伯豐子[35]라는 사람이 있었는데 길을 가다 東里를 지날 때에 鄧析[36]을 만났다. 鄧析이 자신의 門徒를 돌아보며 웃으며 말하기를 "그대들을 위해 저기 오는 자를 희롱해 보겠네. 어떠한가?"라고 하니 門徒가 "보고 싶습니다."라고 하였다. 鄧析이 伯豐子에게 말하기를 "그대는 봉양받고 봉양하는 의리에 대해 아십니까? 사람의 봉양을 받을 뿐 스스로 양육하지 못하는 것은 개나 돼지의 무리이고, 사물을 봉양하여 사물이 나를 위해 쓰이게 하는 것은 사람의 능력이고, 그대들로 하여금 먹어서 배부르고 입고 편히 쉬도록 해 주는 것은 執政者의 공로입니다. 어른과 아이들이 무리지어 모여 우리 안이나 푸줏간의 물건이 되면 어찌 개와 돼지의 무리와 다르겠습니까."라고 하니, 伯豐子가 응답하지 않았다.

伯豐子의 從者가 서열을 건너뛰어 나아와 말하기를 "대부는 齊나라와 魯나라에 재주 있는 사람이 많다는 말을 듣지 못하셨습니까? 토목을 잘 다루는 자가 있고 쇠와 가죽을 잘 다루는 자가 있고 음악을 잘 다루는 자가 있고 글씨와 셈을 잘하는 자가 있고 군대를 잘 다스리는 자가 있고 종묘를 잘 건사하는 사람도 있습니다. 그러니 재주 있는 사람들이 많이 구비되어 있지만 서로 자리를 주지 못하고 서로 부리지도 못합니다. 그래서 지위를 줄 수 있는 자는 無知하고 부릴 수 있는 자는 無能하며, 지식이 있는 자와 능력 있는 자들이 저들에게 부림을 당하고 있습니다. 執政者는 바로 내가 부리고 있는 사람이니 그대는 어찌 자랑을 하십니까."라고 하니, 鄧析이 대답할 수 없어서 그 문도들에게 눈짓하여 물러나게 하였다.

鄭之圃澤多賢하고 **東里多才**라 **圃澤之役**에 **有伯豐子者 行過東里**에 **遇鄧析**이라 **鄧析顧其**

---

34) 圃澤 : 지금의 河南城 中牟縣에 있는 지명이다.

35) 伯豐子 : 列子의 門徒로 보인다.

36) 鄧析 : 春秋時代 말기 鄭나라의 사상가이다. ≪漢書≫ 〈藝文志〉에서는 尹文子와 公孫龍과 함께 名家의 학자로 올려놓았지만, 法家의 학설을 주로 다룬 것으로 보인다. ≪列子≫에는 그가 鄭나라 사람들을 선동해서 송사를 일으키는 것을 일삼아 국정을 문란하게 했고, 또한 자주 子産을 비난해서 처벌을 받았다고 했으며, ≪淮南子≫에는 능변으로 법을 어지럽혔다는 등 행적을 부정적으로 기록하였다. 저서에 ≪鄧析子≫가 있는데 주로 법가의 학설을 담았다.

徒而笑曰 爲若舞彼來者奚若고 **其徒曰 所願知也**니이다 **鄧析謂伯豐子曰 汝知養養之義乎**아 **受人養而不能自養者**는 **犬豕之類也**요 **養物而物爲我用者**는 **人之力也**요 **使汝之徒食而飽**하고 **衣而息**은 **執政之功也**니 **長幼群聚而爲牢藉庖廚之物**이면 **奚異犬豕之類乎**아 **伯豐子不應**이라 **伯豐子之從者 越次而進曰 大夫不聞齊魯之多機乎**아 **有善治土木者**하고 **有善治金革者**하고 **有善治聲樂者**하고 **有善治書數者**하고 **有善治軍旅者**하고 **有善治宗廟者**하니 **群才備也**로되 **而無相位者 無能相使者**하여 **而位之者無知**하고 **使之者無能**하여 **而知之與能**이 **爲之使焉**이라 **執政者**는 **乃吾之所使**니 **子奚矜焉**가 **鄧析無以應**하야 **目其徒而退**하니라

鄧析은 변설가이고 伯豐子는 현자이다. 鄧析이 伯豐子가 오는 것을 보고는 그를 희롱하고자 한 것이다. '若'은 '너'라는 뜻이다. '其徒'는 鄧析의 弟子이고 '彼來者'는 伯豐子이다. '養養之義'는 ≪孟子≫에서 이른바 '役人'이라는 것이니 사람에게 사역당하는 것이다. 개와 돼지는 사람에게 양육을 받는 것이고 개와 돼지를 양육하여 나를 위해 쓰는 것은 사람이니, 뜻은 伯豐子의 무리가 鄭나라에서 祿을 받고 執政者의 봉양을 받아 執政者에게 쓰이고 있음을 말한 것이다. '多機'는 재주있는 사람이 많은 것이고 '相位'는 서로 자리에 이르게 하는 것이고 '相使'는 서로 부리는 것이다.

그 재능이 이미 같아 각자 능한 바를 잘하지만 자리를 주거나 부리지 못하고, 부리거나 자리를 주는 사람은 모두 技藝가 없는 사람이니, 이는 지혜가 있고 능력이 있는 자가 도리어 無知하고 無能한 자에게 부림을 당하는 것이다. '執政'은 재능있는 사람이다. 伯豐子는 道로써 스스로 숨긴 자이니, 나는 道로써 스스로 숨겨 비록 無能하고 無知한 듯하지만 鄭나라의 執政이 당시에 등용된 것은 바로 나에게 부림을 당하는 것이니 저 사람이 또 어찌 능히 나를 봉양할 수 있겠는가라고 말한 것이다. '奚矜'은 어떻게 이로써 자랑하여 나를 희롱할 수 있겠는가라는 말이다.

鄧析은 辯者也요 伯豐子는 賢者也라 鄧析望豐子之來하고 欲戲舞之라 若은 汝也라 其徒者는 鄧析之弟子也요 彼來者는 伯豐子也라 養養之義는 猶孟子所謂役人이니 役於人者也라 犬豕는 則受養於人이요 養犬豕而爲我用者는 人也니 意謂伯豐之徒食祿於鄭하고 受執政之養而爲執政所用也라 多機는 多技巧也라 相位는 相位致也요 相使者는 相役使也라 其技既同하야 各能所能이나 不能相位致相役使하고 而其所以使之位之者 皆無技藝之人이니 是有知有能者 乃爲無知無能者所用也라 執政은 有才之人也라 伯豐子는 以道自晦者也니 我以道自晦하여 若無能無知나 而鄭國之執政見用於時者는 乃爲役於我者也니 彼又何能養我乎아 奚矜者는 何以此矜詫(타)而舞我也라

4-11 힘을 잘 쓰는 사람

公儀伯[37]은 힘이 센 것으로 제후들 사이에 소문이 났다. 堂谿公[38]이 周 宣王에게 그에 대해 이야기 하자 宣王이 예를 갖추어서 그를 초빙하였다. 公儀伯이 이르렀는데 그의 모습을 보니 나약한 남자처럼 보였다. 宣王의 마음이 미혹되어 의심하여 묻기를 "그대의 힘은 어느 정도인가?"라고 하니, 公儀伯이 답하기를 "신의 힘은 능히 봄철의 메뚜기 다리를 꺾고 가을 매미의 날개를 들 수 있습니다."라고 하였다. 왕이 안색을 바꾸면서 말하기를 "내가 생각하는 힘은 능히 무소나 외뿔소의 가죽을 찢고, 아홉 마리 소의 꼬리를 잡고 끌 수 있더라도 오히려 약함을 유감으로 여길 터이다. 그런데 그대는 봄 메뚜기의 다리를 꺾고 가을 매미의 날개를 들 수 있는 힘을 가지고 힘이 세다고 천하에 알려졌으니 어찌된 일인가?" 하였다.

公儀伯은 길게 한숨짓고 자리에서 물러나 말하기를 "좋습니다. 왕의 질문이여. 신이 감히 사실대로 대답하겠습니다. 商丘子라는 신의 스승이 계셨는데, 힘이 천하에 대적할 자가 없었지만 집안사람들조차 알지 못한 것은 힘을 쓴 적이 없었기 때문입니다. 신이 죽을 때까지 한 마음으로 그 분을 섬겼는데, 신에게 말씀하기를 '사람이 보지 못한 것을 보고자 하면 남이 보지 못하는 것을 보아야 하며, 얻지 못한 것을 얻고자 하면 남이 하지 못하는 일을 해야만 한다. 그러므로 보는 것을 배우려는 사람은 수레에 실린 땔나무를 먼저 보고, 듣는 것을 배우려는 사람은 종치는 소리를 먼저 들어야 한다. 대저 마음속으로 쉽다고 여기는 사람은 밖으로 어려움이 없는 것이니, 밖으로 어려운 일이 없기 때문에 명성이 그의 한 집안 밖으로도 나오지 않는 것이다.'라고 하셨습니다. 지금 신의 명성이 제후들 사이에 알려졌으니, 이는 바로 신이 스승의 가르침을 저버리고서 신의 능력을 드러냈기 때문입니다. 그렇다면 신의 명성은 힘을 자랑했기 때문이 아니고 그 힘을 능히 사용했기 때문이니, 그 힘을 자랑하는 것보다는 훨씬 낫지 않겠습니까?"라고 하였다.

公儀伯이 **聞諸侯**어늘 **堂谿公言之於周宣王**하니 **王備禮以聘之**라 **公儀伯至**에 **觀形**하니 **懦夫也**라 **宣王心惑而疑曰 女之力何如**오 **公儀伯曰 臣之力**이 **折春螽**(종)**之股**하고 **堪秋蟬**

---

37) 公儀伯 : 성이 公儀이고 周나라의 賢士로 추정된다.

38) 堂谿公 : 성이 堂谿이고 周나라의 賢士로 추정된다.

之翼이니이다 曰 吾之力者 裂犀兕(서시)之革하고 曳九牛之尾라도 猶憾以弱이어늘 女折春螽之股하고 堪秋蟬之翼 而力聞天下하니 何也오 公儀伯長息退席曰 善哉라 王之問也여 臣敢以實對하리다 臣之師有商丘子者하니 力無敵於天下로되 親不知는 以未嘗用其力故也라 臣以死事之하니 乃告臣曰 人欲見其所不見이면 視人所不窺하고 其所不得하면 修人所不爲라 故學視者는 先見輿薪하고 學聽者는 先聞撞鍾이라 夫有易於內者는 無難於外니 於外無難이라 故名不出於一家라 今臣之名이 諸侯하니 是臣違師之敎하여 臣之能者也라 然則臣之名이 負其力者也요 以能用其力者也니 不猶愈於負其力者乎잇가

'堪'은 '감당하다'는 말이니 능히 가을 매미의 날개를 들 수 있음을 말한 것이다. 이는 戲言을 하여 왕의 질문을 격발시킨 것이다. 商丘子의 힘은 천하에 적수가 없지만 가장 가까운 친척들 사이에서도 그의 강함을 알지 못하였으니 이는 능히 스스로 숨긴 것이다. 보지 못한 바를 보려고 하면 사람들이 보지 못하는 것을 보아야 하고 얻지 못한 것을 얻으려 하면 사람들이 하지 못하는 바를 해야만 한다는 것은 이는 모두 알지 못하는 것이 아는 것이고 함이 없는 것이 하는 것이라는 뜻이다. '學視'는 수레에 실린 땔감에서부터 시작하고 '學聽'은 종소리를 듣는 데서부터 시작하니 이는 보고 듣는 것 중에 거친 것이다. 그러니 보지 못한 바를 보고 듣지 못한 바를 듣는 경지에 이른 뒤에야 오묘함이 된다.

마음속으로 쉽다고 여김이 있다면 이는 듣지 않고 보지 않는 것이다. '易'는 '事在易而求諸難'[39]의 '易' 자의 뜻과 같다. 능히 보지 못한 바를 볼 수 있고 듣지 못한 바를 들을 수 있어서 내가 마음속에서 구하여 이미 여기에 대해 쉽다고 여긴다면 밖에서 보고 듣는 것에 대해서는 어려움이 없을 것이다. 그러니 이미 밖에 대해 어려움이 없다면 비록 보고 듣는 것이라도 또한 〈그 보고 듣는 능력을〉 쓰지 않을 것이니 사람들이 무슨 수로 알 수 있겠는가. 그러므로 그 명성이 한 집안을 벗어나지 않는다고 하였으니 비록 이웃 사람이라도 또한 알지 못함을 말한 것이다.

지금 나는 그 힘을 쓰지 않을 수 없었다. 그러므로 힘이 있다는 것으로 천하에 소문이 났으니 이기기를 좋아하여 힘을 자부한 것이고, 스스로 감추지 못하여 명성이 드러나는 데에 이른 것이니, 이는 스승의 가르침을 어기고 그 道를 잃은 것이다. 그러나 신이 힘을 쓰는 것을 스스로 감추지는 못하였지만 또한 그래도 그 힘을 자부하는 것보

---

39) 事在易而求諸難 : ≪孟子≫ 〈離婁 上〉에 "道는 가까운 곳에 있는데 먼 곳에서 찾고, 일은 쉬운 데 있는데 어려운 데에서 찾는다.〔道在爾而求諸遠 事在易而求諸難〕"라고 한 데서 온 말이다.

다는 나은 것이라 말하였으니 대개 이로써 왕이 강함을 좋아하는 것을 풍자한 것이다. 그러나 이 글의 의미는 "있어도 없는 것처럼 하고, 꽉 차 있어도 텅 빈 것처럼 하며, 남이 무례하게 굴어도 괘념치 않는 것〔有若無 實若虛 犯而不校.〕"[40]을 주장한 것이다. 그러므로 가설하여 이런 비유를 한 것일 뿐이다. '長息'은 크게 탄식하는 것이다.

堪은 任也라 言能擧秋蟬之翼也니 此是戱言以激王問也라 商丘子之力이 下無敵이나 而至親之間不知其勇하니 是能自晦也라 見所不見 視所不窺 得所不得 修所不爲는 此皆不知之知 無爲之爲之意라 學視는 自輿薪而始하고 學聽은 自聞鍾而始하니 此見聞之粗者也니 必至於見所不見聞所不聞而後爲妙也라 有易於內는 是不聞不見者也라 易者는 事在易而求諸難之易也라 能見其所不見하고 聞其所不聞하야 我求諸內하야 旣易於此면 則於外之見聞無難矣니 旣於外也無難이면 則雖見聞亦不用이니 人何由知之리오 故其名不出於一家니 言雖隣人亦不知也라 今我不能不用其力이라 故以有力聞於天下니 好勝而自矜負者요 而不能自晦하여 以名顯하니 是違師之教而失其道也라 然臣之用力不能自晦나 亦猶勝於矜負其力者矣라 蓋以此諷王之好勇也라 然此書之意는 主於有若無하고 實若虛하며 犯而不校라 故設爲此喩爾라 長息은 長太息也라

4-12 어미가 있다면 외로운 송아지가 아니다

中山公子 牟[41]는 魏나라의 현명한 공자이니 賢人과 더불어 놀기를 좋아하여 나라 일을 돌보지 않았고 趙나라의 公孫龍[42]을 좋아하였는데, 樂正子輿[43]의 무리가 이를 비웃었다. 公子 牟가 말하기를 "그대들은 어찌 내가 公孫龍을 좋아하는 것을 비웃는가?"라고 하니, 子輿가 답하기를 "公孫龍의 사람됨은 행동함에 스승이 없고 배움에 벗이 없으며 변설은 교묘하지만 이치에 맞지 않고 함부로 떠들지만 일정한

40) 있어도……것 : ≪論語≫ 〈泰伯〉에 曾子가 顔淵을 칭찬하기를, "유능하면서도 무능한 사람에게 묻고, 학식이 많으면서도 적은 사람에게 묻고, 있어도 없는 것처럼 하고, 꽉 차 있어도 텅 빈 것처럼 하며, 남이 무례하게 굴어도 괘념치 않는 것을 옛날 나의 친구가 일찍이 여기에 종사했었다.〔以能問於不能 以多問於寡 有若無 實若虛 犯而不校 昔者吾友嘗從事於斯矣〕"라고 한 데서 온 말이다.

41) 中山公子 牟 : 牟는 인명이다. 전국시대 魏나라의 공자 魏牟이다. 中山에 봉해졌기 때문에 中山公子 牟로 불렸다.

42) 公孫龍 : 戰國時代 趙나라의 辯士로 자는 子秉이다. 名實이 혼란스러움을 싫어하여 守白論을 주장하였다고 한다. 한때 趙나라 공자 平原君의 집에 식객으로 머물면서 많은 변사들과 문답을 주고받았다.

43) 樂正子輿 : 戰國時代의 인물로 樂正은 성이고 子輿는 자인 듯하다.

주장이 없으며 괴상한 것을 좋아하고 함부로 말을 합니다. 그래서 사람들의 마음을 미혹시키고 사람들의 구변을 굴복시키려 하여 韓檀[44]의 무리들과 함께 이를 익히고 있습니다."라고 하였다.

公孫龍

中山公子牟者는 **魏國之賢公子也**니 **與賢人遊**하여 **恤國事**하고 **而悅趙人公孫龍**이어늘 **樂正子輿之徒笑之**라 **公子牟曰 子何笑牟之悅公孫龍也**오 **子輿曰 公孫龍之爲人也 行無師**하고 **學無友**하고 **佞給而不中**하고 **漫衍而無家**하고 **好怪而妄言**하여 **欲惑人之心**하고 **屈人之口**하여 **與韓檀等肄**(이)**之**라

'無師'와 '無友'는 獨學하였음을 말한 것이다. '佞給'은 말재주이고 '不中'은 이치에 맞지 않는 것이다. '漫衍'은 함부로 말하는 것이고, '無家'는 一家의 학문을 주장하지 않음을 말한 것이다. 韓檀은 公孫龍의 무리이다. 그 설을 가지고 그 무리들과 서로 강구하여 당시 사람들을 굴복시키고 미혹시키려고 한 것인데 바른 이치는 아니다.

無師無友는 言其獨學也라 佞給은 口才也요 不中은 不中理也라 漫衍은 泛濫也라 無家는 言不主一家之學也라 韓檀은 公孫龍之徒也라 以其說與其徒自相講肄하여 以屈惑時人而非正理也라

公子 牟가 얼굴빛을 바꾸면서 말하기를 "어찌하여 그대는 公孫龍을 형용하기를 그리 지나치게 하시오. 그 이유를 들려주시오."라고 하니, 子輿가 다음과 같이 답하였다. "나는 公孫龍이 孔穿을 속였던 것을 비웃습니다. 公孫龍이 말하기를 '활을 잘 쏘는 사람은 능히 뒤의 화살촉이 앞에 쏜 화살의 오늬를 명중시켜 한 발 한 발 쏠 때마다 서로 뒤를 잇고 화살 하나하나가 서로 연결됩니다. 그래서 앞의 화살이 과녁에 이르러도 끊어져 떨어지는 것이 없고, 맨 마지막 화살의 오늬는 오히려 활시위에 매겨져 있는 듯하여 마치 일직선처럼 보입니다.'라고 하였습니다."

公子牟變容曰 何子狀公孫龍之過歟아 **請聞其實**하노라 **輿曰 吾笑龍之詒**(태)**孔穿**이로 **言善射者**는 **能令後鏃中前括**하여 **發發相及**하고 **矢矢相屬**하야 **前矢造準而無絶落**하고 **後矢之**

44) 韓檀 : 戰國時代 趙나라 사람으로 公孫龍과 함께 平原君을 섬겨 그의 문객이 되었다. ≪莊子≫ 〈天下〉篇에는 桓團으로 되어 있다.

括猶銜弦하여 之若一焉이라

'括'은 화살의 오늬이니 활시위를 받는 부분이다. 뒤에 쏜 화살촉이 앞에 쏜 화살의 오늬에 맞는 것이다. '發發相及'은 한 번 쏜 것이 아닌 것이고 '矢矢相屬'은 하나의 화살이 아닌 것이다. 앞에 쏜 화살이 모두 과녁에 적중하여 땅에 떨어지는 것이 없는데 뒤에 쏜 화살이 또 앞에 쏜 화살의 오늬에 적중하여 오히려 시위를 머금고 있는 것과 같으니 화살과 화살이 모두 서로 이어져 한 대의 화살처럼 보이는 것이다. '造'는 이른다는 말이고 '準'은 법도이니 '造準'은 법도에 맞음을 말한 것이다. '前'·'後'는 화살을 쏜 차례이다. '猶銜弦'은 오늬가 화살촉을 받는 것이 시위를 받는 것과 같다는 말이다.

括은 箭之本受弦處也니 後鏃中前括이라 發發相及은 不一發也요 矢矢相屬은 不一矢也라 前發之矢皆中準則하여 墜落者어늘 後發之矢又中其括하여 銜弦然하니 矢矢皆相屬하여 之如一條箭也라 造는 至也요 準은 法也니 造準은 言合法也라 前後는 發矢之次第也라 猶銜弦者는 括之受鏃이 如受弦也라

孔穿이 그 말에 놀라자 公孫龍이 말하기를, '이것은 아직 절묘한 것이 못됩니다. 逢蒙[45]의 제자를 鴻超라고 하는데, 그가 아내에게 화가 나 아내를 위협하려고 烏號라는 활에 綦衛라는 화살[46]을 당겨서 그 눈을 쏘았습니다. 그런데 화살이 날아와서 눈동자로 향하는데도 눈을 깜박이지 않고, 화살이 땅에 떨어졌는데도 먼지 하나 일어나지 않았습니다.'라고 하였으니 이것이 어찌 지혜로운 사람의 말이겠습니까." 公子 牟가 말하기를 "지혜로운 사람의 말은 실로 어리석은 자가 깨달을 수 있는 것이 아닙니다. 뒤의 화살촉이 앞의 오늬를 맞힌다는 것은 앞의 화살과 뒤의 화살을 쏜 힘이 동일하였기 때문입니다. 그리고 화살이 눈동자로 향하는데도 눈을 깜박이지 않는다는 것은 화살의 힘을 다하게 했기 때문이니 그대는 어찌하여 의심

45) 逢蒙 : 중국 夏나라 때 사람으로 활을 잘 쏘던 사람이다. 有窮國의 임금으로 활을 잘 쏘았던 羿에게 활 쏘는 법을 배웠는데 천하에서 자기보다 나은 자는 오직 羿라 생각하고 스승인 羿를 쏘아 죽였다.(≪孟子≫ 〈離婁 下〉)

46) 烏號라는……화살 : 烏號는 활 이름이다. ≪淮南子≫ 〈原道訓〉에 "활을 쏘는 자는 烏號弓을 집어 들고 綦衛箭을 먹여 쏜다."라고 하였다. 그 주에 "오호는 뽕나무인데, 재질이 탄력성이 강하다. 까마귀가 뽕나무 가지에 앉았다가 날아가려고 하면 그 가지가 아래로 휘어졌다가 다시 원위치로 돌아가므로 까마귀가 감히 날지 못하고 그 가지에서 운다. 사람들이 그 가지를 베어 활을 만들어 오호궁이라고 이름을 붙였다."라고 하였다.

하십니까?"라고 하였다.

孔穿駭之하니 **此未其妙者**라 **逢蒙之弟子曰鴻超**니 **怒其妻而怖之**하여 **烏號之弓綦衛之箭**하여 **射其目**한대 **矢來注眸子而眶不睫**하고 **矢墜地而塵不揚**이라하니 **是豈智者之言與**아 **公子牟曰 智者之言**은 **固非愚者之所曉**라 **後鏃中前括**은 **鈞後於前**이요 **矢注眸子而眶不睫**은 **盡矢之勢也**니 **子何疑焉**고

'烏號'는 黃帝의 활로 유명한 것이고 '綦衛'는 필시 또한 화살 중에 유명한 것이다. '眶不睫'은 눈을 깜박이지 않음을 말한 것이다. '矢墜地而塵不揚'은 가볍게 떨어짐을 말한 것이다. '鈞後於前'은 전후로 쏜 화살이 힘이 들쭉날쭉하지 않은 것이다. '盡矢之勢'는 화살이 눈동자 가까이에 이르러 힘이 다하여 곧 땅에 떨어진 것을 말한 것이다. 이는 화살을 쏠 때에 화살의 기세가 여기에 이르러 다하기를 기약한 것이니 활 쏘는 법도가 정밀한 것이다.

烏號는 黃帝之弓有名者요 綦衛는 必亦箭之有名者라 眶不睫者는 言不瞬也라 矢墜地而塵不揚은 言其落之輕也라 鈞後於前者는 言前後之矢力不輕重也라 盡矢之勢者는 言矢至於近眸而盡하여 落於地니 是其射時約矢之勢至此而盡하니 準則之精也라

樂正子輿가 말하기를 "그대는 공손룡과 한 무리이니, 어찌 그의 결점을 꾸며 감추지 않을 수 있겠습니까? 나는 또 그보다 심한 것을 말씀드리겠습니다. 公孫龍이 魏나라 왕을 속여 이렇게 말했습니다. '뜻은 있지만 마음에는 없고, 손가락으로 가리킴이 있으면 이르지 못하는 것이 많고, 사물은 다함이 없는 것이며, 그림자는 움직이지 않으며, 머리카락으로 千鈞의 무거운 물건을 끌 수 있으며, 흰 말은 말이 아니며 어미 없는 송아지에게는 어미가 있던 적이 없었습니다.'라고 하였으니, 세상의 상식에 어긋나고 이치에 반대되는 그의 말은 이루 다 말할 수가 없습니다."라고 하였다.

公子 牟가 답하기를 "그대는 지극한 말을 이해하지 못하면서 이를 잘못이라 생각하고 있으니 잘못은 바로 당신에게 있습니다. 뜻이 없으면 마음도 똑같이 없고 가리키는 것이 없다면 모든 것에 이르게 되고 물건이 다하는 것은 영원히 존재하는 것이고 그림자가 움직이지 않는다는 것은 그림자는 바뀌어지는 것이라고 설명할 수 있습니다. 그리고 머리카락으로 千鈞의 무게를 끌 수 있다는 것은 형세가 지

극히 균등함에 이를 때이고 흰 말은 말이 아니라고 하는 것은 형체와 명칭을 분리시켰기 때문이고 어미 없는 송아지는 어미가 있던 적이 없다는 것은 〈어미가 있다면〉 어미 없는 송아지가 아니기 때문입니다."라고 하였다. 樂正子輿가 말하기를 "그대는 公孫龍의 주장이 모두 조리가 있다고 생각하고 계십니다. 설령 항문에서 나오는 소리라 하더라도 그대는 역시 받들 것입니다."라고 하였다. 公子 牟는 말없이 한참동안 있다가 물러가겠다고 하면서 "청컨대 후일을 기다려 다시 그대와 만나 이야기 하겠습니다."라고 하였다.

樂正子輿曰 子龍之徒니 **焉得不飾其闕**고 **其尤者**호리이다 **詎魏王曰 有意不心**하고 **有指不至**하고 **有物不盡**하고 **有影不移**하고 **髮引千鈞**하고 **白馬非馬**오 **孤犢**(독)**未嘗有母**라하니 **其負類反倫**을 **不可勝言也**니라 **公子牟曰 子不諭至言而以爲尤也**니 **尤其在子矣**로다 **夫無意則心同**하고 **無指則皆至**하고 **盡物者常有**하고 **影不移者**는 **說在改也**요 **髮引千鈞**은 **勢至等也**요 **白馬非馬**는 **形名離也**요 **孤犢未嘗有母**는 **非孤犢也**니라 **樂正子輿曰 子以公孫龍之鳴皆條也**라 **設令發於餘竅**나 **子亦將承之**리라 **公子牟默然良久**라가 **告退曰 請待餘日**하여 **更謁子論**호리라

'子龍之徒'는 公子 牟가 公孫龍의 제자가 되니 어찌 억지로라도 그의 경솔함을 감싸주지 않겠는가라고 말한 것이다. '闕'은 경솔함〔疏脫〕이다. '又言其尤者'는 다시 너무 심한 것을 취하여 말하는 것이니 公子 牟가 반드시 그가 헛되다는 것을 알게 하려는 것이다. 뜻은 마음에서 생겨나는데 지금 뜻은 있으나 마음에는 없다고 말한 것은 마음과 뜻이 다른 이름이 있는 것이다. 公子 牟가 '無意則心同'이라 말한 것은 뜻이라 말하였으면 마음이 될 수 없고 마음이라고 말하였으면 뜻이 될 수 없으며 만약 뜻이 없다고 말하였다면 마음도 또한 똑같이 없고 만약 뜻이 있다고 말하였다면 마음도 또한 똑같이 있음을 말한 것이니 이는 뜻이 마음이 되지 않는 것이다. 하나의 사물을 가리켜 보면 가리키지 못한 것이 오히려 많다. 그러므로 '有指不至'라고 말한 것이다. 만일 가리키는 바가 없다면 모두 이를 수 있다. 그러므로 '無指則皆至'라고 말한 것이다. '有'는 사물을 이르니, 만약 有를 사물로 삼는다면 천하의 사물이 어찌 다할 수 있겠는가. 사물을 사물로만 여기지 않는다면 천하의 사물을 통틀어 모두 나의 소유로 만들 수 있다. 그러므로 '盡物者常有'라고 말한 것이다.

그림자가 있는 것은 움직이지 않는다는 것은 이는 惠子가 이른바 "나는 새의 그림자는 일찍이 움직인 적이 없다."라고 한 것이다.[47] '改'는 움직인다는 말이다. 하나의 사

47) 惠子가……것이다. ≪莊子≫ 〈天下〉篇에 나오는 말이다. 惠子는 중국 戰國時代 宋나라의

물은 하나의 그림자가 있으니, 움직이기만 하면 뒤의 그림자이고 앞의 그림자가 아니다. 뒤의 그림자로 말미암아 앞의 그림자를 구하면 움직이기 전이 이것이니, '影不移者說在改也'라고 말한 것이다. '改'는 변한다는 말이니 변화하는 시점으로 설명할 수 있음을 말한 것이다. 머리카락은 지극히 약한 것이고 千鈞은 지극히 무거운 것이니 하나의 머리카락으로 千鈞을 끌어당기는 것은 실로 불가능하다. 그러나 그 머리카락의 勢를 모은 것이 千鈞과 똑같아진다면 또한 千鈞을 끌어당길 수 있다. 그러므로 '勢至等'이라 말한 것이다. 이는 비록 억지로 변론한 것이지만 또한 뜻이 통할 만하다.

'白'은 색이니 색을 가지고 이름하여 '白'이라 한 것이고 '馬'는 형태이니 형태를 가지고 이름하여 '馬'라고 한 것이다. 그러니 색을 일러 '白'이라 하는 것은 괜찮고 형태를 일러 '馬'라고 하는 것은 괜찮지만 만약 '白馬'를 가지고 말이라 한다면 '白'은 색이고 '馬'는 형태이므로 두 가지 사물이니 어찌 이를 하나라 하겠는가. 그러므로 '白馬非馬形名離也'라고 말한 것이다. ≪孔叢子≫ 〈公孫龍〉의 내용과 같다. 어미 없는 송아지는 비록 어미가 낳은 것이지만 어미가 있다면 '孤'라고 하지 않을 것이고 이미 '孤'라고 하였다면 일찍이 어미가 있은 적이 없는 것이니, 어미가 있다고 말하면 '孤犢'이 아니다. ≪莊子≫에도 같은 내용이 있다.[48]

'倏'는 법도라는 말이다. 子輿가 그가 强辯하는 것에 화가 나 더 이상 따질 수 없었다. 그러므로 '그대는 公孫龍의 말이 모두 법도에 합치된다고 생각하는가.'라고 말한 것이다. '餘竅'는 더러운 부분이니 그의 말이 만약 다른 구멍에서 나오더라도 그대는 또한 그의 말을 따를 것이라고 말한 것이다. '更謁子論'은 요즘 사람들이 '앞으로 글이 길어질 것이니 다시 내일을 기다린다.'라고 말하는 것과 같으니, 화가 나서 함께 말하지 않는 것이다.

子龍之徒는 謂牟乃爲龍之徒弟니 安得不强爲文飾其疏缺乎아 闕은 疏脫也라 又言其尤者는 更取其已甚者言之니 欲子牟必知其妄也라 意生於心이어늘 今曰有意不心者는 心意有異名也라 牟曰無意則心同者는 謂曰意則不得爲心이요 曰心則不得爲意요 若曰無意則心亦同無요 若曰有意則心亦同有니 是意不爲心也라 指一物而視之則其所不指者尙多라 故曰有指不至요 苟無所指則皆至矣라 故曰無指則皆至라 有者는 謂之物이니 若以有爲物이면 則天下之物을 豈可盡이리오 不以物爲物이면 則可以盡天下之物而皆爲吾有라 故曰盡物者常有라 有影者不移는 此惠子所謂飛

사상가로 名家에 속한다. 莊子와 같은 시대의 사람이고, 公孫龍보다 약간 앞 시대의 사람이다. 梁의 惠王 ・襄王을 섬겨 재상이 되었다. 縱橫家 張儀에게 쫓겨 楚로 갔다가 후에 고향으로 돌아와서 생애를 마쳤다.

48) 莊子에도……있다 : ≪莊子≫ 〈天下〉에 惠施가 "어미 없는 망아지는 본시 어미가 없다.〔孤駒 未嘗有母惠施〕"라고 한 말이 있는데 이를 두고 한 말이다.

鳥之影未嘗動也라 改는 動也라 一物有一影이니 纔動則後之影이요 非前之影矣라 由後影而求前之影이면 則未移之先是也니 曰影不移者 說在改也라 改는 變也니 謂其說在於變改之時也라 髮은 至弱也요 千鈞은 至重也니 以一髮而引千鈞은 固不可라 然積其髮之勢至與千鈞等이면 則亦可以引千鈞矣라 故曰 勢至等也니 此雖强辯이나 亦可通이라 白은 色也니 以色而名曰白이라 馬는 形也니 以形而名曰馬라 謂色爲白則可요 謂形爲馬則可어니와 若以白馬爲馬면 則白色也요 馬形也라 二物也니 安得而一之리오 故曰白馬非馬 形名離也라 孔叢子公孫龍同이라 孤犢雖母之所生이나 母在則不謂之孤요 旣謂之孤則未嘗有母矣니 謂之有母則非孤犢也라 莊子亦有處同이라 條는 法也라 子輿怒其强辯하여 不可得而復詰라 故曰汝以公孫龍之言이 皆合條法邪아 餘竅는 鄙穢處也니 謂其言若出於他竅어늘 汝亦承從之也라 更謁子論者는 如今人所謂向下文長更待來日也니 慍怒而不與言也라

4-13 堯임금의 다스림

堯임금이 천하를 다스린 지 50년이 되었으나 천하가 잘 다스려지고 있는지, 다스려지지 않는지를 알지 못하고, 천하의 백성들이 자신을 받들기를 원하는지, 자신을 받들기를 원하지 않는지를 알지 못하였다. 좌우의 신하들에게 물어보았으나 신하들도 알지 못하고 外朝[49]에 물어보았으나 外朝에서도 알지 못하고 재야 사람들에게 물어보았으나 재야사람들도 알지 못하였다. 堯임금이 이에 평복으로 갈아입고 넓은 거리로 나가 거닐다가 아이들이 노래 부르는 소리를 들었는데, "우리 백성들이 살아감은 그 분의 은덕이 아님이 없네. 깨닫지도 알지도 못하는 사이에 임금의 법칙 따르네."라고 하였다. 堯임금은 기뻐서 아이들에게 묻기를 "누가 너희들에게 이 노래를 가르쳐 주었느냐."하니, 어린 아이들이 답하기를 "저희들은 이것을 大夫에게 들었습니다."라고 하였다. 大夫에게 물으니 大夫가 답하기를 "이 노래는 古詩입니다."라고 하였다. 堯임금이 왕궁으로 돌아와 舜을 불러 인하여 천하를 禪讓하니 舜은 사양하지 않고 이를 받아들였다.

堯治天下五十年나 不知天下治歟不治歟요 不知億兆之願戴己歟不願戴己라 顧問左右나 左右不知하고 問外朝나 外朝不知하고 問在野나 在野不知라 堯乃微服遊於康衢하여 聞童兒謠하니 曰 立我蒸民이 莫匪爾極이라 不識不知에 順帝之則(칙)이라 堯喜問曰 誰教

49) 外朝 : 중국 周나라 제도에 따르면, 外朝는 天子와 諸侯가 국사를 처리하는 조정이다.

爾爲此言고 童兒曰 我聞之大夫라 問大夫하니 大夫曰 古詩也라 堯還宮召舜하야 因禪以天下하니 舜不辭而受之라

이 장은 聖人이 천하를 교화함에 일찍이 교화시킨 자취를 남긴 적이 없었음을 형용한 것이니, 천하가 비록 교화되었지만 모두 스스로 알지 못하는 것이다. '立我'는 나로 하여금 천지의 사이에 살아갈 수 있게 해 주었음을 말한 것이다. '極'은 道이고 '帝則'은 天理이다. 당시의 詩는 본래 堯임금의 덕을 노래한 것인데 大夫가 古詩라고 한 것은 이 역시 이렇게 된 까닭을 알지 못한다는 뜻을 형용한 것이다. 堯임금이 천하에 대해 서로 잊고 있음이 이와 같다. 그러므로 舜임금을 천거하여 禪位하였고 舜임금 또한 받고서 사양하지 않은 것은 堯임금이 禪位한 것과 舜임금이 位를 받은 것이 모두 無心한 데서 나온 것임을 말한 것이다.

此章은 形容聖人之化天下에 未嘗有化之之跡하니 天下雖化나 而皆不自知라 立我者는 言使我生立於天地之間也라 極者는 道也요 帝則은 天理也라 當時之詩는 本以詠堯之德이나 而大夫以爲古詩는 此亦是形容其不知所以然之意라 堯於天下에 相忘如此라 故擧舜而禪之요 舜亦受而不辭者는 言堯之禪과 舜之受가 皆出於無心也라

4-14 道를 터득하는 방법

關尹喜[50]가 말했다. "자기에게 집착하지 않으면 사물에 형상화되어 道가 저절로 드러난다. 그 움직임은 물과 같고 그 고요함은 거울과 같고 그 응함은 메아리와 같다. 그러므로 그 道란 사물에 순응하는 것이다. 사물은 스스로 道를 거슬러도 道는 사물을 거스르지 않는다. 道를 잘 따르는 자는 또한 귀를 쓰지 않고 또한 눈을 쓰지 않고 또한 힘을 쓰지 않으며 또한 마음을 쓰지 않는다. 道를 따르고자 하면서 시각, 청각, 촉각, 지혜를 써서 道를 구하면 합당함을 얻지 못한다. 道를 바라보면 앞에 있다가도 홀연히 뒤에 있어 그것을 쓰면 상하와 사방에 가득 차고 그것을 버려도 그것이

尹喜

50) 關尹喜 : 본명은 尹喜, 자는 公度이다. 函谷關을 지키는 관리를 지냈기에 關尹喜라고 부른다. 저서로는 《關尹子》 한 권이 전하는데 僞作으로 추정된다.

있는 곳을 알지 못하니 또한 마음을 쓴다 하더라도 그것으로부터 멀리 떨어질 수가 없으며 마음을 쓰지 않더라도 가까이 다가갈 수가 없는 것이다. 오로지 묵묵히 터득하여 천성으로 이루어진 사람만이 이를 터득하게 된다. 알면서도 그 실상을 잊고, 할 수 있어도 하지 않는 것이 참된 앎이며 참된 능력이다. 한결같이 無知하면 어찌 실상을 얻을 수 있으며 한결같이 無能하면 어찌 할 수 있는 것이 있겠는가. 모여 있는 흙덩이 같은 것이요 쌓여 있는 먼지와 같은 것이니 비록 無爲라고는 하지만 이치가 아니다.

關尹喜曰 在己無居면 **形物其著**라 **其動若水**하고 **其靜若鏡**하고 **其應若響**이라 **故其道若物者也**라 **物自違道**요 **道不違物**하니 **善若道者**는 **亦不用耳**하고 **亦不用目**하고 **亦不用力**하고 **亦不用心**이라 **欲若道而用視聽形智以求之**면 **弗當矣**라 **瞻之在前**하고 **忽焉在後**하여 **用之彌滿六虛**하고 **廢之莫知其所**니 **亦非有心者所能得遠**이요 **亦非無心者所能得近**이라 **唯默而得之而性成之者得之**라 **知而忘情**하고 **能而不爲**가 **眞知眞能也**라 **發無知**어니 **何能情**이며 **發不能**이어니 **何能爲**리오 **聚塊也**요 **積塵也**니 **雖無爲而非理也**라

'在己無居'는 집착이 없는 것이니 사물에 따라 나타나고 쓰임에 따라 드러나 사물에 형상화되어 道가 절로 드러난다. '其動若水'는 마음에 담아 둠이 없는 것이다. '其靜若鏡'은 고움과 추함은 사물에 있고 나에게 있지 않아 오는 것에 따라서 응하는 것이다. 소리에 순응하는 것은 자연스럽게 그렇게 되는 것이다. '其道若物者'는 사물에 순응하는 것이니 사물은 道아님이 없지만 道를 알지 못하는 자는 스스로 道를 어기니 道가 어찌 일찍이 사물과 위배됨이 있었겠는가. '不用耳'는 청각으로 얻지 못한다는 말이고 '不用目'은 시각으로 얻지 못한다는 말이고 '不用力'은 힘써 구하는 것으로 얻지 못한다는 말이고 '不用心'은 心思로 얻지 못한다는 말이다.

만약 視, 聽, 形, 智로 道를 구하면 그 마땅함을 얻지 못한다. '形'은 몸이고 힘이며 '智'는 心思이다. '瞻之在前忽焉在後'는 일정한 方所가 없음을 말한 것이다. 쓰면 드러나니 上下四方에 가득 찰 수 있고 쓰지 않으면 없으니 버려두어 그 方所를 알지 못한다. 버려두고 쓰지 않을 때에는 道가 어디에 있는지 알지 못한다는 것이다. 마음으로 구함이 있는 자는 道와의 거리가 멀지만 道가 어찌 마음이 있는 것에 멀리 있겠는가. 마음으로 구함이 없는 자는 道와의 거리가 가깝지만 道가 어찌 일찍이 마음이 없는 것에 가깝겠는가. 釋氏가 말하기를 "道는 마음으로 구할 수 없고 또한 마음이 없는 것으로 얻을 수도 없다."라고 하였으니[51] 바로 이 뜻이다.

'默而得之'는 스스로 깨우치는 것이고 '性成之也'는 生知[52]를 가리킨다. 알지 못함으로 알기 때문에 '知而忘情'이라 하였고 능하지 못함으로 능하기 때문에 '能而不爲'라고 말한 것이니 '不知'는 바로 '眞知'이고 '不能'은 바로 '眞能'이다. '發'은 향한다는 말이니, 지금 사람들이 또한 "한결같이 이와 같다.〔一發如是〕"라는 말이 있고 禪學에서 "일은 한결같음이 없다.〔事無一向〕"라고 말한 것이 이 말이다. '情'은 실상이다. 만약 한결같이 단지 無知하다면 어찌 능히 그 실상을 얻을 수 있겠는가. 만약 한결같이 단지 無能하다면 어찌 할 수 있는 바가 있겠는가.

대개 알지 못함으로 안다고 말한 것은 과연 無知한 것이 아니고 아는 것도 없고 알지 못하는 것도 없는 것이며, 능하지 못함으로 능하다는 것은 과연 無能한 것이 아니고 능함도 없고 無能함도 없는 것이며, 하지 않음으로 한다는 것은 과연 無爲가 아니고 하는 것도 없고 하지 않는 것도 없는 것이다. 만약 쌓인 먼지와 같고 만약 흙덩이와 같다면 비록 함이 없더라도 이치가 아니니, 無爲의 이치는 이와 같지 않음을 말한 것이다. 이로써 살펴보면 莊子와 列子의 학문이 어찌 일찍이 마른 나무와 꺼진 재[53]를 주장한 것이겠는가. 禪家에서 "밤에 다니는 것을 허락하지 않으니 날이 밝거든 오라."라고 하고 "죽은 뒤에 다시 살아나면 그대를 속일 수 없을 것이다."라고 하였으니 바로 이 뜻이다.

이 일절은 바로 ≪莊子≫와 ≪列子≫의 큰 조리이다. 五祖 法演이 ≪眞淨語錄≫[54]에 "차고 싸늘하게 하고 옛 사당의 식은 화로처럼 하고 한 생각에 만년을 보내는 것처럼 한다."라고 한 말을 논하여 광명을 가리고 막는 것이라고 하였으니 그 뜻이 바로 이와 같다. 이 한 단락은 ≪大慧寶覺禪寺語錄≫의 普說[55] 가운데 보인다. ≪莊子≫ 〈天下篇〉에 田騈과 愼到가 '저 흙덩어리라면 道를 잃는 일이 없을 것이다.'라고 한 것을 논하여 죽은 사람의 학문이라고 하였으니 또한 거기서 말한 흙덩어리는 바로 '聚塊'의 '塊'와 같다.

---

51) 釋氏가……하였으니 : ≪大慧寶覺禪師普說≫ 권17에 나오는 말이다.

52) 生知 : 生而知之의 준말로, 태어나면서부터 도를 알았다는 말이다. ≪中庸章句≫ 제20장에 "어떤 사람은 태어나면서부터 도를 알고, 어떤 사람은 배워서 알고, 어떤 사람은 곤궁해져서야 알게 된다. 하지만 도를 알게 되는 점에 있어서는 모두 마찬가지이다.〔或生而知之 或學而知之 或困而知之 及其知之 一也〕"라고 한 데서 온 말이다.

53) 마른……재 : ≪莊子≫ 〈庚桑楚〉에 "몸은 마른 나무가 썩은 듯하고 마음은 죽은 재와 같다.〔身若槁木之朽 而心若死灰〕"라고 한 데서 온 말로 '靜寂無心'을 이상으로 여기는 도가적 삶의 태도를 표현한 말이다.

54) 五祖 法演이 眞淨語錄 : 法演은 宋代의 蘄州 五祖山의 法演禪師인데 俗姓은 鄧이고, 眞淨은 眞淨 克文(1025~1104)을 말한다. 眞淨語錄은 眞淨 克文의 어록을 말한다.

55) 大慧寶覺禪寺語錄의 普說 : ≪大慧寶覺禪寺語錄≫ 권17에 보인다.

在己無居는 無執著也니 隨物而見하고 隨用而顯하여 形於物而道自著也라 其動若水는 無容心也라 其靜若鏡은 姸媸(연치)在物不在我하야 隨其來而應之라 順於聲은 自然而然也라 其道若物者는 順於物也니 物無非道나 不知道者自違之니 道何嘗違於物哉리오 不用耳는 不以聽得之也요 不用目은 不以視得之也요 不用力은 不以力求得之也요 不用心은 不以心思得之也라 若以視聽形智求道면 則不得其當矣라 形은 身也 力也요 智는 心思也라 瞻之在前忽焉在後는 言無方所也라 用之則見하여 可以彌滿於六虛요 不用則無하여 廢之莫知其所니 廢而不用之時에 不知道在何處也라 有心求者는 去道遠이나 道何遠於有心者며 無心求者는 去道近이나 道何嘗近於無心者리오 釋氏曰 道不可以有心求며 亦不可以無心得이라하니 卽此意也라 默而得之는 自悟也요 性成之也는 生知也라 知以不知라 故曰知而忘情이요 能以不能이라 故曰能而不爲니 不知乃眞知也요 不能乃眞能也라 發은 向也니 今人亦有一發如是之語요 禪學曰事無一向이 是也라 情은 實也라 若一發只是無知면 則何能得其實이리오 若一發只是無能이면 則何所能爲리오 蓋謂知以不知는 非果無知요 無知而無不知也며 能以不能은 非果無能이요 無能而無不能也며 爲以不爲는 非果無爲요 無爲而無不爲也라 若如積塵然하고 若如聚塊然이면 則雖無爲而非理矣니 謂無爲之理不如此也라 以是觀之면 則莊列之學이 何嘗以槁木死灰爲主리오 禪家曰不許夜行 投明須到 絶後再蘇欺君不得이라하니 乃是此意라 此一節은 乃莊列書中大條貫이라 五祖演論眞淨語錄에 說冷秋秋地 古廟香爐하고 一念萬年 爲障蔽光明이 其意正如此也라 此一段은 見大慧語錄普說中이라 莊子天下篇에 論田駢愼到 塊不失道하야 爲死人之學하니 亦是此一塊는 卽聚塊之塊也라

列子鬳齋口義 五卷

제5편 탕문 湯問 第五

＊이 편은 天文, 地理, 萬物의 생성 과정에 대한 古人의 질박한 인식을 서술하였다. 사람들이 시야를 넓혀 자연계의 신비하고 무궁함을 인식해서 자신의 지혜로 사물의 형태와 유무를 억측하는데 얽매여서는 안 됨을 경계하였다. 우주의 원리와 우주의 무한함 속에서 인간의 위치와 한계를 극복하려고 노력하고, 나아가 자연에 순응하고 지성으로 하늘을 감동시키는 경지를 보여준다. 이 편의 내용은 비교적 풍부하고 허황한 언어 가운데 상당히 깊은 哲理를 포괄하고 있음을 볼 수 있다.

5-1 시작과 끝 그리고 크고 작음과 길고 짧음

殷나라 湯임금[1)]이 夏革[2)]에게 물었다. “태초에 만물이 있었습니까?”

하극이 대답하였다. “옛날 태초에 만물이 없었다면 지금은 어떻게 만물이 있겠습니까? 후세 사람이 오늘날에 만물이 없었다고 하는 것이 가하겠습니까?”

은나라 탕임금이 말하였다. “그렇다면 만물에는 먼저 생겨나고 뒤에 생겨난 것이 없다는 말입니까?”

하극이 대답하였다. “만물의 끝과 시작은 애초에 다함이 없었습니다. 시작이 혹 끝이

成湯圖

1) 湯임금 : 성은 子이고, 이름은 履이다. 夏나라 桀王을 멸하고 商王朝를 건립한 제왕으로, 亳에 도읍하였다. 후에 여러 차례 도읍을 옮겼는데, 盤庚이 殷으로 도읍을 옮긴 이후로 商나라를 殷나라라고 일컬었다.

2) 夏革 : 탕임금의 대부로, 夏棘으로도 쓴다. 자는 子棘이다.

되기도 하고 끝이 혹 시작이 되기도 하니, 어떻게 그 다함을 알 수 있겠습니까? 그러니 만물 밖의 것이나 萬事가 일어나기 이전에 있었던 것에 대해서는 저도 알지 못하는 바입니다.

은나라 탕왕이 말하였다. "그렇다면 상하와 팔방에는 끝이 있습니까?"

하극이 말하였다. "모르겠습니다."

탕임금이 끈질기게 묻자 하극이 대답하였다. "없다고 한다면 끝도 없고 이미 있다는 명칭이 있고 보면 다함이 있을 테지만 제가 어떻게 알겠습니까? 그러나 끝이 없는〔無極〕 밖에 다시 끝이 없을 수 없고〔無無極〕 다함이 없는〔無盡〕 가운데 다시 다함이 없을 수 없을〔無無盡〕 것입니다. 끝이 없는 데에 다시 끝이 없음이 없고 다함이 없는 데에 다시 다함이 없음이 없는 것입니다. 저는 이로써 끝도 없고 다함도 없다는 것을 알지만 끝이 있고 다함이 있다는 것은 알지 못하겠습니다."

殷湯問於夏革(극)**曰 古初有物乎**아 **夏革曰 古初無物**이면 **今惡**(오)**得物**이리오 **後之人**이 **將謂今之無物**이 **可乎**아 **殷湯曰 然則物無先後乎**아 **夏革曰 物之終始**는 **初無極已**라 **始或爲終**하고 **終或爲始**하니 **惡知其紀**리오 **然自物之外**와 **自事之先**은 **朕所不知也**라 **殷湯曰 然則上下八方有極盡乎**아 **革曰 不知也**라 **湯固問**이어늘 **革曰 無則無極**하고 **有則有盡**이로되 **朕何以知之**리오 **然無極之外**에 **復無無極**하고 **無盡之中**에 **復無無盡**이라 **無極**에 **復無無極**하고 **無盡**에 **復無無盡**하니 **朕以是知其無極無盡也**나 **而不知其有極有盡也**라

만물이 비록 없음으로부터 있게 되나 이미 있다면 반드시 시작한 곳이 있을 것이니, 어찌 태고에 만물이 없다고 할 수 있겠는가? 이 말을 번복한 것이 또한 좋다. '極已'는 '極止'와 같다. 만물이 생겨난 뒤의 끝과 시작은 끝나는 바가 없는 것이다. 봄이 먼저이고 여름이 뒤이며 봄이 끝나고 여름이 시작되는 것과 같으니, 먼저가 어찌 시작이 되며 뒤가 어찌 끝이 되리오? '紀'는 다함이니, '惡知其紀'는 다함이 없음을 말한다. '만물 밖의 것이나 萬事가 일어나기 이전에 있었던 것에 대해서는 저도 알지 못하는 바이다.'라고 한 것은 바로 四維와 上下를 헤아릴 수 없다는 것이니, ≪莊子≫에 이른바 "六合의 밖에 대해서는 聖人은 그냥 두고 論하지 않는다."[3]는 것이다. '固問'은 끈질기게 묻는 것이니, 부득이한 뒤에 대답하기를 "없다고 한다면 끝이 없고 이미 있

3) 六合의……않는다 : ≪莊子≫〈齊物論〉에 "육합의 밖에 대해서는 聖人은 그냥 두고 論하지 아니하고, 육합의 안에 대해서는 성인은 論하기만 하고 다른 사람의 견해에 대해 시비를 따지지 않는다.〔六合之外 聖人存而不論 六合之內 聖人論而不議〕"라고 하였다.

다는 명칭이 있고 보면 반드시 다함이 있되 알 수 없을 뿐이다."라고 한 것이다. '無極 復無無極' 이하 몇 마디 말은 ≪莊子≫에 "처음〔始〕이라는 말이 있으며, 처음에 '처음이라는 말'이 아직 있지 않았다는 말이 있으며, 처음에 '처음에 처음이라는 말이 아직 있지 않았다.'라는 말이 아직 있지 않았다는 말이 있다."[4]라고 한 것과 똑같은 語脈이다. ≪장자≫ 〈逍遙遊〉 편에 말하기를 "湯임금이 棘에게 물었다."라고 하였는데 여기에서는 '夏革'이라고 하였다. '棘'과 '革'은 독음이 비슷하니, 訛傳된 듯하다. 그러나 대저 모두 寓言일 뿐이니, 名字가 다르고 같은 것은 깊이 상고할 것이 없다.

物雖自無而有나 旣有矣則必有所始니 安得謂之古初無物乎아 此語翻得又好라 極已는 猶極止也라 物之之後終始는 無所止極이니 如春先而夏後하고 春終而夏始라 先豈爲始며 後豈爲終이리오 紀는 極也니 惡知其紀는 言無極也라 物之外와 事之先은 朕所不知者는 卽四維上下를 不可思量이니 莊子所謂六合之外에 存而不論也라 固問은 堅問之也니 不得已而後答曰 謂之無則無極하고 旣有有之名則必有盡이로되 但不可得而知爾라 無極에 復無無極은 此下數語가 與莊子有始也者하며 有未始有始也者하며 有未始有夫未始有始也者로 一樣語脈也라 莊子逍遙遊篇曰 湯之問棘이라하여늘 此曰 夏革이라하니 棘革音近하니 恐傳訛也라 然大抵皆寓言爾니 名字異同은 不足深考라

탕임금이 또 물었다. "四海 밖에는 무엇이 있습니까?"

하극이 말하였다. "齊州, 즉 이곳 중국과 같습니다."

탕임금이 말하였다. "그대는 무엇으로 이를 실증할 수 있습니까?"

하극이 말하였다. "제가 동쪽으로 營州[5]까지 가 보았는데 사람들이 이곳 사람들과 같았습니다. 영주의 동쪽은 어떠한지 물어보니 다시 영주와 같다고 하였습니다. 서쪽으로는 豳[6] 땅까지 가 보았는데 사람들이 이곳 사람들과 같았습니다. 빈

4) 처음〔始〕이라는……있다 : ≪장자≫ 〈제물론〉에 "처음이라는 말이 있으며, 처음에 '처음이라는 말'이 아직 있지 않았다는 말이 있으며, 처음에 '처음에 처음이라는 말이 아직 있지 않았다'는 말도 아직 있지 않았다는 말이 있다. 有라는 말이 있으며, 無라는 말이 있으며, 처음에 '無라는 말'이 아직 있지 않았다는 말〔無無〕이 있으며, 처음에 '처음에 無라는 말이 아직 있지 않았다는 말'이 아직 있지 않았다는 말〔無無無〕이 있다.〔有始也者 有未始有始也者 有未始有夫未始有始也者 有有也者 有無也者 有未始有無也者 有未始有夫未始有無也者 俄而 有無矣〕"라고 하였다.

5) 營州 : 옛 고을 이름이다. 옛 성이 柳城에 있었는데, 지금 遼寧省 朝陽 경내이며 遼東彎에 가깝다.

6) 豳 : 周나라 선조 公劉가 건립한 나라 이름으로, 지금의 陝西省 栒邑 서쪽에 있었다. 唐 玄

땅의 서쪽은 어떠한지 물어보니 다시 빈 땅과 같다고 하였습니다. 제가 이로써 우리가 살고 있는 사해와 그 바깥의 四荒과 그리고 다시 그 바깥의 四極이 이곳과 다르지 않다는 것을 알게 되었습니다.

湯又問曰 四海之外에 **奚有**아 **革曰 猶齊州也**라 **湯曰 汝奚以實之**오 **革曰 朕東行至營**이러니 **人民猶是也**라 **問營之東**호니 **復猶營也**라 **西行至豳**(빈)이러니 **人民猶是也**라 **問豳之西**호니 **復猶豳也**라 **朕以是知四海四荒四極之不異是也**라

사해의 밖은 그래도 국토가 있기도 하고 혹 국토가 없기도 하니, 모두 알 수 없다. 비유하자면 영주에 있는 자는 다만 영주의 사람만 보고 豳 땅에 있는 자는 다만 豳 땅의 사람만 보는 것과 같으니, 어찌 영주의 동쪽에 또 영주와 같은 것이 있음을 알겠으며, 豳 땅의 서쪽에 또 豳 땅과 같은 것이 있음을 알겠는가. 중국에서 본 것으로써도 또 이와 같거든 더구나 사해와 사황과 사극의 밖에 있어서이겠는가. '齊州'는 중국이다. '實之'라는 것은 가까운 곳에 나아가 먼 곳을 밝히고자 하는 것이다. 사해의 밖을 '大荒'이라 하고, 대황의 밖을 '無極'이라 한다. 그러므로 사해, 사황, 사극이라 한 것이다. 이 또한 고원하고 광대한 데에 힘쓰는 말이니, ≪장자≫와 ≪열자≫의 글이 모두 이와 같다.

四海之外는 猶有國土或無國土하니 皆不可知라 譬如在於營者는 但見營之人民하고 在於豳者는 但見豳之人民이니 豈知營之東에 又有如營者며 豳之西에 又有如豳者리오 以中國之所見으로 且如此어든 況四海四荒四極之外乎아 齊州는 中國也라 實之者는 欲其即近以明遠也라 海外를 曰大荒이요 大荒之外를 曰無極이라 故曰四海四荒四極이라 此亦務爲高遠廣大之言이니 莊列之書가 皆如是라

그러므로 크고 작은 것이 서로 품어서 다함이 없는 것입니다. 만물을 품고 있는 것은 천지를 품은 것과 같습니다. 만물을 품고 있기 때문에 다함이 없고 천지를 품고 있기 때문에 끝이 없는 것입니다. 저 또한 천지의 밖에 큰 천지가 있지 않은 줄 어찌 알겠습니까? 또한 제가 알 수 있는 바가 아닙니다.

故大小相含하여 **無窮極也**라 **含萬物者**는 **亦如含天地**니 **含萬物也**라 (固)〔**故**〕[7]**不窮**하고

宗 때 이름을 邠州로 고쳤다.

7) (固)〔故〕: 저본에는 '固'로 되어 있으나, 盧重元의 ≪列子解≫에 의거하고 문맥을 살펴 '故'

含天地也라 故無極이라 朕亦焉知天地之表에 不有大天地者乎아 亦吾所不知也라

'大小相含'은 비유하자면 기와는 서까래 위에 있고, 서까래는 도리 위에 있고, 도리는 들보 위에 있고, 들보는 기둥 위에 있고, 기둥은 또 땅 위에 있는 것과 같으니, 작은 것과 큰 것이 서로 이어져 물건을 싣고 있는 것이다. 사물이 모두 그러하니 끝까지 힐문할 수 없다. 만물이 이미 이와 같으니 천지가 太虛의 사이에 있는 것이다. 태허는 천지를 포용하는 것이니, 태허의 밖에 또 반드시 태허를 포용하는 것이 있을 것이다. 만물을 포용하는 것이 이미 끝날 수 없으니 천지를 포용하는 것도 어찌 그 다하는 바를 알겠으며, 어찌 천지의 밖에 다시 천지보다 큰 것이 있지 않을 줄 알리오. '含'은 포용함이다. 이러한 의론은 모두 얕은 식견을 배척하는 것이다. 자신의 이익을 추구하는 사람은 세계가 광대함을 알지 못한다. 그러므로 이러한 공허한 의론을 하는 것이 비록 황당한 듯하나 또한 나름의 의미가 있다. 이 장 이하 여러 단락이 모두 그러하니, 만약 장마다 의리를 구한다면 불가하다. ≪장자≫와 ≪열자≫의 글을 읽을 때에는 별도로 一隻眼[8]을 갖추도록 해야 한다.

大小相含은 譬如瓦在椽上하고 椽在桁上하고 桁在梁上하고 梁在柱上하고 柱又在地上하니 小大相乘載物이라 物皆然하니 不可窮詰이라 萬物旣如此하니 則天地在於太虛之間이라 太虛는 含天地者也니 太虛之外에 又必有含太虛者라 含萬物者가 旣不可窮하니 則含天地者도 亦安知其所極이며 安知天地之外에 不有更大於天地者리오 含은 容也라 此等議論은 皆是排斥小見이라 自私之人은 不知世界之廣大라 故爲此等虛曠之論이 雖似荒唐이나 亦自有味라 此章以下諸段이 皆然하니 若要逐章求義理면 則不可也라 讀莊列之書에 別具一隻眼可也라

그렇다면 천지도 또한 물건입니다. 물건에는 부족함이 있기 마련입니다. 그러므로 옛날 女媧氏[9]가 오색의 돌을 구워서 구멍 난 하늘을 메우고 자라의 발을 잘라 땅의 사방 끝에 하늘을 떠받치는 기둥을 세웠습니다. 그 뒤에 共工氏[10]가 顓頊[11]

로 바로잡았다.

8) 一隻眼 : 禪林의 용어로, 범부의 肉眼이 아니라 진실한 正見을 갖춘 慧眼이라는 말인데, 頂門眼 혹은 活眼이라고도 한다.

9) 女媧氏 : 중국 고대 전설상 인류의 시조로, 伏羲氏의 누이이다. 홍수를 다스리고 맹수를 몰아내어 사람들이 편히 살게 하였고, 복희를 계승하여 황제가 되었다고 한다.

10) 共工氏 : 신화 전설 중의 인물이다. 사람의 얼굴과 뱀의 몸과 붉은 머리털의 형상으로 용 두 마리를 타고 다녔다고 전해진다.

11) 顓頊 : 전설 중의 고대 帝王으로 高陽氏라 불린다. 黃帝의 손자이고, 昌意의 아들이다. 帝

과 더불어 임금 자리를 놓고 다투다가 화가 나서 不周山[12]을 들이받아 하늘을 떠받치는 기둥이 부러지고 땅을 매어 놓은 밧줄이 끊어졌습니다. 그래서 하늘은 서북쪽으로 기울어 해와 달과 별이 서북쪽으로 옮겨 갔고, 땅은 동남쪽이 차지 않았기 때문에 모든 냇물과 빗물이 그쪽으로 흘러 모여들게 된 것입니다.

女媧

然則天地亦物也라 **物有不足**이라 **故昔者女媧氏**가 **練五色石**하여 **以補其闕**하고 **斷鼇之足**하여 **以立四極**이라 **其後共工氏與顓頊**으로 **爭爲帝**라가 **怒而觸不周之山**하여 **折天柱**하고 **絶地維**라 **故天傾西北**하여 **日月星辰就焉**하고 **地不滿東南**이라 **故百川水潦歸焉**이라

여와씨가 하늘을 메운 것과 공공씨가 하늘을 떠받치는 기둥을 부러뜨리고 땅을 매어 놓은 밧줄을 끊었다는 것은 모두 세상을 놀라게 하는데 힘쓴 말이니, 현실적인 의론이 될 수 없다. 하늘이 서북쪽으로 기울어진 것은 造化의 지극히 묘한 곳이니, 만약 기울어진 日傘의 형세[13]가 없다면 별과 해와 달의 운행은 무엇으로 盈縮(차고 기움)을

位를 두고 공공씨와 다투어 물리쳤다.

12) 不周山 : ≪離騷≫ 王逸의 주에는 "곤륜산 서북쪽에 있다는 산 이름이다."라고 하였고, ≪山海經≫ 〈大荒西經〉에는 "서북쪽 바다 밖에 大荒의 모퉁이에 산이 있는데 하나로 합하지 않기 때문에 부주라 명명하였다."라고 하였다.

13) 기울어진……형세 : ≪晉書≫ 권11 〈天文 上〉에 ≪周髀算經≫의 말을 인용하기를 "하늘은 둥글어서 일산을 펼친 것 같고, 땅은 네모져서 바둑판 같다. 하늘은 마치 연자방아를 돌리는 것처럼 옆으로 돌아서 왼쪽으로 운행한다. 해와 달은 오른쪽으로 운행하지만 하늘이 왼쪽으로 돌기 때문에, 해와 달이 실은 동쪽으로 운행하지만 하늘에 이끌려 서쪽으로 진다. 이는 마치 왼쪽으로 도는 연자방아 위에 오른쪽으로 기어가는 개미가 있을 때, 연자방아의 속도가 개미보다 빠르면 개미가 연자방아를 따라 왼쪽으로 돌게 되는 것과 같다. 하늘은 남쪽은 높고 북쪽은 낮다. 이 때문에 해가 솟을 땐 위로 올라와서 보이고, 해가 들어갈 땐 아래로 내려가서 보이지 않는다. 하늘의 전체적인 모양은 기울어진 일산과 같기 때문에 하늘의 극점이 북쪽에 보이는 것이니, 이것이 그 증거이다. 극점은 하늘의 중앙에 있는 것인데 지금 보면 북쪽에 보이니, 따라서 하늘의 모양이 기울어진 일산과 같음을 알 수 있다.〔天員如張蓋 地方如棋局 天旁轉如推磨而左行 日月右行 隨天左轉 故日月實東行 而天牽之以西沒 譬之於蟻行磨石之上 磨左旋而蟻右去 磨疾而蟻遲 故不得不隨磨以左迴焉 天形南高而北下 日出高 故見 日入下 故不見 天之居如倚蓋 故極在人北 是其證也 極在天之中 而今在人北

보겠으며 무엇으로 晝夜를 삼으리오. 이는 모름지기 天文을 아는 자라야 알 수 있을 것이다. 땅에 上下와 四維가 있다는 설은, 하늘은 달걀과 같으니[14] 어찌 기둥과 사유가 있을 수 있겠는가.

女媧之補天과 共工之折天柱絶地維는 此皆務爲駭世之言이니 不可以爲實論이라 天之傾西北은 此造化至妙處니 若無倚蓋之勢면 則星辰之運과 日月之行은 何以見其盈縮이며 何以爲晝爲夜리오 此須識天文者라야 方知之라 (知)[15]地有上下四(游)〔維〕[16]之說은 天如雞子니 則安得有柱有維乎아

탕임금이 또 물었다. "물건에는 크고 작은 것이 있습니까? 길고 짧은 것이 있습니까? 같고 다른 것이 있습니까?"

하극이 대답하였다. "渤海의 동쪽으로 몇 억 만리나 떨어졌는지 알 수 없지만 그곳에 큰 골짜기가 있는데 실로 밑바닥이 없는 골짜기입니다. 그 아래에는 바닥이 없으므로 그곳을 '歸墟'라 합니다. 八方과 九州의 물과 은하수의 물이 모두 그곳으로 흘러들지만 물은 불어나지도 줄어들지도 않습니다.

그 가운데에 다섯 산이 있으니, 첫째는 岱輿, 둘째는 員嶠, 셋째는 方壺, 넷째는 瀛洲, 다섯째는 蓬萊라 부릅니다. 그 산들은 높이와 둘레가 삼만 리이고, 그 꼭대기에는 구천 리의 평평한 곳이 있습니다. 산과 산 사이의 거리는 칠 만리인데, 저쪽과 이쪽 사람들이 이웃처럼 여깁니다. 그 위의 樓臺와 亭觀은 모두 金玉으로 만들어졌고, 그 위의 새와 짐승은 모두 순백색입니다. 옥과 진주로 된 나무는 모두 떨기로 자라고 꽃과 열매는 모두 맛이 좋은데, 그것을 먹으면 모두 늙지도 않고

所以知天之形如倚蓋也〕"라고 하였다.

14) 하늘은……같으니 : ≪晉書≫ 권11 〈天文 上〉에 ≪渾天儀注≫의 말을 인용하기를 "천체는 달걀을 닮았으며, 땅은 노른자위와 같아서 외롭게 천체 안에 들어있으니, 하늘은 크고 땅은 작은 것이다. 천체에는 겉과 속에 물이 있고, 하늘과 땅은 각각 氣에 기대어 있어 물을 싣고서 운행한다. 周天은 365도와 4분의 1도인데, 그 한가운데를 나누면 절반은 땅위를 뒤덮고 절반은 땅속을 에워싼다. 그러므로 이십팔수는 절반은 나타나고 절반은 감추어진다. 천체가 운행하는 것은 마치 수레바퀴가 돌아가는 것과 같다.〔天如雞子 地如雞中黃 孤居於天內 天大而地小 天表裏有水 天地各乘氣而立 載水而行 周天三百六十五度四分度之一 又中分之 則半覆地上 半繞地下 故二十八宿半見半隱 天轉如車轂之運也〕"라고 하였다.

15) (知) : 저본에는 '知'가 있으나, 문맥을 살펴 衍文으로 처리하였다.

16) (游)〔維〕: 저본에는 '游'로 되어 있으나, ≪열자≫ 본문에 의거하여 '維'로 바로잡았다.

죽지도 않습니다. 그곳에 사는 사람들은 모두 신선과 성인의 무리이니, 하룻낮이나 하룻밤 사이에 날아서 서로 왕래하는 자를 헤아릴 수 없을 정도입니다.

그런데 이 다섯 산의 뿌리는 붙어 있는 곳이 없습니다. 항상 조수와 파도를 따라 이리저리 흘러 다니며 잠시도 멈추어 있지 않았습니다. 신선과 성인들이 이를 근심하여 上帝에게 호소하였는데, 상제는 다섯 산이 서쪽 끝으로 흘러가서 성인들이 거처를 잃을까 두려워해서 이에 禺疆에게 명하여 큰 자라 열 다섯 마리로 하여금 머리를 들어 다섯 산을 이게 하되, 다섯 마리씩 삼교대로 하여 육만 년 만에 한 번 교대하게 하자, 다섯 산이 비로소 멈추어 움직이지 않게 되었습니다.

그런데 龍伯의 나라에 거인이 있어 발을 들어 몇 걸음 가지도 않아 다섯 산이 있는 곳에 다다라 한 번 낚시질하여 여섯 마리 자라를 연이어 잡아 몽땅 짊어지고 자신의 나라로 돌아가 그 뼈를 태워 뼈를 세어 점을 쳤습니다. 이에 대여와 원교 두 산이 북쪽 끝으로 흘러가서 大海에 가라 앉아 버려 그곳에서 옮겨 오는 신선과 성인들이 수억으로 헤아릴 정도였습니다. 상제가 크게 노하여 용백의 나라를 점점 줄여 좁게 만들고 용백의 사람들을 점점 작게 하여 몸을 작게 하였습니다. 그러나 伏羲[17]와 神農[18]의 시대에 이르러서도 그 나라 사람들이 오히려 키가 수천 丈이나 되었습니다.

湯又問物有巨細乎아 **有脩短乎**아 **有同異乎**아 **革曰 渤海之東**에 **不知幾億萬里**나 **有大壑焉**하니 **實惟無底之谷**이라 **其下無底**라 **名曰歸墟**라 **八紘九野之水**와 **天漢之流**가 **莫不注之**나 **而無增無減焉**이라 **其中有五山焉**하니 **一曰岱輿**요 **二曰員嶠**요 **三曰方壺**요 **四曰瀛洲**요 **五曰蓬萊**라 **其山高下周旋三萬里**요 **其頂平處九千里**라 **山之中間相去七萬里**이니 **以爲隣居焉**이라 **其上臺觀**은 **皆金玉**이요 **其上禽獸**는 **皆純縞**라 **珠玕之樹**는 **皆叢生**이요 **華實**은 **皆有滋味**하니 **食之皆不老不死**라 **所居之人**은 **皆仙聖之種**이니 **一日一夕**에 **飛相往來者**를 **不可數焉**이나 **而五山之根**은 **無所連著**(착)이라 **常隨潮波**하여 **上下往還**하여 **不得暫峙焉**이라 **仙聖毒之**하여 **訴之於帝**하니 **帝恐流於西極**하여 **失群聖之居**하여 **乃命禺疆**하여 **使巨鼇十五**로 **擧首而戴之**호되 **迭爲三番**하여 **六萬歲一交焉**하니 **五山始峙而不動**이어늘 **而龍伯之國有大人**하여

---

17) 伏羲 : 庖羲, 宓犧, 伏戲 등으로도 쓴다. 중국 고대 전설상 三皇 중의 한 사람이다. 처음으로 백성에게 고기잡이, 사냥, 목축 등을 가르치고 八卦를 만들었다고 한다.

18) 神農 : 중국 고대 전설상 제왕으로, 火德으로 황제가 되었다고 하여 炎帝라 부르기도 한다. 백성들에게 농사짓는 법을 처음 가르쳤고, 製藥法과 六十四爻를 만들었다고 한다.

擧足不盈數步하고 **而暨五山之所**하여 **一釣而連六鼇**하여 **合負而趣歸其國**하여 **灼其骨以數焉**이라 **於是**에 **岱輿員嶠二山**이 **流於北極**하여 **沈於大海**하여 **仙聖之播遷者**가 **巨億計**라 **帝憑怒**하여 **侵減龍伯之國使阨**하고 **侵小龍伯之民使短**이라 **至伏羲神農時**하여도 **其國人猶數千丈**이라

'歸墟'라는 것은 곧 尾閭[19]가 바로 이것이다. '八紘'은 八方이다. '九野'는 九州이다. '純縞'는 순백색이다. '珠玕'은 珠玉이다. '峙'는 멈춤이다. '毒之'는 근심함이다. '禺彊'은 신의 이름이다. '자라 여섯 마리를 몽땅 짊어졌다.'는 것은 몽땅 짊어지고 자신의 나라로 간 것이다. '趣'는 감이다. '數'라는 것은 자라의 뼈를 세는 것이다. '使阨'은 좁게 만드는 것이다. '다섯 산의 신선과 성인'과 '열 다섯 마리의 자라가 다섯 마리씩 삼교대 하는 것'과 '용백이 자라를 낚시질 한 것'과 '상제가 용백에게 노한 것'은 모두 寓言이다. 지금 佛經에 이러한 것이 많이 있으니, 三十三天[20]과 香積國[21]과 西方淨土[22]의 등속이 바로 이것이다.

歸墟者는 卽尾閭是也라 八紘은 八方也라 九野는 九州也라 純縞는 純白也라 珠玕은 珠玉也라 峙는 停也라 毒之는 苦之也라 禺彊은 神名也라 合負以六者는 同負而去也라 趣는 往也라 數者는 數其骨也라 使阨은 使隘狹也라 五山之仙聖과 十五鼇之三番과 龍伯之釣鼇과 帝之怒龍伯은 皆寓言也라 今佛經에 多有此하니 如三十三天과 香積國과 西方淨土之類是也라

중원으로부터 동쪽으로 사십만 리를 가면 僬僥國이라는 난쟁이 나라가 있는데 사람들의 키가 1尺 5寸이고, 동북쪽 끝 지방에 사람이 있으니 諍人이라고 하는데 키가 9寸입니다.

從中州以東四十萬里에 **得僬僥國**하니 **人長一尺五寸**이요 **東北極**에 **有人**하니 **名曰諍人**이니 **長九寸**이라

---

19) 尾閭 : 큰 골짜기 이름으로, 바닷물이 빠져 나가는 곳이다.

20) 三十三天 : 범어 忉利天의 譯語인데, 欲界 六天 가운데 第二天이다. 불교에서 말하는 須彌山은 높이가 8만 4000由旬이나 되며, 그 산의 꼭대기에는 三十三天城이 있는데, 한복판에는 帝釋天이 있고, 사방에 八天씩 삼십이천이 있다고 한다.

21) 香積國 : ≪維摩經≫ 〈香積佛品〉에 "上方界의 四十二恒河沙 佛國土를 지나면 나라가 있어 '衆香'이라 하는데, 부처님이 '香積'이라 이름하였다.……그 나라에서는 모든 누각과 길과 동산도 모두 향으로 만들었다."라고 하였다.

22) 西方淨土 : 서쪽으로 십만 억의 국토를 지나면 있는 阿彌陀佛의 세계를 말한다.

용백국의 사람은 키가 줄었는데도 오히려 키가 수천 장이며, 초요국 사람의 키는 1척 5촌이고 쟁인의 키는 9촌이니, 큰 것은 극도로 크고 작은 것은 극도로 작다. 다만 천지 사이에 변화가 일정하지 않으니 귀와 눈으로 본 것으로 정해서는 안 됨을 말한 것이다.

龍伯之減小라도 猶長數千丈이며 僬僥之尺五이요 諍人之九寸이니 長者極長하고 短者極短이로되 但言天地之間에 變化不常하니 不可以耳目所見者로 爲定也라

楚나라 남쪽에 冥靈이라는 나무가 있으니, 오백 년을 봄으로 삼고 오백 년을 가을로 삼습니다. 상고시대에 大椿이라는 나무가 있었으니, 팔천 년을 봄으로 삼고 팔천 년을 가을로 삼았습니다. 썩은 흙 위에 자라는 菌芝라는 버섯이 있으니, 아침에 났다가 저녁에 죽습니다. 봄 여름 사이에는 蠓蚋라는 하루살이가 있으니, 비가 내리면 생겨났다가 햇볕만 나면 죽습니다. 終髮의 북쪽에서 더 북쪽에 溟海라는 바다가 있으니, 天池입니다. 거기에 물고기가 있으니 그 너비는 수천 리이고 그 길이는 너비에 걸맞을 정도로 깁니다. 그 이름을 鯤이라 합니다. 거기에 새가 있으니, 그 이름을 鵬이라 합니다. 날개는 하늘에 드리운 구름 같고 그 몸은 날개에 걸맞을 정도로 큽니다. 세상에 어찌 이런 물건이 있는 줄 알겠습니까. 大禹가 治水하러 다니면서[23] 이를 발견하고 伯益[24]이 이를 알아내어 이름을 붙이고 夷堅[25]이 이를 듣고 기록해 놓은 것입니다.

荊之南에 有冥靈者하니 以五百歲로 爲春하고 五百歲로 爲秋하며 上古에 有大椿者하니 以八千歲로 爲春하고 八千歲로 爲秋라 朽壤之上에 有菌芝者하니 生於朝라가 死於晦라 春夏之

---

23) 大禹가……다니면서 : 堯임금 때 9년 동안 장마가 계속되어 舜임금이 계위한 뒤에도 심각하였다. 백성들이 땅에서 살 수가 없자 우에게 홍수를 다스리도록 명하였는데, 우가 자연적인 형세에 따라 물이 바다로 흘러 들어가게 함으로써 백성들이 땅에서 정착할 수 있도록 만들었다. 우는 치수 사업을 펼치는 8년 동안 온갖 고초를 겪었고 자신의 집 앞을 세 번 지나가면서도 한 번도 집에 들어가지 못했다고 한다.(≪書經≫ 〈禹貢〉, ≪孟子≫ 〈滕文公 上〉, ≪莊子≫ 〈秋水〉)

24) 伯益 : 舜임금의 신하이다. 순임금이 山林川澤을 관리하는 자리에 백익을 앉히고, 朱虎와 熊羆로 백익을 보좌하도록 하였다. 백익이 불을 맡아서 산택에 불을 질러 태우자 禽獸가 도망하여 숨었다고 한다.(≪史記≫ 권1 〈五帝本紀〉, ≪孟子≫ 〈滕文公 上〉)

25) 夷堅 : 전설 중의 박식했던 사람이다.

月에 有蠓蚋(몽예)者하니 因雨而生이라가 見陽而死라 終髮北之北에 有溟海者하니 天池也라 有魚焉하니 其廣이 數千里요 其長稱焉하니 其名爲鯤이라 有鳥焉하니 其名爲鵬이라 翼若垂天之雲하고 其體稱焉이라 世豈知有此物哉아 大禹行而見之하고 伯益知而名之하고 夷堅聞而志之라

'명령'은 나무 이름이다. '종발'은 바로 '窮髮'[26]이다. '북쪽의 더 북쪽'은 더욱 먼 지역이다. '稱'은 去聲이니 그 길이와 그 크기가 서로 걸맞는 것이다. 날개의 크기가 이와 같고 몸이 또한 이에 걸맞다면 그 크기를 알 수 있다. 세상 사람들이 본 바가 작으니, 어찌 천지 사이에 다시 이처럼 광대한 곳이 있을 줄 알겠는가. 이는 모두 寓言인데 도리어 우와 백익으로 실증하였다. 세상에서 ≪山海經≫ 〈大荒西經〉은 모두 우가 지은 것이라고 하니, 또한 지금 사람들이 '張騫이 은하수에 다다랐다.'[27]라고 하는 것과 같다. 그 의미는 다만 우가 治水하러 九州를 다니고 백익이 山澤을 관리하는 관원이 되었기 때문에 그 이름을 빌려서 그 설을 실증한 것일 뿐이다. '夷堅'은 또한 ≪莊子≫의 齊諧[28]와 같은 사람이다.

冥靈은 木名也라 終髮은 卽窮髮也라 北之又北은 愈遠之地也라 稱은 去聲이니 其長與其大가 相稱也라 翼大如此하고 身亦稱之면 則其大可知矣라 世人所見者小하니 豈知天地間에 更有如此廣大之所乎리오 此皆寓言이어늘 却以禹益實之라 世言山海經大荒經은 皆禹所作이라하니 亦猶今人言張騫窮天河也라 其意但因禹治水行九州하고 伯益爲山澤之虞라 故借其名以實其說이라 夷堅은 亦猶莊子之齊諧也라

江浦[29] 지역에 麽蟲이 살고 있는데 그 이름을 焦螟이라 하니, 떼를 지어 날아다니다가 모기의 눈썹에 내려앉아도 몸이 서로 닿지 않습니다. 모기 눈썹 위에 붙어 살면서 들락날락 거려도 모기는 알아차리지 못합니다. 離朱와 子羽[30]가 한낮에 눈

---

26) 窮髮 : 초목이 나지 않는 황량한 불모지를 말한다.

27) 張騫이……다다랐다 : 漢나라 博望侯 張騫이 武帝의 명을 받고 大夏에 사신으로 나가서 황하의 근원을 찾았는데, 이때 뗏목을 타고 은하수로 올라가서 견우와 직녀를 만나고 왔다는 전설이 있다.(≪山海經≫ 권2)

28) 齊諧 : ≪莊子≫ 〈逍遙遊〉에 "제해는 괴이한 일을 기록하는 자이다.〔齊諧者 志怪者也〕"라고 하였다. 제해를 서명으로 보기도 하고, 인명으로 보기도 하는데, 여기서는 괴이한 일을 잘 알고 있는 사람으로 본 것이다.

29) 江浦 : 長江의 강변을 말한다.

30) 離朱와 子羽 : 이주는 黃帝時代에 눈이 매우 밝은 사람이고, 자우는 전설 속에 시력이 뛰

을 닦고 눈썹을 치켜 올리며 바라보아도 그 형상을 볼 수 없으며, 𩨷-丑·豸, 文·尒, 普·弭의 반절이다.-俞와 師曠[31]이 한밤중에 귀를 곤두세우고 머리를 기울이며 들어보려 해도 그 소리를 들을 수 없습니다. 오직 黃帝와 容成子[32]가 空桐山[33] 위에 머물면서 함께 석 달 동안 재계하여 마음을 없애고 몸을 잊고서 천천히 정신을 모아서 보면 崇山[34]의 언덕처럼 커다랗게 보이고, 천천히 氣를 모아 들으면 우레 소리처럼 또렷하게 들을 수 있습니다.

江浦之間에 **生麽蟲**하니 **其名曰焦螟**이라 **群飛而集於蚊睫**이라도 **弗相觸也**라 **棲宿去來**라도 **蚊弗覺也**라 **離朱子羽**가 **方晝拭眥**(자)**揚眉而望之**라도 **弗見其形**하고 𩨷(치)-丑豸文尒普弭三切-**俞師曠**이 **方夜擿耳俛**(부)**首而聽之**라도 **弗聞其聲**이라 **唯黃帝與容成子**가 **居空桐之上**하여 **同齊三月**하여 **心死形廢**하고 **徐以神視**면 **塊然見之**가 **若嵩山之阿**하고 **徐以氣聽**이면 砰**然聞之**가 **若雷霆之聲**이라

'諍人'의 의론을 인하여 또 '麽蟲'의 설을 만들어 냈으니, 작게 하고 또 작게 하는 것이다. '𩨷俞'는 또한 옛날의 귀 밝은 사람이다. 이는 곧 ≪장자≫에 "사물의 소리를 귀로 듣는 것이 氣로 듣는 것만 같지 못하고, 사물의 소리를 기로 듣는 것이 마음으로 듣는 것만 같지 못하다."[35]라는 의론이다.

因諍人之論하여 又生麽蟲之說하니 小之而又小者也라 𩨷俞는 亦古之能聽者라 此卽莊子聽之以耳가 不若聽之以氣하고 聽之以氣가 不若聽之以心之論이라

어났던 사람이다.

31) 𩨷俞와 師曠 : 두 사람 모두 고대에 귀가 밝았던 사람이다.

32) 容成子 : 전설 중의 道家의 仙人이다.

33) 空桐山 : 지금의 甘肅省 경내에 있었다. '空峒' 또는 '崆峒'으로도 쓴다.

34) 崇山 : 지금의 河南省 登封縣 북쪽에 있다.

35) 사물의……못하다 : 顔回가 말하기를 "감히 마음을 재계하는 것이 무엇인지 여쭙니다.〔敢問心齋〕"라고 하니, 仲尼가 말하기를 "너는 뜻을 한결같이 해야 한다. 사물의 소리를 귀로 듣지 말고 마음으로 들으며, 또 마음으로 듣지 말고 氣로 들어야 한다. 귀는 感覺的인 소리를 듣는 데에 그치고 마음은 知覺에서 멈추지만 氣는 마음을 비워서 사물을 기다리는 것이다. 道는 오직 마음을 비우는 곳에 응집된다. 마음을 비우는 것이 마음을 재계하는 것이다.〔若一志 無聽之以耳 而聽之以心 無聽之以心 而聽之以氣 聽止於耳 心止於符 氣也者虛而待物者也 唯道集虛 虛者心齋也〕"라고 하였다.(≪莊子≫ 〈人間世〉)

吳나라와 楚나라에 큰 나무가 있는데 그 이름을 櫾라고 하니, 푸른 나무로 겨울에도 자라며 열매는 붉고 맛은 십니다. 그 껍질의 즙을 먹으면 화가 치밀어 올라서 생기는 병을 치료할 수 있습니다. 齊州, 즉 중원에서 진귀하게 여기지만 淮水를 건너 북쪽으로 옮겨 심으면 탱자나무로 변하고 맙니다. 鸜鵒[36)]은 濟水를 건너지 않고 담비는 汶水를 건너면 죽으니, 地氣가 그렇게 만드는 것입니다. 비록 형체와 기질은 다르다 해도 본성은 균일하여 서로 바꿀 수 없는 것입니다. 삶을 모두 온전히 하고 분수에 모두 만족하고 있습니다. 제가 어떻게 크고 작은 것을 알겠으며, 어찌 그 길고 짧은 것을 알겠으며, 어찌 그 같고 다름을 알겠습니까?"

吳楚之國에 **有大木焉**하니 **其名爲櫾**(유)라 **碧樹而冬生**하고 **實丹而味酸**이라 **食其皮汁**이면 **已憒厥之疾**이라 **齊州珍之**나 **渡淮而北**이면 **而化爲枳焉**이라 鸜鵒(권욕)**不踰濟**하고 貉(학)**踰汶則死矣**니 **地氣然也**라 **雖然**이나 **形氣異也**나 **性鈞已**하여 **無相易已**라 **生皆全已**하고 **分皆足已**이라 **吾何以識其巨細**며 **何以識其脩短**이며 **何以識其同異哉**리오

'櫾'는 유자이다. 이 몇 마디 말은 ≪周禮≫ 〈冬官 考工記〉의 설이니, 형체와 기질이 정해지지 않음을 말해서 조화를 드러낸 것이다. 사물에 따라서 보면 그 본성은 모두 균일하나 사물은 각각 하나의 본성을 가지고 있으니, 서로 바꿀 수 없다. 사물마다 각각 그 삶을 온전히 하고 사물마다 각각 그 분수에 만족하고 있다. 큰 것과 작은 것, 긴 것과 짧은 것이 모두 조물주의 이치이니, 어느 것이 다르겠으며 어느 것이 같으리오? 이 몇 마디 말은 도리어 절로 단정하다. '已'는 語尾辭이다.

櫾는 橘柚也라 此數語는 考工記之說이니 蓋言形氣之不定하여 所以見造化也라 隨物而觀이면 則其性皆均[37)]이나 物各一性이니 不得而相易이라 物物各全其生하고 物物各足其分하니 巨者細者脩者短者가 皆造物之理니 孰爲異며 孰爲同이리오 此數語는 却自端正이라 已는 語終之辭라

5-2 愚公이 산을 옮기다

太形山[38)]과 王屋山[39)]은 사방의 넓이가 칠백 리이고 높이가 만 仞인데, 본래 冀

---

36) 鸜鵒 : 새 이름으로, 속칭 八哥라고 한다. 털은 순흑색이고, 머리와 등에는 푸른빛의 광택이 있고, 잘 울어서 사람의 말을 배울 수 있다.

37) 均 : ≪列子≫ 원문에는 '鈞'으로 되어 있고, 주에는 '均'으로 되어 있는데, '鈞'과 '均'은 통용한다.

州[40]의 남쪽과 河陽[41]의 북쪽 사이에 있었다. 北山의 愚公[42]이라는 자는 나이가 아흔이 다 되어 가는데 산을 마주하고 살고 있었다. 그는 산이 북쪽을 가로막고 있어서 출입할 때 돌아다녀야 하는 것을 괴로워하였다. 이에 집안사람들을 모아놓고 상의하였다. "내가 너희들과 더불어 힘을 다해 험한 산을 평평하게 하여 豫州[43]의 남쪽으로 곧장 통하고 漢水[44]의 남쪽으로 다다르게 해보려는 데 괜찮겠느냐?"

太行山圖

집안사람들이 모두들 그의 말에 동의하였으나 그의 아내는 의문을 제기하였다. "당신의 힘으로는 일찍이 조그만 魁父山의 언덕조차도 없앨 수 없을 터인데 태형산과 왕옥산을 어찌하겠습니까? 또 흙과 돌은 어디에다 버리겠습니까?"

집안사람들이 말하였다. "渤海의 끄트머리 隱土[45]의 북쪽에 버리면 됩니다."

마침내 우공은 자손들 중에서 짐을 질 수 있는 세 사람을 거느리고 돌을 두드려 깨고 흙을 파서 삼태기에 담아 발해의 끄트머리로 날랐다. 이웃 京城氏 집안의 과부에게 유복자가 있었는데 이제 막 젖니를 갈기 시작한 7~8세의 나이였으나 달려와 일을 도왔다. 추위와 더위의 계절이 바뀌어 1년이 지나서야 비로소 한 차례 흙

---

38) 太形山 : 바로 太行山으로, 지금의 山西省 河北縣 일대에 있다.
39) 王屋山 : 지금의 산서성 陽城縣 서남쪽에 있다.
40) 冀州 : 古代 九州의 하나로, 지금의 河北省과 山西省 일대이다.
41) 河陽 : 縣名으로, 지금의 河南城 孟縣 서쪽에 있었다.
42) 愚公 : 어리석은 사람이라는 뜻으로, 허구의 인물이다.
43) 豫州 : 고대 구주의 하나로, 지금의 河南城 일대이다.
44) 漢水 : 長江 中流의 가장 큰 지류의 하나이다.
45) 隱土 : 구주의 하나인 薄州로, 지금의 遼寧省과 하북성 일대이다.

을 지고 갔다가 돌아왔다.

河曲[46]의 智叟[47]가 웃으며 말렸다. "심하도다. 그대의 지혜롭지 못함이여. 노쇠한 나이의 남은 힘으로 일찍이 산의 풀 하나 나무 하나도 없애기 어려울 터인데, 산의 많은 흙과 돌을 어떻게 하겠습니까?"

북산의 우공은 길게 탄식하며 말하였다.

"당신 마음의 고루함은 진실로 통하게 할 수 없으니, 과부의 어린 아들만 못하구려. 비록 내가 죽더라도 자식은 남아 있소. 자식이 또 손자를 낳고 손자가 또 자식을 낳으며, 자식이 또 자식을 낳고 자식이 또 손자를 낳아서 자자손손 다함이 없을 테지만 산은 더 불어나지 않을 것이니, 어찌 평평해지지 않을 수 있겠소?"

하곡의 지수도 대답하지 못하였다.

操蛇神[48]이 이 이야기를 듣고 그가 그만두지 않을까 두려워하여 上帝에게 고하였다. 상제가 그의 정성에 감동하여 夸娥氏[49]의 두 아들에게 명하여 두 산을 짊어져서 하나는 朔東[50]에 놓고 하나는 雍南[51]에 놓게 하였다. 이로부터 기주의 남쪽과 한수의 남쪽에는 작은 언덕도 없게 되었다.

太形王屋二山은 方七百里요 高萬仞이니 本在冀州之南과 河陽之北이라 北山愚公者는 年且九十이니 面山而居라 懲山北之塞하여 出入之迂也라 聚室而謀曰 吾與汝로 畢力平險하여 指通豫南하고 達於漢陰이 可乎아 雜然相許로되 其妻獻疑曰 以君之力으로 曾不能損魁父之丘어늘 如太形王屋何오 且焉置土石이리오 雜曰 投諸渤海之尾隱土之北이라 遂率子孫荷擔者三夫하고 叩石墾壤하여 箕畚(기분)運於渤海之尾라 隣人京城氏之孀妻有遺男이러니 始齔(츤)이나 跳往助之라 寒暑易節이라야 始一反焉이라 河曲智叟笑而止之曰 甚矣라 汝之不慧여 以殘年餘力으로 曾不能毁山之一毛어늘 其如土石何오 北山愚公長息曰 汝心之固는 固不可徹이니 曾不若孀妻弱子라 雖我之死라도 有子存焉이라 子又生孫하고 孫又生子하며 子

46) 河曲 : 지금의 山西省 永濟 안쪽에 있는데, 황하가 晉陝 사이에서 남쪽으로 흘러 내려와 두 번 동쪽으로 꺾이는 곳이다.

47) 智叟 : 지혜로운 노인이라는 뜻으로, 허구의 인물이다.

48) 操蛇神 : 山神의 이름이다. 전설에 산신은 손에 긴 뱀을 잡고 있다고 한다.

49) 夸娥氏 : 신의 이름이다. 전설에 큰 힘을 가진 신이라 한다.

50) 朔東 : 북방의 동쪽이다. 북방은 지금의 長城 이북이다.

51) 雍南 : 옹주의 남쪽이다. 옹주는 지금의 산서성과 섬서성 일대이다.

又生子하고 **子又生孫**하여 **子子孫孫**이 **無窮匱也**나 **而山不加增**하니 **何若而不平**이리오 **河曲智叟亡以應**이라 **操蛇之神聞之**하고 **懼其不已也**하여 **告之於帝**하니 **帝感其誠**하여 **命夸娥氏二子負二山**하여 **一厝**(조)**朔東**하고 **一厝雍南**이라 **自此**로 **冀之南漢之陰**에 **無隴**(농)**斷焉**이라

'太形'은 바로 太行이니 독음이 서로 비슷하다. '指通'은 남쪽을 향하여 도로가 개통되는 것이다. '隱土'는 北方의 지명이다. '跳'는 분발하여 가는 것이다. '易節'은 1년이다. '不慧'는 총명하지 못함이다. '固'는 사리에 어두움이다. 이 장은 그 말이 오활한 듯하나 그만두지 않는 뜻을 형용하였으니, 도리어 매우 의미가 있다. 佛家의 말에 "補陀[52] 大士가 처음 수행할 때에 몹시 고생하였으나 見得한 바가 없었는지라 장차 下山하려고 할 때에 물가에서 쇠로 된 자를 갈고 있는 사람을 만났다. 대사가 묻기를 '이것을 갈아 어디에 쓰려 하십니까?'라고 하니, 그 사람이 대답하기를 '장차 바늘을 만들려고 합니다.'라고 하였다. 대사가 웃으며 말하기를 '그대는 어찌 그리 어리석으시오? 쇠로 된 자를 갈아 바늘을 만들 수 있겠습니까?'라고 하니, 그 사람이 대답하기를 '今生에 갈아서 바늘을 만들지 못한다 하더라도 後生에도 갈아서 만들지 못하겠습니까?'라고 하였다.

대사가 크게 깨닫고는 다시 보타로 돌아가서 후에 도를 이루었다."라고 하였다. 이와 같은 말은 매우 오활하나 나는 일찍이 배우는 자에게 의미가 있고 도움이 된다고 생각하였다. 만약 사람이 모두 이러한 마음을 갖는다면 무슨 일인들 할 수 없겠으며, 무슨 학문인들 이루지 못하리오? 東坡가 말하기를 "천천히 한다면 십년 뒤에 무슨 일인들 이루어지지 않으리오? 다만 이 뜻이 견고하지 못해서 행함에 힘쓰지 않을까 두렵다."[53]라고 하였으니, 동파의 이 말이 매우 천근한 듯하나 만약 연구한다면 堯임금의 兢兢과 舜임금의 業業[54]과 湯임금의 又日新[55]과 文王의 純亦不已[56]가 바로 이 한

---

52) 補陀 : 산 이름으로, 浙江省 定海縣의 東海 가운데 있다. '普陀'라고도 한다.

53) 천천히……두렵다 : 蘇軾의 〈上神宗皇帝書〉에 "폐하께서 진실로 나라를 부유하게 하고자 하신다면 三司의 官屬들과 漕運使와 漕運副使를 가려 선임하고, 폐하께서 두세 명의 대신과 함께 부지런히 강구해서 오랜 세월 연마하신다면 쌓인 폐단이 저절로 제거되면서도 사람들이 알지 못할 것입니다. 다만 뜻을 세운 것이 견고하지 못해서 중도에 그만둘까 두려울 뿐입니다 孟子께서 말씀하시기를 '나아감이 빠른 자는 그 후퇴도 빠르다.'라고 하셨습니다. 시작이 있고 끝이 있으려면 마땅히 천천히 해야 할 것이니, 이렇게 하면 10년 뒤에 무슨 일이든 이루어지지 않겠습니까?〔陛下誠欲富國 擇三司官屬與漕運使副 而陛下與二三大臣 孜孜講求 磨以歲月 則積弊自去而人不知 但恐立志不堅中道而廢 孟子有言其進銳者其退速 若有始有卒 自可徐徐 十年之後 何事不立〕"라고 하였다. 東坡는 唐宋八大家의 한 사람인 蘇軾의 호이다.(≪唐宋八大家文鈔≫ 권2)

54) 堯임금의 業業 : 皐陶가 말하기를 "안일과 욕심으로 제후를 가르치지 마시어 삼가고 두려

생각에 달린 것이다. '操蛇神'과 '夸娥氏'는 모두 신의 이름이다. '無隴斷'이라는 것은 그 땅이 모두 평평하여 비록 작은 언덕이라도 또한 없음을 말한 것이다.

太形은 卽太行也니 聲相近也라 指通은 向南而通道也라 隱土는 北方地名也라 跳는 奮而往也라 易節은 一年也라 不慧는 不明也라 固는 蔽也라 此章은 其言似迂闊이나 然以形容不已之意하니 却甚有味라 釋氏言補陀大士가 初修行時에 窮苦而無所見이라 將下山할새 遇人於水邊에 磨一鐵尺하여 問之曰 磨此何用고 曰將以爲針이라 大士笑之曰 汝豈愚邪아 鐵尺可磨爲針乎아 其人曰 今生磨不成이라도 後生亦磨不成이리오 大士大悟하여 再歸補陀하여 而後成道라 似此之言은 甚迂나 某嘗以爲有味하고 有益於學者라 若人皆存此心이면 何事不可爲며 何學不可成也리오 東坡曰 徐徐而爲之면 十年之後에 何事不立이리오 但恐此意不堅하여 行之不力耳라하니 東坡此語가 似甚淺近이나 若硏究得來면 堯之兢兢과 舜之業業과 湯之又日新과 文王之純亦不已가 卽此一念也라 操蛇神과 夸娥氏는 皆神名也라 無隴斷者는 言其地皆平하여 雖小坡垤이라도 亦無之也라

5-3 해를 쫓아간 夸父

夸父가 자신의 힘을 헤아리지 못하고 해를 쫓으려 하여 隅谷이라는 골짜기에 이르렀다. 목이 말라 물을 마시고 싶어서 황하와 위수로 달려가 그 물을 마셨으나 황하와 위수의 물로 부족하여 장차 북쪽으로 달려가 大澤[57]의 물을 마시려 하였다. 그러나 도착하기도 전에 길에서 목이 말라 죽고 말았다. 그의 지팡이가 버려진 곳에 시체의 기름과 살이 스며들어 鄧林이 생겨났다. 등림은 매우 광활하여 수천 리나 된다.

위하소서. 하루 이틀 사이에도 중요한 일이 만 가지나 됩니다. 모든 관직을 비우지 마소서. 하늘의 일을 사람이 대신하는 것입니다.〔無敎逸欲有邦 兢兢業業 一日二日萬幾 無曠庶官 天工人其代之〕"라고 하였다. 이는 夏나라 禹王에게 고요가 건의한 말인데, 여기서는 요순의 일로 轉用하였다.(≪書經≫ 〈皐陶謨〉)

55) 湯임금의 又日新 : 탕임금의 盤銘에 이르기를 "진실로 하루라도 새로워질 수 있거든, 나날이 새롭게 하고 또 날로 새롭게 하라.〔苟日新 日日新 又日新〕"라고 하였다. 반명은 탕임금이 자신을 경계하기 위하여 목욕하는 그릇에 새겨 놓은 銘文이다.(≪大學章句≫ 傳2章)

56) 文王의 純亦不已 : ≪中庸章句≫ 제26장에 "≪시경≫에 이르기를 '하늘의 명이 아! 심원하여 그치지 않는다.'라고 하였으니, 이는 하늘이 하늘 된 까닭을 말한 것이요, '아! 드러나지 않겠는가, 文王의 덕의 순수함이여.'라고 하였으니, 이는 문왕이 文이 된 까닭은 순수함이 또한 그치지 않기 때문임을 말한 것이다.〔詩云 維天之命 於穆不已 蓋曰天之所以爲天也 於乎不顯 文王之德之純 蓋曰文王之所以爲文也 純亦不已〕"라고 하였다.

57) 大澤 : 雁門 以北의 瀚海로, 지금의 貝加爾湖(바이칼 湖)이다.

夸父不量力하고 **欲追日影**하여 **逐之於隅谷之際**라 **渴欲得飮**하여 **赴飮河渭**나 **河渭不足**하여 **將走北飮大澤**이러니 **未至**에 **道渴而死**라 **棄其杖**에 **尸膏肉所浸**하여 **生鄧林**이라 **鄧林彌廣數千里焉**이라

'隅谷'은 해가 들어가는 곳이다. 夸父의 지팡이가 변화하여 등림이 되고, 등림의 넓이가 오히려 수천 리이니, 과보 또한 龍伯의 무리일 뿐이다. 이는 반드시 예로부터 이러한 괴이한 설이 전해오는 것이 있었기 때문에 淸虛를 일삼는 무리들이 아울러 취하여 그 책에 넣어서 과대한 언사를 하는 자료로 삼은 것일 뿐이다.

隅谷은 日入處也라 夸父之杖化爲鄧林하고 鄧林之廣이 猶數千里하니 夸父亦龍伯之類爾라 此必古來相傳이 有此怪異之說이라 故淸虛之徒가 竝取以入其書하여 以爲大言之資耳라

夸父

5-4 자연의 道理

大禹가 말하였다. "六合 사이와 四海 안의 이 세상을 日月로 비춰주고, 星辰으로 구역을 구분하고,[58] 四時로 때를 기록하고, 太歲로 해를 규정한다.[59] 神靈[60]이 만

58) 星辰으로……구분하고 : 성신으로 大地의 구역을 구분하여 표시하는 것을 말한다. 古人들은 天上의 성신과 지상의 州國을 서로 대응시켰다. 예건대 鶉火星으로 周國을 대표하고, 鶉尾星으로 楚國을 대표하는 것과 같은 것이다.

59) 太歲로……규정한다 : 太歲는 歲星인 木星을 가리킨다. 목성은 12년 만에 한 번씩 태양을 一周한다. 古人은 이 일주를 12등분하여 매 1등분을 1년으로 삼았다.

들어 내는 것은 물건마다 형체가 다른데 어떤 것은 일찍 죽고 어떤 것은 오래 사니, 오직 성인만이 그 도리를 훤히 알 수 있다."

夏革이 말하였다. "그렇다면 또한 신령이 없이도 생겨나고 음양이 없이도 형체를 이루고 일월이 없이도 밝으며, 죽임이 없이도 일찍 죽고 이끌어줌이 없이도 오래 살며, 오곡이 없이도 먹고 옷감이 없이도 입고 배와 수레 없이도 다닐 수 있는 것이 있습니다. 그 도리는 자연스러운 것이어서 성인이 훤히 알 수 있는 바가 아닐 것입니다."

大禹曰 六合之間과 **四海之內**를 **照之以日月**하고 **經之以星辰**하고 **紀之以四時**하고 **要之以太歲**라 **神靈所生**은 **其物其形**이로되 **或夭或壽**니 **唯聖人能通其道**라 **夏革曰 然則亦有不待神靈而生**하고 **不待陰陽而形**하고 **不待日月而明**하며 **不待殺戮而夭**하고 **不待將迎而壽**하며 **不待五穀而食**하고 **不待繒纊而衣**하고 **不待舟車而行**하니 **其道自然**이라 **非聖人之所通也**라

하극이 이미 탕과 문답하고 여기에서 또 우와 문답하였으니, 하극이 두 사람인 것인가? 하극이 한 사람인 것인가? 하극이 한 사람이라면 응당 천백 세의 수명을 누렸을 것이다. '신령이 만들어 낸 것'은 곧 일월, 음양, 태세가 바로 이것이다. 윗 장에서는 신령으로 말을 맺고 아랫 장에서는 신령으로 말을 시작하였으니, 文勢를 볼 수 있다. 우가 말하기를 "형체가 있는 물건 중에 어떤 것은 일찍 죽고 어떤 것은 오래 사니 거기에는 모두 도리가 있는데, 오직 성인만이 그 도리를 훤히 알 수 있다."라고 하였다. 하극이 또 말하기를 "음양과 일월이 없이도 생겨나는 것이 있으니, 石卵과 石子[61]가 어찌 음양의 氣를 빌리겠으며, 土蟻와 地龍[62]이 어찌 일월의 밝음을 빌리겠으며, 朝菌과 蟪蛄[63]가 어찌 누군가 죽여서 일찍 죽는 것이겠으며, 松栢과 南山[64]이 어찌

60) 神靈 : 만물을 조화하는 신을 말한다.

61) 石卵과 石子 : 새의 알처럼 생긴 돌과 작은 돌을 말한다.

62) 土蟻와 地龍 : 땅강아지와 지렁이를 말한다.

63) 朝菌과 蟪蛄 : 버섯과 쓰르라미이다. 조균은 거름더미 위에서 아침에 났다가 저녁에 죽는 버섯으로, 수명이 매우 짧기 때문에 한 달의 처음과 끝인 초하루와 그믐을 알지 못한다. 쓰르라미는 여름에만 살기 때문에 가을이 있는 줄 모른다. ≪莊子≫ 〈逍遙遊〉에 "조균은 밤과 새벽을 모르고 쓰르라미는 봄과 가을을 모른다. 이것은 수명이 짧은 것들이다.〔朝菌不知晦朔 蟪蛄不知春秋 此小年也〕"라고 하였다.

64) 松栢과 南山 : 장수를 상징하는 대표적인 물건이다. ≪詩經≫ 〈小雅 天保〉에 "당신은 둥그렇게 되어가는 초생달 같고, 막 떠오르는 태양 같으며, 영원한 남산과 같아서, 이지러지지도 무너지지도 않으며, 무성한 송백과 같아서, 당신을 계승하지 않는 것이 없도다.〔如

누군가 이끌어주어 장수하는 것이겠으며, 竊脂와 剖葦[65]가 어찌 五穀[66]을 기다려 배부르겠으며, 牛馬의 부류가 어찌 옷감을 기다려 따뜻하겠으며, 나는 새의 부류가 어찌 배와 수레를 기다려 가리오?"라고 하였다.

이는 또 자연히 그러한 것이지 통상적인 도리로 미루어 알 수 있는 것이 아니니, 비록 성인이라도 또한 다 훤히 알 수는 없다. '太歲'는 해를 주관하는 신이다. 지금 日官이 또한 이를 쓴다면 예로부터 있었던 것이다. 이 글의 의미는 대개 천하의 일은 통상적인 도리로 미루어 알 수 있는 것이 있고, 또 통상적인 도리로 미루어 알 수 없는 것이 있음을 말한 것이니, 이것이 조화의 오묘함이 되는 까닭이다.

夏革旣與湯問答하고 此又與禹問答하니 兩夏革邪아 一夏革邪아 一夏革이면 則當有千百歲之壽矣라 神靈所生은 卽日月陰陽太歲是也라 上章以神靈結語하고 下章以神靈起語하니 可見文勢라 禹曰 有形之物에 或夭或壽니 皆有道存焉한대 唯聖人則通知之라 革又曰 亦有不待陰陽日月而生者하니 石卵石子가 何假陰陽之氣며 土蟻地龍이 何假日月之明이며 朝菌蟪蛄가 豈殺戮而夭며 松栢南山이 豈導迎而壽며 竊脂剖葦가 豈待五穀而飽며 牛馬之類가 豈待繒絮而暖이며 飛禽之類가 豈待舟車而行이리오 此又自然而然이요 非常理可推니 雖聖人이라도 亦不得而盡通知之라 太歲는 主歲之神也라 今日者가 亦用此則自古有之矣라 此意蓋言天下之事는 有可以常理推者하고 又不可以常理推者니 此所以爲造化之妙라

5-5 이상적인 나라 終北

禹가 물과 땅을 다스리다가 길을 잃고 헤매어 잘못 어떤 나라로 갔다. 北海의 북쪽에 가까운데 중원과의 거리가 몇 천만리나 떨어졌는지 알 수 없었다. 그 나라는 終北이라 불리었는데, 경계가 끝나는 곳을 알 수 없었다. 風雨와 霜露가 없었고 鳥獸, 蟲魚, 草木의 종류도 자라지 않았다.

사방은 모두 평평하고 주위는 높은 산으로 둘러싸여 있었다. 나라의 한 가운데

月之恒 如日之升 如南山之壽 不騫不崩 如松柏之茂 無不爾或承]"라고 하였다.

65) 竊脂와 剖葦 : 모두 새 이름이다. 절지는 바로 桑扈로, 속칭 靑雀이라고 하는데 부리가 굽었고 고기를 먹으며, 기름진 것을 훔치기를 좋아하기 때문에 절지라는 이름이 붙었다. 부위는 일명 鳭鷯라고 하는데 앵무새 보다 조금 크고, 부리는 길고 크며, 부리 주위에 억센 털이 났으며, 깃과 등은 담갈색, 부리는 흑갈색, 다리는 회갈색이다. 여름철에 물가 갈대숲에서 울며 벌레를 잡아먹는다.

66) 五穀 : 稻, 黍, 稷, 麥, 菽을 말한다.

산이 있는데 산의 이름을 壺領이라 하였으니, 그 모양은 입구가 좁은 질그릇 같았다. 꼭대기에 굴이 있는데 모양은 둥근 고리 같고 이름을 滋穴이라 하였다. 거기에서 물이 솟아 나오는데 이름을 神瀵이라 하였다. 그 물의 냄새는 난초나 산초보다 향기롭고 맛은 탁주나 감주보다 좋았다. 하나의 샘물이 사방으로 나누어져 산 아래로 흘러내려 온 나라를 두루 휘감아 어디든 흐르지 않는 곳이 없었다.

토질과 기후가 조화로워 전염병으로 죽는 경우가 없었다. 사람의 성품이 온화하고 만물에 순응하여 다투지도 않고 싸우지도 않았으며, 마음은 유순하고 극력 경쟁하지 않아서 교만하지도 않고 질투하지도 않았으며, 어른과 아이들이 함께 어울려 살면서 임금도 없고 신하도 없었으며, 남자와 여자가 어울려 놀되 중매도 하지 않고 결혼도 하지 않았으며, 물가를 따라 거처하되 밭을 갈지도 않고 곡식을 심지도 않았으며, 토지의 기후가 따뜻하고 알맞아서 길쌈도 하지 않고 옷도 입지 않았으며, 백살을 살고 난 뒤에 죽어 일찍 죽지도 않고 병에 걸리지도 않았다.

그곳 백성들은 번성해서 그 숫자를 헤아릴 수 없을 정도였는데, 기쁨과 즐거움은 있어도 노쇠함과 슬픔과 괴로움은 없었다. 그들의 풍속은 음악을 좋아하여 서로 어울려 번갈아 노래하여 하루 종일 풍악이 끊이지 않았다. 배고프거나 피곤할 때 神瀵의 샘물을 마시면 기력과 정신이 화평해졌고, 지나치게 마시면 취하여 열흘이 지나서야 깨어났다. 신분의 샘물로 목욕하면 살갗이 기름져 윤택이 나고 향기가 열흘이 지나서야 없어졌다.

禹之治水土也라가 迷而失塗하여 謬之一國이라 濱北海之北한대 不知距齊州幾千萬里라 其國名曰終北하니 不知際畔之所齊限이라 無風雨霜露하고 不生鳥獸蟲魚草木之類라 四方悉平하고 周以喬陟이라 當國之中有山한대 山名壺領하니 狀若甔甀(담추)라 頂有口한대 狀若員環하고 名曰滋穴이라 有水湧出한대 名曰神瀵하니 臭過蘭椒하고 味過醪醴라 一源分爲四埒(날)하여 注於山下하여 經營一國하여 亡不悉徧이라 土氣和하여 亡札厲라 人性婉而從物하여 不競不爭하며 柔心而弱骨하여 不驕不忌하며 長幼儕居하여 不君不臣하며 男女雜游하되 不媒不娉하며 緣水而居하되 不耕不稼하며 土氣溫適하여 不織不衣하며 百年而死하여 不夭不病이라 其民孳阜亡數한대 有喜樂이로되 亡衰老哀苦라 其俗好聲하여 相攜(휴)而迭謠하여 終日不輟音이라 饑惓則飮神瀵하면 力志和平하고 過則醉하여 經旬乃醒이라 沐浴神瀵이면 膚色脂澤하고 香氣經旬乃歇이라

'終北'은 극도로 먼 북방이다. '齊'는 그침이고 '限'은 다함이니, 그 경계가 다함이 없는 것이다. '喬陟'은 높은 산이다. '壺嶺'은 또한 方壺와 員嶠[67]의 부류이다. '甀甄'는 질그릇이다. 滋穴의 물을 '神瀵'이라 하니, 한 수원에서 나와서 사방으로 나누어진다. '埒'은 가장자리와 같다. '經營一國'은 이 물이 온 나라를 두름을 말한다. '婉而從物'은 유순함이다. '弱骨'은 극력 경쟁하지 않는 것이다. '孳阜'는 번성함이니, '阜'는 성대함이다. 이 장의 '經旬乃歇'로부터 이상은 禹가 본 바를 말한 것이다.

終北은 窮北也라 齊는 止也요 限은 極也니 其際畔이 無止極也라 喬陟은 高山也라 壺嶺은 亦方壺員嶠之類라 甀甄는 瓦器라 滋穴之水를 名曰神瀵이라하니 出於一源하여 分於四畔이라 埒은 猶際也라 經營一國은 言此水遶一國也라 婉而從物은 順也라 弱骨은 不力爭也라 孳阜는 孳生也니 阜는 盛也라 此章自經旬乃歇以上은 言禹之所見也라

周 穆王이 북쪽으로 유람하여 그 나라에 들렀다가 삼 년 동안 돌아갈 것을 잊었다. 이미 주나라 왕실로 돌아온 뒤에도 그 나라를 그리워하여 멍하니 스스로를 잊었다. 술과 고기도 들지 않고 妃嬪과 궁녀들을 부르지 않기를 몇 달 동안 한 뒤에야 전처럼 회복하였다.-목왕의 八駿馬의 설[68]로 인하여 또 여기에 한 가지 증거를 보탠 것이다.-

管仲[69]이 齊 桓公[70]에게 권하여 遼口를 유람하는 기회에 함께 그 나라로 가기로 거의 날을 정하였는데 隰朋[71]이 간하였다.

---

67) 方壺와 員嶠 : 渤海의 동쪽에 있다는 神山이다. 자세한 내용은 본서 5-1 참조.

68) 목왕의……설 : 옛날에 周나라 목왕이 젊어서 신선술을 좋아하여 천하의 신선을 찾아다닐 때 타고 다녔던 여덟 마리의 준마를 말한다. 목왕은 이 팔준마를 타고 돌아다니면서 崑崙山에 있다고 하는 仙境인 瑤池에서 西王母를 만났다고 한다.

69) 管仲 : 管夷吾(?~B.C. 645)를 가리킨다. 春秋時代 齊나라의 정치가이자 사상가로, 仲은 그의 자이다. 鮑叔牙의 추천으로 정치적으로 반대편이었던 桓公에게 발탁되어 卿의 벼슬에 올랐다. 桓公을 도와 제도를 개혁하고 국토를 효율적으로 구획하였으며, 상업과 수공업의 육성을 통하여 富國强兵을 꾀하였다. 대외적으로는 타국의 제후와 아홉 번 會盟하여 桓公으로 하여금 제후의 신뢰를 얻게 하고 남쪽에서 세력을 떨치기 시작한 楚나라를 눌러 桓公을 春秋五霸의 하나로 만들었다. 저서에 ≪管子≫가 있다.

70) 齊 桓公 : 재위 B.C. 685~B.C. 643. 齊나라 임금으로, 姜姓 呂氏이고 이름은 小白이다. 釐公의 아들이고, 襄公의 동생으로, 즉위한 후 管仲을 중용하여 齊나라를 부강하게 만들고 春秋五霸의 하나가 되었다.

71) 隰朋 : 제나라의 대부로, 관중을 도와 제나라의 재상이 되었다.

"임금께서는 광대한 제나라와 수많은 백성들과 아름다운 산천과 풍부한 물산과 성대한 예의와 화려한 의복과 궁중에 가득한 미녀들과 조정에 가득한 충신을 버리려 하십니까? 거침없이 질타하면 백만의 병사가 호응하고 눈짓으로 지휘하면 제후들이 명령을 따르는데, 또한 어찌 저들을 부러워하여 제나라의 社稷을 버리고 夷狄의 나라를 찾아가려 하십니까? 이는 仲父[72]가 늙어서 정신이 흐려진 것인데 임금께서 어찌하여 그를 따르려 하십니까?"

환공이 이에 출발을 중지하고 습붕의 말을 관중에게 고하였다. 관중이 말하였다.

"이는 진실로 습붕이 알 수 있는 바가 아닙니다. 신은 저 나라에 가려 해도 이르지 못할까 두려울 뿐입니다. 제나라의 부유함을 어찌 연연해 하며, 습붕의 말에 어찌 머뭇거리십니까?"

周穆王北遊하여 **過其國**이라가 **三年忘歸**라 **旣反周室**하여 **慕其國**하여 慠(창)**然自失**이라 **不進酒肉**하고 **不召嬪御者**를 **數月乃復**이라 -因穆王八駿之說하여 又於此添作一證이라- **管仲勉齊桓公**하여 **因遊遼口**하여 **俱之其國**을 **幾剋擧**어늘 隰**朋諫曰 君舍齊國之廣**과 **人民之衆**과 **山川之觀**과 **殖物之阜**와 **禮義之盛**과 **章服之美**와 **妖靡盈庭**과 **忠良滿朝**아 **肆咤**(타)**則徒卒百萬**하고 **視撝則諸侯從命**이어늘 **亦奚羨於彼**하여 **而棄齊國之社稷**하고 **從戎夷之國乎**아 **此仲父之**耄(모)어늘 **奈何從之**오 **桓公乃止**하고 **以**隰**朋之言告管仲**이라 **仲曰 此固非朋之所及也**라 **臣恐彼國之不可升之也**라 **齊國之富**를 **奚戀**이며 隰**朋之言**을 **奚顧**리오

또 齊나라가 바닷가를 따라 남쪽으로 가서 琅琊에 이르고자 한 일[73]을 인하여 이 한 단락의 말을 보탠 것이다. '幾剋擧'라는 것은 거의 날을 정하여 거행하려 함을 말한다. '肆咤'라는 것은 거침없이 질타하는 것이다. '視撝'라는 것은 눈짓으로 지휘하는 것을 말한다. '彼國之不可升'이라는 것은 다만 이르기를 구하여도 이르지 못할까 두려워함을 말한 것이다. 이러한 말의 뜻은 또한 천지의 밖에 다시 사람이 귀와 눈으로 듣고 보는 것보다 나은 것이 있음을 말하는데 불과할 뿐이다.

又因齊國遵海而南倣[74]於琅琊之事하여 添此一段說話라 幾剋擧者는 言幾乎剋日而欲擧行

---

72) 仲父 : 제 환공이 관중을 높여 부른 칭호이다.

73) 齊나라가……일 : 齊 景公이 晏子에게 묻기를 "내 전부산과 조무산을 구경하고서 바닷가를 따라 남쪽으로 가서 낭야에 이르고자 하노니, 내 어떻게 修行하여야 선왕의 遊觀에 견줄 수 있겠는가?〔吾欲觀於轉附朝儛 遵海而南 放于琅邪 吾何脩而可以比於先王觀也〕"라고 한 것을 말한다.(≪孟子≫ 〈梁惠王 下〉)

也라 肆咤者는 肆意而叱咤也라 視撝者는 言隨目所視而指麾之也라 彼國之不可升者는 言但恐求至而不可得也라 此等言意는 亦不過謂天地之外에 更有勝於人之耳目所見者而已라

5-6 여러 나라의 다른 풍속

남쪽 나라 사람들은 머리를 짧게 깎고 벌거숭이로 지내며 북쪽 나라 사람들은 두건을 쓰고 가죽옷을 입으며 중국 사람들은 冠冕을 쓰고 의상을 갖추어 입는다. 九州에서 나는 물자는 혹 농사를 지어 생기는 것도 있고 혹 장사를 해서 생기는 것도 있으며, 혹 사냥을 해서 생기는 것도 있고 혹 고기를 잡아서 생기는 것도 있다. 그러나 겨울에 가죽옷을 입고 여름에 갈옷을 입으며, 물에서 배를 타고 땅에서 수레를 타는 것은 아무 말을 하지 않아도 터득할 수 있고 본성에 따라 이루어지는 것이다.

南國之人은 祝髮而裸하며 北國之人은 鞨(말)巾而裘하며 中國之人은 冠冕而裳이라 九土所資는 或農或商하며 或田或漁라 如冬裘夏葛하며 水舟(日)〔陸〕[75]車는 默而得之하고 性而成之라

이 말은 우리 책 중에도 있으니, 중국 밖에는 자질과 본성이 같지 않고 의복과 음식이 혹 다르나 각자의 삶에 따라 즐긴다. 이는 다른 이유가 아니라 모두 사람의 소견을 넓히고자 하는 것이다.

此語는 吾書中에 亦有之라 蓋中國之外에 質性不同하고 衣食或異나 隨其生而樂之니 此無他라 皆欲廣人之所見耳라

越나라의 동쪽에 輒沐이라는 나라가 있으니, 그들은 맏아들이 태어나면 잡아서 날로 먹으면서 '아우의 生長에 이롭다.'라고 하였고, 그들은 할아버지가 죽으면 할머니를 업어다 내버리며 말하기를 '귀신의 처와는 함께 살 수 없다.'라고 한다.

---

74) 倣 : 저본에는 글자가 흐릿하여 판독할 수 없으나, 續修四庫全書本에 '倣'으로 되어 있다. ≪맹자≫ 〈梁惠王 下〉에는 '放'으로 되어 있다. '放' 대신에 '倣'을 쓰기도 한다.

75) (日)〔陸〕 : 저본에는 '日'로 되어 있으나, 盧重元의 ≪列子解≫에 의거하여 '陸'으로 바로잡았다.

楚나라의 남쪽에 炎人이라는 나라가 있으니, 그들은 부모가 죽으면 그 시체의 살을 발라내어 -'殇'는 '冎'와 같다.- 버린 다음, 그 뼈를 묻어주어야 효자가 되는 것이라 여긴다.

秦나라의 서쪽에 儀渠-文康이다.-라는 나라가 있으니, 그들은 부모가 죽으면 장작을 쌓아 놓고 시체를 태워 그을렸는데 연기가 위로 올라가면 그것을 登遐라고 하였으니 그런 뒤에 효자가 되는 것이라 여긴다.

이러한 것으로 위의 임금은 정치를 펼치고 아래의 백성은 풍속으로 삼으니, 이상하게 여길 것도 없다.

越之東에 **有輒沐之國**하니 **其長子生**이면 **則鮮而食之**하여 **謂之宜弟**라하고 **其大父死**면 **負其大母而棄之曰 鬼妻不可與同居處**라 **楚之南**에 **有炎人之國**하니 **其親戚死**면 殇(과)-與冎(과)同-**其肉而棄之**하고 **然後埋其骨**이라야 迺**成爲孝子**라 **秦之西**에 **有儀渠**-文康-**之國者**하니 **其親戚死**면 **聚柴積而焚之**하여 **燻則煙上**이면 **謂之登遐**니 **然後成爲孝子**라 **此上而爲政**하고 **下以爲俗**하니 **而未足爲異也**라

輒沐과 炎人과 儀渠는 모두 나라 이름이다. '殇'라는 것은 발라내는 것이다. 이 장의 말은 ≪墨子≫에도 있고, ≪前漢書≫와 ≪後漢書≫의 〈夷狄傳〉과 晉나라의 〈載記〉에도 간간이 한두 가지 서로 비슷한 일이 있다. ≪열자≫의 뜻은 '천지의 사이에 국토가 같지 않고 풍속이 각각 다르니, 어찌 반드시 모두 중국과 같은 뒤에 아름다움이 되겠으며, 내가 좋아하는 바가 저들이 싫어하는 바가 아닐 줄 어찌 보장하겠는가?'라고 말하는데 불과하다.

(輟)〔輒〕[76]沐炎人儀渠는 皆國名也라 殇者는 割也라 此章之言은 墨子에 亦有之하고 兩漢夷狄傳과 晉之載記에 亦間有一二事相類라 列子之意는 不過曰天地之內에 國土不同하고 風俗各異하니 豈必皆如中國而後爲美며 我之所好가 安知非彼之所惡哉리오

5-7 太陽과 사람과의 거리

孔子가 동쪽으로 유람하다가 두 아이가 말다툼하는 것을 보고 그 까닭을 물으니, 한 아이가 대답하였다. "저는 태양이 처음 떠오를 때 사람과 태양의 거리가 가

76) (輟)〔輒〕: 저본에는 '輟'로 되어 있으나, ≪열자≫ 본문에 의거하여 '輒'으로 바로잡았다.

장 가깝고 태양이 중천에 왔을 때 거리가 가장 멀다고 하였습니다."

다른 아이가 말하였다. "저는 태양이 처음 떠오를 때 가장 멀고 태양이 중천에 왔을 때 가장 가깝다고 하였습니다."

처음 말한 아이가 말하였다. "태양이 처음 떠오를 때는 크기가 수레 덮개만 한데 태양이 중천에 이르렀을 때는 대접 크기만 하니, 이것은 먼 것은 작게 보이고 가까운 것은 크게 보이기 때문이 아니겠습니까?"

다른 아이가 말하였다. "태양이 처음 떠오를 때는 싸늘하고 서늘한데 태양이 중천에 이르렀을 때는 국에 손을 넣은 것처럼 뜨거우니, 이것은 가까운 것은 뜨겁고 멀리 있는 것은 서늘하기 때문이 아니겠습니까?"

공자가 누구의 말이 옳은지 결판을 내지 못하자, 두 아이가 웃으며 말하였다. "누가 당신을 아는 것이 많다고 하였습니까?"

孔子東遊라가 **見兩小兒辯鬪**하고 **問其故**하니 **一兒曰 我以日始出時去人近**하고 **而日中時遠也**라 **一兒以日初出遠**하고 **而日中時近也**라 **一兒曰 日初出**에 **大如車蓋**러니 **及日中**하얀 **則如盤盂**(우)하니 **此不爲遠者小而近者大乎**아 **一兒曰 日初出則滄滄**涼涼이러니 **及其日中**하얀 **如探湯**하니 **此不爲近者熱而遠者**涼**乎**아 **孔子不能決也**라 **兩小兒笑曰 孰爲汝多知乎**아

두 아이의 의론은 長安과 태양 중에 어느 쪽이 멀리 떨어져 있는지에 관해 晉나라 太子가 말한 내용[77]과 서로 비슷하다. 이 장의 뜻은 멀고 가까움의 시비는 한 가지 이치로 정할 수 없음을 말한 것이다.

兩小兒之論은 與晉太子長安與日近遠之說로 相類라 此章之意는 蓋言遠近是非는 不可以一理定也라

---

77) 長安과……내용 : 진나라 明帝가 어릴 때에 元帝의 무릎에 앉아 있었는데, 長安에서 온 사람이 있었다. 원제가 명제에게 묻기를 "너는 장안과 태양 중에 어느 쪽이 멀다고 생각하느냐?"라고 하니, 명제가 대답하기를 "태양이 멉니다. 태양에서 왔다는 사람이 있다는 소문은 듣지 못했으니, 분명히 알 수 있습니다."라고 하였다. 원제는 기특하다고 생각하였다. 다음날 신하들을 소집하여 연회를 베풀면서 그 이야기를 해주며 다시 물었더니, 명제가 대답하기를 "태양이 가깝습니다."라고 하였다. 원제가 실색하며 말하기를 "너는 어찌하여 어제 한 말을 바꾸느냐?"라고 하니, 명제가 대답하기를 "눈을 들면 태양은 보이지만 장안은 보이지 않기 때문입니다."라고 하였다.(≪世說新語≫ 〈夙惠 第12〉)

5-8 天下의 지극한 진리 均平

균평은 천하의 지극한 진리이니, 모든 형체가 있는 물건은 또한 그러하다. 균평이 이루어지면 머리카락으로도 물건을 메달 수 있으나 輕重의 균평이 이루어지지 않아 머리카락이 끊어지는 것은 머리카락이 힘을 받는 균평이 이루어지지 않았기 때문이다. 균평이 이루어졌다면 끊으려 해도 끊기지 않을 것이다. 사람들은 그렇지 않다고 여기겠지만 자연히 그러한 진리를 아는 자도 있다.

均은 **天下之至理也**니 **連於形物亦然**이라 **均髮均縣**이나 **輕重而髮絶**은 **髮不均也**라 **均也**면 **其絶也莫絶**이라 **人以爲不然**이어니와 **自有知其然者也**라

이 장은 하나의 '均'자를 제기하여 균평이 천하의 지극한 진리이니, 형체가 있는 모든 물건 또한 그러함을 말한 것이다. '連'은 '모든'과 같다. '形物'은 형체가 있는 물건이다. '亦然'이라는 것은 진리가 이와 같고 물건 또한 이와 같은 것이다. 매단 물건과 머리카락이 균평을 이루면 비록 머리카락이라도 물건을 매달 수 있다. 그러므로 '均髮均縣'이라고 한 것이다. 만약 물건과 머리카락이 경중의 차이가 있게 되면 머리카락은 반드시 끊어지니, 그 끊어지는 이유는 균평을 이루지 못하였기 때문이다. 그러므로 '輕重而髮絶 不均也'라고 한 것이다. 만약 경중이 균평하다면 비록 끊으려 하더라도 끊어지지 않을 것이다. 그러므로 '均也 其絶也莫絶'이라고 한 것이다. 이 한 구절은 절로 묘하니, '均也'가 한 구절이고, '其絶也莫絶'이 한 구절이다. 이는 바로 머리카락으로 千鈞을 들어 올린다는 公孫龍[78]의 의론이다. '사람들은 모두 그렇지 않다고 여기겠지만 자연히 그러한 진리를 아는 자가 있다.'는 것은 세상 사람들은 그러한 진리를 알지 못하지만 도를 아는 자는 그러한 진리를 아는 것을 말한 것이다.

此章은 提起一均字하여 言均天下之至理니 凡物之有形者亦然이라 連은 猶凡也라 形物은 有形之物也라 亦然者는 理如是而物亦如是也라 懸與髮均이면 則雖髮可以縣이라 故曰 均髮均縣이라 若物與髮이 有輕有重이면 則髮必斷絶이니 其所以斷絶者는 不均也라 故曰 輕重而髮絶은 不均也라 若輕重均平이면 則雖欲絶而不絶이라 故曰均也면 其絶也莫絶이라 此一句自妙하니 均也是一句요 其絶也莫絶是一句라 此卽公孫龍髮引千鈞之論이라 人皆以爲不然이어니와 自有知其然者는 言世人則不知其然이어니와 知道者則知其然也라

78) 公孫龍 : 전국시대 趙나라의 名家로, 자는 子秉이다. 저서로 ≪公孫龍子≫가 있는데, ≪漢書≫〈藝文志〉에 14권이라고 기록되어 있으나, 전해지는 것은 〈跡府篇〉, 〈白馬篇〉, 〈指物論〉, 〈通變論〉, 〈堅白論〉, 〈名實論〉의 6편뿐이며 후대인의 위작이라는 주장도 있다.

詹何는 홑 명주실로 낚싯줄을 삼고, 풀의 뾰쪽한 부분으로 낚싯바늘을 삼고 荊楚지역에서 나는 조릿대로 낚싯대를 삼고 낟알을 쪼개 미끼를 삼아서 수레에 가득 찰 정도의 큰 물고기를 백 길 되는 연못의 거센 물결 속에서 낚아 올렸는데, 낚싯줄도 끊어지지 않고 낚싯바늘도 펴지지 않았고 낚싯대도 휘어지지 않았다. 楚나라 임금이 이를 듣고 이상하게 여겨 첨하를 불러서 그 연고를 물으니, 첨하가 대답하였다. "저는 先親의 말을 듣건대, 蒲且子가 주살을 쏠 때에 약한 활에 가는 줄을 매어 바람을 타고 쏘아 푸른 하늘을 나는 두 마리의 왜가리를 연이어 맞혀 잡는다고 하였습니다. 마음을 씀이 전일하고 손을 움직임이 균평하기 때문입니다. 제가 그 일로 인하여 본받아 낚시질을 배웠는데 5년 만에 비로소 그 도리를 터득하게 되었습니다. 제가 물에 임하여 낚싯대를 잡을 때는 마음에 잡된 생각이 없고 오직 물고기만을 생각합니다. 낚싯줄을 던지고 낚시를 가라앉힐 때는 손이 가볍지도 무겁지도 않아서 어떤 물건도 저를 어지럽힐 수 없습니다. 물고기는 저의 낚싯밥을 보고 가라앉는 먼지나 모여 있는 물거품처럼 여겨 아무런 의심도 없이 삼킵니다. 이러므로 약함으로써 강한 것을 제어하고 가벼움으로써 무거운 것을 끌어올릴 수 있습니다. 대왕께서 나라를 다스림에 진실로 이와 같이 할 수 있다면 천하를 손아귀 안에 쥐고 주무를 수 있을 것이니, 장차 또한 무엇을 일삼으시겠습니까?"

초나라 왕이 말하였다. "훌륭한 말입니다."

詹何以獨繭絲爲綸하고 芒鍼爲鉤하고 荊篠爲竿하고 剖粒爲餌하여 引盈車之魚於百仞之淵汩(율)流之中이어늘 綸不絶하고 鉤不伸하고 竿不撓라 楚王聞而異之하여 召問其故하니 詹何曰 臣聞先大夫之言호니 蒲且子之弋也에 弱弓纖繳으로 乘風振之하여 連雙鶬於青雲之際라 用心專하고 動手均也라 臣因其事하여 放而學釣으로 五年始盡其道라 當臣之臨河持竿하여 心無雜慮하고 唯魚之念이라 投綸沈鉤에 手無輕重하여 物莫能亂이라 魚見臣之鉤餌하고 猶沈埃聚沫하여 呑之不疑라 所以能以弱制彊하고 以輕致重也라 大王治國에 誠能若此면 則天下可運於一握이니 將亦奚事哉리오 楚王曰 善이로다

詹何의 낚시와 蒲且子의 주살은 곱사등이 노인이 매미를 잡는 것[79]과 뜻이 서로 유

79) 곱사등이……것 : 본서 2-10 〈매미를 잘 잡는 방법〉 참조.

사하다. 이는 나라를 다스리고 천하를 다스림에 만약 그 마음을 균평하게 하여 강함도 약함도 없고 가벼움도 무거움도 없게 한다면 약함이 강함을 제어하고 가벼움이 무거움을 제어할 수 있음을 말한 것이다. 이는 곧 老子의 부드러움이 강함을 이긴다는 논리[80]이다.

詹何之釣와 蒲且子之弋은 與偃僂丈人之承蜩로 旨意相類라 蓋言治國治天下에 若平其心하여 無强無弱無輕無重이면 則弱可以制强하고 輕可以制重이라 此卽老子柔能勝剛之論也라

5-9 扁鵲의 귀신같은 醫術

魯나라 公扈와 趙나라 齊嬰 두 사람이 병이 나서 함께 가서 扁鵲[81]에게 치료해 주기를 청하였다. 편작이 그들을 치료하여 두 사람의 병을 동시에 고쳐 준 다음 공호와 제영에게 말하였다. "그대들이 전에 앓았던 병은 밖으로부터 내장을 침범하여 생긴 것인지라 본래 약이나 침으로 고칠 수 있는 것이었습니다. 그런데 지금은 평생 함께 따라다닐 병이 생겨 몸과 함께 자라나고 있습니다. 지금 그대들을 위해 고쳐 주고자 하는데 어떻습니까?"

두 사람이 말하였다. "바라건대 먼저 그 증세를 듣고 싶습니다."

편작이 공호에게 말하였다. "그대는 뜻은 강한데 氣는 약하기 때문에 일을 꾀하는 데는 충분하나 결단력이 부족하고, 제영은 뜻은 약한데 기는 강하기 때문에 사려가 모자라 제멋대로 행동하다가 상처를 받게 됩니다. 만약 그대들의 심장을 바꾼다면 두 사람은 모두 좋아질 것입니다."

편작이 마침내 두 사람에게 독한 술을 먹여 사흘 동안 혼수상태에 빠지게 하고는 가슴을 갈라 심장을 찾아 바꾸어 두었다. 그리고 신비한 약을 쓰자 전과 같이 깨어나 두 사람은 작별 인사를 하고 집으로 돌아갔다.

이에 공호는 제영의 집으로 돌아가 자신의 처자로 여기려 하였는데 제영의 처자가 그를 알아보지 못하였고, 제영 또한 공호의 집으로 돌아가 자신의 처자로 여기

---

80) 老子의……논리 : 노자의 ≪道德經≫ 36장에 "부드럽고 약한 것이 굳세고 강한 것을 이기는 법이다.〔柔弱勝剛强〕"라고 하였다.

81) 扁鵲 : 戰國時代 鄭나라 사람으로, 성은 秦이고 이름은 越人이다. 長桑君에게 의술을 배워, 진맥을 하면 사람의 五臟을 환히 들여다보았다고 한다.

려 하였는데 공호의 처자가 또한 그를 알아보지 못하였다. 두 집안의 처자들이 이 일로 인하여 서로 소송하여 편작에게 어떻게 된 일인지 설명을 요구하였는데, 편작이 그렇게 된 이유를 설명해 주자 소송이 겨우 끝났다.

魯公扈趙齊嬰二人有疾하여 同請扁鵲求治라 扁鵲治之하여 旣同愈하고 謂公扈齊嬰曰 汝曩之所疾은 自外而干府藏者라 固藥石之所已러니 今有偕生之疾하여 與體偕長이라 今爲汝攻之하니 何如오 二人曰 願先聞其驗이라 扁鵲謂公扈曰 汝志彊而氣弱이라 故足於謀而寡於斷하고 齊嬰志弱而氣强이라 故少於慮而傷於專하니 若換汝之心이면 則均於善矣라 扁鵲遂飮二人毒酒하여 迷死三日하고 剖胸探心하여 易而置之하고 投以神藥이어늘 旣悟如初하여 二人辭歸라 於是에 公扈反齊嬰之室하여 而有其妻子어늘 妻子弗識하고 齊嬰亦反公扈之室하여 有其妻子어늘 妻子亦弗識이라 二室因相與訟하여 求辨於扁鵲한대 扁鵲辨其所由어늘 訟乃已라

이 장은 마음이 기에서 품부 받기 때문에 사람이 자유로울 수 없는 점이 있음을 형용하였다. 그 말이 또한 깊은 의미가 있으니, 비록 오활한 듯하나 오활하지 않다. 明道가 "백 네 가지 병이 모두 다른 데에서 말미암으니 마음은 반드시 나로 말미암아 얻게 해야 된다.'[82]고 말한 것과 같은 것은 이 말이 또 고상하다. 열자의 비유는 氣質之性의 마음이고, 명도의 말은 理性이니, 반드시 이성으로 기질지성을 변화시킨 뒤에 마음이 자유로울 수 있는 것이다.

此章은 形容心稟於氣하여 人有不得而自由者라 其言亦有深味하니 雖似迂闊이나 而不迂闊이라 若明道曰 一百四病이 皆由它하니 心須由我始得은 此語又高然이라 列子之喩는 氣質之性之心也요 明道之言은 理性也니 必以理性化氣質之性而後에 心可自由라

5-10 師文의 琴 연주의 경지

瓠巴가 琴을 타면 새들이 춤추고 물고기도 뛰었다. 鄭나라 師文이 이 소문을 듣고 집을 버리고 師襄[83]을 찾아가 금을 배웠다. 손가락으로 누르며 금줄을 타기를

82) 백……된다 : 明道선생은 "사백 네 가지 병이 모두 자신에게서 말미암지 않지만 이 마음만은 모름지기 자신에게서 말미암도록 하여야 한다.〔人有四百四病 皆不由自家 則是心須敎由自家〕"라고 하였다.(≪近思錄≫ 권4 〈存養類〉) 명도는 北宋의 학자 정호(程顥, 1032~1085)를 말한다. 자는 伯淳, 시호는 純公이다.

삼년이나 하였지만 한 곡조도 이루지 못하였다.

사양이 말하였다. "그대는 돌아가는 게 좋겠소."

사문이 그 금을 내려놓으며 탄식하였다. "저는 금줄을 타지 못하는 것도 아니고 곡조를 이루지 못하는 것도 아닙니다. 제가 마음을 둔 것은 금줄에 있지 않고 제가 뜻을 둔 것은 음률에 있지 않습니다. 안으로 마음에 터득하지 못하여 밖으로 악기에 호응하지 못하였습니다. 그러므로 감히 손을 놀려 금줄을 튕기지 않았던 것입니다. 우선 조금 시간을 늦추어 주어 이후에 어떠한지를 살펴 주십시오."

사문이 얼마 지나지 않아 다시 사양을 찾아 갔다. 사양이 말하였다. "그대의 금 타는 솜씨는 어떻게 되었소?"

사문이 대답하였다. "터득했습니다. 청컨대 한 번 타보겠습니다."

이에 봄을 당하여 商絃을 튕겨서 가을 가락인 南呂를 연주하니[84] 시원한 바람이 갑자기 불어와 초목에 열매가 맺혔다. 가을에 이르러 角絃을 튕겨서 봄 가락인 夾鍾을 연주하니 따뜻한 바람이 서서히 감돌면서 초목에 꽃이 피어났다. 여름을 당하여 羽絃을 튕겨서 겨울 가락인 黃鍾을 연주하니 서리와 눈이 번갈아 내려서 냇물과 연못이 꽁꽁 얼어붙었다. 겨울에 이르러 徵絃을 튕겨서 여름 가락인 蕤賓을 연주하니 햇볕이 뜨거워지면서 굳게 언 얼음이 곧바로 녹았다. 장차 마치려 할 때에 宮絃을 튕기면서 상현과 각현과 치현과 우현 네 현을 아울러 연주하니 따뜻한 바람이 일고 상서로운 구름이 피어오르고 단 이슬이 내리고 단 샘물이 솟아나왔다.

사양은 이에 가슴을 어루만지며 펄쩍펄쩍 뛰면서 말하였다. "오묘하도다. 그대의 금 타는 솜씨여. 비록 師曠이 연주한 淸角[85]의 악곡과 鄒衍이 연주한 피리의 聲

---

83) 師襄 : 춘추시대 魯나라의 太師이다. 공자도 그에게 琴을 배웠다고 한다.

84) 봄을……연주하니 : 봄에 琴으로 五音 중 가을에 해당하는 상현을 튕겨서 8월에 해당하는 가을 가락인 南呂를 연주한다는 뜻이다. 商은 古樂의 오음계인 宮·商·角·徵·羽의 하나이다. 이 오음을 五方, 五行, 四季와 대응시켜서, 궁은 中央과 土, 상은 西와 金과 가을, 각은 東과 木과 봄, 치는 南과 火와 여름, 우는 北과 水와 겨울에 해당하는 것으로 본다. 南呂는 十二律의 하나이다. 십이율은 주나라 때 만들어진 음악의 고저로, 陽律을 六律, 音律을 六呂라고 한다. 이 십이율이 1년 12개월에 짝하여 黃鐘은 11월, 大簇는 1월, 姑洗은 3월, 蕤賓은 5월, 夷則은 7월, 無射은 9월, 大呂는 12월, 夾鐘은 2월, 仲呂는 4월, 林鐘은 6월, 南呂는 8월, 應鐘은 10월에 각각 배속된다.

85) 師曠이……淸角 : 사광은 춘추시대 晉 平公의 太師이다. 평공이 묻기를 "淸徵調보다 더 슬픈 음조는 없는가?"라고 하니, 사광은 "淸角調만 못합니다."라고 하였다. 평공이 묻기를

律[86]이라도 이보다 더할 수 없을 것입니다. 그들이 장차 금을 끼고 피리를 들고서 그대의 뒤를 따르게 될 것입니다."

瓠巴鼓琴而鳥舞魚躍이라 **鄭師文聞之**하고 **棄家從師襄遊**라 **柱指鈞絃**을 **三年不成章**이라 **師襄曰 子可以歸矣**라 **師文舍其琴**하여 **嘆曰 文非絃之不能鈞**이요 **非章之不能成**이라 **文所存者不在絃**이요 **所志者不在聲**이라 **內不得於心**하여 **外不應於氣**라 **故不敢發手而動絃**이니 **且小假之**하여 **以觀其後**라 **無幾何**하여 **復見師襄**이라 **師襄曰 子之琴何如**오 **師文曰 得之矣**라 **請嘗試之**호리라 **於是**에 **當春而叩商絃以召南呂**하니 **涼風忽至**하여 **草木成實**이라 **及秋而叩角絃以激夾鍾**하니 **溫風徐回**하여 **草木發榮**이라 **當夏而叩羽絃以召黃鍾**하니 **霜雪交下**하여 **川池暴沍**라 **及冬而叩徵**(치)**絃以激蕤**(유)**賓**하니 **陽光熾烈**하여 **堅冰立散**이라 **將終**에 **命宮而總四絃**하니 **則景風翔**하고 **慶雲浮**하고 **甘露降**하고 **澧泉湧**이라 **師襄乃撫心高蹈曰 微矣**라 **子之彈也**여 **雖師曠之清角**과 **鄒衍之吹律**이라도 **亡以加之**니 **彼將挾琴執管而從子之後耳**라

'不成章'이라는 것은 한 곡조를 이루지 못함을 말한다. '柱指'는 손가락으로 누르는 것이고, '鈞絃'은 금줄을 타는 것이다. '마음이 금줄에 있지 않고 뜻이 음률에 있지 않다'는 것은 마음이 편치 않은 것이다. 마음에 터득하여 손에 응하면 그 악기를 잊을 터인데, 이렇게 하지 못하는지라 감히 금줄을 튕기지 못한 것이다. '小假'라는 것은 조금 시간을 늦추는 것이다. '觀其後'는 이후에 어떠한 지를 살피는 것이다. 봄을 당하여 가을 가락을 연주하니 가을 기운이 응하고, 가을을 당하여 봄 가락을 연주하니 봄 기운이 응하고, 여름을 당하여 겨울 가락을 연주하니 겨울 기운이 응하고, 겨울을

"청각조를 들을 수 있겠는가?"라고 하니, 사광이 말하기를 "안 됩니다.……지금 주군께서는 덕행이 적어서 이 음악을 듣기에 부족합니다. 이 곡을 들으시면 장차 재앙이 있을까 우려됩니다."라고 하였다. 평공이 말하기를 "과인은 늙었고 좋아하는 것은 음악이니, 끝까지 듣기를 원하노라."라고 하였다. 사광이 마지못해 그 곡을 연주하니 첫 번째 연주를 하자 검은 구름이 서북쪽에서 일어나고, 두 번째 연주를 하자 큰 바람이 불어오고 큰 비가 뒤따라 쏟아져서 장막을 찢고 그릇들을 파괴하며 회랑의 기왓장을 날려 무너뜨렸다. 자리에 앉아 있던 사람들이 사방으로 흩어져 달아나니, 평공은 두려워서 회랑 안에 엎드려 있었다. 진나라에 큰 가뭄이 들어 3년 동안이나 흉년이 들어 수확할 농작물이 없게 되고, 평공의 몸은 마침내 수척하여 무력증에 걸렸다.(≪韓非子≫ 〈十過篇〉)

86) 鄒衍이……聲律 : 추연은 전국시대 齊나라 사람으로, 陰陽家이자 학자이다. 燕 昭王의 스승이 되었고 일찍이 제나라 稷下에 거처하여 호를 談天衍이라 하였다. ≪文選≫ 注에 劉向의 ≪別錄≫을 인용하여 말하기를 "연나라에 땅은 아름다우나 추워서 오곡이 자라지 않는 골짜기기 있었는데 추연이 이곳에 거처하면서 피리를 부니 따뜻한 기운이 이르고 오곡이 자랐다."라고 하였다.

당하여 여름 가락을 연주하니 여름 기운이 응한 것이다. 商絃은 가을에 속하고, 角絃은 봄에 속하고, 羽絃은 겨울에 속하고, 徵絃은 여름에 속한다. 宮은 中聲이기 때문에 和氣가 응한다.

琴은 五弦이 있으니, 한 현이 하나의 소리를 주관한다. 여기에서 어떤 絃을 연주한다고 한 것은 그 하나를 연주하고 그 넷을 그치는 것이 아니니, 대개 어떤 曲에는 商絃을 위주로 하고, 어떤 曲에는 角絃을 위주로 하는 것이다. 이 뜻은 音聲의 오묘함이 조화와 통할 수 있음을 말한 것일 뿐이다. 師文이 師襄을 만남에 그 말이 하루 동안에 있는 듯하니, 어찌 四時를 통틀어 아울러 연주하고 아울러 응할 수 있겠는가. 이로써 본다면 寓言임을 알 수 있다. '微矣 子之彈'이라는 것은 그대의 금을 튕김이 지극히 오묘하다는 말이다. '淸角'은 악곡 이름이다. '금을 끼고 피리를 들고서 그대의 뒤를 따른다.'는 것은 저 師曠과 鄒衍이 응당 그대를 따라 배우게 될 것이라는 말이다.

不成章者는 言未能成一曲也라 柱指는 安指也오 鈞絃는 調絃也라 不在絃하고 不在聲者는 心未安也라 得於心應於手면 則遺其器也어늘 未能如此라 所以不敢動絃也라 小假者는 小寬也라 觀其後는 看此後如何也라 當春爲秋聲而秋氣應하고 當秋爲春聲而春氣應하고 當夏爲冬聲而冬氣應하고 當冬爲夏聲而夏氣應이라 商絃은 屬秋하고 角絃은 屬春하고 羽絃은 屬冬하고 徵絃은 屬夏라 宮은 爲中聲이라 故和氣應이라 琴有五弦하니 一絃主一聲이라 此曰叩某絃者는 非謂其一而廢其四니 蓋某曲以商爲主하고 某曲以角爲主也라 此意蓋言音聲之妙가 可以通造化而已라 師文之見師襄에 其言似在一日之間하니 安得通四時而竝叩竝應乎아 以此而觀이면 可知其爲寓言也라 微矣라 子之彈者는 言子之彈琴微妙極矣라 淸角은 樂名也라 挾琴執管而從子後者는 言彼師曠鄒衍이 當從學於汝也라

5-11 韓娥의 신묘한 노래

薛譚이 秦靑[87]에게 노래를 배워 진청의 기교를 다 배우지 못하였는데 스스로 다 익혔다고 여겨 마침내 작별하고 돌아가려 하였다. 진청은 만류하지 않고 교외의 갈림길까지 전송하면서 박자를 맞추어 슬픈 노래를 불렀다. 그 노랫소리는 숲의 나무를 뒤흔들고 울림은 떠가는 구름을 멈추게 할 정도였다. 설담이 이에 사죄하고 돌아가기를 구하여 평생토록 감히 돌아가겠다는 말을 하지 못하였다.

진청이 그 친구를 돌아보며 이렇게 말하였다.

87) 薛譚이 秦靑 : 설담과 진청은 모두 秦나라에서 노래를 잘 불렀던 사람이다.

“옛날에 韓娥[88]가 동쪽으로 齊나라에 갔다가 양식이 떨어져 雍門[89]을 지나면서 노래를 팔아 음식을 구걸하였소. 그런데 그가 떠난 뒤에도 남은 소리가 기둥과 들보에 맴돌아 사흘 동안 끊이지 않으니, 옹문 부근의 사람들이 한아가 아직 그곳을 떠나지 않았다고 여겼소.

한아가 여관에 들렀는데 여관에 있던 사람들이 그에게 모욕을 주었소. 한아가 인하여 소리를 길게 뽑으며 슬피 곡하였는데, 한 마을의 노인부터 어린아이까지 슬퍼하고 근심하며 눈물을 흘리면서 서로 마주보며 사흘 동안 음식을 먹지 못하였소. 급히 뒤쫓아 가서 그녀를 돌아오게 하였소. 한아가 돌아온 뒤에 다시 소리를 길게 뽑으며 길게 노래하였는데, 온 마을의 노인부터 어린아이까지 기뻐서 뛰며 손뼉치고 춤을 추면서 스스로 금하지 못하여 조금 전의 슬픔을 잊어버렸소. 이에 사람들은 후한 예물을 주어 사죄하며 그를 전송하였소. 그러므로 옹문의 사람들이 지금까지도 노래와 곡을 잘 하는데 한아가 남긴 聲音을 본받았기 때문이오.”

薛譚學謳於秦青하여 **未窮青之技**어늘 **自謂盡之**하여 **遂辭歸**라 **秦青弗止**하고 **餞於郊衢**하여 **撫節悲歌**하니 **聲振林木**하고 **響遏行雲**이라 **薛譚乃謝求反**하여 **終身不敢言歸**라 **秦青顧謂其友曰 昔韓娥東之齊**라가 **匱糧**하여 **過雍門鬻**(육)**歌假食**이러니 **既去而餘音遶梁欐**하여 **三日不絶**하니 **左右以其人弗去**라 **過逆旅**러니 **逆旅人辱之**라 **韓娥因曼聲哀哭**하니 **一里老幼悲愁**하여 **垂涕相對**하여 **三日不食**이라 **遽而追之**라 **娥還**하여 **復爲曼聲長歌**하니 **一里老幼喜躍抃舞**하여 **弗能自禁**하여 **忘向之悲也**라 **乃厚賂發之**라 **故雍門之人**이 **至今善歌哭**하니 **效娥之遺聲**이라

‘撫節’은 박자를 맞춤이다. ‘匱’는 다함이다. ‘鬻歌假食’은 노래를 팔아 음식을 구함이다. ‘發之’는 사죄하며 전송하는 것이다. 이러한 말이 또한 ≪맹자≫에 보인다.[90] 師文이 琴을 타는 說로 인하여 또 노래하는 자의 일에 미쳐서 아울러 기록하였으니, 모두 기예가 이처럼 신묘할 수 있음을 말한 것이다. 기예가 이와 같을 수 있다면 도를 배움에 어찌 지극히 신묘한 일이 있지 않으리오? 이는 또 言外의 뜻이다.

---

88) 韓娥 : 韓나라 여자로 노래를 잘 불렀던 사람이다.

89) 雍門 : 齊나라 都城 臨淄의 서쪽 문이다.

90) 이러한……보인다 : 淳于髡이 말하기를 “옛적에 王豹가 淇水 가에 거주함에 西河 지방이 謳를 잘하였고, 綿駒가 高唐에 처함에 齊나라 서쪽 지방이 노래를 잘 하였고, 華周와 杞梁의 아내가 그 남편의 상에 곡을 잘함에 나라의 풍속이 변했습니다.〔昔者王豹處於淇 而河西善謳 綿駒處於高唐 而齊右善歌 華周杞梁之妻善哭其夫 而變國俗〕”라고 하였다.(≪孟子≫ 〈告子 下〉)

撫節은 按拍也라 匱는 乏也라 鬻歌假食은 賣歌以求食也라 發之는 謝而送之也라 此語亦有見於孟子者라 因師文鼓琴之說하여 又及謳者之事하여 而併記之니 皆言工技之能神妙也如此라 技能如此면 則學道者에 豈不有至神至妙之事乎리오 此又其言外之意也라

5-12 伯牙와 鍾子期

伯牙[91]는 琴을 잘 타고 鍾子期는 듣기를 잘하였다. 백아가 금을 타면서 높은 산에 뜻을 두면 종자기가 말하였다. "훌륭하도다. 드높음이 마치 泰山과 같구나." 다시 백아가 흐르는 물에 뜻을 두고 금을 타면 종자기가 말하였다. "훌륭하도다. 광대함이 마치 江河와 같구나." 백아가 생각하는 것을 종자기가 틀림없이 알아차렸다.

백아가 태산의 북쪽으로 놀러 갔다가 갑자기 소나기를 만나 바위 아래에 몸을 피하였는데, 마음이 슬퍼져 곧 금을 들고 타기 시작하였다. 처음에는 霖雨의 곡조를 연주하고 다시 崩山의 聲音을 연주하였다. 곡조를 연주할 때 마다 종자기가 바로 그의 뜻을 알아차렸다. 백아가 이에 금을 내려놓으며 찬탄하여 말하였다. "훌륭하도다. 훌륭하도다. 그대가 나의 곡조를 들음이여! 그대의 마음에 상상함이 내 마음과 같구나. 내가 금의 소리를 어찌 그대에게 숨길 수 있으리오."

伯牙善鼓琴하고 鍾子期善聽이라 伯牙鼓琴하여 志在登高山이면 鍾子期曰 善哉라 峨峨兮若泰山이로다 志在流水면 鍾子期曰 善哉라 洋洋兮若江河로다 伯牙所念을 鍾子期必得之라 伯牙游於泰山之陰이라가 卒逢暴雨하여 止於岩下한대 心悲하여 乃援琴而鼓之라 初爲霖雨之操하고 更造崩山之音이라 曲每奏에 鍾子期가 輒窮其趣라 伯牙乃舍琴而歎曰 善哉라 善哉라 子之聽夫여 志想象이 猶吾心也라 吾於何逃聲哉리오

'霖雨'과 '崩山'은 모두 琴의 곡조 이름이다. '마음에 상상하는 바'라는 것은 종자기를 말하니, 종자기의 마음이 자신의 마음과 같음을 이른다. 聲音이 마음에서 나옴에 그대는 이미 마음이 나와 같으니, 그 성음을 아는 것이 마땅하다. '於何逃'라는 것은 숨길 수 없음을 말한다. 이는 필시 예로부터 전해 내려오는 說일 것이니, 취하여 이 책에 넣은 것은 천하의 일은 정밀한 것이나 거친 것이나 모두 신묘한 데에 나아갈 수

91) 伯牙 : 춘추시대 琴을 잘 타기로 유명한 사람이다. 자신의 음률을 잘 알아주던 鍾子期가 죽자, 금줄을 끊어 버리고 세상에 자신의 음률을 알아 줄 사람이 없음을 한탄하였다고 한다.(≪呂氏春秋≫ 〈本味〉)

있음을 말한 것이다.

霖雨崩山은 皆琴曲名也라 志所想象은 言子期也니 謂其心與已心同也라 聲出於心에 汝旣心與己同하니 宜乎知其聲也라 於何逃者는 言不可隱也라 此必古來相傳之說이니 取而入其書는 蓋言天下之事無精無粗히 皆有造於神妙者라

伯牙鼓琴圖

5-13 물건 만드는 공교함의 극치

周 穆王[92]이 서쪽 지방을 巡狩하다가 崑崙山[93]을 넘어 弇山[94]에 이르렀다. 돌아올 때에 아직 中國에 다다르지 못해서 도중에 어떤 사람이 工人을 바쳤는데 이름을 偃師라 하였다. 목왕이 그를 다가오도록 하고 물었다. "그대는 어떤 재능을 가지고 있는가?"

언사가 대답하였다. "저는 오직 왕께서 명하시는 대로 만들어 보겠습니다. 그러나 제게는 이미 만들어 놓은 것이 있으니, 원컨대 왕께서 먼저 살펴보아 주시기

---

92) 周 穆王 : 昭王의 아들로 이름은 滿이다. 즉위한 뒤에 정사는 돌보지 않은 채 八駿馬가 모는 수레를 타고 천하를 두루 유람하다가 곤륜산 꼭대기의 요지에 이르러 西王母의 환대를 받고 연회를 가졌다고 한다.

93) 崑崙山 : 중국의 전설에 천하의 북서쪽 끝에 있다고 전해지는 산으로, 중국인들은 황하의 원류가 이 산에서 시작되며, 이 산의 정상이 북극성과 마주보고 있어 우주의 중심이 된다고 여겼다. 또 이 산에는 玄圃와 閬苑 등 신선이 노는 곳이 많다고 한다.

94) 弇山 : 전설상의 산 이름으로, 해가 지는 곳이라고 한다. 崦嵫山 또는 弇玆山이라고도 한다.

바랍니다.”

목왕이 말하였다. “내일 만든 것을 함께 가지고 오너라. 내 그대와 함께 그것을 살펴보겠다.”

다음날 언사가 왕을 알현하였는데 목왕이 다가오도록 하고 말하였다. “그대와 함께 온 자는 무엇을 하는 사람인가?”

그가 대답하였다. “신이 만든 노래하고 춤추는 배우입니다.”

목왕이 놀라 보니 달리고 걷고 굽히고 젖히는 거동이 실제 사람이었다. 정교하게도 그 턱을 누르면 음률에 맞추어 노래를 부르고 그 손을 들면 박자에 맞추어 춤을 추었으니, 천 가지 만 가지로 변화하는 재주가 오직 그의 뜻대로 되었다. 왕이 실제 사람이라고 여겨서 많은 미인들과 內御[95]와 함께 구경하였다. 그런데 공연이 끝날 무렵에 노래하고 춤추던 배우가 그 눈을 깜박거리며 왕 좌우의 侍妾을 희롱하였다. 왕이 크게 노하여 곧바로 언사를 죽이려고 하였다.

언사가 크게 두려워하여 곧바로 노래하고 춤추던 배우의 몸을 해체하여 왕에게 보여주었는데, 모두 가죽과 나무, 아교와 옻칠, 흰색과 검은색, 붉은색과 푸른색을 칠하고 붙여 모아서 만든 것이었다. 왕이 그것을 자세히 살펴보니, 안으로는 간·쓸개·심장·허파·지라·콩팥·창자·위장과 밖으로는 근육·뼈·팔다리·관절·피부·털·이·머리카락이 모두 가짜로 만들어진 것이었는데, 완전하게 갖추어지지 않은 것이 없었다. 모아서 맞추니 다시 처음 볼 때와 같은 모양이 되었다. 왕이 시험삼아 그 심장을 떼어내자 입은 말을 하지 못하고, 간을 떼어내자 눈은 보지 못하고, 콩팥을 떼어내자 발은 걷지 못하였다.

목왕이 비로소 기뻐하고 찬탄하며 말하였다. “사람의 정교한 기술이 조물주와 같은 공효를 이룰 수 있단 말인가.” 명령을 내려 두 번째 수레에 그를 싣고 돌아왔다.

班輸는 雲梯[96]를 만들었고 墨翟은 飛鳶[97]을 만들었는데, 스스로 기예가 매우 정교하다고 일렀다. 반수의 제자 東門賈와 묵적의 제자 禽滑釐가 언사의 정교한 기

---

95) 內御 : 임금을 시중드는 여자를 말한다.

96) 班輸는 雲梯 : 반수는 춘추시대 노나라의 저명한 장인으로, 公輸般이라고도 불린다. 운제는 성을 공격할 때 쓰는 긴 사다리이다.

97) 墨翟은 飛鳶 : 묵적은 춘추말기와 전국초기의 저명한 사상가이다. 비연은 묵적이 나무로 만든 새매로 하늘을 날 수 있었다고 한다.

술에 대해 듣고 두 스승에게 말해 주니, 두 스승이 종신토록 감히 기예에 대해 말하지 못하고 때때로 부득이한 뒤에 規矩를 잡았다.

周穆王西巡狩라가 越崑崙하여 至弇山이라 反還에 未及中國하여 道有獻工人한대 名偃師라 穆王薦之하고 問曰 若有何能고 偃師曰 臣唯命所試나 然臣已有所造하니 願王先觀之하소서 穆王曰 日以俱來하라 吾與若俱觀之호리라 越日偃師謁見王한대 王薦之하고 曰若與偕來者何人고 對曰 臣之所造能倡者니이다 穆王驚視之하니 趣步俯仰이 信人也라 巧夫鎮其(順)〔頤〕[98]이면 則歌合律하고 捧其手면 則舞應節하니 千變萬化가 唯意所適이라 王以爲實人也하여 與盛姬內御로 竝觀之라 技將終에 倡者瞬其目하여 而招王之左右侍妾이라 王大怒하여 立欲誅偃師라 偃師大懾하여 立剖散倡者以示王하니 皆傅會革木膠漆白黑丹靑之所爲라 王諦料之하니 內則肝膽心肺脾腎腸胃과 外則筋骨支節皮毛齒髮이 皆假物也나 而無不畢具者라 合會復如初見이라 王試廢其心하니 則口不能言하고 廢其肝하니 則目不能視하고 廢其腎하니 則足不能步라 穆王始悅而歎曰 人之巧가 乃可與造化者로 同功乎아 詔貳車載之以歸라 夫班輸之雲梯와 墨翟之飛鳶(연)을 自謂能之極也라 弟子東門賈禽滑釐(골리)가 聞偃師之巧하고 以告二子하니 二子終身不敢語藝하고 而時執規矩라

'弇山'은 또 곤륜산의 서쪽에 있다. '薦之'는 다가오게 하는 것이다. ≪漢書≫에 '搢紳'[99]의 '搢'을 또한 '薦'으로 쓰기도 하였다. '日以俱來'는 내일 함께 가지고 오는 것이다. 달리고 걷고 굽히고 젖히는 것이 모두 실제 사람과 같은 것이다. '信'은 실제이다. '巧夫'는 그 기예의 정교함을 찬탄하는 것이다. '鎮'은 누름이니, 그 입을 눌러 노래하게 하면 모두 음률에 맞고 그 손을 들어 춤추게 하면 박자에 맞는 것이다. 처음에 실제 사람과 비슷하다

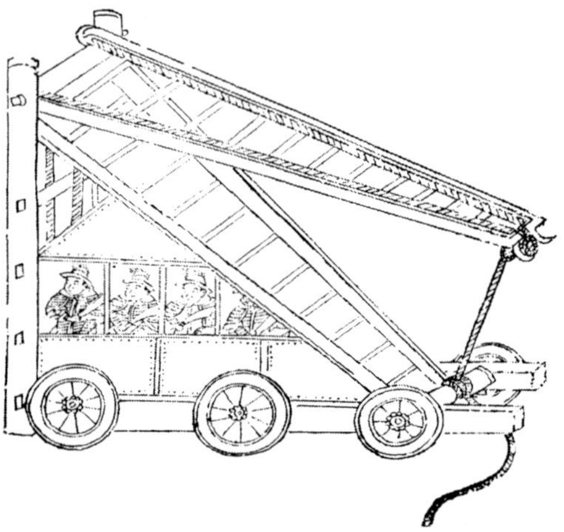

雲梯

98) (順)〔頤〕: 저본에는 '順'으로 되어 있으나, 盧重元의 ≪列子解≫에 의거하여 '頤'로 바로잡았다.

99) 搢紳 : 笏을 紳에 꽂는다는 뜻으로, 높은 벼슬아치나 행동이 점잖고 지위가 높은 사람을 이르는 말이다. 紳은 고대에 벼슬아치나 儒者가 허리에 매는 큰 띠이다. 薦紳 또는 縉紳이라고도 한다.

고 여겼더니 오래 지나자 완전히 실제 사람과 같은 것이다. '盛姬'는 많은 미인들이다. '招'는 희롱하는 것이다. '諦'는 살핌이고, '料'는 점검하는 것이다. '合會復如初'는 이미 해체했다가 다시 합함에 그 춤추고 노래하는 것이 또 처음 볼 때와 같은 것이다.

나무로 만든 사람이면서 움직이고 춤출 수 있는 것은 그래도 가하거니와 소리는 어디로부터 나오는 것인가. 이 글의 뜻은 사람의 몸도 또한 가짜로 합하여 만들 수 있음을 말한 것이다. 눈은 간에 응하고 발은 콩팥에 응하고 입은 심장에 응하니, 어찌 일찍이 나로 말미암으리오. 釋氏의 四大[100]의 설이 또한 이와 같다. 사람의 정교한 기술이 造化를 빼앗을 수 있거든, 하물며 조화의 정교함에 있어서이겠는가. '貳車'라는 것은 副車이다. '雲梯'는 성을 공격하는 기구이고, '飛鳶'은 또한 나무로 만든 것이다. 이는 雪峰寺의 木毬[101]와 서로 비슷하다. '自謂能之極'이라는 것은 般輸와 墨翟이 스스로 매우 정교하다고 이른 것을 말한다. 偃師에 비교하면 또 技能이라 말할 것도 없으니, 종신토록 감히 스스로 그 기예를 말하지 못한 까닭이다. '時乎而執規矩'라는 것은 반수와 묵적 두 사람이 모두 그 기예를 폐기하여 감히 다시 하지 못하고 때로 부득이한 후에 規矩를 잡은 것을 이른다. 東門賈와 禽滑釐는 두 사람의 이름이다.

弇山은 又在崑崙之西라 薦之는 進之也라 漢書搢紳의 搢亦作薦이라 日以俱來는 明日與同來也라 趣步俯仰이 皆實如人然이라 信은 實也라 巧夫는 歎其工能之巧也라 顉은 擧也니 擧其口而使之歌면 則皆合律하고 捧其手而使之舞면 則應節이라 始者以爲實似人이러니 既久則宛如實人也라 盛姬는 群多之姬也라 招는 戲之也라 諦는 審也요 料는 點檢之也라 合會復如初는 既剖散而復合에 其歌舞가 又如初見也라 木人而能行能舞는 猶可也어니와 聲何從出이리오 此意蓋言人之一身이 亦是假合而成이라 目應於肝하고 足應於腎하고 口應於心하니 何嘗由我리오 釋氏四大之說이 亦類此라 人之巧가 乃能奪造化어든 況造化之巧乎아 貳車者는 副車也라 雲梯는 攻城之具也요 飛鳶은 亦木爲之也라 此與雪峰木毬로 相類라 自謂能之極者는 言般輸墨翟自謂極巧라 比之偃師면 又不足言技能矣니 所以終身不敢自稱其藝라 時乎而執規矩者는 謂輸翟二子가 皆廢

100) 四大 : 불교에서 사람의 육신이나 일체의 물체를 생성시키는 근원으로 보는 地·水·火·風의 네 요소를 말한다. 四大種 또는 四緣이라고도 한다.

101) 雪峰寺의 木毬 : 木毬는 나무로 만든 공이다. 宋나라 張世南의 ≪遊宦紀聞≫에 "설봉사의 승려 義存은 眞覺禪師라는 호를 하사받았다. 절에 목구가 있었는데 진각의 부림을 받아 종을 불러 객을 맞이하게 하면 목구가 모두 스스로 왕래하였다고 전해진다."라고 하였다. 또 ≪禪門拈頌≫〈拈頌說話〉 제19권에 "설봉이 목구를 밟고 섰다가 때때로 스님이 오는 것을 보면 한 개를 차내기도 하고, 때로는 두 개를 차내기도 했는데, 玄沙가 오는 것을 보자 세 개를 한꺼번에 차내거늘 현사가 두 팔을 벌려 거꾸로 쓰러지는 시늉을 하였다. 이에 선사가 물었다. '그대는 그것들을 한 개로 쓰는가, 세 개로 쓰는가?' 현사가 대답했다. '셋이 곧 하나요, 하나가 곧 셋입니다.' 그러자 선사가 그만두었다."라고 하였다.

棄工技하여 不敢復爲하고 時乎不得已而後執之也라 東門賈禽滑釐는 兩人名也라

5-14 활쏘기의 절묘한 경지

甘蠅은 옛날의 활쏘기를 잘하는 사람이니, 활을 당기기만 해도 짐승들은 엎어지고 새들은 땅으로 떨어졌다. 그의 제자 중에 飛衛라는 자가 감승에게 활쏘기를 배웠는데, 기교가 스승보다 뛰어났다.

紀昌이라는 자가 또 비위에게 활쏘기를 배웠다. 비위가 말하였다. "그대는 먼저 눈을 깜박거리지 않는 것을 배우게. 그런 뒤에야 활쏘기를 이야기할 수 있네."

기창은 집으로 돌아가서 그 아내의 베틀 밑에 누워 눈으로 베틀의 발판을 응시하였는데, 2년이 지난 뒤에 비록 송곳 끝이 눈동자로 거꾸로 떨어져도 눈을 깜박이지 않게 되었다. 기창이 그 사실을 비위에게 말하자, 비위가 말하였다. "아직 안 되네. 다음에는 보는 것을 배워야만 하네. 조그만 것을 보아도 큰 것처럼 보이고 희미한 것을 보아도 뚜렷한 것처럼 보이게 된 뒤에 나에게 이야기하게."

기창은 터럭으로 이를 잡아매어 창에 매달아 놓고 남쪽을 향해 서서 그것을 바라보았다. 열흘이 지나자 점점 커지더니 3년 뒤에는 수레바퀴처럼 커다랗게 보였다. 이러한 방법으로써 다른 물건을 보니 모두 언덕이나 산처럼 보였다. 이에 燕나라에서 나는 짐승의 뿔로 만든 활에 북쪽 지방에서 나는 쑥대로 만든 화살대를 매겨 쏘아 이의 심장을 꿰뚫었는데 이를 매단 터럭은 끊어지지 않았다. 기창이 그 사실을 비위에게 말하자, 비위는 기뻐서 가슴을 치며 말하였다. "그대가 터득하였구나."

甘蠅은 古之善射者니 彀(구)弓而獸伏鳥下라 弟子名飛衛가 學射於甘蠅이어늘 而巧過其師라 紀昌者가 又學射於飛衛라 飛衛曰 爾先學不瞬이니 而後可言射矣라 紀昌歸하여 偃臥其妻之機下하여 以目承牽挺이러니 二年之後에 雖錐末倒眥(자)라도 而不瞬也라 以告飛衛한대 飛衛曰 未也니 亞學視而後可라 視小如大하고 視微如著니 而後告我하라 昌以氂懸虱(슬)於牖하고 南面而望之라 旬日之間에 浸大也러니 三年之後에 如車輪焉이라 以睹餘物하니 皆丘山也라 乃以燕角之弧에 朔蓬之簳射之하여 貫虱之心이어늘 而懸不絶이라 以告飛衛한대 飛衛高蹈拊膺曰 汝得之矣로다

'牽挺'은 베틀 아래 발판이니 발을 따라 오르내리는 것이다. '송곳 끝이 비록 눈동자

로 거꾸로 떨어져도 눈을 깜박이지 않는다'는 것은 ≪맹자≫에 이른바 눈동자가 찔려도 피하지 않았다[102]는 것이다. '亞學'은 '亞'는 다음이며 다시이니, 보는 것을 다시 배우게 한 것이다. 이가 이미 수레바퀴처럼 커다랗게 보였다면 다른 물건은 모두 언덕이나 산처럼 보였을 것이다. '燕角之弧'는 연나라에서 나는 짐승의 뿔로 활을 만든 것이고, '朔蓬之簳'은 북쪽 지방에서 나는 쑥대로 화살대를 만든 것이니, 이는 활과 화살의 정밀한 것이다. 이를 수레바퀴처럼 커다랗게 보게 된 뒤에 활을 쏠 수 있으니, 이는 정밀한 기예이지만 반드시 扁鵲이 의술을 배워 담장 너머에 있는 사람을 본 것[103]과 같아야 더욱 기이할 것이다. 이는 세상에 있는 일이지만 배움에 정밀하지 않은 자는 더불어 논할 수 없다.

牽挺은 機下之挺이니 隨足上下者也라 錐末雖倒眥而不瞬은 孟子所謂不目逃也라 亞學은 亞는 次也며 更也니 使其更學視也라 虱旣如車輪이면 則他物皆如丘山矣라 燕角之弧는 以燕之角爲弓이요 朔蓬之簳은 以朔之蓬爲幹也니 此弓矢之精也라 視虱如輪而後可射니 此精藝者로되 必然如扁鵲學醫하여 隔墻而見人이라야 尤異矣라 此世間所有之事로되 不精於學者는 不可與議也라

기창이 비위의 기술을 다 배운 뒤에 헤아려보니 천하에 자기를 대적할 사람은 비위 한 사람뿐이었다. 이에 비위를 죽이려고 도모하였는데 두 사람이 들판에서 마주쳤다. 두 사람이 중도에서 활을 쏘니 화살촉이 서로 부딪쳐 땅에 떨어졌지만 먼지도 일어나지 않았다. 비위의 화살이 먼저 다 떨어지고 기창은 한 대의 화살이 남아 있었다. 기창이 남은 한 대의 화살을 쏘자 비위가 대추나무의 가시 끝으로 그것을 막았는데 조금도 어긋남이 없었다. 이에 두 사람이 울면서 활을 내던지고 서로 길에서 절하면서 부자 사이가 되기를 청하였다. 팔을 베어 징표로 삼아 맹세하면서 다른 사람에게는 그 기술을 가르쳐 주지 않기로 하였다.

紀昌旣盡衛之術하고 計天下之敵己者는 一人而已라 乃謀殺飛衛러니 相遇於野라 二人

102) 눈동자가……않았다 : 맹자가 말하기를 "북궁유가 용맹을 기른 것은 피부가 찔려도 움츠리지 않고 눈동자가 찔려도 피하지 않았다.〔北宮黝之養勇也 不膚撓 不目逃〕"라고 하였다.(≪孟子≫ 〈公孫丑 上〉)

103) 扁鵲이……것 : 전국시대의 神人 長桑君이 편작에게 약을 주면서 "이 약을 이슬에 타서 30일 동안 복용하면 鬼物도 볼 수 있게 될 것이다."라고 하였는데, 편작이 그 약을 먹은 후 눈이 밝아져 담장 너머 사람을 볼 수 있었고, 그 후로는 사람을 보면 오장육부가 훤히 보여 병이 어디에 있는지 금방 알았다고 한다.(≪史記≫ 권105 〈扁鵲列傳〉)

交射中路하니 **矢鋒相觸**하여 **而墜於地**나 **而塵不揚**이라 **飛衛之矢先窮**하고 **紀昌遺一矢**라 **旣發**에 **飛衛以棘刺之端扞之**어늘 **而無差焉**이라 **於是二子泣而投弓**하고 **相拜於塗**하여 **請爲父子**라 **剋臂以誓**하여 **不得告術於人**이라

'交射中路'라는 것은 도중에서 서로 활을 쏘는 것이다. '피차의 화살이 서로 부딪쳐서 땅에 떨어졌지만 티끌도 일어나지 않았다'는 것은 평평하게 땅에 떨어짐을 말한 것이다. 대추 가시의 끝으로 날아오는 화살을 막는데도 서로 만나 어긋남이 없는 것이다. '剋臂'라는 것은 그 팔을 베어 징표를 삼아 맹서하는 것이다. 이 설은 오활한 듯하다. 지난번에 淮水에 유람갔을 적에 軒 路分[104]이라는 자를 알게 되었다. 그는 이미 70세에 가까웠는데 봄가을의 大閱[105]에서 가장 성적이 뛰어난 자를 해마다 얻었다. 그가 일찍이 다음과 같이 말하였다. "처음 王辛을 거둘 때에 六安山 사이에서 서로 만났는데 왕신이 활을 잡고 나를 쏘려고 하거늘 나의 손에는 다만 한 자루 짧은 木槍뿐이었다. 내가 왕신에게 소리쳐 이르기를 '내가 여기에 있을 터이니 그대는 3대의 화살을 쏘아라. 만약 화살을 쏘아서 나를 맞추지 못하면 그대는 즉시 나에게 항복하라. 내가 그대와 함께 趙 制置[106]를 만나 반드시 관리를 만들 것이다.' 하였다. 왕신이 3대의 화살을 쏘았는데 모두 목창에 부딪쳐 땅에 떨어지니, 왕신이 드디어 절하였다. 왕신은 후일에 光州武定都統이 되었다." 내가 安豐에 이르러서 왕신의 옛 장수가 또한 이 일을 말하였는데 헌 노분의 말과 동일하였다. 헌 노분의 이름은 잊었다. 그렇다면 기창과 비위가 서로 화살을 쏜 일이 어찌 허풍이라 할 수 있겠는가.

交射中路者는 於塗中互相射也라 彼此之矢相觸하여 而落於地나 塵亦不起는 言其平落地也라 以棘刺之端으로 而扞其來矢에 亦相値而無差池也라 剋臂者는 削其臂以爲識(지)而誓也라 此說似迂라 向游淮에 識軒路分者라 其年已近七十矣러니 春秋大閱에 第一籌를 年年得之라 渠嘗云 初收王辛時에 相遇於六安山間이러니 王辛執弓欲射之어늘 軒之手中에 只有一條短木槍이라 呼辛而謂之曰 我在此리니 許汝發三矢하라 若射我不中이면 汝卽降我하라 我同汝見趙制置하여 管取做官人이라 辛發三矢한대 皆爲木槍所擊而落地하니 辛遂拜之라 王辛後爲光州武定都統이라 及某至安豐하야 有王辛舊將이 亦言此事한대 與軒語一同이라 軒忘其名矣라 然則紀昌飛衛之相射는 豈得謂誣乎아

104) 路分 : 宋元시대 路의 최고 무관을 말한다.

105) 大閱 : 대규모로 군대를 검열하는 것이다.

106) 制置 : 制置使의 준말로 宋代의 지방장관이다. 明淸시대의 總督과 격이 비슷하였다.

5-15 수레를 모는 경지

造父의 스승은 泰豆氏이다. 조보가 처음 그에게 수레 모는 법을 배울 때에 예의를 매우 공손히 지켰으나 태두는 3년 동안 수레 모는 법을 일러주지 않았다. 조보가 예를 지켜 더욱 삼가자, 태두가 그제서야 이렇게 일러 주었다.

"古詩에 '활을 잘 만드는 사람의 아들은 반드시 먼저 키 만드는 것을 익히고, 솜씨 좋은 대장장이의 아들은 반드시 먼저 가죽옷 만드는 것을 익힌다.'라고 하였네. 그대는 먼저 나의 걸음걸이를 보게. 걸음걸이가 나와 같게 된 뒤에야 여섯 줄의 고삐를 잡을 수 있고 여섯 마리 말을 다룰 수 있네."

조보가 말하였다. "명하시는 대로 따르겠습니다."

태두는 곧 나무 말뚝을 세워 길을 만들었는데 겨우 발 하나를 디딜 정도였다. 보폭을 계산해서 나무 말뚝을 설치하고 그 위를 밟고 다녔다. 빠르게 뛰어 왕래하여도 잘못 디뎌 떨어지지 않았다. 조보는 이를 배워서 3일 만에 그 기교를 다 익혔다.

태두가 찬탄하며 말하였다. "그대는 어찌 그리 민첩한가. 기교를 터득함이 그리도 빠른가. 무릇 수레를 모는 일도 또한 이와 같은 것이라네. 조금 전에 그대가 나무 말뚝 위를 걸을 때 발로 디뎠으나 마음이 조종하였다네. 이를 수레 모는 일에 적용하면 이렇다네. 고삐와 재갈로 말들을 가지런히 하고 말 입김의 조화를 따라 완급을 조절하며, 가슴 속에서 법도를 올바르게 하고 고삐를 쥔 손바닥 사이에서 수레를 조절하며, 안으로는 마음속에 이를 깨닫고 밖으로는 수레를 끄는 말의 뜻과 합치하여야 하네. 이러므로 나아가고 물러날 때에 길이 줄처럼 좁은데도 수레를 돌려서 規矩에 맞음이 신묘하여[107] 길을 잡아 멀리 가더라도 기력이 남게 되는 것일세. 이렇게 되면 진실로 그 기술을 터득한 것이네.

재갈의 상태를 파악하여 고삐에 호응시키며, 고삐의 상태를 파악하여 손에 호응시키며, 손의 상태를 파악하여 마음에 호응시키면 눈으로 보지 않고 채찍질하여 몰지 않아도 마음은 한가롭고 몸은 반듯하여 여섯 줄의 고삐는 어지러워지지 않고 스물네 개의 말발굽은 땅을 밟음이 어긋나지 않으며, 돌고 회전하고 나아가고 물

---

107) 나아가고……신묘하여 : 이 부분은 우선 임희일의 주에 따라 우선 이렇게 번역하였다. 그러나 문맥으로 볼 때 '나아가고 물러날 때에 먹줄을 밟는 듯이 곧게 움직이고 돌고 구부러질 때는 規矩에 맞게 움직여' 정도로 번역하는 것이 타당할 듯하다.

러남에 모두 절도에 맞지 않음이 없게 될 걸세. 그런 뒤에 수레바퀴 밖에 다른 바퀴자국이 없을 수 있고, 말발굽 밖에 잘못 딛는 말발굽자국이 없을 수 있을 것일세. 그리하여 자기도 모르는 사이에 험한 산과 골짜기나 평평한 들판과 진펄이나 모두 동일하게 보게 될 걸세. 내 기술은 이것뿐이니, 그대는 기억해 두기 바라네."

造父之師는 曰泰豆氏라 造父之始從習御也에 執禮甚卑나 泰豆三年不告라 造父執禮愈謹이어늘 乃告之曰 古詩言良弓之子는 必先爲箕하고 良冶之子는 必先爲裘라 汝先觀吾趣하라 趣如吾然後에 六轡(비)可持하고 六馬可御라 造父曰 唯命所從호리라 泰豆乃立木爲塗하니 僅可容足이라 計步而置하고 履之而行이라 趣走往還에 無跌失也라 造父學之하여 三日盡其巧라 泰豆歎曰 子何其敏也오 得之捷乎아 凡所御者도 亦如此也라 曩汝之行은 得之於足이나 應之於心이라 推於御也면 齊輯乎轡銜之際하고 而急緩乎脣吻(순문)之和하며 正度於胸臆之中하고 而執節乎掌握之間하며 內得於中心하고 而外合於馬志라 是故能進退履繩而旋曲中規矩하여 取道致遠而氣力有餘니 (成)〔誠〕[108]得其術也라 得之於銜하여 應之於轡하며 得之於轡하여 應之於手하며 得之於手하여 應之於心이면 則不以目視하고 不以策驅라도 心閑體正하여 六轡不亂하고 而二十四蹄所投無差하며 迴旋進退에 莫不中節이니 然後輿輪之外에 可使無餘轍하고 馬蹄之外에 可使無餘地하며 未嘗覺山谷之嶮과 原隰之夷를 視之一也라 吾術窮矣니 汝其識之어다

泰豆는 또한 옛날의 수레를 잘 모는 자이다. '裘'·'箕'는 古語이니 이미 ≪禮記≫〈學記〉에 보인다. 활을 만드는 것을 배움에 먼저 키 만드는 것을 배우는 것은 활과 키가 모두 대나무로 만드는 기물이기 때문이다. '冶'는 쇠를 다루는 대장장이이니, 갖옷과 무슨 상관이 있으리오. 이 말은 본래 통하기 어렵다. 그러나 ≪周禮≫〈冬官 考工記〉에 裘氏가 있는데 주관하는 것이 무슨 일인지 알지 못하겠고 이 관직에 대한 내용은 이미 빠져 있으니, 당시 맡은 일이 혹 대장장이에 가까운 듯하나 지금 알 수는 없다. '先觀吾趣'라는 것은 자신의 걸음걸이를 배우게 하는 것이다. '得之捷'이라는 것은 그가 속히 이룸을 말한 것이다. '轡銜'과 '脣吻'은 말에 있는 것이고, '胸臆'과 '掌握'은 사람에게 있는 것이다. '履繩而旋'이라는 것은 그 길이 비록 줄처럼 좁으나 또한 수레를 돌릴 수 있는 것이고, '曲中'이라는 것은 맞음에 신묘한 것이다. 기력이 남음이 있는 것은 수레를 모는 자가 수고롭지 않은 것이니, ≪주례≫〈동관 고공기〉에 '옷

108) (成)〔誠〕: 저본에는 '成'로 되어 있으나, 盧重元의 ≪列子解≫에 의거하여 '誠'으로 바로잡았다.

자락이 해어지지 않는다.'[109]라고 한 것과 같은 뜻이다.

'心閑身正'이라는 것은 수레를 모는 자의 한가로운 모습이다. '스물 네개의 말발굽'은 여섯 말이 끄는 수레이다. '所投無差'는 말이 가는 것이 어지럽지 않은 것이다. '轍'은 궤도이니 수레가 다니는 길이다. '수레 밖에 다른 바퀴자국이 없다.'는 것은 수레가 가는 것이 궤도의 가운데를 벗어나지 않는 것이고, '말발굽 밖에 잘못 딛는 말발굽 자국이 없다'는 것은 말발굽이 어지럽지 않으면 말이 딛는 땅이 많지 않은 것이다. 산과 골짜기가 비록 험하고 들판과 진펄이 비록 평평하나 내가 이를 봄에 모두 동일한 것이다. '나무 말뚝을 밟고 걷는다'는 것은 그 설이 오활한 듯하나 지금 사람이 장대에 올라 줄을 타고 나막신을 신는 기예를 부리는 것을 보면 세상에 자연 이러한 일이 있음을 알 수 있다. 열자가 이것을 말한 것은 인간의 기예도 이처럼 신묘함이 있는데, 더구나 도를 배움에 있어서이겠는가라고 한 데 지나지 않았다.

泰豆는 亦古之善禦者也라 裘箕는 古語也니 已見學記라 學弓先學箕는 皆竹器也라 冶는 攻金也니 與裘何預리오 此語素難通이라 然考工記에 有裘氏하니 不知所主何事요 此官既缺하니 恐當時所職이 或有近於冶者나 今不可知矣라 先觀吾趣者는 使學其行步也라 得之捷者는 言其速成也라 轡銜唇吻은 在馬者也요 胸臆掌握은 在人者也라 履繩而旋者는 其路雖如繩之小나 亦可以轉旋也요 曲中者는 妙於中也라 氣力有餘는 禦者不勞也니 猶考工曰 其衽不敝之意也라 心閑身正者는 禦之從容也라 二十四蹄는 六馬之車也라 所投無差는 馬行不亂也라 轍은 軌也니 車所行之道也라 車外無餘轍也者는 車行不越乎轍之中也요 蹄外無餘地者는 蹄不亂則其地不多也라 山谷雖險하고 原隰雖平이나 我視之皆一同也라 履木而行은 其說似迂나 觀今人緣竿履繩而躡屐(극)者면 則知世間自有此事라 列子言此는 不過以爲人間之技且有此神妙어든 況學道乎아

5-16 신비한 세 가지 寶劒

魏나라 黑卵이 사적인 원한 때문에 丘邴章을 죽였다. 구병장의 아들 來丹은 아비의 원수를 갚기를 도모하였다. 내단은 기질은 매우 사나웠으나 몸은 매우 앙상하여 낟알을 세어서 먹고 바람 부는 방향을 따라 다닐 정도였다. 비록 성이 났지만 무기를 들고 그에게 보복할 수는 없었다. 그러나 남의 힘을 빌리는 것을 수치스럽

---

109) 옷자락이……않는다 : 《周禮》 〈冬官 考工記〉에 "종일토록 말을 달리더라도 왼쪽에 탄 尊者가 피곤하지 않고 수천 리를 가더라도 말이 발굽을 상하지 않아 길의 里數를 두려워하지 않는다. 한 해를 마치도록 수레를 몰아도 옷자락이 해어지지 않는다.〔終日馳騁左不楗 行數千里 馬不契需 終歲御 衣衽不敝〕"라고 하였다.

게 여겨 자신의 손으로 칼을 들고 흑란을 찔러 죽이겠다고 맹세하였다.

흑란은 성격은 비길 데 없을 정도로 사나운데다 힘은 백 사람을 대적할 만하였다. 근육과 뼈와 피부와 살은 보통 사람의 것이 아니었다. 목을 빼어 칼날을 받고 가슴을 헤치고 화살을 맞아도 칼날과 살촉이 부러지고 휠 뿐 그의 몸에는 아무런 흔적도 남지 않았다. 그는 자신의 재능과 힘을 믿고 내단을 마치 병아리나 새 새끼 보듯이 하였다.

내단의 벗 申他가 말하였다. "그대는 흑란을 지극히 원망하고 있지만 흑란은 그대를 너무나 가벼이 여기고 있으니, 장차 어떻게 도모하려는 것인가?"

내단이 눈물을 흘리며 말하였다. "원컨대 그대가 나를 위해 계책을 내어 주게."

신타가 말하였다. "내가 듣건대 衛나라 孔周는 그 조상이 殷나라 임금의 寶劒을 얻었는데 한 아이가 이를 차더라도 三軍[110]의 병사를 물리칠 수 있다고 하였네. 어찌 빌려 달라 청하지 않는가?"

내단이 마침내 위나라로 가서 공주를 뵙고 노복이 주인을 대하는 예의를 갖추면서 먼저 자신의 처자들을 인질로 바치기를 청한 다음, 자신이 바라는 것을 말하였다. 공주가 말하였다.

"내게는 세 자루의 칼이 있으니, 오직 그대가 선택하시오. 그러나 모두 사람을 죽일 수는 없소. 우선 세 칼의 특징을 말해 주겠소. 첫째는 含光이라 부르는 칼인데 보아도 보이지 않고 지니고 다녀도 가지고 있다는 것을 알지 못합니다. 그것이 물건에 닿음에 아무런 흔적도 남기지 않으며 신체를 베고 지나가도 신체에 아무런 감각이 없습니다. 둘째는 承影이라 불리는 칼인데 장차 날이 밝아오려는 이른 새벽이나 해가 저물려는 저녁 무렵에 북쪽을 향해 들고 살피면 희미하게 어떤 물건이 있는 것처럼 보이지만 그 형체는 알 수 없습니다. 그것이 물건에 닿음에 가늘게 소리가 나며 신체를 베고 지나가도 신체에 아픔을 느끼지 못합니다. 셋째는 宵練이라 불리는 칼인데 한낮에는 그림자만 보이고 빛은 보이지 않으며 한밤중에는

---

110) 三軍 : '軍'은 군사의 단위로, 다섯 사람이 '伍'가 되고 5오가 '兩'이 되고 4양이 '卒'이 되고 5졸이 '旅'가 되고 5려가 '師'가 되고 5사가 '軍'이 되므로 1군은 1만 2,500명이고 6군은 7만 5,000명이 된다. 또한 천자는 6군을 거느리고, 큰 나라는 3군을 거느리고, 작은 나라는 2군을 거느리고, 아주 작은 나라는 1군을 거느린다.(≪周禮注疏≫ 권28 〈下官 司書〉)

빛만 보이고 형체는 보이지 않습니다. 그것이 물건에 닿음에 휙휙 소리가 나면서 잘려나가지만 칼이 지나가는 대로 다시 합해지며 아픔을 느끼지만 칼날에 피도 묻지 않습니다. 이 세가지 보검은 13대 동안 전해온 것인데 어떤 일에 써본 일도 없이 상자에 보관하기만 하고 봉한 것을 열어본 적도 없습니다."

내단이 말하였다. "비록 그러하나 저는 세 번째 칼을 빌려주기를 청합니다."

공주는 이에 내단의 처자들을 돌려보내고 내단과 함께 7일 동안 재계하였다. 그런 다음 늦은 저녁 무렵에 무릎을 꿇고 앉아 세 번째 칼을 내주었는데, 내단이 두 번 절하고 받아서 돌아왔다.

내단은 마침내 칼을 들고 흑란을 뒤쫓았다. 당시에 흑란은 술에 취해 창 아래에 누워 있었는데, 내단이 목으로부터 허리에 이르기까지 세 번 베었으나 흑란은 알아차리지도 못하였다. 내단은 흑란이 죽었다고 여겨 황급히 달려 되돌아 나왔다. 흑란의 아들을 문에서 만나 그를 세 번 베었는데 마치 허공을 베는 것 같았다. 흑란의 아들이 막 웃으면서 말하였다. "너는 어찌 어리석게도 나에게 세 번이나 손짓하는가?" 내단은 그 칼로는 사람을 죽일 수 없다는 것을 알고 탄식하면서 돌아왔다.

흑란은 이미 술에서 깨어난 뒤에 그의 아내에게 성내며 말하였다. "술에 취했는데도 나를 덮어 주지 않고 버려두어 목과 허리에 병이 나도록 하였소."

그의 아들이 말하였다. "조금 전에 내단이 오다가 문에서 저를 만났는데 저에게 세 번 손짓을 하더니 저 또한 몸이 아프고 사지가 뻣뻣해지게 되었으니, 그가 아마 우리에게 厭勝[111)]의 술수를 사용하였을 것입니다.

魏黑卵以暱(닐)**嫌**으로 **殺丘**邴**章**이어늘 **丘**邴**章之子來丹**이 **謀報父之**讎라 **丹氣甚猛**이나 **形甚露**하여 **計粒而食**하고 **順風而趣**니 **雖怒**나 **不能稱兵以報之**라 **恥假力於人**하여 **誓手劍以屠黑卵**이라 **黑卵悍志絶衆**하고 **力抗百夫**라 **筋骨皮肉**는 **非人類也**라 **延頸承刃**하고 **披胸受矢**라도 鋩**鍔推屈**하고 **而體無痕撻**하니 **負其才力**하고 **視來丹**을 **猶雛**鷇(구)**也**라 **來丹之友申他曰 子怨黑卵至矣**로되 **黑卵之易子過矣**니 **將奚謀焉**가 **來丹垂涕曰 願子爲我謀**어다 **申他曰 吾聞衛孔周其祖得殷帝之寶劍**하니 **一童子服之**라도 **却三軍之衆**이라하니 **奚不請焉**가 **來丹遂適衛**하여 **見孔周**하고 **執僕御之禮**하여 **請先納妻子**하고 **後言所欲**이라 **孔周曰 吾有三劍**하니 **唯**

111) 厭勝 : 주문을 외우고 부적을 쓰는 등의 방법으로 상대를 굴복시키는 옛날 주술의 일종이다.

子所擇하라 皆不能殺人이라 且先言其狀호리라 一曰含光이니 視之不可見하고 運之不知有라 其所觸也에 泯然無際하며 經物而物不覺이라 二曰承影이니 將旦昧爽之交와 日夕昏明之際에 北面而察之면 淡淡焉若有物存이나 莫識其狀이라 其所觸也에 竊竊焉有聲하고 經物而物不疾也라 三曰宵練하니 方晝則見影而不見光하며 方夜見光而不見形이라 其觸物也에 騞然而過언마는 隨過隨合하며 覺疾而不血刃焉이라 此三寶者는 傳之十三世矣로되 而無施於事하여 匣而藏之하고 未嘗啓封이라 來丹曰 雖然이나 吾必請其下者하노라 孔周乃歸其妻子하고 與齋七日이라 晏陰之間에 跪而授其下劍하니 來丹再拜受之以歸라 來丹遂執劍從黑卵이라 時黑卵之醉偃牖下한대 自頸至腰三斬之나 黑卵不覺이라 來丹以黑卵之死하여 趣而退라 遇黑卵之子於門하여 擊之三下한대 如投虛라 黑卵之子方笑曰 汝何蚩(치)而三招予아 來丹知劍之不能殺人也하고 歎而歸라 黑卵既醒에 怒其妻曰 醉而露我하여 使我嗌疾而腰急이라 其子曰 疇昔來丹之來에 遇我於門한대 三招我러니 〔亦〕[112]使我體疾而支彊하니 彼其厭(엽)我哉인저

'暱嫌'은 사적인 원한이다. '氣甚猛'은 위세가 매우 예리함이고, '形甚露'는 뼈가 앙상함이다. '順風而趣' 그 걸음걸이가 약함이다. '悍志絶衆'은 그 성격의 사나움이 남보다 심한 것이다. '痕撻'은 흔적이다. '雛鷇'는 막 태어난 날짐승이다. '易子過矣'는 매우 그대를 가벼이 여김이다. 세 칼의 이름은 바야흐로 厭勝의 술수를 말하려는 것이다. '泯然無際'라는 것은 사라져서 갈라진 틈이 보이지 않는 것이다. '將旦昧爽之交'는 해가 처음 떠오를 때이고, '日夕昏明之際'는 해가 장차 들어가려는 때이다. '日夕'은 날이 저문다고 말하는 것과 같고, '昏明'은 어두워지려 하고 밝아지려 하는 것이다. 한낮에는 그림자만 보이고 한밤에는 빛만 보이는 것은 다만 빛과 그림자만 있고 형체는 없는 것이다. '騞'은 응당 '騞'이 되어야 하니, 騞然은 조금 소리가 나는 것이다. '請其下'라는 것은 세 번째 칼을 빌려달라고 청한 것이다.

흑란이 술에 취한 틈을 노려 베고 그가 이미 죽었다고 의심하여 드디어 황급히 달려 되돌아 나온 것이다. '그 아들을 베었는데 허공을 베는 것과 같았다'는 것은 칼이 이미 지나감이 아무런 물건도 없는 것과 같은 것이다. '蚩'는 '癡'와 같다. 내단이 세 번 벤 것을 흑란의 아들이 세 번 손짓한다고 여긴 것은 아이의 장난과 같다. '嗌疾'은 목이 아픈 것이다. '支彊'은 사지가 뻣뻣하여 부드럽지 않은 것이다. 이는 厭勝의 술수도 본래 신기한 점이 있는데 더구나 도를 배움에 있어서야 말할 나위가 있겠는가

112)〔亦〕: 저본에는 '亦'이 없으나, 張湛의 ≪列子注≫에 의거하여 보충하였다.

라는 말이다. 이러한 설을 이 책에 기록해 넣은 것은 모두 뜻이 있으니, 한갓 과장하고 흰소리하는 것 뿐만이 아니다.

睚嫌은 私怨也라 氣甚猛은 威甚銳也오 形甚露는 骨立也라 順風而趣는 其行弱也라 悍志絶衆은 其志勇悍過人也라 痕撻은 痕跡也라 雛鷇는 初生之禽也라 易子過矣는 甚輕汝也라 三劒之名은 方言厭勝之術也라 泯然無際者는 泯沒而不見邊際也라 將旦昧爽之交는 日初出之時也오 日夕昏明之際는 日將入之時也라 日夕은 猶言日暮也요 昏明은 欲昏而欲明也라 晝則見影하고 夜則見光은 只有光影無形也라 騞은 合作騞(획)이니 騞然은 微有聲者라 請其下者는 求其第三劒也라 因其醉而斬之하고 疑其已死하여 遂趨行而退回也라 擊之如投虛는 劒已過如無物也라 蚩는 與癡同이라 丹之三擊을 彼以爲三招는 如兒戲也라 嗌疾은 喉急也라 支彊은 肢體彊急而不柔和也라 蓋言厭勝之術自有神異어든 而況學道乎아 以此說而入其書는 皆有意存焉하니 非徒誇誕大言也라

5-17 錕鋙라는 칼과 火浣이라는 베

周나라 穆王이 많은 군사를 거느리고 西戎 정벌에 나서자 서융은 錕鋙라는 칼과 火浣이라는 베를 목왕에게 바쳤다. 그 칼은 길이가 한 자 여덟 치이고 강철을 연마하여 만든 붉은 칼날이었는데, 이를 사용하여 옥을 잘라보니 진흙을 자르는 것 같았다. 화완이라는 베는 빨 때에 반드시 불속에 던져 넣어야 하니, 베는 불꽃 빛깔이지만 때가 묻으면 베 빛깔로 변하였는데 불속에서 꺼내어 털면 눈처럼 새하얘졌다.

皇子는 그런 물건은 없으며 이런 이야기를 전하는 자는 허황하다고 생각하였다. 蕭叔이 말하였다. "황자는 직접 눈으로 보고 귀로 들은 것을 믿는 데 과감하나 이치를 왜곡하는 데에도 과감하다."

周穆王大征西戎이어늘 西戎獻錕鋙之劍과 火浣之布라 其劍長尺有咫(지)하고 練鋼赤刃이니 用之切玉如切泥焉이라 火浣之布는 浣之에 必投於火니 布則火色이나 垢則布色한대 出火而振之면 皓然疑乎雪이라 皇子以爲無此物이요 傳之者妄이라 蕭叔曰 皇子果於自信이나 果於誣理哉인저

'練鋼'은 단련한 강철이다. '赤刃'은 쇠를 제련하면 그 색깔이 붉어진다. '如切泥'는 부드러움을 말한다. 옥을 자르는 칼은 지금 비록 볼 수 없으나 불에 빠는 베는 지금 사람이 일찍이 보았으니, 세상에 본래 이러한 일이 있다. '果於自信'이라는 것은 황자가 다만 귀와 눈으로 듣고 본 것만 믿고 천하에 이러한 신기한 일이 있음을 알지 못

해서 드디어 이러한 이야기를 전하는 자를 허황하다고 여겼으니, 이는 이치를 왜곡하는 것이라는 말이다. 앞에서부터 상세하게 펼쳐놓은 설을 여기에 이르러 막 두 구절로 결론지었다. 사람이 각각 그 천근한 식견으로 이 광대한 말을 의심하니, 이치를 아는 것이 아님을 말한 것이다.

練鋼은 鍊熟之鋼金也라 赤刃은 金精이면 其色赤也라 如切泥는 言柔軟也라 切玉之劒은 今雖未見이나 火浣之布는 今人嘗見之하니 世間自有此事라 果於自信者는 言皇子但信其耳目所及하고 而不知天下有此神異之事하여 遂以傳者爲妄하니 是誣理也라 從前鋪說을 至此方結以兩句하니 蓋謂人各以其淺近之見으로 而疑此廣大之言하니 非知理者也라

제6편 역명　力命 第六

＊이 편은 사람의 힘으로 할 수 있는 人力과 사람의 힘으로 어떻게 할 수 없는 命運의 관계를 서술하였다. 사람들이 여러 가지 일에 아무리 애를 쓰고 노력을 하더라도 장수하거나 요절하며 부유하게 되거나 빈천하게 되며 존귀하게 되거나 비천하게 되는 것은 모두 운명에 의하여 결정된다는 것이다. 이는 인간으로서는 어쩔 수 없는 불가항력적인 필연이므로 운명에 순응하는 것이 올바르게 살아가는 방도라는 것이다. 그러나 지나치게 운명을 강조하고 인력의 작용을 폄하한 것은 객관적인 현실에 부합하지 않는 측면이 있다.

6-1 人力과 天命

人力이 天命에게 말하였다. "그대의 공로가 어찌 나와 같을 수 있겠소?"

천명이 말하였다. "그대가 사물에 무슨 공로가 있다고 나에게 비교하려하는 것이오?"

인력이 말하였다. "장수와 요절, 곤궁과 영달, 존귀와 비천, 가난함과 부유함 등은 나의 힘으로 그렇게 만들 수 있는 것이지요."

彭祖

천명이 말하였다. "彭祖[1]의 지혜는 堯舜보다 뛰어나지 않은데도 팔백 살이나 살았고, 顔淵의 재주는 보통 사람들보다 못하지 않은데도 열 여덟 살까지밖에 살지 못하였으며,[2] 仲尼의 덕은 諸侯보다 못하

---

1) 彭祖 : 성은 籛이고, 이름은 鏗이다. 堯임금의 신하로 夏나라, 商나라, 周나라까지 800여 세를 살았다고 하는 전설상의 인물이다.

2) 顔淵의……못하였으며 : 春秋時代 魯나라 사람 顔回로, 자는 子淵이고, 孔子의 제자이다.

지 않은데도 陳나라와 蔡나라 사이에서 곤경에 빠졌고[3] 殷나라 紂王의 행실은 三仁[4]보다 뛰어나지 않은데도 임금의 자리에 있었으며, 季札[5]은 吳나라에서 벼슬하지 못하였고 田恒[6]은 제멋대로 齊나라를 차지하였으며, 伯夷와 叔齊[7]는 首陽山에서 굶어 죽었고 季氏[8]는 展禽[9]보다 부자였습니다. 만약 그대의 힘으로 그렇게 만

孔門十哲의 으뜸으로 꼽히며, 安貧樂道하여 德行이 뛰어났으므로 '亞聖'이라 불리는데, 젊어서 요절하였다. 안연이 일찍 죽은 데 대해서는 두 가지 설이 있다. 하나는 ≪淮南子≫ 〈精神〉에 "안연이 일찍 죽었다.〔顏淵夭死〕"라고 하였는데, 이에 대한 高誘의 주에 "안연이 열 여덟 살에 죽자, 공자가 말하기를 '안회가 불행하게 명이 짧아 죽었다.'라고 하였으니, 그러므로 '夭'라고 한 것이다."라고 한 것이고, 다른 하나는 ≪史記≫ 〈仲尼弟子列傳〉에 "안회는 나이 스물 아홉에 머리털이 온통 세었고 일찍 죽었다.〔回年二十九髮盡白 蚤死〕"라고 하였는데, 이에 대한 ≪索隱≫에 ≪孔子家語≫를 인용하기를 "나이 스물 아홉에 머리털이 세었고, 서른 두 살에 죽었다."라고 한 것이다. 저본의 '十八'이 藏本과 吉府本 등에는 '四八'로 되어 있다.

3) 仲尼의……빠졌고 : 중니는 孔子의 자이다. ≪莊子≫ 〈讓王〉에 "공자가 일찍이 진나라와 채나라 사이에서 곤궁한 액운을 당했을 때, 7일 동안이나 밥을 지어 먹지 못하고 명아주 국에 쌀 한 톨도 넣지 못한 채로 멀건 국만 마시다 보니, 얼굴빛이 매우 초췌했는데도 방 안에 앉아서 거문고를 타며 노래를 불렀다.〔孔子窮於陳蔡之間 七日不火食 藜羹不糝 顏色甚憊 而絃歌於室〕"라고 하였다.

4) 三仁 : 殷나라의 어진 세 사람으로 紂王의 庶兄 微子와 숙부 箕子 및 比干이다. 미자는 주의 무도함을 보고 떠나서 종사를 보전하였고, 기자는 거짓으로 미친 체하여 욕을 당하고, 비간은 간쟁을 하다가 죽음을 당하였다. 이들의 행적을 두고 공자가 "은나라에 세 사람의 인자가 있다.〔殷有三仁焉〕"라고 칭송하였다.(≪論語≫ 〈微子〉)

5) 季札 : 춘추시대 吳나라 왕 壽夢의 넷째 아들로, 왕위를 전해 주려 함에도 받지 않고 延陵에 봉해진 뒤 여러 나라를 다니면서 당시의 현인들과 교유하였다.

6) 田恒 : 춘추시대 齊나라의 대신으로 陳僖子의 아들이다. 제나라 국정을 천단하다가 簡公을 죽이고 스스로 승상이 되었다. ≪春秋左氏傳≫과 ≪論語≫에는 陳成子로 되어 있고, ≪史記≫에는 田常으로 되어 있다. 전상이 제나라의 임금 간공을 시해하고 平公을 옹립하였는데, 그 증손자 田和가 스스로 제나라 왕에 즉위하였다.(≪史記≫ 권64 〈司馬穰苴列傳〉)

7) 伯夷와 叔齊 : 殷나라 孤竹君의 아들로, 周 武王이 은나라를 정벌하러 갈 때 무왕의 말고삐를 끌어당기며 신하로서 임금을 치는 부당함을 諫言하였고, 무왕이 끝내 은나라를 멸망시키고 천하를 차지한 뒤에는 의리상 주나라의 곡식을 먹을 수 없다고 여겨 首陽山으로 들어가 숨어서 고사리를 먹다가 마침내 굶어 죽었다.(≪史記≫ 권61 〈伯夷列傳〉)

8) 季氏 : 춘추시대 魯나라의 公族인 季孫氏로, 孟孫氏·叔孫氏와 함께 세 공족 중 하나였다. 桓公의 아들인 季友의 후손으로, 대대로 대부의 벼슬을 계승하고 노나라의 정권을 장악하여 막대한 권세와 부를 누렸다.

9) 展禽 : 춘추시대 魯나라 柳下惠의 이름이다. 그가 柳下에 살았고 시호가 惠이므로 유하혜라 하는데, 맹자가 이르기를 "유하혜는 성인 중에 화한 분이다.〔柳下惠聖之和者也〕"라고 하였다.(≪孟子≫ 〈萬章 下〉)

들 수 있었다면 어찌하여 재주 없는 자는 오래 살고 재주 있는 자는 일찍 죽었으며, 성인은 곤궁에 빠지고 올바른 길을 거스르는 자가 영달하며, 현명한 사람은 비천하게 되고 어리석은 사람은 존귀하게 되며, 선한 사람은 가난하게 되고 악한 사람은 부유하게 되는 것이오?"

인력이 말하였다. "만약 그대의 말과 같다면 나는 본디 사물에 아무런 공로가 없는데 사물이 이와 같이 되는 것인가? 이는 그대가 그렇게 되도록 제어하는 것인가?"

천명이 말하였다. "이미 천명이라 말했다면 어찌 그렇게 되도록 제어하는 것이 있겠는가? 나는 곧은 것은 그대로 밀고 나가고 굽은 것은 맡겨 둘 뿐이라오. 스스로 장수하고 스스로 요절하며, 스스로 곤궁하고 스스로 영달하며, 스스로 존귀해지고 스스로 빈천해지며, 스스로 부유해지고 스스로 가난해지는 것이니, 내가 어찌 그것을 알 수 있겠는가? 내가 어찌 그것을 알 수 있겠는가?"

力謂命曰 若之功이 **奚若我哉**아 **命曰 汝奚功於物而欲比朕**가 **力曰 壽夭窮達貴賤貧富**는 **我力之所能也**라 **命曰 彭祖之智**는 **不出堯舜之上**이어늘 **而壽八百**하고 **顏淵之才**는 **不出衆人之下**어늘 **而壽十八**하며 **仲尼之德**은 **不出諸侯之下**어늘 **而困於陳蔡**하고 **殷紂之行**은 **不出三仁之上**이어늘 **而居君位**하며 **季札無爵於吳**하고 **田恒專有齊國**하며 **夷齊餓於首陽**하고 **季氏富於展禽**이라 **若是汝力之所能**이면 **奈何壽彼而夭此**하며 **窮聖而達逆**하며 **賤賢而貴愚**하며 **貧善而富惡邪**아 **力曰 若如是言**이면 **我固無功於物**이어늘 **而物若此耶**아 **此則若之所制邪**아 **命曰 旣謂之命**이면 **奈何有制之者邪**아 **朕直而推之**하고 **曲而任之**라 **自壽自夭**하며 **自窮自達**하며 **自貴自賤**하며 **自富自貧**이니 **朕豈能識之哉**리오 **朕豈能識之哉**리오

'力'은 人力이요, '命'은 天命이다. 이 뜻은 장수와 요절, 곤궁과 영달, 존귀와 비천, 가난함과 부유함 등이 人爲에서 나오는 것 같지만 천명이 그렇게 되도록 제어하지 않는 것이 없고, 또한 조물주가 하는 것이 아님을 말한 것이다. 곧은 것은 그대로 밀고 나가고 굽은 것은 맡겨 두니, 이는 굽은 것과 곧은 것이 모두 自然에서 나오는 것이고, 나는 다만 그대로 밀고 나가고 맡겼을 뿐인 것이다. '내가 어찌 알 수 있겠는가'라는 것은 또한 천명이 그렇게 되도록 제어할 수 있는 것이 아니고, 또 자연히 그렇게 되는 것이 그렇게 되도록 제어함이 있는 것을 말한 것이니, 곧 ≪莊子≫에 이른바 '내가 의지하고 있는 것도 또 무언가 의지하고 있는 것이 있어서 그렇게 되는 것인가?'[10]라고 한 것이다. 이 장의 대의는 다만 이와 같을 뿐인데 그 문장이 또한 直截하니, 이러므로 列子의 본래 글이 아닌 것으로 의심되는 것이다. 이하 몇 장 또

한 그러하다.

力은 人力也요 命은 天命也라 此意는 蓋謂壽夭窮達富貴貧賤이 若出於人爲而無非天命而制之者요 亦非造物也라 直而推之하고 曲而任之하니 是曲直이 皆出於自然이오 我但推而任之矣라 朕豈能識者는 言亦非命所能制요 又有自然而然者制之니 卽莊子所謂吾所待는 又有待而然者也라 此章大意只如此어늘 而其文亦直截[11]하니 所以疑非列子之本書라 以下數章亦然이라

6-2 모두 運命에 달렸다

北宮子가 西門子에게 말하였다. "나는 그대와 같은 세상을 살고 있는데도 사람들은 그대를 현달했다 하고, 같은 집안사람인데도 사람들은 그대를 공경하고, 외모가 비슷한데도 사람들은 그대를 좋아하고, 말솜씨가 비슷한데도 사람들은 그대를 따르고, 행동이 비슷한데도 사람들은 그대를 성실하게 여기고, 같이 벼슬살이 하고 있는데도 사람들은 그대를 귀하게 여기고, 같이 농사를 짓고 있는데도 사람들은 그대를 부유하게 여기고, 같이 장사를 하고 있는데도 사람들은 그대를 이익을 올린다 여깁니다. 내가 입은 옷은 거친 옷이고 먹는 것은 거친 음식이며, 거처하는 곳은 쑥대로 지은 허름한 집이고 문을 나가서는 수레 없이 걸어서 다닙니다. 그대가 입은 옷은 수놓은 비단 옷이고 먹는 것은 기장밥에 고기반찬이며, 거처하는 곳은 들보가 이어진 넓고 큰 집이고-欐의 독음은 山·宜의 반절이다.-문을 나가서는 네 마리 말이 끄는 수레를 탑니다. 집에 있을 때는 즐겁게 웃고 지내며 나를 거들떠보지도 않는 마음이 있고, 조정에 있을 때는 바른 말을 하며 나에게 오만한 빛을 띠었습니다. 서로 초청하지도 찾아가지도 않고 함께 놀러 다니지 않은 지도 실로 여러 해가 되었습니다. 그대는 스스로 덕이 나보다 뛰어나다고 생각하오?"

서문자가 대답하였다.

---

10) 내가……것인가 : 곁그림자가 그림자에게 이렇게 물었다. "조금 전에는 그대가 걸어가다가 지금은 그대가 멈췄으며, 조금 전에는 그대가 앉아 있다가 지금은 그대가 일어서 있으니, 어찌 그다지도 일정한 지조가 없는가?" 그림자가 이렇게 말했다. "내가 무언가 의지하는 것이 있어서 그러한가? 내가 의지하고 있는 것도 또 무언가 의지하고 있는 것이 있어서 그렇게 되는 것인가? 나는 뱀의 비늘이나 매미의 날개와 같은 무엇에 의지하는가? 어떻게 그런 줄 알며, 어떻게 그렇지 않은 줄 알겠는가?〔吾有待而然者邪 吾所待又有待而然者邪 吾待蛇蚹蜩翼邪 惡識所以然 惡識所以不然〕"(≪莊子≫ 〈齊物論〉)

11) 截 : 저본에는 글자가 흐릿하여 판독할 수 없으나, 續修四庫全書本에 '截'로 되어 있다.

"나는 그런 사실을 알 수가 없소. 그대는 하는 일마다 곤궁해지고 나는 하는 일마다 뜻대로 되니, 이는 덕에 후하고 박한 차이가 있는 징험이 아니겠소. 그런데도 그대는 모두 나와 같다고 하니, 그대의 얼굴이 두꺼운 것입니다."

북궁자는 아무런 대답도 못하고 실의에 빠져 돌아오다가 도중에 東郭先生을 만났다. 동곽선생이 말하였다. "그대는 어디를 갔다가 돌아오길래 맥없이 걸으며 깊이 부끄러워하는 기색을 띠고 있는 것이오?"

북궁자는 있었던 사실을 털어놓았다. 동곽선생이 말하였다. "내 장차 그대의 부끄러움을 풀어주겠소. 그대와 함께 다시 서문자에게 가서 물어봅시다."

그리고는 서문자에게 가서 물었다. "그대는 어찌 북궁자에게 이토록 심한 모욕을 주었소? 우선 이에 대해 말해 보시오."

서문자가 말하였다. "북궁자가 말하기를 '세상과 집안과 나이와 외모와 말솜씨와 행동이 나와 모두 비슷한데, 귀천과 빈부는 나와 다르다.'고 하였습니다. 나는 그에게 말하기를 '나는 그런 사실을 알 수가 없소. 그대는 하는 일마다 곤궁해지고 나는 하는 일마다 뜻대로 되니, 이는 아마도 덕에 후하고 박한 차이가 있는 징험이 아니겠소. 그런데도 그대는 모두 나와 같다고 하니, 그대의 얼굴이 두꺼운 것입니다.'라고 하였습니다."

동곽선생이 말하였다. "그대가 말하는 후함과 박함은 才德의 차이를 말하는데 불과하거니와 내가 말하는 후함과 박함은 이것과 다르오. 북궁자는 재덕에 후하지만 천명에 박하고 그대는 천명에 후하지만 재덕에 박하오. 그대가 현달한 것도 지혜롭기 때문에 얻은 것이 아니고 북궁유가 곤궁한 것도 어리석기 때문에 잃은 것이 아니오. 모두 천명이 하는 것이지 인력으로 할 수 있는 것이 아니오. 그런데도 그대는 천명이 후한 것을 자랑으로 삼고 있고 북궁자는 덕이 후함을 부끄러워하고 있소. 모두 본래 그러한 이치가 있음을 모르는 것입니다."

서문자가 말하였다. "선생은 그만하십시오. 저는 감히 더 할 말이 없습니다."

북궁자는 돌아온 뒤로 거친 옷을 입어도 여우나 담비 가죽으로 만든 옷을 입은 듯이 느꼈고, 콩으로 만든 거친 음식을 먹어도 쌀밥처럼 맛좋은 음식을 먹는 듯이 느꼈고, 쑥대로 엮은 허름한 집에 살아도 넓고 큰 집에 사는 듯이 느꼈고, 섶으로 얽은 낡은 수레를 타도 화려하게 장식한 수레를 타는 듯이 느꼈다. 평생토록 의기

양양하게 지내면서 영광과 치욕이 저편에 있는지 내게 있는지 알지 못하였다. 동곽선생이 이 이야기를 듣고 이렇게 말했다.

"북궁자는 오랫동안 잠들어 있다가 한 마디 말에 깨어났으니, 그렇게 쉽게 깨어난단 말인가."

北宮子謂西門子曰 朕與子竝世也어늘 而人子達하고 竝族也어늘 而人子敬하고 竝貌也어늘 而人子愛하고 竝言也어늘 而人子庸하고 竝行也어늘 而人子誠하고 竝仕也어늘 而人子貴하고 竝農也어늘 而人子富하고 竝商也어늘 而人子利라 朕衣則短褐이요 食則粢糲며 居則蓬室이요 出則徒行이라 子衣則衣錦이요 食則粱肉이며 居則連欐-山宜切-요 出則結駟라 在家熙然有棄朕之心하고 在朝諤然有敖朕之色이로다 請謁不相及하고 遨遊不同行이 固有年矣라 子自以德過朕邪아 西門子曰 予無以知其實이라 汝造事而窮하고 予造事而達하니 此厚薄之驗歟아 而皆謂與予竝하니 汝之顔厚矣로다 北宮子無以應하고 自失而歸라가 中塗遇東郭先生한대 先生曰 汝奚往而反이완대 偊偊而步하여 有深愧之色邪아 北宮子言其狀하니 東郭先生曰 吾將舍(석)汝之愧호리라 與汝更之西門氏而問之라 曰汝奚辱北宮子之深乎아 固且言之하라 西門子曰 北宮子言世族年貌言行與予竝이어늘 而賤貴貧富與予異라 予語之曰 予無以知其實이라 汝造事而窮하고 予造事而達하니 此將厚薄之驗歟아 而皆謂與予竝하니 汝之顔厚矣라호라 東郭先生曰 汝之言厚薄은 不過言才德之差어니와 吾之言厚薄은 異於是矣라 夫北宮子厚於德이나 薄於命하고 汝厚於命이나 薄於德이라 汝之達은 非智得也오 北宮子之窮은 非愚失也니 皆天也요 非人也어늘 而汝以命厚自矜하고 北宮子以德厚自愧하니 皆不識夫固然之理矣라 西門子曰 先生止矣어다 予不敢復言이라 北宮子旣歸에 衣其短褐이나 有狐貉(학)之溫하고 進其茙菽이나 有稻粱之味하고 庇其蓬室이나 若廣廈之蔭하고 乘其蓽輅(필로)나 若文軒之飾이라 終身逌(유)然하여 不知榮辱之在彼在我也라 東郭先生聞之曰 北宮子之寐久矣라가 一言而能寤하니 易悟也哉로다

사람들은 그대를 현달했다 하고 공경하고 좋아한다는 따위와 같은 것은 사람들이 다만 그대를 두둔함을 말한 것이다. '連欐'는 들보가 이어진 것이니, 처마가 긴 것을 말한다. '造事'라는 것은 作爲하는 일을 말한다. 혹 곤궁하기도 하고 혹 영달하기도 한 것은 곤궁하면 才德에 후하고 현달하면 재덕에 박하니, 후함과 박함은 능한 것인가? 능하지 못한 것인가? '偊偊而步'는 걸음이 나아가지 못하는 모양이다. '舍'은 독음이 '釋'이고 의미가 같으니, '舍汝之愧'라는 것은 그대를 위해 이 부끄러움을 풀어주는

것이다. '更之'는 다시 가는 것이니, 그대와 더불어 가서 함께 다시 西門氏를 만나는 것이다. 현달한 것은 지혜롭기 때문에 얻은 것이 아니고 곤궁한 것은 어리석기 때문에 잃은 것이 아니니, 어찌 그 천명을 스스로 자랑하겠는가? '固然'이라는 것은 본디 절로 그러한 이치가 있는 것이다. '菽菽' 은 大豆이다. 재덕에 후하고 천명에 박한 것은 능함은 많지만 때를 만나지 못한 것이고, 천명에 후하지만 재덕에 박한 것은 때를 만났지만 능한 바는 아닌 것이다. 이 '德'자는 '能'자와 뜻이 같으니, 도덕의 '덕'자가 아니다.

人子達敬愛之類者는 謂人但偏向汝也라 連欐는 欐屋之連綿也니 言其屋簷之長也라 造事者는 言所作爲之事也라 或窮或達은 窮則爲厚하고 達則爲薄이니 厚薄은 能否也아 偊偊而步는 行不進之貌라 舍은 音釋이요 義同이니 舍汝之愧者는 爲汝釋去此愧也라 更之는 再往也니 與之同再見西門氏也라 達者不爲智得하고 窮者非爲愚失하니 豈可以其命而自矜이리오 固然者는 固有自然之理也라 菽菽은 大菽也라 厚於德하고 薄於命은 能多而不遇也요 厚於命하고 薄於德은 遭時而非所能也라 此德字與能字同意하니 非道德之德也라

6-3 管仲과 鮑叔牙의 우정

管仲

管夷吾[12)]와 鮑叔牙 두 사람은 서로 벗하여 매우 친밀하였는데 그들은 모두 齊나라에 살았다. 관이오는 公子 糾[13)]를 섬기고 포숙아는 공자 小白[14)]을 섬겼다. 제나라 公族 중에 임금의 총애를 받는 사람이 많았고 적자와 서자의 지위가 평등하니, 나라 사람들이 나라가 혼란해질까 두려워하였다. 이에 관중은 召忽[15)]과 함께 공자 규를 모시고 魯나라로 出

12) 管吏吾 : 春秋時代 齊나라의 정치가이자 사상가로, 仲은 그의 자이다. 鮑叔牙의 추천으로 정치적으로 반대편이었던 桓公에게 발탁되어 卿의 벼슬에 올랐다. 桓公을 도와 제도를 개혁하고 국토를 효율적으로 구분하였으며, 상업과 수공업의 육성을 통하여 富國强兵을 꾀하였다. 대외적으로는 타국의 제후와 아홉 번 會盟하여 桓公으로 하여금 제후의 신뢰를 얻게 하고 남쪽에서 세력을 떨치기 시작한 楚나라를 눌러 桓公을 春秋五霸의 하나로 만들었다. 저서에 ≪管子≫가 있다.

13) 公子 糾 : 제나라 襄公의 아우이고 桓公의 형인 呂糾이다.

14) 小白 : 후일의 桓公으로, 釐公의 아들이고, 襄公과 공자 규의 아우이다. 즉위한 후 管仲을 중용하여 齊나라를 부강하게 만들고 春秋五霸의 하나가 되었다.

奔하였고, 포숙아는 공자 소백을 모시고 莒나라로 출분하였다.

오래지 않아 公孫無知[16]가 반란을 일으켜 제나라에 임금 자리가 비게 되자 두 공자가 먼저 제나라로 들어가 임금이 되려고 다투었다. 관이오가 소백과 거나라에서 싸우다가 길에서 활을 쏘아 소백의 허리띠 고리를 맞혔다. 소백은 제나라의 임금 자리에 오른 다음 노나라를 협박하여 공자 규를 죽이게 하였는데 소홀은 죽고 관이오는 잡혀서 갇혔다.

포숙아가 환공에게 말하였다. "관이오의 재능은 나라를 다스릴 수 있습니다."

환공이 말하였다. "나의 원수이니, 그를 죽이고 싶소."

포숙아가 말하였다. "제가 듣건대, 현명한 임금은 사사로운 원한이 없다고 합니다. 또 어떤 한 사람이 그 임금을 위해 힘을 다했다면 그런 사람은 다른 임금을 위해서도 힘을 다할 것입니다. 임금께서 霸王이 되고자 하신다면 관이오를 쓰지 않으면 될 수 없을 것이니, 임금께서는 반드시 그를 풀어주어야 합니다."

이에 환공이 관이오를 소환하니 노나라에서 관이오를 제나라로 돌려보냈는데, 포숙아가 교외에서 맞이하여 관이오의 囚禁을 풀어주었다. 환공은 그를 예우하여 제나라의 귀족인 高氏와 國氏보다 높은 지위에 앉혔다. 포숙아 자신은 스스로 그의 아래에 처하기를 원하였다. 환공은 관중에게 나라의 정사를 맡기고, 그를 높여 仲父라고 불렀다. 이로 인하여 환공이 霸業을 이루었다.

管仲이 일찍이 탄식하면서 말하였다.

"내가 젊어서 곤궁할 때에 일찍이 포숙아와 함께 장사를 하였는데 이익을 나눌 때 내가 더 많이 차지했는데도 포숙아는 나를 탐욕스럽다고 여기지 않았으니, 내가 가난함을 알았기 때문이다. 내가 일찍이 포숙아를 위해 일을 꾀하다가 크게 곤경에 빠졌는데도 포숙아는 나를 어리석다고 여기지 않았으니, 일을 꾀하기에 이로운 때와 이롭지 않은 때가 있음을 알았기 때문이다. 내가 일찍이 세 번 벼슬하여 세 번 군주에게 쫓겨났는데도 포숙아는 나를 무능하다고 여기지 않았으니, 내가 때를 만나지 못했음을 알았기 때문이다. 내가 일찍이 세 번 싸움에 나가 세 번 패

---

15) 召忽 : 제나라의 대부이다.

16) 公孫無知 : 제나라 釐公의 母弟인 夷仲年의 아들로, 제 양공을 시해하고 군위를 찬탈했으나 뒤에 渠丘大夫 雍林에게 피살되었다.

하여 도망하였는데도 포숙아는 나를 겁이 많다고 여기지 않았으니, 나에게 노모가 계시는 줄 알았기 때문이다. 공자 규가 패하자 소홀은 죽었고 나는 갇혀 치욕을 당하였는데도 포숙아는 나를 수치스러워하는 마음이 없다고 여기지 않았으니, 내가 작은 절조를 수치스럽게 여기지 않고 천하에 이름이 드러나지 않는 것을 수치스럽에 여김을 알았기 때문이다. 나를 낳아 준 분은 부모요 나를 알아 준 사람은 포숙아이다."

이것이 세상 사람들이 관중과 포숙아는 친구를 잘 사귄 사람들이고, 小白은 재능 있는 사람을 잘 등용한 임금이라 말하는 것이다. 그러나 실제로 사귐을 잘한 일도 없고 실제로 재능 있는 사람을 등용한 일도 없었다. 실제로 사귐을 잘한 일도 없고 재능 있는 사람을 등용한 일도 없다는 것은 그 밖에 더 사귐을 잘한 일이 있다는 것도 아니요 더 재능 있는 사람을 등용한 일이 있다는 것도 아니다. 소홀은 죽고 싶어서 죽은 것이 아니라 죽지 않을 수 없었던 것이고, 포숙아는 재능 있는 사람을 잘 추천한 것이 아니라 추천하지 않을 수 없었던 것이고, 소백은 원수를 잘 등용할 줄 알았던 것이 아니라 등용하지 않을 수 없었던 것이다.

管夷吾鮑叔牙二人은 相友甚戚한대 同處於齊라 管夷吾는 事公子糾하고 鮑叔牙는 事公子小白이라 齊公族多寵하고 嫡庶竝行하니 國人懼亂이라 管仲與召忽로 奉公子糾奔魯하고 鮑叔奉公子小白奔莒라 旣而오 公孫無知作亂하여 齊無君한대 二公子爭入이라 管夷吾與小白으로 戰於莒라가 道射中小白帶鉤라 小白旣立에 脅魯殺子糾어늘 召忽은 死之하고 管夷吾는 被囚라 鮑叔牙謂桓公曰 管夷吾能은 可以治國이니이다 桓公曰 我讎也니 願殺之하노라 鮑叔牙曰 吾聞賢君은 無私怨하고 且人能爲其主면 亦必能爲人君이니이다 如欲霸王인댄 非夷吾면 其弗可니 君必舍之니이다 遂召管仲하니 魯歸之齊한대 鮑叔牙郊迎하여 釋其囚라 桓公禮之하여 而位於高國之上이어늘 鮑叔牙以身下之라 任以國政하고 號曰仲父라 桓公遂霸라 管仲嘗歎曰 吾少窮困時에 嘗與鮑叔牙賈한대 分財多自與어늘 鮑叔不以我爲貪하니 知我貧也라 吾嘗爲鮑叔謀事而大窮困한대 鮑叔不以我爲愚하니 知時有利不利也라 吾嘗三仕하여 三見逐於君한대 鮑叔不以我爲不肖하니 知我不遭時也라 吾嘗三戰三北(패)한대 鮑叔不以我爲怯하니 知我有老母也라 公子糾敗에 召忽死之하고 吾幽囚受辱한대 鮑叔不以我爲無恥하니 知我不羞小節而恥名不顯於天下也라 生我者父母요 知我者鮑叔也라 此世稱管鮑善交者요 小白善用能者라 然實無善交하고 實無用能也라 實無善交實無用能者는 非更有善交요 更有善

用能也라 **召忽非能死**라 **不得不死**요 **鮑叔非能擧賢**이라 **不得不擧**요 **小白非能用讎**라 **不得不用**이라

'甚戚'이라는 것은 매우 친밀함이다. '國氏'와 '高氏'는 제나라의 두 貴族이다. '포숙아가 내가 가난함을 알았기 때문이다', '나의 시기가 이롭지 않음을 알았기 때문이다', '나에게 노모가 있음을 알았기 때문이다.'라는 이 몇 마디 말은 매우 좋다. '善用能'과 '善交'는 인사이고, '不得不擧'와 '不得不用'은 천명이다.

甚戚者는 甚親也라 國氏高氏는 齊二貴族也라 鮑叔知我貧과 知我時不利와 知我有老母此數語는 甚佳라 善用能과 善交는 人事也요 不得不擧와 不得不用은 天命也라

管夷吾가 병이 들기에 이르러 小白이 그에게 물었다. "仲父께서 병이 지극히 심하시니 꺼리지 않고 말씀해 주십시오. 큰 병으로 죽는데 이른다면 과인이 누구에게 나라를 맡기는 것이 좋겠습니까?"

관이오가 말하였다. "임금께서는 누구에게 맡기고자 하십니까?"

소백이 말하였다. "鮑叔牙가 괜찮겠소."

관이오가 말하였다. "안 됩니다. 포숙아는 사람됨이 청렴결백한 훌륭한 선비이지만 자기만 못한 사람들을 사람으로 여기지도 않고, 한번 남의 잘못을 들으면 평생토록 잊지 않습니다. 그에게 나라를 다스리게 한다면 위로는 군주를 구속할 것이요 아래로는 백성들을 제재할 것입니다. 그는 군주에게 죄를 얻게 될 것이니, 장차 오래 가지 못할 것입니다."

소백이 말하였다. "그렇다면 누가 좋겠습니까?"

관이오가 대답하였다. "어쩔 수 없다면 隰朋이 좋겠습니다. 그의 사람됨은 윗사람을 섬김에 다른 마음을 품음이 없고 진실로 도리에 위배되지 않을 것이니, 그는 자신이 黃帝와 같지 못함을 부끄럽게 여기면서도 자기만 같지 못한 사람을 불쌍히 여길 것입니다. 덕을 남에게 나누어 주는 사람을 聖人이라 이르고 재물을 남에게 나누어 주는 사람을 賢人이라 이릅니다. 현명함으로써 사람들을 대한다면 사람들의 마음을 얻지 못하겠지만 현명함으로써 남에게 낮추는 자는 사람들의 마음을 얻지 못하지 않을 것입니다. 국사에 대해 듣지 않는 바가 있고 집안일에 대해서는 보지 않는 바가 있을 것입니다. 어쩔 수 없다면 습붕이 좋을 것입니다."

及管夷吾有病하여 小白問之曰 仲父之病病矣니 可不諱云이라 至於大病이면 則寡人惡乎屬國而可잇고 夷吾曰 公誰欲歟잇가 小白曰 鮑叔牙可로소이다 曰 不可니이다 其爲人이 潔廉善士也나 其於不己若者에 不比之人하고 一聞人之過면 終身不忘이니이다 使之理國이면 上且鉤乎君하고 下且逆乎民이니이다 其得罪於君也니 將弗久矣니이다 小白曰 然則孰可오 對曰 勿已면 則隰朋可니이다 其爲人也가 上忘而下不叛이니 愧其不若黃帝하고 而哀不己若者니이다 以德分人을 謂之聖人이요 以財分人을 謂之賢人이라 以賢臨人이면 未有得人者也어니와 以賢下人者는 未有不得人者也니이다 其於國에 有不聞也요 其於家에 有不見也니이다 勿已면 則隰朋可니이다

'病病矣'는 병이 지극히 심함을 말한다. '諱云'이라는 것은 남에 대해 말하기를 꺼려서는 안 된다는 말이니, 여기가 구두가 끊어지는 곳이다. '不己若者 不比之人'은 그 사람을 미워하여 사람으로 여기지 않음을 말한다. '鉤乎君'이라는 것은 잡아 묶어 구속하는 것이고, '逆乎民'이라는 것은 法理로 제재하는 것이다. '上忘'이라는 것은 그 윗사람을 섬김에 다른 마음을 품지 않는 것이고, '下不叛'이라는 것은 진실로 도리에 위배되지 않을 뿐인 것이다. '愧不若黃帝'는 자신을 귀하게 여김이 매우 주밀한 것이고, '哀不己若'은 남을 대하는 것이 매우 관대한 것이다. '以德分人'은 그 덕을 스스로 소유하지 않는 것이고, '以賢臨人'은 남을 복종시키는데 마음을 두는 것이다. '以賢下人'은 자신을 낮추고 남을 높이는 것이다. '於國有不聞'과 '於家有不見'이라는 것은 그 총명을 쓰지 않는 것이다.

病病矣는 言病至甚矣라 諱云者는 言不可諱人說也니 此是句絶이라 不己若者를 不比之人은 言惡之하여 不以人類比之也라 鉤乎君者는 鉤絆拘束之也요 逆乎民者는 以法理操制之也라 上忘者는 其事上以無心也요 下不叛者는 苟不背於理而已라 愧不若黃帝는 貴己甚周也요 哀不己若은 待人甚恕也라 以德分人은 不自有其德也요 以賢臨人은 有心於服人也라 以賢下人은 卑己而尊人也라 於國有不聞과 於家有不見者는 不用其聰明也라

그렇다면 管夷吾는 鮑叔牙를 박하게 대한 것이 아니라 박하게 대하지 않을 수 없었던 것이며 隰朋을 후하게 대한 것이 아니라 후하게 대하지 않을 수 없었던 것이다. 처음에 후하게 대하다가 혹 끝에 박하게 대하기도 하며, 끝에 박하게 대했다 하더라도 처음에 후하게 대한 경우도 있을 것이니, 후함과 박함이 가고 오는 것은 우리들의 人力으로 그렇게 되는 것이 아니다.

然則管夷吾非薄鮑叔也라 **不得不薄**이며 **非厚隰朋也**라 **不得不厚**라 **厚之於始**라가 **或薄之於終**하고 **薄之於終**이라도 **或厚之於始**하니 **厚薄之去來**는 **弗由我也**라

관이오와 포숙아의 사귐이 저와 같았는데도 관이오가 죽으려 할 때에 한 말이 포숙아를 박하게 대하고 습붕을 후하게 대한 것 같으니, 비록 나라를 위해 재상을 택하는 것이라 하더라도 실로 또한 천명이 있는 것이지, 관이오 자신이 마음대로 할 수 있는 바가 아니다. 후함과 박함에 대한 말은 실제 논의가 아니고, 이를 빌려 人力과 天命의 설을 형용한 것일 뿐이다.

管鮑之交如彼나 而垂沒之言이 似薄鮑叔而厚隰朋하니 雖曰爲國擇相이라도 實亦有命焉하니 非夷吾所自由也라 厚薄之語는 非實論也요 借此以形容力命之說耳라

6-4 자신이 만든 竹刑에 죽은 鄧析

鄧析[17]은 양편 모두 좋다는 설을 주장하면서 끝임없는 궤변을 늘어놓더니, 子産[18]이 정사를 맡고 있을 때에 ≪竹刑≫을 지었다. 鄭나라에서 ≪죽형≫을 사용하였는데, 등석이 자주 자산의 정치를 힐난하니 자산이 그에게 시달렸다. 〈자산은 ≪죽형≫에 허물을 돌려〉 그를 잡아서 모욕을 주다가 오래지 않아 그를 죽였다. 그렇다면 자산은 ≪죽형≫을 잘 사용한 것이 아니라 사용하지 않을 수 없었던 것이며, 등석은 자산을 잘 굴복시킨 것이 아니라 굴복시키지 않을 수 없었던 것이며, 자산은 등석을 잘 죽인 것이 아니라 죽이지 않을 수 없었던 것이다.

鄧析操兩可之說하여 **設無窮之辭**러니 **當子産執政**하여 **作竹刑**이라 **鄭國用之**한대 **數難子産之治**하니 **子産屈之**라 **子産執而戮之**라가 **俄而誅之**라 **然則子産非能用竹刑**이라 **不得不用**이며 **鄧析非能屈子産**이라 **不得不屈**이며 **子産非能誅鄧析**이라 **不得不誅也**라

'兩可'라는 것은 시비를 돌아보지 않고 남의 의견을 함부로 따라 옳다 그르다 하는 것이다. '無窮之辭'는 따질 수 없는 것이다. '數難子産之治'는 자산이 정사를 시행할 때

17) 鄧析 : 春秋時代 鄭나라의 法家 인물이다. 저서로 ≪鄧析子≫가 있다.

18) 子産 : 춘추시대 鄭나라의 대부 公孫僑의 자이다. 강대국인 晉나라와 楚나라 사이에 낀 정나라를 위하여 안으로는 예법으로 强族을 억제하고, 밖으로는 강국과 외교를 잘하여 수십 년 동안 정나라를 무사히 다스렸다.

에 자주 힐난함을 말한다. '子産屈之'는 먼저 鄧析에게 시달림을 말한 것이다. 子産은 이미 등석의 ≪竹刑≫을 쓰고, 또 등석이 힐난함으로 인해 고생하여 드디어 ≪죽형≫에 허물을 돌렸다. 그러므로 등석을 잡아 모욕을 주고, 이미 모욕을 준 다음 또 죽였다. ≪죽형≫은 竹簡에 형벌을 쓴 것이다. '不得不用'과 '不得不誅'라는 것은 ≪죽형≫은 등석이 만든 것이고 자산이 처음 사용하였는데, 등석이 이 ≪죽형≫으로 죽임을 당한 것이다. 好惡가 反覆되어 禍福이 생겨나는 것이 모두 천명의 절로 그러함에서 나온 것이지 인력으로 된 것이 아니니, 자산 또한 마음대로 할 수 있는 것이 아니다.

兩可者는 詭隨而爲是非也라 無窮之辭는 不可詰也라 數難子産之治는 言於子産爲治之時에 數有扞格也라 子産屈之는 言苦於先也라 子産旣用鄧析之竹刑하고 又以扞格爲苦하여 遂歸咎於竹刑이라 故執而戮辱之요 旣戮辱之하고 又誅之라 竹刑은 竹簡刑書也라 不得不用과 不得不誅者는 竹刑은 鄧析所制요 子産始而用之어늘 而鄧析乃以此被誅라 好惡反覆하여 而禍福生焉이 皆出於命之自然이요 非人力也니 子産亦不自由爾라

6-5 生存과 死亡의 이치

생존할 만해서 생존하는 것도 天福이고 사망할 만해서 사망하는 것도 천복이며, 생존할 만한데도 생존하지 못하는 것도 天罰이고 사망할 만한데도 사망하지 않는 것도 천벌이다.

생존할 만하고 사망할 만한데 생존하는 경우도 사망하는 경우도 있고, 생존해서는 안 되고 사망해서는 안 되는데 사망하기도 하고 생존하기도 하는 경우도 있다. 그러나 생존할 만한 것을 생존하게 하고 사망할 만한 것을 사망하게 하는 것은 외물도 아니고 나도 아니며 모두 천명이니 사람의 지혜로 어찌할 수 없는 일이다.

그러므로 말하였다. "아득하여 끝이 없으나 천도는 스스로 절로 귀결하고, 광대하여 구분이 없으나 천도는 절로 운행한다." 천지도 범할 수 없으며 성인의 지혜로도 간여할 수 없으며 귀신이나 도깨비도 속일 수 없다. 자연이란 만물을 묵묵히 깨우치고 혼연히 이루어주며 차분히 들어주고 평안히 해주며 전송하고 맞이하는 것이다.

可以生而生도 天福也오 可以死而死도 天福也며 可以生而不生도 天罰也오 可以死而不死도 天罰也라 可以生하고 可以死에 得生得死도 有矣요 不可以生하고 不可以死에 或死或

生도 **有矣**라 **然而生生死死**는 **非物非我**요 **皆命也**니 **智之所無奈何**라 **故曰 窈然無際**나 **天道自會**하고 **漠然無分**이나 **天道自運**이라 **天地不能犯**하며 **聖智不能干**하며 **鬼魅不能欺**라 **自然者**는 **默之成之**하며 **平之寧之**하며 **將之迎之**라

'可以生 可以死'는 각각 그 원하는 바와 같게 되어 사망하거나 생존해도 서운함이 없는 것을 말하니 사람들이 이를 천복이라 여기며, 생존을 탐해도 생존하지 못해서 곤욕에 시달리고 사망을 구해도 사망하지 못하니 사람들이 천벌이라 여긴다. 이러한 일은 세상에 진실로 또한 있으나 생존할 만한 것을 생존하게 하고 사망할 만한 것을 사망하게 하는 것은 외물과 내가 모두 마음대로 할 수 있는 것이 아니고, 智力으로 미칠 수 있는 바가 아니니, 천명이 아님이 없음을 알지 못하는 것이다. 비록 지혜롭더라도 또한 어찌할 수 없는 것이다.

'得生得死'는 바로 생존할 만하고 사망할 만한 것이니 다만 이렇게 중첩되게 글자를 쓴 것뿐이다. '或生或死'는 또한 바로 그렇게 되어서는 안 된다는 뜻이다. '杳然無際'라는 것은 아득히 끝이 없는 것을 말한다. 아득히 끝이 없어 궁구할 수 없으니 이는 天道가 귀결하는 곳이고, 광막하여 분별할 바가 없으니 이는 천도의 運行이 신묘한 것이니, 누가 알 수 있으리오. '天地不能犯'이라는 것은 하늘은 剛을 德으로 삼는데도 四時의 운행을 犯하지 않으니, 盈虛와 消息은 하늘도 어기지 않는 것이 바로 이것이다. '聖智不能干'이라는 것은 성인의 지혜로도 四時를 어기지 못함을 말한 것이다. '鬼魅不能欺'라는 것은 비록 귀신이라도 알 수 없고 또한 이로써 사람을 속일 수 없는 것이다.

'默之'라는 것은 묵묵히 깨우치는 것이고, '成之'라는 것은 혼연히 자연함을 이루어 인력을 용납하지 않는 것이다. '平之'라는 것은 마음을 가라앉혀 들어주는 것이고, '寧之'라는 것은 평안하게 하는 것이다. 그 떠남에 전송하고 그 옴에 맞이하는 것이니, ≪장자≫에 말하기를 "때마침 이 세상에 태어난 것은 夫子가 태어날 때였기 때문이고, 때마침 세상을 떠난 것은 부자가 갈 때였기 때문이니, 태어나는 때를 편안히 맞이하고 죽는 때를 편안히 따르면 슬픔이나 즐거움 따위의 감정이 그 사람의 마음에 들어갈 수 없다."[19]라고 하였으니, 또한 바로 이 뜻이다.

可以生可以死는 言各如其所欲하여 死生而無憾者니 人以此爲天福之하며 貪生而不得生하여 苦於困辱하고 求死而不得死하니 人以爲天罰之라 此事於世에 固亦有之로되 而不知生生死死는 物我皆不自由요 非智力之所能及하니 莫非命也라 雖智라도 亦無如之何라 得生得死는 卽是可以生可以死니 特地重疊如此下字라 或生或死는 亦卽不可以之意也라 杳(묘)然無際者는 言杳冥無

19) 때마침……없다 : ≪莊子≫ 〈養生主〉에 나오는 말이다. 여기의 夫子는 老聃을 가리킨다.

邊際也라 杳冥無際而不可窮하니 此天道歸會之地也오 沖漠而無所分別하니 此天道運行之妙也니 誰得而知之리오 天地不能犯者는 天爲剛德이로되 猶不干時하니 盈虛消息은 天且不違是也라 聖智不能干者는 言聖智亦不能違時也라 鬼魅不能欺者는 雖鬼不得而知之요 亦不能以此欺人也라 默之者는 默而悟之也요 成之者는 渾成自然하여 無容力也라 平之者는 平心以聽之也요 寧之者는 安之者也라 其去也에 將之하고 其來也迎之니 莊子曰 適來는 夫子時也요 適去는 夫子順也니 安時處順이면 哀樂이 不能入也라하니 亦是此意라

6-6 병의 원인과 진찰

楊朱의 친구 중에 季梁이라는 사람이 있었다. 계량이 병이 나서 7일 만에 크게 위중해졌다. 그의 자식들이 아버지 곁에 둘러앉아서 울면서 의원을 부르자고 청하였다. 계량이 楊朱에게 말하였다. "내 자식들이 이처럼 매우 불초하니, 그대는 어찌 나를 위해 노래를 불러 이들을 깨우쳐 주지 않는 것이오?"

양주가 노래하였다. "하늘도 이 병을 알지 못하거늘, 사람이 어찌 알 수 있으리오? 행복은 하늘로부터 내려오는 것이 아니고, 재화는 사람이 만드는 것이 아니라네. 나와 그대가, 어찌 그것을 알지 못하겠는가? 의원과 무당이, 어찌 그것을 알겠는가?"

그의 자식들이 깨닫지 못하고 끝내 세 의원을 불러왔다. 첫째 사람은 矯氏이고, 둘째 사람은 兪氏이고, 셋째 사람은 盧氏이니, 세 사람은 그의 병의 원인을 진찰하였다.

교씨가 계량에게 말하였다. "그대는 몸의 차고 더움이 절도에 맞지 않고 氣의 虛와 實이 법도를 잃었습니다. 병은 주림과 배부름, 여색과 욕심, 정신과 사려가 번잡하고 산란함으로 말미암아 생긴 것이지 하늘 탓도 아니고 귀신 탓도 아닙니다. 비록 위중하더라도 고칠 수 있습니다."

계량이 말하였다. "평범한 의원이구나. 속히 내보내거라."

유씨가 말하였다. "그대는 처음 胎中에서 받은 원기가 부족하였는데 태어난 뒤에 젖을 너무 많이 먹었소. 병은 하루 아침저녁에 생긴 것이 아니라 그 유래가 오래 되었으니 고칠 수가 없습니다."

계량이 말하였다. "훌륭한 의원이로다. 모셔다 식사를 대접하라."

노씨가 말하였다. "그대의 병은 하늘에서 내려온 것도 아니고 또한 사람이 만든 것도 아니고 또한 귀신 때문에 생긴 것도 아닙니다. 생명을 얻어 형체를 지녔을 때부터 이미 생명과 형체를 제재하는 운명이 있고, 또한 운명을 아는 사람이 있으니, 약이나 침이 그대의 병에 무슨 소용이 있겠습니까?"

계량이 말하였다. "神醫로다. 후히 사례하여 돌려 보내거라."

오래지 않아 계량의 병이 절로 나았다.

楊朱之友曰季梁이라 季梁得疾하여 七日大漸하니 其子環而泣之하여 請醫라 季梁謂楊朱曰 吾子不肖가 如此之甚하니 汝奚不爲我歌以曉之오 楊朱歌曰 天其弗識이어늘 人胡能覺이리오 匪祐自天이오 弗孼(얼)由人이라 我乎汝乎여 其弗知乎아 醫乎巫乎여 其知之乎아 其子弗曉하고 終謁三醫라 一曰矯氏요 二曰俞氏요 三曰盧氏니 診其所疾이라 矯氏謂季梁曰 汝寒溫不節하고 虛實失度하니 病由饑飽色慾과 精慮煩散이니 非天非鬼라 雖漸이나 可攻也라 季梁曰 衆醫也라 亟屏之라 俞氏曰 女始則胎氣不足이어늘 乳湩有餘라 病非一朝一夕之故라 其所由來漸矣니 弗可已也라 季梁曰 良醫也라 且食之하라 盧氏曰 汝疾不由天이요 亦不由人이요 亦不由鬼요 稟生受形에 旣有制之者矣요 亦有知之者矣니 藥石其如汝何오 季梁曰 神醫也라 重貺(황)遣之하라 俄而季梁之疾自瘳라

'匪佑自天'과 '弗孼由人'은 행복은 하늘에서 나오는 것이 아니고 재앙은 사람이 만드는 것이 아님을 말한 것이니, 모두 절로 그러한 것일 뿐이다. 精慮가 산란하고 思慮가 번다해서 정신이 없는 것이다. '乳湩有餘'는 젖을 과다하게 먹는 것이다. 矯氏의 말은 人事 때문에 병을 초래했다고 한 것이다. 그러므로 평범한 사람이라 여겨 내보내게 한 것이다. 俞氏의 말은 타고난 병이니, 타고남은 하늘에서 나온 것이지 인사가 초래한 바가 아니라고 말한 것이다. 그러므로 훌륭한 의원이라 여겨 음식을 대접하게 하였으니, 그 말이 이치에 조금 가까움을 말한 것이다. 盧氏의 말은 운명을 제재하는 자도 알 수 없고 운명을 아는 자도 알 수 없으니, 이는 비록 하늘이라 하더라도 또한 알 수 없는 것이라고 한 것이다. 진실로 神醫라고 여겨 후하게 사례하였으니, 그의 소견이 高妙하기 때문이다. '俄而自瘳' 이 한 구는 또 자연히 그러한 것이요, 醫藥이 또한 간여할 수 없음을 말한 것이다.

匪佑自天과 弗孼由人은 言福佑非出於天하고 災孼非由於人이니 皆自然耳라 精慮煩散하고 思慮煩多하여 而精神散失也라 乳湩有餘는 飮乳過多也라 矯氏之言은 爲其以人事致病也라 故以爲衆人而屛去之라 俞氏之言은 謂其稟受之病也니 稟受出於天이요 非人事所致라 故以爲良醫

而與之食하니 謂其言稍近於理也라 盧氏之言은 制之者도 不可知요 知之者도 亦不可知니 此雖天이라도 亦不知之라 固以爲神醫而厚餽之하니 以其所見高妙也라 俄而自瘳此一句는 又謂自然而然이요 醫藥亦無預也라

6-7 삶과 죽음의 운명

삶은 소중히 여긴다고 해서 생존할 수 있는 것도 아니고 몸은 아낀다고 해서 건강할 수 있는 것도 아니며, 삶은 또한 천하게 여긴다고 해서 요절하는 것도 아니고 몸은 또한 가벼이 여긴다고 해서 쇠약해지는 것도 아니다. 그러므로 삶은 소중히 여겨도 혹 생존하지 못하기도 하고 천하게 여겨도 혹 사망하지 않기도 하며, 몸은 아껴도 혹 건강해지지 않기도 하고 가벼이 여겨도 혹 쇠약해지지 않기도 한다. 이는 이치에 상반되는 것 같지만 이치에 상반되지 않으니, 이는 자연히 생존하고 자연히 사망하는 것이며 자연히 건강해지고 자연히 쇠약해지는 것이다. 삶은 혹 소중히 여겨 생존하기도 하고 혹 천하게 여겨 사망하기도 하며, 몸은 혹 아껴서 건강해지고도 하고 혹 가벼이 여겨 쇠약해지기도 한다. 이는 이치에 맞는 것 같지만 이치에 맞지 않으니, 이는 또한 자연히 생존하고 자연히 사망하는 것이며 자연히 건강해지고 자연히 쇠약해지는 것이다.

生非貴之所能存이요 身非愛之所能厚며 生亦非賤之所能夭요 身亦非輕之所能薄이라 故貴之或不生하고 賤之或不死하며 愛之或不厚하고 輕之或不薄이라 此似反也나 非反也니 此自生自死요 自厚自薄이라 或貴之而生하고 或賤之而死하며 或愛之而厚하고 或輕之而薄라 此似順也나 非順也니 此亦自生自死요 自厚自薄이라

貴賤과 厚薄이 장수와 요절에 상관이 없다는 이 말은 常道에 반하는 것 같지만 常道에 반하지 않으니, 이치에 어긋나는 것 같지만 실제로는 이치에 어긋나지 않는 것을 말한다. 장수와 요절이 귀천과 후박에서 나온다는 이 말은 이치에 맞는 것 같지만 실제로는 이치에 맞지 않는 것이다. 장수와 요절이 절로 그러한 데에서 나와 그렇지 않을 수 없는 데에서 나온 것을 알면, 이치에 상반되고 이치에 맞는다는 의심이 없어질 것이다.

貴賤厚薄이 無與於壽夭는 此語似若反常而非反常이니 言其似若違理而實非違理也라 以壽夭爲出於貴賤厚薄은 此語似順理而實非順理라 知壽夭之出於自然하여 出於不得不然이면 則無反順之疑矣리라

鬻熊[20]이 文王에게 말하였다. "자연히 긴 것이지 더하여 늘여줄 수 있는 것이 아니고, 자연히 짧은 것이지 덜어서 줄일 수 있는 것이 아닙니다. 사람의 계산으로 어찌할 수 있는 것이 아니니, 어찌하겠습니까?"

鬻(육)**熊語文王曰 自長非所增**이요 **自短非所損**이라 **算之所亡若何**오

'自短自長'은 바로 ≪莊子≫의 오리와 학에 대한 의론이다.[21] '算之所無'라는 것은 계산이 미칠 바가 아니라는 말이다. 계산이 간여할 수 없다면, 사람이 장차 어찌하리오? 사람이 이미 어찌할 수 없으니, 어찌 자연을 따르지 않을 수 있으리오?

自短自長은 卽莊子鳧(부)鶴之論이라 算之所無者는 言非算計之所及이라 與算計無預면 人將若之何哉리오 人旣不可得而奈何니 則安得不聽之自然이리오

老聃이 關尹[22]에게 말하였다. "하늘이 싫어하는 이유를 그 누가 알겠는가?"[23]라고 하였다. 이는 하늘의 뜻에 영합해서 이익과 해로움을 헤아리는 것이 그만두는 것만 못함을 말한 것이다.

老聃語關尹曰 天之所惡(오)를 **孰知其故**리오 **言迎天意**하여 **揣**(췌)**利害**가 **不如其已**라

이 장은 바로 ≪莊子≫에 "하늘의 소인은 인간 세계의 군자이고 인간 세계의 군자는 하늘의 소인이다."[24]라고 한 뜻이다. 顏淵은 요절하였고 盜跖은 장수하였으니,[25]

---

20) 鬻熊 : 周나라 文王의 스승이며, 楚나라에 봉해졌다. 粥熊이라고도 한다. 저서로 ≪鬻子≫ 22편이 있다.

21) 오리와……의론이다 : ≪莊子≫ 〈駢拇〉에 "오리의 다리는 비록 짧지만 이어 주면 걱정하고 학의 다리는 비록 길지만 자르면 슬퍼한다. 그 때문에 타고난 本性이 긴지라 잘라야 할 것이 아니며, 타고난 본성이 짧은지라 이어 줄 것이 아니니 없애거나 근심할 바가 없다.〔鳧脛雖短 續之則憂 鶴脛雖長 斷之則悲 故性長非所斷 性短非所續 無所去憂也〕" 하였다.

22) 關尹 : 春秋時代와 戰國時代 교체기의 道家 인물로, 老子의 제자이다. 성은 尹氏, 이름은 喜, 자는 公度이다. 일찍이 函谷關令이 되었기 때문에 關令尹이라 일컫는다.

23) 하늘이……알겠는가 : ≪老子≫ 73장에 "하늘이 싫어하는 그 이유를 누가 알겠는가? 이 때문에 성인은 오히려 그것을 어렵게 여긴다.〔天之所惡 孰知其故 是以聖人猶難之〕"라고 하였다.

24) 하늘의……소인이다 : 子貢이 말하기를 "감히 畸人에 대해 여쭙습니다.〔敢問畸人〕"라고 하니, 공자가 말하기를 "기인이란 세속 사람들과는 다르지만 하늘과는 비슷하다. 그 때문에 '하늘의 소인은 인간 세계의 군자이고 인간 세계의 군자는 하늘의 소인이다.〔畸人者 畸於人而侔於天 故曰天之小人 人之君子 人之君子 天之小人也〕'라고 말한다."라고 하였다.(≪莊子≫ 〈大宗師〉)

무엇을 좋아하고 무엇을 싫어하리오? 사람의 일로써 하늘의 뜻을 헤아려 좋아함과 싫어함, 이로움과 해로움의 단서를 구하고자 한다면 과연 어디에서 얻을 수 있으리오? 그만두는 것이 나음만 못할 것이니, 자연을 따르는 것만 못함을 말한 것이다.

此章은 卽莊子天之君子는 人之小人이요 人之君子는 天之小人之意라 顔夭跖壽하니 何者爲好며 何者爲惡리오 以人事而揣天意하여 而欲求其好惡利害之端이면 果何從得이리오 不若已之爲愈니 言不如聽其自然也라

6-8 사람의 같은 점과 다른 점

楊布[26]가 물었다. "어떤 사람이 여기에 있으니, 나이도 같고 말씨도 같으며 재능도 같고 모습도 같은데, 장수하고 요절함은 현격히 차이가 나고 존귀하고 비천함은 현격히 차이가 나며 명예도 현격히 차이가 나고 사랑 받고 미움 받는 것도 현격히 차이가 나니, 저는 어찌하여 그렇게 되는지 의혹스럽습니다."

楊子가 대답하였다. "古人이 말한 것을 내가 일찍이 기억하고 있는 것이 있으니 너에게 말해 주겠다. 所以然을 알지 못하면서도 그렇게 되는 것은 운명이다. 지금 어둡고 모호하며 분분하고 혼란한 와중에 하는 대로 따르기도 하고 하지 않는 대로 따르기도 하니, 날이 가고 날이 오는 것을 누가 그 이치를 알겠는가? 모두 운명인 것이다. 운명을 아는 자는 장수와 요절의 관념이 없고, 이치를 아는 자는 옳고 그름의 관념이 없으며, 〈욕망이 없는 아이의〉 마음을 아는 자는 거스름과 순종의 관념이 없고 본성을 아는 자는 편안함과 위태로움의 관념이 없으니, 믿는 바도

---

25) 顔淵은……장수하였으니 : 안연은 공자의 수제자로, 덕행과 학문에 뛰어나 거의 성인의 경지에 올랐지만 30대 초반의 나이로 요절했다고 한다. 盜跖은 춘추시대 인물로,《莊子》〈도척〉에 의하면 柳下惠의 아우로 성은 '展'이고 이름은 '跖'인데, 도적떼 구천을 거느리고 천하를 횡행한 大盜였기 때문에 사람들이 도척이라 불렀다고 한다. 가축을 훔치고 부녀자를 약탈하는 등 온갖 악행을 저질렀음에도 장수하였다고 한다. 이 때문에 司馬遷은 《史記》〈伯夷列傳〉에서 "안연은 빈궁한 생활 속에서 거친 밥도 실컷 먹지를 못하다가 결국은 일찍 죽고 말았다. 하늘이 善人에게 보답하는 것이 과연 어떻다 하겠는가. 도척은 날마다 무고한 사람을 죽이고 사람의 간을 회쳐서 먹었으며 포악한 행동을 자행하면서 수천 명의 무리를 모아 천하를 횡행하다가 천수를 누리고 죽었다. 하늘은 그에게 무슨 덕이 있기에 이렇게 해 주었는가. 과연 천도라는 것이 있다면 그것이 옳은 것이냐 그른 것이냐.〔儻所謂天道 是耶非耶〕"라고 하였다.

26) 楊布 : 楊朱의 아우이다.

전혀 없지만 믿지 않는 바도 전혀 없다고 하는 것이다. 이것이 진실이고 성실이니, 무엇을 버리고 무엇을 추구할 것이며, 무엇을 슬퍼하고 무엇을 즐거워할 것이며, 무엇을 하고 무엇을 하지 않을 것인가?

楊布問曰 有人於此하니 **年兄弟也**요 **言兄弟也**요 **才兄弟也**요 **貌兄弟也**어늘 **而壽夭父子也**요 **貴賤父子也**요 **名譽父子也**요 **愛憎父子也**니 **吾惑之**니이다 **楊子曰 古之人有言**이어늘 **吾嘗識**(지)**之**하니 **將以告若**하리라 **不知所以然而然**은 **命也**라 **今昏昏昧昧**하고 **紛紛若若**이어늘 **隨所爲**하고 **隨所不爲**하니 **日去日來**를 **孰能知其故**리오 **皆命也夫**인저 **信命者**는 **亡**(무)**壽夭**하고 **信理者**는 **亡是非**하며 **信心者**는 **亡逆順**하고 **信性者**는 **亡安危**니 **則謂之都亡所信**하고 **都亡所不信**이라 **眞矣慤**(각)**矣**니 **奚去奚就**며 **奚哀奚樂**이며 **奚爲奚不爲**아

'兄弟'라는 것은 그 나이와 모습과 말씨와 재능이 서로 같음을 말한다. '父子'라는 것은 존귀함과 비천함, 장수와 요절의 차이가 멂을 말한다. '古人이 말한 것을 내가 일찍이 기억하고 있다.'라는 것은 내가 일찍이 고인이 이 말을 한 것을 기억하고 있음을 말한다. 그 말은 무엇인가? '所以然을 알지 못하면서도 그렇게 되는 것은 운명이다.'라는 것이 바로 이것이다. '紛紛'은 많음이다. '若若'은 움직여 그치지 않는 것이니, ≪漢書≫에 '인끈은 어찌 그렇게 쉬지 않고 움직이는가.'[27] 라는 구절이 있으니, 바로 이것이다. 하려고 하다가 하지 않고 하지 않으려 하다가 또 하는 것은 운명이 제재하는 것이니, 누가 그 이치를 알겠는가.

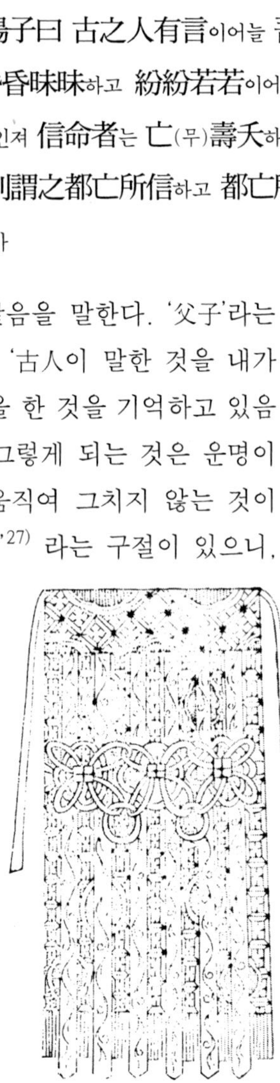
綬

운명을 알면 장수와 요절의 관념이 없고, 자연의 이치를 알면 옳고 그름의 관념이 없고, 〈어떠한 욕망도 없는〉 갓 태어난 아이의 마음을 알면 거스름과 순종의 관념이 없고, 天命의 性을 알면 편안함과 위태로움의 관념이 없을 것이다. 命과 理와 心과 性은 비록 믿을 만한 것 같으나 또 믿을 수 없다. 그러므로 믿는 바도 전혀 없지만 믿지 않는 바도 전혀 없는 것이다. '眞矣慤矣'는 순진하고 성실한 것이니, 전일하면서도 얽매이지 않는 것이다. 만약 이와 같을 수 있다면 무엇을 버리고 무엇을 추구할 것이

27) 인끈은……움직이는가 : ≪漢書≫ 권93 〈佞幸傳 石顯〉에 "도장은 어찌 그렇게 주렁주렁 매달고, 인끈은 어찌 그렇게 쉬지 않고 움직이는가.〔印何纍纍 綬若若邪〕"라는 말이 나온다. 일반적으로 이 구절은 "인끈은 어찌 그렇게 치렁치렁 늘어뜨렸는가."라고 해석한다.

며, 무엇을 슬퍼하고 무엇을 즐거워할 것이며, 무엇을 할 수 있고 무엇을 할 수 없을 것인가? 모두 마음에 담아 둠이 없도록 해야 한다.

兄弟者는 言其年貌言才相若也라 父子者는 言其貴賤壽夭相去之遠也라 古之人有言을 吾嘗識之者는 言我曾記得古人有此言也라 其言若何오 不知所以然而然은 命也가 是也라 紛紛은 多也라 若若은 動而不止也니 漢書有綬若若하니 是也라 欲爲而不得爲하고 欲不爲而又爲之는 命之所制니 孰知其故리오 知命이면 則無壽夭矣요 知自然之理면 則無是非矣요 知嬰兒之心이면 則無逆順矣요 知天命之性이면 則無安危矣라 曰命 曰理 曰心 曰性은 雖若可信이나 而又不足信이라 故曰 都無所信이나 都無所不信이라 眞矣慤矣는 眞純誠慤이니 一而不維也라 若能如此면 則何所去면 何所就며 以何爲哀며 以何爲樂이며 以何爲可爲며 以何爲不可爲아 皆無容心可也라

黃帝의 글에 '지극한 사람은 고요히 있으면 죽은 사람 같고 움직이면 기계와 같다.' 하였으니, 또한 고요한 까닭도 알지 못하지만 또한 고요하지 않은 까닭도 알지 못하며, 또한 움직이는 까닭도 알지 못하지만 또한 움직이지 않는 까닭도 알지 못하며, 또한 여러 사람이 본다고 해서 감정과 모습을 바꾸지도 않지만 또한 여러 사람이 보지 않는다고 해서 감정과 모습을 바꾸지 않지도 않는다. 홀로 갔다가 홀로 오고 홀로 나갔다가 홀로 들어오니, 누가 그를 방해할 수 있겠는가?"

黃帝之書云 至人居若死하고 動若械라 亦不知所以居나 亦不知所以不居하며 亦不知所以動이나 亦不知所以不動하며 亦不以衆人之觀이라하여 易(역)其情貌나 亦不謂衆人之不觀이라하여 不易其情貌라 獨往獨來하고 獨出獨入하니 孰能礙(애)之리오

'居若死'는 바로 ≪莊子≫의 '尸童처럼 앉아 있는다'[28]는 뜻이니, '형체는 시든 나무와 같고 마음은 불 꺼진 재와 같다'[29]는 것이 바로 이것이다. '動若械'라는 것은 ≪장자≫에서 그림자가 곁그림자에게 물은 '무언가 의지하는 것이 있어서 그러한가?'[30]와

28) 시동처럼……있는다 : ≪莊子≫ 〈在宥〉에 "시동처럼 앉아 있어도 용처럼 드러나고, 못처럼 잠잠하여도 우레처럼 울린다.〔屍居而龍見 淵默而雷聲〕"라고 하였다.

29) 형체는……같다 : 南郭子綦가 팔뚝을 안석에 기대고 앉아서 하늘을 우러러보며 길게 한숨을 쉬는데, 멍하니 몸이 해체된 듯이 자기 짝을 잃어버린 것 같았다. 顔成子游가 앞에서 모시고 서 있다가 말하기를 "어쩐 일이십니까? 육체는 진실로 시든 나무와 같아질 수 있으며 마음은 진실로 불꺼진 재와 같아질 수 있는 것입니까? 지금 안석에 기대고 계신 모습은 이전에 책상에 기대 계시던 모습이 아니십니다.〔何居乎 形固可使如槁木 而心固可使如死灰乎 今之隱机者 非昔之隱机者也〕"라고 하였다.(≪莊子≫ 〈齊物論〉)

같으니, 偃師가 만든 木人이 움직일 때에 따로 기계가 있어서 움직이게 하는 것과 같다.[31] 이미 나에게 말미암지 않으니 또한 고요하고 고요하지 않는 까닭과 움직이고 움직이지 않는 까닭을 알지 못한다. 사람이 보더라도 나의 감정과 모습을 어찌 일찍이 바꾸겠으며, 사람이 보지 않더라도 내가 또한 어찌 일찍이 나의 감정과 모습을 바꾸리오? 눈과 귀로 보고 듣는 것 이외에는 모두 이미 잊어버린다. 이러므로 왕래하고 출입할 때에 홀로 묘리를 터득하니, 누가 방해할 수 있으리오? 이것이 바로 자신을 잊어버리고 형체를 잊어버려서 조물주와 함께 노니는 것이다.

居若死는 卽莊子尸居之意니 形如槁木하고 心如死灰가 是也라 動若械者는 猶影[32]問罔兩의 有所待而然也니 如偃師之木人이 其動也에 自有機械以使之라 旣不由我하니 則亦不知所以居不居하고 所以動不動이라 人之所見이라도 我之情貌를 何嘗變易이며 人所不見이라도 我亦何嘗變易이리오 耳目之外에 皆已忘之라 所以往來出入에 獨得其妙하니 孰得而拘礙之리오 是乃忘己遺形하여 以與造物者로 游也라

6-9 人情과 世態가 다르지만 모두 운명이 그렇게 만드는 것

墨-독음은 '眉'이다.-屎-敕・夷, 女・履 두 가지의 반절이다.-, 單-독음은 '戰'이다.-至-독음은 '咥'이다.-, 嘽-豈・然의 반절이다.-咺-許・元, 火・遠 두 가지의 반절이다.-, 憋-蒲・結의 반절이다.-憝-芳・無의 반절이다.- 네 사람은 서로 어울려 세상에 노닐었지만 서로 자신의 뜻을 따르기만 하여 평생토록 상대방의 진정을 알지 못하였으니, 자신이 지혜를 씀이 깊다고 여겼기 때문이다.

墨(미)-音眉-屎(치)-敕夷女履二切-單(전)-音戰-至(희)-音咥-嘽-豈然切-咺-許元火遠二切-憋(별)-蒲結切-憝(부)-芳無切- 四人相與游於世로되 胥如志也하여 窮年不相知情하니 自以智之深也일새니라

---

30) 그림자가……그러한가 : 곁그림자가 그림자에게 묻기를 "조금 전에는 그대가 걸어가다가 지금은 그대가 멈췄으며, 조금 전에는 그대가 앉아 있다가 지금은 그대가 일어서 있으니, 어찌 그다지도 일정한 지조가 없는가?"라고 하니, 그림자가 대답하기를 "내가 무언가 의지하는 것이 있어서 그러한가? 내가 의지하고 있는 것도 또 무언가 의지하고 있는 것이 있어서 그렇게 되는 것인가? 나는 뱀의 비늘이나 매미의 날개와 같은 무엇에 의지하는가? 어떻게 그런 줄 알며, 어떻게 그렇지 않은 줄 알겠는가?〔吾有待而然者邪 吾所待又有待而然者邪 吾待蛇蚹蜩翼邪 惡識所以然 惡識所以不然〕"라고 하였다.(≪莊子≫〈齊物論〉)

31) 偃師가……같다 : 본서 5-13 〈물건 만드는 공교함의 극치〉에 자세히 보인다.

32) 影 : 저본의 '影'이 ≪장자≫ 〈제물론〉에는 '景'으로 되어 있는데, 두 글자는 서로 통용한다.

'胥如志'라는 것은 네 사람이 함께 세상에 노닐었지만 각자 자신의 뜻을 따르기만 하여 피차 비록 평생토록 오랜 기간 동안 어울렸으나 모두 서로 그 진정을 알지 못하였으니, 이는 자신이 지혜를 씀이 깊다고 여겼기 때문이다. 이 아래 다섯 단락은 이러한 名字를 지어 내어 인정과 세태를 형용하였으니, 또한 ≪장자≫에 이른바 '姚·佚·啓·態'[33]의 종류와 같다. '墨'는 독음이 '眉'이고, '屎'는 女·履의 반절이니, '墨屎'는 연약함이다. '單至'는 불안한 모양이다. '嘽咺'은 두려운 모양이다. '憋懯'는 조급한 모양이다.

胥如志者는 四者之人이 同游於世로되 各如其志也하여 而其情은 彼此雖窮年之久나 皆不相知하니 此其用智之深也일새니라 此下五段은 撰出此等名字하여 以形容人情世態하니 亦莊子所謂(搖)〔姚〕[34]佚啓態之類라 墨은 音眉요 屎는 女履反이니 墨屎는 軟弱也라 單至은 不安貌라 嘽咺은 恐懼貌라 憋懯는 急速貌라

巧佞, 愚直, 婩-魚·踐, 午·漢 두 가지의 반절이다.-斫-夫·約의 반절이다.-, 便辟 네 사람은 서로 어울려 세상에 노닐었지만 서로 자신의 뜻을 따르기만 하여 평생토록 서로의 기술을 이야기 하지 않았으니, 자신이 기교를 씀이 정묘하다고 여겼기 때문이다.

巧佞愚直婩(안)-魚踐午漢二切-斫-夫約切-斫便辟四人相與游於世로되 胥如志也하여 窮年而不相語術하니 自以巧之微也일새니라

'不相語術'이라는 것은 기술을 서로 알려주지 않음을 말한 것이니, 스스로 기교를 씀이 정묘하다고 여겼기 때문이다. '婩斫'은 깨닫지 못하는 모양이다.

不相語術者는 言其不以術相告也니 自以爲有用巧之微妙라 (碑)〔婩〕[35]斫은 不解悟貌라

---

33) 姚佚啓態 : ≪莊子≫ 〈齊物論〉에 "喜·怒·哀·樂과 慮·嘆·變·慹과 姚·佚·啓·態하는 마음의 작용은 음악 소리가 피리구멍〔虛〕에서 나오고 수증기가 버섯을 성장시키는 것과 같다. 이런 감정의 변화가 밤낮으로 서로 교대하며 앞에 나타나는데도 그 감정이 일어나는 근거를 알지 못하니 그만둘지어다. 그만둘지어다. 아침저녁으로 이것을 얻으니, 이처럼 저절로 생기는 것이 감정의 변화가 말미암아 생기는 원인일 것이다.〔喜怒哀樂 慮嘆變慹 姚佚啓態에 樂出虛 蒸成菌 日夜 相代乎前 而莫知其所萌 已乎 已乎 旦暮得此 其所由以生乎〕"라고 하였다. 慮·嘆·變·慹은 억측, 탄식, 변심, 집착의 네 가지 태도이다. 姚·佚·啓·態는 경망스러운 행동, 사치스럽고 방종한 행동, 욕심을 부리는 행위, 교태를 부리며 야하게 용모를 꾸미는 행위이다.

34) (搖)〔姚〕: 저본에는 '搖'로 되어 있으나, ≪장자≫ 〈제물론〉에 의거하여 '姚'로 바로잡았다.

狡-何・交의 반절이다.-伢-午・交, 魚・駕 두 가지의 반절이다.-, 情露, 譴-許・偃, 居・展 두 가지의 반절이다.-極, 淩誶 네 사람은 서로 어울려 세상에 노닐었지만 서로 자신의 뜻을 따르기만 하여 평생토록 서로 깨우쳐주지 않았으니, 자신이 재주를 터득했다고 여겼기 때문이다.

狡-何交切-伢-午交魚駕二切-情露譴-許偃居展二切-極淩誶四人相與游於世로되 胥如志也하여 窮年不相曉悟하니 自以爲才之得也일새니라

이는 또 네 부류의 재주를 자랑하는 사람이다. '狡伢'는 교활함이다. '情露'는 지금 사람이 뽐낸다〔賣弄〕고 말하는 뜻이다. '譴極'은 성급하다는 뜻이다. '淩誶'는 힐문함이다. ≪莊子≫에 말하기를 "사물을 잘 살피는 사람은 〈잘 살피고 조사하여〉 상대방을 욕하고 꾸짖으면서 몰아칠 수 있는 사건이 생기지 않으면 즐겁지 않다."[36]라고 하였다. '不相曉悟'는 서로 깨우쳐 주지 않는 것이다.

此又四等矜才之人이라 狡伢는 獪猾也요 情露는 今人言賣弄之意요 譴極은 吃急之意요 淩誶는 詰問也라 莊子曰 (哲)〔察〕[37]士無淩誶之事不樂이라 不相曉悟는 不相曉喩也라

眠-莫・典의 반절이다.-娗-徒・典의 반절이다.-, 諈-主・藥의 반절이다.-諉, 勇敢, 怯疑 네 사람은 서로 어울려 세상에 노닐었지만 서로 자신의 뜻을 따르기만 하여 평생토록 서로 잘못을 지적해 주지 않았으니, 자신의 행동이 어긋남이 없다고 여겼기 때문이다.

眠(면)-莫典切-娗(전)-徒典切-諈-主藥切-諉勇敢怯疑四人相與游於世로되 胥如志也하여 窮年不相謫發하니 自以行無戾也일새니라

이는 또 네 부류의 기이한 행동을 하는 사람이다. '眠娗'은 움츠러들어 바르지 못한

---

35) (碑)〔婢〕: 저본의 註에는 '碑'으로 되어 있으나, 본문에 의거하여 '婢'으로 바로잡았다.

36) 사물을……않다 : ≪莊子≫ 〈齊物論〉에 "智謀가 뛰어난 사람은 思慮를 짜내고 꾸밀 수 있는 사건이 일어나지 않으면 즐겁지 않고, 辯舌이 능한 사람은 자기의 熱辯을 휘두를 실마리가 없으면 즐겁지 않고, 사물을 잘 살피는 사람은 잘 살피고 조사하여 상대방을 욕하고 꾸짖으면서 몰아칠 수 있는 사건이 생기지 않으면 즐겁지 않으니 이들은 모두 외계의 사물에 구속되어 자기를 상실한 자들이다.〔知士 無思慮之變則不樂 辯士 無談說之序則不樂 察士 無淩誶之事則不樂 皆囿於物者也〕"라고 하였다.

37) (哲)〔察〕: 저본에는 '哲'로 되어 있으나, ≪장자≫ 〈제물론〉에 의거하여 '察'로 바로잡았다.

모습이다. '謰謱'는 번거로운 모양이다. '怯疑'는 졸렬히 물러남이다. '不相讁發'이라는 것은 서로 잘못을 들추어내지 않는 것이다.

此又四等異行之人이라 眠娗은 瑟縮不正之貌라 謰謱는 煩絮之貌라 怯疑는 拙退也라 不相讁發者는 不相決剔也라

多偶, 自專, 乘權, 隻立 네 사람은 서로 어울려 세상에 노닐었지만 서로 자신의 뜻을 따르기만 하여 평생토록 서로 돌아보지 않았으니, 자신이 時宜에 적합하게 산다고 여겼기 때문이다.

多偶自專乘權隻立四人相與游於世로되 **胥如志也**하여 **窮年不相顧眄**(면)하니 **自以時之適也**일새니라

'多偶'는 허락함이 많은 것이니, 쉽게 남과 합한다. '自專'은 자신이 옳다고 여기는 것이니, 남과 합하지 않는다. '乘權'은 세력을 얻어 권력이 있는 것이다. '隻立'은 고립하여 꺼리는 바가 없는 것이다. '不相顧視'는 모두 스스로 시의를 얻었다고 여겼기 때문이다.

多偶는 多可也니 易與人合也라 自專은 自用也니 與人不合也라 乘權은 得勢而有權者라 隻立은 孤立而無所憚者라 不相顧視는 皆自以爲得時也라

이러한 여러 가지 태도는 그 모습이 똑같지 않지만 모두 자연에 나아가니, 운명으로 돌아가는 것이다.

此衆態也는 **其貌不一**이나 **而咸之於道**하니 **命所歸也**라

'衆態'라는 것은 이상 다섯 조항의 사람이다. '道'는 '自然'이고, '咸之於道'의 '之'는 감이니, 모두 자연에서 나옴을 말한 것이다. 그 情貌와 態度가 비록 똑같지 않으나 모두 마음대로 할 수 있는 것이 아니다. '命所歸'라는 것은 모두 운명으로 돌아감이다. 이 의미는 人情과 世態가 갖가지로 같지 않으나 또한 모두 운명이 그렇게 만든다는 것이다.

衆態者는 以上五項之人也라 道는 自然也요 咸之於道의 之는 往也니 言皆出於自然也라 其情貌態度가 雖不一이나 皆不得自由也라 命所歸者는 皆歸諸命也라 此意蓋謂人情世態種種不同이나 亦皆其命爲之라

6-10 저절로 완전해지고 없어지며 잃는다

거의〔佹佹〕-俱・爲의 반절이다.- 이루어진 것과 비슷하다는 것은 이루어진 것과 비슷하지만〔偩〕-仙・妙의 반절이다.- 애초에 이루어진 것이 아니며, 거의 실패한 것과 비슷하다는 것은 실패한 것과 비슷하지만 애초에 실패한 것이 아니다. 그러므로 미혹됨은 비슷함에서 생기니 비슷할 때에는 애매하다. 비슷할 때에 애매하지 않으면 밖으로부터 다가오는 災禍에 놀라지도 않고 안에서 생기는 幸福에 기뻐하지도 않고서 때에 따라 행하고 때에 따라 그치니 지혜로 알 수 없는 것이다.

운명을 믿는 자는 외물과 나 사이에 다른 마음을 품지 않고, 외물과 나 사이에 다른 마음을 품은 자는 눈을 가리고 귀를 막는 것만 못하니, 높은 비탈을 등지고 깊은 해자를 마주하더라도 반드시 떨어지거나 엎어지는 것은 아니다. 그러므로 "죽고 사는 것은 스스로의 運命에 달려 있고, 가난과 곤궁은 각자의 時運에 달려 있다."라고 하였다. 요절을 원망하는 자는 운명을 알지 못하는 자이고, 가난과 곤궁을 원망하는 자는 시운을 알지 못하는 자이다. 죽음을 당해서도 두려워하지 않고 곤궁에 처해서도 근심하지 않는 것은 운명을 알고 시운을 편안히 여기기 때문이다.

지혜가 많은 사람에게 利害를 짐작하고 虛實을 헤아리고 人情을 추측하게 하더라도 얻는 것이 절반이고 잃는 것이 절반일 것이다. 지혜가 적은 사람에게 이해를 짐작하지 않고 허실을 헤아리지 않고 인정을 추측하지 않게 하더라도 얻는 것이 절반이고 잃는 것이 절반일 것이다. 짐작함과 짐작하지 않음, 헤아림과 헤아리지 않음, 추측함과 추측하지 않음이 무엇이 다르리오? 오직 짐작하는 바도 없고 짐작하지 않는 바도 없다면 완전해져서 잃는 것이 없게 될 것이다. 완전한 것도 알 수 있는 것이 아니고 잃는 것도 알 수 있는 것이 아니다. 저절로 완전해지고 저절로 없어지고 저절로 잃게 되는 것이다.

佹佹-俱爲切-成者는 偩-仙妙切-成也 初非成也며 佹佹敗者는 偩敗者也나 初非敗也라 故迷生於偩하니 偩之際昧然이라 於偩而不昧然이면 則不駭外禍하고 不喜內福하여 隨時動하고 隨時止니 智不能知也라 信命者는 於彼我에 無二心하고 於彼我에 而有二心者는 不若揜目塞耳니 背阪面隍이라도 亦不墜仆也라 故曰 死生自命也요 貧窮[38]自時也라 怨夭折者는 不知

命者也요 怨貧窮者는 不知時者也라 當死不懼하고 在窮不戚은 知命安時也라 其使多智之人으로 量利害하고 料虛實하고 度(탁)人情이라도 得亦中이요 亡亦中이라 其少智之人으로 不量利害하고 不料虛實하고 不度人情이라도 得亦中이요 亡亦中이라 量與不量과 料與不料와 度與不度이 奚以異리오 唯亡所量하고 亡所不量이면 則全而亡喪이라 亦非知全하고 亦非知喪이라 自全也요 自亡也요 自喪也라

'佹佹'는 俱·爲의 반절이니, 거의 비슷한 모양이다. '俏'는 仙·妙의 반절이니, 비슷함이다. '成'이라는 것은 이룬 것과 비슷하지만 이룬 것이 아니고 '敗'라는 것은 실패한 것과 비슷하지만 실패한 것이 아니니, 사람이 그 모양이 비슷한 때에 미혹됨은 이룸과 실패에 의혹됨을 말한 것이다. 그러므로 '迷生於俏'라고 한 것이다. 그러나 비슷한 때에 비록 애매하여 알 수 없을 것 같지만 그 이치는 실로 매우 분명하니 애초에 애매한 적이 없는 것이다. 진실로 비슷한 때에 애매하지 않은 견해가 있다면 재앙은 놀랄 것도 없고 행복은 기뻐할 것도 없다.

'外禍'라는 것은 사람들이 싫어하고 멀리하는 재앙이고, '內福'이라는 것은 사람들이 좋아하고 바라는 행복이다. 재앙과 행복은 애초에 안과 밖의 구분이 없었는데, 사람들이 좋아하고 싫어함으로써 스스로 안과 밖으로 구분하여 그로 인해 놀람도 있고 기쁨도 있게 되었다. '때로 행하고 때로 그치는 것'은 함께 행하고 함께 그치는 뜻이고, '智不能知'는 私心을 용납하지 않는 것이다. 높은 비탈을 등지고 서고 깊은 해자를 마주하고 걷는 것은 지극히 위험한 것이다. 거기다 그 귀를 막고 눈을 가리는 것은 매우 위험한 것이다. 그러나 운명이 하늘에 달려 있음을 알아 사심을 용납하는 바가 없다면 또한 위태롭지 않다. 이러한 언어는 곧 孟子가 "正命을 아는 자는 위험한 담장 아래에 서지 않는다."[39]라고 한 것과 같지 않으니, 聖賢의 말씀이 異端과 다른 까닭이다.

지혜가 많은 사람에게 짐작하고 헤아리게 하더라도 얻는 것과 잃는 것이 또한 절반

---

38) 貧窮 : 陶鴻慶의 ≪讀列子札記≫에 "'貧窮'은 응당 '貧富'가 되어야 한다. 그래야 윗 구의 '死生自命也'와 語意가 같아진다."라고 하였다.

39) 正命을……않는다 : ≪孟子≫ 〈盡心 上〉에 맹자가 이르기를 "命이 아님이 없으나, 正命을 순리에 맞게 받아야 한다. 그러므로 정명을 아는 자는 위험한 담장 아래에 서지 않는다. 도를 다하고 죽는 자는 정명이요, 질곡으로 죽는 자는 정명이 아니다.〔莫非命也 順受其正 是故知命者 不立乎巖墻之下 盡其道而死者 正命也 桎梏死者 非正命也〕"라고 하였는데, 朱熹의 주에 "사람과 만물이 살아갈 때 吉凶禍福은 다 하늘이 명한 것이다. 그러나 오직 부르지 않아도 절로 오는 것이 정명이 된다. 그러므로 군자가 몸을 닦고 기다림은 정명을 순히 받으려고 하는 것이다. 죄를 범하여 죽는 것은 위험한 담장 아래에 서 있다가 깔려 죽는 것과 같으니, 모두 인간이 자초한 것이요, 하늘이 한 것이 아니다."라고 해석하였다.

이고, 지혜가 없는 사람에게 짐작하고 헤아리는 바가 없게 하더라도 얻는 것과 잃는 것이 또한 절반이다. '得亦中', '亡亦中'이라는 것은 절반이니 많이 계산하더라도 또한 다 계산하지 못하고 지극히 어리석은 자라도 또한 때로 얻음이 있음을 말한 것이다. 만약 모두 헤아리고 추측하는 바도 없고 또한 헤아리고 추측하지 않음도 없다면 얻고 잃는 것이 모두 없을 것이니, 이는 그 하늘이 완전히 하여 잃음이 없는 것이다. 그러나 완전한 것도 또한 알 수 없으며, 잃는 것도 또한 알 수 없으며, 완전한 것도 잃는 것도 없는 것 또한 알 수 없다. 그러므로 '亦不知全', '亦非知喪'이라 한 것이다.

윗 구절은 본디 온전하여 잃음이 없는 것인데 도리어 저절로 완전해지고 저절로 없어지고 저절로 잃게 되는 것으로 결론 맺었으니, 鼓舞하는 글이다. 그 의미는 완전한 것은 저절로 완전해지며 잃는 것은 저절로 잃게 되며 완전한 것도 잃는 것도 없는 것은 저절로 완전한 것도 잃는 것도 없게 된다는 것이다.

佹佹는 俱爲切이니 幾似之貌라 佾는 仙妙切이니 似也라 成者似成而非成이요 敗者似敗而非敗니 人以其形似之際而迷之는 言爲成敗所惑也라 故曰 迷生(成)〔於〕[40]佾라 然其肖似之際에 雖若昧然而不可知나 而其理實甚明하니 初未嘗昧然也라 苟於其佾似之際에 而有不昧然之見이면 則禍不(是)〔足〕[41]駭하고 福不足喜라 外禍者는 人所惡遠之禍也오 內福者는 人所好欲之福也라 禍福初無內外어늘 人以好惡自分內外하여 因有駭有喜라 時動時止는 偕行偕極之意요 而智不能知는 無容心也라 背峻阪而立하고 面深隍而行은 至危者也요 又掩其耳하고 塞其目은 危之甚也라 然知其命之在天而無所容心이면 則亦不危라 此等言句는 便與孟子知命者는 不立巖墻之下者로 不同하니 聖賢之言이 所以異於異端也라 以多智而有所量度이라도 得失亦相半하고 以無智之人으로 而無所量度이라도 得失亦相半이라 得亦中이요 亡亦中者는 中半也니 言多筭이라도 亦筭不盡하고 至愚者라도 亦有時而得也라 若皆無所量度하고 亦無不量度이면 則其得其失이 皆無之니 是其天者全而無喪矣라 然全亦不可知也며 喪亦不可知也며 無所全喪을 亦不可知也라 故曰 亦不知全하고 亦非知喪이라 上句本是全而無喪이나 却結以自全自亡自喪하니 鼓舞之文也라 其意蓋曰 全者自全하며 喪者自喪하며 無所全喪者는 自無所全喪也라

6-11 죽음을 슬퍼한 齊나라 景公

齊나라 景公[42]이 牛山[43]에서 노닐다가 북쪽으로 도읍 臨淄를 바라보면서 눈물을

---

40) (成)〔於〕: 저본의 註에는 '成'으로 되어 있으나, 본문에 의거하여 '於'로 바로잡았다.
41) (是)〔足〕: 저본의 註에는 '是'로 되어 있으나, 본문에 의거하여 '足'으로 바로잡았다.
42) 景公 : 春秋時代 齊나라 임금으로, 이름은 杵臼이다.

흘리며 말하였다. “아름답도다! 나의 나라여! 초목이 울창하고 무성하거늘 어찌하여 노쇠하여 이 나라를 떠나 죽어야 한단 말인가? 만약 옛날부터 죽음이란 것이 없었다면 과인이 장차 이 나라를 떠나 어느 곳으로 가겠는가?”

史孔과 梁丘據도 모두 따라 울면서 말하였다. “신들은 임금께서 내려주신 은혜 덕분에 거친 음식과 나쁜 고기라도 먹을 수 있고 노둔한 말과 작은 수레라도 탈 수 있습니다. 그런데도 오히려 죽고 싶지 않거든, 우리 임금께서야 말할 나위 있겠습니까?”

晏子[44]만이 곁에서 홀로 웃고 있었다. 경공은 눈물을 닦고 안자를 돌아보며 말하였다.

“과인이 오늘 노닐다가 슬픔을 느끼자 사공과 양구거도 모두 과인을 따라 우는데, 그대만이 홀로 웃고 있으니 어찌된 일입니까?”

안자는 이렇게 대답하였다.

“어진 군주가 영원히 이 나라를 지켰다면 太公[45]과 桓公[46]이 영원히 이 나라를 지켰을 것이고, 용기 있는 군주가 영원히 이 나라를 지켰다면 莊公[47]과 靈公[48]이 영원히 이 나라를 지켰을 것입니다. 이런 몇몇 군주가 이 나라를 지켰다면 우리 임금께서는 지금 도롱이 입고 삿갓 쓰고 밭이랑 가운데 서서 生計를 근심할 것인데, 어느 겨를에 죽음을 생각하겠습니까? 우리 임금께서 또 어찌 이 임금 자리에 서 있을 수 있겠습니까? 번갈아 가며 임금 자리에 오르고 번갈아 가며 임금 자리를 떠났기 때문에 임금께 차례가 온 것입니다. 그런데 유독 그 때문에 눈물을 흘리고 계시니 어질지 못한 일입니다. 어질지 못한 임금을 보고 아첨하는 신하를 보았습니다. 신은 이 두 종류의 사람을 보았는지라 홀로 가만히 웃었던 것입니다.”

경공은 이 말을 듣고 부끄러워서 술잔을 들어 스스로 벌주를 마시고, 두 신하에게

---

43) 牛山 : 齊나라의 도읍 臨淄 남쪽에 있다. 鼎足山이라고도 하고 牛首山이라고도 한다.

44) 晏子 : 春秋時代 齊나라의 재상 晏嬰으로, 자는 平仲이다. 靈公, 莊公, 景公을 두루 섬겼는데, 景公 때에 相臣이 되었으면서도 布衣에 鹿裘를 착용하고 조회할 정도로 節儉과 力行으로 유명하였다. 저서에 ≪晏子春秋≫가 있다.

45) 太公 : 周나라 초기의 재상으로, 성은 姜이고 이름은 望이다. 文王과 武王을 보좌하여 殷나라를 멸망시키고 천하를 평정하여 그 공으로 齊나라에 봉해져 始祖가 되었다.

46) 桓公 : 본서 5-5의 주 70) 참조.

47) 莊公 : 제나라 靈公의 아들로, 이름은 光이다.

48) 靈公 : 제나라 頃公의 아들로, 이름은 環이다.

각각 두 잔의 벌주를 마시게 하였다.

齊景公游於牛山이라가 北臨其國城而流涕曰 美哉라 國乎여 鬱鬱芊芊이어늘 若何滴滴去此國而死乎아 使古無死者면 寡人將去斯而之何오 史孔梁丘據도 皆從而泣曰 臣賴君之賜하여 (跪)〔疏〕[49]食惡肉을 可得而食하고 駑馬稜車를 可得而乘也오도 且猶不欲死어든 而況吾君乎아 晏子獨笑於旁이라 公雪涕而顧晏子曰 寡人今日之游悲하고 孔與據도 皆從寡人而泣이어늘 子之獨笑는 何也오 晏子對曰 使賢者常守之면 則太公桓公이 將常守之矣요 使有勇者而常守之면 則莊公靈公이 將常守之矣라 數君者將守之면 吾君方將披蓑(사)笠而立乎畎畝之中하여 唯事之恤이어늘 行假念死乎이닛고 則吾君又安得此位而立焉이리잇가 以其迭處之迭去之라 至於君也어늘 而獨爲之流涕하니 是不仁也니이다 見不仁之君하고 見諂諛之臣이라 臣見此二者일새 臣之所爲獨竊笑也로이다 景公慚焉하여 擧觴自罰하고 罰二臣者하여 各二觴焉이라

'滴滴'은 쇠락한 모양이다. '跪食'이라는 것은 품질이 낮은 거친 음식이다. '稜車'는 작은 수레이니, 나무로 만든 것으로 둥글고 깨끗하지 않은 것이다. '雪涕'는 그 눈물을 닦는 것이다. '惟事之恤'은 生計를 근심함을 말한 것이다. '行假'는 응당 '何暇'가 되어야 하니, 오자이다. 이 장은 어리석은 사람은 죽음과 삶이 가고 옴을 알지 못하고 다만 눈앞의 쾌락만을 탐하여 집착함을 말한 것이다.

滴滴은 衰落之貌라 跪食者는 在下之食이라 稜車는 小車니 其制木不圓淨也라 雪涕는 拭其涕也라 惟事之恤은 言以生事爲憂也라 行假는 合作何暇니 字誤也라 此章은 蓋言人之癡者는 不知死生去來하고 而但貪戀目前之樂也라

6-12 자식의 죽음을 근심하지 않은 東門吳

魏나라 사람 중에 東門吳라는 자가 있는데 그 자식이 죽었는데도 근심하지 않았다. 그의 집사가 말하였다. "공께서 자식을 사랑함은 천하에 비길 이가 없었는데, 지금 자식이 죽었는데도 근심하지 않는 것은 어째서입니까?"

동문오가 말하였다. "나는 일찍이 자식이 없었으니 자식이 없을 때에 근심하지

49) (跪)〔疏〕: 저본에는 '跪'로 되어 있으나, 盧重元의 ≪列子解≫에 의거하고 문맥을 살펴 '疏'로 바로잡았다.

않았다. 지금 자식이 죽으니, 곧 지난날 자식이 없을 때와 같아진 것이다. 내가 어찌 근심하리오?"

魏人有東門吳者한대 **其子死而不憂**라 **其相室曰 公之愛子**는 **天下無有**어늘 **今子死不憂**는 **何也**오 **東門吳曰 吾常無子**하니 **無子之時不憂**라 **今子死**하니 **乃與嚮無子同**이니 **巨奚憂焉**이리오

'相室'이라는 것은 그 집안일을 맡아보는 자이다. 이 장은 곧 얻는 것도 본래 있는 것이고 잃는 것도 본래 없는 것이라는 의론이다. '巨'는 '詎'와 같다.

相室者는 其家幹者也라 此章은 乃得之本有요 失之本無之論이라 巨는 與詎同이라

6-13 形勢와 運命

농부는 때에 맞추고 상인은 이익을 쫓고 공인은 기술을 정밀하게 하고 관리는 권세를 쫓으니, 형세가 그렇게 만드는 것이다. 그러나 농부에게는 홍수와 가뭄이 있고 상인에게는 이익과 손해가 있고 공인에게는 성공과 실패가 있고 관리에게는 권세 있는 이를 만나는 경우도 있고 만나지 못하는 경우도 있으니, 운명이 그렇게 만드는 것이다.

農赴時하고 **商趣利**하고 **工追**(퇴)**術**하고 **仕逐勢**하니 **勢使然也**라 **然農有水旱**하고 **商有得失**하고 **工有成敗**하고 **仕有遇否**하니 **命使然也**라

追는 다듬는 것이니 조탁〔追琢〕이라 할 때의 '追'의 의미이다. 농부는 비록 때에 맞추나 날씨는 홍수와 가뭄이 있고 상인은 비록 이익을 추구하나 때로 이익과 손해가 있고 공인은 비록 기술을 정밀하게 하나 때로 성공과 실패가 있고 관리는 권세 있고 요직에 있는 사람에게 영합하나 혹 만나기도 하고 만나지 못하기도 하니, 운명이 아님이 없다. 위에서 '형세가 그렇게 만든 것'이라 말한 것은 이미 농부가 되었고 상인이 되었고 공인이 되었고 관리가 되었고 보면 그 형세가 그렇지 않을 수 없는 점이 있는 것이니, 世故가 그렇게 만든 것인지라 스스로 그만둘 수 없는 것임을 말한 것이다.

追는 治也니 追琢之追也라 農雖赴時나 而天有水旱하고 商雖趣利나 而時有得失하고 工雖精於術이나 而時有成敗하고 仕雖迎合勢要나 而或遇或否하니 莫非命也라 上言勢使然者는 謂旣爲農矣요 爲商矣요 爲工矣요 爲仕矣면 其勢有不得不然也니 世故之所使라 不容自已也라

제7편 양주 楊朱 第七

＊이 편에서는 楊朱의 爲我思想을 통해 사람은 자신의 본성을 따르는 것이 자연의 이치를 따르는 것이므로 功名이나 名分에 얽매이는 것을 반대하였다. 특히나 聖人이나 惡人이나 한 번 죽는 것은 정해진 이치이므로 이로 인해 죽은 뒤의 헛된 名聲에 집착하지 말고 책임감이나 수치심 등을 모두 버리고 자기 본성과 감정에 따라 즐거운 삶을 영위해야 함을 강조하였다. '楊朱'라는 편명은 이 편의 첫 머리에 나오는 글자를 인용하여 편명으로 삼은 것이다.

7-1 몸을 괴롭히고 마음을 애타게 하는 명예

楊朱가 魯나라를 유람할 때에 孟氏의 집에 묵게 되었는데, 孟氏가 묻기를 "사람으로 태어났으면 그만이지 무슨 이유로 명예를 추구합니까?"라고 하니, 楊朱가 답하기를 "명예를 가지고 부유해지기 위해서입니다."라고 하였다. 孟氏가 말하기를 "이미 부유해졌는데도 어찌 그만두지 않습니까?"라고 하니 楊朱가 답하기를 "귀해지기 위해서입니다."라고 하였다. 孟氏가 말하기를 "이미 귀해졌는데도 어찌 그만두지 않습니까?"라고 하니 楊朱가 답하기를 "죽음을 위해서입니다."라고 하였다. 孟氏가 말하기를 "이미 죽었는데 무엇을 위한다는 말입니까?"라고 하니 楊朱가 답하기를 "자손을 위해서입니다."라고 하였다. 孟氏가 말하기를 "명예가 어찌 자손에게 이익이 된다는 말입니까?"라고 하니 楊朱가 답하기를 "명예는 바로 몸을 괴롭게 하고 마음을 애타게 하지만 명예를 누린 자는 은택이 종족에까지 이르고 이익이 향당에까지 두루 미치는데 하물며 자손에 있어서야 더 말할 것이 있겠습니까."라고 하였다.

楊朱遊於魯할새 舍於孟氏러니 孟氏問曰 人而已矣니 奚以名爲오 曰以名者爲富니라 旣富矣어든 奚不已焉고 曰爲貴니 旣貴矣어든 奚不已焉고 曰爲死니라 旣死矣어든 奚爲焉고 曰

爲子孫이니라 名奚益於子孫고 曰名乃苦其身하고 憔其心이나 乘其名者는 澤及宗族하고 利兼鄕黨이어든 況子孫乎아

'人而已矣'는 똑같이 사람이 되었음을 말한 것이니, 다만 태어난 것만으로도 충분한데 무슨 이유로 명예를 추구하는가. '名乃苦其身憔其心者'는 명예를 위하는 자의 노고를 이른다. 노고를 겪은 뒤에 명예를 얻는다. 그러므로 이를 누리고서 종족에게 은택을 남기고 향당에게 이익을 남기는데 하물며 자손에 있어서야 더 말할 것이 있겠는가. 이 때문에 명예가 이익이 있는 것이다.

人而已矣는 言均之爲人이니 只爲生足矣어늘 何用名乎아 名乃苦其身憔其心者는 謂爲名者之勞苦也라 勞苦而得其名이라 故乘此以遺宗族之澤하고 遺鄕黨之利어든 而況子孫乎아 此名所以有益也라

楊朱가 말하기를 "무릇 명예를 위하는 자는 반드시 청렴한데 청렴하면 이에 가난하고 명예를 위하는 자는 반드시 겸손한데 겸손하면 이에 천해집니다."라고 하였다.

凡爲名者必廉이어늘 廉斯貧하고 爲名者必讓이어늘 讓斯賤이라

이 부분에 응당 '曰' 자가 있어야 하니 대개 여기에서 한 번 전환한 것이다. 무릇 명예를 위하는 자는 반드시 청렴하고 반드시 겸손하니 이미 청렴하고 겸손하면 부유해지거나 귀해지지 못하니 무엇을 가지고 자손에게 이익을 남기겠는가.

此處合有曰字니 蓋此是一轉也라 凡爲名者는 必廉必讓이니 旣廉旣讓이면 則不富不貴矣니 何以益子孫乎아

楊朱가 말하기를 "管仲[1)]이 齊나라의 재상이 되었을 때에 군주가 음탕하면 자신도 음탕하였고 군주가 사치하면 자신도 사치하여 뜻이 합치되고 말이 받아들여졌기에 道가 행해져 나라는 霸者가 되었는데, 죽은 뒤에는 管氏에게만 그쳤을 뿐입니다. 田氏[2)]가 齊나라의 재상이 되었을 때에 군주가 교만하면 자신은 겸손하였고

---

1) 管仲 : ?~B.C. 645. 중국 春秋時代 齊의 정치가로 이름은 夷吾, 자는 仲이다. 潁水에서 출생하여 鮑叔牙의 권유로 桓公을 섬겨 宰相이 되었고 桓公을 도와 霸者가 되게 하였다.

2) 田氏 : 陳完(?~?)을 가리킨다. 敬仲 또는 公子完, 田完으로도 불린다. 春秋時代 陳의 公子

군주가 포악하면 자신은 仁을 베풀어 백성들이 모두 그에게 귀의하여 이로 인해 齊나라를 소유하여 자손들이 이를 누려 지금까지 끊어지지 않았습니다. 그러니 마치 진실한 명예는 가난을 주고 가짜 명예는 부유함을 주는 듯합니다."라고 하였다.

曰管仲之相齊也에 **君淫亦淫**하고 **君奢亦奢**하여 **志合言從**하야 **道行國霸**러니 **死之後**에 **管氏而已**라 **田氏之相齊也**에 **君盈則已降**하고 **君斂則已施**하여 **民皆歸之**하여 **因有齊國**하야 **子孫享之**하여 **至今不絶**하니 **若實名貧**하고 **僞名富**라

여기에서 또 한 번 전환하였으니 다시 명예의 진실과 거짓에 대해 논하였다. 管仲은 군주를 따라서 음탕하였고 군주를 따라 사치하여 자신의 명예를 구하지 않고서 군주를 위해 도모함에 충심을 바쳐 마침내 霸業을 이루었으니, 이는 진실한 명예인데 그 이익은 도리어 일신에 그쳤다. 田氏가 행동한 바는 모두 그 군주를 속인 것이다. '盈'은 교만함이고 '降'은 겸손함이며 '斂'은 포악함이고 '施'는 仁을 베푸는 것이다. 겸손하게 행동하고 仁을 행하는 것은 스스로 명성을 구하는 것이니 이는 거짓 명예인데 도리어 끝내 齊나라를 소유하였다. 그러니 이는 거짓된 자가 부유하고 진실된 자가 가난한 것이다.

此又一轉이니 卻論名之實僞라 管仲從其君而淫하고 從其君而奢하야 不求自譽하야 忠於謀君하여 遂成伯(패)業하니 此實名也나 而其利反止於一身이라 田氏所爲는 皆矯其君이라 盈者는 驕也요 降者는 謙也요 斂은 暴也요 施는 仁也라 爲謙爲仁은 自求聲譽니 此僞名也나 而乃終有齊國하니 是僞者富而實者貧也라

伯夷

楊朱가 말하기를 "진실에는 명예가 없고 명예에는 진실이 없으니 명예라는 것은 거짓일 뿐입니다. 옛날에 堯임금과 舜임금이 거짓으로 許由와 善卷에게 천하를 양보하였지만 천하를 잃지 않고 백년간 복을 누렸습니다.[3] 伯夷와 叔齊는 진실로 孤竹國의 군주자리를 양보

였는데 후에 齊나라로 망명하여 桓公을 섬겨 卿大夫를 지냈고 뒤에 田씨로 성을 바꾸었다.

3) 堯임금과……누렸습니다 : 許由는 堯임금 때의 隱士로 堯임금이 帝位를 맡기려 하자 許由가 이를 거절하고 더러운 말을 들었다면서 귀를 씻었다고 한다.(≪高士傳≫ 권上 〈許由〉) 善卷은 舜임금 때의 隱士로 舜임금이 그에게 천하를 양보하려 하였으나 사양하고 떠나서 깊은 산으로 들어갔는데 끝내 어디로 갔는지 알 수 없었다고 한다.(≪莊子≫ 〈讓王〉)

하여 끝내 그 나라는 망하고 首陽山에서 굶어 죽었습니다.[4] 그러니 진실과 거짓의 분별을 이처럼 잘 살펴야 합니다."라고 하였다.

曰 實無名이요 名無實이니 名者는 僞而已矣라 昔者堯舜은 僞以天下讓許由善卷 而不失天下하고 享祚百年이라 伯夷叔齊는 實以孤竹君讓 而終亡其國하고 餓死於首陽之山하니 實僞之辯을 如此其省也라

여기에서 또 한 번 전환하였으니 명예는 모두 거짓임을 말한 것이다. 진실한 德을 소유한 자는 명예를 가까이하지 않고 명예를 좋아하는 자는 진실한 행동이 없으니, 무릇 명예를 위하는 자는 모두 거짓인 것이다. 이미 명예를 거짓이라 하고 이에 堯·舜과 伯夷·叔齊를 차용하여 立說하였으니, 이것이 異端의 책이 되는 이유이다. '省'은 살핀다는 뜻이니, 진실과 거짓의 분별을 이처럼 살펴야 함을 말한 것이다. 이 한 단락은 먼저 명예는 스스로 이롭게 여길 만하다고 말하고 도리어 '僞' 한 자로 결말을 지었으니, '實無名名無實' 여섯 글자가 또한 아름답다. 다만 '名者僞而已'라고 말하였으니 이는 세상을 바로잡기 위한 논리이다.

此又一轉이니 謂名皆僞也라 有實德者則不近名하고 好名者則無實行하니 凡爲名者皆僞也라 旣以名爲僞하고 乃借堯舜夷齊以立說하니 此所以爲異端之書라 省者는 審也니 言實僞之辯을 如此審矣라 此一段은 先言名可自利하고 卻歸結在一僞字上이니 實無名名無實六字亦佳라 但曰名者僞而已니 此則矯世之論也라

7-2 잠시 오는 삶과 잠시 가는 죽음

楊朱가 말하였다. "백 년은 수명의 최대 한계이니, 백 년을 사는 사람은 천명에 한 사람도 없다. 설령 한 사람 있다 하더라도 어린아이일 때와 늙어 정신이 혼미할 때가 거의 반을 차지한다. 그리고 밤에 잠자느라 지워진 시간과 낮에 깨어 있을 때 헛되이 잃는 시간이 또 거의 그 반을 차지한다. 그리고 아프고 병들고 슬프

4) 伯夷와……죽었습니다 : 伯夷는 孤竹國의 제7대 군주인 亞微의 장자였다. 아버지가 죽을 때 아우 叔齊에게 왕의 자리를 물려주겠다는 말을 남겼는데, 叔齊는 형을 두고 왕이 될 수 없다고 하여 伯夷에게 사양하였고 伯夷 또한 아버지의 말씀을 어길 수 없다고 하며 서로 사양하고 周나라로 달아났다. 후에 周나라 武王이 殷나라 紂王을 정벌하려하자 伯夷와 叔齊가 武王의 말고삐를 잡고 간하였지만 武王이 끝내 殷나라를 멸망시키자 周나라 곡식 먹는 것을 부끄럽게 여겨 首陽山에 들어가 굶어 죽었다.(≪史記≫ 권61 〈伯夷列傳〉)

고 괴로운 시간과 실의하고 근심하고 두려워하는 시간이 또 거의 그 반을 차지한다. 그러니 십 수 년 동안을 헤아려 보건대 즐겁게 자득하면서 조그만 걱정도 없는 때는 또한 잠깐 동안도 없으니, 사람이 살면서 무엇을 해야 하며 무엇을 즐겨야 하는가.

맛있는 음식과 좋은 옷을 입어야 하고 음악과 여색을 즐겨야 한다. 그러나 맛있는 음식과 좋은 옷은 다시 항상 만족을 줄 수는 없으며, 음악과 여색은 항상 즐기고 놀고 들을 수가 없다. 그리고 형벌과 상이 금하기도 하고 권장하기도 하며, 명예와 법이 나아가게도 하고 물러나게도 한다. 그래서 급급하게 한 때의 헛된 명예를 다투면서 죽은 뒤에 남는 영광을 도모하고 어찌할 바를 몰라 귀로 듣고 눈으로 보는 것을 삼가 몸과 마음에 옳고 그른 것을 중요하게 여겨, 부질없이 좋은 시절의 지극한 즐거움을 잃고 한시도 자기 마음대로 행동하지 못한다. 그러니 이것이 형틀에 매인 重罪人과 무엇이 다르겠는가.

太古 때의 사람들은 삶은 잠시 와 있는 것임을 알고 죽음은 잠시 가는 것임을 알았다. 그러므로 마음에 따라서 움직이면서 자연이 좋아하는 바를 어기지 않고 자신이 즐거워하는 것을 만나면 떠나지 않았다. 그러므로 명예로도 권면하지 못한 것이다. 본성에 따라 노닐며 만물이 좋아하는 것을 거스르지 않았고 죽은 뒤의 명예는 취하지 않았다. 그러므로 형벌로도 간섭할 수 없었으니, 명예의 크고 작음과 수명의 길고 짧음은 헤아릴 바가 아니었다."

楊朱曰 百年은 壽之大齊니 得百年者는 千無一焉이라 設有一者라도 孩抱以逮昏老幾居其半矣요 夜眠之所弭와 晝覺之所遺가 又幾居其半矣요 痛疾哀苦하고 亡失憂懼가 又幾居其半矣라 量十數年之中이면 逌(유)然而自得하야 亡介焉之慮者는 亦亡一時之中爾니 則人之生也 奚爲哉며 奚樂哉아 爲美厚爾오 爲聲色爾나 而美厚復不可常厭足하고 聲色不可常翫聞이라 乃復爲刑賞之所禁勸하고 名法之所進退하여 遑遑爾競一時之虛譽하야 規死後之餘榮하고 偊偊爾愼耳目之觀聽하여 惜身意之是非하며 徒失當年之至樂하야 不能自肆於一時하니 重囚纍梏과 何以异哉아 太古之人은 知生之暫來하고 知死之暫往이라 故從心而動하야 不違自然所好하고 當身之娛非所去也라 故不爲名所勸이라 從性而遊하여 不逆萬物所好하고 死後之名을 非所取也라 故不爲刑所及이라 名譽先後와 年命多少는 非所量也라

'齊'는 음이 '제'이니 분량이라는 말이다. '所弭'는 삭제한다는 뜻이니 '消破'와 같다.

'遺'는 잃는 것이다. '介焉'은 몹시 작은 것이니 사람들이 기뻐하고 즐거워하는 시간은 적은 데다 비록 즐거워할 때가 있더라도 아주 미세하여 걱정거리가 못되는 근심이라도 어찌 전혀 없을 수 있겠는가라고 말한 것이니, 그 즐거움을 온전히 할 수 없음을 이른다. 백 년 중에 그 즐거움을 능히 온전히 할 수 있기를 한시라도 바라지만 또한 그렇게 할 수 없다는 것이다. '美厚'는 맛있는 음식과 좋은 옷이다. '遑遑'은 급급하다는 뜻이고 '偊偊'는 어찌할 바를 모른다는 뜻이다.

급급하게 헛된 명예를 다투고 어찌할 바를 모르고 시비를 피하니 형틀에 묶인 죄수와 무엇이 다르겠는가.'异'는 '異' 자와 같다. '從心而動'의 '動'은 행한다는 뜻인데 자연의 이치를 어기지 않을 뿐이다. 목전의 즐거움을 만나 좋아할 만하면 좋아하고 명예를 탐하여 떠나지 않고 본성을 따라 즐거워하여 만물과 서로 거스르지 않는다. 죽은 뒤의 명예는 실로 사람들이 좋아하는 바이지만 또한 스스로 형벌과 화를 감수하면서 취하지 않으니 자신을 죽여 명예를 구하지 않음을 말한 것이다. 그러나 이런 종류의 문장은 또한 너무 있는 그대로 드러냈으니 교훈을 남기려는 뜻이 아닌 듯하다. ≪莊子≫는 그렇지 않다.

齊는 音劑니 分劑也라 所弭는 消弭也니 猶消破也라 遺는 失也라 介焉은 至微者也니 言人忻樂之時少어니와 縱有樂時나 豈能盡無微細不足之慮리오 謂不能全其樂也라 百年之中에 能全其樂은 欲一時頃이나 亦無之라 美厚는 美食厚衣也라 遑遑은 汲汲也요 偊偊는 伥伥也라 汲汲以競虛譽하고 伥伥而避是非하니 與囚梏何以異리오 异는 與異同이라 從心而動의 動은 作也니 不違自然之理而已라 當目前之娛하야 可以好則好하고 不以慕名而去之오 從性而遊樂하야 不與萬物相爲忤라 死後之名은 固人之所好나 亦不自甘於刑禍而取之니 言其不殺身以求名也라 然此等文字는 亦太露筋骨하니 似非所以垂訓之意라 莊子則不然이라

7-3 다른 삶과 같은 죽음

楊朱가 말하였다. "만물이 다른 것은 삶이요 같은 것은 죽음이다. 살아있으면 賢愚와 貴賤이 있으니 그래서 다르고 죽으면 썩어서 냄새나고 소멸하니 이것이 같은 것이다. 비록 그렇지만 賢愚와 貴賤은 능력으로 할 수 있는 바가 아니고 썩어서 냄새나고 소멸하는 것도 또한 능력으로 할 수 있는 바가 아니다. 그러므로 사는 것은 살고자 해서 사는 것도 아니고 죽는 것은 죽고자 해서 죽는 것도 아니고 현명함은 현명하고자 해서 현명해지는 것도 아니고 어리석음은 어리석고자 해서 어리석어지는 것도 아니고 귀함은 귀하고자 해서 귀해지는 것도 아니고 천함은 천하고

자 해서 천해지는 것도 아니다. 그렇지만 만물은 똑같이 살고 똑같이 죽으며 똑같이 현명하고 똑같이 어리석으며 똑같이 귀하고 똑같이 천하다. 십 년 만에 죽어도 죽는 것이고 백 년 만에 죽어도 죽는 것이며 仁者와 聖人 또한 죽고 흉악한 자와 어리석은 자 또한 죽는다. 살아서는 堯임금이나 舜임금 같은 사람이라도 죽어서는 썩은 뼈가 되고 살아서는 桀임금이나 紂임금 같은 사람이라도 죽어서는 썩은 뼈가 되는 것은 마찬가지이니, 누가 그 차이를 알겠는가. 우선 현재의 삶을 누려야지 어찌 죽은 뒤를 생각할 겨를이 있겠는가."

楊朱曰 萬物所異者生也요 **所同者死也**라 **生則有賢愚貴賤**하니 **所以異也**요 **死則有臭腐消滅**하니 **是所同也**라 **雖然**이나 **賢愚貴賤**은 **非所能也**요 **臭腐消滅**도 **亦非所能也**라 **故生非所生**이요 **死非所死**요 **賢非所賢**이요 **愚非所愚**요 **貴非所貴**요 **賤非所賤**이라 **然而萬物齊生齊死**하고 **齊賢齊愚**하고 **齊貴齊賤**이라 **十年亦死**요 **百年亦死**요 **仁聖亦死**요 **凶愚亦死**라 **生則堯舜**이나 **死則腐骨**이요 **生則桀紂**나 **死則腐骨**은 **一矣**니 **孰知其異**리오 **且趣當生**이니 **奚遑死後**아

삶은 비록 다르지만 죽음은 같다는 것은 바로 杜子美(杜甫)가 말한 "孔子와 같은 성인과 盜蹠[5]이 똑같이 먼지가 되었다."라고 한 말과 같다. '趣'는 향한다는 말이다. 우선 生前을 마쳐야지 어느 겨를에 죽은 뒤를 생각하겠는가. 그러므로 '且趣當生奚遑死後'라고 한 것이다. 張翰[6]이 말하기를 "우선 생전에 한 잔 술을 다 마셔야지."라고 하였고 樂天이 말하기를 "이 몸 밖의 무궁한 일들은 생각하지 말고 우선 술동이 앞의 한량 있는 술잔이나 다 마셔보자."라고 하였으니[7] 모두 이 의미이다.

生雖異而死則同은 卽杜子美所謂孔聖盜蹠同塵埃라 趣는 向也라 且了生前이니 何暇計身後리오 故曰且趣當生奚遑死後라 張翰曰 且盡生前一盃酒라하고 樂天曰 莫思身外無窮事하고 且盡樽前有限盃라하니 皆是此意라

---

5) 盜蹠 : 春秋시대의 큰 도적으로 蹠은 跖으로도 쓴다. ≪莊子≫ 〈盜蹠〉에 "盜蹠을 따르는 사졸 9천 인이 천하를 횡행하며 諸侯를 침해하고 폭행을 가하였다."라고 하였다.

6) 張翰 : 중국 남북조시대 晉나라의 문신으로 齊王 冏에게 벼슬하여 東曹掾으로 있다가, 시국이 어지럽고 가을바람이 불어오자 불현듯 고향이 생각나 마침내 관직을 그만두고 돌아갔다는 고사가 전해진다.

7) 樂天이……하였으니 : 樂天은 唐나라 白居易의 字이다. 하지만 이 시는 白居易의 시가 아닌 杜甫의 시 〈絶句漫興〉의 일부분으로 시를 소개하면 다음과 같다. "이월은 벌써 다해 가고 삼월이 돌아오니, 늙어가는 내가 앞으로 봄을 몇 번이나 만날는지. 이 몸 밖의 무궁한 일들은 생각하지를 말고, 우선 생전의 한량 있는 술잔이나 다 마셔보자.〔二月已破三月來 漸老逢春能幾回 莫思身外無窮事 且盡生前有限杯〕"

7-4 淸廉과 貞節의 폐해

楊朱가 말하기를 "伯夷는 욕심이 없었던 것은 아니지만 청렴함을 심하게 지키다 굶어 죽는 지경에 이르렀고[8] 展季[9]는 감정이 없었던 것은 아니지만 정절을 심하게 지키다 후손이 끊어지는 지경에 이르렀으니, 청렴과 정절이 선한 이를 그르치는 것이 이와 같다.

楊朱曰 伯夷非亡(무)欲이나 矜淸之卸하야 以放餓死하고 展季非亡情이나 矜貞之卸하야 以放寡宗하니 淸貞之誤善之在此라

'卸' 자는 아마도 '郵' 자를 傳寫하는 과정에서 잘못된 듯하다. '郵' 자는 '尤' 자와 같으니 심하다는 뜻이고 옛날에는 글자가 통용되었다. 감정과 욕심이 없었던 것은 아니라는 것은 그 좋아하고 싫어하는 것이 타인과 같음을 말한 것이다. '矜'은 청렴과 정절을 지킴이 너무 심한 것이다. 그러므로 伯夷는 이로써 자기 생각대로 행동하다 굶어 죽는 데에 이르렀고 展季는 이로써 자기 생각대로 행동하다 후사가 없는 데에 이르렀다. '寡宗'은 同姓을 외롭게 하였다는 말이다. 이와 같으므로 스스로 잘못된 것이니 그렇다면 청렴과 정절의 명칭이 선을 행하는 사람을 그르치는 것이 이와 같다. 그러므로 "淸貞之誤善之在此"라고 한 것이다.

卸字는 恐是郵字니 傳寫之訛라 郵與尤同이니 甚也요 古字通用이라 非無情欲者는 言其好惡與人同也라 矜은 持淸貞太甚이라 故夷以此自放而至於飢死하고 季以此自放而至於無嗣라 寡宗은 寡特其宗姓也라 如此所以自誤也니 然則淸貞之名이 能誤爲善之人如此라 故曰淸貞之誤善之在此라

7-5 삶을 즐기고 몸을 편안히 하는 방법

楊朱가 말하기를 "原憲[10]은 魯나라에서 가난하였고 子貢[11]은 衛나라에서 재산을

8) 伯夷는……이르렀고 : 본서 7-1의 주 4) 참조.

9) 展季 : 春秋時代 魯나라의 賢者인 展獲의 자이다. 또다른 자는 禽이다. 柳下에서 살았으므로 이것이 호가 되었으며, 문인들이 惠라는 시호를 올렸으므로 柳下惠라고 불리었다. 곧은 道를 지켜 임금을 섬긴 것으로 알려져 있다.

10) 原憲 : 春秋時代 宋나라 사람으로 孔子의 제자이다. 집이 가난하여 풀로 지붕을 덮고 옹기

증식시켰으니, 原憲의 가난함은 삶을 손상시켰고 子貢의 재산 증식은 몸에 누를 끼쳤다. 그렇다면 가난한 것도 또한 불가하고 재산 증식도 또한 불가하니 할 만한 것은 어디에 있는가. 할 만한 것은 삶을 즐기는 것에 있고 할 만한 것은 몸을 편안히 하는 데에 있다. 그러므로 삶을 잘 즐기는 사람은 가난하지 않고 몸을 잘 편안히 하는 사람은 재산을 증식시키지 않는다.

楊朱曰 原憲窶(구)**於魯**하고 **子貢殖於衛**하니 **原憲之窶損生**하고 **子貢之殖累身**이라 **然則窶亦不可**요 **殖亦不可**니 **其可焉在**오 **曰可在樂生**이요 **可在逸身**이라 **故善樂生者不窶**하고 **善逸身者不殖**이라

'殖累身'은 재산을 증식시키는 일로 스스로 누를 끼침을 말한 것이다. 가난하면 즐기지 못하고 부유하면 스스로 힘드니 모두 養生의 道가 아니다.

殖累身은 言以貨殖自累也라 貧則不樂하고 富則自勞하니 皆非養生之道也라

7-6 삶과 죽음의 道

楊朱가 말하기를 "옛말에 '살아서는 서로 동정하고 죽어서는 서로 버린다.'라고 하였으니 이 말이 참으로 옳은 말이다. 서로 동정하는 道는 오직 감정으로 할 뿐만 아니라 힘든 사람은 편안하게 해주고 굶주린 자는 배부르게 해주고 추운 사람은 따뜻하게 해주고 곤궁한 사람은 현달하게 해 주는 것이다. 서로 버리는 道는 서로 슬퍼하지 않는 것은 아니지만 죽은 이에게 주옥을 물리지 않고 무늬 있는 비단을 입히지 않고 희생을 진설하지 않고 부장품을 펼쳐 놓지 않는 것이다.

楊朱曰 古語有之하니 **生相憐**하고 **死相捐**이라하니 **此語至矣**라 **相憐之道**는 **非唯情也**요 **勤能使逸**하고 **饑能使飽**하고 **寒能使溫**하고 **窮能使達也**라 **相捐之道**는 **非不相哀也**요 **不含珠玉**하고 **不服文錦**하고 **不陳犧牲**하고 **不設明器也**라

'死相捐'은 옛 사람들은 죽으면 시신을 내다 버렸으니 ≪周易≫에 이른바 "봉분을

로 낸 창문을 헌옷으로 막아 위는 비가 새고 아래는 습기가 찼으나 바르게 앉아 琴瑟을 탔다고 한다.(≪莊子≫ 〈讓王〉)

11) 子貢 : 春秋時代 衛나라 사람 端木賜의 자이다. 孔子의 제자로 언변과 殖貨에 능하였으며 魯나라와 衛나라의 재상이 되었다.

하지 않고 나무를 심지 않으며 喪을 치르는 기간이 일정하지 않았다."는 말[12]이 이것이다. '不含珠玉' 등의 말은 당시에 후하게 장례 치르는 사람을 기롱한 것이니, 楊王孫과 皇甫謐의 倮葬에 대한 설[13]은 아마도 여기에서 근원한 것인 듯하다.

死相捐은 古人死則棄之하니 易所謂不封不樹하고 喪期無數是也라 不含珠玉等語는 所以譏當時厚葬之人이니 楊王孫皇甫謐倮(나)葬之說이 似原於此라

7-7 養生과 送死에 대한 辯

晏平仲[14]이 管夷吾[15]에게 養生에 대해 물었는데, 管夷吾가 말하기를 "원하는 대로 내버려둘 따름이니, 막거나 억제하지 말아야만 합니다."라고 하였다. 晏平仲이 말하기를 "그 조목은 어떤 것입니까?"라고 하니 管夷吾가 다음과 같이 말하였다. "귀가 듣고자 하는 것을 멋대로 듣게 하고 눈이 보려고 하는 것을 멋대로 보게 하고 코가 맡고 싶어 하는 것을 멋대로 맡게 하고 입이 말하고자 하는 것을 멋대로 말하게 하고 몸이 편안하려고 하는 것을 멋대로 내버려 두고 뜻이 행하고자 하는 것을 멋대로 행하게 하는 것입니다. 귀가 듣고자 하는 것은 음악인데 듣지 못하게 하는 것을 청각을 억제한다〔閼聰〕고 이르고, 눈이 보고자 하는 것은 아름다운 빛깔인데 보지 못하게 하는 것을 시각을 억제한다〔閼明〕고 이르고, 코가 맡고자 하는 것은 산초와 난초와 같은 향기로운 냄새인데 맡지 못하게 하는 것을 후각을 억제

12) 周易에……말 : 〈繫辭傳 下〉에 "옛날 장사 지내는 사람은 섶을 두껍게 입혀서 들 가운데에서 장사를 지내는데 봉분을 하지 않고 나무를 심지 않으며 喪을 치르는 기간이 일정하지 않았다.〔古之葬者 厚衣之以薪 葬之中野 不封不樹 喪期无數〕"라고 한 데서 온 말이다.

13) 楊王孫과……설 : 倮葬은 壽衣와 棺槨 등을 사용하지 않고 벌거벗은 나체로 매장하는 것을 말하는데 倮는 裸와 같다.(≪後漢書≫ 〈趙咨傳〉) 楊王孫은 漢나라 城固 사람으로, 黃老術을 익혔다. 집이 부유했으나 임종 때 옷을 입히지도 말고 棺槨을 쓰지도 말고 알몸으로 묻도록 유언하였다. 사람이 죽은 뒤에 귀신이 되지 않는다고 주장하며 厚葬하는 풍속을 반대하였다. 저서에 ≪裸葬書≫가 있다.(≪漢書≫ 〈楊王孫傳〉) 皇甫謐(215~282)은 晉나라 사람으로 자는 士安 호는 玄晏先生이다. 여러 전적과 제자백가서에 널리 통달했으며, 평생 벼슬하지 않고 저술에 전념했다. 晉나라 武帝가 여러 차례 招徵하였으나 끝내 고사하고 나아가지 않았다.(≪晉書≫ 〈皇甫謐列傳〉)

14) 晏平仲 : 春秋時代 齊나라 사람으로, 이름은 嬰이다. 그의 아버지 桓子의 뒤를 이어 齊나라 卿이 되었고 나중에 齊나라 景公의 정승이 되어 검소와 덕행으로 제후들 사이에 이름이 났다.

15) 管夷吾 : 본서 7-1의 주 1) 참조.

한다〔閼顫〕고 이릅니다. 그리고 입이 말하고자 하는 것은 是非에 관한 것인데 말하지 못하게 하는 것을 지혜를 억제한다〔閼智〕고 이르고, 몸이 편안한 것은 맛있는 음식과 좋은 옷인데 이를 먹고 입지 못하게 하는 것을 편안함을 억제한다〔閼適〕고 이르고, 뜻이 하고자 하는 것은 자유롭게 행하는 것인데 행하지 못하게 하는 것을 본성을 억제한다〔閼性〕고 이릅니다.

무릇 여기 여러 가지 억제하는 것은 삶을 훼손시키는 주범이니, 삶을 훼손시키는 주범을 버리고서 즐겁게 지내며 죽음을 기다리면 하루가 한달과 같고 일년이 십년과 같으니 이것이 내가 말한 양생의 방법입니다. 그러나 이 삶을 훼손시키는 주범에 얽매여 이를 지니고 버리지 못하여 근심하면서 오랫동안 산다면 백년, 천년, 만년을 살더라도 내가 말한 양생의 방법이 아닐 것입니다."

晏平仲問養生於管夷吾하니 管夷吾曰 肆之而已니 勿壅勿閼(알)이라 晏平仲曰 其目奈何오 夷吾曰 恣耳之所欲聽하고 恣目之所欲視하고 恣鼻之所欲向하고 恣口之所欲言하고 恣體之所欲安하고 恣意之所欲行이라 夫耳之所欲聞者는 音聲而不得聽을 謂之閼聰이요 目之所欲見者는 美色而不得視를 謂之閼明이요 鼻之所欲向者는 椒蘭而不得嗅를 謂之閼顫이요 口之所欲道者는 是非而不得言을 謂之閼智요 體之所安者는 美厚而不得從을 謂之閼適이요 意之所欲爲者는 放逸而不得行을 謂之閼性이라 凡此諸閼은 廢虐之主니 去廢虐之主하고 熙熙然以俟死면 一日一月이요 一年十年이니 吾所謂養이라 拘此廢虐之主하야 錄而不舍하야 戚戚然以至久生이면 百年千年萬年이라도 非吾所謂養이라

'閼'은 억제하고 막아 자제한다는 뜻이다. 여기에 마음을 쏟으면 스스로 훼손하는 것이니 한갓 스스로 괴로울 따름이다. '一日一月一年十年'은 자신의 심신을 마음껏 즐기면 하루가 타인의 한 달과 견줄 만하고 일 년이 타인의 십 년과 견줄 만하다는 말이다. 만약 그렇게 하지 않으면 비록 백년, 천년, 만년의 장수를 누리더라도 또한 무슨 이익이 있겠는가. '非吾所謂養'이라는 것은 養生의 道가 아님을 말한 것이다.

閼은 抑遏而自制之意니 於此主心이면 自廢虐也니 徒自苦而已라 一日一月一年十年은 言縱樂其身心이면 一日比他人一月하고 一年比他人十年이라 若不然則雖有百年千年萬年之壽라도 亦何益이리오 非吾所謂養者는 言非養生之道也라

管夷吾가 말하기를 "제가 이미 그대에게 養生에 대해 말하였으니 죽은 이를 보낼

때에는 어떻게 해야 합니까?"라고 하니 晏平仲이 말하기를 "죽은 이를 보내는 것은 간단하니 장차 무엇을 말해 주겠습니까."라고 하였다. 管夷吾가 말하기를 "저는 실로 듣기를 원합니다."라고 하였다. 晏平仲이 말하기를 "이미 죽었으니 어찌 나와 관계있겠습니까. 태우는 것도 괜찮고 물에 가라앉혀도 괜찮고 땅에 묻어도 괜찮고 들에 버려도 괜찮습니다. 그리고 섶으로 싸서 골짜기에 버려도 괜찮고 곤룡포와 수놓은 바지를 입혀 石槨에 넣어도 괜찮으니 오직 상황에 맞게 하면 됩니다."라고 하였다. 管夷吾가 鮑叔과 黃子[16]를 돌아보며 말하기를 "生과 死의 道를 우리 두 사람이 다 말하였습니다."라고 하였다.

管夷吾曰 吾旣告子養生矣니 送死奈何오 晏平仲曰 送死略矣니 將何以告焉이리오 管夷吾曰 吾固欲聞之하노라 平仲曰 旣死하니 豈在我哉리오 焚之亦可요 沈之亦可요 瘞(예)之亦可요 露之亦可요 衣薪而棄諸溝壑亦可요 袞衣繡裳而納諸石槨亦可니 唯所遇焉이라 管夷吾顧謂鮑叔黃子曰 生死之道를 吾二人進之矣라하니라

'略矣'라는 것은 안배할 것이 못되니 마음대로 하게 두어도 괜찮다고 말한 것이다. 죽으면 빨리 썩게 하는 것이 낫다는 것은 石槨을 만드는 사람을 위하여 말한 것이니[17] 여기서 말한 것도 또한 세상을 바로잡기 위해 언급한 것이다. 鮑叔과 黃子는 두 사람의 이름이니 黃子는 아마도 또한 寓言인 듯하다.

略矣者는 言其不足安排니 聽之可也라 死欲速朽는 爲石槨者而言이니 此亦矯世之論이라 鮑叔黃子는 二人名也니 黃子는 恐亦寓言이라

7-8 밖을 다스리는 자와 안을 다스리는 자

子産[18]이 鄭나라의 재상이 되어 국정을 전단하니 3년 만에 선한 사람은 그 교화

16) 鮑叔과 黃子 : 鮑叔은 春秋時代에 齊나라 사람으로 管仲을 桓公에게 추천한 鮑叔牙를 말하고, 黃子는 누구인지 알 수 없다.

17) 죽으면……것이니 : ≪禮記≫ 〈檀弓 上〉에 공자가 宋나라에 있을 때, 桓司馬라는 자가 자신이 죽은 뒤에 쓸 石槨을 만들면서 3년이 지나도 아직 완성을 보지 못하는 것을 보고 말하기를 "관직을 그만둔 뒤에는 빨리 가난해지려고 하는 것이 낫고, 사람이 죽으면 빨리 썩게 하는 것이 낫다.〔喪欲速貧 死欲速朽〕"라고 한 데서 온 말이다.

18) 子産 : 春秋時代 鄭나라의 公孫僑를 가리킨다. 東里에 살았으므로 東里子産이라 불렀다. 鄭나라가 강대국인 晉과 楚의 사이에 끼어 있었으나 子産이 안에서 예법으로 彊宗들을

에 감복하고 악한 사람은 그 금령을 두려워하여 鄭나라가 이 때문에 다스려지고 제후들은 두려워하였다. 子産의 형은 公孫朝이고 아우는 公孫穆이니, 公孫朝는 술을 좋아하고 公孫穆은 여색을 좋아하였다. 公孫朝의 집에는 천 종(鍾)의 술을 모아 놓고 누룩을 쌓아 산더미를 이루어 문이 바라보이는 백 보 거리에서도 술 냄새가 사람들의 코를 찔렀다. 그가 한창 술에 빠져 있을 때에는 世道의 안위와 사람의 도리에 대한 회한과 집안 물건의 유무와 九族의 親疏와 生死에 대한 哀樂을 알지 못하였고 비록 물과 불이나 병기가 앞에서 교차되더라도 알지 못하였다.

公孫穆의 뒤뜰에는 방이 수십 개가 나란히 늘어서 있으니 모두 젊은 미녀-婑는 '儒'와 '隹'의 반절이다. 媠는 '吐'와 '火'의 반절이다.-들을 골라서 가득 채워 놓았다. 그가 한창 여색을 탐닉하고 있을 때에는 친한 이도 물리치고 교유도 끊고서 뒤뜰로 도망쳐 낮으로 밤을 보태어 3개월에 한 번 나오지만 마음은 오히려 흡족해 하지 않은 듯하였다. 고을에 아름다운 처자가 있으면 반드시 재물을 써서 부르고 중매를 통해 꾀어서 온갖 방법을 강구하여 구하다 얻지 못하게 된 뒤에야 그만두었다.

子産이 밤낮으로 근심하다 은밀히 鄧析[19]을 찾아가 이 일에 대해 의논하였다. 子産이 말하기를 "제가 들으니 자신을 다스려 집안에 미치게 하고 집안을 다스려 나라에 미치게 한다고 하였으니, 이 말은 가까운 데로부터 먼 곳에까지 이르게 함을 말한 것입니다. 저는 나라를 위하는 일은 잘 다스리고 있지만 집안은 어지러우니 그 道가 전도된 것입니다. 앞으로 어떤 방법을 써서 두 사람을 구제하겠습니까. 그대가 가르쳐 주십시오."라고 하였다. 鄧析이 말하기를 "저도 괴이하게 여긴 지 오래되었지만 감히 먼저 말하지 못하였습니다. 그대는 어찌 때때로 가르쳐서 性命의 중요함을 깨우쳐 주고 禮義의 소중함을 말해주지 않으십니까."라고 하였다.

子産이 鄧析의 말을 따라 틈을 내어 형제를 찾아가 다음과 같이 말하였다. "사람이 금수보다 귀한 이유는 지혜와 생각이 있기 때문이고 지혜와 생각을 이끌어 가

부리고 밖으로는 구설로 强國을 꺾어서 鄭나라가 전쟁의 피해를 입지 않았다. 그가 죽자 孔子가 눈물을 흘렸다고 전한다.

19) 鄧析 : 春秋時代 말기 鄭나라 사상가로 子産과 동시대 인물이다. ≪漢書≫ 〈藝文志〉에서는 尹文子와 公孫龍과 함께 名家의 학자로 올려놓았지만, 法家의 학설을 주로 다룬 것으로 보인다. ≪淮南子≫에는 능변으로 법을 어지럽혔다는 등 행적을 부정적으로 기록하였다. 저서에 ≪鄧析子≫가 있는데 주로 법가의 학설을 담았다.

는 것은 禮義이니, 禮義가 완성되면 명성과 지위가 이릅니다. 만약 감정에 따라 움직여 기호와 욕망을 탐닉한다면 性命은 위태롭게 될 것입니다. 그대들이 저의 말을 받아들인다면 아침에 스스로 뉘우치기만 해도 저녁에 祿을 받게 될 것입니다."

公孫朝와 公孫穆이 다음과 같이 말하였다. "우리도 그것을 안 지는 오래되었고 이렇게 살기를 선택한 지도 또한 오래되었으니 어찌 그대의 말을 기다린 뒤에 이를 알겠습니까. 무릇 삶은 얻기 어렵지만 죽음은 이르기 쉬우니 얻기 어려운 삶을 가지고 이르기 쉬운 죽음을 기다리니 깊이 생각해볼 만합니다. 禮義를 존중하여 남에게 과시하고 性情을 억제하여 명예를 불러들이려 하니 우리는 이를 죽는 것보다 못하다고 생각합니다. 일생의 기쁨을 다 누리고 한창 때의 즐거움을 다 향유하고자 하니 오직 배가 가득 차서 입이 원하는 대로 마시지 못하고 힘이 소진되어 욕정대로 여색을 즐길 수 없을까 걱정할 뿐, 명성의 추악함과 性命의 위태로움을 근심할 겨를이 없습니다.

또 그대가 나라를 다스리는 능력으로 남에게 과시하며 言辭를 가지고 우리의 마음을 어지럽게 만들려고 하고 榮譽와 녹봉으로 우리의 마음을 기쁘게 하려고 한다면 또한 비루하고 가련하지 않겠습니까. 우리는 또 그대와 이를 분별해 보고자 합니다. 밖을 잘 다스리는 사람은 외물이 반드시 다스려지는 것은 아니어서 자신이 함께 괴롭고, 안을 잘 다스리는 사람은 외물이 반드시 혼란해지는 것은 아니어서 본성이 함께 편안합니다. 그러니 당신이 밖을 다스리는 것은 그 방법이 잠시 한 나라에 행해질 수 있지만 사람의 마음에는 부합되지 않을 것이고, 우리가 안을 다스리는 것은 천하에 미루어 가면 君臣의 道가 사라지게 될 것입니다. 우리가 늘 이 방법을 가지고 깨우쳐 주려 하였는데, 그대가 도리어 저 방법으로 우리를 가르치려 하십니까."

子產이 망연자실하여 대답하지 못하였다. 다른 날에 鄧析에게 이 말을 하자 鄧析이 "그대는 眞人과 함께 거처하면서도 알지 못하였으니, 누가 그대를 지혜롭다 하겠습니까. 鄭나라가 다스려짐은 우연일 뿐 그대의 공이 아닙니다."라고 하였다.

子產相鄭하여 專國之政하니 三年에 善者服其化하고 惡者畏其禁하여 鄭國以治하고 諸侯憚之라 而有兄曰公孫朝요 有弟曰公孫穆이니 朝好酒하고 穆好色이라 朝之室也에 聚酒千鍾하고 積麴成封하여 望門百步에 醴[20]漿之氣逆於人鼻라 方其荒於酒也엔 不知世道之安

危와 人理之悔吝과 室內之有亡(무)와 九族之親疏와 存亡之哀樂也여 雖水火兵刃交於前이라도 弗知也라 穆之後庭에 比房數十하니 皆擇稚齒婑-儒隹切-(유)媠-吐火切-(타)者以盈之라 方其耽於色也엔 屛親昵 絶交遊하야 逃於後庭하여 以晝足夜하야 三月一出이나 意猶未慊(협)이라 鄕有處子之娥姣者면 必賄而招之하고 媒而挑之하고 弗獲而後已라 子産日夜以爲戚하여 密造鄧析而謀之曰 僑聞治身以及家하고 治家以及國이라하니 此言自於近至於遠也라 僑爲國則治矣나 而家則亂矣니 其道逆邪아 將奚方以救二子오 子其詔之하라 鄧析曰 吾怪之久矣나 未敢先言이니 子奚不時其治也하야 喩以性命之重하고 誘以禮義之尊乎아 子産用鄧析之言하여 因間以謁其兄弟而告之曰 人之所以貴於禽獸者는 智慮요 智慮之所將者는 禮義니 禮義成則名位至矣라 若觸情而動하여 耽於嗜慾이면 則性命危矣라 子納僑之言이면 則朝自悔而夕食祿矣라 朝穆曰 吾知之久矣요 擇之亦久矣니 豈待若言而後識之哉아 凡生之難遇而死之易及이니 以難遇之生으로 俟易及之死하니 可孰念哉아 而欲尊禮義以誇人하고 矯情性以招名하니 吾以此爲弗若死也라 爲欲盡一生之歡하고 窮當年之樂하니 唯患腹溢而不得恣口之飮하고 力憊而不得肆情於色이요 不遑憂名聲之醜와 性命之危也라 且若以治國之能誇物하야 欲以說辭亂我之心하고 榮祿喜我之意면 不亦鄙而可憐哉아 我又欲與若別之라 夫善治外者는 物未必治而身交苦하고 善治內者는 物未必亂而性交逸이니 以若之治外는 其法可暫行於一國이나 未合於人心이요 以我之治內는 可推之於天下하면 君臣之道息矣라 吾常欲以此術而喩之어늘 若反以彼術而敎我哉아 子産忙然無以應之라 他日以告鄧析하니 鄧析曰 子與眞人居而不知也니 孰謂子智者乎아 鄭國之治偶耳요 非子之功也라

李白

'積麴成封'은 "쌓인 누룩으로 곧장 술지게미 누대를 만들리라〔壘麴便築糟丘臺〕"라고 한 말[21]과 같다. '婑媠'는 美女이고 '娥姣'도 또한 美女이다. '弗獲而後已'는 온갖 방법을 강구하여 구하

---

20) 醴 : 張湛이 찬한 ≪列子≫에는 '糟'로 되어 있다.

21) 쌓인……말 : 李白의 〈襄陽歌〉에 "멀리 바라보니 한수는 오리 머리처럼 푸르러, 흡사 포도주가 막 괴기 시작한 것 같네. 만일 이 강물이 봄 술로 변화한다면, 쌓인 누룩으로 술지게미 누대를 만들리라.〔遙看漢水鴨頭綠 恰似葡萄初醱醅 此江若變作春酒 壘麴便築糟丘臺〕"라고 한 데서 온 말이다.

다 얻지 못하게 된 이후에야 그만두는 것을 말한다. '孰念'은 깊이 생각하는 것이니 '孰'은 '熟' 자와 같다. 배가 가득 차서 입이 원하는 대로 마시지 못하고 힘이 소진되어 욕정대로 여색을 즐길 수 없다는 말은 郭璞이 말한 酒色에 드는 비용을 다 소진하지 못할까 두렵다는 논리이다. 鄧析이 '眞人'이라 여긴 것은 養生의 이치에 통달하였음을 말한 것이다. '善治內者物未必亂'은 자신의 마음을 스스로 즐기는 자는 세상 또한 반드시 혼란에 이르지는 않음을 말한 것이니, 治亂은 모두 자연의 운수임을 말한 것이다.

이 단락은 ≪莊子≫ 〈盜蹠篇〉과 서로 비슷하니, 그 글 또한 이와 같이 지엽적인 사실을 과장하고 있다. 郭璞의 말은 몹시 이치에 어긋난 듯하지만 다만 칼을 물고 머리를 풀어헤치고 측간에 오른 일로 보자면 그도 아마 運數를 아는 사람인 듯하니 자신을 반드시 스스로 보존할 수 없음을 미리 알았기 때문에 이런 말을 한 것이다.[22] 그러나 禍福은 하늘에 달려있고 수양은 나에게 달려 있으니 사람의 일에 최선을 다하고서 天命을 기다리는 것이 옳다. 칼을 물고 머리를 풀어헤치는 술수는 이미 이치에 밝은 사람이 행하지 않는 것인데 하물며 酒色을 탐닉하는 자야 더 말할 것이 있겠는가.

이로써 생각해 보면 孟子가 "장수하거나 요절하는 것을 의심하지 않아 몸을 닦고 天命을 기다린다."라고 말한 것[23]은 풍부한 맛이 있고 많은 의리가 있으니 많이 쓰더라도 다 쓰지 못할 부분이다.[24] 孔子가 "아침에 道를 들으면 저녁에 죽어도 괜찮다."라고 하였으니 그 뜻도 또한 여기에 있다. ≪莊子≫와 ≪列子≫의 글은 본래 뜻은 세상에 분개한 것이다. 그런데 혼미한 사람이 도리어 이와 같이 그 논리를 捭闔[25]하고

---

22) 郭璞의……것이다 : 郭璞이 桓彝와 자별한 친분이 있었는데, 桓彝에게 경계하기를, "뒷간 위에서 엿보지 말라. 반드시 주와 객이 모두 화를 입을 것이다."라고 하였다. 그 후에 郭璞이 뒷간에 있었는데, 마침 桓彝가 술에 취하여 뒷간에 왔다가 몰래 엿보니, 郭璞이 발가벗고 머리를 풀어 산발한 채 입에 칼을 물고 제물을 陳設하고 있었다. 郭璞이 桓彝를 보고 깜짝 놀라 가슴을 어루만지면서 말하기를, "나만 화를 입을 뿐 아니라, 그대도 또한 화를 면치 못할 것이다."라고 하였는데 郭璞은 王敦의 화에 죽음을 당하였고 桓彝 또한 蘇峻의 난에 죽었다.(≪古今事文類聚續集≫ 권10)

23) 孟子가……것 : ≪孟子≫ 〈盡心 上〉에 "요절하거나 장수하는 것을 의심하지 않아 몸을 닦고 천명을 기다리는 것이 명을 세우는 것이다.〔殀壽不貳 脩身以俟之 所以立命也〕"라고 한 데서 온 말이다.

24) 풍부한……부분이다 : ≪性理大全≫ 권54 〈讀書法〉에 "학자가 ≪중용≫, ≪대학≫, ≪논어≫, ≪맹자≫ 등 사서에 대해 실제로 공부에 착수하여 구절마다 글자마다 침잠하며 자기의 일로 절실하게 여기면서 투철하게 터득해 나간다면, 일생 동안 받아서 써도 다 쓰지 못할 것이다.〔學者於庸學論孟四書 果然下工夫 句句字字 涵泳切己 看得透徹 一生受用不盡〕"라고 한 데서 온 말이다.

25) 捭闔 : 戰國時代 縱橫家가 주장한 유세술 중에 하나로 상대방을 분열시키고 자기편으로 끌어들이는 것을 말한다.

또 후인들에 의해 뒤섞이기도 하였으므로 그 책을 읽어도 그 뜻을 이해하지 못하는 자와 眞僞를 분별하지 못하는 사람들이 혹 스스로 그르쳤으니, 이 때문에 異端의 학문이 된 것이다.

積麴成封은 累(土)〔麴〕[26]便築糟丘臺是也라 婑媠는 美女也요 娥姣도 亦美女也라 弗獲而後已는 言百計營求하야 至不得而後已也라 孰念은 深念也니 與熟同이라 腹溢而不得恣口之飮과 力疲憊而不得肆情於色은 郭璞酒色之資恐用不盡之論也라 鄧析以爲眞人者는 言其達養生之理也라 善治內者物未必亂은 謂自樂其心者는 世亦未必至於亂이니 謂治亂皆自然之數也라 此段은 與莊子盜蹠篇相似하니 其文亦如此長枝大葉이라 郭璞之語似甚背理나 但以其銜刀被髮登厠之事觀之면 彼蓋知數者니 逆知其身必不能自保라 故爲此論이라 然禍福在天하고 脩爲在我하니 盡人事以聽天命可也라 銜刀被髮之術은 已非明理者所爲어든 而況恣於酒色乎아 以此思之면 孟子曰 壽夭不貳하여 脩身以俟之는 多少滋味오 多少理義오 多少受用不盡處라 孔子曰 朝聞道면 夕死可矣니 其意亦在此라 莊列之書는 本意憤世어늘 昏迷之人이 卻如此捭闔(벽합)其論하고 而又爲後人所雜하니 讀其書而不得其意與不辯其眞僞者가 或以自誤니 此所以爲異端之學也라

7-9 達人의 處世術

衛나라 端木叔은 子貢의 후손이다. 그 선조의 재산 덕분에 집안에 萬金을 쌓아놓고 세상일은 신경 쓰지 않은 채 좋아하는 일을 마음껏 누렸다. 그러니 사람들이 하고 싶어 하는 것과 사람들의 마음이 즐기고 싶어하는 것을 하지 않은 것이 없었고 즐기지 않은 것이 없었다. 집과 누대, 정원과 연못, 음식과 수레와 옷, 음악과 시녀 등이 齊나라와 楚나라의 임금과 비견될 정도였다. 마음으로 좋아하고자 하는 것과 귀로 듣고자 하는 것과 눈으로 보고자 하는 것과 입으로 맛보고자 하는 것에 이르러서도 비록 먼 지역이나 외진 나라에만 있어 중국 땅에서 생산되지 않는 것이라도 마치 자신의 울이나 담 안에 있는 물건인양 반드시 가져오게 하지 않는 것이 없었다. 유람을 할 때에는 비록 산천이 높고 험하고 가는 길이 멀다하더라도 마치 사람들이 지척을 가는 것처럼 반드시 가보지 않음이 없었다. 집 뜰에 있는 빈객들은 날마다 백 명을 헤아릴 정도였고 부엌에는 연기와 불이 끊이지 않았고 집안 마루 위에는 음악 소리가 끊이지 않았다. 봉양하고 남는 것은 먼저 종족들에

---

26) (土)〔麴〕: 저본에는 '土'로 되어 있으나, ≪李太白集≫에 의거하여 '麴'으로 바로잡았다.

게 나누어주고 종족들에게 주고 남는 것은 다음으로 읍리에 나누어 주었고 읍리에 주고 남은 것은 이에 온 나라에 나누어 주었다.

나이 60세가 되어 기력과 몸이 쇠해지려 하자 집안일을 버리고 창고에 저장된 진귀한 보배와 수레와 옷과 첩과 시녀들을 모두 나누어 주어 1년 만에 소진하였고 자손들을 위하여 재물을 남겨두지 않았다. 병에 걸려서는 약이나 침 맞는 비용이 마련되어 있지 않았고 죽어서는 장사지낼 돈도 없었다. 온 나라의 사람들 중 그가 베푼 은혜를 받은 사람들이 서로 돈을 거두어 장사 지내 주고 그 자손들에게 재물을 돌려주었다. 禽骨釐가 이 소식을 듣고 "端木叔은 미친 사람이니 그 조상을 욕보였습니다."라고 하였다. 段干生이 이 말을 듣고 "端木叔은 통달한 사람이니 德이 그 조상보다 뛰어납니다. 그가 행했던 일과 실천했던 일은 대중들이 놀랄 일이지만 진실한 이치로 보면 본받을 만합니다. 그러나 衛나라의 군자가 대부분 禮敎로 自守하고 있으니 실로 이 사람의 마음을 이해하기에는 부족할 것입니다."라고 하였다.

衛端木叔者는 子貢之世也라 藉其先貲하야 家累萬金하야 不治世故하고 放意所好하니 其生民之所欲爲와 人意之所欲玩者를 無不爲也며 無不玩也라 墻屋臺榭와 園囿池沼와 飮食車服과 聲樂嬪禦가 擬齊楚之君焉이라 至其情所欲好와 耳所欲聽과 目所欲視와 口所欲嘗하야도 雖殊方偏國非齊土之所産育者도 無不必致之하여 猶藩墻之物也라 及其遊也하얀 雖山川阻險과 塗逕脩遠이라도 無不必之하여 猶人之行咫步也라 賓客在庭者日百往이요 庖廚之下에不絶煙火하고 堂廡之上不絶聲樂이라 奉養之餘는 先散之宗族하고 宗族之餘는 次散之邑里하고 邑里之餘는 乃散之一國이라 行年六十에 氣幹將衰하여 棄其家事하고 都散其庫藏珍寶車服妾媵(잉)하야 一年之中盡焉하고 不爲子孫留財라 及其病也하얀 無藥石之儲하고 及其死也하얀 無瘞(예)埋之資라 一國之人受其施者가 相與賦而藏之하고 反其子孫之財焉이라 禽骨釐(리)聞之曰 端木叔은 狂人也니 辱其祖矣라하니 段干生聞之曰 木叔은 達人也니 德過其祖矣라 其所行也와 其所爲也는 衆意所驚이나 而誠理所取라 衛之君子多以禮敎自持하니 固未足以得此人之心也라

'子貢之世'는 후세의 자손을 이른다. '賦而藏之'는 재물을 거두어 장사 지내 준 것을 말한다. '衆意所驚'는 많은 사람이 놀라고 괴이하게 여긴다는 것을 말한 것이고 '誠理所取'는 자연의 이치로 보면 그 행한 바를 법으로 취할 만함을 말한 것이니, 이 어찌

스스로 구속하여 禮敎로 自守하는 자들이 알 수 있겠는가. 그 뜻은 대개 이를 가탁한 것일뿐 우리 儒者를 비웃으려는 의도는 아니다. '氣幹'은 '氣骨'과 같다.

子貢之世者는 謂其後世子孫也라 賦而藏之者는 言斂其資而葬之라 衆意所驚者는 言衆人則以爲驚怪也요 誠理所取者는 謂以自然之理觀之면 則其所行可取法也니 此豈拘拘然以禮敎自持者之所知리오 其意蓋借此以非笑吾儒者也라 氣幹은 猶氣骨也라

7-10 삶과 죽음을 대하는 태도

孟孫陽이 陽子에게 묻기를 "여기 한 사람이 있는데, 삶을 귀하게 여기고 몸을 아껴 不死를 바란다면 되겠습니까?"라고 하니, 陽子가 말하기를 "이치로 볼 때 不死는 없습니다."라고 하였다. 孟孫陽이 묻기를 "오래 살기를 구한다면 되겠습니까?"라고 하니, 陽子가 다음과 같이 말하였다. "이치로 볼 때에 오래 살 수는 없으니, 삶은 귀하게 여긴다고 보존할 수 있는 바가 아니고 몸은 아낀다고 건강하게 할 수 있는 바가 아닙니다. 또 오래 살아서 무엇을 하겠습니까. 五情의 좋아함과 싫어함이 예나 지금이나 똑같고 四體의 安危가 예나 지금이나 똑같고 세상일의 苦樂이 예나 지금이나 똑같고 변화하는 治亂이 예나 지금이나 똑같습니다. 이미 이를 들었고 이미 이를 보았고 이미 이를 경험하였으니 백년도 오히려 많다고 싫어하는데 하물며 오래 사는 괴로움이야 더 말할 것이 있겠습니까."

孟孫陽問陽子曰 有人於此하니 **貴生愛身**하여 **以蘄**(기)**不死可乎**아 **曰 理無不死**라하니 **以蘄久生 可乎**아 **曰理無久生**하니 **生非貴之所能存**요 **身非愛之所能厚**라 **且久生奚爲**오 **五情好惡**가 **古猶今也**며 **四體安危**가 **古猶今也**며 **世事苦樂**이 **古猶今也**며 **變易治亂**이 **古猶今也**라 **旣聞之矣**요 **旣見之矣**요 **旣更之矣**니 **百年猶厭其多**어든 **況久生之苦也乎**아

'好惡'와 '安危'와 '苦樂'은 인간사가 불과 이와 같음을 말한 것이다. 천하가 생겨남에 한 번 다스려지고 한 번 혼란한 것이 서로 이어져 끊이지 않았다. 그러므로 '變易治亂古猶今也'라고 말한 것이니, 천 년 만 년이 단지 이와 같음을 말한 것이다. '更'은 경험한다〔更歷〕는 말이다. 내가 살면서 십 년 백 년 따질 것 없이 보고 듣고 경험한 바가 불과 이와 같으니 다시 천 년 만 년이 지나더라도 또한 똑같을 것이다. 杜牧이 "부질없는 세상에 공부는 먹는 것과 잠자는 것이다."라고 한 것[27]이 또한 이 뜻이다.

好惡安危苦樂은 言人世之事不過如此也라 天下之生에 一治一亂이 相仍不已라 故曰變易治

亂이 古猶今也니 言千年萬年이 只是此等事也라 更者는 更歷也라 我之生也에 不問十年百年하고 所見所聞與所更歷이 不過如此하니 更千年萬年亦然也라 杜牧曰浮世工夫食與眠이 亦是此意라

孟孫陽이 말하기를 "만약 그렇다면 빨리 죽는 것이 오래 사는 것보다 나으니 창과 칼을 밟고 끓는 물과 불 속으로 들어가는 것이 뜻한 바를 얻는 것이겠습니다."라고 하였다. 陽子가 말하기를 "그렇지 않습니다. 이미 태어났다면 마음에 두지 말고 자연에 맡겨둔 채 원하는 바를 추구하면서 죽음을 기다리고, 죽을 때가 되어서는 마음에 두지 말고 자연에 맡겨둔 채 가는 곳을 따라 다하는 대로 내버려 두는 것입니다. 마음에 두지 않음이 없고 맡겨두지 않음이 없으니 어찌 대번에 그 사이에 더디고 빠름이 있겠습니까."라고 하였다.

孟孫陽曰 若然이면 **速亡愈於久生則踐鋒刃 入湯火**가 **得所志矣**라 **楊子曰 不然**이라 **旣生則廢而任之**하고 **究其所欲**하여 **以俟於死**요 **將死則廢而任之**하고 **究其所之**하여 **以放於盡**이니 **無不廢**하고 **無不任**이니 **何遽遲速於其間乎**아

여기에서 한 번 전환한 것이 도리어 좋다. 사람이 태어남에 실로 족히 즐거울 것이 없지만 삶을 버리고 죽음을 구해서는 안 된다. '廢'는 마음에 두지 않는 것이다. 나의 心思를 버리고 그 자연을 따른다. 그러므로 '廢而任之'라고 말한 것이니 능히 이 생각을 다하면 비록 '廢'와 '任'이라도 또 없으니 어느 겨를에 그 사이에 더디고 빠름을 계산하겠는가.

此一轉卻好라 人之生也에 固無足樂이라 然不可以棄生而求死라 廢는 無心也니 廢吾心思而聽其自然이라 故曰廢而任之라 能盡此念이면 雖廢與任도 且無之矣니 又何暇計其間遲速乎아

7-11 楊朱의 爲我

楊朱가 말하기를 "伯成子高[28]는 터럭 하나로 남을 이롭게 하지 않고 나라를 버리

27) 杜牧이……것 : 803~853. 杜牧은 중국 唐나라의 문신이자 시인이다. 강직한 성품으로 唐나라의 衰運을 만회하려고 노력하였다. 산문과 시에 뛰어났으며, 특히 七言絶句에 능하였다. 하지만 여기에 제시된 詩는 杜牧의 시가 아닌 蘇軾의 시로 《東坡全集》 권6에 수록된 〈右范蠡〉이라는 詩의 일부이다. 또한 원문도 "浮世功勞食與眠"으로 여기에 제시된 시와 차이가 있다. 아마도 작자의 착오에 의한 오류인 듯하다.

고 숨어 농사를 지었고, 大禹는 한 몸으로 스스로를 이롭게 하지 않고 자신의 손과 발에 굳은살이 박이게 하였다. 옛 사람은 터럭 하나를 버려서 천하를 이롭게 하더라도 터럭을 주지 않았고 천하를 남김없이 들어 한 몸을 받든다 하더라도 천하를 취하지 않았다. 그러니 사람마다 터럭 하나도 뽑지 않고 사람마다 천하를 이롭게 여기지 않는다면 천하가 다스려질 것이다."라고 하였다.

禽子가 楊朱에게 묻기를 "선생님의 몸에 있는 터럭 하나를 뽑아 한 세상을 구제할 수 있다면 선생님은 하시겠습니까?"라고 하니, 陽子가 말하기를 "세상은 실로 터럭 하나로 구제할 수 있는 것이 아니다."라고 하였다. 禽子가 말하기를 "만약 구제할 수 있다면 하시겠습니까?"라고 하니 陽子가 대답하지 않았다.

禽子가 나와서 孟孫陽에게 말하니 孟孫陽이 말하기를 "그대는 선생님의 마음을 통달하지 못하였으니 제가 그대에게 말해주겠습니다. 그대의 피부를 손상시켜 만금을 얻을 수 있다면 그대는 하겠습니까?"라고 하니 禽子가 말하기를 "할 것입니다."라고 하였다. 孟孫陽이 말하기를 "만약 그대의 몸 한 마디를 절단하여 한 나라를 얻을 수 있다면 그대는 하겠습니까?"라고 하니 禽子가 한동안 묵묵히 있었다. 孟孫陽이 말하기를 "터럭 하나는 피부보다 경미하고 피부는 한 마디보다 경미함이 분명합니다. 그렇다면 터럭 하나가 쌓여 피부를 이루고 피부가 쌓여 한 마디를 이루니, 터럭 하나가 실로 한 몸의 만 분의 일에 해당하는 물건이라도 어찌 경시할 수 있겠습니까."라고 하였다. 禽子가 말하기를 "저는 그대에게 답변할 수 없습니다. 그렇다면 그대의 말을 老聃과 關尹에게 물어보면 그대의 말이 타당하다 할 것이고 나의 말을 가지고 大禹와 墨翟[29]에게 물어보면 저의 말을 타당하다 할 것입니다."라고 하였다. 孟孫陽이 그 말을 듣고서 그 문도들을 돌아보며 다른 일에 대해 논하였다.

楊朱曰 伯成子高는 不以一毫利物하고 舍國而隱耕하고 大禹는 不以一身自利하고 一體

---

28) 伯成子高 : 전설 속에 나오는 夏나라 禹임금 때의 隱士로 伯成은 姓이고 子高는 字이다. 혹 高가 이름이라고도 한다.

29) 墨翟 : B.C. 470(?)~B.C. 391(?). 중국 戰國時代 魯나라의 철학자이다. 원래 공자의 가르침을 따르던 유학자였으나 유교가 의례를 지나치게 강조하고 종교적 가르침을 소홀히 한다고 생각하여 독자적인 길을 걷게 되었다. 仁 대신 兼愛를 강조하였으며 전쟁을 반대하는 평화주의를 견지하였다. 저서로는 《墨子》 53편이 남아있다.

偏枯라 古之人은 損一毫하여 利天下라도 不與也하고 悉天下하여 奉一身이라도 不取也라 人人不損一毫하고 人人不利天下면 天下治矣라 禽子問楊朱曰 去子體之一毛하여 以濟一世면 汝爲之乎아 楊子曰 世固非一毛之所濟라 禽子曰 假濟면 爲之乎아 楊子弗應이라 禽子出語孟孫陽하니 孟孫陽曰 子不達夫子之心이니 吾請言之호리라 有侵若肌膚하고 獲萬金者면 若爲之乎아 曰 爲之라 孟孫陽曰 有斷若一節하야 得一國이면 子爲之乎아 禽子默然有間이라 孟孫陽曰 一毛微於肌膚하고 肌膚微於一節省矣라 然則積一毛以成肌膚하고 積肌膚以成一節이니 一毛固一體萬分中之一物이라도 奈何輕之乎아 禽子曰 吾不能所以答子라 然則以子之言問老聃關尹則子言當矣요 以吾言問大禹墨翟則吾言當矣라 孟孫陽因顧與其徒說他事라

'一體偏枯'는 禹임금의 손발에 못이 박혔음을 말한 것이다.[30] 나의 터럭 하나를 가지고 천하를 이롭게 하더라도 나는 또한 주지 않고 천하의 사물을 다 들어 나를 봉양하더라도 나는 또한 취하지 않으니 이것이 이른바 爲我의 학문[31]이다. '世固非一毛之所濟'는 나의 터럭 하나를 뽑더라도 또한 세상에 무슨 이익이 있으며 세상은 터럭 하나를 어디에 쓰겠는가라고 말한 것이다. '假濟'는 가령 터럭 하나로 세상을 구제한다면 그대는 기꺼이 하겠는가라고 말한 것이다. '楊子弗應'은 이 뜻으로 다 말하지 않은 것이다. 한 몸은 한 마디가 쌓인 바이고 한 마디는 터럭 하나가 쌓인 바이니 터럭 하나를 움직이기만 해도 곧 나의 신체 중의 물건이니, 어찌 작은 것이라 해서 경시하고 소홀히 할 수 있겠는가. 이 뜻은 조금이라도 외면을 힘쓰려는 마음이 있으면 스스로 수양하는 道가 아님을 말한 것이다. 禽子가 "그대가 이런 말을 하니 나는 실로 답하기 어렵다. 그러나 老聃과 關尹은 그대의 말을 옳다고 여길 것이고 大禹와 墨翟은 그대의 말을 옳다고 여기지 않을 것이다."라고 말하였다. 孟孫陽이 그 문도들을 돌아보며 다른 일을 말한 것은 대개 大禹와 墨翟은 우리 스승도 비유하지 않는데 그대가 이와 같이 비유하여 말하는 것이 괜찮은가라고 말한 것이다. 孟孫陽은 楊朱의 제자이다.

一體偏枯者는 言禹手足胼胝(변지)也라 以我一毫而利天下라도 吾亦不與之요 盡天下之物而以奉我라도 吾亦不取之하니 此所謂爲我之學이라 世固非一毛之所濟者는 言損我一毛라도 亦何

30) 禹임금의……것이다 : 禹임금이 治山治水를 하며 범람하는 홍수를 막으려고 8년 동안 분주히 돌아다니다 보니, "손과 발에 못이 박이고 얼굴은 시꺼멓게 그을렸다.〔手足胼胝 面目黧黑〕"라고 하였다.(≪史記≫ 권87 〈李斯列傳〉)

31) 爲我의 학문 : 자기 본위로 나의 이익만을 따질 뿐 타인은 고려하지 않는 학설을 말한다. ≪孟子≫ 〈盡心 上〉에 "楊子는 자신만을 위하여 행동하기 때문에, 터럭 하나를 뽑아 천하를 이롭게 할 수 있다 하더라도 하려고 하지 않는다."라고 하였다.

益於世며 世於一毛에 亦何用이리오 假濟者는 言設使一毛可以濟世면 汝肯爲之乎아 楊子弗應者는 不以此意盡語之也라 一身은 一節之所積也요 一節은 一毛之所積也니 纔動一毛도 便是我身中之物이니 豈可以其微而輕忽之리오 此意蓋謂有一分務外之心이면 則非自養之道라 禽子曰汝爲此說하니 我固難答이라 然老聃關尹則以汝言爲是요 大禹墨翟則不以汝言爲是矣라 孟孫顧其徒而言他事는 蓋謂大禹墨翟은 我師所不爲어늘 而汝如此比竝言之可乎아 孟孫陽者는 楊朱弟子也라

7-12 楊朱가 생각하는 聖人과 惡人

楊朱가 다음과 같이 말하였다. "천하의 아름다움은 舜임금, 禹임금, 周公, 孔子에게 돌아가고 천하의 惡은 桀임금과 紂임금에게 돌아간다. 그러나 舜임금은 河陽에서 밭을 갈고 雷澤에서 도자기를 굽느라 四體는 잠시도 편안하지 못하였고 입과 배는 맛있는 음식을 채울 수 없었다. 부모가 편안하게 여기지 않았고 형제자매가 친하게 여기지 않는지라 나이 30세에 부모에게 말하지도 않고 장가를 들었다. 堯임금의 禪位를 받음에 미쳐서는 나이는 이미 많고 지혜는 이미 쇠퇴하였는데, 아들인 商鈞이 재주가 없어 禹임금에게 禪位하고서 근심하며 살다 죽음에 이르렀으니, 이는 천하의 사람들 중에서 곤궁하고 괴로워했던 사람이다.

鯀[32]이 홍수가 난 땅을 다스렸지만 공적을 이루지 못하여 羽山으로 추방되었다. 禹임금은 鯀의 일을 이어 원수를 섬겨[33] 오직 토목공사만을 크게 일으켜, 아들이 태어났음에도 사랑을 주지 못하고 자신의 집 문을 지나면서도 들어가지 못하여 몸은 비쩍 마르고 손발에는 못이 박혔다. 舜임금에게 禪讓 받음에 미쳐서는 궁실을 검소하게 짓고 祭服을 아름답게 차려 입고서[34] 근심하며 살다 죽음에 이르렀으니

32) 鯀 : 중국 전설상의 인물로 夏나라 始祖인 禹임금의 아버지이다. 홍수를 다스리다가 실패하고 羽山으로 추방당하였다.

33) 원수를 섬겨 : 舜임금이 禹임금의 아버지인 鯀을 羽山으로 추방하여 처형하였기 때문에 이렇게 말한 것이다.

34) 궁실을……입고서 : ≪論語≫ 〈泰伯〉에 孔子가 禹임금에 대해 "음식을 소박하게 드시면서도 제사를 지낼 때에는 귀신에게 효성을 다하고, 의복을 검소하게 입으면서도 祭服을 차려 입을 때에는 아름답게 꾸미고, 거처하는 집을 검소하게 짓고 살면서도 백성을 위한 治水사업에는 온 힘을 다하셨다.〔菲飮食而致孝乎鬼神 惡衣服而致美乎黻冕 卑宮室而盡力乎溝洫〕"라고 한 데서 온 말이다.

이는 천하 사람들 중에 근심하고 고통스러워했던 사람이다.

武王이 이미 죽자 成王이 幼弱하여 周公이 천하의 정사를 섭정하였는데, 邵公이 이를 좋아하지 않았고 네 나라가 유언비어를 퍼뜨려 周公이 成王을 떠나 東都에 가서 3년간 거처하였다. 그러다 형을 죽이고 아우를 추방하여[35] 겨우 자신의 화를 면하여 근심하며 살다 죽음에 이르렀으니, 이는 천하의 사람들 중에서 위태로웠고 두려워했던 사람이다.

孔子는 帝王의 道를 밝혀 당시 군주들의 초빙에 응하였는데, 宋나라에서는 나무를 베이는 화를 당하였고[36] 衛나라에서 자취를 감추고 떠났고[37] 宋나라와 周나라에서 곤액을 당하였고 陳나라와 蔡나라에서 포위당하였고 季氏에게 굴욕을 당하였고[38] 陽虎에게 모욕을 당하여[39] 근심하며 살다 죽음에 이르렀으니 이는 천하 사람들 중에 핍박받고 위협받은 사람이다.

무릇 이 네 명의 聖人은 생전에 하루 동안의 즐거움도 없었지만 사후에 萬世에 명성을 남겼다. 명성이란 본래 실질이 취하는 바가 아니므로 비록 칭송하더라도

---

35) 武王이……추방하여 : 邵公은 文王의 서자인 奭이고 네 나라는 주공의 형제들인 管叔, 蔡叔, 霍叔, 紂임금의 아들 武庚이 다스리던 나라를 가리킨다. 어린 成王을 위해 그의 숙부인 周公이 섭정하였는데, 周公의 형제인 管叔과 蔡叔을 동쪽으로 보내어 殷나라 사람들을 감독하게 하였다. 그러나 두 사람이 流言을 퍼뜨려 周公을 모해하자 周公은 成王을 떠나 東都에 가서 2년간 거하였다. 후에 武庚 등이 반란을 일으키자, 周公은 왕명을 받들고 東征하여 평정하였다.(≪書經≫ 〈金滕〉)

36) 宋나라에서는……당하였고 : 孔子가 曹나라를 떠나 宋나라에 가서 큰 나무 아래에서 제자들과 禮를 공부하고 있었는데 宋나라 司馬 桓魋가 孔子를 죽이고자 하여 그 나무를 뽑으니 孔子가 宋나라를 떠났던 고사를 두고 한 말이다.(≪史記≫ 권47 〈孔子世家〉)

37) 衛나라에서……떠났고 : 孔子가 衛나라에 갔을 때에 衛 靈公이 孔子를 등용하였는데, 얼마 뒤에 孔子를 무함하는 이가 나타나 孔子가 죄를 얻을까 근심하여 10개월 만에 衛나라를 떠났다.(≪史記≫ 권47 〈孔子世家〉)

38) 季氏에게……당하였고 : 魯나라 定公 14년 孔子가 56세 때에 노나라의 大司寇가 되었는데 3개월 만에 魯나라가 잘 다스려졌다. 齊나라 사람들이 자기 나라가 노나라에 병탄될 것을 우려하여 노나라를 어지럽힐 목적으로 女樂 88인을 뽑아서 魯나라에 보냈다. 이때에 季桓子가 먼저 성문 밖에 나가 齊나라의 女樂을 보고 定公에게 권하여 함께 가보고 나서 받아들여 마침내 女樂을 구경하느라고 정사를 게을리하여 3일 동안 聽政하지 않으니, 孔子가 노나라를 떠나 衛나라로 갔다.(≪史記≫ 권47 〈孔子世家〉)

39) 陽虎에게……당하여 : 陽虎는 魯나라 季氏의 家臣 陽貨를 가리킨다. 陽虎가 일찍이 匡 땅에서 포악한 짓을 많이 하였으므로 그곳 사람들이 미워하였는데, 衛나라를 떠나 陳으로 가던 孔子를 陽虎로 오인하여 5일 동안 억류한 일이 있었다.(≪史記≫ 권47 〈孔子世家〉)

알 수 없고 비록 상을 주더라도 알 수 없으니 나무 그루터기나 흙덩이와 다름이 없다.

桀은 누대에 걸쳐 쌓인 재물을 바탕으로 南面하는 존귀한 자리를 차지하였으니 지혜는 뭇 신하들을 막기에 충분하고 위엄은 海內를 진동하기에 충분하여 이목의 즐거움을 맘껏 누리고 마음이 하고 싶은 것을 다하면서 즐겁게 살다 죽음에 이르렀으니, 이는 천하의 사람들 중에 방탕했던 사람이다.

紂 또한 누대에 걸쳐 쌓인 재물을 바탕으로 南面하는 존귀한 자리를 차지하였으니 위엄이 행해지지 않음이 없고 뜻대로 하지 않음이 없어 높고 넓은 궁궐에서 마음 내키는대로 행동하고 긴긴 밤에 욕정이 끌리는 대로 즐겨 禮義로 자신을 괴롭게 하지 않고서 즐겁게 살다 죽음에 이르렀으니, 이는 천하의 사람들 중에 放縱한 사람이다.

저 두 凶人은 생전에는 하고 싶은 대로 사는 즐거움을 누렸으나 사후에는 어리석고 포악했다는 汚名을 받았다. 실질이란 본래 이름이 줄 수 있는 바가 아니므로 비록 비난한다 하더라도 알지 못하고 비록 칭찬한다 하더라도 알지 못하니, 이것이 나무 그루터기나 흙덩이와 어찌 다르겠는가. 저 네 명의 聖人은 비록 아름다운 명성이 돌아갔지만 괴로워하다 죽음에 이르렀으니 똑같이 죽음으로 돌아간 것이고, 저 두 명의 凶人은 비록 좋지 않은 汚名이 돌아갔지만 즐거워하다 죽음에 이르렀으니 또한 똑같이 죽음으로 돌아간 것이다.

楊朱曰 天下之美는 歸之舜禹周孔하고 天下之惡은 歸之桀紂라 然而舜耕於河陽하고 陶於雷澤하야 四體不得暫安하고 口腹不得美厚라 父母之所不安[40]이요 弟妹之所不親이라 行年三十에 不告而娶라 及受堯之禪하얀 年已長하고 智已衰어늘 商鈞不才하여 禪位於禹하고 戚戚然以至於死하니 此天人窮毒者也라 鯀(곤)治水土나 績用不就하야 殛諸羽山이라 禹纂業事讎하야 惟荒土功하야 子産不字하고 過門不入하여 身體偏枯하고 手足胼胝(변지)라 及受舜禪하얀 卑宮室 美紱冕(불면)하야 戚戚然以至於死하니 此天人之憂苦者也라 武王既終에 成王幼弱하여 周公攝天子之政하니 邵公不悅하고 四國流言이라 居東三年에 誅兄放弟하고 僅免其身하여 戚戚然以至於死하니 此天人之危懼者也라 孔子明帝王之道하야 應時君之聘한대 伐樹於宋하고 削跡於衛하고 窮於商周하고 圍於陳蔡하고 受屈於季氏하고 見辱於陽

40) 安 : 他本에는 '愛'로 되어 있다.

虎하여 戚戚然以至於死하니 此天民之遑遽者也라 凡彼四聖者는 生無一日之歡이나 死有萬世之名이라 名者는 固非實之所取也니 雖稱之弗知하고 雖賞之라도 不知하니 與株塊無以異矣라 桀藉累世之資하여 居南面之尊하니 智足以距群下하고 威足以震海內하야 恣耳目之娛하고 窮意慮之所爲하여 熙熙然以至於死하니 此天民之逸蕩者也라 紂亦藉累世之資하야 居南面之尊하니 威無不行하고 志無不從하야 肆情於傾宮하고 縱欲於長夜하야 不以禮義自苦하야 熙熙然以至於誅하니 此天民之放縱者也라 彼二凶也는 生有從欲之歡이나 死被愚暴之名이라 實者는 固非名之所與也니 雖毁之不知하고 雖稱之弗知하니 此與株塊奚以異矣리오 彼四聖은 雖美之所歸나 苦以至終하니 同歸於死矣요 彼二凶은 雖惡之所歸나 樂以至終하니 亦同歸於死矣라

'天人'은 천하의 사람을 말하니 여기 천하의 사람들 가운데에 가장 곤궁하고 외롭고 가장 근심하고 고통스럽고 가장 위태롭고 두려우며 가장 핍박받아 불안한 사람이다. '遑遽'는 핍박당하여 스스로 여유롭게 지낼 수 없었다는 뜻이다. '天民'은 '天人'과 같다. '株塊'는 썩은 나무와 흙덩이와 같다는 말이다. 죽어 몸이 소멸된 후에는 명예 또한 알지 못하고 비방 또한 알지 못하니 현명한지 아닌지를 또한 어찌 구별하겠는가. 이 단락 또한 너무 숨김없이 〈생각을〉 드러냈다.

天人者는 言天下之人也니라 在此天下之人之中에 最爲窮獨하고 最爲憂苦하고 最爲危懼하고 最爲遑遽者也라 遑遽는 逼迫而不得自閑之意라 天民은 亦與天人同이라 株塊者는 言如朽木土塊也라 身滅之後에 譽亦不知하고 毁亦不知하니 賢之與否를 亦何別乎아 此段은 亦太露筋骨이라

7-13 큰 일을 할 수 있는 사람과 작은 일을 할 수 있는 사람

楊朱가 梁王[41]을 만나서 천하를 다스리는 것은 손바닥 위에서 움직이는 것과 같다고 말하니, 梁王이 말하기를 "선생은 처 한 명과 첩 한 명을 소유하였음에도 다스리지 못하고 三畝의 작은 밭을 소유하였음에도 김매지 못하는데 천하를 다스리는 것은 손바닥 위에서 움직이는 것과 같다고 말한 것은 무엇 때문입니까?"라고 하였다. 楊朱가 다음과 같이 대답하였다. "임금께서는 양을 기르는 사람을 보았습니까? 백 마리 양을 무리짓게 하여 작은 동자로 하여금 채찍을 들고 따르게 하면

41) 梁王 : 梁나라 惠王을 가리킨다. 戰國時代 衛나라 武侯의 아들로, 齊나라와 秦나라에 거듭 패하자 安邑에서 大梁으로 도읍을 옮기고 梁王이라 자칭하였다.

동쪽으로 가고 싶으면 동쪽으로 가고 서쪽으로 가고 싶으면 서쪽으로 가는데, 堯임금으로 하여금 한 마리 양을 끌게 하고 舜임금으로 하여금 채찍을 들고 따르게 하면 앞으로 나아갈 수 없을 것입니다. 또 신이 듣건대 배를 삼킬 만큼 큰 물고기는 지류에서 노닐지 않고 鴻鵠은 높이 날아 작은 못에는 내려앉지 않는다 하였으니, 어째서입니까? 지극히 멀리 날기 위해서입니다. 黃鍾과 大呂[42]는 역동적인 춤에 맞출 수 없는 것은 어째서입니까? 그 음이 느리기 때문입니다. 장차 큰 것을 다스릴 사람은 작은 것을 다스리지 않고 큰 공을 이루고자 하는 사람은 작은 공을 이루지 않는다는 말이 바로 이를 두고 한 말입니다."

楊朱見梁王하야 **言治天下如運諸掌**이라하니 **梁王曰 先生有一妻一妾而不能治**하고 **三畝之園而不能芸**로되 **而言治天下如運諸掌**은 **何也**오 **對曰 君見其牧羊者乎**아 **百羊而群**하야 **使五尺童子荷箠**(추)**而隨之**하면 **欲東而東**하고 **欲西而西**로되 **使堯牽一羊**하야 **舜荷箠而隨之**면 **則不能前矣**라 **且臣聞之**호니 **呑舟之魚**는 **不遊枝流**하고 **鴻鵠高飛**하여 **不集汙池**는 **何則**고 **其極遠也**새라 **黃鍾大呂不可從煩奏之舞**는 **何則**고 **其音疏也**새라 **將治大者**는 **不治細**하고 **成大功者**는 **不成小**는 **此之謂矣**라

堯임금과 舜임금이 양을 기르는 것은 작은 동자만도 못하다. 이 몇 마디 말이 매우 좋으니 큰 일을 할 수 있는 사람은 작은 일을 잘 하지 못함을 이른 것이다. '技流'는 지류의 작은 물줄기이다. ≪莊子≫ 〈秋水〉에도 또한 이런 뜻이 있다.

堯舜之牧羊이 **不如五尺童子**라 **此數語極佳**하니 **謂能大者 不能小者**라 **枝流者**는 **支派小流也**라 **莊子秋水篇**에 **亦有此意**라

7-14 사라질 뿐인 비난과 명예

楊朱가 다음과 같이 말하였다. "太古 때의 일은 다 민멸되어 전하지 않으니 누가 그때의 일을 기억하겠는가. 三皇[43]의 일은 있었던 듯 없었던 듯하고 五帝[44]의 일

---

42) 黃鍾과 大呂 : 고대 樂律의 표준이 되는 音인 12율 중에 하나로 이 12율은 陽律과 陰律로 나뉘는데, 陽은 律이라 하고 陰은 呂라 한다. 양률은 黃鍾, 太簇, 姑洗, 蕤賓, 夷則, 無射이고, 음률은 大呂, 夾鍾, 仲呂, 林鍾, 南呂, 應鍾이다. 즉 朝廷 및 宗廟에서 사용하는 음악으로 음이 장중하고 느리다.

43) 三皇 : 중국 고대 전설 속의 제왕으로 대체로 伏羲, 神農, 軒轅을 가리킨다.

은 깨어 있을 때의 일인 듯 꿈속의 일인 듯하고 三王[45]의 일은 혹 감추어져 있고 혹 드러나 있기도 하니 억 가지 중에 하나도 알 수 없게 되었다. 자신의 일은 혹 듣기도 하고 혹 보기도 하지만 만 가지 중에 하나도 알 수 없고, 눈앞의 일은 혹은 남아 있고 혹은 사라졌으니 천 가지 중에 하나도 알 수 없다. 太古부터 지금에 이르기까지 연수를 따져보면 실로 모두 기록할 수 없으나 伏羲 이래로 삼십여 만 년 동안에 현명함과 어리석음, 예쁨과 추함, 성공과 실패, 옳음과 그름이 소멸되지 않은 것이 없는데 다만 더디고 빠른 차이가 있을 뿐이다. 한 때의 비난과 명예에 개의하여 그 심신을 애태우고 고달프게 하여 죽은 뒤 수백 년 동안 남을 이름을 추구하니, 어찌 마른 뼈를 윤택하게 할 수 있으며 무슨 삶의 즐거움이 있겠는가."

楊朱曰 太古之事滅矣니 **孰誌之哉**아 **三皇之事**는 **若存若亡**하고 **五帝之事**는 **若覺若夢**하고 **三王之事**는 **或隱或顯**하니 **億不識一**이라 **當身之事**는 **或聞或見**이나 **萬不識一**하고 **目前之事**는 **或存或廢**니 **千不識一**이라 **太古至於今日**히 **年數固不可勝紀**나 **伏羲已來三十餘萬歲**에 **賢愚好醜成敗是非**가 **無不消滅**이로되 **但遲速之間爾**라 **矜一時之毁譽**하여 **以焦苦其神形**하여 **要死後數百年中餘名**하니 **豈足潤枯骨**이며 **何生之樂哉**리오

'滅矣'는 민멸되어 전하지 않음을 이른다. '若存若亡', '若夢若覺', '或隱或顯'은 대개 일이 오래되면 될수록 더욱 알 수 없게 된다는 뜻이다. 비록 한 때의 명예가 있더라도 수백 년 뒤에 소멸되지 않음이 없으니 善을 행하는 자는 또한 한갓 스스로를 괴롭게 할 뿐이다.

滅矣者는 言泯滅而不傳也라 若存若亡과 若夢若覺과 或隱或顯은 大意蓋謂事之愈久면 則愈不可知라 雖有一時之名譽라도 數百年之後에 無不消滅하니 爲善者亦徒自苦而已라

7-15 公有와 私有

楊朱가 다음과 같이 말하였다. "사람은 天地의 부류를 닮아 五常[46]의 본성을 품고 있으니, 생명이 있는 것 중에 가장 영험한 것이 사람이다. 사람은 발톱과 이빨은 자

44) 五帝 : 중국 고대 전설 속의 제왕으로 대체로 少昊, 顓頊, 帝嚳, 堯, 舜을 가리킨다.

45) 三王 : 禹, 湯, 文王을 가리킨다.

46) 五常 : 仁, 義, 禮, 智, 信을 가리킨다.

신을 방어하는데 사용하기 부족하고 피부는 스스로 보호하기에 부족하고 달리기는 利害에서 달아나기에 부족하고 깃털과 털로 추위와 더위를 막을 수 없으니, 반드시 사물에 의지하여 養生을 해야 하고 지혜를 활용할 수 있지만 힘은 믿을 것이 못된다. 그러므로 지혜를 귀하게 여기는 것은 자신을 보존하는 데 사용하기 때문에 귀하게 여기고 힘을 천하게 여기는 것은 외물과 서로 다투기 때문에 천하게 여긴다.

그러나 몸은 나의 소유가 아니지만 이미 태어났다면 온전히 하지 않을 수 없고 사물은 나의 소유가 아니지만 이미 소유하였다면 이를 버려서는 안 된다. 몸은 실로 생명의 주체이고 사물도 또한 養生의 주체이니 비록 살아있는 몸을 보전하더라도 그 몸을 소유할 수 없고 비록 사물을 버리지 않더라도 그 사물을 소유할 수 없다. 그 사물을 소유하고 그 몸을 소유하는 것은 천하의 몸을 멋대로 私有하고 천하의 사물을 멋대로 私有하는 것이니, 그것은 오직 성인만이 할 수 있는 것이다. 천하의 몸을 公有하고 천하의 사물을 公有하는 것은 至人만이 할 수 있는 것이니 이것을 일러 지극함에 이르렀다고 하는 것이다.

楊朱曰 人肖天地之類하여 **懷五常之性**하니 **有生之最靈者**는 **人也**라 **人者**는 **爪牙不足以供守衛**하고 **肌膚不足以自捍禦**하고 **趨走不足以逃利害**하고 **無毛羽以禦寒暑**하니 **必將資物以爲養性**하고 **任智而不恃力**이라 **故智之所貴**는 **存我爲貴**하고 **力之所賤**은 **侵物爲賤**이라 **然身非我有也**나 **旣生**이면 **不得不全之**요 **物非我有也**나 **旣有**면 **不得而去之**라 **身固生之主**요 **物亦養之主**니 **雖全生身**이라도 **不可有其身**하고 **雖不去物**이라도 **不可有其物**이라 **有其物**하고 **有其身**은 **是橫私天下之身**하고 **橫私天下之物**이니 **其唯聖人乎**인저 **公天下之身**하고 **公天下之物**은 **其唯至人矣**니 **此之謂至至者也**라

'養性'은 '養生'이라는 말이다. '任智而不恃力'은 지혜는 나에게 보존되어 있으나 힘은 사물에 비교된다는 것이다. 자신을 보존할 수 있는 것은 귀하게 여기고 사물과 서로 다투는 것은 천하게 여긴다. '侵物'은 더불어 서로 다투고 서로 소진한다는 말이다. 나의 몸과 나의 삶이라 그 삶을 온전히 하지 않을 수 없지만 몸 이외의 사물은 나의 소유가 아니니 나의 소유가 아니라면 나에게 累가 됨으로 이를 떠나지 않아서는 안 된다. 그러나 몸은 실로 자신이 살 수 있는 이유이고 사물도 또한 의지하여 養生하는 것이다. 그러니 몸은 비록 아낄 수 있더라도 또한 때때로 자유롭지 않음이 있으니 내가 어찌 소유할 수 있겠는가.

사물은 비록 떠날 수 있으나 떠남을 용납하지 않음이 있으니 나 또한 사물을 떠나

려는 마음을 가질 수 없다. 莊子가 이른바 "물건은 추구할 만한 가치는 없지만 쓰지 않을 수 없는 것이다.〔物莫足爲而不可不爲〕"라고 한 것이 바로 이 말과 같다. 사물을 소유하고 몸을 소유하는 것과 같은 것은 모두 天理를 역행하여 私有하는 것이다. 그러므로 '橫私'라고 말한 것이다. 세상의 聖人이 이와 같다고 하였으니 이 말은 堯舜으로부터 이하를 모두 기롱하고 업신여기는 뜻이 있다. 몸이 없는 것에 내 몸을 맡기고 외물이 없는 것에 외물을 맡겨 스스로 私有하려는 마음이 없으면 이는 곧 至人이다. '至至'라는 것은 지극한 경지에 이르렀으니 더할 수 없음을 말한 것이다.

養性者는 養生也라 任智而不恃力은 智存於我나 力角乎物也라 存我者爲貴하고 侵物者爲賤이라 侵物者는 與之相靡也 相刃也라 我身我生이라 不得不全其生이나 身外之物은 非我所有니 非我所有則爲我之累也라 不容不離去之라 然身固我之所以生者요 物亦資以養生者니 身雖可愛나 亦有時而不自由하니 我豈得而有之리오 物雖可去나 而有不容去者하니 我亦不得而有去物之心也라 莊子所謂物莫足爲而不可不爲者是也라 若以物爲有하고 以身爲有는 皆逆天理而自私者라 故曰橫私라 世之聖人則如此라하니 此語는 自堯舜以下를 皆有譏侮之意라 惟付吾身於無身하고 付外物於無物하여 無自私之心이면 此則至人也라 至至者는 言至此至矣極矣니 不可加也라

7-16 遁人과 順民

楊朱가 다음과 같이 말하였다. "사람들이 휴식을 할 수 없는 것은 네 가지 일 때문이니, 첫째는 수명이고 둘째는 명예이고 셋째는 지위이고 넷째는 재물이다. 이 네 가지를 소유한 사람은 귀신을 두려워하고 사람을 두려워하고 위세를 두려워하고 형벌을 두려워한다. 이를 두고 '遁人'이라고 하니 이런 사람은 죽일 수도 있고 살릴 수도 있는지라 命을 제어하는 것이 밖에 있다.

천명을 거스르지 않으니 어찌 壽를 부러워하겠으며, 귀함을 자랑하지 않으니 어찌 명예를 부러워하겠으며, 권세를 추구하지 않으니 어찌 지위를 부러워하겠으며, 부를 탐하지 않으니 어찌 재물을 부러워하겠는가. 이를 두고 '順民'이라고 하니 이런 사람은 천하에 대적할 것이 없는지라 命을 제어하는 것이 안에 있다. 그러므로 '사람이 결혼이나 벼슬살이를 하지 않으면 살아가는 의욕이 반은 줄어들고, 사람이 먹고 입는 일이 아니면 임금과 신하의 도는 사라질 것이다.'라는 말이 있다.

周나라 俗諺에 '농부는 앉혀 놓고 죽일 수 있다.'라고 하니, 새벽에 일을 나가 밤에 들어오는 것을 스스로 늘 해야 하는 본성으로 여기고 콩물을 마시고 콩잎을 먹

는 것을 스스로 가장 맛있는 음식이라 여기며 피부와 살은 거칠고 두껍고 힘줄과 뼈마디는 굵고 팽팽하다.-'腃'은 '驅'와 '圓'의 반절이다.- 그런데 하루아침에 부드러운 모피를 덮고 비단 장막 안에서 거처하게 하고 기장밥과 고기반찬과 향기로운 귤을 먹게 하면 마음은 병들고-'痟'는 '縈'과 '玄'의 반절이다.- 몸은 괴로워 몸속에 열이 나고 병이 생길 것이다. 商나라와 魯나라의 임금이 농부와 처지가 같아지면 또한 한 시진을 채우지 못하고 앓게 될 것이다.

楊朱曰 生民之不得休息은 爲四事故니 一爲壽요 二爲名이요 三爲位요 四爲貨라 有此四者는 畏鬼畏人하고 畏威畏刑이라 此謂之遁人也니 可殺可活이라 制命在外라 不逆命이니 何羨壽며 不矜貴니 何羨名이며 不要勢니 何羨位며 不貪富니 何羨貨리오 此謂順民也니 天下無對라 制命在內라 故語有之曰 人不婚宦이면 情欲失半하고 人不衣食이면 君臣道息이라 周諺曰 田父可坐殺이라하니 晨出夜入을 自以性之恒하고 啜(철)菽茹藿을 自以味之極하며 肌肉麤厚하고 筋節腃-驅圓切-(권)急이어늘 一朝處以柔毛綈幕하고 薦以粱肉蘭橘이면 心痟-縈玄切-體煩하야 內熱生病矣니 商魯之君이 與田父侔地면 則亦不盈一時而憊矣라

사람이 오직 탐하고 아쉬워하는 바가 있으면 꺼리거나 두려워하는 바가 생기게 마련이다. '威'는 이승과 저승의 禍福이고 '刑'은 王法으로 정해진 형벌이다. '遁人'은 천명을 회피하여 이치를 위배하는 사람이다. 이와 같은 사람은 살고 죽는 것이 타인에게 달려 있다. 그러므로 '制命在外'라고 말한 것이다. '順民'은 자랑하는 바가 없고 부러워하는 바가 없어서 세상에 탐하거나 아쉬워함이 없어서 천하에서 유독 고상하다. 그러므로 '天下無對'라고 말한 것이다. 그 命이 나에게 있고 남에게 제어 받지 않는다. 그러므로 '制命在內'라고 말한 것이다.

인생에 결혼과 벼슬살이가 있는 것은 정욕으로 인해 생겨나고 군신과 상하의 도리는 의복과 음식으로 서로 관계된다. 가령 결혼과 벼슬살이가 없다면 정욕이 반쯤 줄어들 것이고 가령 의복과 음식이 연루됨이 없다면 군신간에 서로 부릴 수 없게 될 것이다. 이 말은 반드시 예로부터 이후로 있어왔던 말이다. '田父可坐殺'은 田野의 비루하고 미천한 사람에게 한가하게 앉아 있게 하면 칼이나 창을 사용할 필요도 없이 죽일 수 있음을 말한 것이다. 대개 저들은 수고롭고 고생하는 것을 일상으로 여겨 하루아침에 갑자기 편안하게 지내면 반드시 병이 생기는 지경에 이를 것이다. '痟'은 뼈가 시린 것이다. 商나라와 魯나라의 군주로 하여금 田野의 사람과 자리를 바꾸어 거처하게 한다면 비록 짧은 시간이라도 또한 거처하지 못할 것이다.

杜甫가 말하기를 "귀한 자가 없으면 천한 자는 슬퍼하지 않고 부유한 자가 없다면 가난한 자도 만족할 것이다.〔無貴賤不悲 無富貧亦足〕"라고 하였으니, 이 장의 뜻은 杜甫의 말과 비슷하다. 대개 인생은 단지 습관일 뿐이니 만약 모두 괴로움을 당하고 맛없는 음식을 먹으면서 인간 세상에 영화와 즐거운 일이 있음을 알지 못한다면 사람들 모두 부족하게 여김이 없을 것이고 생각을 잠시 멈추면 머무는 곳마다 모두 편안해질 것임을 말한 것이니 이 말이 유독 맛이 있다.

杜甫

人惟有所貪戀이면 則有所忌畏라 威者는 幽明之禍福也요 刑者는 王法之刑戮也라 逌人者는 逌天而背理之人也라 如此之人은 則殺活皆制於他人이라 故曰 制命在外라 順民者는 無所矜 無所羨하야 無所貪戀於世하야 獨高於天下라 故曰天下無對라 其命在我而不制於人이라 故曰制命在內라 人生之有昏宦은 情慾之所由生이요 君臣上下之道는 以衣食而相維也라 使無昏宦이면 則情慾可減半矣요 使無衣食之累면 則君臣不得以相使矣라 此必自古以來所有之語라 田父可坐殺者는 言以田野鄙賤之人으로 使其閑坐면 不待刀鎗而可殺之라 蓋彼以勞苦爲常이어늘 一旦忽然安處면 則必至生病이라 痟은 骨酸也라 使商魯之君으로 與田野之人易地而處면 雖頃刻이라도 亦不可居矣라 子美曰 無貴賤不悲하고 無富貧亦足이라하니 此章之意似近於此라 蓋言人生只是習慣이니 若皆攻苦食淡하야 不知有人世榮樂之事면 則人人無不足者요 念頭纔息이면 則處處皆安이니 此語卻有味라

그러므로 野人이 편안하게 여기는 바와 야인이 아름답게 여기는 바는 천하에 이보다 더 좋은 것이 없다고 생각한다. 옛날 宋나라에 농부가 있었는데, 늘 엉클어진 삼으로 만든 겨울옷을 입고 근근이 겨울을 지내다가 봄이 되어 농사일이 시작되면 스스로 해를 쬐면서 천하에 넓은 집과 따뜻한 방과 솜옷과 여우 갖옷이나 담비 갖옷이 있음을 알지 못하였다. 그 아내를 돌아보며 말하기를 '해를 쬐면 따뜻하다는 것을 사람들 중에 아는 이가 없으니 우리 임금에게 바치면 장차 큰 상을 내리실 것이다.'라고 하였다. 마을의 부유한 집 사람이 그에게 말하기를 '옛날에 大豆, 甘枲, 莖芹, 萍子를 맛있다고 여기는 자가 있어 고을의 부호에게 칭찬하였는데, 고을의 부호가 가져다 맛보니 입이 아리고-'蜇'은 '陟'과 '列'의 반절이다.- 배가 아팠다. 사

람들이 비웃으며 원망하니 그 사람이 크게 부끄러워하였습니다. 그대는 이 사람과 비슷합니다.'라고 하였다."

故野人之所安과 野人之所美를 謂天下無過者라 昔者에 宋國有田夫하니 常衣緼黂(분)하야 僅以過冬이라가 暨春東作하야 自曝於日하야 不知天下之有廣廈隩室綿纊狐狢(학)이라 顧其妻曰 負日之暄(훤)을 人莫知者하니 以獻吾君이면 將有重賞이라 里之富室이 告之曰 昔人有美戎菽甘枲(시)莖芹萍子者하야 對鄕豪稱之어늘 鄕豪取而嘗之하니 蜇-陟列切-(철)於口 慘於腹이라 衆哂(산)而怨之하니 其人大慙이라 子此類也라

田野의 사람은 스스로 편안하게 여기는 것과 스스로 아름답다 여기는 것을 온 천하에서 이보다 더 좋은 것이 없다고 생각하니, 대개 눈과 귀로 보는 바를 편안하게 여기고 다른 것이 있음을 알지 못하기 때문이다. '緼黂'은 해진 마로 만든 솜 따위이다. 해를 쬐면 따뜻해지는 즐거움을 바쳐서 포상을 구하고자 하였으니, 이는 작은 것만 보고 큰 것을 보지 못한다는 뜻을 형용한 것이다. '戎菽'은 大豆이고 '甘枲'는 好麻子이고 '莖芹'은 가는 미나리로 국을 끓인다. '萍子'는 또한 나물의 일종이다. '蜇'은 쏜다는 뜻이니 '蜇於口'는 독성이 그 입을 맹렬하게 아프게 함을 말한다.

田野之人은 其所以自安과 其所以自美者를 謂擧天下無以過此하니 蓋安其耳目之所見而不知其有他也라 緼黂는 破麻絮之類라 以負暄之樂而欲獻以求賞하니 此形容其見小不見大之意라 戎菽은 大菽也요 甘枲는 好麻子也요 莖芹은 絲芹菜而爲羹也라 萍子는 亦菜之類也라 蜇은 螫(석)也니 蜇於口는 言毒烈其口也라

7-17 陰陽의 좀벌레

楊朱가 다음과 같이 말하였다. "큰 집과 좋은 의복과 맛있는 음식과 아름다운 여인 이 네 가지를 소유한 자가 어찌 다른 것을 구하겠는가. 이런 것들이 있음에도 다른 것을 구하는 것은 만족을 모르는 성품이니, 만족을 모르는 성품은 陰陽의 좀벌레이다.

楊朱曰 豐屋美服厚味姣色有此四者가 何求於外리오 有此而求外者는 無厭之性이니 無厭之性은 陰陽之蠹(두)也라

네 가지를 이미 소유하였다면 인생에 스스로 만족할 만한데 또 별도로 공명을 구

하는 것은 만족을 모르는 것이다. '陰陽之蠹'는 만족할 줄 몰라 자신의 음양의 氣를 좀먹어 손상시키는 것을 말한다.

四者旣有면 人生可以自足이어늘 而又別求功名者는 是無厭也라 陰陽之蠹는 言其無厭에 自蠹損其身陰陽之氣也라

忠은 임금을 편안하게 해주지 못하고 자신을 위태롭게 하기에 충분하며 義는 외물을 이롭게 해주지 못하고 삶을 해치기에 충분하다. 임금을 편안하게 해 주는 것이 忠에서 연유하지 않는다면 忠이라는 명칭은 사라져야 하고 외물을 이롭게 하는 것이 義에서 연유하지 않는다면 義라는 이름은 없어져야 한다. 君臣이 모두 편안하고 物我가 모두 이로운 것이 옛날의 道이다.

忠不足以安君하고 適足以危身이요 義不足以利物하고 適足以害生이라 安上不由於忠이면 而忠名滅焉이요 利物不由於義면 而義名絶焉이라 君臣兼安하고 物我兼利는 古之道也라

이 장은 또한 忠義로 입신양명한 사람을 기롱한 것이다. 忠은 반드시 자신을 위태롭게 하고 義는 반드시 삶을 해친다고 말한 것은 밖에만 힘쓰고 안에는 힘쓰지 않음을 말한 것이다. 임금을 편안하게 해주는 실제는 자연에서 나오니 어찌 한 사람의 忠이 편안하게 해줄 수 있겠는가. 외물을 이롭게 하는 道는 또한 자연에서 나오니 어찌 한 사람의 義가 이롭게 할 수 있겠는가. 한 사람의 사사로운 마음으로 忠義스럽다는 명예를 구하면 명예는 도리어 사라지고 한갓 자신에게 누가 될 뿐이다. 그 자연을 순종하는 것만 못하니 君臣이 모두 편안하고 物我가 모두 이로운 것이 이른바 옛날의 道라는 것이다.

此章은 亦譏忠義立名之人이라 言忠者必危身하고 義者必害生은 謂之務外不務內也라 安上之實은 出於自然이니 豈一人之忠所能安之리오 利物之道는 亦出於自然이니 豈一人之義所能利之리오 以一人之私而求忠義之名이면 名反泯滅而徒累其身이라 不若順其自然이니 則君臣俱安而物我俱利가 此所謂古道也라

鬻子[47]가 말하기를 '명예를 버린 자는 근심이 없다.'라고 하고 老子가 말하기를 '이름은 실질의 손님이다.'라고 하였는데[48] 수많은 사람들이 명예를 추구하여 그만

47) 鬻子 : 周나라 초기의 사상가인 鬻熊으로 文王의 스승이자 楚나라 王家의 시조로 알려져 있다. 후세 사람이 그가 남긴 말을 모아 만든 ≪鬻子≫ 1권이 전한다.

두지 않는다. 명예는 실로 버릴 수 없으며 명예는 실로 도외시해서는 안 되는가. 지금 명예가 있다면 존중받고 영화로우며 명예가 없으면 천시받고 모욕을 당한다. 그러니 존중받고 영화로우면 편안하고 즐거우며, 천시받고 모욕을 받으면 근심스럽고 괴롭다. 근심하고 괴로워하는 것은 본성을 어기는 것이고 편안하고 즐거워하는 것은 본성을 따르는 것이다. 이는 절실한 이해가 관계된 바이니 명예를 어찌 버릴 수 있으며 명예를 어찌 도외시할 수 있겠는가. 다만 명예를 지키려다 실질에 누가 됨을 두려워해야 된다. 명예를 지키려다 실질에 누가 되면 장차 위태로워 망하는 것을 구제할 수 없을까 근심해야 하니 어찌 한갓 편안하고 즐거워함과 근심하고 괴로워함의 차이가 날 뿐이겠는가."

鬻子曰 去名者無憂라하고 老子曰 名者實之賓이어늘 而悠悠者趨名不已라 名固不可去며 名固不可賓邪아 今有名則尊榮하고 亡名則卑辱하니 尊榮則逸樂하고 卑辱則憂苦라 憂苦는 犯性者也요 逸樂은 順性者也라 斯實之所係矣니 名胡可去며 名胡可賓이리오 但惡夫守名而累實이니 守名而累實이면 將恤危亡之不救니 豈徒逸樂憂苦之間哉리오

'去名者無憂'와 '名者實之賓'은 이 말이 비록 鬻子와 老子에게서 나와 세상 사람들이 실로 알고 있지만 그러나 세상의 수많은 사람들이 모두 명예를 추구하여 그치지 않으니 어찌 두 스승의 말을 능히 경계로 삼겠는가. '賓'은 밖이라는 뜻이다. 그렇다면 명예는 버릴 수 없고 도외시해서도 안 된다. 지금 세상의 사람들은 이미 명예가 있는 것으로 존귀하고 영화롭게 여겨 이로써 쾌락을 삼고 명예가 없는 것으로 천시 당하고 치욕을 당한다고 여겨 이로써 근심하고 괴로워한다. 근심하고 괴로워하는 것을 그 본성을 어기는 것으로 여기고 쾌락을 본성을 따르는 것으로 여기니 이 때문에 명예를 추구하여 그치지 않는 것이다. '斯'는 '此'자의 의미이다. '斯實之所係'는 '犯性'과 '順性'을 절실한 利害가 관계된 바라고 여겨 구하지 않음을 용납하지 않음을 이른다. 그렇다면 두 스승의 말은 비록 그 명예를 버리고자 한 것이지만 어찌 버릴 수 있으며 비록 그 명예를 도외시하려고 한 것이지만 어찌 도외시할 수 있겠는가. 이 말이 이미 의미를 모두 전달하였는데, 다시 단정하여 말하기를 "世情은 명예에 대해 비록 떠날 수 없고 버릴 수 없으나 너무 심하게 고수하면 장차 스스로 얽매이는 데에 이른다. 養生의 실제는 이와 같으니 그렇다면 위태로워 망하는 것을 구제할 수 없는 근심이 있으니 어찌 한가하게 苦樂을 분별할 수 있겠는가."라고 말한 것이다. '恤'은 근심함

48) 老子가……하였는데 : ≪莊子≫ 〈逍遙遊〉에는 老子의 말이 아니라 許由의 말로 되어 있다.

이다. 이 뜻은 대개 세속의 사람들이 명예를 구하는 일을 그만두지 않아 반드시 스스로 자신을 망치는 지경에 이름을 말한 것이니, 쾌락을 좋아하고 근심과 괴로움을 두려워하다 그 폐단이 장차 스스로를 죽이는 지경에 이르게 되는 것이다.

去名者無憂 名者實之賓은 此言雖出於鬻子老子하여 世固知之나 然世之悠悠者皆趣於名而不可止하니 豈二師之言所能戒哉아 賓은 外也라 然則名不得而去矣요 不可得而外矣라 今世之人은 旣以有名爲尊榮하여 以此爲快樂하고 以無名爲卑辱하여 以此爲憂苦라 以憂苦爲犯其性하고 以快樂爲順其性하니 所以趣求之而不已也라 斯는 此也라 斯實之所係者는 謂以犯性順性爲切實利害之所係하야 不容於不求矣라 然則二師之言이 雖欲去其名이나 烏得而去之며 雖欲外其名이나 烏得而外之리오 此語旣盡이어늘 卻斷之曰 世情於名雖不可去不可捨矣나 然守之太甚이면 將至於自累라 其養生之實如此하니 則有危亡不救之憂어늘 豈暇分別苦樂乎아 恤은 憂也라 此意蓋謂世俗之人이 求名不已하야 必至自亡其身하니 是好快樂 畏憂苦하여 而其弊將至於自殺也라

列子鬳齋口義 八卷

제8편 설부　說符 第八

*이 편은 첫 편인 天瑞篇과 首尾雙關을 이루고 있는데, 사람들을 경계하는 말을 주로 서술하였다. 대표적인 것으로 첫째 개인의 智巧를 따르기 보다는 大道를 따라야 함을 말하였고 둘째 겸손함을 견지해야 함을 말하였고 셋째 겉으로 드러나는 현상 혹은 명칭에 미혹되지 말고 사물의 실질을 파악해야 함을 말하였고 넷째 기회를 잘 파악하여 기회에 따라 변화에 대응할 수 있는 능력을 길러야 함을 말하였다. 이런 경계를 통해 작자는 사람들은 생각과 행동이 道에 합치되어야 하며 욕심을 위해 본성을 미혹하게 해서는 안 됨을 강조하였다.

≪莊子≫에는 德充符라고 하였고 여기에서는 說符라고 하였으니 '符'라는 글자는 비록 같지만 뜻은 같지 않다. '符'는 합한다는 말이니, '至言'은 하늘과 사람이 저절로 서로 부합함을 말한 것이다. 그러므로 說符라고 하였다. ≪列子≫ 총 8편 중에 단지 첫 장과 마지막 장만 이런 제목을 붙였고 중간의 6편은 단지 첫 문장 두 글자를 취하여 제목을 붙였으니, 본래의 글은 또한 그렇지 않을 듯하다.

莊子曰德充符라하고 此曰說符라하니 字雖同이나 而義不同이라 符者는 合也니 謂至言은 天人自相符合이라 故曰說符라 列子共八篇에 只首尾二篇은 立此名字하고 中間六篇은 只掇其首二字名之하니 恐其本書亦不然이라

8-1 명예는 메아리이고 몸은 그림자

列子가 壺丘子林에게 배웠는데, 壺丘子林이 말하기를 "그대가 남보다 앞서지 않도록 행동할 줄 안다면 자신을 지킬 수 있다고 말할 수 있다."라고 하니 列子가 말하기를 "남보다 앞서지 않도록 행동하는 것에 대해 듣고자 합니다."라고 하였다. 壺丘子林이 말하기를 "너의 그림자를 돌아보면 알 수 있다."라고 하였다. 列子가 고개를 돌려 그림자를 보니 형체가 굽으면 그림자도 굽고 형체가 곧으면 그림자도 반듯하였다. 그렇다면 굽음과 곧음은 형체를 따르는 것이고 그림자에 달려 있지

않으며 굽고 펴지는 것은 사물에 맡겨두는 것이고 나에게 있지 않으니 이것을 일러 남보다 앞서지 않으면서도 앞에 처하는 것이라고 하는 것이다.

關尹이 列子에게 말하기를 "말소리가 아름다우면 메아리도 아름답고 말소리가 악하면 메아리도 악하며 몸이 길면 그림자도 길고 몸이 짧으면 그림자도 짧다. 명예는 메아리이고 몸은 그림자이다. 그러므로 '너의 말을 삼가면 장차 화답하는 자가 있을 것이고 너의 행동을 삼가면 장차 따르는 자가 있을 것이다.'라고 말한 것이다. 이 때문에 성인은 나가는 것을 보면 들어올 것을 알고 가는 것을 보면 오는 것을 아니, 이것이 미리 아는 이치이다. 척도는 자신에게 있고 헤아림은 남에게 있으니 남이 나를 사랑하면 나도 반드시 그를 사랑하고 남이 나를 미워하면 나도 반드시 그를 미워한다.

湯王과 武王은 천하를 사랑하였기 때문에 왕 노릇 하였고, 桀王과 紂王은 천하를 미워하였기 때문에 망하였으니 이는 헤아려 보아 알 수 있는 것이다. 稽와 度가 모두 분명한데도 道를 따르지 않는 것은 비유하자면 나갈 때 문을 통해 나가지 않고 다닐 때 길을 따라 가지 않는 것이다. 그러니 이로써 이익을 구하면 또한 어렵지 않겠는가. 일찍이 炎帝 神農氏의 덕[1]을 살펴보고 ≪尙書≫ 〈虞書〉·〈夏書〉·〈商書〉·〈周書〉의 글을 헤아려보고 법도를 따른 선비와 현인들의 말을 고찰해 보니 存亡과 興廢가 이 道로 말미암지 않은 것은 있지 않았다."

子列子學於壺丘子林이러니 **壺丘子林曰 子知持後則可言持身矣**리라 **列子曰 願聞持後**하노이다 **曰 顧若影則知之**라 **列子顧而觀影**하니 **形枉則影曲**하고 **形直則影正**이라 **然則枉直隨形而不在影**하고 **屈伸任物而不在我**하니 **此之謂持後而處先**이라 **關尹謂子列子曰 言美則響美**하고 **言惡則響惡**하고 **身長則影長**하고 **身短則影短**이라 **名也者**는 **響也**요 **身也者**는 **影也**라 **故曰 愼爾言**이면 **將有和之**요 **愼爾行**이면 **將有隨之**라 **是故聖人見出以知入**하고 **觀往以知來**하니 **此其所以先知之理也**라 **度在身 稽在人**하니 **人愛我**면 **我必愛之**하고 **人惡**(오)**我**면 **我必惡之**라 **湯武愛天下**라 **故王**하고 **桀紂惡天下**라 **故亡**하니 **此所稽也**라 **稽度皆明而不道也**는 **譬之出不由門**하고 **行不從徑也**니 **以是求利**면 **不亦難乎**아 **嘗觀之**컨대 **神農有炎之德**하고 **稽之虞夏商周之書**하고 **度諸法士賢人之言**하니 **所以存亡廢興而非由此道者**는 **未之有也**라

---

1) 炎帝……덕 : 五行家들은 神農氏가 火德을 가지고 천하를 다스렸다고 설명하는데 따라서 炎帝라고 부르기도 한다.

'持後'는 타인보다 앞서지 않는다는 뜻이다. 능히 持後하면 자신을 지킬 수 있다는 말은 대개 겸손함으로 자처한 뒤라야 스스로 보존할 수 있다는 것이다.'若影'은 너의 그림자라는 말이다. 그림자는 형체를 따라 굽기도 펴지기도 하고 나는 타인에 따라 굽히거나 펴기도 하니 그림자는 형체보다 앞서지 않고 나는 타인보다 앞서지 않는다. 능히 이 뜻을 견지하면 늘 만물의 앞에 처할 수 있으니 이는 또한 다투지 않고 잘 이긴다는 뜻이다. '言'은 소리이다. 메아리가 소리에 응하는 것은 또한 그림자가 형체를 따르는 것과 같은지라 명예를 구하지 않아도 명예가 절로 이르고 몸을 귀하게 하려 하지 않아도 몸이 절로 먼저 귀하게 되니 그림자와 메아리를 헤아리고 형체와 소리를 생각하지 않는다면 그 道를 얻은 것이다.

성인의 道는 오직 이와 같다. 그러므로 말하지 않음으로 말하는데도 사람들이 스스로 화답하고 행하지 않음으로 행하는데도 사람들이 스스로 따르니 이는 이치의 필연적인 것이다. 예를 들면 나가면 반드시 들어오고 가면 반드시 오는 것을 사람들은 알지 못하지만 성인은 알 수 있다. 이것이 성인이 미래를 먼저 아는 이유이니 "〈성인은〉 사람들이 마음속으로 똑같이 옳다고 여기는 것을 먼저 알았다."라고 말한 것[2]과 같다. '度'는 尺度이고 尺度를 가지고 사물을 헤아리는 것이 '稽'이다. '度在身'은 자신을 척도로 삼아 남을 헤아리는 것을 말한다. 나를 사랑하는 사람을 나 또한 반드시 사랑하고 나를 미워하는 사람을 나 또한 반드시 미워하니, 이는 사람의 마음이 똑같은 바는 사랑하고 미워하는 감정임을 말한 것이다.

湯王과 武王은 이로써 천하에 사랑을 받았기 때문에 천하에 왕 노릇 할 수 있었고 桀王과 紂王은 이 道로 말미암지 않아 천하에 미움을 받았기 때문에 그 나라가 망하였으니, 이미 그렇게 된 일을 헤아려 볼 수 있다. '稽'는 湯王, 武王과 桀王, 紂王을 헤아려 보아 알 수 있다는 것이다. 헤아려 볼 만하고 척도로 삼을 만한 것이 이와 같이 몹시 분명하지만 사람들이 그 道를 말미암지 않음이 있는 것은 문을 통하지 않고 나가고 길을 따르지 않고 다니는 것이니 이로움이 있고자 한들 해가 없기는 어렵다. '神農'은 炎帝이고 '虞夏商周'는 이미 징험된 일이다.

예로부터 법을 따르는 선비와 현명한 사람은 그 말이 모두 이와 같으니 興廢와 存亡의 이유를 구하고자 하면서 이 道를 말미암지 않은 경우는 있지 않았다. 이 한 단락은 그 문장이 또한 순수하고 그 논의가 또한 바른데, 다만 이 글의 앞뒤 말들과 매

---

2) 성인은……것 : ≪孟子≫ 〈告子 上〉에 "사람들이 마음속으로 똑같이 옳다고 여기는 것은 무엇인가. 그것은 즉 의리이다. 성인은 사람들이 마음속으로 똑같이 옳다고 여기는 것을 먼저 알았다.〔心之所同然者 何也 謂理也義也 聖人先得我心之所同然耳〕"라고 한 데서 온 말이다.

우 서로 부합하지 않으니 아마도 앞은 궤설이지만 이 부분은 엄정한 의론이 아니겠는가. 아니면 이것저것이 뒤섞여 一家의 글이 아닌 것인가.

持後者는 不爲物先之意라 能持後則可以持身은 蓋以謙下自處而後能自存也라 若影者는 汝影也라 影隨形而曲直하고 我隨物而屈伸이니 影不先形하고 我不先物이라 能持此意면 則常處萬物之先矣니 此亦不爭善勝之義也라 言은 聲也라 響之應聲은 亦猶影之隨形이라 不求名而名自至하고 不貴身而身自先이 以影響而不以形聲이면 則得其道矣라 聖人之道는 惟其如此라 故言以不言而人自和之하고 行以不行而人自隨之니 此理之必然者라 如出則必入하고 往則必來를 人不知而聖人知之하니 此聖人之先知也니 猶曰先得我心之所同然者也라 度는 尺度也요 以尺度而量物이 稽也라 度在身者는 言以身爲度而稽考於人也라 人之所愛於我者를 我亦必愛之하고 人之所惡於我者를 我亦必惡之니 此言人心所同者愛惡也라 湯武以此而見愛於天下라 故能王天下하고 桀紂不由此道以見惡於天下라 故亡其國하니 已然之事를 可以稽考라 稽者는 稽之湯武桀紂而可見也라 可稽可度者甚明如此로되 而人有不由其道者는 是不由門而出하고 不由徑而行이니 欲有利而無害難矣라 神農은 炎帝요 虞夏商周는 已驗之事也라 自古法士賢人은 其言皆如此하니 欲求廢興存亡之故而不由此道는 未之有也라 此一段은 其文亦粹하고 其論亦正이로대 但與此書前後之言殊不相合하니 豈前爲詭說而此爲莊語乎아 抑彼此錯雜하여 非一家之書乎아

8-2 道를 배우는 목적

嚴恢가 말하기를 "道를 배우려는 이유는 부유해지기 위해서인데, 지금 구슬을 얻으면 또한 부유해지니 어디에 道를 쓰겠습니까."라고 하였다. 列子가 말하기를 "桀王과 紂王은 오직 이익만을 중시하고 道를 경시하였으니, 이 때문에 망하였습니다. 내가 그대에게 말해주지 않은 것이 다행입니다. 사람이면서 義가 없으면 오직 먹기만 할 뿐이니 이는 닭이나 개와 같습니다. 먹을 것을 다투어 서로 싸워서 이긴 놈이 진 놈을 제어하는 것은 금수일 뿐이니, 닭이나 개, 금수와 같은 짓을 하면서도 사람들이 자신을 존중해 주기를 바란다면 절대로 될 수 없습니다. 사람들이 자신을 존중하지 않으면 위험과 모욕이 이를 것입니다."라고 하였다.

嚴恢曰 所爲問道者는 爲富니 今得珠면 亦富矣니 安用道리오 子列子曰 桀紂唯重利而輕道라 是以亡이라 幸哉余未汝語也여 人而無義는 唯食而已니 是雞狗也라 彊食靡角하야 勝者爲制는 是禽獸也니 爲雞狗禽獸矣로대 而欲人之尊己면 不可得也라 人不尊己면 則危辱及之矣라

'彊食'은 다투어서 먹는 것이고 '靡角'은 뿔로 서로 찌르는 것이다. 힘으로 이긴 놈이 약한 놈을 제어하는 것은 금수의 일이다. 만약 사람인데도 알지 못하고 다만 먹는 것만 구할 뿐이라면 이는 금수의 행동이니 반드시 스스로 위험과 모욕을 취하게 될 것이다. 이 한 단락은 또한 본래 글에서 나온 것이 아닌 듯하니 그 의리가 도리어 몹시 방정하다.

彊食은 爭而食也요 靡角者는 以角相觸也라 力之勝者制其弱者는 禽獸之事也라 若人而不知하고 但求食而已면 則是爲禽獸之行이니 必自取危辱이라 此一段은 亦似非出於本書니 其義理卻甚正也라

8-3 결과보다는 원인

列子가 활쏘기를 배워 적중하게 되자 關尹子에게 가르침을 청하였다. 關尹子가 말하기를 "그대는 그대가 맞춘 이유를 압니까?"라고 하였다. 列子가 대답하기를 "알지 못합니다."라고 하니 關尹子가 "아직은 안되겠습니다."라고 하였다. 列子가 물러나 활쏘기를 익힌 지 3년이 되자 또 關尹子에게 아뢰니 關尹子가 말하기를 "그대는 그대가 맞춘 이유를 압니까?"라고 하니 列子가 말하기를 "압니다."라고 하였다. 關尹子가 말하기를 "이를 잘 지켜 잃지 마십시오. 활쏘기뿐만 아니라 나라와 자신을 다스리는 것도 또한 모두 이와 같습니다. 그러므로 聖人은 存亡을 살피지 않고 그렇게 된 이유를 살폈던 것입니다."라고 하였다.

列子學射中矣에 請於關尹子하니 尹子曰 子知子之所以中者乎아 對曰弗知也로라 關尹子曰 未可라 退而習之三年에 又以報關尹子하니 尹子曰 子知子之所以中乎아 列子曰 知之矣로라 關尹子曰 可以守而勿失也라 非獨射也라 爲國與身도 亦皆如之라 故聖人은 不察存亡하고 而察其所以然이라

처음에 맞춘 이유에 대해 질문함에 모른다고 대답하였으니 맞추는 도리를 터득하지 못한 것이다. 다시 맞춘 이유에 대해 질문함에 안다고 대답하였으니 이미 맞추는 도리를 터득한 것이다. 關尹子가 잘 지켜 잃지 말라고 고해 준 것은 이 道를 잘 지켜 잊지 않도록 한 것이다. 그러나 적중하고서 그 적중한 이유를 아는 것은 알지 못하는 것이 아는 것임을 말하는 것이 아니고, 지켜서 잃지 말라는 것은 道를 터득하여 교화된다는 논리가 아니다. '存亡'은 볼 수 있는 것이고 '所以然'은 이치이다. 이런 종류의 의론을 근거해 보면 모두 莊子나 列子의 학문이 아니고 도리어 우리 儒學에 가까우니

≪列子≫가 온전한 책이 아님을 의심하는 이유이다.

始者問之以中에 曰不知니 未得其所以中之道也라 再問之以中에 曰知之니 已得其所以中之道也라 關尹子以守勿失告는 使其守此道而勿忘也라 然中而知其中은 則非所謂不知之知矣요 守而勿失은 則非化道之論矣라 存亡者는 可見者也요 所以然者는 理也라 據此等議論하면 皆非莊列之學이요 卻近於吾儒니 所以疑其非全書也라

8-4 현명한 자가 지혜를 쓰는 법

列子가 말하기를 "혈색이 왕성한 자는 교만하고 용력이 왕성한 자는 힘을 휘두르니 道를 말해 줄 수 없다. 그러므로 반백이 되지 않은 자라면 道를 말해 주어도 실패하는데 하물며 道를 행하게 할 수 있겠는가. 그러므로 스스로 옳다고 여기면 사람들이 고해주지 않고 사람들이 고해주지 않으면 고립되어 도와줄 사람이 없게 된다. 현명한 사람은 남에게 맡긴다. 그러므로 나이가 늙어도 쇠하지 않고 지혜가 다하여도 혼란해지지 않는다. 그러므로 나라를 다스리는 것이 어려운 것은 賢者를 알아보는 데에 있고 스스로 현명하다고 여김에 있지 않다."라고 하였다.

列子曰 色盛者驕하고 力盛者奮하니 未可以語道也라 故不班白語道失이어든 而況行之乎아 故自奮則人莫之告요 人莫之告則孤而無輔矣라 賢者任人이라 故年老而不衰하고 智盡而不亂이라 故治國之難은 在於知賢而不在自賢이라

혈색이 왕성한 자는 얼굴에 교만함이 드러나고 용력이 왕성한 자는 용력을 믿고서 승리를 취한다. 반백이 되지 않았다는 것은 世事를 겪은 것이 얕아 세상 일에 노련하지 않은 것이다. 世事를 겪은 것이 얕은 자가 어찌 道에 是非와 得失이 있다는 것을 알겠는가. 말해 주고자 하더라도 할 수 없는데 하물며 이를 행하게 할 수 있겠는가. '自奮'은 스스로 옳다고 여긴다는 말이니 스스로 옳다고 여기는 마음이 있으면 누가 기꺼이 선한 道를 말해 주려 하겠는가. 사람들이 나에게 고해주지 않으면 나는 고립되어 보좌해 줄 사람이 없게 될 것이다. 나이가 늙어도 쇠하지 않는다는 것은 나의 힘은 비록 고갈되었으나 남에게 맡겨 대신하게 하고 나의 지혜는 비록 소진되었으나 남에게 맡겨 도모하게 하면 일을 처리함에 혼란해지지 않음을 말한 것이다. 사람들은 스스로 현명하다고 여기는 것을 귀하게 여기지 않고 賢人을 알아보는 것을 귀하게 여긴다. ≪春秋穀梁傳≫에 말하기를 "자신이 현명한 것도 현명한 것이고 賢人을 부리

는 것도 현명한 것이다."라고 하였으니 이 단락의 뜻과 같다. 이 논의는 매우 방정하니 과연 列子에게서 나온 것인지 모르겠다.

色盛者는 驕矜見於顔面也요 力盛者는 恃勇力以取勝也라 不班白者는 涉世淺하야 未老於世故也라 涉世淺이 豈知道之有是非得失이리오 欲語且未可어든 而況欲行之乎아 自奮은 自用也니 有自用之心이면 則誰肯以善道告之리오 人不我告면 則我孤立而無所輔佐矣라 年老而不衰는 言我力雖竭이나 而任人以代之하고 我智雖盡이나 而任人以謀之면 則處事而不亂이라 人不貴於自賢 而貴於知賢이라 (公羊)〔穀梁〕[3]曰 (能)〔身〕[4]賢賢也요 使賢亦賢也라하니 與此意同이라 此論甚正하니 未知果出於列子否라

8-5 빼어난 기교보다 나은 道

宋나라 사람 중에 그 임금을 위하여 옥으로 닥나무 잎사귀를 만드는 사람이 있었는데 3년 만에 완성하였다. 줄기와 가지를 뾰족하거나 가늘게 만들고 잎사귀의 문양은 풍부하고 윤택하게 만들어 닥나무 잎사귀 속에 섞어 놓으면 구별할 수 없었다. 이 사람은 마침내 교묘한 솜씨로 宋나라에서 녹을 먹게 되었다. 列子가 이 말을 듣고 말하기를 "天地의 생물로 하여금 3년 만에 잎사귀 하나를 만들게 한다면 만물 중에 잎사귀가 있는 것이 적을 것이다. 그러므로 聖人은 無爲의 변화를 믿지 人力의 기교를 믿지 않는다." 하였다.

宋人有爲其君하여 以玉爲楮葉者어늘 三年而成하니 鋒殺(쇄)莖柯하고 毫芒繁澤하여 亂之楮葉中而不可別也라 此人遂以巧食宋國이라 子列子聞之曰 使天地之生物로 三年而成一葉하면 則物之有葉者寡矣라 故聖人恃道化而不恃智巧니라

'鋒'은 잎사귀에 뾰족한 모서리가 있는 것이다. '殺'는 잘라서 줄어든 부분이다. '毫芒'은 잎사귀 위의 문양이다. '繁'은 문양이 많은 것이다. '澤'은 그 색이 윤택한 것이다. '道化'는 함이 없는 것이고 '智巧'는 사람의 힘이다. 이 하나의 비유가 매우 좋다.

鋒者는 葉之有鋒稜也요 殺는 裁剪減削處也라 毫芒은 葉上之文理也요 繁은 文理之多也라 澤은 其色潤澤也라 道化는 無爲也요 智巧는 人力也라 此一喩甚好라

---

3) (公羊)〔穀梁〕: 저본에는 '公羊'으로 되어 있으나, 뒤의 내용은 ≪春秋穀梁傳≫에 수록되어 있는 내용이므로 '穀梁'으로 바로잡았다.

4) (能)〔身〕: 저본에는 '能'으로 되어 있으나, ≪春秋穀梁傳≫에 의거하여 '身'으로 바로잡았다.

8-6 宰相이 보내 준 곡식을 거절한 이유

列子가 곤궁하여 용모가 굶주린 기색이 있었는데, 客 중에 鄭나라 子陽[5]에게 다음과 같이 말하는 사람이 있었다. "列禦寇는 대개 道를 터득한 선비인데 그대의 나라에 거처하며 곤궁하게 지내니 그대는 선비를 좋아하지 않는 것이 아니겠습니까." 鄭나라 子陽이 즉시 관리에게 명하여 列子에게 곡식을 보냈는데 列子가 나와서 使者를 보고 두 번 절하고 사양하였다.

使者가 떠나자 列子가 들어왔는데, 그 아내가 바라보며 가슴을 치며 말하기를 "첩이 들으니 道를 터득한 자의 처자가 되면 모두 편안함과 즐거움을 얻게 된다고 하였습니다. 지금 굶주린 기색이 있어서 재상이 잘못을 알고서 선생에게 먹을 것을 보냈는데 선생이 받지 않으니 어찌 운명이 아니겠습니까."라고 하였다. 列子가 웃으며 말하기를 "재상은 스스로 나를 알아준 것이 아니다. 남의 말을 듣고 나에게 곡식을 보냈으니 나에게 벌을 내리는 데에 이르는 것도 또 남의 말을 듣고서 할 것이다. 이 때문에 내가 받지 않은 것이다."라고 하였다. 그 후에 백성들이 과연 난을 일으켜 子陽을 죽였다.

子列子窮하여 **容貌有饑色**하니 **客有言之鄭子陽者曰 列禦寇**는 **蓋有道之士也**어늘 **居君之國而窮**하니 **君無乃爲不好士乎**아 **鄭子陽卽令官遺之粟**하니 **子列子出見使者**하고 **再拜而辭**라 **使者去**에 **子列子入**이어늘 **其妻望之而拊心曰 妾聞爲有道者之妻子**면 **皆使佚樂**이라 **今有饑色**하여 **君過而遺先生食**이어늘 **先生不受**하니 **豈不命也哉**아 **子列子笑謂之曰 君非自知我也**라 **以人之言而遺我粟**하니 **至其罪我也**에도 **又且以人之言**하리라 **此吾所以不受也**라 **其卒**에 **民果作難而殺子陽**이라

남의 말을 듣고서 나를 알아준 것이라면 반드시 남의 말을 듣고서 나를 벌한다는 것은, 본래 알지 못하다가 한갓 남의 말을 믿은 것이니 어찌 보장할 수 있겠는가라고 말한 것이다. 衛鞅[6]이 말하기를 "임금은 그대의 말을 듣고 나를 등용할 수 없고 또한

---

5) 子陽 : 戰國時代 초기 鄭 繻公의 재상이다.

6) 衛鞅 : ?~B.C. 338. 商鞅 또는 公孫鞅이라고도 한다. 戰國시대 衛나라 출신으로 秦나라 孝公에게 등용되어 법가사상에 기반한 대개혁을 시행하여 후일 秦나라가 중국을 통일할 기반을 세웠다. 그러나 한편으로는 지나치게 엄격한 법치주의 통치로 원한을 많이 사 孝公이 죽고 惠文王이 즉위하자 반역죄로 처형되었다.(≪史記≫ 권68 〈商君列傳〉)

반드시 그대의 말을 듣고 나를 죽일 수 없을 것이다."라고 하였으니 또한 이 말과 비슷하다. 이 단락은 戰國時代 사람들의 말인 듯하니 역시 한 건의 좋은 이야기이다. '君過而遺先生食'은 재상이 선비를 잃은 것을 과오로 여겨 곡식을 보낸 것을 이른다.

以人言而知我則必以人言而罪我는 言其本不相知하고 徒信他人之言이니 安可保也리오 衛鞅曰 君不能以子之言而用我하고 亦必不能以子之言而殺我라하니 亦此類也라 此似戰國間人之語니 亦是一件好說話라 君過而遺先生食은 謂君以失士爲過而餽粟也라

8-7 재능과 시기의 관계

魯나라 施氏에게는 두 명의 아들이 있었는데, 한 명은 학문을 좋아하고 한 명은 병법을 좋아하였다. 학문을 좋아한 자는 학술로 齊나라 제후를 설득하니, 齊나라 제후가 그를 받아들여 公子들의 스승으로 삼았다. 병법을 좋아한 자는 楚나라로 가서 병법으로 楚王을 설득하니 楚王이 기뻐하여 軍正[7]으로 삼았다. 두 아들의 녹봉은 그 집안을 부유하게 하였고 작위는 그 어버이를 영화롭게 하였다.

施氏의 이웃인 孟氏도 똑같이 두 명의 아들이 있었으니, 업으로 삼은 바는 또한 같았으나 가난으로 인해 궁색하게 살았다. 施氏가 소유한 것을 부러워하여 찾아가 벼슬에 진출하는 방법을 물어보았는데 두 아들이 사실대로 孟氏에게 고해주었다. 孟氏의 한 아들은 秦나라로 가서 학술로 秦王을 설득하니 秦王이 말하기를 "지금은 제후들이 힘으로 다투고 있는지라 힘쓸 부분은 군대와 식량에 있을 뿐이다. 만약 仁義를 사용하여 우리나라를 다스린다면 이는 멸망하는 방도이다."라고 하고 마침내 宮刑을 가하고 내쫓았다.

孟氏의 한 아들은 衛나라로 가서 병법으로 衛侯를 설득하니, 衛侯가 말하기를 "우리는 약소국인데다 大國의 사이에 끼여 있으니 大國은 우리가 섬기고 小國은 우리가 어루만져 주는 것이 안녕을 구하는 방도이다. 만약 兵權에 의지한다면 멸망을 기다릴 수 있을 것이다. 만약 그대를 온전히 돌려 보내주면 다른 나라로 갈 것이니, 우리나라에 우환이 되는 것이 가볍지 않을 것이다."라고 하고 마침내 刖刑을 가하여 魯나라로 돌려보냈다.

7) 軍正 : 軍中에서 법을 집행하는 관리이다.

이들이 돌아오자 孟氏 부자가 가슴을 치며 施氏를 원망하였는데, 施氏가 다음과 같이 말하였다. "무릇 때를 얻는 사람은 창성하고 때를 잃는 사람은 망하는 법입니다. 그대의 道는 우리와 같지만 공을 이룬 것이 우리와 다른 것은 때를 잃었기 때문이지 행동이 잘못된 것은 아닙니다. 또 천하의 이치는 늘 옳은 것은 없고 천하의 일은 늘 그릇된 것은 없으니, 이전에 사용했던 것을 지금은 혹 버리기도 하고 지금에 버린 것을 후에 혹 사용하기도 합니다. 이렇듯 사용하고 사용하지 않는 것은 是非가 정해진 것이 없습니다. 기회를 엿보아 때에 맞게 하여 정해둔 방향이 없이 일에 응하는 것은 지혜에 해당합니다. 지혜가 진실로 부족하다면 가령 孔丘와 같이 博學하고 呂尙과 같이 책략이 있더라도 어디를 간들 곤궁하지 않겠습니까." 孟氏 부자가 석연히 성난 얼굴을 풀고는 "우리도 이를 알겠으니 그대는 거듭 말하지 마십시오."라고 하였다.

魯施氏有二子하니 其一好學하고 其一好兵이라 好學者以術干齊侯하니 齊侯納之하야 以爲諸公子之傅라 好兵者之楚하야 以法干楚王하니 王悅之하야 以爲軍正하여 祿富其家하고 爵榮其親이라 施氏之隣人孟氏도 同有二子하니 所業亦同이나 而窘於貧이라 羨施氏之有하여 因從請進趣之方하니 二子以實告孟氏라 孟氏之一子之秦하야 以術干秦王하니 秦王曰 當今諸侯力爭이라 所務兵食而已라 若用仁義治吾國하면 是滅亡之道라하고 遂宮而放之라 其一子之衛하여 以法干衛侯하니 衛侯曰 吾弱國也어늘 而攝乎大國之間하니 大國吾事之하고 小國吾撫之가 是求安之道라 若賴兵權하면 滅亡可待矣라 若全而歸之면 適於他國하리니 爲吾之患不輕矣라하고 遂刖(월)之而還諸魯라 旣反에 孟氏之父子叩胸而讓施氏한대 施氏曰 凡得時者昌하고 失時者亡이라 子道與吾同이나 而功與吾異는 失時者也요 非行之謬也라 且天下理無常是하고 事無常非니 先日所用을 今或棄之하고 今之所棄를 後或用之라 此用與不用은 無定是非也라 投隙抵時하여 應事無方은 屬乎智라 智苟不足이면 使若博如孔丘하고 術如呂尙이라도 焉往而不窮哉리오 孟氏父子舍(석)然無慍容曰 吾知之矣라 子勿重言하라

學術은 비록 같지만 만난 바가 혹 다르니 시기에 따라 득실이 있는 것은 命이다. '先日'은 前日과 같다. '投隙抵時'는 때의 간극을 보아서 기회를 타서 응하는 것이다. 애초에 정한 바가 없는 것은 지혜와 기교의 일이다. 그러므로 '應事無方屬乎智'라고 말한 것이다. 그 뜻은 대개 네가 비록 학문을 좋아하고 병법을 좋아하여 설득할 수 있다는 것을 알지만 시기에 따라 변통하지 못하여 宮刑과 刖刑을 자초하였으니 이는 네가 지혜

와 기교가 없음을 말한 것이다. 이는 또 윗 장에서 "無爲의 변화를 믿고 지혜와 기교를 믿지 않는다."는 뜻과 매우 서로 어긋난다. '重言'은 다시 제기할 필요가 없다는 말이다.

學術雖同이나 而所遭或異하니 時有得失은 命也라 先日은 前日也라 投隙抵時는 視時之間隙而乘其機以應之라 初無定所는 此智巧之事也라 故曰 應事無方屬乎智라 其意蓋謂汝雖知好學好兵之可以干說(세)나 而不能隨時通變以取官刖之刑이니 是汝無智巧也라 此又與恃道化而不恃智巧之意로 稍相戾矣라 重言者는 不必再拈起也라

8-8 자신의 기회는 남에게 또 다른 기회

晉 文公[8]이 나가서 제후들과 회합을 가지고서 衛나라를 정벌하려고 하니 公子 鋤가 하늘을 올려다보며 웃었다. 文公이 무엇 때문에 웃는지를 물으니 公子 鋤가 대답하기를 "신은 이웃 사람 중에 그 아내를 전송하여 친정으로 가던 사람을 생각하여 웃었습니다. 길에서 뽕잎을 따는 아낙을 보고 좋아하여 함께 이야기를 나누었는데, 자신의 아내를 돌아보니 또한 아내를 유혹하는 다른 사람이 있었습니다. 신은 삼가 이것이 우스웠습니다."라고 하였다. 文公이 그의 말을 깨닫고 정벌을 멈추고서 병사를 이끌고 돌아갔는데 도착하기도 전에 자신의 북쪽 변경을 침범하는 자가 있었다.

晉文公出會欲伐衛하니 公子鋤(서)仰天而笑어늘 公問何笑오 曰 臣笑隣之人有送其妻適私家者 道見桑婦하고 悅而與言이나 然顧視其妻하니 亦有招之者矣라 臣竊笑此也하노이다 公寤其言하고 乃止하여 引師而還이러니 未至에 而有伐其北鄙者矣라

이 장은 ≪史記≫ 〈滑稽傳〉[9]과 서로 비슷한 부분이 있다. 그 뜻은 대개 자신이 좋아하지 않는 바를 남에게 베풀지 말아야 하니 내가 남에게 가할 수 있다면 남도 또한 나에게 가할 수 있음을 말할 것이다.

此章은 與史記滑稽傳으로 有相似處라 其意蓋謂己所不歡을 勿施諸人이니 我能以加諸人면 則人亦能以加諸我也라

---

8) 晉 文公 : 春秋五覇의 한 사람으로 부친인 獻公이 驪姬를 사랑하여 태자인 형 申生을 죽이자, 다른 나라로 피신하였다가 秦나라의 도움으로 다시 돌아가서 位에 올라, 제후의 盟主가 된 인물이다.

9) 滑稽傳 : 滑稽는 익살을 말하는데, 여기에는 익살을 잘하였던 戰國時代 齊나라 淳于髡, 諷諫을 잘하였던 楚나라의 樂工 優孟, 우스운 이야기를 잘하였던 秦나라의 난쟁이 優旃 등의 이야기가 수록되어 있다.

8-9 도적을 없애는 방법

晉나라가 도적 때문에 괴로워하였는데 郄-乞과 逆의 반절이다.-雍이라는 자가 능히 도적의 얼굴을 보고 그 눈썹 사이를 살펴 도적의 마음을 알 수 있었다. 晉侯가 그를 시켜 도적을 살펴보게 하니 천백 번 중에 한 번도 실수하지 않았다. 晉侯가 기뻐하며 趙文子[10]에게 말하기를 "내가 한 사람을 얻어 온 나라의 도적을 모두 소탕하게 되었으니, 어찌 많은 사람을 쓸 필요가 있겠습니까."라고 하였다. 趙文子가 말하기를 "우리 군주께서 사찰에 의지하여 도적을 잡았으나 도적은 모두 소탕되지 않았고, 또 郄雍은 반드시 제 명에 죽지 못할 것입니다."라고 하였다.

얼마 뒤에 도적들이 모의하기를 "우리가 곤궁해진 이유는 郄雍 때문이다."라고 하고 마침내 도적들을 모아 郄雍을 죽였다. 晉侯가 이 소식을 듣고 크게 놀라 즉시 趙文子를 불러 말하기를 "과연 그대의 말처럼 郄雍이 죽었습니다. 그러나 무슨 방법을 써야 도적을 잡을 수 있겠습니까."라고 하였다. 趙文子가 대답하기를 "周나라 속담에 '연못 속의 물고기를 살펴보는 자는 상서롭지 못하고 숨겨진 것을 지혜로 헤아려 아는 자는 재앙이 있다.'[11]라는 말이 있습니다. 또 임금께서 도적이 없기를 바란다면 현인을 등용하여 그에게 정사를 맡겨 그로 하여금 위에는 가르침이 분명하게 하고 아래에는 교화가 행해지게 하여 백성들이 수치심을 가지게 하는 것만 못하니 그렇게 하면 어찌 도적질을 하겠습니까."라고 하였다. 이에 隨會[12]를 등용하여 정사를 맡기자 도적들이 秦나라로 달아났다.

晉國苦盜어늘 **有郄**-乞逆切-**雍者 能視盜之貌**하고 **察其眉睫之間而得其情**이라 **晉侯使視盜**하니 **千百無遺一焉**이라 **晉侯喜**하야 **告趙文子曰 吾得一人而一國盜爲盡矣**니 **奚用多爲**리오 **文子曰 吾君恃伺察而得盜**나 **盜不盡矣**요 **且郄雍必不得其死焉**이라 **俄而群盜謀曰 吾所窮者**는 **郄雍也**라하고 **遂共盜而殘之**라 **晉侯聞而大駭**하야 **立召文子而告之曰 果如子言郄雍死**

10) 趙文子 : 春秋時代 晉나라의 卿大夫인 趙武(?~B.C. 541)를 가리킨다. 시호가 文이므로 趙文子라고 부르는데 趙孟이라고도 한다.

11) 연못……있다 : 남의 잘못을 세세하게 살피는 것은 상스럽지 못함을 뜻하는 말로서 누군가의 은밀한 일을 모두 알게 되면 은밀한 일을 저지른 자들이 자신이 지은 죄에 대한 두려움으로 변고를 일으켜 禍亂이 생기게 될 수도 있음을 지적한 말이다.

12) 隨會 : 春秋時代 晉나라 사람으로 이름은 士會이며, 隨武子, 范武子라고도 한다.

矣라 然取盜何方고 文子曰 周諺有言察見淵魚者不祥하고 智料隱匿者有殃이라 且君欲無盜댄 莫若擧賢而任之하야 使教明於上하고 化行於下하야 民有恥心이니 則何盜之爲리오 於是用隨會知政하니 而群盜奔秦焉이라

이 장은 대개 숨겨진 간악함을 들추어내는 것은 도리어 백성들의 다투려는 마음을 열어 줄 수 있음을 말한 것이다. 孔子께서 "송사를 다스리는 일은 나도 남들과 같지만 반드시 송사가 없게 만들 것이다."라고 하였고, 또 "만일 그대가 탐욕을 부리지 않는다면 비록 상을 주면서 하라도 해도 훔치지 않을 것이다."라고 하였으니[13] 곧 이 장의 뜻과 같다.

此章은 蓋言擿姦發伏은 反以啓民之爭心이라 孔子曰 聽訟吾猶人也나 必也使無訟乎인저라하고 又曰 苟子之不欲이면 雖賞之라고 不竊이라하니 便是此意라

8-10 급류를 두려워하지 않는 이유

孔子가 衛나라로부터 魯나라로 돌아오다가[14] 呂梁[15]에 수레를 멈추고 쉬면서 보니 폭포의 길이가 30仞이나 되고 소용돌이치는 급류가 90里나 되는지라 물고기나 자라가 헤엄칠 수 없고 큰 자라와 악어도 살 수가 없었다. 한 장부가 장차 이곳을 건너려 하자 孔子가 사람을 시켜 물가에 가까이 다가가 그를 만류하며 말하기를 "이곳은 폭포의 길이가 30仞이나 되고 소용돌이치는 급류가 90里나 되는지라 물고기나 자라가 헤엄칠 수 없고 큰 자라와 악어도 살 수가 없으니 아마도 건너기 어려울 듯합니다."라고 하였다. 장부가 험한 물길을 개의치 않고 마침내 건너서 물 밖으로 나왔다.

孔子가 묻기를 "교묘하군요. 도술이 있는 것입니까? 능히 들어갔다 나올 수 있는 이유는 무엇입니까?"라고 하니, 장부가 대답하기를 "처음에 내가 들어갈 때에 忠信을 우선으로 하고 내가 나올 때에도 忠信을 따랐으니 忠信을 가지고 급류에

---

13) 孔子께서……하였으니 : 《論語》 〈顔淵〉에 나오는 말이다.

14) 孔子가……돌아오다가 : 《史記》 〈孔子世家〉에는 魯 哀公 11년 겨울에 있었던 일이라 기록되어 있다.

15) 呂梁 : 《莊子》, 《說苑》 등에는 河梁으로 되어 있지 않고 呂梁으로 되어 있으므로 이를 따라 번역하였다. 중국 江蘇省 銅山縣 동남쪽 50리쯤에 있는데 옛 泗水 중에 물살이 빠르고 험하기로 유명하다.

내 몸을 맡겼을 뿐 나는 감히 사심을 쓰지 않았습니다. 능히 들어갔다 다시 나올 수 있는 이유는 이 때문입니다."라고 하였다. 孔子가 제자들에게 말하기를 "너희들은 기억하라. 물도 오히려 忠信으로 몸을 성실히 하면 친해지는데 하물며 사람은 더 말할 것이 있겠는가."라고 하였다.

孔子自衛反魯라가 **息駕乎河梁而觀焉**하니 **有懸水三十仞**이요 **圜流九十里**에 **魚鼈弗能遊**하고 **黿鼉**(원타)**弗能居**라 **有一丈夫方將厲之**어늘 **孔子使人竝涯止之曰 此懸水三十仞**이요 **圜流九十里**에 **魚鼈不能遊**하고 **黿鼉弗能居也**니 **意者難可以濟乎**저 **丈夫不以錯意**하고 **遂度而出**이라 **孔子問之曰 巧乎**저 **有道術乎**아 **所以能入而出者何也**오하니 **丈夫對曰 始吾之入也**에 **先以忠信**하고 **及吾之出也**에 **又從以忠信**이니 **忠信錯吾軀於波流**요 **而吾不敢用私**니 **所以能入而復出者以此也**로라 **孔子謂弟子曰 二三子識之**하라 **水且猶可以忠信誠身親之**어든 **而況人乎**아

'方將厲之'의 '厲' 자는 물을 건넌다는 말이니 ≪詩經≫에 "물이 깊으면 헤엄쳐 건너고 물이 얕으면 옷을 걷고 건넌다."라고 하였다. '意者難可以濟'는 건너기 어려움을 말한 것이다. '不以措意'라는 것은 파도의 험함을 생각하지 않는 것이다. '忠信'은 誠實이니 忠信으로 급류 속에 내 몸을 맡기고 조금의 사심도 없었으니 이 때문에 물속을 드나들 수 있는 것이다. 이 '忠信' 두 글자의 뜻은 우리 儒家의 서적에서 말하는 忠信으로 해석해서는 안 되니 대저 단지 誠實을 말하는 것일 뿐이다. 다만 이 장의 앞 절반은 ≪莊子≫ 〈達生〉의 呂梁의 고사 한 단락과 완전히 같지만 ≪列子≫의 전체 글 내용과는 결단코 서로 호응하지 않으니[16] 이로써 뒤섞여 있다는 것을 더욱 잘 알 수 있다. 하물며 忠信을 우선으로 하고 또 忠信을 따랐다고 하였으니, 이 두 '以' 자를 쓴 것은 ≪莊子≫와 ≪列子≫의 글과는 완전히 구별된다. '以'는 곧 化하기 전이니[17] 마음에 두고서 化하지 못하였다면 어찌 이런 경지에 오를 수 있겠는가.

方將厲之厲는 渡水也니라 詩曰 深則厲하고 淺則揭라하니라 意者難可以濟는 言其難可渡也라 不以措意者는 不以波濤之險爲意也라 忠信은 誠實也라 以忠信而措吾身於波流之中하고 一毫私意

---

16) 이……않으니 : 원문에는 '黃帝篇'으로 되어 있는데 이 내용은 ≪莊子≫ 〈達生〉에 보이므로 바로잡아 번역하였다. 이편의 앞부분은 ≪莊子≫ 〈達生〉과 일치하지만 후반부에 ≪莊子≫는 타고난 본성과 습성을 가지고 이야기를 전개하였기 때문에 ≪列子≫의 내용과는 전혀 다르다고 말한 것이다.

17) 以는……전이니 : '以' 자는 안배한다는 의미이니, 완전히 化하여 마음에 두지 않고도 저절로 되는 경지가 아니므로 이렇게 말한 것이다.

無之하니 所以可出入於水間也라 此忠信二字之義은 不可以吾書之忠信求之니 大抵只謂誠實而已라 但此章前一半은 與黃帝篇呂梁一段全同이나 列子全書決不應爾니 以此愈知其雜이라 況先以忠信 又從以忠信하니 此兩以字下得이 與莊列之書全別이라 以則未化矣니 存而未化면 豈能涉此境界乎아

8-11 지극한 말과 지극한 행동

白公[18)]이 孔子에게 묻기를 "사람은 함께 은밀한 이야기를 해도 됩니까?"라고 하니 孔子가 대답하지 않았다. 白公이 묻기를 "만약 돌을 물에 던지면 어떻겠습니까?"라고 하니 孔子가 "吳나라에 잠수를 잘하는 자가 능히 가져올 수 있습니다."라고 하였다. 白公이 말하기를 "만약 물에다 물을 던지면 어떻겠습니까?"라고 하니 孔子가 말하기를 "淄水와 澠水를 섞어 놓아도 易牙는 맛을 보고 알아냈습니다."[19)]라고 하였다. 白公이 말하기를 "사람은 실로 함께 은밀한 이야기를 해서는 안 됩니까?"라고 하니, 孔子가 말하기를 "어찌 불가하겠습니까. 言外의 뜻을 아는 자는 가능합니다. 대저 言外의 뜻을 아는 자는 말로써 말하는 것이 아닙니다. 물고기를 잡으려 다투는 자는 몸이 젖고 짐승을 쫓는 자는 달리는 법인데 이를 즐거워하는 것이 아닙니다. 그러므로 지극한 말은 말을 떠나 있고 지극한 행위는 함이 없는 것이니, 얕은 지식으로 다투는 것은 말단입니다."라고 하였다. 白公이 그만두지 못하고 반란을 일으켰다가 마침내 浴室에서 죽임을 당하였다.

白公問孔子曰 人可與微言乎아 孔子不應이라 白公問曰 若以石投水면 何如오 孔子曰 吳之善沒者能取之니라 曰 若以水投水면 何如오 孔子曰 淄澠(승)之合을 易牙嘗而知之니라 白公曰 人固不可與微言乎아 孔子曰 何爲不可리오 唯知言之謂者乎아 夫知言之謂者는 不以言言也라 爭魚者濡(유)하고 逐獸者趨니 非樂之也라 故至言去言하고 至爲無爲니 夫淺知之所爭者末矣라 白公不得已하여 遂死於浴室이라

---

18) 白公 : 春秋時代 楚나라 사람으로 이름은 勝이다. 平王의 손자이고 太子 建의 아들로 어려서 吳에 망명하여 있었는데 子西가 불러 白公을 삼았다. 뒤에 난을 일으켜 子西를 살해하였지만, 亂에 실패해서 縊死를 당하였다.(≪春秋左氏傳≫ 莊公 16년)

19) 淄水와……냈습니다 : 淄水와 澠水는 모두 山東省에서 발원한 하천으로, 물맛이 비슷하다. 易牙는 春秋時代 齊나라 桓公 때의 음식을 관장하던 관리로 요리를 잘하고 음식의 맛을 잘 알았다고 한다.(≪史記≫ 권32 〈齊太公世家〉)

'微言'은 은밀한 이야기이다. 白公이 난을 일으키려고 하였으나 감히 드러내놓고 말하여 孔子에게 결정해 주기를 바라지 못하였다. 孔子가 그의 뜻을 알았다. 그러므로 답하지 않은 것이다. 돌을 물에 던지면 잠수하는 자가 가져온다는 것은 쉽게 얻음을 말한 것이고, 물을 물에 던지면 마치 어려운 듯하지만 易牙는 또한 이를 안다. 그 뜻은 대개 말은 숨길 수 있는 이치가 없으니 말의 속뜻을 숨겨서 사람이 알지 못하는 경우는 있지 않음을 말한 것이다. 白公이 깨닫지 못하고서 또 은밀한 이야기를 해서는 안 되냐고 질문함에 '何爲不可'라고 한 것은 은미한 말을 어찌 알지 못하는 경우가 있겠는가라고 말한 것이다.

그 이치를 아는 자는 곧 알 수 있으니, 말을 아는 이치는 말에 있지 않고 言外에 있다. 그러므로 '不以言言也'라고 말한 것이다. 물고기를 잡으려 다투는 자는 반드시 물에 들어가니 어찌 그 몸이 젖지 않겠는가. 짐승을 좇는 자는 반드시 산에 들어가니 어찌 달리다 氣를 상하지 않겠는가. 사물을 좇다 나를 해치면 즐거움이 되기에 부족하니 이 뜻은 이미 은연중에 이치에 맞지 않은 모의를 한 것에 대해 기롱한 것이다. '至言'은 道이다. 말로는 道를 다 표현하기 부족하니 말을 떠나면 道가 된다. '至爲'는 道이다. 作爲로는 道를 다 행할 수 없으니 반드시 無爲한 뒤에 道가 된다.

만약 비루하고 얕은 지혜로 세상과 함께 논쟁하기를 구한다면 이는 근본을 아는 자가 아니다. 큰 뜻은 대개 다투려는 마음을 싹트게 해서는 안 됨을 이른 것이다. 白公이 비록 이 말을 알았지만 스스로 그만둘 수 없었으니 이 때문에 끝내 난을 일으켰다가 그 몸을 죽게 한 것이다. '不得已'는 능히 스스로 그만둘 수 없는 것이다. 이 한 장은 ≪淮南子≫ 〈道應篇〉과 완전히 같은데, 만약 ≪列子≫가 景帝 때에 이미 나왔다면 ≪淮南子≫가 응당 완전히 차용하지 않았을 것이니 이로써 분명하게 列子의 본래 글이 아님을 알 수 있다.[20)]

微言者는 **隱語也**라 **白公欲爲亂**이나 **而不敢顯言以求決於孔子**라 **孔子知其意**라 **故不答之**라 **以石投水**면 **沒者取之**는 **言易得也**요 **以水投水**는 **似若難矣**나 **而易牙亦知之**라 **其意蓋謂言無可隱之理**니 **未有言之隱而人不知者**라 **白公未悟**하고 **又有不可微言之問**에 **何爲不可者**는 **謂微言豈有不可知者乎**아 **知其理者則知之**니 **知言之理**는 **不在於言而在於言之外**라 **故曰 不以言言也**라

20) 만약……있다 : 景帝는 중국 前漢의 제6대 황제(재위 B.C. 157~B.C. 141)이고 ≪淮南子≫는 중국 前漢의 종실인 淮南王 劉安(B.C. 179~B.C. 122)이 저술한 책이다. ≪列子≫의 경우 漢나라 劉向(B.C. 77~B.C. 6)이 교정 편집하여 현재의 8편으로 만들었다고 전해지는데 이 본은 失傳되었다. 그 후 東晉의 張湛이 실전되었던 ≪列子≫를 다시 정리하고 주해하여 ≪列子注≫를 저술하였고 이 본이 현재까지 가장 널리 읽히고 있다. 따라서 林希逸은 ≪列子≫는 漢나라 景帝 이전에는 실존하지 않았고 그 후 학자들에 의해 정리되고 편집된 僞書임을 넌지시 말하고 있다.

爭魚者必入水니 豈不濡其身이리오 逐獸者必入山이니 豈不趨走而傷氣리오 逐物而害我면 則不足以爲樂이니 此意已隱然譏其非理之謀矣라 至言者는 道也라 言不足以盡道니 去言則爲道라 至爲者는 道也라 有爲不足以盡道니 必無爲而後爲道라 若以蹇(건)淺之智而求與世爭이면 此非知本者也라 大意蓋謂爭心之不可萌也라 白公雖知此言이나 不能自已니 所以終於作亂而殺其身이라 不得已者는 不能自已也라 此一章은 與淮南道應篇全同하니 若列子已出於景帝時면 淮南不應全用之니 以此知非列子之本書也必矣라

8-12 이기는 것과 지키는 것

趙襄子가 新穉穆子를 시켜 翟을 공격하게 하였는데, 승리하여 左人과 中人 두 고을을 취하고서 역졸을 시켜 보내와 아뢰었다. 趙襄子가 마침 식사를 하고 있었는데 근심하는 기색이 있었다. 신하들이 말하기를 "하루아침에 두 성을 함락시켰으니 이는 사람이 기뻐해야 하는 바입니다. 지금 임금께서는 근심하는 기색이 있는 것은 어째서입니까?"라고 하였다. 趙襄子가 말하기를 "대저 長江이나 黃河에 큰 조류가 있어도 3일을 넘기지 않고 폭풍이나 폭우도 하루를 넘기지 않으며 한낮도 잠깐 지속될 뿐이다. 지금 趙氏는 덕행을 쌓아서 베푼 바가 없는데 하루아침에 두 성을 함락시켰으니 패망이 나에게 미칠 것이다."라고 하였다.

孔子가 이 말을 듣고 말하기를 "趙氏는 창성할 것이다. 능히 근심하는 것은 창성하게 되는 이유이고 스스로 기뻐하는 것은 망하게 되는 이유이다. 이기는 것은 어려운 것이 아니고 이를 지키는 것이 어려운 것이다. 현명한 군주는 이로써 승리를 지킨다. 그러므로 복이 후세에까지 미친다. 齊, 楚, 吳, 越은 모두 늘 이겼지만 끝내 패망하였으니 승리를 지키는 것에 대해 통달하지 못하였기 때문이다. 오직 道를 소유한 군주만이 능히 승리를 지킬 수 있다."라고 하였다.

趙襄子使新穉(치)穆子攻翟하니 **勝之**하여 **取左人中人**하고 **使遽人來謁之**라 **襄子方食而有憂色**이어늘 **左右曰 一朝而兩城下**하니 **此人之所喜也**라 **今君有憂色**은 **何也**오 **襄子曰 夫江河之大也**나 **不過三日**하고 **飄風暴雨不終朝**하고 **日中不須臾**라 **今趙氏之德行**이 **無所施於積**이나 **一朝而兩城下**하니 **亡其及我哉**인져 **孔子聞之曰 趙氏其昌乎**인져 **夫憂者所以爲昌也**요 **喜者所以爲亡也**라 **勝**은 **非其難者也**요 **持之其難者也**라 **賢主以此持勝**이라 **故其福及後世**라 **齊楚吳越**이 **皆常勝矣**나 **然卒取亡焉**이니 **不達乎持勝也**라 **唯有道之主 爲能持勝**이라

'新穉穆子'는 趙襄子의 家臣이다. '翟'은 바로 '狄'이다. 左人과 中人은 두 읍의 이름이다. '遽人'은 역졸이다. '飄風暴雨不終朝'는 老子의 말이다. '日中不須臾'는 정오의 해는 반드시 기운다는 말이다. 德行을 쌓은 것이 사람들에게 베풀어짐이 있지 않았다. 그러므로 '德行無所施於積'이라 말한 것이다. 子産이 말하기를 "文德은 없으면서 武功은 있다."[21]라고 말한 것이 바로 이 뜻이다. '亡其及我'는 교만으로 패망에 이를까 걱정한 것이다. 능히 근심하는 자는 반드시 편안하고 스스로 기뻐하는 자는 반드시 화를 당한다. 그러므로 전쟁에 승리하는 것은 어려운 일이 아니지만 승리를 지키는 것이 어려우니 이 논의가 매우 방정하다.

新穉穆子者는 趙襄子之家臣也라 翟은 卽狄也라 左人이 中人은 二邑名也이라 遽人은 郵卒也라 飄風暴雨不終朝는 老子之語也라 日中不須臾는 日中必昃也라 德行之積이 未有施及於人이라 故曰 德行無所施於積라 子産曰 無文德而有武功이 卽此意也라 亡其及我者는 恐驕以致敗也라 能憂者必安하고 自喜者必禍라 故戰勝非難이나 而持勝者爲難하니 此論甚正이라

8-13 승리를 지키는 방법

孔子의 힘은 도성 성문의 빗장을 들 수 있었지만 힘으로 알려지기를 원하지 않았고 墨子는 공격을 막아내어 公輸般이 굴복하였으나[22] 병법으로 이름이 알려지기를 원하지 않았다. 그러므로 승리를 잘 지키는 자는 강함을 가지고도 약한 자와 같이 행동한다.

孔子之勁은 能拓國門之關이로되 而不肯以力聞이요 墨子爲守攻하여 公輸般服이나 而不肯以兵知라 故善持勝者는 以强爲弱이라

'拓'은 든다는 말이다. '不以力聞'은 그 덕을 칭송하고 그 힘을 칭송하지 않는 것이다. 公輸般은 공격하는 기구를 가장 정밀하게 만드는 자였지만 墨子의 수비를 공략할

---

21) 文德은……있다 : ≪春秋左氏傳≫ 襄公 8년 庚寅日에 鄭나라 子國과 子耳가 蔡나라를 侵攻하여 蔡나라 司馬 公子燮을 사로잡자 鄭人이 모두 기뻐하였으나 子産은 기뻐하지 않고 "小國이 文德이 없으면서 武功을 세웠으니, 이보다 큰 禍가 없습니다.〔小國無文德 而有武功 禍莫大焉〕"라고 한 데서 온 말이다.

22) 墨子는……굴복하였으나 : 公輸般이 楚나라를 위해 雲梯를 만들어 宋나라를 침범하려 하자, 墨翟이 宋나라에 가서 守備策을 제시하며 公輸般의 공격을 막은 결과 승리를 거두어 침략을 좌절시켰는데 이를 두고 한 말이다.(≪墨子≫ 〈公輸〉)

수 없어서 스스로 굴복하는 지경에 이르렀다. 그런데 墨子는 병법을 안다고 이름나지 않았다. 이 두 사람으로 약함 속에 강함을 숨기고 승리를 지키기를 패배한 것처럼 한 경우를 비유한 것이다.

拓은 擧也라 不以力聞은 是稱其德이요 不稱其力也라 公輸般之爲攻器最精者也로되 而不能攻墨子之守하야 至於自屈服이나 而墨子不以知兵名이라 以此二者로 爲藏勇於怯하고 持勝如負者之喩라

8-14 塞翁之馬

宋나라 사람 중에 仁義를 행하기를 좋아한 사람이 있어 3대에 걸쳐 게을리하지 않았다. 그런데 집안에 아무런 이유 없이 검은 소가 흰 송아지를 낳자 이를 孔子에게 물어보았는데 孔子가 "이는 좋은 징조이니 上帝에게 바쳐라."라고 하였다. 1년 만에 그 아비가 이유 없이 맹인이 되고 그 소가 또다시 흰 송아지를 낳으니 그 아비가 또다시 그 아들에게 명하여 孔子에게 물어보게 하였다. 그 아들이 말하기를 "저번에 물어보았는데 실명하였으니 또 무엇하러 묻겠습니까?"라고 하였다. 그 아비가 말하기를 "성인의 말은 전에는 징험되지 않아도 나중에는 반드시 징험되니, 그 일은 어찌 될지 알 수 없다. 우선 다시 물어보라."라고 하였다.

그 아들이 또다시 孔子에게 물어보았는데, 孔子가 말하기를 "좋은 징조이다."라고 하고 다시 上帝에게 제사를 지내라고 가르쳐 주었다. 그 아들이 돌아와 말을 아뢰니 그 아비가 "孔子의 말대로 행하라."라고 하였다. 1년 만에 그 아들이 또 이유 없이 맹인이 되었는데 그 후에 楚나라가 宋나라를 공격하여 그 성을 포위하니, 백성들은 자식을 바꾸어 잡아먹고 뼈를 쪼개어 불을 때고 장정들은 모두 성에 올라 싸우다 죽은 사람이 절반이나 되었다. 그런데 이 사람들은 부자가 병이 있다는 이유로 모두 면하였고 포위를 풀자 눈병이 모두 회복되었다.

宋人有好行仁義者 三世不懈러니 家無故黑牛生白犢(독)하야 以問孔子한대 孔子曰 此吉祥也니 以薦上帝하라 居一年에 其父無故而盲하고 其牛又復生白犢하니 其父又復令其子問孔子라 其子曰 前問之而失明하니 又何問乎아 父曰 聖人之言은 先迕後合이니 其事未究라 姑復問之하라 其子又復問孔子한대 孔子曰 吉祥也라하고 復敎以祭라 其子歸致命하니 其父曰 行孔子之言也하라 居一年에 其子又無故而盲러니 其後楚攻宋하여 圍其城하니 民易子而

食之하고 析骸而炊之하고 丁壯者皆乘城而戰이라가 死者太半이로되 此人以父子有疾로 皆免하고 及圍解而疾俱復이라

이 장은 변방의 늙은이가 말을 얻고 말을 잃었다는 뜻[23]과 같으니 吉事가 반드시 凶事가 되지 않는 것은 아니고, 凶事가 반드시 吉事가 되지 않는 것은 아님을 말한 것이다. '先迕後合'은 전에는 징험되지 않아도 나중에는 반드시 징험됨을 말한 것이다. '未究'는 그 요체는 끝내 어떻게 될지 알 수 없다는 말이다.

此章與塞翁得馬失馬意同니 言吉未必不爲凶이요 凶未必不爲吉也라 先迕後合者는 言不驗於前이라도 必驗於後也라 未究者는 未知其要終如何也라

8-15 期必할 수 없는 기회

宋나라에 떠도는 재주꾼이 있었는데 자신의 기예로 宋나라 元君에게 만나줄 것을 청하였다. 宋나라 元君이 불러다 그에게 기예를 보이도록 하니 길이가 자신의 몸 두 배되는 두 개의 장대를 자신의 정강이에 붙들어 매고 종종걸음을 하고 뛰기고 하였고 일곱 개의 칼을 가지고 놀면서 번갈아 던져 올려 다섯 개의 칼은 늘 공중에 있게 하였다. 元君이 크게 놀라 즉시 금과 비단을 하사하였다.

燕戲를 잘하는 다른 떠도는 재주꾼이 있었는데 이 소식을 듣고 다시 元君에게 만나줄 것을 청하였다. 元君이 크게 노하여 말하기를 "옛날에 기이한 기예를 가진 자가 과인에게 만나줄 것을 청하였는데 기예는 쓸모없었지만 마침 과인에게 환심을 가지게 만들었다. 그러므로 금과 비단을 내려주었다. 저 사람은 반드시 이 소식을 듣고 나아와 다시 나에게 상을 바라는 것이다."라고 하고 붙잡아서 그를 죽이려 하다가 한 달이 지나 비로소 석방하였다.

宋有蘭子者 以技干宋元이라 宋元召而使見其技하니 以雙枝長倍其身으로 屬其脛하야 竝趨竝馳하고 弄七劍迭而躍之하야 五劍常在空中이라 元君大驚하야 立賜金帛이라 又有蘭子又能燕戲者聞之하고 復以干元君이라 元君大怒曰 昔有異技幹寡人者러니 技無庸이나 適値寡人有歡心이라 故賜金帛이라 彼必聞此而進하여 復望吾賞이라하고 拘而擬戮之라가 經月乃放이라

23) 변방의……뜻 : 塞翁之馬의 고사를 두고 한 말이다.

두 개의 장대를 정강이에다 붙들어 매는 것은 지금 사람들이 하고 있는 接脚의 놀이가 이것이다. '雙枝'는 두 개의 나무이다. 일곱 개의 칼을 가지고 놀며 다섯 개의 칼이 공중에 있다는 것은 지금 사람들도 또한 이 놀이가 있다. '燕戲'는 연회를 베풀어 술을 마시는 동안에 잡다하게 즐기는 기예이다. '技無庸'은 본래 여기에 쓸모가 없지만 우연히 좋아하여 그에게 상을 준 것임을 말한 것이다. '拘而擬戮'은 구금하여 벌을 내리려 한 것이다. 기예는 같지만 받은 대우가 달랐으니 시기는 기필할 수 없는 것이다.

雙枝屬於脛은 今人所爲接脚之戲是也라 雙枝者는 雙木也라 弄七劍而五劍在空中은 今人亦有此戲라 燕戲者는 燕飮之間에 雜弄之技也라 技無庸者는 言本無用於此나 偶喜而賞之라 拘而擬戮者는 拘繫而欲罪之也라 技同而所遭異하니 時不可必也라

8-16 千里馬를 구별하는 법

伯樂相馬圖

秦 穆公이 伯樂[24]에게 말하기를 "그대의 나이가 연로하였으니 그대 자손 중에 말을 잘 구해오게 할 만한 자가 있는가?"라고 하였다. 伯樂이 대답하기를 "좋은 말은 모습과 근육과 뼈 등을 잘 살피면 됩니다. 그러나 천하의 빼어난 말은 사라진 듯 없어진 듯하고 없는 듯 잃은 듯하니, 이와 같은 놈은 먼지를 일으키지도 않고 발자국도 남기지 않습니다. 신의 아들은 모두 재주가 낮으니 좋은 말을 알려줄 수는 있지만 천하의 빼어난 말을 알려줄 수는 없습니다. 신에게는 함께 땔감을 지고 채소를 묶는 자가 있으니 이름은 九方皐입니다. 이 사람은 말에 대해서는 신보다 못하지 않으니 청컨대 만나보소서."라고 하였다.

穆公이 그를 만나보고서 다니면서 말을 구하게 하였다. 3개월 만에 돌아와 보고하기를 "이미 찾았으니 沙丘[25]에 있습니다."라고 하였다. 穆公이 "어떤 말인가?"라고 하니 대답하기를 "암놈이고 누렇습니다."라고 하였다. 사람을 보내 가서 데

24) 伯樂 : 春秋時代 秦나라 때의 사람인 孫陽의 字이다. 方九堙의 추천으로 穆公의 말을 관리하였으며, 千里馬를 잘 감정하는 사람으로 알려져 있다.

25) 沙丘 : 현재 중국 河北省 平鄕縣 동북쪽에 있는 地名이다.

려오게 하였는데 수놈이고 검은색이라 하였다. 穆公이 기뻐하지 않으며 伯樂을 불러 말하기를 "실패했다. 그대가 시켜 말을 구하러 간 자는 사물의 색깔과 암수도 구별하지 못하니 또 어찌 말을 잘 알겠는가."라고 하였다.

伯樂이 한숨을 쉬며 크게 탄식하고 말하기를 "마침내 이런 경지에 이르렀습니다. 이것이 바로 신보다 천만 배나 뛰어나 헤아릴 수가 없는 점입니다. 九方皐가 본 것은 하늘이 부여한 靈機이니 정밀한 것을 보고 거친 것을 잊으며 내면을 살피고 외면을 잊은 것입니다. 보아야 할 것만 보고 보지 않아도 될 것은 보지 않고 살펴야 할 것만 살피고 살피지 않아도 되는 것은 내버려 두었으니, 九方皐가 相을 본 것은 바로 말에게 귀한 점이 있었기 때문입니다."라고 하였다. 말이 도착하자 과연 천하에 뛰어난 말이었다.

秦穆公謂伯樂曰 子之年長矣니 子姓有可使求馬者乎아 伯樂對曰 良馬可形容筋骨相也나 天下之馬者는 若滅若沒하고 若亡若失하니 若此者는 絶塵弭𨅔(미철)이라 臣之子皆下才也니 可告以良馬로되 不可告以天下之馬也라 臣有所與共擔纆薪菜者하니 有九方皐라 此其於馬에 非臣之下也니 請見之하소서 穆公見之하야 使行求馬라 三月而反하야 報曰 已得之矣니 在沙丘니이다 穆公曰 何馬也오 對曰 牝而黃이니이다 使人往取之하니 牡而驪라 穆公不說하야 召伯樂而謂之曰 敗矣라 子所使求馬者는 色物牝牡도 尙弗能知어든 又何馬之能知也리오 伯樂喟然太息曰 一至於此乎아 是乃其所以千萬臣而無數者也라 若皐之所觀은 天機也니 得其精而忘其麤(추)하고 在其內而忘其外라 見其所見하고 不見其所不見하며 視其所視하고 而遺其所不視니 若皐之相者는 乃有貴乎馬者也니이다 馬至에 果天下之馬也라

'子姓'은 소생의 아들을 묻는 것이다. '姓'은 '生'이다. '天下之馬'는 말 중에 천하에 걸출한 것이다. '滅沒亡失'은 어렴풋이 일정하지 않아 형체로 구할 수 없음을 말한 것이다. '絶塵'은 먼지를 가르며 달리는 것이다. '弭𨅔'은 자취가 없는 것이다. '擔纆'은 등에 지고 새끼로 묶은 것이다. '千萬臣無數'는 신보다 나은 점이 천만의 수를 넘어 다 헤아릴 수 없음을 말한 것이다. '天機'는 그 천성을 얻고 그 형체를 버리는 것이다. '所見'은 天機가 본 바이니 內이며, '所不見'은 겉으로 드러나는 털색과 암수를 가리킨다. '敗矣子所使求馬者'는 句法이 "무엇인가? 네가 말하는 達이란 것이"와 같다.

子姓者는 問其所生之子也니 姓은 生也라 天下之馬는 馬之絶出於天下者也라 滅沒亡失者는 言恍惚而不定하여 不可以形求也라 絶塵은 離塵埃而去也라 弭𨅔者는 無跡也라 簷纆者는 負索也라 千萬臣無數者는 言勝於臣者踰千萬數而不可窮也라 天機者는 得其天而遺其形也라 所見者는 天所見也니 內요 所不見者는 毛色牝牡之在外者也라 敗矣子所使求馬者는 句法與何哉汝

所謂達者[26)]同이라

8-17 모든 일은 자신에게 달려있다

楚나라 莊王[27)]이 詹何에게 묻기를 "나라를 다스리려면 어찌해야 합니까?"라고 하니 詹何가 대답하기를 "신은 몸을 다스리는 일에는 밝지만 나라를 다스리는 일에는 밝지 못합니다."라고 하였다. 楚나라 莊王이 "과인은 宗廟와 社稷을 받들어 모시고 있으니 원컨대 이를 지킬 수 있는 방법을 배우고자 합니다."라고 하였다. 詹何가 대답하기를 "신은 일찍이 자신은 다스려지는데 나라가 혼란하다는 말은 들어본 적이 없고 또 일찍이 자신은 혼란한데 나라가 다스려진다는 말은 들어본 적이 없습니다. 그러므로 근본은 자신에게 달려 있으니 감히 말단으로 대답하지 못하겠습니다."라고 하였다. 楚王이 말하기를 "훌륭합니다."라고 하였다.

楚莊王問詹何曰 治國奈何오하니 **詹何對曰 臣明於治身**이나 **而不明於治國也**라 **楚莊王曰 寡人得奉宗廟社稷**하니 **願學所以守之**라 **詹何對曰 臣未嘗聞身治而國亂者也**요 **又未嘗聞身亂而國治者也**라 **故本在身**이니 **不敢對以末**이라 **楚王曰 善**이라

이는 天下國家의 근본이 자신에게 있다는 논리이니 서술한 것이 매우 아름답다.

此天下國家本在身之論이니 撰得來甚佳라

8-18 원망을 피하는 법

狐丘에 사는 노인이 孫叔敖[28)]에게 말하기를 "사람들에게는 세 가지 원망하는 것이 있으니 그대는 아십니까?"라고 하니 孫叔敖가 말하기를 "무엇을 말합니까?"라고 하였다. 노인이 대답하기를 "작위가 높은 사람은 사람들이 시기하고 벼슬이 존

---

26) 何哉汝所謂達者 : ≪論語≫ 〈顔淵〉에 子張이 孔子에게 達에 대해서 물었을 때, 공자가 "무엇이냐 네가 말하는 달이란 것은?〔何哉 爾所謂達者〕"라고 한 것을 가리킨다.

27) 楚나라 莊王 : 春秋時代 五覇 중의 하나로 이름은 旅이다.

28) 孫叔敖 : 楚나라 莊王 때의 재상이다. 孫叔敖는 莊王을 도와 패업을 이루었으나, 청렴한 생활로 그가 죽은 뒤에는 妻子가 땔나무를 팔아 생활할 정도로 가난하였다.(≪史記≫ 권126 〈滑稽列傳〉)

귀한 자는 임금이 싫어하고 봉록이 후한 자는 원망이 미칩니다."라고 하였다. 孫叔敖가 말하기를 "저의 작위가 더욱 높아질수록 저의 뜻은 더욱 낮추고 저의 관직이 더욱 존귀해질수록 저의 마음은 더욱 조심하고 저의 봉록이 후해질수록 제가 더욱 널리 베푼다면 이로써 세 가지 원망을 면하는 것이 가능하겠습니까?"라고 하였다.

孫叔敖가 병에 걸려 죽으려 할 때에 아들에게 경계하기를 "임금께서 자주 나를 封해주려 하였지만 나는 받지 않았다. 내가 죽게 되면 임금께서 너를 봉해주려 할 것이니 너는 반드시 좋은 땅을 받지 말아야 한다. 楚나라와 越나라 사이에 寢丘[29]라는 곳이 있으니 이 땅은 좋지도 않을 뿐더러 이름도 몹시 나쁘다. 楚나라 사람들은 귀신을 믿고 越나라 사람들은 징조를 믿으니 오랫동안 소유할 수 있는 곳은 오직 이곳뿐이다."라고 하였다. 孫叔敖가 죽자 임금이 과연 좋은 땅을 그 아들에게 봉해주려 하였는데 아들은 사양하고 받지 않고 寢丘를 달라고 청하니 이 땅을 주었고 지금까지 잃지 않고 있다.

狐丘丈人謂孫叔敖曰 人有三怨하니 **子知之乎**아 **孫叔敖曰 何謂也**오 **對曰 爵高者**는 **人妬之**하고 **官大者**는 **主惡之**하고 **祿厚者**는 **怨逮之**니라 **孫叔敖曰 吾爵益高**에 **吾志益下**하고 **吾官益大**에 **吾心益小**하고 **吾祿益厚**에 **吾施益博**이면 **以是免於三怨**이 **可乎**아 **孫叔敖疾將死**에 **戒其子曰 王亟**(기)**封我矣**나 **吾不受也**라 **爲我死**면 **王則封汝**하리니 **汝必無受利地**하라 **楚越之間**에 **有寢丘者**하니 **此地不利而名甚惡**이라 **楚人鬼而越人機**하니 **可長有者 唯此也**니라 **孫叔敖死**에 **王果以美地封其子**어늘 **子辭而不受**하고 **請寢丘**하니 **與之**하고 **至今不失**이라

寢丘라는 읍은 그 이름이 葬地와 비슷하다. 그러므로 '甚惡'이라 말한 것이다. '不利'는 地主에게 불리한 것이다. 楚나라 사람들은 귀신을 믿고 越나라 사람들은 징조를 좋아한 탓에 점을 쳐 꺼리는 것이 많다. 그러므로 반드시 이 땅을 싫어하여 원치 않아서 다시 이 땅을 소유하려 다투는 자가 없을 것이니 거의 오랫동안 소유할 수 있을 것이다. 이 장의 뜻은 대개 남이 버리는 것을 취하고 남이 다투지 않는 것을 얻으면 스스로 편안할 수 있음을 말한 것이다.

寢丘之邑은 其名近於葬地라 故曰甚惡이라 不利者는 不利於地主也라 楚人信鬼神하고 越人好機祥하여 占卜而多忌諱者라 必惡此地而不欲하여 無復爭之者니 庶可以長有之라 此意蓋謂取人之所棄하고 得人之所不爭이면 則可以自安이라

---

29) 寢丘 : 읍의 이름으로 지금의 河南省 沈丘縣 동남쪽에 위치하고 있다.

8-19 禍福은 자연의 운수

牛缺은 上地[30]의 큰 선비이다. 내려가 邯鄲[31]으로 가다가 耦沙의 가운데에서 도적을 만나 의복과 행장 및 수레와 소를 모두 빼앗겨 걸어서 가게 되었다. 그를 보니 기쁜 듯 근심하거나 아까워하는 기색이 없었는데, 도적이 따라와 그 이유를 물어보니 牛缺이 말하기를 "군자는 봉양하는 물건으로 봉양 받는 몸을 해치지 않는다."라고 하였다. 도적이 말하기를 "아, 현명하구나."라고 하고 조금 뒤에 서로 상의하기를 "저 사람의 현명함으로 趙나라 임금을 가서 만날 것이니 가령 등용되어 우리들에게 원한을 가진다면 필시 우리를 곤란하게 만들 것이다. 죽이는 것만 못하다."라고 하고 이에 서로 함께 추격하여 그를 죽였다.

燕나라 사람이 이 소식을 듣고 가족을 모아 서로 경계하기를 "도적을 만나면 上地의 牛缺과 같이 하지 말라."라고 하니 모두 가르침을 받아들였다. 이윽고 그 아우가 秦나라로 가다가 함곡관 아래에 이르러 과연 도적을 만났다. 그 형이 경계한 것을 기억하여 인하여 도적과 힘써 싸웠는데 이윽고 뜻대로 되지 않자 또 뒤쫓으며 공손한 말로 물건을 돌려달라고 청하였다. 그러자 도적이 노하여 말하기를 "우리가 너를 살려준 것도 큰 은혜인데 계속해서 우리를 뒤쫓으니 우리의 자취가 장차 드러나겠구나. 이미 도적이 되었으니 仁이 장차 어디에 있겠는가."라고 하고 마침내 그를 죽이고 또 아울러 그의 동행 너덧 명도 해쳤다.

牛缺者는 上地之大儒也라 下之邯鄲이라가 遇盜於耦沙之中하야 盡取其衣裝車牛하야 步而去라 視之하니 歡然亡憂吝之色이어늘 盜追而問其故하니 曰 君子不以所養으로 害其所養이라 盜曰 嘻라 賢矣夫져 旣而相謂曰 以彼之賢으로 往見趙君하리니 使以我爲면 必困我라 不如殺之라 乃相與追而殺之라 燕人聞之하고 聚族相戒曰 遇盜면 莫如上地之牛缺也라하니 皆受敎라 俄而오 其弟適秦이라가 至關下하여 果遇盜라 憶其兄之戒하야 因與盜力爭이러니 旣而不如하야 又追而以卑辭請物하니 盜怒曰 吾活汝弘矣어늘 而追吾不已하니 跡將著焉이라하고 旣爲盜矣니 仁將焉在오하고 遂殺之하고 又傍害其黨四五人焉이라

---

30) 上地 : 지금의 山西省 동남부 長治市 일대인 韓나라 上黨 지역을 가리킨다.

31) 邯鄲 : 현재 河北省 南西部 太行山의 동쪽 기슭에 있는 都市로 交通의 요지이다. 戰國時代에 趙나라의 수도였다.

'下之邯鄲'은 上地는 높고 邯鄲은 땅이 낮은 것이다. 耦沙는 지명이다. '使以我爲'는 가령 적기에 등용된다면 반드시 우리를 원망할 것이라는 말이다. 이 장은 대개 사람이 화를 당하는 것은 현명한지 어리석은지에 달려 있지 않으니 혹 면하고 혹 면하지 못하는 것은 모두 자연의 운수가 있는 것이고 사람이 능히 알 수 있는 바가 아님을 말한 것이다.

下之邯鄲者는 上地高而邯(한)鄲地卑也라 耦沙는 地名也라 使以我爲者는 使其得用於時면 必以我爲芥蒂也라 此章은 蓋謂人之遇禍는 不在賢愚니 或免或不免은 皆有自然之數요 非人所能知也라

8-20 뜻밖에 발생하는 禍福

虞氏는 梁나라의 부자이니, 집안에 부유함이 충만하여 돈과 비단은 헤아릴 수 없었으며 재화는 셀 수 없을 정도였다. 높은 누대에 올라 큰 길을 굽어보며 음악을 연주하고 술자리를 베풀고는 누대 위에서 투전을 하였다. 협객들이 서로 어울려 걷고 있었는데 누대 위에서 투전을 하는 사람들이 明瓊을 던져 적중하여 두 개의 어패를 뒤집어 놓고는 웃고 있었다.[32]-'榻'은 '託'과 '盍'의 반절이다.- 날아가던 솔개가 마침 썩은 쥐를 떨어뜨려 협객을 맞추니 협객들이 서로 말하기를 "虞氏가 부유함을 즐겨온 날이 오래되었는데 늘 사람을 무시하는 마음을 가지고 있다. 우리들이 저들을 침범하지 않았는데도 썩은 쥐로 우리를 욕보이니 이런데도 보복하지 않는다면 천하에 용감하다는 명성을 이룰 수 없을 것이다.-'懂'은 渠·客과 臣·斬의 二切이다.- 너희들과 함께 힘을 합치고 뜻을 하나로 모아 무리들을 이끌고 반드시 저 집안을 멸망시키기를 청한다. 이것이 우리 동료들을 위하는 길이다."라고 하니 모두 동의하였다. 약속한 날 밤이 되자 무리들을 모으고 병장기를 준비하여 虞氏를 공격하여 그 집을 크게 멸망시켰다.

虞氏者는 梁之富人也니 家充殷盛하야 錢帛無量하고 財貨無訾라 登高樓하여 臨大路하여 設樂陳酒하고 擊博樓上이라 俠客相隨而行이어늘 樓上博者射明瓊張中에 反兩榻-託盍切-魚

32) 明瓊을……있었다 : 瓊은 옛날 투전을 하던 도구로 후세의 骰子와 같다. 瓊을 던져 다섯 개의 흰색을 얻는 것을 明瓊이라 한다. 榻魚는 아마도 투전에서 가장 높은 수를 가리키는 듯하다.

而笑라 **飛鳶**(연)**適墜其腐鼠而中之**하니 **俠客相與言曰 虞氏富樂之日**이 **久矣**에 **而常有輕易人之志**라 **吾不侵犯之**어늘 **而乃辱我以腐鼠**하리라 **此而不報**면 **無以立慬**-渠客臣斬二切-**於天下**라 **請與若等戮力一志**하여 **率徒屬**하야 **必滅其家**하야 **爲等倫**이라하니 **皆許諾**이라 **至期日之夜**에 **聚衆積兵**하야 **以攻虞氏**하여 **大滅其家**라

'明瓊'은 지금 骰子와 비슷한 것이다. '張中'은 그 도구를 펼쳐 던진 것이 맞는지 아닌지를 가지고 승부를 겨루는 것이다. '檎魚'은 骰采의 이름이니 다섯 개의 흰색 가운데 그 두 개를 뒤집어 檎魚의 采를 만드는 것이다. 劉毅가 梟盧[33]를 다투었다는 것이 이와 같은 종류이다. 누대 위에서 한참 웃고 있었는데 공중에 나르던 솔개가 마침 썩은 쥐를 떨어뜨려 누대 바깥에서 함께 걷던 협객을 맞춘 것이다. 본래는 서로 상관이 없으나 협객이 노하여 그 집을 원수로 삼았으니, 魯나라의 술이 맛이 없어 趙나라의 邯鄲이 포위당하고,[34] 성문에 불이 나자 재앙이 연못의 물고기에게 미쳤다[35]는 뜻이니, 禍福은 뜻밖에 발생함을 말한 것이다. '立慬'은 용감하다는 명성을 이루는 것이고 '等倫'은 협객들의 동료이다.

明瓊은 今骰子之類也라 張中은 張其具하여 以射中否爲勝負也라 檎魚者는 骰采之名也니 於五白之中에 反其兩者하야 以爲檎魚之采라 劉毅之爭梟盧가 是此類也라 樓上方笑어늘 而空中之飛鳶適墜腐鼠하야 而中樓外同行之俠客이라 本不相幹이나 俠客怒而仇其家하니 此魯酒薄而邯鄲圍하고 城門失火에 殃及池魚之意니 言禍福出於意料之外也라 立慬은 立勇名也요 等倫은 俠客之同輩也라

8-21 名實을 잃은 행동

東方에 한 사람이 있었는데 이름은 爰旌目이었다. 장차 어떤 곳을 가려다가 길에서 굶주리게 되었는데 狐父[36]의 도적인 丘가 이를 보고 호리병에 담긴 죽을 주

---

33) 梟盧 : 옛날 樗蒲 놀이에서 제일 높은 점수를 梟라 하고 그 다음을 盧라 하였다.

34) 魯나라의……포위당하고 : 아무런 잘못도 없이 뜻밖의 화를 입는 것을 말한다. ≪莊子≫ 〈胠篋〉에 이르기를 "노나라 술이 맛이 없어 조나라의 한단이 포위를 당하고, 성인이 탄생하자 큰 도적이 일어났다.〔魯酒薄而邯鄲圍 聖人生而大盜起〕"라고 한 데서 온 말이다.

35) 성문에……미쳤다 : 宋나라 성문에 불이 났을 때, 그 옆에 있는 연못의 물을 퍼서 불을 끄는 바람에 연못의 물이 고갈되어 물고기들이 모두 죽게 되었다는 고사에서 온 말이다.(≪太平廣記≫ 권466)

36) 狐父 : 지명으로 지금 江蘇省 碭山 남쪽에 위치한다.

어 마시게 하였다. 爰旌目이 세 번 마시고 난 뒤에 앞을 볼 수 있게 되자 "그대는 무엇을 하는 사람입니까?"라고 물어 보았다. 丘가 말하기를 "나는 狐父 사람인 丘입니다."라고 하니, 爰旌目이 말하기를 "아, 그대는 도적이 아닌가. 어찌하여 나에게 죽을 주었는가. 나는 의로운 사람이니 그대가 준 음식을 먹지 않겠다."라고 하고 두 손으로 땅을 짚고 토하려고 하였다. 그러나 토사물이 나오지 않자 캑캑-'乞'과 '格'의 반절이다. 토한다는 뜻이다.-대다가 마침내 엎어져 죽었다. 狐父 사람은 도적이기는 하지만 음식은 도적이 아니다. 사람이 도적이라고 해서 인하여 그 사람이 준 음식도 도적이라 여겨 감히 먹지 않았으니, 名實을 잃은 것이다.

東方有人焉하니 **曰爰旌目**이라 **將有適也而餓於道**어늘 **狐父之盜曰丘 見而下壺餐以餔之**라 **爰旌目三餔而後能視曰 子何爲者也**오 **曰 我狐父之人丘也**로라 **爰旌目曰 譆**라 **汝非盜邪**아 **胡爲而餐我**오 **吾義不食子之食也**라하고 **兩手據地而歐之不出喀喀**-乞格切, 嘔也-**然**이라가 **遂伏而死**라 **狐父之人則盜矣**나 **而食非盜也**니 **以人之盜**로 **因謂食爲盜而不敢食**하니 **是失名實者也**라

爰旌目은 人名이다. 이 장은 바로 "불쌍하다고 말한 것은 떠나갈 만한 이유가 될 수 있으나 사죄를 했으면 음식을 먹을 수 있는 것이다."라고 한 뜻[37]과 같다. 於陵仲子가 그 형의 거위를 토한 것을 孟子가 기롱한 것[38]도 또한 이 뜻과 같다.

---

37) 불쌍하다고……뜻 : ≪禮器≫ 〈檀弓 下〉에 "齊나라에 큰 흉년이 들자 黔敖가 길가에서 음식을 만들어서 굶주린 자들에게 죽을 먹였는데, 어떤 굶주린 자가 소매로 얼굴을 가리고 신발을 절룩거리며 기운이 빠져서 걸어왔다. 검오가 왼손으로 음식을 받들고 오른손에 음료를 잡고 말하기를 '아! 불쌍하구나. 빨리 와서 먹거라.'고 하자, 그 사람이 눈을 치켜뜨고 보면서 '나는 불쌍하다면서 와서 먹으라는 음식을 먹지 않아서 이 지경에 이르렀다.'고 하였다. 검오가 가서 사죄하였으나 그는 끝내 먹지 않고 죽었다. 증자께서 이 이야기를 듣고 말씀하기를 '이는 너무 하찮은 일이다. 불쌍하다고 말한 것은 떠나갈 만한 이유가 될 수 있으나 사죄를 했으면 음식을 먹을 수 있는 것이다.'〔微與 其嗟也 可去 其謝也 可食〕 하였다."라고 한 데서 온 말이다.

38) 於陵仲子가……것 : 於陵仲子는 戰國時代 齊나라에서 대대로 벼슬을 한 가문 출신이다. 그의 형은 食邑인 蓋 지방에서 萬鍾의 녹봉을 받고 있었는데, 오릉중자는 형의 녹봉을 의롭지 못하다고 여겨 한 집에서 살지 않고 於陵에 은둔하였다. 훗날 집에 돌아와 형에게 뇌물로 거위를 바치는 자를 보고 "이 꽥꽥거리는 것은 무엇에 쓰는 거요?〔惡用是鶃鶃者爲哉〕"라고 하며 얼굴을 찌푸렸다. 뒤에 어머니가 요리한 거위 고기를 먹고 있을 때 형이 보고는 "이것이 꽥꽥거리던 고기다.〔是鶃鶃之肉也〕"라고 하자, 밖으로 뛰쳐나가 먹은 것을 토해 버렸다고 한다. 맹자가 이는 사람의 윤리를 저버리고 소소한 청렴에 급급한 행위라고 비난한 것을 두고 한 말이다.(≪孟子≫ 〈滕文公 下〉)

爰旌目은 人名也라 此章은 卽是其嗟也可去나 其謝也可食之意라 於(오)陵仲子哇(와)其兄之鵝를 孟子所譏도 亦此意也라

8-22 君主를 위해 죽는 이유

杜厲叔이 莒敖公을 섬겼는데 스스로 자신을 알아주지 않는다고 여겨 떠나 바닷가에 살면서 여름에는 마름을 먹고 겨울에는 상수리를 먹고 살았다. 莒敖公이 위난을 당하자 杜厲叔이 그 벗들과 작별하고 그를 위해 죽으려고 하였다. 그 벗들이 말하기를 "그대는 스스로 자신을 알아주지 않는다고 여겼기 때문에 떠났는데 지금은 가서 죽으려 하니 이는 알아주는 것과 알아주지 않는 것에 대해 구분이 없는 것이다."라고 하였다. 杜厲叔이 말하기를 "그렇지 않다. 스스로 알아주지 않는다고 여겼기 때문에 떠났지만 지금 거오공을 위해 죽는다면 정말로 나를 알아주지 않는 것이 된다. 내가 장차 죽어서 자신의 신하를 알아주지 않는 후세의 임금을 부끄럽게 만들려고 한다."라고 하였다.

무릇 알아주면 그를 위해 죽고 알아주지 않으면 죽지 않는 것이 이것이 道를 곧게 하여 행하는 것이니 杜厲叔은 원망으로 자신을 잊었다고 할 만하다.

杜厲叔事莒敖公이러니 **自爲不知已**하야 **去居海上**하여 **夏日則食菱芰**(능기)하고 **冬日則食橡栗**이라 **莒敖公有難**한대 **杜厲叔辭其友而往死之**라 **其友曰 子自以爲不知已故去**라가 **今往死之**하니 **是知與不知無辯也**라 **杜厲叔曰 不然**하다 **自以爲不知故去**나 **今死**면 **是果不知我也**라 **吾將死之**하여 **以醜後世之人主不知其臣者也**라 **凡知則死之**하고 **不知則弗死**는 **此直道而行者也**니 **杜厲叔**은 **可謂懟以忘其身者也**로다

≪春秋左氏傳≫의 狼瞫의 일이 또한 이 장의 뜻과 같다.[39] 그 임금이 자신을 알아주지 않음을 원망하여 자신을 죽이는 지경에까지 이르렀으니 이는 道를 곧게 하여 행하는 것이 아니다. 나는 이로써 신하를 알아주지 않는 후세의 임금을 부끄럽게 만들겠다고 한 것은 그 뜻이 또한 좋다.

---

39) 狼瞫의……같다 : 狼瞫은 春秋時代 晉나라 사람이다. 자기의 윗사람인 先軫에게 무시를 당해 원망하는 마음을 지녔으면서도, "비록 나를 알아주지 않는다 하더라도 나라를 위해 죽는 것이 용맹이다."라고 하고 소속 부대를 이끌고서 秦나라 군대에 돌격하여 죽자, 晉나라 군사가 그 뒤를 따라 격파한 고사를 두고 한 말이다.(≪春秋左氏傳≫ 文公 2년)

左傳狼瞫之事도 亦是此意라 懟其君不知己而至於殺其身하니 此非直道也라 吾以醜後世之不知臣者는 此意亦佳라

8-23 나에게서 나온 것은 반드시 돌아온다

楊朱가 말하기를 "이익을 내주는 자는 실익이 나에게 돌아오고 원망을 해대는 사람은 해가 자신을 찾아온다. 여기에서 내보내는 것에 따라 밖에서 응하는 것은 부르면 대답하는 것과 같다. 이 때문에 賢者는 나가는 바를 삼간다.

楊朱曰 利出者實及하고 怨往者害來라 發於此而應於外者唯請[40)]이라 是故賢者愼所出이라

내가 능히 내보내 사람을 이롭게 하면 이익의 실제는 또한 나에게 미침이 있고 내가 道가 아닌 것으로 가서 남에게 더하여 나에게 원망을 가지게 한다면 사람들 또한 와서 나를 해침이 있을 것이니 이는 施報의 이치를 말한 것이다. '唯'는 '諾'의 뜻이다. 남이 나에게 청함에 대답해 주면 내가 남에게 청함에 남도 또한 나를 따라 대답해 준다. '發於此'는 베푸는 것이고 '應於外'는 보답하는 것이다. '愼所出'은 나에게서 나간 것을 남에게 더함이 없는 것이니, 바로 너에게서 나온 것이 다시 너에게로 돌아간다[41)]는 뜻이다.

我能出而利人이면 則利之實이 亦有及我者요 我以非道而往加於人하여 使其銜怨於我면 則人亦有來害我者니 此言施報之理也라 唯는 諾也라 人請於我而唯之면 則我請於人에 人亦唯我라 發於此는 施也요 應於外는 報也라 愼所出者는 其出於我者를 無以加於人也니 卽出乎爾反乎爾之意라

8-24 양을 잃은 이유

楊子의 이웃이 양을 잃어버리자 자신의 무리들을 거느리고 또 楊子의 하인까지도 청하여 추적하였다. 그러자 楊子가 말하기를 "아, 한 마리 양을 잃어버렸음에도 어찌 많은 사람을 동원하여 추적하는가?"라고 하니 이웃 사람이 말하기를 "갈림길

---

40) 請 : 張湛은 '請'은 '情'이 되어야 한다고 하였다. 여기서는 林希逸의 주석에 따라 번역하였다.

41) 너에게서……돌아간다 : ≪孟子≫ 〈梁惠王 下〉에 "너에게서 나온 것은 다시 너에게로 돌아간다.〔出乎爾者 反乎爾者〕"라고 한 데서 온 말이다.

이 많기 때문입니다."라고 하였다. 돌아오자 양을 찾았냐고 물어보니, 이웃이 말하기를 "없었습니다."라고 하였다. 楊子가 말하기를 "어찌 못 찾는단 말인가?"라고 하니, 이웃이 말하기를 "갈림길 속에 또 갈림길이 있어 저는 양이 간 방향을 몰라 돌아오고 말았습니다."라고 하였다. 楊子가 걱정스럽게 안색을 바꾸고는 한동안 말하지 않고 온종일 웃지 않았다. 門人이 괴이하게 여겨 청하여 말하기를 "양은 천한 가축이고 또 夫子의 소유가 아닌데 말과 웃음을 잃은 것은 어째서입니까?"라고 하자 楊子가 답하지 않으니 문인들이 가르침을 듣지 못하였다.

제자 중에 孟孫陽이 나와서 心都子에게 고하였다. 心都子가 다른 날 孟孫陽과 함께 들어가 묻기를 "옛날에 형제 세 사람이 있었는데 齊나라와 魯나라의 사이에서 노닐며 같은 스승에게 배워 仁義의 道에 대해 배우고서 돌아왔습니다. 그 아버지가 말하기를 '仁義의 道는 무엇이더냐?'라고 하니 첫째는 '仁義는 저로 하여금 자신을 아끼고 명예를 나중에 구하게 하는 것입니다.'라고 하였고, 둘째는 '仁義는 저로 하여금 저 자신을 죽여서라도 명예를 이루게 하는 것입니다.'라고 하였고, 셋째는 '저로 하여금 자신과 명예를 모두 온전히 하도록 하는 것입니다.'라고 하였습니다. 저 세 가지 술수는 상반되는데 똑같이 儒家에서 나왔으니 누가 옳고 누가 틀린 것입니까?"라고 하였다.

楊子가 말하기를 "黃河 가에 사는 어떤 사람이 물에 익숙해지고 수영하는 것에 과감해지자 배를 조종하여 뱃사공 일을 하여 돈을 벌어 그 이익으로 백 명의 식솔들을 供養하였다. 그러자 양식을 싸가지고 와 배우려는 자가 무리를 이루었으나 익사하는 자가 거의 태반이었다. 본래는 수영을 배우려는 것이었고 익사하는 것을 배우려는 것은 아니었지만 利害가 이와 같으니 그대는 누가 옳고 누가 틀린 것이라 생각하느냐?"라고 하였다. 心都子가 묵묵히 나오자 孟孫陽이 꾸짖으며 말하기를 "어찌하여 그대의 질문은 우활하고 부자의 답은 편벽된 것인가. 나의 의혹은 더욱 심해졌다."라고 하였다. 心都子가 말하기를 "큰 길은 갈림길이 많기 때문에 양을 잃어버렸고 學者는 방법이 많기 때문에 삶을 잃게 된다. 학문은 근본이 같지 않은 것이 아니고 근본이 하나가 아닌 것은 아니지만 끝이 다른 것이 이와 같다. 오직 함께 지극한 道로 돌아가 지극히 한결같은 이치[42]로 돌아가야 얻음과 잃음이

---

42) 지극히……이치 : ≪書經≫ 〈咸有一德〉에 "덕은 일정한 스승이 없고 선을 주로 하는 것을

없게 되니 그대는 선생의 문하에 나아가 선생의 道를 익히지만 선생의 情을 깨닫지 못하니 슬프구나."라고 하였다.

楊子之隣人亡羊에 **旣率其黨**하고 **又請楊子之竪追之**하니 **楊子曰** 嘻라 **亡一羊**에 **何追者之衆**이리오하니 **隣人曰 多岐路**라 **旣反**에 **問獲羊乎**아하니 **曰亡之矣**라 **曰 奚亡之**오 **曰 岐路之中**에 **又有岐焉**하여 **吾不知所之**라 **所以反也**라 **楊子戚然變容**하여 **不言者移時**하고 **不笑者竟日**이라 **門人怪之**하여 **請曰 羊賤畜**이요 **又非夫子之有而損言笑者**는 **何哉**오 **楊子不答**하니 **門人不獲所命**이라 **弟子孟孫陽出**하야 **以告心都子**하니 **心都子他日**에 **與孟孫陽偕入而問曰 昔有昆弟三人 遊齊魯之間**하여 **同師而學**하야 **進仁義之道而歸**라 **其父曰 仁義之道若何**오 **伯曰 仁義使我愛身而後名**이라하고 **仲曰 仁義使我殺身以成名**이라 **叔曰 仁義使我身名竝全**이라하니 **彼三術相反而同出於儒**니 **孰是孰非邪**아 **楊子曰 人有濱河而居者**가 **習於水 勇於泅**하여 **操舟鬻渡**하여 **利供百口**하니 **裹糧就學者成徒**로되 **而溺死者幾半**이라 **本學泅**요 **不學溺**이어늘 **而利害如此**하니 **若以爲孰是孰非**오 **心都子默然而出**하니 **孟孫陽讓之曰 何吾子問之迂**하며 **夫子答之僻**이리오 **吾惑愈甚**이라 **心都子曰 大道**는 **以多岐亡羊**하고 **學者**는 **以多方喪生**이라 **學非本不同**이요 **非本不一**이로되 **而末異若是**라 **唯歸同反一**이라야 **爲亡得喪**이니 **子長先生之門**하여 **習先生之道**로되 **而不達先生之況也**니 **哀哉**인져

心都子의 질문은 子貢이 伯夷와 叔齊에 대해 질문한 것과 맥락이 같다.[43] '岐'는 길이 나누어진 것이다. 갈림길 가운데에 또 갈림길이 있다는 것은 나누어지고 또 나누

스승으로 삼으며, 선은 일정하게 주로 하는 것이 없고 전일함에 부합하도록 하는 것이다.〔德無常師 主善爲師 善無常主 協于克一〕"라고 하였는데, 集傳에 "선은 一에 근원하였으니, 一에 합하지 않으면 萬殊一本의 묘리를 통달할 수 없다. 克一이라고 말한 것은 능히 한결같음을 이르니, 널리 하여 하나가 아닌 선에 구하고, 요약하여 지극히 한결같은 이치에 맞추는 것이다. 이는 聖學이 조리를 시작하고 마치는 차례이니 공자께서 말한 '一貫'과 거의 같을 것이다.〔善原於一 不協于一 則無以達萬殊一本之妙 謂之克一者 能一之謂也 博而求之於不一之善 約而會之於至一之理 此聖學始終條理之序 與夫子所謂一貫者幾矣〕"라고 한 데서 온 말이다.

43) 子貢이……같다 : ≪論語≫ 〈述而〉에 "염유가 말하기를 '선생님께서 衛나라 임금을 도우시겠는가?'라고 하니 子貢이 말하였다. '좋다. 내가 여쭈어 보겠다.'라고 하고 孔子의 처소에 들어가 말하였다. '백이와 숙제는 어떠한 사람입니까?' 공자가 말하였다. '옛날의 현인이다.' '원망하였습니까?' '인을 구하여 인을 얻었으니, 또 무엇을 원망하였겠는가.' 나와서 말하였다. '선생님께서는 돕지 않으실 것이다.'라고 하였다.〔冉有曰 夫子爲衛君乎 子貢曰 諾 吾將問之 入曰 伯夷叔齊何人也 曰古之賢人也 曰怨乎 曰求仁而得仁 又何怨 出曰 夫子不爲也〕"라고 한 데서 온 말이다. 여기서는 관련된 일에 대해 직설적으로 질문을 하지 않고 관련 없는 듯한 질문을 통해 의중을 알아보는 대화방식이 서로 비슷하다는 말이다.

어진 것을 이르니 학술이 하나가 아님을 비유한 말이다. 楊子가 슬픈 기색을 하고 말하거나 웃지 않은 것은 유감이 있기 때문이다. 儒學은 하나인데 세 가지 길로 나누어진 것은 곧 갈림길이 많다는 것이다. '成徒'는 무리이니 '成徒'는 '成聚'라는 말과 같다. 수영을 배움으로 인하여 익사하게 된 것은 학문의 末流가 대부분 처음과 어긋나 본래의 正道를 잃은 것을 비유한 것이다. '心都子嘿然而出'은 楊子가 말한 言外의 뜻을 깨달은 것이다.

'大道'는 큰 길이니 큰 길은 본래 하나이나 많은 갈림길에 이르면 양을 잃어버리고, 지극한 학문은 본래 같지만 많은 방법에 이르면 생명을 잃으니, 이는 근본은 같지만 끝이 다르기 때문이다. '歸同反一'은 지극한 道로 함께 돌아가 지극히 한결같은 이치로 돌아가면 얻음과 잃음이 없다는 말이다. '況'은 '情'이다. 선생의 情을 깨닫지 못하면 어떻게 선생의 道를 익힐 수 있겠는가. 이 章은 변화를 주어 비유하여 問答을 하였으니 지금 禪家의 문답 또한 이런 풍조가 있다.

心都子之問이 與子貢問夷齊語脈同이라 岐는 路分也라 岐路之中에 又有岐路는 謂分而又分也니 以喻學術之不一이라 楊子戚然而不言笑者는 有感也라 儒一也而有三術은 即多岐也라 成徒는 衆也니 成徒猶曰成聚也라 因學泅而得溺은 喩學之末流가 多違其初하여 失其本眞이라 心都子嘿然而出은 悟其言外之意라 大道는 大路也니 大道本一이나 至於多岐면 則亡羊하고 至學本同이 至於多方하면 則喪生이니 此本同而末異也라 歸同反一者는 同歸於至道而反於至一之理면 則無得無喪矣라 況은 情也라 未達先生之情이면 何以習先生之道리오 此章은 展轉譬喩하여 以爲問答하니 今禪家答話亦有此風이라

8-25 주인을 몰라본 개

楊朱의 아우는 楊布이니 흰 옷을 입고 외출하였다가 비가 내려 흰 옷을 벗고 검은 옷을 입고 돌아왔다. 집의 개가 알아보지 못하고 달려 나가 짖으니 楊布가 화가나 장차 개를 때리려 하였다. 그러자 楊朱가 말하기를 "너는 개를 때리지 말라. 너 또한 이와 같을 것이니 좀 전에 가령 너의 개가 흰색으로 나갔다가 검게 되어 돌아오면 어찌 괴이하지 않을 수 있겠는가."라고 하였다.

楊朱之弟曰布니 衣素衣而出이라가 天雨하여 解素衣하고 衣緇(치)衣而反이라 其狗不知하고 迎而吠(폐)之하니 楊布怒하야 將撲之어늘 楊朱曰 子無撲矣어다 子亦猶是也니 嚮者使汝狗白而往이라가 黑而來면 豈能無怪哉아

이 장은 대개 사람들이 지극히 한결같은 이치를 알지 못하여 외물로 인해 변하지 않는 사람이 드물다는 것을 말한 것이다. 개가 흰 옷을 보았는데 검은 색으로 바뀌었으니 어찌 짖지 않겠는가. 사람이 만약 흰 개를 보았는데 흑색이 되었다면 또한 어찌 괴이하게 여기지 않겠는가. 외면만 보고 내면을 보지 않는 것은 사람마다 모두 그렇다.

此章은 蓋謂人不知至一之理하야 鮮有不爲外物所變者라 狗見素衣而變黑하니 安得不吠리오 人若見白狗而爲黑이면 亦安能無怪리오 見外不見內는 人人皆然也라

8-26 善을 행하는 조건

楊朱가 말하기를 "선을 행하는 것은 명예를 위해서 하는 것은 아니지만 명예가 따라오고 명예는 이익과 함께 기약하지 않아도 이익이 돌아오고 이익은 함께 다투기를 기약하지 않아도 다툼이 이른다. 그러므로 군자는 반드시 선을 행하는 것을 삼간다.

楊朱曰 行善不以爲名이라도 而名從之하고 名不與利期라도 而利歸之하고 利不與爭期라도 而爭及之라 故君子必愼爲善이니라

이 장은 《莊子》의 선을 행하되 명예를 가까이 하지 말라[44]는 뜻과 같다. 명예가 생기면 이익은 반드시 이를 따라오고 이익이 이르면 반드시 다툼이 생긴다. 그러므로 선을 행하는 자는 반드시 자신을 잊고 명예를 떠난 이후라야 괜찮다.

此莊子爲善無近名之意라 名出則利必隨之하고 利至則必爭이라 故爲善者必忘己去名而後可也라

8-27 아는 것과 실천하는 것

옛날에 不死의 방법을 안다고 말한 자가 있었는데, 燕나라 임금이 사람을 시켜 방법을 전수받게 하였으나 빨리 가지 못하여 말한 자가 죽었다. 燕나라 임금이 몹시 화가 나 使者를 장차 죽이려 하니, 幸臣이 간언하기를 "사람이 근심하는 바는 죽음보다 급한 것이 없고 자신이 소중하게 여기는 바는 사는 것보다 더한 것이 없습니다. 저 사람은 스스로 생명을 잃었으니 어찌 임금을 죽지 않게 할 수 있겠습

44) 莊子의……말라 : 《莊子》 〈養生主〉에, "선을 행하되 명예에 가깝게 하지 말고 악을 행하더라도 형벌에 가깝게 하지 말라.〔爲善無近名 爲惡無近刑〕"라고 한 데서 온 말이다.

니까."라고 하니 이에 죽이지 않았다.

齊子가 또한 그 방법을 배우려 하다가 말한 자가 죽었다는 소식을 듣고는 이에 가슴을 치며 한스러워하였다. 富子가 이 소식을 듣고 비웃으며 말하기를 "배우려고 하던 것이 죽지 않는 것인데 그 사람이 이미 죽었는데도 오히려 한스러워하니 이는 배우려던 것을 알지 못한 것이다."라고 하였다. 胡子가 말하기를 "富子의 말은 틀렸다. 무릇 사람이 방술이 있더라도 행할 수 없는 사람이 있고 능히 행할 수는 있지만 그 방술이 없는 사람이 또한 있다. 衛나라 사람 중에 數學을 잘 하는 자가 있었는데 죽을 때가 되어 그 아들에게 비결을 알려 주니 그 아들이 그 말을 기록해 두었으나 행할 수는 없었다. 다른 사람이 이에 대해 묻자 그 아버지가 말한 바를 알려주니 질문한 사람이 그 말을 그대로 따라 그 방술을 행한 것이 그 아버지와 차이가 없었다. 만약 그렇다면 죽은 사람이라고 해서 어찌 사는 방술을 말할 수 없겠는가."라고 하였다.

昔人有言有知不死之道者어늘 燕君使人受之나 不捷而言者死라 燕君甚怒하여 其使者를 將加誅焉하니 幸臣諫曰 人所憂者는 莫急乎死나 己所重者莫過乎生이라 彼自喪其生이어니 安能令君不死也리오하니 乃不誅라 有齊子亦欲學其道라가 聞言者之死하고 乃撫膺而恨이라 富子聞而笑之曰 夫所欲學不死어늘 其人已死而猶恨之하니 是不知所以爲學이로다 胡子曰 富子之言이 非也라 凡人有術이라도 不能行者有矣요 能行而無其術者亦有矣라 衛人有善數者臨死에 以訣喻其子하니 其子志其言而不能行也라 他人問之에 以其父所言告之하니 問者用其言而行其術이 與其父無差焉이라 若然이면 死者奚爲不能言生術哉리오

'受之不捷'의 '捷'은 빠르다는 뜻이니, 使者가 가는 것을 빨리 하지 못하여 마침내 그 사람을 보는 데에 미치지 못한 것이다. '善數'는 數學을 잘하는 것이다. 이 장의 뜻은 대개 배우는 것은 어렵지 않지만 행하는 것이 어려우니 아는 것은 행하는 것만 못함을 말한 것이다. 不死의 학문은 그 비유가 매우 좋다. '死者奚爲不能言生術'은 그 사람은 비록 죽었지만 말한 바 長生不死의 술수는 본래 있는 것인데 다만 사람이 이를 행할 수 없었을 뿐임을 말한 것이다.

受之不捷者는 捷은 速也니 使人之行不速하여 遂不及見其人也라 善數者는 善爲數學也라 此章之意는 蓋謂學不難而行之爲難이니 知之不如行之라 不死之學은 其喩甚佳라 死者奚爲不能言生術者는 謂其人雖死나 而所言長生不死之術自是로대 但人不能行之爾라

8-28 은혜를 베푸는 방법

邯鄲의 백성이 정월 초하루에 簡子에게 비둘기를 바치니, 簡子가 크게 기뻐하여 후하게 상을 내렸다. 객이 그 이유를 물으니 簡子가 말하기를 "정월 초하루에 放生하여 은혜가 있음을 보이려는 것입니다."라고 하였다. 객이 말하기를 "백성이 임금께서 방생하려고 한다는 것을 알았기 때문에 앞다퉈 잡을 것이니 죽는 짐승들이 많게 될 것입니다. 임금께서 살리려고 하신다면 백성들에게 잡지 말도록 금령을 내리는 것만 못합니다. 잡았다가 방생하는 것은 은혜와 과실을 따져볼 때에 과실이 훨씬 많습니다."라고 하니 簡子가 "그렇습니다."라고 하였다.

邯鄲之民이 **以正月之旦**에 **獻鳩於簡子**하니 **簡子大悅**하여 **厚賞之**라 **客問其故**하니 **簡子曰 正旦放生**하야 **示有恩也**라 **客曰 民知君之欲放之**라 **故競而捕之**리니 **死者衆矣**라 **君如欲生之**면 **不若禁民勿捕**라 **捕而放之**는 **恩過不相補矣**라하니 **簡子曰 然**이라하다

이 하나의 비유가 人情과 매우 가까우니 지금 세상에 이런 실수를 범하는 자들이 매우 많다. 이를테면 孤山[45]의 호수에 방생되는 물고기와 자라는 하루에도 몇차례씩 팔리는 경우가 있다.

此一喻는 甚近人情하니 今世蹈此失者甚衆이라 如孤山湖中之放魚鼈은 有一日而賣數次者라

8-29 萬物은 인류와 함께 살아가는 무리

齊나라 田氏가 뜰에서 길의 신〔路神〕에게 제사 지낼 때에 식객이 천 명이었는데, 좌중에서 물고기와 기러기를 바치는 자가 있었다. 田氏가 이를 보고 이에 탄식하며 말하기를 "하늘이 백성들에게 후하구나. 오곡을 번식하게 하고 물고기와 새를 자라게 하여 이를 사용하게 해 주시니."라고 하니 객들이 메아리처럼 호응하였다. 鮑氏의 아들은 나이가 12세에 차례보다 먼저 나아와 말하기를 "임금님의 말씀과 같지 않습니다. 천지의 만물은 우리와 함께 살아가니, 우리와 동류입니다. 동류는 귀천이 없는데 다만 크고 작은 지혜와 힘으로 서로 억눌러 번갈아 서로 잡아먹을 뿐이지 서로를 위하여 태어난 것이 아닙니다. 사람들은 먹을 만한 것을 취하여 먹

45) 孤山 : 중국 浙江省 杭州 西湖에 있는 섬이다.

는 것이니 어찌 하늘이 본래 사람을 위하여 낳아준 것이겠습니까. 또 모기는 살을 물고 호랑이와 이리는 고기를 먹으니 하늘이 본래 모기를 위하여 사람을 낳고 호랑이와 이리를 위하여 고기를 만든 것이겠습니까."라고 하였다.

齊田氏祖於庭할새 **食客千人**이어늘 **中坐有獻魚雁者**라 **田氏視之**하고 **乃歎曰 天之於民厚矣**라 **殖五穀 生魚鳥**하여 **以爲之用**이라하니 **衆客和之如響**이라 **鮑氏之子 年十二**에 **預於次**하여 **進曰 不如君言**이라 **天地萬物與我竝生**이니 **類也**라 **類無貴賤**이어늘 **徒以小大智力而相制**하여 **迭相食**이요 **非相爲而生之**라 **人取可食者而食之**니 **豈天本爲人生之**리오 **且蚊蚋噆**(예참)**膚**하고 **虎狼食肉**하니 (非)〔**豈**〕**天本爲蚊蚋生人**하고 **虎狼生肉者哉**아

이 장은 바로 서로 잡아먹는 세계에서 큰 벌레가 작은 벌레를 잡아먹는다는 釋氏의 의론과 같으니 그 설은 또한 일리가 있다. 사람이 닭을 잡아먹고 닭이 벌레를 잡아먹는 부류가 이것이다. '非相爲而生之'는 하늘은 사람을 위하여 만물을 낳은 것이 아니라는 것이다. 모기나 호랑이, 이리로 비유한 것도 또한 좋다. '食肉' 아래 '非' 자는 응당 '豈' 자가 되어야 한다.

此章은 乃釋氏呑啖(담)世界에 大蟲食小蟲之論이니 其說亦有理라 人食鷄하고 鷄食蟲螘(의)之類是也라 非相爲而生之也는 天非爲人而生百物也라 蚊蚋虎狼之喩亦佳라 食肉下非字는 合作豈字라

8-30 천한 일의 기준

齊나라에 가난한 사람이 있어 늘 城市에서 구걸하였는데 城市의 사람들이 그가 자주 구걸하는 것을 싫어하여 모두가 그에게 주지 않았다. 마침내 田氏의 마구간으로 가서 馬醫를 따라다니며 일을 해 먹을 것을 구하였다. 성곽 안의 사람이 그를 희롱하며 말하기를 "馬醫를 따라다니며 먹고 사는 것을 치욕이라 여기지 않는가?"라고 하니, 구걸하던 아이가 말하기를 "천하에 치욕스러운 일은 구걸하는 것보다 더한 것이 없는데, 구걸하는

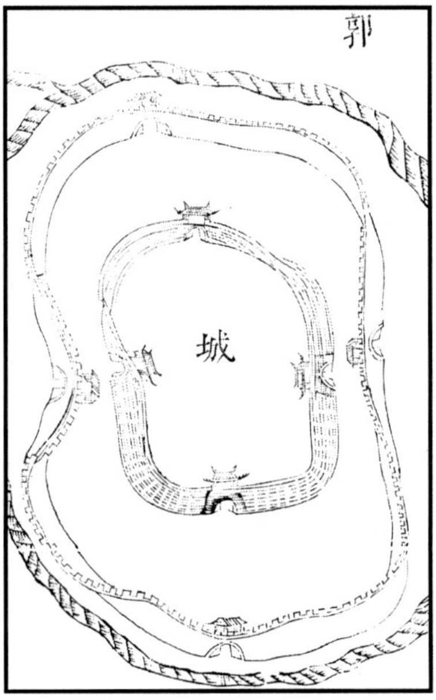

城, 郭

것도 오히려 치욕으로 여기지 않았는데 어찌 馬醫를 따라 다니는 것을 치욕으로 여기겠는가."라고 하였다.

齊有貧者 常乞於城市어늘 城市患其亟也하여 衆莫之與라 遂適田氏之廐하여 從馬醫作役而假食이라 郭中人戲之曰 從馬醫而食을 不以辱乎아 乞兒曰 天下之辱이 莫過於乞이로되 乞猶不辱이어든 豈辱馬醫哉아

이 장의 뜻은 대개 사람은 몇 등급이 있다. 피차가 모두 치욕스러운데 사람들은 스스로 알지 못함을 말한 것이니 바로 ≪莊子≫에 "노예와 같은 천한 사람도 서로 존중한다."[46]라고 한 뜻과 같다. 이 속에는 또한 孟子가 말한 墦間의 뜻[47]도 있으나 다만 드러나지 않았을 뿐이다.

此意蓋謂人有數等이나 彼此皆辱而人不自知니 即莊子以隷相尊之意라 此中亦有孟子所言墦間之意로되 但不露耳라

8-31 虛名無實

宋나라 사람이 길에서 노닐다 다른 사람이 흘린 재산 목록을 줍고는 돌아와 감추어 두었다. 몰래 그 목록에 기재된 物名의 수를 계산하고는 이웃 사람에게 "내가 부자가 되는 것은 얼마 남지 않았다."라고 하였다.

宋人有遊於道라가 得人遺契者하고 歸而藏之라 密數其齒하야 告隣人曰 吾富可待矣하니라

'齒'는 목록상에 기재된 物名의 수이다. 쓸모없는 재산목록을 얻고서 스스로 기뻐하는 것은 虛名無實을 비유한 것이다. 東坡의 詩에 사용된 甕算[48]도 또한 이 장의 뜻과 같다.

---

46) 莊子에……존중한다 : ≪莊子≫ 〈齊物論〉에 "성인은 해와 달을 나란히 곁에 놓아두며 우주를 허리에 끼고서 만물과 일체가 되기를 추구하고, 혼돈한 道에 머물러 노예와 같은 천한 사람도 서로 존중한다.〔旁日月 挾宇宙 爲其脗合 置其滑涽 以隷相尊〕"라고 한 데서 온 말이다.

47) 孟子가……뜻 : 墦間은 무덤들이 있는 곳이다. 齊나라 사람이 늘 밖에 나가면 술과 고기를 잔뜩 먹고 오기에 그 처와 첩이 누구와 먹었는지 물으면 모두 부귀한 사람들과 먹었다고 하였다. 그러나 부귀한 사람 가운데 자신의 집에 찾아오는 사람이 아무도 없기에 남편이 나갈 때 뒤를 미행해 보니 동쪽 성곽 밖 무덤들이 있는 곳으로 가서 제사 지내는 사람들에게 음식을 얻어먹고 있었다는 고사를 가리킨다.(≪孟子≫ 〈離婁 下〉)

48) 甕算 : 妄想과 같은 뜻이다. 元나라 韋居安의 ≪梅磵詩話≫에 의하면 "東坡詩의 주석에 이

齒者는 契上所載名物之數也라 得虛契而自喜는 虛名無實之喩也라 坡詩所用甕算亦此意라

8-32 기필하기 어려운 世情

말라 죽은 오동나무를 소유한 사람이 있었는데, 그 이웃의 노인이 "말라 죽은 오동나무는 상서롭지 못하다."라고 하니 그 이웃 사람이 대번에 베어 버렸다. 이웃 노인이 인하여 땔감으로 만들도록 달라고 청하니, 그 사람이 이에 기뻐하지 않고 말하기를 "이웃의 노인은 한갓 땔감을 마련하려고 나에게 오동나무를 베게 하였다. 나와 이웃이 된 사람이 이처럼 음험하니 어찌 될 법이나 한 일인가."라고 하였다.

人有枯梧樹者어늘 其隣父言枯梧之樹不祥이라하니 其隣人遽而伐之라 隣人父因請以爲薪하니 其人乃不悅曰 隣人之父徒欲爲薪而敎吾伐之也라 與我隣이 若此其險하니 豈可哉리오

상서롭지 못하다고 말해 준 것은 처음 의도는 본래 선한 것이었지만 땔감을 만들 수 있도록 달라고 청함으로 인하여 도리어 사심에 가깝다고 의심하는 마음이 열렸다. 이 장의 말은 世情은 기필하기 어렵고 公私도 분명하게 구별하기 어려움을 말한 것이니 그 비유가 또한 몹시 좋다. '若此其險'은 여기서 句가 끊어지고 '豈可哉'는 세 글자가 하나의 구가 된다.

不祥之告는 初意本善也나 因求爲薪而反啓其疑는 近於私也라 此言世情之難必과 公私之難明也니 其喩亦甚美라 若此其險은 是句絶이요 豈可哉三字一句라

8-33 꼬리를 무는 의심

어떤 사람이 도끼를 잃어버리고서 그 이웃의 아들을 의심하였는데 그의 발걸음을 보아도 도끼를 훔친 것처럼 보이고 안색을 보아도 도끼를 훔친 것처럼 보이고 말하

르기를 '어느 가난한 선비의 집에 오직 항아리 하나가 있었으므로, 밤이면 항상 그 항아리를 지키면서 자곤 했는데 하룻저녁에는 혼자 마음속으로 만일 부귀를 얻는다면 약간의 돈만으로도 田宅을 경영하고 妓女를 두고 크나큰 수레까지 모든 것을 다 비치할 수 있을 것이라는 생각을 하다가 자신도 모르게 즐거워서 벌떡 일어나 춤을 추다가 마침내 그 항아리를 밟아 깨 버렸다.'라고 하였다. 그래서 지금 세속에 망상하는 자를 가리켜 옹산이라고 한다."라고 하였다.

는 것을 보아도 도끼를 훔친 것처럼 보여 행동과 태도 어느 것도 도끼를 훔친 것처럼 보이지 않음이 없었다. 얼마 뒤에 골짜기를 파다가 잃어버렸던 도끼를 찾았는데 후일에 그 이웃의 아들을 다시 보니 행동과 태도가 도끼를 훔친 자처럼 보이지 않았다.

人有亡鈇(부)**者 意其隣之子**라 **視其行步 竊鈇也**요 **顏色 竊鈇也**요 **言語 竊鈇也**하야 **動作態度無爲而不竊鈇也**라 **俄而扫其谷而得其鈇**러니 **他日復見其隣人之子**하니 **動作態度無似竊鈇者**라

이 장은 민간에서 말하는 "의심은 暗鬼를 낳는다."라는 것과 같다. 마음에 의심하는 바가 있으면 그 사람은 비록 도끼를 훔치지 않았지만 나는 의심으로 그를 보니 그렇다면 일마다 모두 의심스럽다. 이 비유는 世情의 미묘함을 잘 표현하였다.

此章은 猶諺言疑心生暗鬼也라 心有所疑면 其人雖不竊鈇나 而我以疑心視之니 則其件件皆可疑라 此喻甚得世情之微라

8-34 집착의 폐해

白公 勝[49]이 반란을 일으킬 것을 생각하느라 朝會를 마치고 서 있는데, 지팡이를 거꾸로 짚어 지팡이 끝의 날카로운 쇠-'錣'은 張·剖의 半切로, 지팡이 끝에 쇠가 달린 것이다.-가 위를 향하여 턱을 찔러 피가 땅에 흐르는데도 알지 못하였다. 鄭나라 사람이 이 말을 듣고는 "자신의 턱을 잊었으니 장차 무엇인들 잊지 않겠는가. 생각에 집착이 생기면 길을 가다가 발은 나무나 구덩이에 걸려 넘어지고 머리는 서 있는 나무에 부딪치더라도 스스로 알지 못한다."라고 하였다.

白公勝慮亂하여 **罷朝而立**한대 **倒杖策**하야 錣-張剖切, 策端有鐵也-**上貫頤**하여 **血流至地而弗知也**라 **鄭人聞之曰 頤之忘**하니 **將何不忘哉**리오 **意之所屬著**(착)이면 **其行足躓株埳**하고 **頭抵植木而不自知也**라

마음에 집착하는 바가 있으면 머리가 상하여도 알지 못한다는 것은 또한 人情이다. '倒杖策'은 그 지팡이를 거꾸로 뒤집어 자신을 짚은 것이다. '錣'은 지팡이 끝의 날카로운 부분이다. '株'는 나무이고 '埳'은 구덩이이다. 생각에 집착하는 바가 있으면 길

---

49) 白公 勝 : 春秋時代 楚나라 사람으로 白公은 호이고 勝은 이름이다.

을 갈 때에 비록 부딪치거나 닿더라도 스스로 알지 못하니, 바로 ≪大學≫의 "마음이 있지 않으면 보아도 보이지 않고 들어도 들리지 않는다."는 뜻이다.

心有所著이면 頭傷而不知는 亦人情也라 倒杖策者는 以其杖倒轉而自策也라 錣은 杖末之銳也라 株는 木也요 埳은 陷也라 意有所屬著이면 則於其行也에 雖抵觸而不自知니 卽大學心不在焉視不見聽不聞之意라

8-35 욕심에 가려진 눈

옛날에 齊나라 사람 중에 금을 탐내는 자가 있었는데, 이른 아침에 의관을 갖추고 시장으로 가 금을 파는 곳을 찾아가 인하여 그 금을 훔쳐 달아났다. 관리가 그를 체포하여 묻기를 "사람들이 모두 있었는데 그대가 남의 금을 훔친 것은 어째서인가?"라고 하니 "금을 훔칠 때에는 사람은 보이지 않았고 금만 보였습니다."라고 대답하였다.

昔齊人有欲金者 淸旦衣冠而之市하여 適鬻(육)金者之所하여 因攫(확)其金而去라 吏捕得之問曰 人皆在焉이어늘 子攫人之金何오 對曰 取金之時에 不見人이요 徒見金이라

뜻이 금을 훔치는 데에 있어서 그 사람을 보지 못하였다는 것은 짐승을 쫓느라 太山을 보지 못한 것과 같으니 마음이 미혹된 바가 있으므로 이런 지경에 이른 것을 말한 것이다. 이 편의 의론은 모두 방정하여 모두 儒家의 책과 합치된다. 마지막 부분의 몇 건은 비유를 한 것이 모두 아름답고 문장 또한 다른 편과는 다르니 대저 이 책 8편 중에 列子의 본래 글이 되는 것을 또한 절로 구별할 수 있다. 가운데 몇 단락을 보면 완전히 ≪莊子≫의 〈盜跖〉과 〈說劍〉편의 문장과 비슷하니 결단코 列子가 지은 것이 아님이 분명하다. 이 편과 같은 경우 의론이 비록 방정하지만 실로 列子의 풍격이 아니니, 諸家에 통달한 학자는 반드시 능히 이를 구별할 수 있다.

志在攫金而不見其人은 是逐獸不見太山也니 言心有所迷故至此라 此篇議論皆正하여 皆與儒書合이라 末後數件은 設喩俱佳하고 文字亦異於他篇하니 大抵此書八篇之中에 其爲本書者를 亦自可辯이라 就中數段하면 全似盜跖說劍文字하니 決非列子所作이 明矣라 若此篇은 議論雖正이나 實非列子家數니 通諸家之學者 必能辯之라

附錄

索 引

索引凡例

1. 색인의 대상

본서의 색인은 ≪譯註 列子鬳齋口義≫(全1冊)의 本文과 原註의 原文을 대상으로 하였다.

2. 색인의 종류

1) 색인은 〈綜合索引〉만을 작성하였다.

2) 표제어는 ≪譯註 列子鬳齋口義≫의 本文과 原註에서 추출하였다.

3) ≪譯註 列子鬳齋口義≫의 本文과 原註에서 추출한 표제어 중 해당 표제어가 포함된 핵심 語句 및 관련된 事件이나 故事, 해당 인물의 발언, 인물 간의 관계, 問答, 行跡 등을 종속항목으로 추출하여 참조할 수 있게 하였다.

3. 색인 작성 방법

1) 索引語

(1) 표제어는 人名, 地名, 國名, 書名, 官名, 篇名 등의 고유명사와 주요 用語 및 句節, 특수하게 사용된 語彙 등을 중심으로 추출하였다.

(2) 해당 표제어의 변별력을 높이고 내용을 전달하기 위해 부가정보를 ( ) 안에 표기하였다. 특히, 해당 표제어가 地名, 國名, 書名, 官名, 篇名임을 아래와 같이 밝혔다.

예) 大澤(地)　周(國)　漢書(書)　太史(官)　考工記(周禮)

(3) 人名, 地名, 國名, 書名의 경우 일반적으로 통용되는 名稱을 대표 표제어로 정하고 異稱, 略稱, 別稱 등을 추출하여 상호 참조하게 하였다. 다만 인명의 경우 이름이나 성이 略稱으로 쓰일 경우 完稱을 표제어로 추출하였다.

예) 列子(戰國)←列禦寇　江河(地)→長江　黃河(地)　商(國)→宋(國)
穀梁(書)→春秋穀梁傳(書)

2) 人名

(1) 人名의 경우 ( ) 안에 時代와 國名을 부기하여 인물 구별이 용이하게 하였다. 時代와 國名이 불확실한 경우에는 '人'라고 부기하여 인명임을 확인할 수 있도록 하였다.

예) 鄧析(春秋, 鄭) 季札(吳) 伯成子高(夏) 簡子(人)

(2) 人名이 2인 이상 合稱으로 쓰인 경우 표제어를 따로 뽑아 상호 참조하게 하였다. 人名이 姓으로만 표시된 경우 일반적으로 통용하는 名稱 또는 姓名을 추출하여 상호 참조하게 하였다.

예) 管鮑(齊)→管仲(齊) 鮑叔牙(齊) 墨→墨翟(戰國)

(3) 人名의 경우 일반적으로 통용하는 名稱을 정하고 異稱, 略稱, 別稱 등을 추출하여 상호참조하게 하였다.

예) 壺丘子林(鄭)←壺丘, 壺子, 壺丘子

夫子──也 36

──何言哉 41

而歸以告──曰 始吾以夫子之道 爲至矣 111

3) 書名

(1) 書名의 경우 '(書)'라고 부기하였으며, 異稱은 함께 추출하여 상호 참조하게 하였다. 다만 ≪詩經≫, ≪周易≫ 등이 '詩曰'이나 '易曰' 등 略稱으로 쓰인 경우 完稱으로 색인어를 추출하였다.

예) 左氏→春秋左氏傳(書) '詩云', '詩曰'의 경우 : 詩經(書)

4) 故事·成語

(1) 본문의 중요한 語彙와 句節을 표제어로 추출하였다. 인용문인 경우 표제어의 종속항목으로 뽑았다.

예) 橛株駒

──今所謂木椿也 107

谷神不死

　　——是謂玄牝　38

晦翁(人)

　　——曰 至妙之理 有生生之意存焉　39

(2) 종속항목은 표제어에 관련된 사항을 추출하여 작성하였다. 동일한 표제어는 '——'를 사용하여 생략하였다.

예) 杜牧(唐)

　　——曰浮世工夫食與眠　299

易(書)→周易(書)

　　——所謂不封不樹 喪期無數是也　289

　　——曰 乾坤毁 則無以見道　73

(3) 본문의 내용이 표제어를 보충 설명하거나, 原註에서 참고할 내용이 있는 경우 종속항목으로 추출하였다.

예) 圓覺→圓覺經(書)

　　——所謂今我法身 當在何處也　58

變而爲一

　　——氣變而後 有太極也　45

4. 항목 배열 및 표시

1) 표제어의 배열은 한글 가나다 순서를 따랐으며 두음법칙을 적용하였다.

2) 표제어의 위치는 원문 '面數'의 형태로 하고, 面數는 아라비아숫자로 표시하였다.

예) 列子(書)

　　所校中書——五篇　32

　　此有其九 似非——本書　115

　　——之意 不過曰天地之內　223

　　——共八篇　316

3) 색인에 사용한 부호는 다음과 같다.

——: 동일한 표제어 생략 표시
→ : 대표 표제어로 나간 표시
← : 대표 표제어로 모아주는 표시
( ): 표제어에 대한 부가정보 표시
, : 面數와 面數의 구분

綜合索引

【ㄷ】

【ㅁ】

【ㅂ】

【ㅈ】

【ㅊ】

【ㅌ】

【ㅍ】

1. ≪譯註 列子鬳齋口義≫ 參考書目

◇ 저본

• ≪列子鬳齋口義≫, 林希逸, 成宗 5년(1474) 原州 刊, 〔연세대학교 고서(귀) 41 0〕

◇ 주요 참고본

• ≪列子鬳齋口義≫, 林希逸, 刊年未詳, 〔서울대학교 규장각 한국학 연구원 소장본, 一簑古 181.1-Im1y〕

• ≪列子鬳齋口義≫, 林希逸, 掃葉山房, 光緖33(1907) 刊〔고려대학교 도서관 소장본, 육당C7-B3-1-8〕

• ≪列子鬳齋口義≫, 林希逸, 庚子字의 覆刻本, 〔계명대학교 (李貴) 181.2224〕

• ≪列子鬳齋口義≫, 林希逸, 萬治2(1659), 〔일본국회도서관 W996-N27〕

• ≪列子鬳齋口義≫, 林希逸, 〔續修四庫全書 수록본〕

◇ 교감주해서 및 번역서, 연구논저

〔中國〕

• ≪新編諸子集成 4 列子注≫, 王先謙, 世界書局, 1974.

• ≪新譯列子讀本≫, 莊萬壽, 三民書局, 1979.

• ≪列子集釋≫, 楊伯峻, 中華書局, 1985.

• ≪列子譯注≫, 嚴北溟, 嚴捷 譯註, 上海古籍出版社, 1986.

• ≪老子庄子列子≫, 張震 点校, 岳麓書社, 1989

• ≪(新譯)沖虛至德眞經≫, 張松輝 注譯; 周鳳五 校閱, 三民書局, 1997.

• ≪列子譯注≫, 嚴北溟, 上海古籍出版社, 2006.

• ≪列子處世大智慧 列子今讀≫, 周兵, 中國國際廣播出版社, 2009.

- ≪列子全譯≫, 王强模, 貴州人民出版社, 2009.
- ≪列子臆說≫, 南怀瑾, 東方出版社, 2010.
- ≪六子全書之列子≫, 顧春, 吉林出版集團有限責任公司 2010.
- ≪經典圖讀列子≫, 來可泓, 上海辭書, 2010.
- ≪列子選譯≫, 王麗萍, 鳳凰出版社, 2011.
- ≪楊朱列子思想硏究≫, 李季林, 上海人民出版社, 2012.
- ≪王蒙談列子≫, 王蒙, 浙江人民出版社, 2019.
- ≪列子探微≫, 蕭登福, 文津出版社出, 미상.

〔韓國〕

- ≪列子≫, 김경탁, 光文出版社, 1966.
- ≪列子≫, 김학주, 明文堂, 1977.
- ≪列子管子≫, 이원섭, 玄岩社, 1978.
- ≪列子≫ 조관희, 청아출판사, 1988.
- ≪列子≫, 韓國自由敎養推進會 編 金敬琢 譯, 晨明出版社, 1987.
- ≪列子≫, 채지충 그림, 호산문화 譯, 호산문화, 1993.
- ≪列子≫, 柳坪秀, 자유문고, 1995.
- ≪列子≫, 김학주, 을유문화사, 2000.
- ≪列子論≫, 신동준, 인간사랑, 2009.
- ≪列子≫, 임동석, 동서문화사, 2009.
- ≪列子≫〈난세를 이기는 지혜를 말하다〉, 연암서가, 2011.
- ≪列子≫, 김영식, 지식을만드는지식, 2011.
- ≪列子≫〈세대를 초월한 지혜의 길잡이〉, 유덕선, 홍문관, 2014.
- ≪列子≫, 정창영, Olje(올재), 2015.
- ≪列子≫〈조화로운 삶이란 무엇인가〉, 정유선, 동아일보사, 2016.
- ≪列子의 人間觀에 관한 硏究≫, 정운길, 대전대학교, 1999.
- ≪'列子' 硏究≫, 권광호, 北京大學, 2002.
- ≪'百喩經'의 寓言特色 小考≫〈'列子'와의 비교를 중심으로〉, 변귀남, 중국어문학, 2004.
- ≪南宋 林希逸의 新儒學的 老莊解釋에 關한 硏究≫, 김형석, 성균관대학교, 2005.
- ≪林希逸의 老莊注를 중심으로 본 三敎觀≫, 김형석, 유교사상문화연구, 2006.
- ≪조선후기 지성사와 제자백가≫ (특히 '관자(管子)'와 '노자(老子)'의 독법과 관련하

여), 심경호, 한국실학연구, 2007.
- ≪朝鮮時代 道家書≫ 간행 및 版本 분석, 최정윤, 북경대학교, 2012.
- ≪양주철학의 특징 연구≫('列子' 楊朱 편을 중심으로), 박종철, 고려대학교, 2014.

〔日本〕
- ≪張注列子國字解≫, 田子龍 著, 須原茂兵衛, 1777.
- ≪老子·列子·孫子·吳子講義≫, 小宮山綏介 著, 博文館, 1892.
- ≪列子≫, 坂田丈平 述, 哲學書院, 1899.
- ≪列子新釋≫, 久保天隨 著, 博文館, 1910.
- ≪列子和解≫, 菊池晩香·林正躬 譯, 龜井商店書籍部, 1910.
- ≪和譯墨子 和譯列子≫, 田岡嶺雲 譯注, 玄黃社, 1911.
- ≪國譯老子 列子 莊子≫, 國民文庫刊行會編, 國民文庫刊行會北光書房, 1924.
- ≪老子 列子≫現代語譯, 野村岳陽 譯, 支那哲學叢書刊行會, 1926.
- ≪列子疏証≫, 柿村重松 著, 茗溪會, 1930.
- ≪新老子列子物語≫, 稻田孝 著, 河出書房新社, 1958.
- ≪列子章句新編≫, 嚴靈峰 編著, 無求備齋, 1960.
- ≪新釋漢文大系≫ 第22卷, 明治書院, 1967.
- ≪列子≫(新書漢文大系 24), 小林信明 譯著, 西林眞紀子 編, 明治書院, 2004.
- ≪全譯列子≫, 田中佩刀 著, 明德出版社, 2018.

〔英美〕
- *Taoist Teachings from the Book of Lieh-Tzŭ*, Giles, Lionel, tr. Wisdom of the East, 1912.
- *Yang Chu's Garden of Pleasure*, Forke, Anton, tr, Wisdom of the East, 1912.
- *The Book of Lieh-tzŭ: A Classic of Tao*, Graham, A.C., tr, Columbia University Press, 1960.
- *A Source Book in Chinese Philosophy*, Chan Wing-Tsit, Princeton University Press, 1963.
- *Lieh-Tzu: A Taoist Guide to Practical Living*, Wong, Eva, tr. Shambhala Publications, 2001.

• *Liezi*, Liang Xiaopeng, tr. Zhonghua Book Company, 2005.

◇ 원전자료

〔經部〕

• ≪經傳釋詞≫, 王引之 撰, 黃侃・楊樹達 批本, 岳麓書社, 1982.
• ≪經典釋文≫, 陸德明 撰, 文淵閣四庫全書, 臺灣商務印書館, 1986.
• ≪廣雅≫, 張揖 撰, 文淵閣四庫全書, 臺灣商務印書館, 1986.
• ≪群經音辨≫, 賈昌朝 撰, 文淵閣四庫全書, 臺灣商務印書館, 1986.
• ≪論語注疏≫, 何晏 注, 邢昺 疏, 北京大學出版社, 1999.
• ≪論語集註大全≫, 朱熹 集註, 胡廣 等 編, 朝鮮 內閣本, 影印本, 學民文化社.
• ≪唐韻正≫, 顧炎武 撰, 文淵閣四庫全書, 臺灣商務印書館, 1986.
• ≪大戴禮記詳解≫, 王聘珍 撰, 中華書局, 1989.
• ≪大學章句大全≫, 朱熹 集註, 胡廣 等 編, 朝鮮 內閣本, 影印本, 學民文化社.
• ≪孟子注疏≫, 趙岐 注, 孫奭 疏, 北京大學出版社, 1999.
• ≪孟子集註大全≫, 朱熹 集註, 胡廣 等 編, 朝鮮 內閣本, 影印本, 學民文化社.
• ≪毛詩正義≫, 毛公 傳, 鄭玄 箋, 孔穎達 正義, 北京大學出版社, 1999.
• ≪方言≫, 楊雄 撰, 文淵閣四庫全書, 臺灣商務印書館, 1986.
• ≪尙書正義≫, 孔安國 傳, 孔穎達 正義, 北京大學出版社, 1999.
• ≪說文解字≫, 許愼 撰, 文淵閣四庫全書, 臺灣商務印書館, 1986.
• ≪書傳大全≫, 蔡沈 集傳, 胡廣 等 編, 朝鮮 內閣本, 影印本, 學民文化社.
• ≪說文解字注≫, 段玉裁 撰, 文淵閣四庫全書, 臺灣商務印書館, 1986.
• ≪詩三家義集疏≫, 王先謙 撰, 中華書局, 1987.
• ≪呂氏家塾讀詩記≫, 呂祖謙 撰, 文淵閣四庫全書, 臺灣商務印書館, 1986.
• ≪禮記正義≫, 鄭玄 注, 孔穎達 正義, 北京大學出版社, 1999.
• ≪禮記集說大全≫, 陳澔 集說, 胡廣 等 編, 朝鮮 內閣本, 影印本, 學民文化社.
• ≪龍龕手鑑≫, 釋行均 撰, 潘重規 編, 中華書局, 1988.
• ≪六書正譌≫, 周伯琦 撰, 文淵閣四庫全書, 臺灣商務印書館, 1986.
• ≪玉篇≫, 顧野王 撰, 文淵閣四庫全書, 臺灣商務印書館, 1986.
• ≪韻補≫, 吳棫 撰, 文淵閣四庫全書, 臺灣商務印書館, 1986.
• ≪儀禮注疏≫, 鄭玄 注, 賈公彦 疏, 北京大學出版社, 1999.

- ≪爾雅注疏≫, 郭璞 注, 邢昺 疏, 北京大學出版社, 1999.
- ≪一切經音義≫, 釋元應 撰, 文淵閣四庫全書, 臺灣商務印書館, 1986.
- ≪周禮注疏≫, 鄭玄 注, 賈公彦 疏, 北京大學出版社, 1999.
- ≪周易正義≫, 王弼・韓康伯 注, 孔穎達 正義, 北京大學出版社, 1999.
- ≪周易傳義大全≫, 程頤 傳, 朱熹 本義, 胡廣 等 編, 朝鮮 內閣本, 影印本, 學民文化社.
- ≪中庸章句大全≫, 朱熹 集註, 胡廣 等 編, 朝鮮 內閣本, 影印本, 學民文化社.
- ≪集韻≫, 丁度 等 編, 上海古籍出版社, 1985.
- ≪春秋穀梁傳注疏≫, 范寧 註, 楊士勛 疏, 北京大學出版社, 2000.
- ≪春秋公羊傳注疏≫, 何休 註, 徐彦 疏, 北京大學出版社, 2000.
- ≪春秋左氏傳注疏≫, 杜預 註, 孔穎達 疏, 北京大學出版社, 2000.
- ≪韓詩外傳≫, 韓嬰 撰, 文淵閣四庫全書, 臺灣商務印書館, 1986.
- ≪孝經注疏≫, 唐 玄宗 注, 邢昺 疏, 北京大學出版社, 1999.

〔史部〕

- ≪舊唐書≫, 劉昫 撰, 中華書局, 1975.
- ≪國史經籍志≫, 焦竑 撰, 廣文書局, 1975.
- ≪隋書經籍志≫, 長孫無忌 撰, 藝文印書館, 1965.
- ≪國語≫, 韋昭 注, 文淵閣四庫全書, 臺灣商務印書館, 1986.
- ≪東觀漢記≫, 劉珍等 撰, 文淵閣四庫全書, 臺灣商務印書館, 1986.
- ≪史記≫, 司馬遷 撰, 中華書局, 1999.
- ≪史記索隱≫, 司馬貞 編, 文淵閣四庫全書, 臺灣商務印書館, 1986.
- ≪史記正義≫, 張守節 撰, 文淵閣四庫全書, 臺灣商務印書館, 1986.
- ≪史記集解≫, 裴駰 撰, 文淵閣四庫全書, 臺灣商務印書館, 1986.
- ≪水經注≫, 酈道元 撰, 文淵閣四庫全書, 臺灣商務印書館, 1986.
- ≪新唐書≫, 歐陽脩・宋祁 撰, 中華書局, 1975.
- ≪晏子春秋≫, 晏嬰 撰, 文淵閣四庫全書, 臺灣商務印書館, 1986.
- ≪隷釋≫, 洪适 撰, 文淵閣四庫全書, 臺灣商務印書館, 1986.
- ≪戰國策≫, 高誘 注, 文淵閣四庫全書, 臺灣商務印書館, 1986.
- ≪漢書≫, 班固 撰, 中華書局, 1962.
- ≪後漢書≫, 司馬彪 撰, 中華書局, 1965.

〔子部〕

- ≪賈子新書≫, 賈誼 撰, 文淵閣四庫全書, 臺灣商務印書館, 1986.
- ≪鶡冠子≫, 無名氏 撰, 文淵閣四庫全書, 臺灣商務印書館, 1986.
- ≪古今譚概≫, 馮夢龍 撰, 文淵閣四庫全書, 臺灣商務印書館, 1986.
- ≪古今事文類聚≫, 祝穆 撰, 文淵閣四庫全書, 臺灣商務印書館, 1986.
- ≪孔子家語≫, 王肅 注, 文淵閣四庫全書, 臺灣商務印書館, 1986.
- ≪公孫龍子≫, 公孫龍 撰, 文淵閣四庫全書, 臺灣商務印書館, 1986.
- ≪管子≫, 管仲 撰, 文淵閣四庫全書, 臺灣商務印書館, 1986.
- ≪括地志輯校≫, 李泰 撰, 中華書局, 2005.
- ≪群書拾補≫, 盧文弨 撰, 中華書局, 1985.
- ≪群書治要譯注≫, 魏徵 等 撰, 中國書店出版社, 2012.
- ≪老子≫, 王弼 注, 文淵閣四庫全書, 臺灣商務印書館, 1986.
- ≪論衡≫, 王充 撰, 文淵閣四庫全書, 臺灣商務印書館, 1986.
- ≪讀書雜志≫, 王念孫 著, 江蘇古籍出版社, 2000.
- ≪墨子≫, 墨翟 撰, 文淵閣四庫全書, 臺灣商務印書館, 1986.
- ≪白虎通義≫, 班固 撰, 文淵閣四庫全書, 臺灣商務印書館, 1986.
- ≪法言≫, 揚雄 撰, 李軌・柳宗元 注, 文淵閣四庫全書, 臺灣商務印書館, 1986.
- ≪山海經≫, 郭璞 注, 文淵閣四庫全書, 臺灣商務印書館, 1986.
- ≪說苑≫, 劉向 撰, 文淵閣四庫全書, 臺灣商務印書館, 1986.
- ≪世說新語≫, 劉義慶 撰, 文淵閣四庫全書, 臺灣商務印書館, 1986.
- ≪荀子集解≫, 王先謙 集解, 中華書局, 1988.
- ≪荀子箋釋≫, 盧文弨 校, 謝墉 輯校, 上海古籍出版社, 1986.
- ≪尸子≫, 尸佼 撰, 文淵閣四庫全書, 臺灣商務印書館, 1986.
- ≪尸子≫, 尸佼 撰, 李守奎 譯注, 黑龍江人民出版社, 2003.
- ≪新書≫, 賈誼 撰, 文淵閣四庫全書, 臺灣商務印書館, 1986.
- ≪新序≫, 劉向 撰, 文淵閣四庫全書, 臺灣商務印書館, 1986.
- ≪愼子≫, 愼到 撰, 文淵閣四庫全書, 臺灣商務印書館, 1986.
- ≪申子≫, 申不害 撰, 文淵閣四庫全書, 臺灣商務印書館, 1986.
- ≪揚子法言≫, 揚雄 撰, 李軌・柳宗元 注, 文淵閣四庫全書, 臺灣商務印書館, 1986.
- ≪呂氏春秋≫, 呂不韋 編, 高誘 注, 文淵閣四庫全書, 臺灣商務印書館, 1986.
- ≪列子≫, 張湛 注, 文淵閣四庫全書, 臺灣商務印書館, 1986.

• ≪藝文類聚≫, 歐陽詢 撰, 文淵閣四庫全書, 臺灣商務印書館, 1986.
• ≪日知錄≫, 顧炎武 撰, 文淵閣四庫全書, 臺灣商務印書館, 1986.
• ≪莊子集釋≫, 莊周 撰, 郭象 注, 陸德明 釋文, 成玄英 疏, 郭慶藩 輯, 中華書局, 1961.
• ≪諸子平議≫, 兪樾 著, 中華書局, 1954.
• ≪太平御覽≫, 李昉 等 撰, 文淵閣四庫全書, 臺灣商務印書館, 1986.
• ≪太玄經≫, 揚雄 撰, 文淵閣四庫全書, 臺灣商務印書館, 1986.
• ≪通雅≫, 方以智 撰, 文淵閣四庫全書, 臺灣商務印書館, 1986.
• ≪韓非子≫, 韓非 撰, 文淵閣四庫全書, 臺灣商務印書館, 1986.
• ≪淮南子≫, 劉安 撰, 高誘 注, 文淵閣四庫全書, 臺灣商務印書館, 1986.

〔集部〕

• ≪經義述聞≫, 王引之 撰, 世界書局, 1975.
• ≪經傳釋詞≫, 王引之 撰, 黃侃 楊樹達 批本, 岳麓書社, 1982.
• ≪群書治要譯注≫, 魏徵 等 撰, 中國書店出版社, 2012.
• ≪讀書雜志≫, 王念孫 著, 江蘇古籍出版社, 2000.
• ≪文選≫, 蕭統 撰, 文淵閣四庫全書, 臺灣商務印書館, 1986.
• ≪文選注≫, 蕭統 撰, 李善 注, 世界書局, 1962.
• ≪諸子平議≫, 兪樾 著, 中華書局, 1954.
• ≪集韻≫, 丁度等 編, 上海古籍出版社, 1985.
• ≪楚詞補註≫, 洪興祖 撰, 文淵閣四庫全書, 臺灣商務印書館, 1986.
• ≪韓詩外傳≫, 韓嬰 撰, 文淵閣四庫全書, 臺灣商務印書館, 1986.

◇ 전자자료

• 국립중앙도서관 디지털화 자료(https://nl.go.kr)
• 규장각 한국학연구원(https://kyujanggak.jams.or.kr)
• 電子版 文淵閣四庫全書, 迪志文化出版社, 北京, 1999.
• 韓國古典綜合DB(http : db.itkc.or.kr)
• 東洋古典綜合DB(http : db.cyberseodang.or.kr)
• Chinese Text Project(http://ctext.org)
• 한국고전종합 DB(https://db.itkc.or.kr)

2.≪譯註 列子鬳齋口義≫ 參考圖版 目錄 및 出處

1. 春秋列國圖(左)(≪五經圖彙≫)

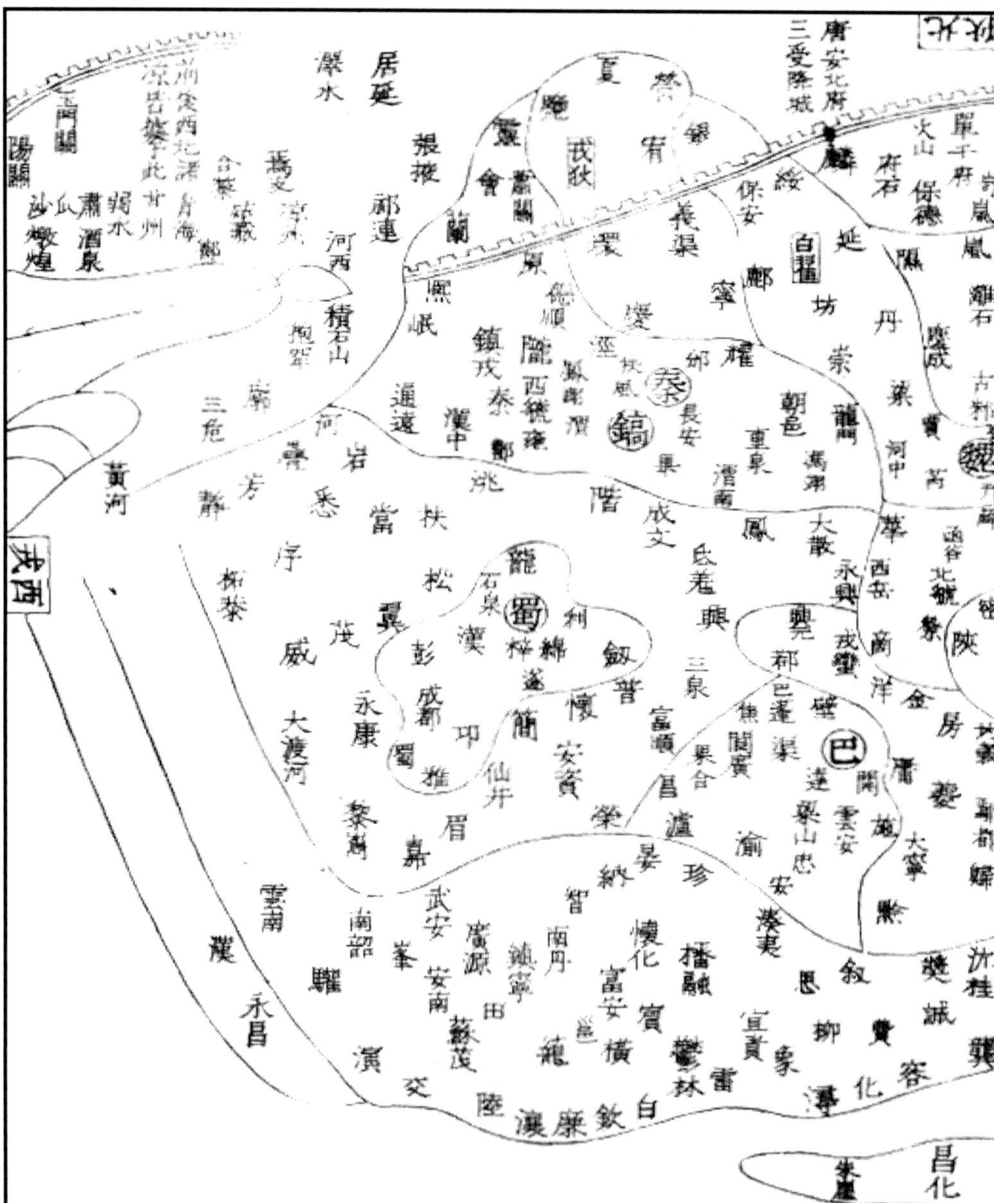

1. 春秋列國圖(右)(≪五經圖彙≫)

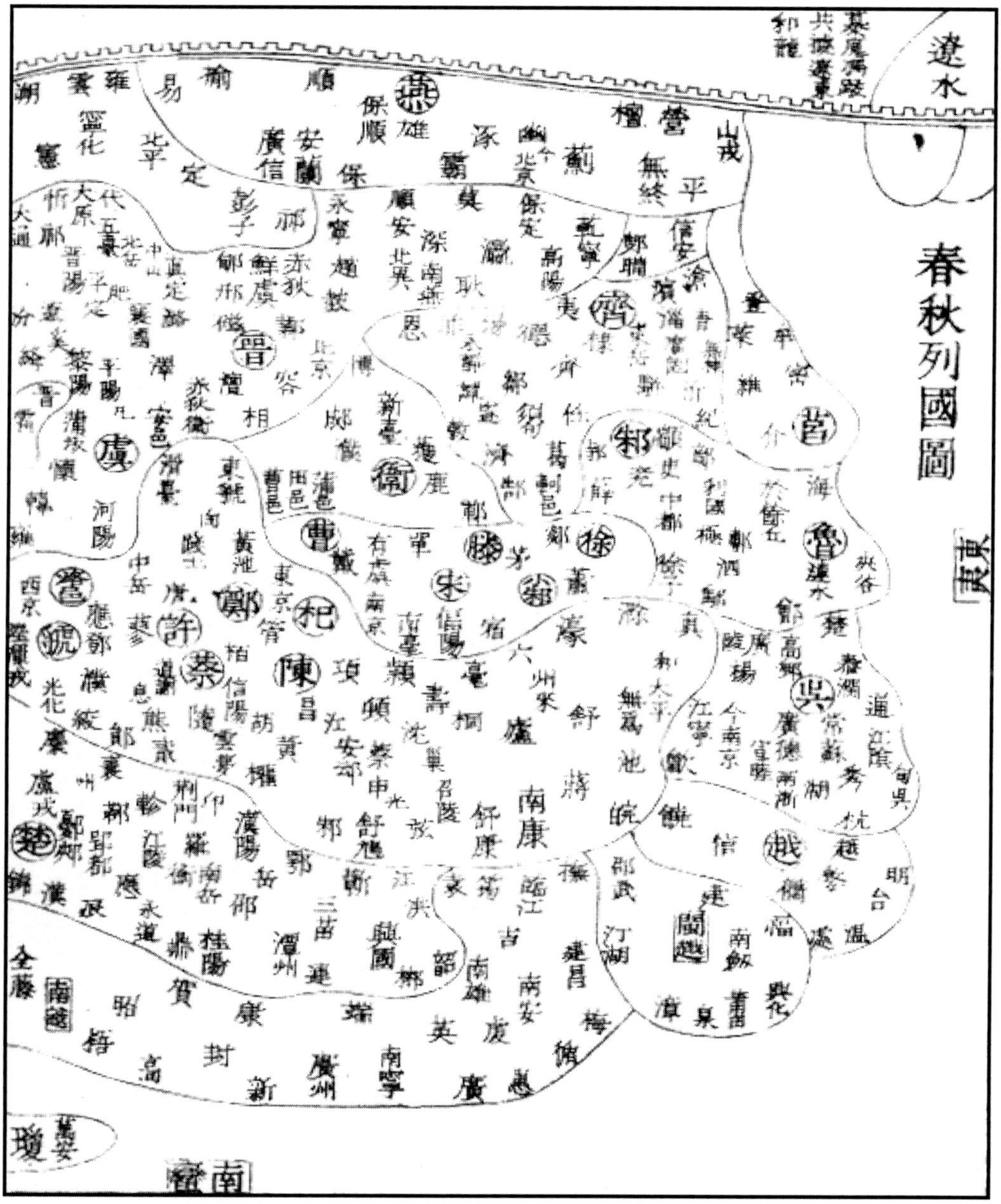

2. 戰國七雄圖

※ QR코드를 스캔하면 더 선명한 지도를 볼 수 있습니다.

(≪中國歷史地圖≫ 上冊 (程光裕·徐聖謨 主編, 中國文化大學出版部, 1980)에서 轉載)

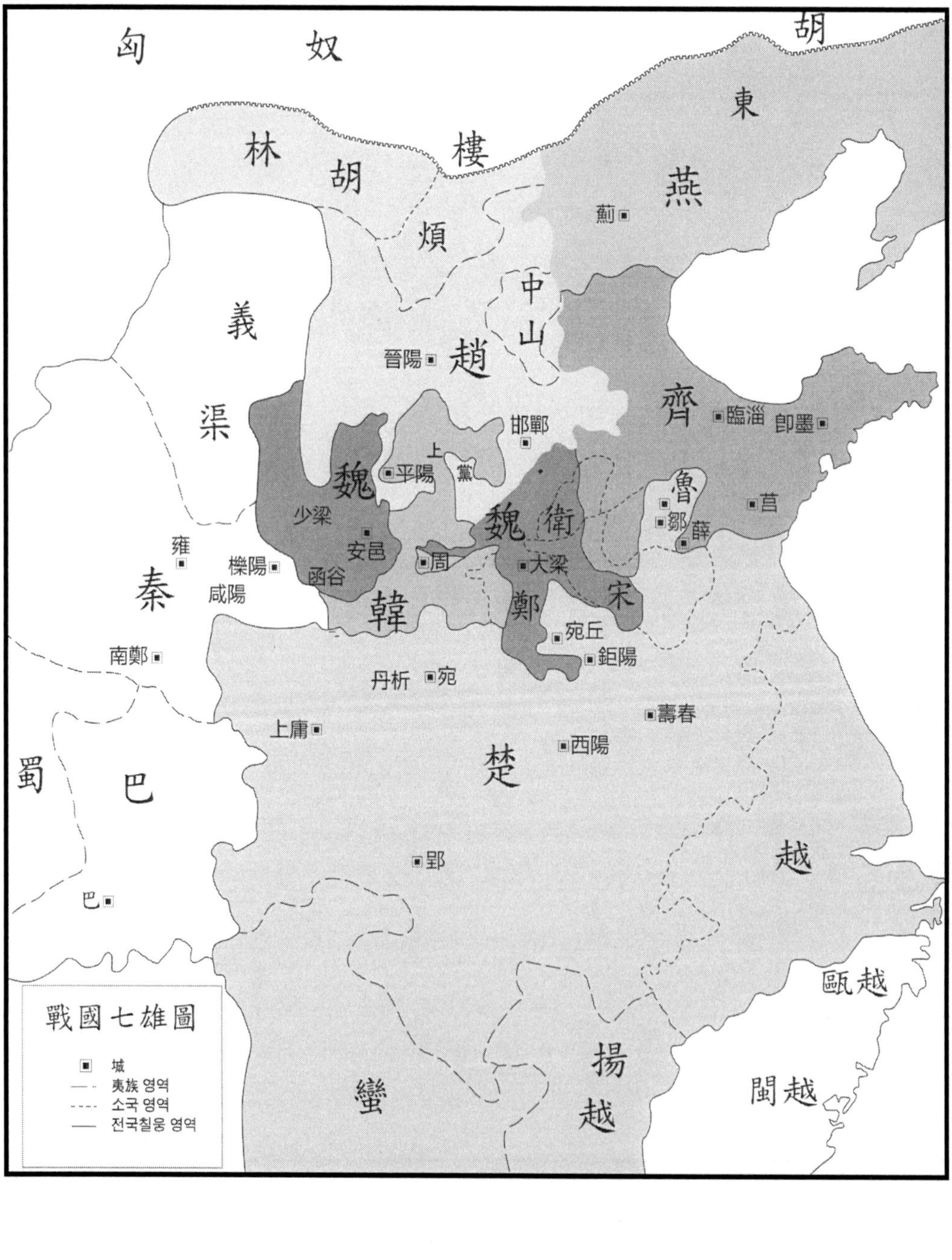

譯註者 略歷

崔秉準

民族文化推進會 附設 國譯硏修院 상임연구부 졸업
退溪學硏究院 責任硏究員
韓國古典飜譯院 硏究員
高麗大學校 漢字漢文硏究所 연구교수(現)

論文 및 譯書
≪西溪集 2,4≫(共譯), ≪渼湖集 2≫, ≪芝峯集 1,4,8≫ ≪靜觀齋集 1≫

孔勤植

民族文化推進會 附設 國譯硏修院 상임연구부 졸업
高麗大學校 大學院 고전번역협동과정 졸업(문학박사)
韓國古典飜譯院 번역1팀장, 문집번역실장
韓國古典飜譯院 附設 古典飜譯敎育院 고전번역연구소장
韓國古典飜譯院 附設 古典飜譯敎育院 교수(現)

論文 및 譯書
論著 〈湖州 蔡裕後 仕宦生活과 詩世界〉, 영남학, 2013
〈湖州 蔡裕後 漢詩 譯註〉, 고려대학교 대학원 박사학위논문, 2014
譯書 ≪響山集 2≫, ≪栢浦集≫, ≪湖洲集 1,2≫, ≪櫟山集≫, ≪洪範衍義 2,3≫, ≪靑邱挽祭錄 2≫ 외 다수

權憲俊

大邱韓醫大學校 漢文學科 졸업
慶北大學校 大學院 漢文學科 碩士
高麗大學校 大學院 博士 수료
民族文化推進會 부설 硏修部 졸업
民族文化推進會 부설 常任硏究員 졸업
韓國古典飜譯院 先任硏究員(現)

論文 및 譯書
〈盧白亭 洪貴達의 記文硏究〉
≪承政院日記(英祖 元年, 4年)≫ ≪日省錄≫(正祖 22년) ≪滄溪集≫(이상 共譯)

東洋古典譯註叢書 101

譯註 列子鬳齋口義　　정가 40,000원

2021년 12월 30일 초판 발행
2024년 10월 31일 초판 3쇄

譯　　註　崔秉準 孔勤植 權憲俊
企劃編輯　東洋古典飜譯編輯委員會
常任原文校閱 吳圭根
飜譯硏究管理 南賢熙
潤　　文　朴相水 南賢熙
校　　訂　李承俊 李孝宰
裝　　幀　김진디자인

發行人　金　炫

發行處　社團法人 傳統文化硏究會
등록 : 1989. 7. 3. 제1-936호
서울 종로구 삼봉로 81 두산위브파빌리온 1332호
전화 : (02)762-8401　전송 : (02)747-0083
전자우편 : juntong@juntong.or.kr
홈페이지 : juntong.or.kr
사이버書堂 : cyberseodang.or.kr
온라인서점 : book.cyberseodang.or.kr

인쇄처 : 한국법령정보주식회사(02-462-3860)
총　판 : 한국출판협동조합(070-7119-1750)

ISBN 979-11-5794-492-7 94150
978-89-85395-71-7 (세트)

※이 책은 2021년도 교육부 고전문헌 국역지원사업 지원비에 의해 초판(비매품) 간행.